प्रेमचंद की शेष रचनाएँ

महात्मा गांधी अन्तरराष्ट्रीय हिन्दी विश्वविद्यालय

प्रेमचंद की शेष रचनाएँ

संकलन-सम्पादन-रूपान्तरण
डॉ. प्रदीप जैन

राजकमल प्रकाशन
नयी दिल्ली पटना इलाहाबाद

ISBN : 978-81-267-2258-7

मूल्य : ₹ 450

पहला संस्करण : 2012

प्रकाशक : राजकमल प्रकाशन प्रा.लि.
1-बी, नेताजी सुभाष मार्ग
नई दिल्ली-110 002

शाखाएँ : अशोक राजपथ, साइंस कॉलेज के सामने, पटना-800 006
पहली मंजिल, दरबारी बिल्डिंग, महात्मा गांधी मार्ग, इलाहाबाद-211 001

वेबसाइट : www.rajkamalprakashan.com
ई-मेल : info@rajkamalprakashan.com

आवरण : महेश्वर

मुद्रक : बी.के ऑफसेट
नवीन शाहदरा, दिल्ली-110 032

PREMCHAND KI SHESH RACHANAYEIN
Edited by Dr. Pradip Jain

भूमिका

प्रस्तुत संकलन की भूमिका लिखने का भार मेरे दुर्बल कंधों पर डालकर शोधकर्ता डॉ. प्रदीप जैन ने वास्तव में मुझे धर्मसंकट में डाल दिया है। यह सत्य है कि प्रेमचंद-परिवार से मेरा रक्त का नाता जुड़ा हुआ है, किन्तु मैं नहीं समझता कि मात्र यह रिश्ता मुझे इस योग्य बना देता है कि मैं इस प्रकार के महत्त्वपूर्ण शोध-ग्रन्थ की भूमिका लिखने का दायित्व निभा सकूँ। मैं न तो प्रेमचंद-साहित्य का मर्मज्ञ हूँ और न अधिकारी विद्वान्। वास्तव में इस कार्य को सम्पादित करने का अधिकारी तो प्रेमचंद-साहित्य का कोई गहन अध्येता और अधिकारी विद्वान् ही हो सकता है। फिर भी, बन्धुवर प्रदीपजी के आग्रह को टाल पाना मेरे लिए सम्भव नहीं है और यथाशक्ति कुछ पंक्तियाँ लिखने का दुस्साहस कर रहा हूँ।

गोस्वामी तुलसीदास के बाद जब हम किसी ऐसे महान् रचनाकार की तलाश करते हैं जिसने न केवल हिन्दुओं बल्कि मुसलमानों और देश में रहने वाले अन्यान्य मतावलम्बियों के बीच अभूतपूर्व लोकप्रियता अर्जित की हो तो हमारा ध्यान एकमात्र प्रेमचंद की ओर जाता है। तुलसीदास का 'रामचरितमानस' हिन्दुओं के अतिरिक्त अन्य धर्मावलम्बियों के बीच समान रूप से समादृत नहीं हो सका क्योंकि इसका आधार धर्म और आस्था है। प्रेमचंद ने यह अनुभव किया कि उनके समय की परिस्थितियों में समग्र भारत को एक सूत्र में पिरोने का आधार धर्म नहीं, बल्कि आर्थिक समानता ही हो सकती है। धर्म को विदेशी शासकों द्वारा हिन्दुओं और मुसलमानों के बीच साम्प्रदायिक विद्वेष फैलाने का हथियार बनाया जा रहा था ताकि देश में रहने वाले इन दोनों प्रमुख सम्प्रदायों के लोग आजादी की लड़ाई में कंधे से कंधा मिलाकर भाग न ले सकें बल्कि आपस में ही लड़ते रहें। तुलसीदास के समय में हिन्दुओं और मुसलमानों के बीच साम्प्रदायिक प्रतिद्वन्द्विता का रूप वैसा नहीं था जैसा अंग्रेजों ने प्रेमचंद के समय में बना दिया था। इसीलिए प्रेमचंद ने वृहत्तर मानवता को दृष्टि में रखते हुए एक धर्म-निरपेक्ष भारत की कल्पना की और उसी की मूल समस्याओं को अपने साहित्य का विषय बनाया। उन्होंने अपनी रचनाओं के माध्यम से साम्प्रदायिक सद्भाव का सतत सन्देश दिया क्योंकि इसके अभाव में राष्ट्रीय स्वतन्त्रता संग्राम का कोई भी आन्दोलन सफल नहीं हो सकता था। इसका स्वाभाविक परिणाम यह हुआ कि उनके साहित्य का व्यापक प्रचार-प्रसार हुआ और वे भारतीय साहित्य और राष्ट्रीय संस्कृति के सन्देशवाहक के रूप

में दूर-दूर तक लोकप्रिय हो गए। किसी रचनाकार की सफलता का मूल्यांकन उसके साहित्य के पाठकों की संख्या के आधार पर होता है और यह निर्विवाद है कि प्रेमचंद जैसी लोकप्रियता किसी अन्य हिन्दी लेखक ने अर्जित नहीं की।

प्रेमचंद में समस्याओं के समन्वय की अद्‌भुत क्षमता थी। भारत जैसे विविधताओं वाले देश में जहाँ धर्म-सम्प्रदाय, वर्ण, जाति आदि की विचित्र विविधताएँ विद्यमान हैं, लोकनायक वही बन सकता है जो इन विविधताओं में समन्वय स्थापित कर सके। प्रेमचंद ने देश के दो प्रमुख सम्प्रदायों-हिन्दू और मुसलमान के बीच समन्वय स्थापित करने का आजीवन प्रयास किया। उन्होंने हिन्दी-उर्दू साहित्य और भाषा में भी समन्वय स्थापित करने की भरपूर चेष्टा की। गाँधी और मार्क्स में समन्वय किया, आदर्श और यथार्थ में समन्वय किया तथा समाज और साहित्य में भी समन्वय स्थापित करने का महत्त्वपूर्ण कार्य किया। इसीलिए वह लाखों-करोड़ों पाठकों के चहेते बन सके। प्रेमचंद की महानता का रहस्य उनकी इसी समन्वित अन्तर्दृष्टि में निहित है। साम्प्रदायिकता उन्हें छू तक नहीं सकी। साम्प्रदायिक झगड़ों को वह देश का सबसे बड़ा दुर्भाग्य मानते थे। वे मानव और मानव में कोई भेद नहीं देखते थे और इन्सान की सेवा को ही सबसे बड़ा धर्म मानते थे। दोनों सम्प्रदायों के बीच मेल-जोल और आपसी सहयोग की भावना को वे स्वाधीनता की बुनियादी शर्त मानते थे। उनका अधिकांश साहित्य इस सम्बन्ध में उनके विचारों का स्पष्ट परिचायक है।

प्रेमचंद की विद्या-यात्रा उर्दू भाषा के माध्यम से आरम्भ हुई थी। लिखना भी उन्होंने पहले उर्दू में ही शुरू किया, किन्तु कालान्तर में उन्होंने उर्दू के साथ ही हिन्दी को भी अपनी अभिव्यक्ति का माध्यम शायद इसलिए बनाया ताकि उसके माध्यम से अपेक्षाकृत वृहत्तर वर्ग की सेवा कर सकें। बहुजन की हितचिन्ता ने ही सम्भवतः उन्हें उर्दू के साथ ही हिन्दी से भी जोड़ा। इसका एक सुपरिणाम यह हुआ कि हिन्दी भाषा की समृद्धि का एक पुष्ट आधार तैयार हो गया। प्रेमचंद ने अपनी विलक्षण प्रतिभा और साधना से हिन्दी भाषा तथा साहित्य को इतना समृद्ध बनाया कि वह गर्व के साथ सिर उठाकर चलने के योग्य बन सका। जिस प्रकार रवीन्द्रनाथ टैगोर और शरत् चन्द्र के साहित्य ने अन्य भाषा-भाषियों को बांग्ला सीखने के लिए प्रेरित किया, उसी प्रकार प्रेमचंद के साहित्य ने भी अन्य भाषा-भाषियों के बीच हिन्दी के प्रति आकर्षण पैदा किया और उनमें हिन्दी सीखने की जिज्ञासा उत्पन्न की। हिन्दी और उर्दू, दोनों भाषाओं के साहित्य में उनका अवदान समान रूप से महत्त्वपूर्ण है और दोनों के कथा-साहित्य में उनका अप्रतिम स्थान है। प्रेमचंद ही शायद ऐसे द्विभाषी लेखक हैं, जिनके साहित्य पर विभिन्न विश्वविद्यालयों के हिन्दी और उर्दू, दोनों विभागों में पर्याप्त शोध कार्य हुआ है।

प्रेमचंद का उर्दू साहित्य अधिकतर अरबी और फारसी के शब्दों के भार से बोझिल है। हिन्दी के क्षेत्र में पदार्पण के साथ उन्होंने यह महसूस किया कि-'हमारी राष्ट्रीय भाषा तो वही हो सकती है जिसका आधार सर्व-सामान्य की बोधगम्यता हो, जिसे

सब लोग सहज में समझ सकें। वह इस बात की क्यों परवाह करने लगी कि अमुक शब्द इसलिए छोड़ दिया जाना चाहिए कि वह फारसी, अरबी अथवा संस्कृत का है? वह तो केवल यह मानदण्ड अपने सामने रखती है कि जन-साधारण यह शब्द समझ सकते हैं या नहीं और जन-साधारण में हिन्दू, मुसलमान, पंजाबी, बंगाली, महाराष्ट्रियन और गुजराती-सभी सम्मिलित हैं। यदि कोई शब्द या मुहावरा या पारिभाषिक शब्द जन-साधारण में प्रचलित है तो फिर वह इस बात की परवाह नहीं करती कि वह कहाँ से निकला है और कहाँ से आया है, और यही हिन्दुस्तानी है।' प्रेमचंद ने उर्दू और हिन्दी भाषाओं के रक्त-रंग में कोई अन्तर नहीं देखा और इसीलिए दोनों की ही मिश्रित भाषा, यानी हिन्दुस्तानी को अपनी लेखनी का माध्यम बनाया। उनकी इस मिली-जुली भाषा में अपने देश की मिट्टी की गन्ध है। प्रेमचंद जन-भाषा के प्रबल समर्थक थे और उन्होंने अपने कथा-साहित्य में जन-जीवन और जन-भाषा को ही स्वीकार किया। फलस्वरूप, उर्दू और हिन्दी, दोनों भाषा-भाषियों के बीच उन्होंने समान रूप से सम्मान पाया और लोकप्रियता अर्जित की। उर्दू वालों ने उन्हें सिर-आँखों पर बिठाया तो हिन्दी वालों ने उन्हें शिखर पर पहुँचाया और कथा सम्राट् बनाया।

प्रेमचंदकालीन भारत का भौगोलिक और राजनीतिक स्वरूप आज से सर्वथा भिन्न था। देश न तो आजाद हुआ था और न विभाजित। इतना बड़ा देश होने के बावजूद उस समय स्तरीय लेखकों की संख्या नगण्य थी। कथा-साहित्य में तिलस्मी और ऐयारी साहित्य का बोलबाला था। देवकीनन्दन खत्री की रचनाएँ पाठकों के एक बड़े वर्ग के दिलो-दिमाग पर छाई हुई थीं। हिन्दी कथा-साहित्य को इस स्थिति से उबारकर मनोवैज्ञानिक कथा-लेखन का समारम्भ वास्तव में प्रेमचंद ने ही किया। यही कारण है कि न केवल हिन्दी भाषा-भाषी प्रदेशों, बल्कि पंजाब जैसे उर्दू-भाषी प्रान्त में भी उनकी रचनाएँ काफी लोकप्रिय हुईं। हिन्दी और उर्दू, दोनों ही भाषाओं में प्रकाशित होने वाले तत्कालीन सभी प्रतिष्ठित पत्र-पत्रिकाओं की ओर से प्रेमचंद की रचनाओं की माँग निरन्तर बनी रहती थी। चाहे उर्दू में लिखी उनकी कोई रचना हो या हिन्दी में, पूर्ण होते ही प्रेमचंद उसे किसी-न-किसी पत्र-पत्रिका में प्रकाशनार्थ भेज देते थे। उनका जीवन इतना व्यस्त और अव्यवस्थित था और स्वास्थ्य-सम्बन्धी समस्याएँ उन्हें इस कदर परेशान किए रहती थीं कि अपनी लिखी और प्रकाशनार्थ भेजी गई रचनाओं का कोई लेखा-जोखा वह अपने पास नहीं रख पाते थे और न उन पत्र-पत्रिकाओं को ही सहेज-सँभालकर रखने की उन्हें सुधि रहती थी जिनमें उनकी रचनाएँ प्रकाशित होती थीं। जब तक वे सरकारी सेवा में रहे, उनका एक स्थान से दूसरे स्थान पर स्थानान्तरण होता रहता था और जब नौकरी से त्याग-पत्र देकर मुक्त हुए तो अपने प्रेस व्यवसाय और 'हंस' तथा 'जागरण' पत्रिकाओं के प्रकाशन में होने वाले घाटे के कारण वह सदैव आर्थिक तंगी से जूझते रहे। प्रकाशित रचनाओं का पारिश्रमिक मिलने के बाद अपनी रचनाओं तथा पत्र-पत्रिकाओं को सँभालकर रखने की चिन्ता उन्हें नहीं

रहती थी। अपनी मेहनत की मजदूरी मिल जाए, बस इतने से ही वह सन्तुष्ट हो जाते थे। उनकी ढेरों पुरानी पांडुलिपियाँ लमही के पुश्तैनी मकान की एक कोठरी में लकड़ी के मचान पर एक बड़े से बाँस के झाँपे में भरी पड़ी दीमकों का आहार बनती हुई नष्ट हो रही थीं जिनकी ओर कभी उनका ध्यान ही नहीं गया। सामान्यत: यह कोठरी रसोईघर के रूप में उपयोग में लाई जाती थी, किन्तु घर में किसी बच्चे के जन्म के समय कभी-कभी इसे थोड़े दिनों के लिए सौरी-घर भी बना दिया जाता था। अम्मा और दादी बतलाती थीं कि मेरा जन्म भी इसी कोठरी में हुआ था। यद्यपि हम लोगों का बचपन और जवानी इसी पुश्तैनी घर में व्यतीत हुई थी, किन्तु बाल्यावस्था में जिस प्रकार सभी बच्चे अपने खेलने-खाने में ही मगन रहते हैं या फिर स्कूल का पाठ तैयार करने में रमे रहते हैं, वही दशा हम लोगों की भी थी। हमारा ध्यान कभी उस झाँपे की तरफ नहीं गया। संयोग से वर्ष 1937 में घर के कमरों की सफाई के दौरान मेरे बड़े भाई स्व. डॉ. रामकुमार राय और मेरी निगाह रसोईघर के मचान पर एक कोने में पड़े उस झाँपे पर पड़ी तो हम लोगों ने उसे नीचे उतारा और उसमें भरी पड़ी प्रेमचंद की पुरानी पांडुलिपियों की दुर्दशा देखकर स्तब्ध रह गए। इसकी दास्तान मैंने 'यों नष्ट हो गईं प्रेमचंद की बहुमूल्य पांडुलिपियाँ' शीर्षक अपने एक लेख में विस्तार से लिखी है। वर्ष 1997 में श्री राजेन्द्र यादव ने 'हंस' के अर्द्ध-शती विशेषांक-खण्ड-1 में इस लेख को 'यों नष्ट हो गई प्रेमचंद की अनमोल धरोहर' शीर्षक से प्रकाशित किया। बाद में मैंने इस लेख को अपनी पुस्तक 'बीसवीं सदी के सर्वश्रेष्ठ कथाकार प्रेमचंद' में भी सम्मिलित कर प्रकाशित कराया। शोधकर्ता डॉ. प्रदीप जैन ने अपने प्रस्तुत शोध-ग्रन्थ में इस लेख को परिशिष्ट-4 के रूप में ज्यों का त्यों उद्धृत किया है।

जब कभी प्रेमचंद की रचनाओं का संग्रह पुस्तकाकार प्रकाशित करने की स्थिति आती तो उसमें केवल उन्हीं रचनाओं का समावेश हो पाता जो सामने उपलब्ध रहतीं। आँखों से ओझल बहुतेरी रचनाएँ छूट जाती थीं। प्रेमचंद की कहानियों का वृहद् संकलन हिन्दी में 'मानसरोवर' के नाम से उनके जीवन-काल में ही छपना आरम्भ हो गया था। इस संकलन के प्रथम खण्ड का प्राक्कथन भी उन्होंने स्वयं लिखा था जिसमें उन्होंने केवल इतना उल्लेख किया था कि-"पिछले पाँच-छह वर्षों में लिखी गई उनकी पचास के कुछ अधिक कहानियाँ ऐसी हैं जो अभी तक उनके किसी अन्य संग्रह में नहीं ली गई हैं। पाठकों की सुविधा के लिए ऐसी कहानियों को दो भागों में कर दिया गया है और 'मानसरोवर' के प्रथम भाग में सत्ताइस कहानियाँ रखी गई हैं।" ऐसा प्रतीत होता है कि उस समय तक किसी पूर्व प्रकाशित संग्रह में सम्मिलित नहीं की गई कहानियों को ही 'मानसरोवर' नाम से दो भागों में प्रकाशित करने की उनकी योजना थी, परन्तु इस संग्रह के प्रथम दो भागों ने पाठकों के बीच जो अभूतपूर्व लोकप्रियता अर्जित की, सम्भवत: उसी से उत्साहित होकर प्रेमचंद के निधन के पश्चात् उनके पुत्रों ने विभिन्न नामों से प्रकाशित उनके पिछले कथा संग्रहों में

संकलित अन्य सभी कहानियों को पुनः 'मानसरोवर' नाम से अगले भागों में फिर से प्रकाशित करने की योजना बनाई। परिणामस्वरूप 'मानसरोवर' के कुल आठ भाग प्रकाशित हुए जिनमें सब मिलाकर 203 कहानियों का समावेश किया गया। उस समय यही मान लिया गया कि 'मानसरोवर' के आठों खण्डों में प्रेमचंद की लिखी समस्त कहानियाँ संकलित हो गई हैं, किन्तु वास्तविकता इससे भिन्न थी। प्रेमचंद ने स्वयं वर्ष 1934 में प्रो. इन्द्रनाथ मदान को लिखे अपने एक पत्र में अपनी कहानियों की कुल संख्या लगभग ढाई सौ बतलाई थी। जाहिर है कि इस संख्या में वर्ष 1935 और 1936 में लिखी गई कहानियों की संख्या सम्मिलित नहीं रही होगी। अतः ऐसा अनुमान है कि उर्दू और हिन्दी में मिलाकर उन्होंने अनुमानतः तीन सौ से कम कहानियाँ नहीं लिखी होंगी, किन्तु 'मानसरोवर' के प्रकाशन के समय अनुपलब्ध रहने के कारण उनकी पचासों कहानियाँ उसमें संकलित होने से छूट गई थीं। इन शेष कहानियों में कुछ ऐसी भी थीं जो विभिन्न पत्र-पत्रिकाओं में प्रकाशनार्थ तो भेजी जा चुकी थीं, किन्तु उनका प्रकाशन प्रेमचंद के निधन के बाद हुआ। इन छूटी हुई कहानियों की खोज का कार्य प्रेमचंद के मरणोपरान्त उनके पुत्र-द्वय श्रीपतराय तथा अमृतराय द्वारा आरम्भ किया गया और क्रमशः उनका प्रकाशन भी सरस्वती प्रेस से आरम्भ कर दिया गया। 'कफन और शेष रचनाएँ' शीर्षक संकलन उसी समय मार्च 1937 में प्रकाशित हुआ जिसमें विभिन्न पत्र-पत्रिकाओं में छपी उनकी 12 कहानियाँ तथा दो लेख सम्मिलित थे। परन्तु प्रेमचंद की शेष लुप्त रचनाओं की खोज के कार्य ने वास्तव में तब गति पकड़ी जब दोनों भाइयों का व्यवसाय अलग हो गया और अमृतराय ने 'हंस प्रकाशन' के नाम से अपना पृथक् प्रकाशन कार्य आरम्भ किया। इस खोज कार्य का यह परिणाम हुआ कि अमृतराय ने 'गुप्त धन' के नाम से प्रेमचंद की ऐसी 56 अन्य कहानियों का प्रकाशन दो खण्डों में किया जो 'मानसरोवर' में संकलित नहीं थीं। इसी प्रकार श्रीपतराय ने भी सरस्वती प्रेस से प्रेमचंद की 16 अप्राप्य कहानियों का एक संग्रह अलग प्रकाशित किया। इस संकलन में प्रेमचंद की 'गमी' शीर्षक से एक छोटी सी हास्य-प्रधान कहानी भी सम्मिलित है जो मिर्जापुर से प्रकाशित 'मतवाला' के 31 अगस्त, 1929 के अंक में छपी थी। पत्र का यह दुर्लभ अंक मुझे 'मतवाला' के संचालक स्व. महादेव प्रसाद सेठ के सुपुत्र स्व. मानिक चन्द सेठ के सौजन्य से प्राप्त हुआ था। मानिक चन्द कई वर्षों तक मिर्जापुर में मेरा सहपाठी और मित्र रह चुका था। जब मैंने 'मतवाला' का यह अंक भाई श्रीपतराय को दिया तो उन्होंने ही मुझे बतलाया था कि 'गमी' कहानी अभी तक प्रेमचंद के किसी कथा-संग्रह में उपलब्ध नहीं है।

'गमी' एक ऐसी कहानी है जिसमें प्रेमचंद की विलक्षण दूर-दृष्टि देखने को मिलती है। आज से सात-आठ दशक पूर्व देश की जनसंख्या की वृद्धि के बारे में न तो कोई सोचता था और न यह समस्या आज की तरह चुनौती के रूप में सामने

खड़ी थी। जिस समय यह कहानी लिखी गई थी, अविभाजित भारत की कुल जनसंख्या तीस करोड़ के आसपास थी। किसी बुद्धिजीवी ने जनसंख्या नियन्त्रण के बारे में कभी चिन्तन करना आवश्यक नहीं समझा। परिवार में नए शिशु का जन्म खुशियाँ लेकर आता था, विशेषकर पुत्र के जन्म पर तो खूब जश्न मनाया जाता था, भले वह तीसरी, चौथी या पाँचवीं ही सन्तान क्यों न हो। ऐसे समय में किसी मध्यमवर्गीय परिवार के मुखिया द्वारा दो पुत्रों के बाद तीसरे पुत्र-रत्न के जन्म को अपने 'आनन्द' की मृत्यु की संज्ञा देते हुए 'गमी' मनाने की प्रेमचंद की अभिनव परिकल्पना निश्चित ही उनकी विलक्षण दूर-दृष्टि का परिचायक थी। आज हम देख रहे हैं कि देश की जनसंख्या की बेतहाशा अनियन्त्रित वृद्धि, जो एक अरब की विस्फोटक संख्या को भी वर्षों पूर्व पार कर चुकी है, आज भी गुणन-गति से बढ़ती जा रही है और इस दिशा में किए जा रहे सारे प्रयासों को चुनौती देती हुई थमने का नाम नहीं ले रही है। इस विकट समस्या ने विकराल रूप धारण करके देश के कर्णधारों की नींद हराम कर रखी है। लेकिन प्रेमचंद की एक छोटी-सी कहानी का नायक तो आज से आठ दशक पूर्व तीसरे पुत्र के जन्म से व्यथित होकर अपने 'मृत आनन्द' की अन्त्येष्टि के लिए गंगा तट पर जाने को उद्यत था और वहाँ हाथ में गंगाजल लेकर यह संकल्प करना चाहता था कि अब ऐसी महान् 'मूर्खता' वह भविष्य में फिर कभी न करेगा। यह छोटी-सी कहानी बहुत बड़ा सन्देश देती है और आज के परिप्रेक्ष्य में गम्भीर प्रभाव छोड़ती है। काश, प्रेमचंद सरीखे दूरदृष्टि वाले कुछ और बुद्धिजीवी उसी जमाने में पैदा हो गए होते तो आज जनसंख्या-विस्फोट की गम्भीर और जटिल समस्या को लेकर देश को इतना चिन्तित क्यों होना पड़ता?

प्रेमचंद की भूली-बिसरी रचनाओं को खोजकर प्रकाश में लाने के कार्य में श्रीपतराय तथा अमृतराय के अतिरिक्त कुछ अन्य विद्वानों का भी अत्यन्त महत्त्वपूर्ण योगदान रहा है। ऐसे विद्वानों में डॉ. कमल किशोर गोयनका तथा मदन गोपाल का नाम विशेष रूप से उल्लेखनीय है। गोपाल कृष्ण माणकटाला, डॉ. कमर रईस तथा डॉ. जाफर रजा ने भी यत्र-तत्र पत्र-पत्रिकाओं में बिखरी आँखों से ओझल प्रेमचंद की कुछ रचनाओं को खोज निकालने का महत्त्वपूर्ण कार्य किया है और उनके योगदान को भी नजरअन्दाज नहीं किया जा सकता। कुछेक और महानुभाव भी हैं जिन्होंने प्रेमचंद की इक्का-दुक्का लुप्त रचनाओं को प्रकाश में लाने का कार्य किया है। ऐसे सभी खोजकर्ताओं के योगदान का विस्तृत लेखा-जोखा शोधकर्ता डॉ. प्रदीप जैन ने अपने प्रस्तुत शोध-ग्रन्थ के विस्तृत प्राक्कथन में सन्दर्भ सहित प्रस्तुत किया है।

प्रेमचंद का कथेतर गद्य-साहित्य भी अत्यधिक महत्त्वपूर्ण है और उसे उनके कथा-साहित्य से कमतर नहीं कहा जा सकता। इसमें उनके निबन्ध, नाटक, समीक्षाएँ, आत्मकथा, जीवनी, संस्मरण, बाल साहित्य, पत्रकारिता, विभिन्न अवसरों पर दिए गए महत्त्वपूर्ण भाषण एवं पत्र-साहित्य-सभी कुछ सम्मिलित है। डॉ. कमल किशोर

गोयनका ने एक स्थान पर लिखा है कि 'साहित्यकार की सम्पूर्ण शब्द-सृष्टि को आधार बनाए बिना उसकी पूर्ण पहचान असम्भव है। चूँकि प्रेमचंद शिखर साहित्यकार हैं, अतः उनके द्वारा रचित प्रत्येक रचना, चाहे वह महत्त्वपूर्ण, कालजयी हो या महत्त्वहीन, शोध का अनिवार्य धर्म है।' अनेक पत्र-पत्रिकाओं का सम्पादकीय दायित्व निभाने के कारण प्रेमचंद को निबन्ध-लेखन का पर्याप्त अवसर प्राप्त हुआ। उनके निबन्धों में राष्ट्रीय चेतना, देश-प्रेम, प्रगतिशीलता और मानवीय संवेदना कूट-कूट कर भरी है। भाषा-शैली के सुष्ठु प्रयोग ने उनके निबन्धों को अत्यधिक प्रभावशाली बना दिया है। दुर्भाग्यवश उनके जीवन-काल में उनका अधिकांश कथेतर गद्य-साहित्य पत्र-पत्रिकाओं तक ही सीमित होकर रह गया और उसका कोई संकलन विधिवत प्रकाशित नहीं हो सका। यदि समय से उनकी कथेतर रचना-यात्रा की ओर अमृतराय तथा अन्य विद्वानों का ध्यान न गया होता तो समय व्यतीत होने के साथ सम्बन्धित पत्र-पत्रिकाओं के अप्राप्य या दुष्प्राप्य होने पर यह सारा साहित्य अतीत के गहन अन्धकार में समाया लुप्त रह जाता और हिन्दी-साहित्य की अपूरणीय क्षति होती। इसे खोजकर व्यवस्थित ढंग से प्रकाशित करने का महनीय कार्य भी सर्वप्रथम प्रेमचंद के सुपुत्र अमृतराय द्वारा ही आरम्भ किया गया। 'कुछ विचार', 'साहित्य का उद्देश्य', 'विविध प्रसंग' (तीन खण्डों में) आदि संकलनों के द्वारा प्रेमचंद की निबन्ध यात्रा का दिग्दर्शन होता है। उनके कथेतर साहित्य की खोज के कार्य में मदन गोपाल, डॉ. कमल किशोर गोयनका आदि का योगदान भी कम महत्त्वपूर्ण नहीं है, परन्तु डॉ. प्रदीप जैन के प्रस्तुत शोध-ग्रन्थ में कतिपय दुर्भाग्यपूर्ण प्रकरण भी प्रकाश में लाए गए हैं। जीवन की गहराती साँझ में मदन गोपाल से जो सर्वाधिक महत्त्वपूर्ण कार्य सम्पादित कराया गया वह है उर्दू में 24 खण्डों में प्रकाशित 'कुल्लियाते प्रेमचंद' जैसे बृहदाकार ग्रन्थ का सम्पादन। इस कार्य के सम्पादन में जिन त्रुटियों की ओर डॉ. प्रदीप जैन द्वारा सप्रमाण ध्यान आकर्षित किया गया है, वह ध्यातव्य है। कतिपय अन्य समकालीन रचनाकारों की पूर्व प्रकाशित रचनाओं को प्रेमचंद की रचना बताकर उक्त ग्रन्थ में समायोजित करना एक बहुत बड़ी असावधानी मानी जाएगी। डॉ. प्रदीप जैन ने इन त्रुटियों की ओर मानव संसाधन विकास मन्त्रालय का भी ध्यान आकृष्ट किया है और आशा की जानी चाहिए कि मन्त्रालय द्वारा इसका परीक्षण कराकर त्रुटियों को दूर करने की दिशा में शीघ्र आवश्यक कार्यवाही की जाएगी।

दूसरा दुर्भाग्यपूर्ण प्रकरण जो डॉ. प्रदीप जैन द्वारा प्रकाश में लाया गया है, वह है डॉ. कमल किशोर गोयनका द्वारा अपने शोध-कार्य के सिलसिले में कतिपय अनैतिक कार्यों का सहारा लेना। भाई अमृतराय अपने जीवन के अन्तिम दिनों तक बराबर इस बात के लिए अपनी व्यथा और रोष प्रगट करते रहे कि शोध-कार्य के सम्बन्ध में उनसे जो महत्त्वपूर्ण दस्तावेज प्रो. गोयनका माँगकर ले गए थे उन्हें बार-बार तकाजा करने पर भी कभी नहीं लौटाया। पाँच-छह वर्ष पूर्व मुझे सागर (मध्य प्रदेश) जाने

का अवसर मिला। सागर निवासी प्रो. कान्ति कुमार जैन को जब वहाँ मेरी उपस्थिति की जानकारी जगदीश किंजल्क से मिली तो वह अपनी पत्नी डॉ. साधना जैन तथा जाने-माने समीक्षक और साहित्यकार डॉ. आर.डी. मिश्र के साथ मुझसे मिलने स्वयं पधारे। बातों ही बातों में उन्होंने बतलाया कि जब वह पहले-पहल अमृतराय से मिलने इलाहाबाद स्थित उनके आवास 'धूप-छाँह' में गए हुए थे तो सुधाजी (अमृतराय की पत्नी) ने उनकी मुलाकात अमृतराय से कराई। सुधाजी प्रो. कान्ति कुमार जैन को तब से ही जानती थीं जब वह जबलपुर में उनकी स्व. माताजी सुभद्रा कुमारी चौहान से मिलने उनके घर जाया करते थे। जब उन्होंने अमृतराय को प्रो. कान्ति कुमार जैन का परिचय दिया तो अमृतराय अचानक तैश में आकर बोले, "ये प्रोफेसर...चोर...।" उन्हें इस तरह आवेश में आते देखकर सुधाजी ने स्थिति सँभालते हुए कहा कि प्रो. कान्ति कुमार जैन उन प्रोफेसरों में नहीं हैं जिनके सम्बन्ध में आपने उक्त धारणा बना रखी है। सुधाजी के समझाने पर अमृतराय सामान्य हुए और ढंग से बातें कीं। उक्त वृत्तान्त सुनाते हुए प्रो. कान्ति कुमार जैन ने बतलाया कि दिल्ली के प्रो. कमल किशोर गोयनका के कारण ही उन्हें 'चोर' जैसा तीखा सम्बोधन सुनने को मिला था।

डॉ. गोयनका मेरे अग्रज स्व. डॉ. रामकुमार राय से भी कुछ दस्तावेज अपने शोध कार्य के सिलसिले में इस आश्वासन के साथ माँगकर ले गए थे कि शीघ्र ही उन्हें वापस कर देंगे। जब कई वर्ष व्यतीत हो जाने के बाद भी उन्होंने कागजात नहीं लौटाए तो खिन्न होकर मेरे बड़े भाई स्वयं दिल्ली गए और अपने सभी मूल कागजात डॉ. गोयनका से वापस ले आए। बातों ही बातों में एक बार जब उन्होंने अमृतराय को यह बात बतलाई तो वह बड़े आश्चर्य के साथ बोले, "अरे भाई, तुमने तो कमाल कर दिया। अब किसी तरह मेरे भी कागजात दिलवाने में मेरी मदद करो।" मेरे भाई ने उन्हें आश्वासन दिया कि अगली बार जब वह दिल्ली चलेंगे तो उन्हें भी साथ ले लेंगे और डॉ. गोयनका से कागजात वापस ले आवेंगे। दुर्भाग्यवश यह सुयोग नहीं बन पाया और कुछ समय बाद ही मेरे बड़े भाई का वर्ष 1990 के आरम्भ में आकस्मिक निधन हो जाने से बात जहाँ की तहाँ रह गई।

वाराणसी के स्व. मुरारी लाल केडिया के सुपुत्र गगनेन्द्र कुमार केडिया ने तो अपनी व्यथा सार्वजनिक रूप से व्यक्त करते हुए अपने एक लेख में यहाँ तक लिखा है कि-"उनकी (डॉ. कमल किशोर गोयनका) यदि कोई अन्तरात्मा हो तो उससे निवेदन है कि सारी पांडुलिपियाँ (जो उनके पिता स्व. मुरारी लाल केडिया से प्रेमचंद पर शोध कार्य के लिए ले गए थे) मुझे वापस भेजकर अपने कुकृत्यों का प्रायश्चित्त कर लें, अन्यथा उनकी इस कृतघ्नता के लिए सम्भवतः ईश्वर भी उन्हें क्षमा नहीं करेगा। नाम और दाम से बढ़कर मन की शान्ति है जो सुयश से प्राप्त होती है। वह तो उन्हें कदापि नहीं मिलेगी। यदि वे मानव हैं तो आज भी उनके हृदय का कोई कोना तो उन्हें कचोटता ही होगा। मुझे पांडुलिपियाँ वापिस करके वे इन सबसे मुक्ति

और मन की शान्ति क्यों नहीं प्राप्त कर लेते? नाम और नावा बहुत कमाया, अब तो बस करें, कहीं तो सीमा-रेखा खींचें।"

श्री केडिया के इस लेख को भी डॉ. प्रदीप जैन ने अपने शोध-ग्रन्थ में परिशिष्ट-6 के रूप में उद्धृत किया है, जो वास्तव में पठनीय है।

इस प्रकार के अनैतिक कार्यों को हिन्दी शोध-जगत् का एक शर्मनाक अध्याय माना जाएगा। यदि शोधकर्मियों द्वारा ऐसी अनीति अपनाई जाने लगेगी तो शायद ही कोई व्यक्ति किसी शोधकर्मी की सहायता के लिए आगे आवेगा।

प्रस्तुत शोध ग्रन्थ में परिशिष्ट-2 के रूप में शोधकर्त्ता डॉ. प्रदीप जैन लमही ग्राम स्थित प्रेमचंद जन्म-स्थल पर प्रेमचंद के प्रस्तावित स्मारक के निर्माण के सम्बन्ध में मामले के विधिक पक्ष सहित सभी पहलुओं पर विस्तार से प्रकाश डाल चुके हैं, फिर भी जन्म-स्थल के मूल दानकर्त्ताओं में से एक होने के नाते मैं अपने मन की पीड़ा व्यक्त करते हुए कुछ पंक्तियाँ और जोड़ना चाहूँगा। मूल दानकर्त्ताओं (स्व. महताबराय तथा उनके पाँचों पुत्रगण) ने प्रेमचंद जन्म-स्थल को दानपत्र द्वारा नागरी प्रचारिणी सभा को इसलिए अर्पित किया था कि सभा उस स्थल पर स्वयं तैयार की गई योजना (जिसे तैयार करने में स्व. महताबराय स्वयं भी एक सदस्य के रूप में भागीदार थे) के अनुरूप शीघ्र स्मारक का निर्माण करावेगी। सभा की ओर से स्व. महताबराय को इस आशय का स्पष्ट लिखित आश्वासन भी दिया गया था। दाताओं द्वारा जन्म-स्थल सभा को इसलिए दान नहीं किया गया था कि लगभग आधी शताब्दी तक स्वयं प्रस्तावित स्मारक का निर्माण कराने में विफल रहने के पश्चात् वह किसी अन्य को सम्पत्ति दोबारा दान देकर झूठा यश अर्जित करे और मूल दानकर्त्ताओं का नामो-निशान प्रेमचंद जन्म-स्थल से मिटा देने की साजिश रचे। इस प्रकार का दूसरा दानपत्र निष्पादित करना सभा के अधिकार क्षेत्र से बाहर है। जिला प्रशासन और उत्तर प्रदेश सरकार के संस्कृति विभाग का तथ्यों की पूरी तरह छानबीन किए बिना सभा की कपटपूर्ण कार्यवाही में सहयोगी बनना भी अत्यन्त दुर्भाग्यपूर्ण है। सभा की इस दूषित मानसिकता से प्रेमचंद जैसे शीर्ष कथाकार के जन्म-स्थल का न केवल वास्तविक इतिहास बदल जाएगा, बल्कि देश की भावी पीढ़ी सदैव इस ऊहापोह में डूबती-उतराती रहेगी कि आखिर प्रेमचंद परिवार की पैतृक सम्पत्ति पर नागरी प्रचारिणी सभा का स्वामित्व कैसे स्थापित हो गया। प्रस्तावित स्मारक-स्थल पर देश के प्रथम राष्ट्रपति डॉ. राजेन्द्र प्रसाद द्वारा वर्ष 1959 में जो शिलापट स्थापित किया गया था, उसे भी साजिशन उखड़वा कर गायब कर देना न केवल तत्कालीन राष्ट्रपति महोदय की अवमानना है, बल्कि वास्तविक ऐतिहासिक तथ्यों को मिटाने का कुत्सित प्रयास भी है। उत्तर प्रदेश के संस्कृति विभाग से यह अपेक्षा की जाती है कि वह अब से भी मामले की सच्चाई का पता लगाकर अपनी पिछली गलती को सुधारे और सभा के षड्यंत्र में भागीदार बनने के कलंक से अपने को बचावे। साहित्य प्रेमियों का भी यह दायित्व है कि कि वे सभा की

कपटपूर्ण कार्यवाही की कठोर शब्दों में भर्त्सना करें और एक कालजयी साहित्यकार के जन्म-स्थल का वास्तविक इतिहास मिटने से बचावें।

प्रेमचंद का इतना अधिक कथा तथा कथेतर लुप्त साहित्य प्रकाश में आने के बाद भी ऐसा लगता है कि उनकी कुछ और उर्दू-हिन्दी कहानियाँ तथा लेख अब भी यत्र-तत्र पुरानी पत्र-पत्रिकाओं में दबे पड़े हैं और उन्हें खोजकर प्रकाश में लाना अभी शेष है। दोनों भाषाओं में स्वतन्त्र लेखन करने वाले प्रेमचंद जैसे द्विभाषी लेखक की तत्कालीन पत्र-पत्रिकाओं में जहाँ-तहाँ दबी पड़ी पुरानी सामग्री की खोज का कार्य काफी दुष्कर है। इसका मुख्य कारण है–उस समय की पत्र-पत्रिकाओं का सुगमता से उपलब्ध न होना और दोनों भाषाओं का अच्छा ज्ञान रखने वाले खोजी प्रकृति के लगनशील शोधकर्मियों का अभाव। एक अन्य कारण यह भी है कि कभी-कभी प्रेमचंद ने कुछ रचनाएँ धनपतराय, नवाबराय या प्रेमचंद के अतिरिक्त कतिपय अन्य काल्पनिक नामों से भी लिखी हैं जिसकी जानकारी कम ही लोगों को है। ऐसे नामों से लिखी कुछ रचनाएँ प्रकाश में आ भी चुकी हैं। यद्यपि प्रचलित नामों के अतिरिक्त अन्य नामों से लिखी रचनाओं की संख्या बहुत अधिक तो नहीं प्रतीत होती, परन्तु अब भी कुछ रचनाएँ यदि कहीं दबी पड़ी हैं तो उन्हें भी खोजकर प्रकाश में लाना महत्त्वपूर्ण उपलब्धि मानी जाएगी। सौभाग्य से डॉ. प्रदीप जैन के रूप में एक ऐसे निष्ठावान और उत्साही व्यक्ति ने इस शोध-कार्य को अपने हाथों में लिया है जो हिन्दी साहित्य के विद्वान् होने के साथ ही उर्दू भाषा के भी अच्छे ज्ञाता हैं। विगत कुछ वर्षों से उनके द्वारा किए जा रहे महत्त्वपूर्ण शोध-कार्य का ही परिणाम है प्रस्तुत शोध-ग्रन्थ, जिसके माध्यम से प्रेमचंद की छह लुप्त कहानियों और सात लुप्त लेखों के साथ दिल्ली प्रान्तीय हिन्दी साहित्य सम्मेलन में दिया गया भाषण और अहमद अली, सज्जाद जहीर एवं पं. देवीदत्त शुक्ल के नाम लिखे गए अनेक दुर्लभ पत्र तथा सरस्वती प्रेस के विवाद के सम्बन्ध में प्रेमचंद-महताबराय के मध्य हुआ दुर्लभ पत्राचार भी प्रकाश में आ सका है। इस शोध-ग्रन्थ का विद्वत्तापूर्ण विस्तृत प्राक्कथन लिखकर डॉ. प्रदीप जैन ने उसका महत्त्व और भी बढ़ा दिया है। उन्होंने अभी जिन्दगी का अर्ध-शतक पूरा किया है और उनमें पर्याप्त ऊर्जा शेष है। जिस लगन, परिश्रम, उत्साह और निष्ठा के साथ वह प्रेमचंद के सागर सरीखे साहित्य के मंथन में लगे हुए हैं, उसे देखते हुए यह आशा की जानी चाहिए कि अभी कुछ और गड़ा हुआ धन उनके हाथ अवश्य लगेगा और 'प्रेमचंद की शेष रचनाएँ' का दूसरा खण्ड भी शीघ्र ही प्रेमचंद साहित्य के प्रेमी पाठकों के सम्मुख होगा।

–कृष्ण कुमार राय

एस. 2/51-ए, अर्दली बाजार
(अधिकारी हॉस्टल के समीप)
वाराणसी-221 002
कार्तिक पूर्णिमा, संवत् 2065 वि.

प्राक्कथन

प्रेमचंद के सम्पादन में प्रकाशित मासिक 'हंस' का जनवरी-फरवरी 1932 का संयुक्तांक 'आत्मकथा अंक' के रूप में प्रकाशित हुआ था। इस विशेषांक के प्रकाशन से हिन्दी में आत्मकथा लेखन आरम्भ हुआ, जो निरन्तर प्रगति के पथ पर अग्रसर है। इसी विशेषांक में 'जीवन-सार' शीर्षक से प्रेमचंद का आत्मकथापरक लेख प्रकाशित हुआ था, जो उनकी एकमात्र आधी-अधूरी तथा संक्षिप्त-सी आत्मकथा है, जिसका प्रेमचंद के जीवनीकारों ने व्यापक रूप से उपयोग किया है। अपनी इस आत्मकथा को प्रेमचंद ने निम्नांकित शब्दों से प्रारम्भ किया था-

"मेरा जीवन सपाट, समतल मैदान है, जिसमें कहीं-कहीं गढ़े तो हैं; पर टीलों, पर्वतों, घने जंगलों, गहरी घाटियों और खड्डों का स्थान नहीं है। जो सज्जन पहाड़ों की सैर के शौकीन हैं, उन्हें तो यहाँ निराशा ही होगी।"[1]

प्रेमचंद के बहुधा उद्धृत उपर्युक्त शब्दों से उनकी बाल्य और किशोरावस्था की भयावह निर्धनता, स्कूल मास्टर तथा सब डिप्टी इंस्पेक्टर ऑफ स्कूल्स के रूप में स्थान-स्थान पर स्वास्थ्य के लिए प्रतिकूल वातावरण में निरन्तर नौकरी करते घूम-घूमकर आमंत्रित की गई शारीरिक बीमारी, महात्मा गांधी के असहयोग आन्दोलन से प्रभावित होकर 120 रुपए माहवार की सरकारी नौकरी को ठोकर मारकर जीविकोपार्जन के लिए दर-दर मिलती ठोकरें, वर्षों से संचित एक साध को पूरा करने के लिए मासिक 'हंस' तथा साप्ताहिक 'जागरण' के सम्पादन-प्रकाशन और सरस्वती प्रेस के संचालन से सुरसा के मुँह की तरह निरन्तर बढ़ते घाटे की भरपाई के लिए मुम्बई की मायानगरी में अनिच्छापूर्वक बिताया लगभग एक वर्ष का समय और अन्ततः जानलेवा बीमारी से लड़ते हुए इस नश्वर संसार को अलविदा कहकर अनन्त की यात्रा पर निकल जाना-सब कुछ ही प्रतिध्वनित होता है।

असंगतियों, विसंगतियों, प्रतिकूलताओं और विषमताओं से यावज्जीवन युद्धरत प्रेमचंद समाज के वंचित वर्ग की भावनाओं को अपनी प्रखर रचनाधर्मिता से निरन्तर वाणी प्रदान करते रहे और इस समूची प्रक्रिया में उन्हें इतना अवकाश ही कहाँ था कि वे स्वयं अपनी ओर भी कभी देख पाते। परिणामस्वरूप, प्रेमचंद स्वयं

1. जीवन-सार; 'हंस', बनारस, आत्मकथा अंक, जनवरी-फरवरी 1932, पृ. 161

से सदा निस्पृह ही बने रहे, यहाँ तक कि जीवन के अन्तिम क्षणों में भी उन्हें ध्यान था तो बस अपने मिशन का। वह मिशन, जिसे पूरा करने के लिए उन्होंने 'हंस' निकाला और जिसके प्रकाशन की निरन्तरता बनी रहने की चिन्ता जीवन के अन्तिम क्षणों तक उनके साथ रही। प्रेमचंद की इस जनोन्मुखी चिन्तन-धारा को भले ही वर्तमान काल के विद्वान् 'आभिजात्य संस्कारों की कमी' की संज्ञा देने लगें, किन्तु उन्हें अपनी विचार-यात्रा, जीवन-संघर्ष, अस्तित्व की लड़ाई और दलित-शोषित वर्ग के चौमुखी उत्थान की चिन्ता ने कभी इतना अवकाश ही नहीं दिया कि वे अपनी रचनाओं से समन्वित हिन्दी-उर्दू पत्र-पत्रिकाओं को सहेजकर रखने की दिशा में तनिक भी सचेष्ट बने रह सकते। अत्यन्त अव्यवस्थित जीवन जीने वाले प्रेमचंद के लिए यह न तो सम्भव था, न व्यावहारिक ही। और यही कारण है कि उनकी अनेकानेक कहानियाँ पत्र-पत्रिकाओं में प्रकाशित हो जाने पर भी कहानी-संकलनों में सम्मिलित नहीं हो पाईं। जहाँ तक हिन्दी-उर्दू लेखों का सम्बन्ध है, प्रेमचंद ने अपने जीवन-काल में उर्दू जीवनीपरक लेखों का ही एकमात्र संकलन 'बाकमालों के दर्शन' शीर्षक से प्रकाशित कराया था, और त्रह भी स्कूली पाठ्यक्रम में स्वीकृत कराकर आर्थिक कठिनाइयों से कुछ छुटकारा पाने के दृष्टिकोण से। अन्य हिन्दी-उर्दू लेख प्रेमचंद के जीवन-काल में पुस्तकाकार रूप में कभी प्रकाशित नहीं हो सके। सम्पादकीय आलेखों, टिप्पणियों और पुस्तक-समीक्षाओं को, भले ही वे कितनी ही महत्त्वपूर्ण क्यों न रही हों, पुस्तकाकार प्रकाशित कराने का तो मृत्यु ने उन्हें अवकाश ही नहीं दिया।

प्रेमचंद ने अपने 26 दिसम्बर, 1934 के पत्र द्वारा इन्द्रनाथ मदान को सूचना देते हुए लिखा था-"मेरी कहानियों की कुल संख्या लगभग ढाई सौ है। अप्रकाशित कहानियाँ मेरे पास एक भी नहीं है।"[1] स्पष्ट है कि लेखन-कार्य पूर्ण होते ही प्रेमचंद अपनी प्रत्येक रचना किसी-न-किसी पत्र-पत्रिका को प्रकाशनार्थ भेज दिया करते थे। अत: शोधकर्ताओं के प्रमाद, असावधानी, सुविधाभोगी वृत्ति तथा आलस्य के कारण प्रेमचंद की अनेक कहानियाँ, लेख आदि विभिन्न सुप्रसिद्ध अथवा अल्पज्ञात हिन्दी-उर्दू पत्र-पत्रिकाओं के पृष्ठों में अचीन्हे पड़े रह गए हैं। उनकी ऐसी ही अज्ञात रचनाओं को परवर्ती विद्वानों ने प्रेमचंद की 'अप्राप्य' रचनाओं के नाम से अभिहित करना प्रारम्भ कर दिया। यहाँ यह उल्लेख करना सर्वथा समीचीन होगा कि प्रेमचंद की ये 'अप्राप्य' रचनाएँ उनकी 'अप्रकाशित' रचनाएँ नहीं हैं और इस सम्बन्ध में किसी प्रकार का भ्रम नहीं होना चाहिए। ध्यातव्य है कि प्रेमचंद की कुछ रचनाएँ ऐसी भी हैं, जो उनके देहावसान के समय प्रकाशन की प्रक्रिया में थीं लेकिन उनका प्रथम प्रकाशन उनके देहावसान के उपरान्त ही सम्भव हो पाया।

1. चिट्ठी-पत्री, भाग-2, पृ. 236

मुंशी प्रेमचंद की इन अज्ञात या अप्राप्य रचनाओं को खोजकर साहित्य-संसार के समक्ष प्रस्तुत कर देने का कार्य कब आरम्भ हुआ, इस सम्बन्ध में प्राय: विद्वानों ने भ्रामक सूचनाएँ उपलब्ध कराई हैं। आश्चर्य तब होता है जब राष्ट्रीय ही नहीं, वरन् अन्तर्राष्ट्रीय स्तर पर 'प्रेमचंद-विशेषज्ञ' के रूप में अपनी पहचान बनाने वाले डॉ. कमल किशोर गोयनका भी तथ्यपरक सूचना उपलब्ध कराने में सफल नहीं हो पाते। डॉ. गोयनका ने सन् 2005 में प्रकाशित अपनी पुस्तक में लिखा है–

"प्रेमचंद के अप्राप्य साहित्य की खोज का सिलसिला रावलपिंडी में रहते हुए भीष्म साहनी ने 1941 में आरम्भ किया था। उन्होंने 'विशाल भारत' के मई 1941 के अंक में 'स्व. प्रेमचंदजी के पत्रों का संग्रह' शीर्षक से एक नोटिस छपवाया था जिसमें पाठकों के पास उपलब्ध प्रेमचंद के पत्रों को भेजने का आग्रह किया गया था। इसके बाद मदन गोपाल ने 1943 से इसी कार्य को आरम्भ किया और काफी सफलता प्राप्त की, किन्तु अप्राप्य एवं अज्ञात साहित्य की खोज का व्यवस्थित कार्य अमृतराय ने लगभग 1957 में आरम्भ किया और...हजारों पृष्ठों का अप्राप्य साहित्य पाठकों के सम्मुख प्रस्तुत किया। प्रेमचंद के सम्पूर्ण साहित्य को उपलब्ध कराने की दृष्टि से यह एक ऐतिहासिक घटना थी, एक विस्फोट था, एक अविस्मरणीय उपलब्धि थी। इसके पश्चात् इन पंक्तियों के लेखक ने 1962 से इस कार्य को उठाया और विगत 25 वर्षों में हजारों पृष्ठों के अप्राप्य-अज्ञात साहित्य को खोज निकाला।"[1]

डॉ. गोयनका के उपर्युक्त कथन के अनुसार 8 अक्टूबर, 1936 को प्रेमचंद के देहावसान के लगभग 5 वर्ष पश्चात् भीष्म साहनी ने प्रेमचंद के पत्रों का संग्रह करने की सूचना प्रकाशित कराकर उनकी अप्राप्य-अज्ञात रचनाओं को खोजना प्रारम्भ किया था। पत्रों का संग्रह करने को रचनाओं (कहानी, लेख आदि) की खोज का कार्य कैसे और क्यों माना गया, यह कुछ स्पष्ट नहीं होता। उपर्युक्त शब्दों से यह भ्रम भी होता है कि इस कार्य को अमृतराय तथा डॉ. कमल किशोर गोयनका ने ही हाथ में लिया तथा अन्य किसी भी विद्वान् ने इस दिशा में कार्य करने की आवश्यकता अनुभव नहीं की। इसके अतिरिक्त प्रेमचंद के दोनों पुत्र–श्रीपतराय और अमृतराय अपने पिता से उत्तराधिकार में मिले हुए सरस्वती प्रेस का संचालन सफलता से कर रहे थे और स्वयं डॉ. गोयनका ने अपने उपर्युक्त उद्धरण में ही इस दिशा में किए गए अमृतराय के प्रयासों की खुले हृदय से प्रशंसा भी की है। अत: उपर्युक्त उल्लेख से भ्रम होता है कि प्रेमचंद के देहावसान के पश्चात् 21 वर्षों तक अमृतराय ने उनके अज्ञात तथा दृष्टि से ओझल रह गए साहित्य को खोजने का तनिक भी उद्योग नहीं किया और उन्होंने इस कार्य को पहली बार 1957 में ही आरम्भ किया और उनके पश्चात् प्रेमचंद साहित्य पर शोध

1. प्रेमचंद की अप्राप्य कहानियाँ, पृ. 8

करके सन् 1972 में पी--एच्.डी. की उपाधि प्राप्त करने वाले डॉ. कमल किशोर गोयनका ने '1962 से इस कार्य को उठाया' और केवल वे ही इस कार्य को आगे बढ़ाने में सफल हो सके। तार्किक आधार पर इसी भ्रम के निवारण हेतु आगामी पंक्तियों में प्रेमचंद के अज्ञात-अप्राप्य साहित्य की खोज का इतिवृत्त प्रस्तुत है।

उल्लेख किया जा चुका है कि प्रेमचंद की कतिपय रचनाएँ ऐसी भी हैं, जो उनके देहावसान के समय प्रकाशन की प्रक्रिया में थीं परन्तु उनके जीवन-काल में प्रकाशित न हो सकीं। प्रेमचंद की ऐसी रचनाओं, जिन्हें प्रकारान्तर से उनकी अप्रकाशित रचनाएँ स्वीकार किया जा सकता है, के सम्बन्ध में सर्वप्रथम विचार करना सर्वथा समीचीन होगा।

प्रेमचंद के सम्पादन में मासिक 'हंस' मार्च 1930 से सितम्बर 1936 तक प्रकाशित हुआ। 8 अक्टूबर, 1936 को प्रेमचंद का देहावसान हो जाने पर अक्टूबर 1936 के अंक से 'हंस' शिवरानी देवी के सम्पादन में प्रकाशित होना प्रारम्भ हुआ। 'हंस' के अक्टूबर 1936 के अंक में प्रेमचंद की कहानी 'कश्मीरी सेब' प्रकाशित हुई जिस पर लेखकीय नामोल्लेख 'स्व. प्रेमचंदजी' के रूप में प्रकाशित हुआ। यह कहानी पीछे चलकर 'कफन और शेष रचनाएँ' शीर्षक संकलन में सम्मिलित हुई। प्रेमचंद के देहावसान वाले मास में ही इस कहानी के प्रकाशित होने से इसमें तनिक भी सन्देह नहीं रहता कि उनकी अज्ञात-अप्राप्य-अप्रकाशित रचनाएँ प्रकाश में लाने का कार्य उनके देहावसान के तत्काल पश्चात् आरम्भ हो गया था।

प्रेमचंद ने एक बालोपयोगी कहानी 'कुत्ते की कहानी' शीर्षक से लिखी थी और यह कहानी एक लघु पुस्तिका के रूप में प्रकाशित होनी प्रस्तावित थी। इसके सम्बन्ध में 'हंस' के फरवरी 1936 के अंक में सूचना भी प्रकाशित हुई थी। डॉ. माता प्रसाद गुप्त द्वारा प्रान्तीय गजट के प्रामाणिक आधार पर उपलब्ध कराई गई सूचना के अनुसार यह पुस्तिका नवम्बर 1936 में सरस्वती प्रेस, बनारस से प्रकाशित हुई थी। इस पुस्तिका में प्रेमचंद की लिखी एक संक्षिप्त भूमिका भी प्रकाशित है, जिस पर 14 जुलाई, 1936 तिथि मुद्रित है, जो सम्भवतः भूमिका-लेखन की तिथि है।

चन्द्रगुप्त विद्यालंकार के निमन्त्रण पर प्रेमचंद ने अप्रैल 1936 में लाहौर में आयोजित आर्यभाषा सम्मेलन में भाग लेकर एक लाख से अधिक की संख्या के जनसमूह के समक्ष भाषण दिया था, जिसका अविकल पाठ उनके देहावसान के छह माह पश्चात् 'हंस' के फरवरी 1937 के अंक में पहली बार प्रकाशित होकर प्रेमचंद साहित्य में समाविष्ट हुआ, जो आगे चलकर 'कुछ विचार' शीर्षक संकलन में सम्मिलित हुआ।

अंग्रेजी के सुप्रसिद्ध नाटककार जॉर्ज बर्नार्ड शॉ के नाटक 'बैक टू मैथ्यूसेलह' के एक अंश 'इन दि बिगिनिंग' का हिन्दी अनुवाद प्रेमचंद ने 'सृष्टि का आरम्भ' शीर्षक से किया था। यह अनुवाद पहली बार प्रेमचंद के देहावसान के उपरान्त

'हंस' के मार्च तथा अप्रैल 1937 के दो अंकों में क्रमश: प्रकाशित हुआ जो बाद में 1938 में सरस्वती प्रेस से पुस्तकाकार रूप में भी प्रकाशित हुआ।

अप्रैल 1935 में इन्दौर में हिन्दी साहित्य सम्मेलन का अधिवेशन हुआ, जिसमें पढ़ने के लिए प्रेमचंद ने अपना भाषण लिख लिया था और उसकी प्रति 'जमाना' में प्रकाशनार्थ मुंशी दयानारायण निगम को भेज दी थी। सम्मेलन में तो प्रेमचंद नहीं जा पाए परन्तु उनका भाषण निगम साहब ने 'जमाना' के अप्रैल 1935 के अंक में ही प्रकाशित कर दिया था। प्रेमचंद के इस भाषण का हिन्दी रूप पहली बार 'हंस' के अप्रैल 1937 के अंक में 'उर्दू हिन्दी हिन्दुस्तानी' शीर्षक से प्रकाशित हुआ। इस भाषण के हिन्दी रूप के सम्बन्ध में यह सूचना प्राप्त नहीं होती कि यह रूपान्तरण अमृतराय ने किया था अथवा प्रेमचंद के कागजों में अमृतराय को उनके मूल हिन्दी भाषण की पांडुलिपि प्राप्त हो गई थी, जिसे उन्होंने 'हंस' में प्रकाशित कर दिया। इतना अवश्य कहा जा सकता है कि यदि यह प्रेमचंद का मूल हिन्दी भाषण है तो इसका प्रथम प्रकाशन अप्रैल 1937 में हुआ और यदि यह अमृतराय द्वारा उर्दू से हिन्दी में रूपान्तरित करके प्रकाशित किया गया था तो इसे उस प्रयास के अन्दर समाहित किया जाना चाहिए जिसमें प्रेमचंद की उर्दू रचनाओं को हिन्दी-साहित्य-संसार के समक्ष हिन्दी में रूपान्तरित करके प्रकाशित किया गया।

प्रेमचंद और मुंशी दयानारायण निगम के पारस्परिक सम्बन्ध किसी परिचय की अपेक्षा नहीं रखते। निगम साहब के सम्पादन में प्रकाशित उर्दू मासिक 'जमाना' वह अकेली पत्रिका है, जिसमें प्रेमचंद की सर्वाधिक रचनाएँ प्रकाशित हुईं। प्रेमचंद की एक कहानी 'क्रिकेट मैच' न जाने कैसे निगम साहब की फाइलों में पड़ी रह गई थी, जिसे उन्होंने प्रेमचंद के देहावसान के उपरान्त 'जमाना' के जुलाई 1937 के अंक में प्रकाशित करके प्रेमचंद साहित्य में सम्मिलित कराया।

प्रेमचंद ने अपने 19 मार्च, 1935 के पत्र में हसामुद्दीन गौरी को लिखा–

"मेरी दो किताबें जामिया मिल्लिया, देहली के एहतेमाम से छप रही हैं। एक का नाम 'मैदाने अमल', दूसरी का नाम 'वारदात' है। तीसरी जेरे तसनीफ है।"[1]

उपर्युक्त पत्र से स्पष्ट है कि स्वयं प्रेमचंद ने 1935 में अपने 'वारदात' शीर्षक उर्दू कहानी-संकलन को जामिया मिल्लिया, देहली द्वारा प्रकाशित कराना सुनिश्चित कर लिया था। सम्प्रति प्राप्त प्रमाणों के आधार पर यह कहानी-संकलन प्रेमचंद के जीवन-काल में प्रकाशित नहीं हुआ। इसके प्रकाशन के सम्बन्ध में डॉ. कमल किशोर गोयनका ने निम्नांकित सूचना उपलब्ध कराई है–

"'वारदात' : उर्दू कहानी-संकलन/संकलन-प्रेमचंद/प्रकाशक-मकतबा जामिया, दिल्ली, प्रथम संस्करण फरवरी 1938...'जमाना' जून 1937 (जो फरवरी 1938 में छप सका) में दयानारायण निगम ने 'वारदात' का परिचय दिया है।"[2]

1. चिट्ठी-पत्री, भाग-2, पृ. 161
2. प्रेमचंद विश्वकोश, भाग-2, पृ. 368

प्रतीत होता है कि डॉ. गोयनका ने 'जमाना' प्रेमचंद नम्बर को फरवरी 1938 में प्रकाशित होना मानते हुए 'वारदात' को भी फरवरी 1938 में प्रकाशित होना मान लिया है। परन्तु 'जमाना' प्रेमचंद नम्बर के सम्बन्ध में मुंशी दयानारायण निगम ने 'जमाना' के दिसम्बर 1937 के अंक में निम्नांकित सूचना प्रकाशित कराई थी–

"पिछले साल हमने अपने रफीक मोहतरम मुंशी प्रेमचंद की यादगार में 'जमाना' का एक खास नम्बर शाया करने का ऐलान किया था। हम उसे दिसम्बर 1936 के पर्चे के बजाय अप्रैल 1937 में शाया करना चाहते थे, लेकिन बाज अहम मजामीन, जो इस नम्बर के लिए खासतौर पर लिखाए गए थे, इस कदर जल्द तैयार न हो सके और उनकी तादाद व हजम में भी इस कदर इजाफा हो गया कि हमको जून 1937 के पर्चे को भी इसी नम्बर में शामिल करना पड़ा। मगर ऐडीटर की खराबी-ए-सेहत और बाज दीगर वजूह से इस नम्बर की इशाअत में गैरमामूली ताखीर हो गई। मगर अब शुक्र का मकाम है कि हमारी मेहनत ठिकाने लगी और यादगारे प्रेमचंद अपनी तमाम खुसूसियात के साथ तैयार हो गया है और इस नम्बर के साथ ही शाया हो रहा है।"[1]

स्पष्ट है कि 'जमाना' का प्रेमचंद नम्बर वास्तव में दिसम्बर 1937 में ही छपकर तैयार हो गया था, जिसमें मुंशी दयानारायण निगम ने 'वारदात' का परिचय इस प्रकार प्रस्तुत किया था–

" 'वारदात' : तेरह अफसानों का मजमूआ जामिया मिल्लिया, दिल्ली से 1937 में शाया हुआ।"[2]

स्पष्ट है कि निगम साहब के अनुसार यह संकलन 1937 में प्रकाशित हो गया था। इसके सम्बन्ध में गोपाल कृष्ण माणकटाला विस्तार से लिखते हैं–

"डॉ. गोयनका इसका स्ने इशाअत 1938 (फरवरी) तहरीर फरमाते हैं। निगम साहब सितम्बर 1937 के 'जमाना' में सफहा 203 पर 'इल्मी खबरें और नोट' के उनवान के तहत तहरीर फरमाते हैं–'इस असना में मुंशी प्रेमचंद के तेरह छोटे अफसानों का एक मजमूआ 'वारदात' के नाम से जामिया मिल्लिया प्रेस से शाया हुआ है।' अक्टूबर 1937 के 'जमाना' में इसका एक इश्तिहार भी शाया हुआ है।"[3]

उपर्युक्त सूचना से स्पष्ट है कि डॉ. गोयनका द्वारा निर्दिष्ट इस कहानी-संकलन के प्रकाशन की अनुमानित तिथि भ्रामक है और यह संकलन अगस्त 1937 में अवश्य ही प्रकाशित हो चुका था, जिसमें निम्नांकित 13 कहानियाँ सम्मिलित थीं–

1. शिकवा शिकायत ('चन्दन', जून 1932), 2. मासूम बच्चा ('जामिया', फरवरी 1935), 3. बदनसीब माँ, 4. शान्ति ('इस्मत', दिसम्बर 1934–मूल शीर्षक

1. जमाना का 35वाँ साल : रफ्तारे जमाना; जमाना, कानपुर, दिसम्बर 1937, पृ. 396
2. प्रेमचंद की तसानीफ; जमाना प्रेमचंद नम्बर, पृ. 308
3. जमीमा नम्बर चार; जमाना प्रेमचंद नम्बर, पृ. 33

'सुकूने कल्ब' तथा इसी शीर्षक से 'दूध की कीमत' नामक उर्दू कहानी-संकलन में सम्मिलित), 5. रोशनी ('अदबी दुनिया', नवम्बर 1932), 6. मालकिन, 7. नयी बीवी ('अफसाना', मई 1933), 8. गिल्ली-डंडा, 9. स्वांग ('जामिया', जनवरी 1935), 10. इन्साफ की पुलीस, 11. गमनदारी बुज बखुर, 12. मुफ्त करम दाश्तन, और 13. कातिल की माँ।

इस विवरण से स्पष्ट है कि उक्त संकलन की सात कहानियों के सम्बन्ध में यह सूचना उपलब्ध नहीं है कि उनका प्रथम प्रकाशन किस उर्दू पत्र-पत्रिका में हुआ था, लेकिन सम्प्रति प्राप्त प्रमाणों के आलोक में इस संकलन की कहानियों का चयन तथा इसका नामकरण स्वयं प्रेमचंद ने 1935 में ही कर लिया था। अतः इस संकलन के अगस्त 1937 में प्रकाशित हो जाने से साहित्य-जगत् को सात कहानियों के साथ प्रेमचंद का एक अप्रकाशित उर्दू कहानी-संकलन भी उपलब्ध हो गया था।

प्रेमचंद ने हिन्दी में जोधपुर के दुर्गादास की जीवनी लिखी थी। इस जीवनी के सम्बन्ध में अन्य किसी स्रोत से कोई सूचना नहीं मिलती और न यह सूचना ही उपलब्ध है कि इसकी प्रेमचंद के हस्तलेख वाली पांडुलिपि कहाँ सुरक्षित है, लेकिन इसे 'दुर्गादास' शीर्षक पुस्तक के रूप में सरस्वती प्रेस, बनारस से सन् 1938 में प्रकाशित कराकर प्रेमचंद साहित्य में सम्मिलित करने का श्रेय प्रेमचंद के पुत्रों को ही है।

प्रेमचंद की लिखी 12 बाल कहानियों का एक संकलन 'जंगल की कहानियाँ' शीर्षक से पहली बार 1938 में सरस्वती प्रेस से प्रकाशित हुआ। इस संकलन के सम्बन्ध में 'हंस' के फरवरी 1936 के अंक में सूचना प्रकाशित हुई थी, जिससे यह ज्ञात होता है कि प्रेमचंद ने अपने जीवन-काल में इस संकलन की योजना को अन्तिम रूप दे दिया था। प्रेमचंद की इन अप्रकाशित कहानियों को प्रकाश में लाने का श्रेय उनके पुत्रों को ही है।

जिस प्रकार प्रेमचंद का प्रथम उपन्यास 'असरारे मआबिद' अपूर्ण रहा, उसी प्रकार उनका अन्तिम उपन्यास 'मंगलसूत्र' भी पूर्ण न हो सका। प्रेमचंद का यह अन्तिम अपूर्ण उपन्यास लम्बे समय तक साहित्य-संसार की दृष्टि से ओझल रहा और पहली बार अमृतराय के प्रयास से 'हंस' के फरवरी 1948 के अंक में प्रकाशित होकर साहित्य-संसार के समक्ष आ पाया। हिन्दुस्तानी पब्लिशिंग हाउस, इलाहाबाद से भी इस उपन्यास का पुस्तकाकार रूप में प्रकाशित होना बताया जाता है। इस उपन्यास का प्रथम उल्लेख दिसम्बर 1937 में प्रकाशित 'जमाना' के प्रेमचंद विशेषांक में प्राप्त है, जिससे यह अनुमान होता है कि इस उपन्यास का एक पुस्तकाकार संस्करण प्रेमचंद के देहावसान के उपरान्त दिसम्बर 1937 से पूर्व ही प्रकाशित हो चुका था। प्रेमचंद के इस अन्तिम तथा महत्त्वपूर्ण उपन्यास को

प्रेमचंद साहित्य में पहली बार सम्मिलित कराने का श्रेय अमृतराय को ही है। प्रेमचंद के इस अन्तिम अपूर्ण उपन्यास का हैदराबाद (पाकिस्तान) के मनोचिकित्सक डॉ. हसन मंजर द्वारा किया गया उर्दू अनुवाद 1991 में मशहूर ऑफसेट प्रेस, कराची से प्रकाशित हुआ था। डॉ. हसन मंजर द्वारा अनूदित 'मंगलसूत्र' भारत में गोपाल कृष्ण माणकटाला की भूमिका सहित मॉडर्न पब्लिशिंग हाउस, नई दिल्ली से 2002 में प्रकाशित हुआ। प्रेमचंद की केवल हिन्दी में लिखी गई रचनाओं को उर्दू में अनूदित करके प्रकाशित कराने की दिशा में यह एक प्रशंसनीय एवं स्वागत-योग्य प्रयास है। उल्लेखनीय है कि डॉ. हसन मंजर शिवरानी देवी की पुस्तक 'प्रेमचंद घर में' का भी उर्दू अनुवाद करके प्रकाशित करा चुके हैं।

उपर्युक्त विवरण से स्पष्ट है कि प्रेमचंद की नितान्त अप्रकाशित रचनाओं को खोजकर प्रकाशित करा देने का महनीय कार्य उनके पुत्रद्वय श्रीपतराय और अमृतराय ने ही प्रमुख रूप से सम्पादित किया और एक कहानी श्रीमती शिवरानी देवी ने और एक कहानी मुंशी दयानारायण निगम ने प्रकाशित कराई। इस विवरण से यह भी प्रमाणित हो जाता है कि प्रेमचंद के अज्ञात-अप्राप्य ही नहीं, वरन् उनके अप्रकाशित साहित्य की भी तलाश का सिलसिला उनके देहावसान के साथ ही प्रारम्भ हो गया था। और, इस तथ्य के आलोक में डॉ. कमल किशोर गोयनका की पूर्व उद्धृत सूचना प्रामाणिक सिद्ध नहीं होती।

श्रीपतराय और अमृतराय ने अपने पिता प्रेमचंद के देहावसान के अनन्तर ही उनकी अप्रकाशित रह गई रचनाओं को प्रकाशित कराने के साथ-साथ विभिन्न पत्र-पत्रिकाओं में यत्र-तत्र बिखरी पड़ी रचनाओं को संकलित कर प्रकाशित करा देने का महत्त्वपूर्ण कार्य भी व्यवस्थित रूप से आरम्भ कर दिया था। इनके प्रयासों से सरस्वती प्रेस से प्रकाशित 'कफन और शेष रचनाएँ' शीर्षक संकलन मार्च 1937 में ही साहित्य-संसार के हाथों में आ गया था, जिसमें संकलित रचनाएँ निम्नांकित हैं-

1. कफन ('चाँद', अप्रैल 1936), 2. लेखक ('हंस', नवम्बर 1931), 3. जुरमाना, 4. रहस्य ('हंस', सितम्बर 1936), 5. मेरी पहली रचना ('हंस', दिसम्बर 1935), 6. कश्मीरी सेब ('हंस', अक्टूबर 1936), 7. जीवन-सार ('हंस', आत्मकथा अंक, जनवरी-फरवरी 1932), 8. तथ्य ('हंस', फरवरी 1937), 9. दो बहनें ('माधुरी', अगस्त 1936), 10. आहुति ('हंस', नवम्बर 1930), 11. होली का उपहार ('माधुरी', अप्रैल 1931), 12. पंडित मोटेराम की डायरी ('जागरण', जुलाई 1934), 13. प्रेम की होली ('मतवाला', 23 मार्च, 1929), और 14. यह भी नशा वह भी नशा।

स्पष्ट है कि इस संकलन में विभिन्न पत्र-पत्रिकाओं में छपी उन 12 कहानियों तथा दो लेखों को संकलित करके पुस्तकाकार रूप में प्रकाशित किया गया था, जिनका संकलन प्रेमचंद नहीं कर पाए थे। सम्प्रति यह ज्ञात नहीं हो सका

कि इनमें से 'जुरमाना' तथा 'यह भी नशा वह भी नशा' शीर्षक कहानियाँ किस पत्र-पत्रिका के किस अंक में प्रकाशित हुई थीं। ध्यातव्य है कि प्रेमचंद की सर्वाधिक चर्चित कहानी 'कफन' इसी संकलन में पहली बार संकलित होकर प्रकाशित हुई थी। इस संकलन के प्रकाशन को प्रेमचंद की असंकलित रचनाओं को सुव्यवस्थित रूप से संकलित करने की दिशा में किया गया प्रथम, महत्त्वपूर्ण एवं सफल प्रयास स्वीकार करने में कोई संकोच नहीं होना चाहिए।

'कफन और शेष रचनाएँ' जैसा एक अत्यन्त महत्त्वपूर्ण तथा प्रारम्भिक कार्य उर्दू में भी दृष्टि में आता है। जून 1937 में इस्मत बुक डिपो, देहली द्वारा प्रेमचंद की उर्दू कहानियों का एक संकलन 'दूध की कीमत' शीर्षक से प्रकाशित हुआ। इस संकलन के प्रकाशित होने की सूचना उर्दू मासिक 'इस्मत' के जून 1937 के अंक में तथा 'साकी' के जुलाई 1937 के अंक में प्रकाशित हुई थी। इस संकलन में संकलित 9 कहानियों की सूची निम्नानुसार है-

1. कुसुम ('इस्मत', अक्टूबर 1932), 2. वफा का देवता ('इस्मत', दिसम्बर 1932), 3. अक्सीर ('इस्मत', मई 1933), 4. ईदगाह ('इस्मत', दिसम्बर 1933), 5. सुकूने कल्ब ('इस्मत', दिसम्बर 1934), 6. दो बहनें ('इस्मत', सितम्बर-अक्टूबर 1936), 7. रियासत का दीवान, 8. दूध की कीमत, और 9. जाविया-ए-निगाह।

उपर्युक्त सूची से स्पष्ट है कि अन्तिम तीन कहानियों के अतिरिक्त जिनके पत्र-पत्रिका में पूर्व प्रकाशन के सन्दर्भ सम्प्रति उपलब्ध नहीं हैं, शेष छह कहानियाँ उर्दू मासिक 'इस्मत' के ही विभिन्न अंकों में प्रकाशित हुई थीं। इस तथ्य के आलोक में यह अनुमान भी किया जा सकता है कि उपर्युक्त सूची की अन्तिम तीन कहानियाँ भी सम्भवत: 'इस्मत' के ही अन्य अंकों में प्रकाशित हुई होंगी, परन्तु इस अनुमान को पुष्ट प्रमाणों से विश्वसनीय आधार दिया जाना अपेक्षित है। 'दूध की कीमत' को प्रेमचंद की यत्र-तत्र बिखरी हुई उर्दू रचनाओं को तलाश करके संकलित करने की दिशा में प्रथम व्यवस्थित प्रयास स्वीकार करने में कोई बाधा नहीं है। यहाँ यह उल्लेख करना भी समीचीन होगा कि सम्प्रति यह तो ज्ञात नहीं है कि इस संकलन का सम्पादन किन्होंने किया था लेकिन यह अनुमान किया जा सकता है कि सम्भवत: 'इस्मत' के तत्कालीन सम्पादक राजिक-उल-खैरी ने ही इस संकलन का सम्पादन किया होगा।

8 अक्टूबर, 1936 को प्रेमचंद का देहावसान हुआ तो 'जमाना' के अक्टूबर 1936 के अंक में ही पत्रिका का दिसम्बर 1936 का अंक 'प्रेमचंद नम्बर' के रूप में प्रकाशित करने की घोषणा कर दी गई। अन्यान्य कारणों से इस विशेषांक के प्रकाशन में विलम्ब होता गया और अन्तत: दिसम्बर 1936 तथा जून 1937 के दो अंकों के संयुक्त अंक के रूप में 'जमाना प्रेमचंद नम्बर' दिसम्बर 1937 में छपकर तैयार हो पाया। इस विशेषांक में मुंशी दयानारायण निगम ने 'हंस' के आत्मकथा

अंक (जनवरी-फरवरी 1932) में प्रकाशित प्रेमचंद के आत्मकथापरक लेख 'जीवन-सार' का उर्दू अनुवाद कर 'मुंशी प्रेमचंद की कहानी उनकी जबानी' शीर्षक से प्रकाशित किया। यह लेख प्रेमचंद की केवल हिन्दी में प्रकाशित रचनाओं का उर्दू अनुवाद करके प्रकाशित कराने की दिशा में हुआ प्रथम प्रयास था, जिसके पश्चात् ऐसा प्रयास डॉ. कमर रईस ने भी किया, जिसका विवरण यथास्थान प्रस्तुत है। खेद का विषय है कि प्रेमचंद के देहावसान के तत्काल पश्चात् आरम्भ होने पर भी इस दिशा में पर्याप्त कार्य नहीं हो पाया।

प्रेमचंद का एक उर्दू कहानी-संकलन 1933 में तीर्थराम हरबंसलाल ने लाहौर से प्रकाशित किया था, जिसके सम्बन्ध में डॉ. कमल किशोर गोयनका ने निम्नांकित सूचना उपलब्ध कराई है-

"निजात'-उर्दू कहानी-संकलन/प्रकाशक-तीर्थराम हरबंसलाल, अनारकली, लाहौर, प्रथम संस्करण 1933/संग्रह की कहानियाँ मार्च 1934 में 'आखिरी तोहफा' शीर्षक से प्रकाशित हुईं। उपेन्द्रनाथ अश्क के लेख 'प्रेमचंद के पत्र' ('हंस', दिसम्बर 1948) के अनुसार तीर्थराम हरबंसलाल ने प्रेमचंद से 250 रु. में 'निजात' का कॉपीराइट लिया था, लेकिन पुस्तक प्रकाशन के साथ ही उसकी दुकान बन्द हो गई। प्रेमचंद ने फिर 50 रु. लेकर इसका कॉपीराइट नारायणदत्त सहगल, लाहौर को दे दिया, जिसने 'आखिरी तोहफा' नाम से इसकी कहानियों को मार्च 1934 में प्रकाशित किया।...'निजात' का विज्ञापन 'नैरंगे खयाल', जून-जुलाई 1936, पृ. 168 पर प्राप्त होता है।"[1]

उल्लेखनीय है कि 'निजात' का स्पष्ट उल्लेख करने पर भी डॉ. कमर रईस और मदन गोपाल ने इसे प्रेमचंद के कहानी-संकलनों की सूची में स्थान नहीं दिया। अतः डॉ. गोयनका की उपर्युक्त सूचना की इस सीमा तक तो पुष्टि हो जाती है कि यह कहानी-संकलन अकाल मृत्यु का शिकार होकर अलभ्य हो गया था। इस कहानी-संकलन की मूल प्रति खोजकर डॉ. प्रदीप जैन ने इसका प्रामाणिक विवरण 'आजकल' (जुलाई 2007) और 'हमारी जबान' (8-14 सितम्बर, 2008) में पहली बार प्रकाशित करा दिया था। उल्लेखनीय है कि जब प्रकाशक का व्यवसाय बन्द हो जाने के कारण यह संकलन बाजार में नहीं आ पाया था, तब तीन वर्ष उपरान्त 'नैरंगे खयाल' के जून-जुलाई 1936 के अंक में इसका विज्ञापन प्रकाशित होने की डॉ. गोयनका की सूचना संदिग्ध तथा अप्रामाणिक प्रतीत होती है। इसके अतिरिक्त इस संकलन के 'आखिरी तोहफा' नाम से प्रकाशित होने की सूचना देने के साथ डॉ. गोयनका ने 'आखिरी तोहफा' के सम्बन्ध में निम्नांकित सूचना भी उपलब्ध कराई है-

---

1. प्रेमचंद विश्वकोश, भाग-2, पृ. 209

"आखिरी तोहफा'-उर्दू कहानी-संकलन/प्रकाशक-नारायणदत्त सहगल एण्ड संस, लाहौर, प्रथम संस्करण मार्च 1934/लाहौर से प्रकाशित उर्दू पत्रिका 'नैरंगे खयाल' के मार्च 1934 के अंक में संग्रह के प्रकाशित होने की घोषणा।"[1]

डॉ. गोयनका की उपर्युक्त दोनों सूचनाओं में अन्तर्विरोध स्पष्ट हैं। यदि 'नैरंगे खयाल' के जून-जुलाई 1936 के अंक में 'निजात' का विज्ञापन प्रकाशित हुआ था तो इसी पत्रिका के मार्च 1934 के अंक में 'आखिरी तोहफा' के प्रकाशन की घोषणा का क्या औचित्य है, यह कुछ बुद्धिगम्य नहीं है। उधर, दिसम्बर 1937 में छपकर तैयार हो चुके 'जमाना' के प्रेमचंद नम्बर में मुंशी दयानारायण निगम द्वारा उर्दू कहानी-संकलनों की सूची में 'आखिरी तोहफा' का उल्लेख प्राप्त न होने से भी इस विशेषांक के प्रकाशन तक इस कहानी-संकलन के प्रकाशित होने में सन्देह होता है। 'आखिरी तोहफा' के नवें संस्करण की एक प्रति इन पंक्तियों के लेखक के व्यक्तिगत संग्रह में उपलब्ध है, जिसके आन्तरिक मुखपृष्ठ पर प्रकाशित विवरण निम्नांकित है-

"आखिरी तोहफा/प्रेमचंद/जुमला हुकूक बहके नारायणदत्त सहगल ऑफ लाहौर महफूज हैं/पब्लिशर्स/नारायणदत्त सहगल एण्ड संस (लाहौर), चौक फतेहपुरी, दिल्ली; मुहल्ला थापरान, जालन्धर शहर/प्रिंटर्स-महबूब-उल-मताबा बर्की प्रेस, दिल्ली/नवीं बार/कीमत 2 रुपए 12 आने"

स्पष्ट है कि संग्रह के प्रकाशक ने प्रेमचंद से इसका प्रकाशनाधिकार खरीद लिया था, जो कि डॉ. गोयनका की पूर्व उद्धृत सूचना से साम्य रखता है। इसके पश्चात् 'फहरिस्त' शीर्षक से संग्रह की अनुक्रमणिका प्रस्तुत करने के अनन्तर 'मकबूलियत' शीर्षक से संग्रह के समस्त संस्करणों का विवरण इस प्रकार प्रकाशित है-

"पहला ऐडीशन	1200	अप्रैल 1938
दूसरा ऐडीशन	1500	मार्च 1939
तीसरा ऐडीशन	1000	नवम्बर 1940
चौथा ऐडीशन	1000	अप्रैल 1942
पाँचवाँ ऐडीशन	1500	अगस्त 1943
छठा ऐडीशन	2000	जनवरी 1944
सातवाँ ऐडीशन	1000	फरवरी 1947
आठवाँ ऐडीशन	2000	नवम्बर 1949
नवाँ ऐडीशन	2000	जनवरी 1951"

संग्रह के प्रकाशक द्वारा प्रस्तुत किए गए उपुर्यक्त विवरण पर अविश्वास करने का कोई भी कारण उपस्थित नहीं है और प्रामाणिक रूप से 'आखिरी

1. प्रेमचंद विश्वकोश, भाग-2, पृ. 44

तोहफा' का प्रथम संस्करण प्रेमचंद के देहावसान के उपरान्त अप्रैल 1938 में ही प्रकाशित हुआ था। 'नैरंगे खयाल' का सन्दर्भित अंक तो सम्प्रति उपलब्ध नहीं हो सका, परन्तु इतना अनुमान किया जा सकता है कि यदि इस पत्रिका में कथित विज्ञापन प्रकाशित हुआ था तो वह मात्र संग्रह की प्रकाशन-पूर्व सूचना के रूप में ही प्रकाशित हुआ होगा, और मात्र इस कथित विज्ञापन के आधार पर संग्रह को मार्च 1934 में प्रकाशित हुआ स्वीकार नहीं किया जा सकता।

'आखिरी तोहफा' में सम्मिलित होकर प्रकाशित हुई कहानियों का विवरण निम्नांकित है-

1. कातिल, 2. आखिरी तोहफा ('चन्दन', अगस्त 1931), 3. अदीब की इज्जत ('चन्दन', दिसम्बर 1931-'परवीन' शीर्षक से), 4. दो बैल ('चन्दन', नवम्बर 1931), 5. जेल ('चन्दन', जनवरी 1931), 6. शिकार ('चन्दन', अक्टूबर 1931), 7. आखिरी हीला ('चन्दन', फरवरी 1931), 8. सती ('चन्दन', मई 1932), 9. तुलू-ए-मुहब्बत ('चन्दन', सितम्बर 1931), 10. वफा की देवी, 11. डिमांस्ट्रेशन ('हुमायूँ', जनवरी 1932), 12. बरात, और 13. निजात।

स्पष्ट है कि इस संकलन की चार कहानियों के किसी पत्र-पत्रिका में पूर्व प्रकाशित होने का सन्दर्भ उपलब्ध नहीं है। अत: प्रेमचंद के एक अलभ्य कहानी-संकलन 'निजात' को नए शीर्षक 'आखिरी तोहफा' के अन्तर्गत पुनः प्रस्तुत करने और इसके साथ प्रेमचंद की चार दुर्लभ कहानियों को प्रेमचंद साहित्य में सम्मिलित कराने का श्रेय लाहौर के पुस्तक प्रकाशक नारायणदत्त सहगल एण्ड संस को ही है।

1938 में सरस्वती प्रेस से प्रेमचंद की कहानियों का एक संकलन 'नारी जीवन की कहानियाँ' शीर्षक से पहली बार प्रकाशित हुआ। इस संकलन में प्रेमचंद के विभिन्न संकलनों से पन्द्रह कहानियों का चयन किया गया था, जिनका विवरण निम्नांकित है-

1. बेटों वाली विधवा ('मानसरोवर', भाग-1), 2. स्वामिनी ('मानसरोवर', भाग-1), 3. गृहनीति ('मानसरोवर', भाग-2), 4. बड़े घर की बेटी ('सप्त सरोज', 'प्रेम द्वादशी'), 5. दो बहनें ('कफन, और शेष रचनाएँ'), 6. शान्ति ('मानसरोवर', भाग-1), 7. जीवन का शाप ('मानसरोवर', भाग-2), 8. गृहदाह ('प्रेम प्रसून', 'प्रेम द्वादशी', 'सप्त सुमन', 'प्रेम पंचमी'), 9. तथ्य ('कफन और शेष रचनाएँ'), 10. आभूषण ('प्रेम प्रसून', 'प्रेम पंचमी', 'नवजीवन'), 11. कौशल ('प्रेम प्रमोद'), 12. सती ('प्रेम तीर्थ', 'सप्त सुमन', 'प्रेमचंद की सर्वश्रेष्ठ कहानियाँ'-प्रथम संस्करण, 'प्रेम पीयूष'), 13. जादू ('मानसरोवर', भाग-2), 14. जेल ('समर यात्रा, तथा अन्य कहानियाँ'), और 15. अन्तिम शान्ति।

उपर्युक्त सूची से स्पष्ट है कि इस संकलन में एक कहानी 'अन्तिम शान्ति' ऐसी भी सम्मिलित होकर प्रकाशित हुई है जो न तो पहले किसी भी संकलन में

संकलित हुई थी और न ही इसके सम्बन्ध में यह ज्ञात है कि इस संकलन में सम्मिलित होने से पूर्व यह किस पत्र-पत्रिका में प्रकाशित हुई थी। वास्तविकता यह है कि यह कहानी मात्र इसी संकलन के माध्यम से प्रेमचंद साहित्य में सम्मिलित हुई थी। प्रेमचंद की एक दृष्टिओझल कहानी को साहित्य-संसार के समक्ष प्रस्तुत करने से इस संकलन को प्रेमचंद की शेष असंकलित रचनाओं के संकलन की दिशा में किया गया महत्त्वपूर्ण प्रयास स्वीकार किया जाना चाहिए। यहाँ यह उल्लेख करना भी असंगत न होगा कि उर्दू में 24 भारी-भरकम खण्डों में प्रेमचंद की समग्र रचनाएँ 'कुल्लियाते प्रेमचंद' शीर्षक से प्रकाशित कराते समय मदन गोपाल ने अनवधानता से 'अन्तिम शान्ति' कहानी को संकलित नहीं किया।

दशरथनन्दन श्रीराम की कथा भारतीय जनमानस में गहरे तक पैठी हुई जनता के दैनन्दिन जीवन को व्यापक रूप से प्रभावित और विभावित करती चली आती है। प्रेमचंद भी राम-कथा के व्यापक प्रभाव से अछूते न रह सके और उन्होंने बालोपयोगी सरल भाषा में संक्षेपतः राम-कथा लिखकर सन् 1929 में लाजपतराय एण्ड संस, लाहौर से 'रामचर्चा' शीर्षक से उर्दू में प्रकाशित कराई थी। प्रेमचंद की इस उर्दू पुस्तक का हिन्दी अनुवाद इसी शीर्षक से सन् 1938 में सरस्वती प्रेस से प्रकाशित हुआ। यह ज्ञात नहीं हो सका कि यह हिन्दी अनुवाद किसने किया था, और न इसके प्रथम संस्करण पर इसके अनूदित होने के तथ्य का कोई उल्लेख ही प्राप्त है। इतना अवश्य है कि इसके प्रकाशन से प्रेमचंद द्वारा केवल उर्दू में लिखी हुई रचनाओं को हिन्दी साहित्य-संसार के समक्ष प्रस्तुत करने के समयसाध्य और श्रमसाध्य कार्य का श्रीगणेश हुआ। इसके अतिरिक्त, इस अनूदित पुस्तक से ही यह दिशा भी निर्धारित हुई कि प्रेमचंद द्वारा केवल उर्दू में लिखी गई रचनाओं को हिन्दी संसार के समक्ष प्रस्तुत करने के लिए उनका हिन्दी रूपान्तरण किया जाना चाहिए न कि मात्र देवनागरी लिप्यन्तरण करके ही प्रकाशित कर दिया जाए।

यद्यपि प्रेमचंद ने कथेतर लेखन से ही अपना लेखकीय जीवन आरम्भ किया था तथापि कालान्तर में उनकी ख्याति 'कथा-सम्राट्' एवं 'उपन्यास-सम्राट्' के रूप में ही हुई। इतना ही नहीं, प्रेमचंद का कथाकार का स्वरूप साहित्य-संसार पर इस सीमा तक छा गया कि उनका कथेतर लेखन विस्मृति के गहन तिमिर से आवृत्त होकर अचीन्हा ही रह गया। प्रेमचंद के कथेतर लेखन की ओर साहित्य-संसार का ध्यान आकर्षित करने का प्रथम प्रयास भी प्रेमचंद के पुत्रद्वय ने ही किया, जिन्होंने सरस्वती प्रेस से 1939 में 'कुछ विचार' शीर्षक संकलन प्रकाशित करके साहित्य-संसार को प्रेमचंद के एक नितान्त भिन्न रूप से परिचित कराया। इस संकलन में प्रेमचंद के 11 लेख, भाषण तथा भूमिका सम्मिलित हैं जिनका विवरण निम्नांकित है-

लेख-1. कहानी कला, 2. उपन्यास, 3. उपन्यास का विषय ('हंस', मार्च

1930), 4. जीवन में साहित्य का स्थान ('हंस', अप्रैल 1932)।

भाषण-1. साहित्य का उद्देश्य (प्रगतिशील लेखक संघ के प्रथम अधिवेशन का अध्यक्षीय भाषण; उर्दू में 'जमाना' के अप्रैल 1936 अंक में प्रकाशित, हिन्दी में 'हंस' के जुलाई 1936 अंक में प्रकाशित), 2. एक भाषण (आर्य भाषा सम्मेलन, लाहौर में दिया गया भाषण; 'हंस', फरवरी 1937 अंक में प्रकाशित), 3. उर्दू हिन्दी और हिन्दुस्तानी (हिन्दी साहित्य सम्मेलन के इन्दौर अधिवेशन में देने के लिए लिखा गया; उर्दू में 'जमाना' के अप्रैल 1935 अंक में प्रकाशित, हिन्दी में 'हंस' के अप्रैल 1937 अंक में प्रकाशित), 4. राष्ट्रभाषा हिन्दी और उसकी समस्याएँ (दक्षिण भारत हिन्दी प्रचार सभा, मद्रास के उपाधि वितरणोत्सव में दिया गया दीक्षान्त भाषण; 'हंस', जनवरी 1935 अंक में प्रकाशित), 5. कौमी भाषा के विषय में कुछ विचार (राष्ट्रभाषा सम्मेलन, मुम्बई के स्वागताध्यक्ष के रूप में दिया गया भाषण; 'हंस', नवम्बर 1934 अंक में प्रकाशित)।

भूमिका-1. कहानी कला-1(हिन्दी कहानी-संकलन 'प्रेम प्रसून'), 2. कहानी कला-2 (हिन्दी कहानी-संकलन 'मानसरोवर', भाग-1)।

उपर्युक्त विवरण से स्पष्ट है कि इस संकलन द्वारा जहाँ प्रेमचंद के नानाविध कथेतर लेखन से साहित्य-जगत् को परिचित कराने का सफल प्रयास किया गया, वहीं दूसरी ओर विभिन्न पत्र-पत्रिकाओं-पुस्तकों में बिखरी हुई प्रेमचंद की रचनाओं को अत्यन्त व्यवस्थित रूप से सम्पादित-संकलित करके सुरक्षित करने का भी महत्त्वपूर्ण कार्य किया गया। इसके अतिरिक्त उपर्युक्त विवरण से यह भी स्पष्ट है कि इस संकलन में प्रेमचंद के दो लेख-1. 'कहानी कला' और 2. 'उपन्यास' ऐसे भी संकलित हैं जिनके किसी पत्र-पत्रिका-पुस्तक में पूर्व प्रकाशित होने की सूचना सम्प्रति उपलब्ध नहीं है। इन लेखों के सम्बन्ध में इस सम्भावना को भी सिरे से नकारा नहीं जा सकता कि अमृतराय को इन लेखों की मूल प्रतियाँ ही प्रेमचंद के कागजों में हस्तगत हो गई हों और उन्होंने इन्हें भावी पीढ़ियों के लिए सुरक्षित कर देने के दृष्टिकोण से इस संकलन में प्रकाशित कर दिया हो, परन्तु इस सम्बन्ध में कोई पुष्ट प्रमाण प्राप्त होने पर ही निश्चयात्मक रूप से कुछ कह पाना सम्भव होगा। इतना अवश्य है कि प्रेमचंद की अज्ञात-असंकलित रचनाओं को संकलित-सम्पादित करके प्रकाशित कराने की दिशा में 'कुछ विचार' का प्रकाशन अत्यन्त महत्त्वपूर्ण तथा क्रान्तिकारी घटना है।

प्रेमचंद का सर्वाधिक चर्चित उपन्यास 'गोदान' उनके जीवन-काल में मात्र हिन्दी में ही प्रकाशित हुआ था। प्रेमचंद के देहावसान के उपरान्त इसका उर्दू अनुवाद मुंशी इकबाल बहादुर वर्मा सेहर हतगामी ने किया जो 1939 में बिना अनुवादक के नामोल्लेख के मकतबा जामिया, दिल्ली से प्रकाशित हुआ। इस अनूदित उपन्यास पर अनुवादक का नाम प्रकाशित न होने से साहित्यिक क्षेत्र में

यह व्यापक वाद-विवाद का विषय बना रहा कि उर्दू 'गऊदान' अनुवाद है अथवा मौलिक रचना।

जैसा कि उल्लेख किया जा चुका है, प्रेमचंद के जीवन-काल में उनके जीवनीपरक उर्दू लेखों का संकलन 'बाकमालों के दर्शन' शीर्षक से 1929 में प्रकाशित हुआ था। इस संकलन के प्रथम संस्करण का विवरण गोपाल कृष्ण माणकटाला ने गया से प्रकाशित होने वाले उर्दू मासिक 'सुहेल' के मई-जून 1986 के अंक में प्रकाशित कराने के पश्चात् 1988 में प्रकाशित अपनी पुस्तक 'प्रेमचंद : कुछ नए मुबाहिस' में भी प्रकाशित करा दिया था। माणकटाला ने यह विवरण पुस्तक की उस मूल प्रति से प्रस्तुत किया था जो उन्होंने मदन गोपाल को उधार दी थी। जब माणकटाला इस पुस्तक की मूल प्रति मदन गोपाल से वापस लेकर हवाई जहाज से मुम्बई गए तो हवाई अड्डे के सुरक्षाकर्मियों ने तलाशी के दौरान इसे गुम कर दिया और साहित्य-संसार के पास केवल माणकटाला द्वारा प्रकाशित कराया गया विवरण ही रह गया था, लेकिन सन्तोष की बात कि इस संकलन की एक प्रति भोपाल के श्री हबीब अहमद के निजी संग्रह में सुरक्षित है। इस संकलन का द्वितीय संस्करण कुछ परिवर्द्धनों के साथ 1932 में प्रकाशित हुआ था, जिसके सम्बन्ध में विद्वानों ने प्राय: भ्रामक सूचनाएँ उपलब्ध कराई हैं। इस द्वितीय संस्करण की प्रति इन पंक्तियों के लेखक ने पटना की खुदाबख्श ओरियंटल पब्लिक लाइब्रेरी में खोज निकाली जो उसे सासाराम (बिहार) के श्री एस.के. अहमद ने भेंट की है। इस द्वितीय संस्करण में संकलित लेखों का विवरण मैंने उर्दू मासिक 'ऐवाने उर्दू' (नवम्बर 2006) में प्रकाशित कराकर पहली बार साहित्य-संसार को प्रामाणिकता के साथ उपलब्ध करा दिया था। इसमें प्रकाशित लेखों की सूची निम्नवत् है–

1. राणा प्रताप ('जमाना', नवम्बर 1906), 2. राजा टोडरमल ('जमाना', अक्टूबर 1905), 3. राजा मान सिंह ('जमाना', अक्टूबर 1905), 4. अकबरे आजम ('जमाना', अक्टूबर 1905; लेखक : मौलवी मौ अजीज मिर्जा), 5. रणजीत सिंह ('जमाना', मई 1911), 6. राणा जंगबहादुर ('जमाना', जुलाई 1916), 7. रेनाल्ड्स ('जमाना', जनवरी 1909), 8. टामस गेन्सबरो ('जमाना', सितम्बर 1907), 9. स्वामी विवेकानन्द ('जमाना', मई 1908), 10. गैरीबाल्डी ('जमाना', जुलाई 1907), 11. डॉक्टर सर रामकृष्ण भांडारकर ('जमाना', दिसम्बर 1913), 12. सर सैयद, 13. बदरुद्दीन तैयबजी, 14. अब्दुल हलीम शरर ('जमाना', फरवरी 1927; लेखक : ख्वाजा अब्दुल रऊफ इशरत लखनवी, शीर्षक - 'मौलाना शरर मरहूम'), 15. वहीदुद्दीन सलीम ('जमाना', अगस्त 1928; लेखक : सैयद अब्दुल वदूद दर्द बरेलवी, शीर्षक -'मौलाना सलीम पानीपती मरहूम'), और 16. ऑनरेबल गोपाल कृष्ण गोखले ('जमाना', नवम्बर-दिसम्बर 1905)।

उपर्युक्त विवरण से स्पष्ट है कि जहाँ इस संकलन में सम्मिलित दो जीवनियों-1. सर सैयद और 2. बदरुद्दीन तैयबजी के सम्बन्ध में यह ज्ञात नहीं है कि वे किस पत्र-पत्रिका में पूर्व प्रकाशित हुई थीं, वहीं दूसरी ओर अन्य लेखकों की लिखी तीन जीवनियाँ-1. अकबरे आजम (मौलवी मौ. अजीज मिर्जा), 2. अब्दुल हलीम शरर (ख्वाजा अब्दुल रऊफ इशरत लखनवी), और 3. वहीदुद्दीन सलीम (सैयद अब्दुल वदूद दर्द बरेलवी) भी इसमें सम्मिलित हैं। ध्यातव्य है कि प्रेमचंद ने मुंशी दयानारायण निगम को लिखे अपने 25 अक्टूबर, 1932 के पत्र में इस सम्बन्ध में स्पष्ट सूचना देते हुए लिखा था-

"पहले इस मजमूए में मुसलमान मशाहीर न थे। शायद इसी बिना पर कमेटी ने इस पर इल्तफात न किया था। अब वह कमी पूरी कर दी गई है। 'अकबर' तो मैंने अजीज मिर्जा से लिया है। वहीदुद्दीन सलीम और शरर भी 'जमाना' के मजामीन से मकतबिस हैं।"[1]

आश्चर्य है कि प्रेमचंद के उपर्युक्त पत्रांश को अपनी पुस्तकों में उद्धृत करने पर भी मदन गोपाल ने इन तीनों जीवनियों को प्रमादवश प्रेमचंद की मौलिक रचना बताकर 'कुल्लियाते प्रेमचंद' के भाग-20 तथा 21 में प्रकाशित करा दिया।

प्रेमचंद के जीवनीपरक उर्दू लेखों के इस संकलन का हिन्दी अनुवाद 1940 में सरस्वती प्रेस से दो भागों में 'कलम तलवार और त्याग' शीर्षक से प्रकाशित हुआ था। इस संकलन में प्रकाशित अनूदित जीवनियों का विवरण निम्नांकित है-

भाग-1 : 1. राणा प्रताप, 2. रणजीत सिंह, 3. राणा जंगबहादुर, 4. अकबर महान्, 5. स्वामी विवेकानन्द, और 6. राजा मान सिंह।

भाग-2 : 1. राजा टोडरमल, 2. श्री गोपाल कृष्ण गोखले, 3. गेरीबाल्डी, 4. मौ. वहीदुद्दीन सलीम, 5. डॉ. सर रामकृष्ण भांडारकर, 6. बदरुद्दीन तैयबजी, 7. सर सैयद अहमद खाँ, 8. मौ. अब्दुल हलीम शरर, और 9. रेनाल्ड्स।

उपर्युक्त विवरण से यह स्पष्ट है कि इस संकलन में 15 जीवनियाँ प्रकाशित हुई थीं, जबकि 'बाकमालों के दर्शन' के द्वितीय संस्करण में 16 जीवनियाँ सम्मिलित थीं। टामस गेन्सबरो की जीवनी का हिन्दी अनुवाद इस संकलन में प्रकाशित न करके पीछे चलकर 'विविध प्रसंग', भाग-1 में क्यों प्रकाशित किया गया, यह कहना तो कुछ सम्भव नहीं है, लेकिन इतना अवश्य है कि प्रेमचंद की केवल उर्दू में प्रकाशित रचनाओं का हिन्दी रूपान्तरण प्रकाशित करा देने का जो कार्य 'रामचर्चा' के प्रकाशन के साथ 1938 में प्रारम्भ हुआ था, 'कलम तलवार और त्याग' उसी शृंखला की आगामी कड़ी थी। यहाँ यह उल्लेख करना भी सर्वथा समीचीन होगा कि सम्भवतः इस पुस्तक के प्रकाशन के समय तक अमृतराय को प्रेमचंद का मुंशी दयानारायण निगम के नाम लिखा 25 अक्टूबर, 1932 का पूर्व

1. चिट्ठी-पत्री, भाग-1, पृ. 199

सन्दर्भित पत्र नहीं मिल सका होगा क्योंकि यह पत्र मदन गोपाल के व्यक्तिगत संग्रह में था। और, सम्भवतः यही कारण है कि अन्य लेखकों द्वारा लिखी पूर्व उल्लिखित तीनों जीवनियाँ हिन्दी में रूपान्तरित कराकर इस संकलन में भी प्रकाशित करा दी गई होंगी।

प्रेमचंद के देहावसान के उपरान्त श्रीपतराय और अमृतराय, दोनों भाई सरस्वती प्रेस का संचालन संयुक्त रूप से करते रहे और 1949 में अमृतराय ने सरस्वती प्रेस से पृथक् होकर 'हंस प्रकाशन' के नाम से अपना स्वतन्त्र प्रकाशन-गृह इलाहाबाद में स्थापित कर लिया। इसके उपरान्त ही अमृतराय विशेष रूप से सक्रिय दिखाई देते हैं और उनकी इस नवीन स्फूर्ति, सक्रियता एवं अपनी विरासत को सहेजने की प्रबल इच्छा का प्रमाण प्रेमचंद के 74वें जन्म दिवस पर जुलाई 1954 में शिवरानी प्रेमचंद द्वारा प्रकाशित तथा अमृतराय के हंस प्रकाशन द्वारा वितरित संकलन 'साहित्य का उद्देश्य' के रूप में सामने आता है। इस संकलन में 40 शीर्षकों के अन्तर्गत प्रेमचंद की 54 कथेतर रचनाएँ (लेख, भाषण तथा सम्पादकीय) सम्मिलित करके प्रकाशित की गई थीं, जिनका विवरण निम्नांकित है-

1. साहित्य का उद्देश्य ('हंस', जुलाई 1936), 2. जीवन में साहित्य का स्थान ('हंस', अप्रैल 1932), 3. साहित्य का आधार ('जागरण', 12 अक्टूबर, 1932), 4. कहानी कला-1 (कहानी-संकलन 'प्रेम प्रसून'), 5. कहानी कला-2 (कहानी- संकलन 'मानसरोवर', भाग-2), 6. कहानी कला-3, 7. उपन्यास, 8. उपन्यास का विषय ('हंस', मार्च 1930), 9. साहित्य में बुद्धिवाद ('हंस', मई 1935), 10. जड़वाद और आत्मवाद ('हंस', अक्टूबर 1934), 11. संग्राम में साहित्य ('हंस', जुलाई 1930), 12. साहित्य में समालोचना ('हंस', मई 1931), 13. हिन्दी गल्प कला का विकास ('हंस', नवम्बर 1934), 14. साहित्य और मनोविज्ञान ('हंस', फरवरी 1936), 15. फिल्म और साहित्य ('हंस', जून 1935), 16. सिनेमा और जीवन ('हंस', मार्च 1935), 17. साहित्य की नयी प्रवृत्ति ('हंस', अप्रैल 1935), 18. दन्त कथाओं का महत्त्व ('हंस', अक्टूबर 1934), 19. ग्राम्य गीतों में समाज का चित्र ('हंस', अप्रैल 1935), 20. समकालीन अंग्रेजी ड्रामा ('हंस', मई 1935), 21. रोमे रोलाँ की कला ('हंस', मार्च 1934), 22. राष्ट्रभाषा हिन्दी और उसकी समस्याएँ ('हंस', जनवरी 1935), 23. कौमी भाषा के विषय में कुछ विचार ('हंस', नवम्बर 1934), 24. हिन्दी-उर्दू की एकता ('कुछ विचार' में 'एक भाषण' शीर्षक से), 25. उर्दू हिन्दी और हिन्दुस्तानी ('हंस', अप्रैल 1937), 26. अन्तरप्रान्तीय साहित्यिक आदान-प्रदान के लिए : (i) एक सार्वदेशिक साहित्य संस्था की आवश्यकता ('हंस', फरवरी 1934); (ii) भारतीय साहित्य परिषद् ('हंस', मई 1936); (iii) भारतीय साहित्य परिषद् की अस्ल हकीकत ('हंस', जून 1936); (iv) प्रान्तीय साहित्य की एकता ('हंस', अक्टूबर 1935); (v) हिन्दी साहित्य

सम्मेलन ('हंस', मई 1936), 27. हंस के जन्म पर : (i) शीर्षकहीन टिप्पणी ('हंस', मार्च 1930); (ii) हंस की नीति ('हंस', मार्च 1930); (iii) डोमिनियन और स्वराज्य ('हंस', मार्च 1930); (iv) युवकों का कर्त्तव्य ('हंस', मार्च 1930); (v) सरल जीवन स्वाधीनता के संग्राम की तैयारी हो ('हंस', मार्च 1930); (vi) शान्ति रक्षा ('हंस', मार्च 1930); (vii) जेल-सुधार ('हंस', मार्च 1930); (viii) जापान के लोग लम्बे हो रहे हैं ('हंस', मार्च 1930); (ix) राजनीति और रिश्वत ('हंस', मार्च 1930); (x) पहले हिन्दुस्तानी, फिर और कुछ ('हंस', मार्च 1930); (xi) महात्माजी का वाइसरॉय से निवेदन ('हंस', मार्च 1930), 28. प्रगतिशील लेखक संघ का अभिनन्दन ('हंस', जनवरी 1936), 29. उट्ठो मेरी दुनिया के गरीबों को जगा दो ('हंस', मार्च 1936), 30. अतीत का मुर्दा बोझ ('हंस', अक्टूबर 1935), 31. साहित्यिक उदासीनता ('हंस', फरवरी 1931), 32. लेखक संघ ('हंस', दिसम्बर 1934), 33. एक प्रसिद्ध गल्पकार के विचार ('हंस', जून 1933), 34. समाचार पत्रों के मुफ्तखोर पाठक ('हंस', जून 1934), 35. जापान में पुस्तकों का प्रचार ('हंस', फरवरी 1935), 36. रुचि की विभिन्नता ('हंस', अप्रैल 1935), 37. प्रेम विषयक गल्पों से अरुचि ('हंस', अप्रैल 1935), 38. साहित्य में ऊँचे विचार की आवश्यकता ('हंस', फरवरी 1935), 39. रूसी साहित्य और हिन्दी ('हंस', मई 1933), और 40. शिरोरेखा क्यों हटानी चाहिए ('हंस', अक्टूबर 1935)।

उपर्युक्त विवरण से स्पष्ट है कि पूर्व प्रकाशित संकलन 'कुछ विचार' में संकलित सभी 11 रचनाएँ इस संकलन में भी सम्मिलित हैं। इनके अतिरिक्त इसमें 29 शीर्षकों के अन्तर्गत कुल मिलाकर 43 अन्य रचनाएँ भी पहली बार संकलित करके प्रकाशित की गईं। इस संकलन की रचनाएँ प्रमुखता से प्रेमचंद द्वारा लिखी गई सम्पादकीय टिप्पणियाँ हैं, जो उनके मासिक 'हंस' तथा साप्ताहिक 'जागरण' में प्रकाशित हुई थीं। इस संकलन का प्रकाशन प्रेमचंद की बिखरी हुई रचनाओं को एकत्र करके पुस्तकाकार प्रकाशित करने की दिशा में एक अत्यन्त महत्त्वपूर्ण प्रयास था और, यह कहने में कोई अतिशयोक्ति नहीं है कि साहित्यिक क्षेत्र में इस संकलन का जैसा भव्य स्वागत हुआ उसने ही अमृतराय को प्रेरणा दी कि प्रेमचंद की अन्य दृष्टिओझल सम्पादकीय टिप्पणियों को भी संकलित किया जाना आवश्यक है ताकि प्रेमचंद के प्रखर एवं तेजस्वी पत्रकार के स्वरूप से भी साहित्य-संसार का प्रत्यक्ष परिचय हो सके। यहाँ यह उल्लेख करना भी सर्वथा समीचीन होगा कि यद्यपि 'साहित्य का उद्देश्य' के प्रथम संस्करण पर सम्पादक-संकलनकर्ता का नामोल्लेख प्रकाशित नहीं है तथापि मात्र 'संकलनकर्ता' के उल्लेख के साथ 'दो शब्द' शीर्षक से प्रकाशित इसकी निम्नांकित सम्पादकीय टिप्पणी से इसमें कोई सन्देह नहीं रहता कि इन शब्दों के माध्यम से स्वयं अमृतराय ही पाठकों से संवाद स्थापित कर रहे हैं-

"प्रेमचंद के साहित्य और भाषा-सम्बन्धी निबन्धों भाषणों आदि का एक संग्रह 'कुछ विचार' के नाम से पहले ही छप चुका है लेकिन उसमें दी गई सामग्री के अलावा भी सामग्री थी जो 'हंस' की पुरानी फाइलों में दबी पड़ी थी और अब तक किसी संकलन में नहीं आई थी। वे अधिकांश में सम्पादकीय टिप्पणियाँ हैं। उनमें कुछ टिप्पणियाँ बड़ी हैं और कुछ छोटी, कुछ टिप्पणियाँ एकदम स्वतन्त्र हैं और कुछ में किसी तात्कालिक साहित्यिक घटना या वादविवाद ने निमित्त का काम किया है। वह जो भी हो, सब में प्रेमचंद की आवाज बोल रही है और सब किसी-न-किसी महत्त्वपूर्ण साहित्यिक-सांस्कृतिक प्रश्न पर रोशनी डालती हैं। इसलिए इस सामग्री का संकलन करते समय हमने और सब बातों को छोड़कर अपनी दृष्टि केवल इस बात पर रखी है कि ऐसी एक पंक्ति भी छूटने न पाए जिससे किसी साहित्यिक प्रश्न पर रोशनी पड़ती हो या प्रेमचंद का स्पष्ट अभिमत मालूम होता हो। जो टिप्पणियाँ सामयिक विषयों को लेकर हैं, उनको लेते समय भी हमारी दृष्टि यही है कि यद्यपि उनकी सामयिकता अब कालप्रवाह में बह गई है तथापि उनके भीतर, किसी भी निमित्त से, कही हुई मूल बात का महत्त्व आज भी है और आगे भी रहेगा और इसलिए उसे पाठकों तक पहुँचना चाहिए।

हमें विश्वास है कि यह नया, पूर्णतर संकलन साहित्यिक विचारक प्रेमचंद और साहित्यकार प्रेमचंद को और अच्छी तरह समझने में सहायक होगा।"

प्रेमचंद के अन्तिम लेखों में से अत्यन्त महत्त्वपूर्ण एक लेख 'महाजनी तमद्दुन' शीर्षक से उर्दू मासिक 'कलीम' के अगस्त 1936 के अंक में प्रकाशित हुआ था, जिसका हिन्दी रूप 'महाजनी सभ्यता' शीर्षक से उन्होंने देहावसान से एक माह पूर्व अपने सम्पादन में प्रकाशित 'हंस' के अन्तिम अंक में सितम्बर 1936 में प्रकाशित किया था। जोंक की भाँति निरन्तर समाज का खून चूसने वाली महाजनी सभ्यता के मूल पर प्रबल प्रहार करने वाले प्रेमचंद के इस लेख से उनके सामाजिक सरोकार पूर्णता में स्पष्ट होते हैं और इस दृष्टि से इस लेख को उनकी वैचारिक वसीयत माना जाता है। अमृतराय ने जब अक्टूबर 1959 में 'प्रेमचंद स्मृति' शीर्षक से प्रेमचंद पर संस्मरणात्मक आलेखों का एक महत्त्वपूर्ण संकलन प्रकाशित कराया तो उसमें संकलित लेखों की प्रकृति से इतर प्रेमचंद का यह लेख भी सम्मिलित करके सुरक्षित कर दिया। इससे प्रेमचंद साहित्य के संकलन-संरक्षण के प्रति अमृतराय की प्रतिबद्धता का सहज ही अनुमान किया जा सकता है।

प्रेमचंद के पहले उर्दू कहानी-संकलन 'सोज़े वतन' का महत्त्व इस तथ्य से भली प्रकार समझा जा सकता है कि इसी के कारण उस समय नवाबराय के लेखकीय नाम से लिखने वाले धनपतराय श्रीवास्तव ने 'प्रेमचंद' का लेखकीय नाम ग्रहण किया था, और कालान्तर में यह नाम इतना प्रसिद्ध तथा लोकप्रिय हुआ कि प्रेमचंद के नाम की छाया में धनपतराय और नवाबराय के नाम विस्मृति के

गहन अन्धकार में विलीन हो गए। इस संकलन में सम्मिलित पाँच कहानियों में से मात्र एक कहानी 'यही मेरा वतन है' प्रेमचंद के जीवन-काल में हिन्दी में 'यह मेरी मातृभूमि है' शीर्षक से 'प्रेम प्रसून' नामक कहानी-संकलन में सम्मिलित होकर प्रकाशित हुई थी और शेष चारों कहानियाँ हिन्दी-साहित्य-जगत् को उपलब्ध नहीं थीं। अमृतराय ने 'सोज़े वतन' शीर्षक से ही इस कहानी-संकलन की कहानियों का हिन्दी रूपान्तरण 1960 में अपने हंस प्रकाशन से प्रकाशित करके केवल उर्दू में प्रकाशित प्रेमचंद की रचनाओं का हिन्दी रूपान्तरण प्रस्तुत करके प्रेमचंद साहित्य के संरक्षण की अपनी प्रतिबद्धता का पुन: प्रमाण दिया था।

इधर हिन्दी में तो प्रेमचंद साहित्य के संरक्षण-संकलन का पर्याप्त कार्य सामने आ रहा था परन्तु उर्दू-जगत् में 1937 में 'दूध की कीमत' और 1938 में 'आखिरी तोहफा' के प्रकाशन के पश्चात् इस दिशा में एक आश्चर्यजनक मौन पसरा हुआ था। 1960 में डॉ. कमर रईस ने इस मौन को तोड़ने का सफल प्रयास किया जिनके सम्पादन में यूनिवर्सिटी पब्लिशर्स, अलीगढ़ से 'मजामीने प्रेमचंद' नामक संकलन प्रकाशित होकर उर्दू-संसार के समक्ष आया। डॉ. कमर रईस ने इस संकलन में प्रेमचंद के नानाविध कथेतर लेखन को सहेजने का महत्त्वपूर्ण कार्य किया, जो इसमें सम्मिलित रचनाओं की निम्नांकित सूची से स्पष्ट है-

1. मेरी कहानी ('जमाना' प्रेमचंद नम्बर, दिसम्बर 1937 में 'मुंशी प्रेमचंद की कहानी उनकी जबानी' शीर्षक से प्रकाशित; 'हंस' के आत्मकथा अंक में प्रकाशित लेख 'जीवन-सार' का उर्दू अनुवाद), 2. फने तस्वीर ('जमाना', मार्च 1907), 3. हिन्दुस्तानी मुसव्विरी ('जमाना', अक्टूबर 1910-मूल शीर्षक 'हिन्दुस्तानी फने तस्वीर'), 4. रेनाल्ड और उसकी मुसव्विरी ('जमाना', जनवरी 1909-मूल शीर्षक 'रेनाल्ड्स'), 5. कलामे अकबर पर एक नजर ('जमाना', नवम्बर 1909-मूल शीर्षक 'कुल्लियाते अकबर (तनकीद)'; 'जमाना' में यह समीक्षा बिना लेखकीय नामोल्लेख के प्रकाशित हुई थी अत: इसे प्रेमचंद की रचना सिद्ध करने के लिए कोई पुष्ट प्रमाण खोजा जाना अपेक्षित है) 6. जामी की मसनवी जुलेखा ('जमाना', अक्टूबर 1909-मूल शीर्षक 'जुलेखा'), 7. नाविल का फन ('साहित्य का उद्‌देश्य' में संकलित 'उपन्यास' शीर्षक लेख का उर्दू अनुवाद), 8. नाविल का मौजू ('हंस', मार्च 1930 में प्रकाशित लेख 'उपन्यास का विषय' का उर्दू अनुवाद), 9. शरर और सरशार ('उर्दू-ए-मुअल्ला', मार्च-अप्रैल 1906), 10. अल्लामा राशिद-उल-खैरी के सोशल अफसाने ('इस्मत', जुलाई 1936), 11. मुख्तसर अफसाना (हिन्दी कहानी-संकलन 'प्रेम प्रसून' की भूमिका का उर्दू अनुवाद), 12. मुख्तसर अफसाने का फन (हिन्दी कहानी-संकलन 'मानसरोवर', भाग-1 की भूमिका का उर्दू अनुवाद), 13. विक्रमोर्वशी का उर्दू तर्जुमा ('जमाना', फरवरी 1908-मूल रूप से 'तनकीद' शीर्षक के अन्तर्गत प्रकाशित पुस्तक-समीक्षा

का अंश), 14. ड्रामा-ए-जंगे रूस व जापान ('जमाना', फरवरी 1906-मूल रूप से 'हाल की बाज किताबें' शीर्षक के अन्तर्गत प्रकाशित पुस्तक-समीक्षा का अंश), 15. गालियाँ ('जमाना', दिसम्बर 1909), 16. स्वामी विवेकानन्द ('जमाना', मई 1908), 17. अदब की गर्जो गायत ('जमाना', अप्रैल 1936), और 18. उर्दू हिन्दी हिन्दुस्तानी ('जमाना', अप्रैल 1935)।

उपर्युक्त विवरण से स्पष्ट है कि जहाँ डॉ. कमर रईस ने कतिपय मूल शीर्षक अपने तईं परिवर्तित कर दिए हैं, वहीं बिना कोई प्रमाण दिए 'जमाना' में प्रकाशित 'कुल्लियाते अकबर' की समीक्षा को प्रेमचंद की रचना बताकर इस संकलन में सम्मिलित कर दिया है। उल्लेखनीय है कि डॉ. रईस ने इस रचना का सम्पूर्ण पाठ प्रकाशित नहीं कराया और इसका अन्तिम अंश किसी त्रुटिवश अथवा उपलब्ध न हो पाने के कारण छोड़ दिया। अमृतराय और मदन गोपाल ने भी इसका ठीक वही पाठ प्रकाशित कराया है जो डॉ. कमर रईस ने प्रकाशित कराया था। इससे स्पष्ट है कि डॉ. रईस की असावधानी से इसके सम्बन्ध में भ्रम व्याप्त हो गया है। फिर भी, यह संकलन जहाँ एक ओर प्रेमचंद के कथेतर उर्दू लेखन को संकलित-प्रकाशित करने की दिशा में हुआ प्रथम प्रयास है, वहीं दूसरी ओर केवल हिन्दी में प्रकाशित प्रेमचंद की रचनाओं को उर्दू में अनूदित करके उर्दू-साहित्य-संसार के हाथों सौंपने के महत्त्वपूर्ण प्रयास के रूप में भी सामने आता है। ध्यातव्य है कि प्रेमचंद की केवल हिन्दी में प्रकाशित रचनाओं को उर्दू में अनुवाद करके प्रकाशित करने की दिशा में कोई महत्त्वपूर्ण कार्य अभी तक नहीं हो पाया है, यहाँ तक कि 'कुल्लियाते प्रेमचंद' में भी इस प्रकृति की रचनाओं को मात्र लिप्यन्तरण करके ही प्रकाशित कर दिया गया है जो उर्दू पाठकों तथा विद्वानों के लिए सुबोध नहीं है।

पूर्व प्रस्तुत विवरण से स्पष्ट है कि प्रेमचंद के देहावसान के तत्काल पश्चात् अमृतराय उनकी यत्र-तत्र बिखरी रचनाओं को सहेजने-सँभालने का महत्त्वपूर्ण कार्य आरम्भ कर चुके थे। प्रेमचंद की इस प्रकार की रचनाओं के महत्त्व से अमृतराय भली-भाँति परिचित थे, जैसा कि 'साहित्य का उद्देश्य' की पूर्व उद्धृत सम्पादकीय टिप्पणी से स्पष्ट है। जब अमृतराय ने प्रेमचंद की जीवन-गाथा लिखने का संकल्प किया तो उसके लिए उन्होंने प्रेमचंद की समस्त ज्ञात-अज्ञात रचनाओं को आधार सामग्री के रूप में प्रयोग करने का निश्चय किया और जब इस प्रयास में उन्हें अनेक महत्त्वपूर्ण रचनाएँ मिलीं तो वे स्वयं भी आश्चर्यचकित रह गए। अमृतराय लिखते हैं–

"सब जानते हैं, प्रेमचंद ने अपने साहित्यिक जीवन का आरम्भ उर्दू से किया था। बरसों केवल उर्दू में लिखते रहने के बाद वह हिन्दी की तरफ आए। उपन्यास और कहानियाँ तो लिखी ही, साहित्य, संस्कृति, समाज, राजनीति से सम्बन्ध रखने वाले विविध प्रसंगों पर ढेरों लेख भी लिखे। इस प्रकार के लेखन का उनका क्रम

आजीवन चला और मुंशीजी के पूर्ण साहित्यिक व्यक्तित्व और देन को समझने के लिए उसका महत्त्व मुंशीजी के कथा-साहित्य से अणुमात्र भी कम नहीं है।

इस खजाने की तरफ अब तक किसी का ध्यान नहीं गया था, और शायद इन पंक्तियों के लेखक का भी न जाता अगर मुंशीजी की प्रामाणिक जीवनी लिखने के तकाजे ने उसे मजबूर न किया होता कि वह उन सब चीजों की छानबीन करे जो-जो मुंशीजी ने जब-जब और जहाँ-जहाँ लिखीं। पुरातत्व-विभाग की इसी खुदाई में यह दफीना हाथ लग गया!"[1]

अनेकानेक हिन्दी-उर्दू पत्र-पत्रिकाओं में बिखरी पड़ी रचनाओं को खोजना, उर्दू से हिन्दी में रूपान्तरित करना, व्यवस्थित करना आदि कार्य अत्यन्त श्रमसाध्य तथा समयसाध्य है और निश्चित ही अमृतराय को इस कार्य में बरसों का लम्बा समय लगा होगा। अमृतराय ने 'प्रेमचंद : कलम का सिपाही' की भूमिका में स्पष्ट उल्लेख किया है कि इस जीवनी के लिखने में उन्हें पाँच वर्ष का समय लगा। यह पुस्तक पहली बार 1962 में प्रकाशित हुई थी, अतः इसका लेखन-कार्य 1957 में प्रारम्भ हुआ मानना सर्वथा उचित है। डॉ. कमल किशोर गोयनका, जो 1957 को प्रेमचंद की अज्ञात रचनाओं की खोज के कार्यारम्भ का वर्ष मानते हैं, उसकी उपर्युक्त तथ्यों से पुष्टि नहीं होती।

अमृतराय ने प्रेमचंद की रचनाओं को संकलित-रूपान्तरित-प्रकाशित कराने की दिशा में सर्वाधिक महत्त्वपूर्ण कार्य करके 1962 को प्रेमचंद साहित्य के सन्दर्भों में सर्वाधिक महत्त्वपूर्ण एवं स्मरणीय वर्ष बना दिया। इस वर्ष में अमृतराय ने तीन भागों में 'विविध प्रसंग', दो भागों में 'गुप्त धन', 'शबे तार', 'मंगलाचरण' और दो भागों में 'चिट्ठी-पत्री' प्रकाशित कराकर हजारों पृष्ठों में विस्तृत प्रेमचंद की उन रचनाओं से साहित्य-संसार का प्रथम साक्षात्कार कराया, जिनसे उसका कोई परिचय नहीं था। अमृतराय द्वारा प्रकाशित कराए गए इन संकलनों का संक्षिप्त परिचय आगामी पंक्तियों में प्रस्तुत है-

विविध प्रसंग-तीन भागों में प्रकाशित इस संकलन में प्रेमचंद के अनेकानेक हिन्दी-उर्दू लेख, सम्पादकीय आलेख और पुस्तक समीक्षाएँ सम्मिलित हैं। इसमें उर्दू लेखों को हिन्दीकरण करके प्रस्तुत किया गया है। लेखों पर प्रथम प्रकाशन के सन्दर्भ प्रायः शुद्ध हैं, मात्र कुछ सन्दर्भ अपूर्ण तथा अशुद्ध हैं। इस संकलन में जो सबसे बड़ी कमी है, वह यह है कि लेखों तथा सम्पादकीय आलेखों/टिप्पणियों को स्पष्ट रूप से पृथक्-पृथक् वर्गीकृत नहीं किया गया है। ध्यातव्य है कि प्रेमचंद के युग में पत्र-पत्रिकाओं में सम्पादकीय आलेख एक-दो पृष्ठ में नहीं वरन् कई-कई पृष्ठों में विस्तृत होते थे और एक ही अंक में कई-कई छोटी-बड़ी टिप्पणियाँ प्रकाशित हुआ करती थीं। यह खेदजनक है कि परवर्ती विद्वानों ने लेखों

1. विविध प्रसंग, भाग-1, पृ. 5

तथा सम्पादकीय टिप्पणियों को पृथक्-पृथक् वर्गीकृत करने की दिशा में लेशमात्र भी ध्यान देने की आवश्यकता अनुभव नहीं की। वे मक्षिकास्थाने मक्षिका की उक्ति को चरितार्थ करते हुए मात्र अमृतराय की ही नकल करके अपने कर्त्तव्य की परिपूर्णता समझते रहे।

गुप्त धन-दो भागों में प्रकाशित इस कहानी-संकलन में प्रेमचंद की 56 हिन्दी-उर्दू कहानियाँ पहली बार हिन्दी में संकलित-रूपान्तरित करके प्रकाशित की गईं। इसमें सम्मिलित कहानियों का विवरण इस प्रकार है-

प्रथम भाग-1. दुनिया का सबसे अनमोल रतन ('सोज़े वतन'), 2. शेख मखमूर ('सोज़े वतन'), 3. शोक का पुरस्कार ('सोज़े वतन'-मूल शीर्षक 'सिला-ए-मातम'), 4. सांसारिक प्रेम और देश प्रेम ('जमाना', अप्रैल 1908-मूल शीर्षक 'इश्के दुनिया और हुब्बे वतन'), 5. विक्रमादित्य का तेगा ('जमाना', जनवरी 1911), 6. आखिरी मंजिल ('जमाना', अगस्त-सितम्बर 1911-मूल शीर्षक 'मंजिले मकसूद'), 7. आल्हा ('जमाना', जनवरी 1912), 8. नसीहतों का दफ्तर ('जमाना', मई-जून 1912-मूल शीर्षक 'आलिमे बेअमल'), 9. राजहठ ('जमाना', दिसम्बर 1912), 10. त्रिया चरित्र ('जमाना', जनवरी 1913), 11. मिलाप ('जमाना', जून 1913), 12. मनावन ('जमाना', जुलाई 1912), 13. अँधेर ('जमाना', जुलाई 1913), 14. सिर्फ एक आवाज ('जमाना', अगस्त-सितम्बर 1913), 15. नेकी ('अदीब', सितम्बर 1910-मूल शीर्षक 'बेगरज मोहसिन'), 16. बाँका जमींदार ('जमाना', अक्टूबर 1913), 17. अनाथ लड़की ('जमाना', जून 1914), 18. कर्मों का फल ('खतीब', अगस्त 1915), 19. अमृत ('जमाना', मार्च 1913-पत्रिका में शीर्षक था 'मौत और जिन्दगी' लेकिन 'प्रेम पचीसी', भाग-2 में 'अमृत' शीर्षक से संकलित हुई), 20. अपनी करनी ('जमाना', सितम्बर-अक्टूबर 1914-मूल शीर्षक 'शामते आमाल'; 'खाके परवाना' में 'खाके परवाना' शीर्षक से संकलित हुई), 21. गैरत की कटार ('जमाना', जुलाई 1915), 22. घमण्ड का पुतला ('जमाना', अगस्त 1916-मूल शीर्षक 'सरे पुरगुरूर'), 23. विजय ('जमाना', अप्रैल 1918-मूल शीर्षक 'फतह'), 24. वफा का खंजर ('जमाना', नवम्बर 1918-मूल शीर्षक 'खंजरे वफा'), 25. मुबारक बीमारी ('प्रेम बतीसी', भाग-1-मूल शीर्षक 'मर्जे मुबारक'), और 26. वासना की कड़ियाँ ('कहकशाँ', सितम्बर-अक्टूबर 1918-मूल शीर्षक 'जंजीरे हवस')।

द्वितीय भाग-1. पुत्र प्रेम ('सरस्वती', जून 1920), 2. इज्जत का खून ('सुबहे उम्मीद', सितम्बर 1919-मूल शीर्षक 'खूने हुर्मत'), 3. होली की छुट्टी ('जादे राह'), 4. नादान दोस्त ('खाके परवाना'), 5. प्रतिशोध ('प्रेम चालीसी', भाग-1-मूल शीर्षक 'इन्तकाम'; डॉ. कमल किशोर गोयनका के अनुसार यह कहानी 'जमाना' के अक्टूबर 1923 के अंक में भी 'इन्तकाम' शीर्षक से प्रकाशित हुई, जो भ्रामक सूचना है। वस्तुस्थिति यह है कि 'जमाना' के सम्बन्धित अंक में इस शीर्षक से

जो कहानी प्रकाशित हुई थी, वह इफ्तिखार-उल-रसूल बदर द्वारा किसी अन्य भाषा से अनूदित कहानी है, जो इस कहानी से नितान्त भिन्न है और जिसके मूल लेखक के सम्बन्ध में कोई उल्लेख प्राप्त नहीं होता), 6. देवी ('प्रेम चालीसी', भाग-1), 7. खुदी ('ख्वाबो खयाल'; 'खाके परवाना'), 8. बड़े बाबू ('बहारिस्तान', फरवरी 1927), 9. राष्ट्र का सेवक ('प्रेम चालीसी', भाग-1-मूल शीर्षक 'कौम का खादिम'), 10. आखिरी तोहफा ('चन्दन', अगस्त 1931), 11. कातिल ('निजात'; 'आखिरी तोहफा'), 12. बोहनी ('नैरंगे खयाल', दिसम्बर 1928), 13. बन्द दरवाजा ('प्रेम चालीसी', भाग-2), 14. तिरसूल ('प्रेम चालीसी', भाग-1), 15. स्वांग ('जामिया', जनवरी 1935), 16. सैलानी बन्दर ('माधुरी', फरवरी 1924), 17. नबी का नीति निर्वाह ('सरस्वती', मार्च 1924), 18. मन्दिर और मस्जिद ('माधुरी', अप्रैल 1925), 19. प्रेम सूत्र ('सरस्वती', अप्रैल 1926), 20. ताँगे वाले की बड़ ('जमाना', सितम्बर 1926-'बम्बूक' के लेखकीय नामोल्लेख से प्रकाशित), 21. शादी की वजह ('जमाना', मार्च 1927-'बम्बूक' के लेखकीय नामोल्लेख से प्रकाशित), 22. मोटेरामजी शास्त्री ('माधुरी', जनवरी 1928), 23. पर्वत यात्रा ('माधुरी', अप्रैल 1929), 24. कवच ('विशाल भारत', दिसम्बर 1929), 25. दूसरी शादी ('चन्दन', सितम्बर 1931-'लाला धनपतराय' के लेखकीय नामोल्लेख से प्रकाशित), 26. सौत ('विशाल भारत', दिसम्बर 1931), 27. देवी ('चाँद', अप्रैल 1935), 28. पैपुजी ('माधुरी', अक्टूबर 1935), 29. क्रिकेट मैच ('जमाना', जुलाई 1937), और 30. कोई दुख न हो तो बकरी खरीद लो ('वारदात'-मूल शीर्षक 'गमनदारी बुज बखुर'; डॉ. गोयनका इस कहानी का नामोल्लेख 'गमनदारी बजंजर' के रूप में करते हैं, जो नितान्त असंगत है)।

उपर्युक्त विवरण से स्पष्ट है कि इस संकलन में विभिन्न हिन्दी-उर्दू पत्रिकाओं तथा उर्दू कहानी-संकलनों से ऐसी कहानियाँ सम्मिलित करके प्रकाशित की गईं जो या तो पूर्व प्रकाशित किसी संकलन में सम्मिलित नहीं थीं अथवा जिनके हिन्दी रूप पूर्व प्रकाशित नहीं थे। प्रेमचंद की कहानियों को समग्रता में संकलित करने की दिशा में इस संकलन का अत्यन्त महत्त्वपूर्ण स्थान है। यहाँ यह तथ्य भी ध्यान में रखा जाना चाहिए कि जिन उर्दू कहानियों के हिन्दी रूप इस संकलन में प्रकाशित हुए हैं, भले ही उनके शीर्षकों का भी हिन्दीकरण क्यों न कर दिया गया हो, वे अमृतराय द्वारा किए गए हिन्दी रूपान्तरण हैं। स्वयं अमृतराय ने इस संकलन में प्रस्तुत हिन्दी रूपान्तरण को प्रेमचंद की मौलिक हिन्दी कहानी के रूप में उल्लिखित करना प्रारम्भ करके प्रेमचंद साहित्य के सम्बन्ध में व्यापक भ्रम का विस्तार कर दिया और उनका अनुकरण करते हुए डॉ. जाफर रजा और डॉ. कमल किशोर गोयनका सहित समस्त परवर्ती विद्वान् भी इन कहानियों को प्रेमचंद की मौलिक हिन्दी कहानी के रूप में उल्लिखित करते चले आते हैं। इसी

भ्रम का प्रभाव है कि पीछे चलकर प्रेमचंद की अन्य अज्ञात कहानियाँ, लेख आदि जो हिन्दी रूपान्तरण अथवा लिप्यन्तरण होकर प्रकाश में आए, उन्हें भी प्रेमचंद की मौलिक हिन्दी रचना बताया जाने लगा। इस भ्रम का निराकरण करके इस दूषित प्रवृत्ति पर तत्काल रोक लगनी चाहिए ताकि प्रेमचंद साहित्य का यथार्थ साहित्य-संसार के सामने आ सके। यहाँ यह उल्लेख करना भी सर्वथा सुसंगत होगा कि 'गुप्त धन' में अमृतराय ने कहानियों के जो प्रकाशन सन्दर्भ प्रस्तुत किए हैं, उनमें इस बात पर ध्यान नहीं दिया जा सका कि उनके प्रथम प्रकाशन का सन्दर्भ प्रस्तुत किया जाए। इसके विपरीत अनेक कहानियों पर मात्र संकलन के नाम का ही उल्लेख कर दिया गया है। उपर्युक्त विवरण में हमने सम्प्रति ज्ञात हो सके प्रथम प्रकाशन के सन्दर्भ प्रस्तुत कर दिए हैं, ताकि भावी पीढ़ी के शोधकर्ता उनसे लाभान्वित हो सकें।

शबे तार-प्रेमचंद ने बेल्जियम के प्रसिद्ध नाटककार मॉरिस मेटरलिंक के नाटक 'साइटलैस' का उर्दू अनुवाद करके उर्दू मासिक 'जमाना' के सितम्बर तथा अक्टूबर 1919 के दो अंकों में क्रमशः प्रकाशित कराया था। प्रेमचंद द्वारा अनूदित यह नाटक उर्दू में तो कभी पुस्तकाकार रूप में प्रकाशित नहीं हो पाया लेकिन अमृतराय ने 'जमाना' के सम्बन्धित अंकों में से खोजकर इसे 1962 में ही हिन्दी में पुस्तकाकार प्रकाशित करा दिया। अमृतराय के सत्प्रयास से ही इस नाटक से हिन्दी-साहित्य-संसार का प्रथम परिचय हुआ।

मंगलाचरण-प्रेमचंद के प्रारम्भिक चार उपन्यासों का संकलन 'मंगलाचरण' शीर्षक से अमृतराय ने 1962 में ही प्रकाशित कराया था। इस संकलन का महत्त्व इस तथ्य से समझा जा सकता है कि प्रेमचंद का सबसे पहला उपन्यास 'असरारे मआबिद' पहली बार इसी संकलन के माध्यम से साहित्य-संसार में प्रकट हुआ और इसके अतिरिक्त वर्षों से अप्राप्य चले आए तीन अन्य हिन्दी-उर्दू के प्रारम्भिक उपन्यास भी इसी संकलन द्वारा साहित्य-संसार के सामने आ सके। आगामी पंक्तियों में इसमें संकलित चारों उपन्यासों पर संक्षेपतः विचार किया जा रहा है ताकि प्रेमचंद के अज्ञात साहित्य को पुनः प्रकाशित कराने की दिशा में अमृतराय के महनीय प्रयास का समग्रता में मूल्यांकन करने में सुविधा हो।

1. असरारे मआबिद-प्रेमचंद का पहला उपन्यास बनारस से मुंशी गुलाब चंद के सम्पादन में प्रकाशित होने वाले एक अल्पज्ञात उर्दू साप्ताहिक पत्र 'आवाजे खल्क' के 8 अक्टूबर, 1903 से 1 फरवरी, 1905 तक के अंकों में 'असरारे मआबिद' शीर्षक से क्रमशः प्रकाशित हुआ था। 1962 से पूर्व तक कतिपय उर्दू आलोचना ग्रन्थों में ही इस उपन्यास का अशुद्ध नामोल्लेख 'इसरारे मुहब्बत' के रूप में प्राप्त होता था, परन्तु उपन्यास प्राप्त नहीं था। पहली बार 'मंगलाचरण' में सम्मिलित करके ही अमृतराय ने इस उपन्यास को साहित्य-संसार के समक्ष

प्रस्तुत किया था। ध्यातव्य है कि अमृतराय ने 'असरारे मआबिद' को हिन्दी में रूपान्तरित करने के साथ ही इसका नाम भी इस प्रकार लिखा था–'असरारे मआबिद उर्फ देवस्थान रहस्य'। उल्लेखनीय है कि प्रेमचंद के इस पहले उर्दू उपन्यास का मूल उर्दू पाठ सम्प्रति उपलब्ध नहीं है। मदन गोपाल ने उर्दू में 'कुल्लियाते प्रेमचंद' सम्पादित करते समय भी इस उपन्यास का मूल पाठ खोजकर प्रकाशित कराने का कोई प्रयास नहीं किया और आश्चर्यजनक रूप से इसके अमृतराय द्वारा किए गए हिन्दी रूपान्तरण को पुनः उर्दू में अनूदित करके ही प्रकाशित करा दिया है।

इस उपन्यास के सम्बन्ध में मदन गोपाल का दावा है कि इसकी खोज का श्रेय अमृतराय को नहीं दिया जा सकता, जबकि सम्प्रति प्राप्त प्रमाण इसके प्रतिकूल हैं। इस उपन्यास की खोज का इतिवृत्त परिशिष्ट-1 में प्रस्तुत है।

2. हमखुर्मा व हमसवाब–यह उपन्यास सन् 1904 में पहली बार प्रकाशित हुआ था और इसके दो-तीन संस्करण प्रकाशित होने के संकेत प्राप्त होते हैं। आश्चर्य की बात है कि इसके किसी भी संस्करण पर प्रकाशन वर्ष का कोई उल्लेख प्राप्त नहीं होता, यहाँ तक कि 'मंगलाचरण' में अमृतराय ने इसके द्वितीय संस्करण के मुखपृष्ठ की जो अनुकृति प्रकाशित की है, उस पर भी प्रकाशन वर्ष का उल्लेख उपलब्ध नहीं है। इतना अवश्य है कि यह उपन्यास लम्बे समय से अनुपलब्ध चला आता था और हिन्दी-साहित्य-जगत् के सम्मुख इसका हिन्दी रूपान्तरण 'मंगलाचरण' में सम्मिलित करके पहली बार प्रस्तुत किया गया।

3. प्रेमा–यह उपन्यास 1907 में इंडियन प्रेस, इलाहाबाद ने प्रकाशित किया था। इसका द्वितीय संस्करण प्रकाशित होने की कोई सूचना सम्प्रति उपलब्ध नहीं है। यह प्रेमचंद का पहला हिन्दी उपन्यास है और इस दृष्टि से इसका महत्त्व सदा रहेगा। यह उपन्यास पूर्व प्रकाशित उर्दू उपन्यास 'हमखुर्मा व हमसवाब' का हिन्दी रूपान्तरण है और एक संकलन में एक ही उपन्यास के हिन्दी तथा उर्दू रूप–दोनों को प्रकाशित करके अमृतराय ने पहली बार साहित्य-संसार को प्रेमचंद की रचनाओं के हिन्दी-उर्दू रूपों का तुलनात्मक अध्ययन करने की प्रेरणा और सुविधा प्रदान की थी, इसमें किसी प्रकार का कोई सन्देह नहीं रहना चाहिए।

4. रूठी रानी–'जमाना' के अप्रैल-मई 1907 के संयुक्तांक तथा अगस्त 1907 के दो अंकों में प्रेमचंद द्वारा अनूदित एक उपन्यास 'रूठी रानी' शीर्षक से दो किस्तों में प्रकाशित हुआ था। यही 'रूठी रानी' पीछे चलकर जमाना प्रेस, कानपुर से पुस्तकाकार भी प्रकाशित हुआ जिसके मुखपृष्ठ की अनुकृति अमृतराय ने 'मंगलाचरण' में प्रकाशित कराई है। इस पर प्रकाशन वर्ष का तो कोई उल्लेख प्राप्त नहीं है, परन्तु इसके द्वितीय संस्करण के प्रकाशित होने की भी कोई सूचना उपलब्ध नहीं है। इस लघु उपन्यास का हिन्दी रूपान्तरण भी

अमृतराय ने पहली बार 'मंगलाचरण' के माध्यम से ही साहित्य-संसार के समक्ष प्रकट किया था।

कुछ विद्वानों ने आरोप लगाया है कि हिन्दी से उर्दू में अनूदित रचना होने के कारण अमृतराय द्वारा 'रूठी रानी' को उर्दू से हिन्दी में रूपान्तरित करके प्रकाशित कराना अनुचित है। परन्तु ये विद्वान् सम्भवतः इस दिशा में ध्यान देने का कुछ प्रयास नहीं कर पाए कि 1962 में जब अमृतराय ने इसका हिन्दी रूपान्तरण 'मंगलाचरण' में प्रकाशित कराया था, उस समय यह तथ्य उनके संज्ञान में नहीं आ सका था। यही नहीं, जब मदन गोपाल ने 1965 में 'कलम का मजदूर : प्रेमचंद' शीर्षक से प्रेमचंद की जीवनी प्रकाशित कराई थी तब वे भी इस सम्बन्ध में कुछ निश्चयात्मक उल्लेख करने में सफल नहीं हो सके थे कि 'रूठी रानी' वास्तव में जोधपुर के देवी प्रसाद मुंसिफ के इसी शीर्षक से 1906 में भारत मित्र प्रेस, कलकत्ता से प्रकाशित हिन्दी लघु उपन्यास का उर्दू अनुवाद है।

'मंगलाचरण' में संकलित प्रेमचंद के चारों उपन्यासों को साहित्य-संसार के समक्ष प्रस्तुत करके अमृतराय ने उनकी अज्ञात रचनाओं की खोज के कार्य को नई ऊँचाइयाँ दीं। खेद है कि अमृतराय के इस महत्त्वपूर्ण कार्य से भावी शोधकर्ता और प्रेमचंद-विशेषज्ञ प्रेरणा ग्रहण नहीं कर सके, अन्यथा उनके प्रारम्भिक उपन्यासों में से एक उपन्यास 'किशना' अभी तक प्राप्त होकर प्रेमचंद साहित्य में सम्मिलित हो चुका होता।

चिट्ठी-पत्री–प्रेमचंद के देहावसान के तत्काल पश्चात् 'विशाल भारत' के नवम्बर 1936 के अंक में पं. बनारसीदास चतुर्वेदी ने अपनी सारस्वत श्रद्धांजलि के रूप में 'स्वर्गीय प्रेमचंदजी' शीर्षक लेख प्रकाशित किया था। इस लेख में चतुर्वेदीजी ने अपनी बात को प्रेमचंद के पत्रों के आलोक में ही प्रामाणिक आधार प्रदान किया था। मुंशी दयानारायण निगम ने दिसम्बर 1937 में छपकर तैयार हुए 'जमाना' के प्रेमचंद नम्बर में 'प्रेमचंद के खयालात' शीर्षक अपने लेख में प्रेमचंद के अनेक पत्रों का व्यापक रूप से उपयोग किया था। इन दोनों लेखों से प्रेमचंद के व्यक्तित्व एवं कृतित्व को समझने के लिए उनके पत्रों का महत्त्व स्थापित हो जाता है। अमृतराय ने भी जब 'प्रेमचंद : कलम का सिपाही' शीर्षक से प्रेमचंद की जीवनी लिखी तो उसमें भी प्रेमचंद के पत्रों का व्यापक रूप से प्रयोग किया और इन पत्रों के सहारे ही वे प्रेमचंद के जीवन के उलझे-बिखरे सूत्रों को एक माला के रूप में गूँथने में सफल हो सके। यही कारण है कि अमृतराय ने सन् 1962 में ही प्रेमचंद के समस्त उपलब्ध पत्रों का बृहद् संकलन 'चिट्ठी-पत्री' शीर्षक से दो भागों में प्रकाशित भी करा दिया।

'चिट्ठी-पत्री' में संकलित प्रेमचंद के पत्रों से जहाँ उनकी रचनाओं के प्रथम प्रकाशन सन्दर्भों को प्रामाणिक आधार प्रदान करने में सहायता मिलती है, वहीं

दूसरी ओर उनकी अज्ञात रचनाओं की खोज में भी व्यापक रूप से सहायता मिलती है। इस दृष्टि से प्रेमचंद के पत्रों का प्रकाशन एक ऐतिहासिक घटना है।

यह दुर्भाग्य की बात है कि जहाँ अमृतराय प्रेमचंद के अज्ञात साहित्य को प्रकाशित कराने का महनीय कार्य सम्पादित कर रहे थे, वहीं इस क्रम में उन्हें अदालत का मुँह भी देखना पड़ा। हुआ यह कि मदन गोपाल ने 'जमाना' सम्पादक मुंशी दयानारायण निगम के अतिरिक्त कुछ अन्य महानुभावों से भी प्रेमचंद के पत्र प्राप्त करके उनका संग्रह कर लिया था। मदन गोपाल ने अपने संग्रह के पत्रों की प्रतिलिपियाँ (मूल पत्र नहीं) अमृतराय को उपलब्ध भी करा दी थीं और पारस्परिक सहमति से मदन गोपाल तथा अमृतराय–दोनों के संग्रह के पत्रों का संकलन 'चिट्ठी-पत्री' शीर्षक से प्रकाशित कर दिया गया। जब अमृतराय को 'प्रेमचंद : कलम का सिपाही' पर साहित्य अकादमी पुरस्कार प्रदान किए जाने की घोषणा हुई तो मदन गोपाल ने इसके विरुद्ध न्यायालय से स्थगन आदेश प्राप्त करके उन्हें साहित्य अकादमी पुरस्कार लेने से रोक दिया। मदन गोपाल ने इस आधार पर मुकदमा दायर किया था कि प्रेमचंद के पत्रों को संकलित-व्यवस्थित करके उन्हें 'साहित्यिक स्वरूप' प्रदान करने के कारण इन पत्रों पर उनका कॉपीराइट है। विधिक रूप से देखा जाए तो पत्रों पर उनके लेखक का कॉपीराइट होता है और इस दृष्टि से मदन गोपाल का दावा निराधार था। लेकिन साहित्य अकादमी पुरस्कार जैसा प्रतिष्ठित सम्मान प्राप्त करने में विलम्ब न हो, सम्भवतः इस दृष्टि से अमृतराय ने मदन गोपाल से पारस्परिक समझौता करके और 'चिट्ठी-पत्री' की अनबिकी प्रतियों पर अपने नाम के साथ उनका नाम प्रकाशित कराकर तथा भूमिका में भी मदन गोपाल का संक्षिप्त वक्तव्य जोड़कर मुकदमा वापस कराने में सफलता प्राप्त की।

ध्यातव्य है कि इस मुकदमे के सम्बन्ध में स्वयं मदन गोपाल ने ही पर्याप्त सामग्री उपलब्ध करा दी है जिसके अध्ययन से वास्तविकता सामने आ जाती है। यहाँ विस्तारभय से यह समस्त विवरण प्रस्तुत नहीं किया जा रहा है। जो महानुभाव इस सम्बन्ध में विस्तार से जानना चाहें वे मदन गोपाल की पुस्तक 'मुंशी प्रेमचंद की चिट्ठी-पत्री' (1997) और डॉ. श्याम सिंह शशि की पुस्तक 'प्रेमचंद के मदन गोपाल' (2001) में उपलब्ध मदन गोपाल-श्रीपतराय एवं मदन गोपाल-अमृतराय पत्राचार और इस मुकदमे के दस्तावेज तथा मदन गोपाल द्वारा अपनी आत्मकथा 'प्रेमचंद के जीवनीकार की आत्मकथा' (1994) में 'साहित्यिक धोखा' शीर्षक (पृष्ठ संख्या 169-71) और 'कलम का मजदूर : प्रेमचंद' के तृतीय संस्करण (2006) में 'प्रेमचंद के पत्रों में कॉपीराइट' (पृष्ठ संख्या 311-19) शीर्षक लेख के अन्तर्गत प्रस्तुत विवरण का अध्ययन करके सत्यान्वेषण करने का प्रयास कर सकते हैं।

उल्लेखनीय है कि प्रेमचंद के देहावसान के उपरान्त उनकी रचनाओं का कॉपीराइट उत्तराधिकार में उनके दोनों पुत्रों–श्रीपतराय तथा अमृतराय को संयुक्त रूप से प्राप्त हुआ था। जब मदन गोपाल ने 'कलम का मजदूर प्रेमचंद' में प्रेमचंद की रचनाओं को उद्धृत किया तो उसके लिए उन्होंने मात्र श्रीपतराय से ही अनुमति प्राप्त की थी और अमृतराय की उपेक्षा कर दी थी, जबकि विधिक रूप से देखा जाए तो इसके लिए अमृतराय से भी अनुमति ली जानी चाहिए थी। मदन गोपाल के इस व्यवहार की पृष्ठभूमि में श्रीपतराय के साथ उनके घनिष्ठ आत्मीय सम्बन्धों की भूमिका महत्त्वपूर्ण प्रतीत होती है। मदन गोपाल और श्रीपतराय का पारस्परिक पत्राचार मदन गोपाल की पुस्तक 'मुंशी प्रेमचंद की चिट्ठी-पत्री' और डॉ. श्याम सिंह शशि की पुस्तक 'प्रेमचंद के मदन गोपाल' में उपलब्ध है, जिनका अवलोकन करने से स्पष्ट हो जाता है कि इन दोनों मित्रों में कैसे और किस प्रकार के घनिष्ठ अन्तरंग सम्बन्ध थे। इस परिप्रेक्ष्य में यह अनुमान करना भी कुछ असंगत न होगा कि मदन गोपाल द्वारा अमृतराय के विरुद्ध मुकदमा दायर करने में अमृतराय का दिन-प्रतिदिन बढ़ता यश और श्रीपतराय तथा अमृतराय के पारस्परिक सम्बन्ध सौहार्दपूर्ण न होना ही महत्त्वपूर्ण कारक था।

1962 में अमृतराय द्वारा प्रकाशित कराए गए प्रेमचंद के हजारों पृष्ठों के अप्राप्त साहित्य के उपर्युक्त समस्त विवरण से इसमें किसी प्रकार का सन्देह नहीं रहता कि अपने पिता के देहावसान के अनन्तर अमृतराय ने इस दिशा में जो कार्य प्रारम्भ किया था उसकी चरम परिणति 1962 में जाकर उपर्युक्त समस्त संकलनों के रूप में हो पाई। यहाँ यह उल्लेख करना भी असंगत नहीं होगा कि अमृतराय ने 1949 में सरस्वती प्रेस से पृथक् होकर अपना स्वतन्त्र प्रकाशन संस्थान 'हंस प्रकाशन' के नाम से इलाहाबाद में स्थापित कर लिया था। इसके अतिरिक्त इस बात के संकेत भी प्राप्त होते हैं कि अमृतराय ने 'हिन्दुस्तानी पब्लिशिंग हाउस' के नाम से भी इलाहाबाद में एक अन्य प्रकाशन संस्थान स्थापित किया था, जिससे प्रेमचंद की कुछ हिन्दी-उर्दू पुस्तकें प्रकाशित हुईं। परन्तु यह अवश्य है कि 1949 के पश्चात् 'सरस्वती प्रेस' से 'सोलह अप्राप्य कहानियाँ' (1981) शीर्षक संकलन के अतिरिक्त प्रेमचंद के अप्राप्त साहित्य का प्रकाशन नहीं हुआ और मात्र हंस प्रकाशन द्वारा अमृतराय के उद्योग तथा अध्यवसाय से खोजकर प्रकाशित कराई गई पुस्तकों को ही नाम बदलकर प्रकाशित किया जाता रहा। 'सोलह अप्राप्य कहानियाँ' के सम्बन्ध में तो यथास्थान विवरण प्रस्तुत किया जाएगा, लेकिन इस तथ्य के आलोक में यह अनुमान किया जा सकता है कि 1936 से 1949 तक सरस्वती प्रेस से प्रेमचंद की जो भी अप्राप्य रचनाएँ प्रकाशित हुईं अथवा 'हंस' में प्रकाशित हुईं, उनमें श्रीपतराय की भूमिका नगण्य और अमृतराय की भूमिका प्रमुख रही होगी।

अमृतराय ने 1967 में अपने हंस प्रकाशन से प्रेमचंद की कथेतर रचनाओं का एक संकलन 'साहित्य का उद्देश्य' शीर्षक से प्रकाशित किया, जिसमें सम्मिलित रचनाओं का विवरण निम्नवत् है–

1. साहित्य का उद्देश्य ('हंस', जुलाई 1936), 2. जीवन में साहित्य का स्थान ('हंस', अप्रैल 1932), 3. साहित्य का आधार ('जागरण', 12 अक्टूबर, 1932), 4. कहानी कला–1 (कहानी–संकलन 'प्रेम प्रसून'), 5. कहानी कला–2 (कहानी–संकलन 'मानसरोवर', भाग–2), 6. कहानी कला–3, 7. उपन्यास, 8. उपन्यास का विषय, 9. उपन्यास रचना ('माधुरी', अक्टूबर 1922), 10. साहित्य में समालोचना ('हंस', मई 1931), 11. साहित्य और मनोविज्ञान ('हंस', फरवरी 1936), 12. राष्ट्रभाषा हिन्दी और उसकी समस्याएँ ('हंस', जनवरी 1935), 13. कौमी भाषा के विषय में कुछ विचार ('हंस', नवम्बर 1934), 14. हिन्दी–उर्दू की एकता ('कुछ विचार' में 'एक भाषण' शीर्षक से), 15. उर्दू हिन्दी और हिन्दुस्तानी ('हंस', अप्रैल 1937), 16. भारतेन्दु बाबू हरिश्चन्द्र ('जमाना', जनवरी 1914), 17. बिहारी ('जमाना', अप्रैल 1917), और 18. केशव ('जमाना', जुलाई 1917)।

उपर्युक्त विवरण से स्पष्ट है कि 'साहित्य का उद्देश्य' के 1954 में प्रकाशित प्रथम संस्करण से मात्र 14 रचनाएँ ही इस संकलन में सम्मिलित की गईं और शेष छोड़ दी गईं। ध्यातव्य है कि चार रचनाएँ–1. उपन्यास रचना, 2. भारतेन्दु बाबू हरिश्चन्द्र, 3. बिहारी, और 4. केशव–ऐसी हैं जो इस संकलन में जोड़ दी गई हैं। इस तथ्य के आलोक में डॉ. गोयनका का कथन–"पुस्तक के पुराने संस्करण में से केवल 12 निबन्धों को रखा गया और 6 नए निबन्ध जोड़ दिए गए,"[1] प्रामाणिक रूप से असंगत सिद्ध हो जाता है। इस नवीन संकलन में 'यह संस्करण' शीर्षक से अमृतराय का एक प्रकाशकीय वक्तव्य भी प्रकाशित है, जिसका अविकल पाठ निम्नांकित है–

"साहित्य का उद्देश्य' का पिछला संस्करण समाप्त हुए काफी समय हो गया।

'विविध प्रसंग' के तीन खंड प्रकाशित हो जाने पर, जिनमें प्रेमचंद के सम्पूर्ण लेख संगृहीत हैं, 'साहित्य का उद्देश्य' के नए संस्करण की उपयोगिता भी संदिग्ध हो गई। पर इधर बहुत दिनों से उसकी माँग विद्यार्थियों और शिक्षण संस्थाओं की ओर से हमारे पास पहुँचती रहती है। फलतः यह नया संस्करण प्रस्तुत है। वर्तमान संस्करण महत्त्वपूर्ण संशोधन और परिवर्द्धन के साथ प्रकाशित किया जा रहा है, कुछ लेख हटा दिए गए हैं और कुछ अधिक महत्त्वपूर्ण लेख जोड़ दिए गए हैं। हमारा विश्वास है कि अब यह पुस्तक पहले से भी अधिक सर्वांगपूर्ण है, न केवल विद्यार्थियों के लिए बल्कि अन्य पाठकों के लिए भी, जो इस महान् साहित्यकार के साहित्य-सम्बन्धी विचारों से परिचित होना चाहते हैं।"

1. प्रेमचंद विश्वकोश, भाग–2, पृ. 421

उपर्युक्त कथन से इस बात में कोई सन्देह नहीं रहता कि यह संकलन सर्वथा स्वतन्त्र संकलन है। पूर्व प्रकाशित संकलन का ही शीर्षक यथावत् ग्रहण कर लेने और इस नवीन संकलन पर 'द्वितीय संस्करण' का उल्लेख प्रकाशित हो जाने से यह भ्रम व्याप्त हो गया है कि यह कोई नवीन संकलन नहीं है। उपुर्यक्त विवरण से इस भ्रम का निवारण हो जाएगा, ऐसी आशा रखनी चाहिए।

जहाँ हिन्दी में प्रेमचंद का अप्राप्य साहित्य विपुल परिमाण में प्रकाशित हो रहा था और उर्दू से भी अनुवाद करके प्रकाशित किया जा रहा था, वहीं उर्दू-साहित्य-संसार अपने इस शीर्षस्थ रचनाकार के प्रति कुछ विशेष उत्साह प्रदर्शित नहीं कर पा रहा था। 1968 में मदन गोपाल के सम्पादन में मकतबा जामिया, नई दिल्ली द्वारा 'प्रेमचंद के खुतूत' शीर्षक से प्रेमचंद के पत्रों का उर्दू में संकलन प्रकाशित करके उर्दू-जगत् के इस अनपेक्षित उदासीन व्यवहार की बर्फ पिघलाने का प्रयास दृष्टिपथ में आता है। परन्तु इस संकलन में मदन गोपाल ने 'चिट्ठी-पत्री' में पूर्व प्रकाशित हो चुके प्रेमचंद के सभी पत्र प्रकाशित न करके मात्र वे ही पत्र प्रकाशित किए जो उनके अपने संग्रह में उपलब्ध थे अथवा इधर-उधर पत्र-पत्रिकाओं और पुस्तकों आदि में प्रकाशित हो चुके थे। ध्यातव्य है कि इस संकलन में कुछ पत्र ऐसे भी हैं जो 'चिट्ठी-पत्री' में उपलब्ध नहीं हैं, और इस दृष्टि से इस पत्र-संकलन का अपना विशिष्ट महत्त्व है।

मुम्बई से प्रकाशित उर्दू मासिक 'शायर' के मई-जून 1969 के अंक में हरबंस दोस्त ने हिन्दी मासिक 'स्वाधीनता' के किसी अंक में प्रकाशित 'वैराग्य' शीर्षक कहानी का निदा फाजली द्वारा किया हुआ उर्दू अनुवाद 'विराग' शीर्षक से प्रकाशित कराकर प्रेमचंद की इस सर्वथा अज्ञात कहानी को प्रेमचंद साहित्य में सम्मिलित कराया। ध्यातव्य है कि प्रेमचंद की मौलिक हिन्दी कहानी 'वैराग्य' का मूल पाठ सम्प्रति उपलब्ध नहीं है और न इसका प्रथम प्रकाशन-सन्दर्भ ही ज्ञात है।

अमृतराय के पूर्व उल्लिखित महत्त्वपूर्ण कार्य के पश्चात् प्रेमचंद की अप्राप्त रचनाओं की खोज की कोई विशेष सम्भावना नहीं रही, इस धारणा को खण्डित करते हुए इलाहाबाद के डॉ. जाफर रजा ने प्रेमचंद साहित्य पर शोध करने के क्रम में प्रेमचंद की 25 अप्राप्त कहानियाँ खोज निकालीं। इस सम्बन्ध में स्वयं डॉ. जाफर रजा लिखते हैं-

"इन पंक्तियों के लेखक को अपने शोध कार्य के बीच उर्दू तथा हिन्दी के विभिन्न पत्र-पत्रिकाओं से पच्चीस ऐसी कहानियाँ प्राप्त हुईं जो अब तक सर्वथा अज्ञात थीं। ये कहानियाँ शीघ्र ही हंस प्रकाशन, इलाहाबाद से 'गुप्त धन', भाग-3 के रूप में प्रकाशित हो रही हैं। इन कहानियों के नाम निम्नलिखित हैं-1. आबे हयात, 2. अश्के नदामत, 3. बाँसुरी, 4. बरात, 5. बड़ी बहन, 6. दोनों तरफ से, 7. दाराशिकोह का दरबार, 8. रूहे हयात, 9. रोशनी, 10. रू-ए-सियाह,

11. दारू-ए-तल्ख, 12. सगे लीली, 13. शुद्धि, 14. सौदा-ए-खाम, 15. सम्पादक मोटेराम शास्त्री, 16. स्वप्न, 17. खौफे रुसवाई, 18. कातिल की माँ, 19. करिश्मा-ए-इंतकाम, 20. कैफरे किरदार, 21. गमी, 22. वतन की कीमत, 23. वफा की देवी, 24. वैराग्य, और 25. धोके की टट्टी। इन्हें आगामी पृष्ठों में दी गई तालिका में सम्मिलित कर लिया गया है।"[1]

डॉ. रजा की उपर्युक्त सूचना से यह स्पष्ट है कि इन 25 सुदुर्लभ कहानियों को रूपान्तरित-सम्पादित करके वे संकलन की पांडुलिपि अमृतराय को सौंप चुके थे। अनेकानेक व्यस्तताओं के मध्य अमृतराय इस पांडुलिपि का परीक्षण करने हेतु वांछित समय नहीं निकाल सके होंगे और इस संकलन का प्रकाशन टलता गया होगा। इसी मध्य 'प्रेमचंद के उपन्यासों का शिल्प विधान' विषय पर शोध कार्य में संलग्न डॉ. कमल किशोर गोयनका प्रेमचंद से सम्बन्धित बहुत-सी सामग्री सितम्बर 1976 में इलाहाबाद जाकर अमृतराय के यहाँ से ले आए। इसका विवरण स्वयं डॉ. गोयनका के ही शब्दों में-

"मैंने अमृतराय को 20 जनवरी, 1974 को पत्र लिखकर प्रेमचंद सम्बन्धी सामग्री उपलब्ध कराने का आग्रह किया था। उन्होंने अपने 31 जनवरी, 1974 के पत्र में मुझे लिखा, 'आप अकारण मुझको इतना महत्त्व दे रहे हैं। मेरे पास अब कोई नई सामग्री या सूचना नहीं है और अगर कुछ होगी तो वह इतनी गहराई में जाने पर मिलेगी, जिसके लिए मेरे पास सचमुच अभी न तो समय है और न उत्साह। आप जिस लगन से अपना काम कर रहे हैं उसको तो पूरा कर ही डालें-आगे जो कुछ नया सामने आएगा, वह जुड़ता रहेगा।' इस पर भी मैंने प्रयास जारी रखे। जुलाई 1975 को इलाहाबाद जाकर उनसे मिलने का कार्यक्रम बना कि 27 जुलाई, 1975 की रात्रि को इमर्जेन्सी काल में दिल्ली विश्वविद्यालय के लगभग 300 प्रोफेसरों के साथ मैं भी गिरफ्तार कर लिया गया। इसके बाद सितम्बर 1976 में फिर इलाहाबाद जाना हुआ तो अमृतराय ने प्रेमचंद से सम्बन्धित दस्तावेजों से भरा एक छोटा बक्सा मेरे सामने रखकर कहा, 'मैंने प्रेमचंद की छाती पर पाँच साल बैठकर काम किया और उनकी जीवनी लिखी तथा हजारों पृष्ठों का गुमशुदा साहित्य ढूँढ़कर पाठकों के सम्मुख रखा। अब मुझे प्रेमचंद पर कुछ नहीं करना है। इसमें आपके लायक कुछ चीजें हों तो देख लीजिए। मुझे कोई आपत्ति नहीं है।' मैंने सारी सामग्री देखी और कुछ सामग्री ऐसी मिली, जिसका अमृतराय ने प्रेमचंद पर लिखी अपनी जीवनी में कोई उपयोग नहीं किया था। ऐसी सामग्री पाकर मैं उत्साह से भर गया। सामग्री छाँटकर मैंने अमृतराय से आग्रह किया कि वे उसे देख लें, क्योंकि उसका समुचित उपयोग करने के लिए मुझे उसे दिल्ली लेकर आना था। अमृतराय ने इसकी आवश्यकता नहीं समझी और सामग्री ले जाने

1. प्रेमचंद : उर्दू हिन्दी कथाकार, पृ. 109

की आज्ञा दे दी। उन्हें जब 'कलम का सिपाही' के दूसरे संस्करण पर चित्रों की आवश्यकता हुई तो उन्होंने 3 नवम्बर, 1976 के पत्र में मुझे लिखा था, 'मुझसे ही भूल हुई, आपने तो यह सब सामग्री, जो आप यहाँ से ले जा रहे थे, मुझको दिखानी चाही थी; मैंने देख ही ली होती तो अच्छा रहता, क्योंकि तब मैं वो सब चित्र कभी आपको न देता। 'कलम का सिपाही' के नए संस्करण के लिए मुझे उनकी तत्काल जरूरत है।' इस पत्रांश से बिल्कुल स्पष्ट है कि मैं जो सामग्री उनके यहाँ से लाया, उसके लिए उनकी पूर्ण सहमति थी।"[1]

उपर्युक्त विवरण से स्पष्ट है कि जो सामग्री अमृतराय के यहाँ से डॉ. गोयनका लेकर आए थे, उसका न तो अमृतराय के पास कोई विवरण उपलब्ध रहा, न ही उनके संज्ञान में यह आ सका कि डॉ. गोयनका क्या-क्या सामग्री अपने साथ ले गए। इसके अतिरिक्त इस बात का भी कोई संकेत प्राप्त नहीं होता कि डॉ. गोयनका जो मूल दस्तावेज आदि ले आए थे वे उन्होंने अमृतराय को लौटाने का कभी कोई उपक्रम किया हो। ऐसा नहीं है कि अमृतराय उन मूल दस्तावेजों का महत्त्व नहीं समझते थे। प्रेमचंद के छोटे भाई महताबराय के पुत्र और स्वयं प्रेमचंद-परम्परा के सशक्त कहानीकार श्री कृष्ण कुमार राय ने एक वार्ता में मुझे बताया था कि अपने जीवन के अन्तिम दिनों तक अमृतराय इस सामग्री के वापस किए जाने की प्रतीक्षा करते रहे और यह कि अनेक बार माँगे जाने पर भी डॉ. गोयनका ने इस समूची सामग्री को उन्हें लौटा देने का कोई प्रयास नहीं किया, भले ही वे अपने सम्पादन में प्रकाशित संकलनों तथा अपने संयोजन में लगाई जाने वाली प्रेमचंद-प्रदर्शनियों में उस सामग्री का व्यापक रूप से उपयोग तथा उपभोग कर चुके थे। अमृतराय के जिस पत्रांश को डॉ. गोयनका ने उद्धृत किया है उससे भी अमृतराय का मानसिक सन्ताप स्पष्ट होता है। यदि डॉ. गोयनका इस सम्बन्ध में अमृतराय द्वारा उन्हें लिखे गए समस्त पत्रों का अविकल पाठ प्रकाशित करा दें तो वास्तविकता सामने आ सकती है। इस सम्बन्ध में मदन गोपाल का कथन भी उल्लेखनीय है, जिन्होंने लिखा–

"1957 में मैंने ('गुप्त धन' तब नहीं निकला था) दो रजिस्टरों में उर्दू में और उन्हीं के हिन्दी रूपान्तरण की एक सूची तैयार की थी। एक रजिस्टर कमल किशोर गोयनका ले गए थे, दूसरा अभी भी मेरे पास है।"[2]

उपर्युक्त शब्दों से स्पष्ट है कि मदन गोपाल द्वारा तैयार की गई प्रेमचंद की कहानियों की जो सन्दर्भिका डॉ. गोयनका उनसे उधार माँगकर ले गए थे, उसे लौटाने का उन्होंने कभी कोई उपक्रम नहीं किया।

यह संयोग अकारण नहीं प्रतीत होता कि डॉ. कमल किशोर गोयनका सितम्बर 1976 में अमृतराय के यहाँ से सामग्री उठाकर लाए और उनके द्वारा

1. प्रेमचंद का अप्राप्य साहित्य, भाग-1, पृ. 32-33
2. प्रेमचंद वाङ्मय अब उर्दू में भी; आजकल, नई दिल्ली, जून 2005, पृ. 8

प्रस्तुत प्रेमचंद की एक विस्मृत कहानी 'दोनों तरफ से' 'नया प्रतीक' के अक्टूबर 1976 के अंक में प्रकाशित हो गई। इसके पश्चात् डॉ. गोयनका द्वारा स्वयं प्रस्तुत विवरण के अनुसार उन्होंने प्रेमचंद की ऐसी भूली-बिसरी आठ अन्य कहानियाँ भी विभिन्न पत्र-पत्रिकाओं में अपनी प्रस्तुति में प्रकाशित कराईं, जिनका विवरण निम्नांकित है-

1. स्वप्न ('दिल्ली', फरवरी-मार्च 1977), 2. गमी ('आजकल', मई 1977), 3. रूहे सियाह ('निर्झर', जुलाई 1977), 4. सम्पादक मोटेरामजी शास्त्री ('कहानी', जुलाई 1977), 5. करिश्मा-ए-इन्तकाम ('सारिका', जुलाई-2, 1978), 6. वियोग और मिलाप ('दैनिक हिन्दुस्तान', 7 अक्टूबर, 1979), 7. आबे हयात ('शीराजा', मई 1980), और 8. बड़ी बहन ('कादम्बिनी', जुलाई 1980)।

डॉ. गोयनका का दावा है कि उन्होंने स्वयं ही उर्दू कहानियों को देवनागरी में लिप्यन्तरित करके प्रकाशित कराया, लेकिन अनेक उर्दू विद्वान् इस तथ्य का स्पष्ट उल्लेख करते हैं कि डॉ. गोयनका उर्दू भाषा और लिपि से नितान्त अपरिचित हैं। इन विद्वानों की मान्यता की पुष्टि इस तथ्य से भी हो जाती है कि प्रेमचंद की जिस कहानी का शीर्षक उर्दू में 'रू-ए-सियाह' था, वह डॉ. गोयनका के देवनागरी लिप्यन्तरण में आकर 'रूहे सियाह' हो गया और मूल उर्दू शब्दों के अर्थ 'काला मुँह' को भी भ्रष्ट करके 'कलुषित आत्मा' कर दिया गया। यहाँ यह भी सन्देह उत्पन्न होता है कि जो डॉ. गोयनका अक्टूबर 1976 से पूर्व प्रेमचंद की एक भी नयी रचना खोजने में सफल नहीं हो सके थे, उन्हें ऐसा कौन-सा दफीना हाथ आ गया जिसमें से निकाल-निकालकर उन्होंने ये कहानियाँ प्रकाशित करानी आरम्भ कर दीं। इस सन्देह को इस तथ्य से बल प्राप्त होता है कि डॉ. गोयनका ने अक्टूबर 1976 से जुलाई 1980 तक प्रेमचंद की जो 9 अज्ञात कहानियाँ प्रकाशित कराईं उनमें से आठ कहानियाँ ऐसी हैं जिनका स्पष्ट नामोल्लेख डॉ. जाफर रजा की पूर्व उद्धृत 25 कहानियों की सूची में प्राप्त है। इस विचित्र संयोग से यह सहज अनुमान लगाया जा सकता है कि डॉ. गोयनका सितम्बर 1976 में अमृतराय के यहाँ से जो सामग्री बिना उनके संज्ञान में लाए उठा ले गए थे, उसी के साथ डॉ. जाफर रजा द्वारा अमृतराय को दी गई 'गुप्त धन', भाग-3 की मूल पांडुलिपि का महत्त्वपूर्ण अंश भी डॉ. गोयनका के पास पहुँच गया होगा और उन्होंने सम्भवत: डॉ. रजा के शोध और श्रम का अपहरण करने की दृष्टि से उन कहानियों को अपनी खोज बताकर प्रकाशित कराना प्रारम्भ कर दिया होगा। जहाँ तक डॉ. रजा की सूची में अनुपलब्ध कहानी 'वियोग और मिलाप' का सम्बन्ध है, यह भी कुछ अस्वाभाविक नहीं जान पड़ता कि यह कहानी अमृतराय को किसी अन्य स्रोत से प्राप्त हुई हो और इसकी प्रति भी डॉ. गोयनका को अमृतराय के यहाँ से लाई गई सामग्री में ही मिल गई हो।

उपर्युक्त विवरण के आधार पर अनुमान किया जा सकता है कि जब अमृतराय के यहाँ से 'गुप्त धन', भाग-3 की मूल पांडुलिपि का महत्त्वपूर्ण अंश ही लुप्त हो गया तब इस संकलन का प्रकाशन कैसे सम्भव हो सकता था? ध्यातव्य है कि 1981 में प्रकाशित 'प्रेमचंद विश्वकोश' में डॉ. कमल किशोर गोयनका ने एक कहानी-संकलन का निम्नांकित विवरण प्रस्तुत किया था–

"प्रेमचंद की अप्राप्य कहानियाँ'-कहानी-संकलन/संकलन एवं प्रस्तुतकर्त्ता- डॉ. कमल किशोर गोयनका/प्रकाशक-श्रीपतराय, सरस्वती प्रेस, 5, सरदार पटेल मार्ग, इलाहाबाद; 2/43, अन्सारी रोड, दरियागंज; पुस्तक यन्त्रस्थ है/डॉ. कमल किशोर गोयनका ने पाँच वर्ष की अनवरत खोज के पश्चात् प्रेमचंद की अप्राप्य और असंकलित 16 हिन्दी-उर्दू कहानियों को विभिन्न हिन्दी-उर्दू पत्रिकाओं एवं कहानी-संग्रहों से प्राप्त किया/यह पुस्तक इन्हीं 16 कहानियों का संग्रह है। इन कहानियों में 11 कहानियाँ उर्दू पत्रिकाओं एवं संग्रहों से प्राप्त की गई हैं। ये कहानियाँ हैं-करिश्मा-ए-इन्तकाम ('जमाना', फरवरी 1911), दोनों तरफ से ('जमाना', मार्च 1911), बड़ी बहन ('अदीब', जुलाई 1911), खौफे रुसवाई ('अदीब', सितम्बर 1911), खूने हुर्मत ('सुबहे उम्मीद', सितम्बर 1919), आबे हयात ('सुबहे उम्मीद', मार्च 1920), रूहे स्याह ('सुबहे उम्मीद', नवम्बर 1920), शुद्धी ('ख्वाबो खयाल' संग्रह से, मार्च 1934), बारात ('आखिरी तोहफा' संग्रह से, मार्च 1934), रोशनी ('वारदात' संग्रह से, फरवरी 1938), कातिल की माँ ('वारदात' संग्रह से, फरवरी 1938)। हिन्दी पत्रिकाओं से प्राप्त 5 कहानियाँ हैं-वियोग और मिलाप ('प्रताप', विजयदशमी 1917), सम्पादक मोटेरामजी शास्त्री ('माधुरी', अगस्त-सितम्बर 1938), गमी ('मतवाला', 31 अगस्त 1929), स्वप्न ('वीणा', जुलाई 1930), विराग ('स्वाधीनता' के किसी अंक में प्रकाशित हिन्दी कहानी का उर्दू रूप)।"[1]

डॉ. गोयनका ने उपर्युक्त संकलन 1981 में प्रकाशनाधीन होने की सूचना दी थी परन्तु आश्चर्यजनक रूप से इन्हीं 16 कहानियों पर आधारित एक कहानी-संकलन 1981 में ही श्रीपतराय के सम्पादन में 'सोलह अप्राप्य कहानियाँ' शीर्षक के अन्तर्गत सरस्वती प्रेस से प्रकाशित हो गया। इस संकलन पर टिप्पणी करते हुए डॉ. जाफर रजा लिखते हैं-

"अभी हाल में श्रीपतराय ने प्रेमचंद की 'सोलह (16) अप्राप्य (नायाब) कहानियाँ' शाया की हैं। ये तमाम कहानियाँ मेरी तलाशकर्दा हैं लेकिन कहीं इसका ऐतराफ करने की जहमत गवारा नहीं की गई। इनमें तेरह (13) कहानियाँ उर्दू से हिन्दी में नक्ल लफ्ज हैं। महज तीन (3) हिन्दी कहानियाँ हैं। इस तरह के तर्जुमे और नक्ल लफ्ज को प्रेमचंद की निगारिश क्योंकर कहा जा सकेगा।"[2]

1. प्रेमचंद विश्वकोश, भाग-2, पृ. 248
2. प्रेमचंद : कहानी का रहनुमा (उर्दू), पृ. 274

उपर्युक्त शब्दों से डॉ. जाफर रजा की व्यथा का सहज ही अनुमान किया जा सकता है।

1988 में डॉ. कमल किशोर गोयनका के सम्पादन में भारतीय ज्ञानपीठ, नई दिल्ली से प्रकाशित 'प्रेमचंद का अप्राप्य साहित्य' नाम से जो संकलन दो भागों में प्रकाशित हुआ, उसके प्रथम भाग में डॉ. गोयनका ने प्रेमचंद की कथित रूप से 'अप्राप्य' 32 कहानियाँ प्रकाशित कराईं जिनका विवरण निम्नवत् है-

1. करिश्मा-ए-इन्तिकाम ('जमाना', फरवरी 1911), 2. दोनों तरफ से ('जमाना', मार्च 1911), 3. बड़ी बहन ('अदीब', जुलाई 1911), 4. खौफे रुसवाई ('अदीब', सितम्बर 1911), 5. कैफरे कर्दार ('अदीब', जुलाई 1912), 6. धोके की टट्टी ('अदीब', नवम्बर 1912), 7. सगे लैला ('अदीब', अप्रैल 1913), 8. दारू-ए-तल्ख ('हमदर्द', 17 जुलाई, 1913), 9. अपने फन का उस्ताद ('जमाना', सितम्बर 1916), 10. दरवाजा ('अलनाजिर', जुलाई 1917), 11. वियोग और मिलाप ('प्रताप', सितम्बर 1917), 12. खूने हुर्मत ('सुबहे उम्मीद', सितम्बर 1919), 13. बाँसुरी ('कहकशाँ', जनवरी 1920), 14. प्रतिज्ञा ('श्री शारदा', मार्च 1920), 15. आबे हयात ('सुबहे उम्मीद', मार्च 1920), 16. रूहे सियाह ('सुबहे उम्मीद', नवम्बर 1920; यह कहानी 'प्रतिज्ञा' हिन्दी कहानी का मामूली परिवर्तन के साथ उर्दू अनुवाद है), 17. रूहे हयात ('जमाना', जनवरी 1921), 18. मोटेरामजी शास्त्री का नैराश्य ('समालोचक', मार्च-अप्रैल 1928), 19. शुद्धि ('ख्वाबो खयाल', मई 1928), 20. सम्पादक मोटेरामजी शास्त्री ('माधुरी', अगस्त-सितम्बर 1928), 21. बोहनी ('भारत', 7 अक्टूबर, 1928), 22. खूनी ('भारत', 25 नवम्बर, 1928), 23. गमी ('मतवाला', 31 अगस्त, 1928), 24. स्वप्न ('वीणा', जुलाई 1930), 25. खेल ('चन्दन', अप्रैल 1931), 26. बीमार बहिन ('कुमार', जुलाई 1932), 27. रंगीले बाबू ('भारत', 26 जनवरी, 1933), 28. वैराग्य ('स्वाधीनता'; 1933 अनुपलब्ध पत्रिका में इसी शीर्षक से प्रकाशित हुई थी, किन्तु हरबंश सिंह 'दोस्त' ने इसका उर्दू अनुवाद करके 'विराग' शीर्षक से 'शायर' (मुम्बई) उर्दू मासिक पत्रिका के मई-जून 1969 के अंक में प्रकाशित कराया था। उसी उर्दू रूप से इसका हिन्दीकरण किया गया है), 29. बारात ('आखिरी तोहफा', मार्च 1934), 30. कातिल की माँ ('वारदात', मार्च 1935), 31. रोशनी ('वारदात', मार्च 1935), 32. एक अपूर्ण कहानी (उर्दू से तिथि अज्ञात)।[1]

आश्चर्य इस बात का है कि इन 32 कहानियों में से 16 कहानियाँ ठीक वही हैं जो श्रीपतराय के सम्पादन में प्रकाशित 'सोलह अप्राप्य कहानियाँ' में सम्मिलित थीं। यही 32 कहानियाँ 2005 में अनिल प्रकाशन, दिल्ली से डॉ. गोयनका द्वारा सम्पादित 'प्रेमचंद की अप्राप्य कहानियाँ' शीर्षक संकलन में भी प्रकाशित हुईं।

1. प्रेमचंद का अप्राप्य साहित्य, भाग-1, पृ. 22-23

इस तथ्य को स्पष्ट रूप से स्वीकार करते हुए डॉ. कमल किशोर गोयनका ने अपने 12 अक्टूबर, 2005 के पत्र में मुजफ्फरनगर के श्री वेदप्रकाश गर्ग को लिखा था–

"प्रेमचंद की अप्राप्य कहानियाँ'–ये वही कहानियाँ हैं जो 'प्रेमचंद का अप्राप्य साहित्य' में हैं।"

ध्यातव्य है कि डॉ. जाफर रजा ने अपनी उर्दू पुस्तक 'प्रेमचंद : कहानी का रहनुमा' के प्रथम संस्करण में लिखा था–

"इनके अलावा राकिम को उर्दू और हिन्दी के मुख्तलिफ रसाइल व अखबारात और कहानियों के मजमूओं से सोलह (16) ऐसी कहानियाँ दस्तयाब हुईं जो अब तक की फहरिस्तों में शामिल नहीं थीं। (प्रेमचंद : कहानी का रहनुमा, सफहा 257)"[1]

यह संयोग भी विचित्र प्रतीत होता है कि सन् 1969 में डॉ. रजा ने प्रेमचंद की 16 दुर्लभ कहानियों की खोज करने का उल्लेख किया, डॉ. गोयनका ने सन् 1981 में पूर्व उद्धृत सूचना के अनुसार ठीक 16 अप्राप्य कहानियों पर आधारित संकलन प्रकाशनाधीन होने का उल्लेख किया और सन् 1981 के आसपास ही श्रीपतराय ने भी 16 कहानियों पर आधारित संकलन 'सोलह अप्राप्य कहानियाँ' शीर्षक से अपने सम्पादन में प्रकाशित करा दिया। तीनों ही उल्लेखों में कहानियों की समान संख्या चौंकाने वाली है।

उल्लेखनीय है कि 'प्रेमचंद का अप्राप्य साहित्य' और 'प्रेमचंद की अप्राप्य कहानियाँ'–दोनों संकलनों में डॉ. कमल किशोर गोयनका ने प्रेमचंद की 'सम्प्रति अज्ञात तथा अप्राप्य' कहानियों की सूची भी इस प्रकार प्रस्तुत की है–

"1. 'दाराशिकोह का दरबार', उर्दू से, 'आजाद' (लाहौर), सम्पादक बिशन सहाय आजाद, जिल्द 4, सितम्बर, 1908; 2. 'सौदा-ए-खाम', उर्दू से, 'हमदर्द', अगस्त 1914; 3. 'जंजाल', उर्दू से, 'तहजीबे निस्वाँ', उर्दू मासिक, अगस्त 1918; 4. 'अश्के नदामत', उर्दू से, 'कहकशाँ', उर्दू मासिक पत्रिका, जनवरी 1920; 5. 'वतन की कीमत', उर्दू से, 'नैरंग', उर्दू मासिक, जनवरी 1931; 6. 'वफा की देवी', उर्दू से, 'आखिरी तोहफा', उर्दू कहानी संग्रह 1934 में संकलित"[2]

"1. 'दाराशिकोह का दरबार': उर्दू कहानी, 'आजाद', लाहौर, सितम्बर 1908; 2. 'सौदा-ए-खाम': उर्दू कहानी, 'हमदर्द', अगस्त, 1914; 3. अश्के नदामत (अंग्रेजी कहानी का अनुवाद): उर्दू कहानी, 'अलअस्र', 1917 तथा 'कहकशाँ', जनवरी 1920; 4. 'जंजाल': उर्दू कहानी, 'तहजीबे निस्वाँ', 3 अगस्त 1918; 5. अश्के नदामत : उर्दू कहानी, 'कहकशाँ', जनवरी 1920; 6. 'वतन की कीमत', उर्दू कहानी, 'नैरंग',

---

1. डॉ. कमर रईस द्वारा प्रेमचंद के नुमाइंदा अफसाने, पृ. 13 पर उद्धृत
2. प्रेमचंद का अप्राप्य साहित्य, भाग-1, पृ. 24

जनवरी 1931; 7. 'वफा की देवी', उर्दू कहानी 'आखिरी तोहफा', उर्दू कहानी संग्रह 1934"[1]

उपर्युक्त सूचियों से स्पष्ट है कि 'प्रेमचंद की अप्राप्य कहानियाँ' में प्रस्तुत सूची में 'अश्के नदामत' कहानी का दो बार उल्लेख करके इन कहानियों की संख्या में अनावश्यक वृद्धि कर दी गई है। इसके अतिरिक्त, यह भी कुछ बुद्धिगम्य नहीं है कि जब डॉ. कमल किशोर गोयनका 'आखिरी तोहफा' संकलन से 'बारात' शीर्षक कहानी खोजकर प्रकाशित करा सकते थे तब उसी संकलन में सम्मिलित 'वफा की देवी' शीर्षक कहानी खोजने में उन्हें सफलता क्यों प्राप्त नहीं हुई। इसका एक कारण यह भी हो सकता है कि डॉ. गोयनका को इस उर्दू कहानी-संकलन की जो प्रति उपलब्ध हुई, उसमें यह कहानी सम्मिलित होने से छूट गई हो!

1988 और 2005 में प्रकाशित दो संकलनों में 'अप्राप्य' कहानियों की एक सी सूची प्रकाशित होने से स्पष्ट होता है कि इस 18 वर्षों की सुदीर्घ कालावधि में डॉ. गोयनका न तो प्रेमचंद की अप्राप्य कहानियों की अपनी ही सूची को छोटा कर सके, न ही प्रेमचंद की अन्य कोई अज्ञात-असन्दर्भित कहानी तलाश कर सके। जो डॉ. गोयनका 12 वर्षों की अवधि में प्रेमचंद की 32 'अप्राप्य' कहानियाँ खोज लेने की चमत्कारिक क्षमता से सम्पन्न थे, उनकी इस क्षमता को ग्रहण कैसे लग गया? इसके कारणों की पड़ताल करना तो पृथक् से गम्भीर शोध की अपेक्षा रखता है, इतना अवश्य है कि 'सोलह अप्राप्य कहानियाँ', 'प्रेमचंद का अप्राप्य साहित्य', भाग-1 और 'प्रेमचंद की अप्राप्य कहानियाँ' शीर्षक संकलनों में प्रस्तुत कहानियों की तुलना डॉ. जाफर रजा द्वारा प्रस्तुत एवं पूर्व उद्धृत 25 कहानियों की सूची तथा डॉ. गोयनका द्वारा प्रस्तुत सम्प्रति 'अप्राप्य' कहानियों की सूची से करने पर यह तथ्य उद्घाटित होता है कि मात्र निम्नांकित 8 कहानियाँ ही इस प्रकृति की हैं जो श्रीपतराय अथवा डॉ. गोयनका के संकलनों में तो सम्मिलित हैं, लेकिन जिनका उल्लेख डॉ. जाफर रजा द्वारा प्रस्तुत कहानियों की सूची में उपलब्ध नहीं है-

1. वियोग और मिलाप, 2. प्रतिज्ञा, 3. मोटेरामजी शास्त्री का नैराश्य, 4. बोहनी, 5. खूनी, 6. खेल, 7. बीमार बहन, और 8. रंगीले बाबू

ध्यातव्य है कि प्रेमचंद की सम्प्रति 'अप्राप्य' कहानियों की सूची में उल्लिखित कहानी 'जंजाल' का उल्लेख डॉ. जाफर रजा द्वारा प्रस्तुत 'पहली बार उर्दू में प्रकाशित कहानियों की सूची' में प्राप्त होता है और 'प्रतिज्ञा' शीर्षक कहानी को डॉ. वीर भारत तलवार ने खोजकर प्रकाशित कराया था। उपर्युक्त विवरण के आलोक में अन्यथा प्रमाण प्राप्त होने तक उपर्युक्त 8 कहानियों में से 'प्रतिज्ञा' के अतिरिक्त शेष 7 कहानियों को ही डॉ. कमल किशोर गोयनका की

1. प्रेमचंद की अप्राप्य कहानियाँ, पृ. 278

तलाश स्वीकार किया जा सकता है और शेष कहानियों की खोज का श्रेय डॉ. जाफर रजा को ही दिया जाना सर्वथा सुसंगत है। यहाँ अपने शोध का बलात् अपहरण कर लिए जाने से उद्भूत डॉ. जाफर रजा की व्यथा पर दृष्टिपात करना असंगत न होगा, जिन्होंने लिखा -

1. "हमें हिन्दी-उर्दू के मुख्तलिफ रसाईल, अखबारात और कहानियों के मजमूओं से प्रेमचंद की पच्चीस (25) ऐसी कहानियाँ दस्तयाब हुईं जो हिन्दी और उर्दू के माहिरीने प्रेमचंदयात की दस्तरस से बाहर थीं। ये कहानियाँ हमारी तैयारकर्दा फहरिस्तों में शामिल होती रही हैं। 'प्रेमचंद : उर्दू-हिन्दी कथाकार' (हिन्दी) में अलग से भी इनकी निशानदिही कर दी गई है। पहले इन कहानियों पर मबनी एक मजमूआ उर्दू और हिन्दी में अलग-अलग शाया करने का इरादा था जिसकी अब जरूरत बाकी न रह गई है क्योंकि 'याराने तेजगाम' ने हमसे पहले ही मंजिल को जा लिया और हमारी फहरिस्तों से इन कहानियों के मुताल्लिक जरूरी मालूमात हासिल करके इन्हें शाया कर दिया। वे हमारे शुक्रिये के मुस्तहिक हैं।"[1]

2. "हमें हिन्दी-उर्दू की विभिन्न पत्रिकाओं, समाचार पत्रों और कहानियों के संकलनों से प्रेमचंद की 25 (पचीस) ऐसी कहानियाँ प्राप्त हुई हैं, जो हिन्दी और उर्दू संकलनों से बाहर थीं। ये कहानियाँ हमारी तैयार की हुई सूचियों में सम्मिलित होती रही हैं। 'प्रेमचंद : उर्दू-हिन्दी कथाकार' (उर्दू संस्करण, 1978 ई., हिन्दी संस्करण 1982 ई.) में अलग से भी इनको चिह्नित कर दिया गया है। पहले इन कहानियों पर आधारित एक संकलन उर्दू और हिन्दी में पृथक्-पृथक् प्रकाशित कराने का विचार था, जिसकी अब आवश्यकता शेष नहीं रह गई है, क्योंकि लोगों ने हमारी सूचियों से इन कहानियों के सम्बन्ध में आवश्यक जानकारी प्राप्त करके, मेरा कोई सन्दर्भ दिए बिना ही उन्हें अपने नाम से सम्पादित कर प्रकाशित करा दिया है। इनके सम्पादक हमारे धन्यवाद के पात्र हैं।"[2]

डॉ. जाफर रजा के उपर्युक्त शब्दों से उनका वह मनस्ताप स्पष्टतः प्रकट होता है जो समयसाध्य और श्रमसाध्य गहन-गम्भीर शोध के पश्चात् उपलब्ध होने वाली सामग्री की चोरी हो जाने पर किसी भी शोधकर्ता के मन में स्वाभाविक रूप से उत्पन्न होता। प्रतीत होता है कि डॉ. रजा 'गुप्त धन', भाग-3 के प्रकाशित न होने के कारणों पर चिन्तन नहीं कर सके और उनको इस बात का तनिक भी आभास न हो पाया कि अमृतराय के यहाँ से उनकी पांडुलिपि येन-केन-प्रकारेण हस्तगत करके अन्य महानुभाव उन्हें उसके श्रेय से वंचित भी कर सकते हैं। क्या साहित्य-संसार इन कहानियों की खोज का श्रेय इसके वास्तविक अधिकारी डॉ. जाफर रजा को देकर एक दीर्घकालीन पाप का प्रायश्चित्त करने का साहस कर सकेगा?

---

1. प्रेमचंद : कहानी का रहनुमा (उर्दू), तृतीय संस्करण, 1999, पृ. 272-73
2. प्रेमचंद : कहानी का रहनुमा (हिन्दी), पृ. 196

डॉ. जाफर रजा द्वारा 'गुप्त धन', भाग-3 (अप्रकाशित) में प्रेमचंद की 25 कहानियाँ संकलित किए जाने के पश्चात् खुदाबख्श ओरियंटल पब्लिक लाइब्रेरी, पटना ने 1978-79 में प्रकाशित अपनी उर्दू पत्रिका 'खुदाबख्श लाइब्रेरी जर्नल' के अंक 7-8 में उर्दू मासिक 'अदीब' से संचयन प्रकाशित किया। इस संचयन की विशेषता यह है कि इसे पत्रिका के सम्बन्धित अंकों से फोटोप्रति द्वारा प्रकाशित किया गया है। जर्नल के इस अंक में 'अदीब' में प्रकाशित प्रेमचंद की निम्नांकित रचनाएँ पुनः प्रकाशित की गईं-

1. उर्दू जबान और नावल (अगस्त 1910), 2. खौफे रुसवाई (सितम्बर 1911), 3. बेगरज मोहसिन (सितम्बर 1910), 4. धोखे की टट्टी (नवम्बर 1912), 5. कैफरे किरदार (जुलाई 1912), 6. सगे लैला (अप्रैल 1913), और 7. बड़ी बहन (जुलाई 1911)

उपर्युक्त रचनाओं में से मात्र 'बेगरज मोहसिन' शीर्षक कहानी ही प्रेमचंद के जीवन-काल में 'प्रेम बत्तीसी', भाग-1 में सम्मिलित होकर प्रकाशित हुई थी। इसके अतिरिक्त अन्य रचनाओं में से 'खौफे रुसवाई' और 'बड़ी बहन' 'सोलह अप्राप्य कहानियाँ' में और तीन कहानियाँ 'धोखे की टट्टी', 'कैफरे किरदार' और 'सगे लैला' 'प्रेमचंद का अप्राप्य साहित्य', भाग-1 में सम्मिलित होकर प्रकाशित हुई थीं। उपर्युक्त रचनाओं में से प्रेमचंद का लेख 'उर्दू जबान और नावल' पूर्णतः उपेक्षित रहा और पहली बार मदन गोपाल के सम्पादन में प्रकाशित 'कुल्लियाते प्रेमचंद' में सम्मिलित होकर ही साहित्य-संसार के समक्ष आ सका। ध्यातव्य है कि डॉ. गोयनका ने जब उपर्युक्त पाँचों कहानियाँ 'प्रेमचंद का अप्राप्य साहित्य' में प्रकाशित कराई थीं तब तो उन्होंने इसका कोई संकेत नहीं दिया था कि इनका पाठ उन्हें कहाँ से प्राप्त हुआ, लेकिन उन्होंने 2005 में 'प्रेमचंद की अप्राप्य कहानियाँ' की भूमिका में लिखा-

"मेरे पिता सेठ चन्द्रभान गोयनका की बुलन्दशहर स्थित लाइब्रेरी में मुझे 'अदीब', 'माधुरी' तथा 'जमाना' के अंक मिले..."[1]

डॉ. गोयनका का उपर्युक्त दावा सन्देहास्पद प्रतीत होता है क्योंकि 'सोलह अप्राप्य कहानियाँ' और 'प्रेमचंद का अप्राप्य साहित्य' प्रकाशित होने से पूर्व ही ये कहानियाँ 'खुदाबख्श लाइब्रेरी जर्नल' में प्रकाशित हो चुकी थीं। यही नहीं, प्रेमचंद की उर्दू कहानियों के देवनागरी लिप्यन्तरण का भी डॉ. गोयनका का दावा सन्देहास्पद प्रतीत होता है, क्योंकि इस बात के पुष्ट प्रमाण प्राप्त होते हैं कि डॉ. गोयनका उर्दू भाषा तथा लिपि से अपरिचित हैं। दूसरे यह कि यदि उन्हें उर्दू आती है तो वे 'खुदाबख्श लाइब्रेरी जर्नल' में पुनः प्रकाशित हो चुके प्रेमचंद के लेख

1. प्रेमचंद की अप्राप्य कहानियाँ, पृ. 20

'उर्दू जबान और नावल' को देवनागरी में लिप्यन्तरित करके 'प्रेमचंद का अप्राप्य साहित्य' में क्यों सम्मिलित नहीं कर सके!

उपर्युक्त विवरण के आधार पर यह निश्चित रूप से कहा जा सकता है कि 'खुदाबख्श लाइब्रेरी जर्नल' में प्रकाशित प्रेमचंद की उपर्युक्त रचनाओं की खोज का श्रेय जर्नल के सम्पादक मण्डल के तत्कालीन अध्यक्ष काजी अब्दुल वदूद और लाइब्रेरी के तत्कालीन निदेशक डॉ. आबिद रजा बेदार को ही है।

बाबा-ए-उर्दू मौलवी अब्दुल हक ने अंजुमन तरक्की उर्दू, औरंगाबाद की ओर से 1930 में 'नैरंगे अदब' शीर्षक एक संकलन स्कूली पाठ्यक्रम हेतु प्रकाशित कराया था। इस संकलन हेतु उन्होंने आग्रह करके प्रेमचंद से भी एक लेख लिखवाया था, जो 'बनारस' शीर्षक से इसमें सम्मिलित होकर प्रकाशित हुआ था। प्रेमचंद के इस सर्वथा अज्ञात लेख को प्रकाश में लाने का श्रेय डॉ. शम्स बदायुँनी को है, जिन्होंने इसका पाठ बदायूँ के श्री वीरेन्द्र प्रसाद सक्सेना से प्राप्त करके बदायूँ से प्रकाशित उर्दू त्रैमासिक 'रोशन' के जनवरी-मार्च 1984 के अंक में प्रकाशित करा दिया था। ध्यातव्य है कि मदन गोपाल ने इस लेख को 'कुल्लियाते प्रेमचंद' में ही सम्मिलित नहीं किया वरन् 'आजकल' उर्दू और हिन्दी में भी प्रकाशित करा दिया।

1980 में प्रेमचंद की जन्म शताब्दी समूचे देश में धूमधाम के साथ मनाई गई। इस धूम-धड़ाके में अनेकानेक समारोहों में लच्छेदार भाषण देते घूमते तथाकथित 'प्रेमचंद-विशेषज्ञों' के अनुत्तरदायित्वपूर्ण व्यवहार के मध्य इस देशव्यापी समारोह की सर्वाधिक उल्लेखनीय उपलब्धि मुम्बई के उर्दू कथाकार गोपाल कृष्ण माणकटाला का प्रेमचंद साहित्य पर शोध के मैदान में प्रविष्ट होना था। इस दिशा में माणकटाला के शोध के परिणाम शीघ्र ही साहित्य-संसार के समक्ष प्रकट होने लगे और उन्होंने अत्यन्त अध्यवसाय के साथ प्रेमचंद की कतिपय अज्ञात रचनाएँ खोजकर प्रकाशित कराने में सफलता प्राप्त की। गोपाल कृष्ण माणकटाला ने प्रेमचंद की जो अज्ञात रचनाएँ तलाश करके प्रकाशित कराईं, उनका विवरण निम्नांकित है-

1. रूहे हयात, कहानी ('जमाना', जनवरी 1921; 'हमारी जबान', उर्दू साप्ताहिक, नई दिल्ली, 8 मई, 1984), 2. जॉन ऑफ आर्क, लेख ('जमाना', जुलाई 1909; 'हमारी जबान', 22 जुलाई, 1984), 3. काउंट टॉल्सटॉय और फने लतीफ, लेख ('जमाना', जून 1920; 'हमारी जबान', 8 सितम्बर, 1984), 4. बिहारी सतसई, पुस्तक समीक्षा ('जमाना', फरवरी 1920; 'प्रेमचंद और तसानीफ प्रेमचंद : कुछ नए तहकीकी गोशे' पुस्तक में संकलित, 1985), 5. चकबस्त के नाटक 'कमला' की भूमिका ('जमाना', नवम्बर 1915; 'प्रेमचंद : कुछ नए मुबाहिस' पुस्तक में संकलित, 1988), 6. मलकाना राजपूत मुसलमानों की शुद्धि, लेख ('जमाना' मई

1923; 'प्रेमचंद : कुछ नए मुबाहिस' पुस्तक में संकलित, 1988) 7. प्यारे लाल शाकिर की पुस्तक 'अक्सीरे सुखन' का मुकद्दमा (1913; 'प्रेमचंद : कुछ नए मुबाहिस' पुस्तक में संकलित, 1988), 8. हाथी दाँत, लेख ('उर्दू-ए-मुअल्ला', अक्टूबर 1904; 'प्रेमचंद : कुछ नए मुबाहिस' पुस्तक में संकलित, 1988), और 9. हिन्दुस्तानी रेलों की साठ साला तारीख, लेख ('जमाना', जनवरी 1915; 'प्रेमचंद : कुछ नए मुबाहिस' पुस्तक में संकलित, 1988)।

उपर्युक्त विवरण से स्पष्ट है कि प्रेमचंद की अज्ञात तथा असन्दर्भित रचनाओं को खोजकर प्रकाशित-संकलित करने की दिशा में गोपाल कृष्ण माणकटाला का कार्य भी अत्यन्त महत्त्वपूर्ण है।

1985 से 1988 के मध्य डॉ. वीर भारत तलवार ने भी प्रेमचंद की कुछ अप्राप्य रचनाएँ खोजकर प्रकाशित कराने में सफलता प्राप्त की। डॉ. तलवार द्वारा पुनः प्रकाशित कराई गई इन रचनाओं को डॉ. कमल किशोर गोयनका ने उनका कोई सन्दर्भ दिए बिना ही 'प्रेमचंद का अप्राप्य साहित्य' में सम्मिलित कर लिया था। डॉ. तलवार के इस महनीय प्रयास का विस्तृत विवरण तो सम्प्रति उपलब्ध नहीं है, लेकिन उन्होंने शिमला से इन पंक्तियों के लेखक के नाम लिखे अपने 3 मार्च, 2009 के पत्र द्वारा जो विवरण अपनी स्मृति के सहारे उपलब्ध कराया है, वह निम्नांकित है–

"प्रेमचंद की जिन रचनाओं को मैंने खोजा और छपवाया, उनके शीर्षक मुझे याद हैं। उन पत्रिकाओं के नाम भी याद हैं जहाँ वे छपीं लेकिन अंक संख्या और वर्ष याद नहीं हैं।

1. प्रतिज्ञा (कहानी, मूल हिन्दी)–'जनसत्ता' में 1986–87 के करीब
2. मलकाना राजपूत मुसलमानों की शुद्धि–'हंस', 1985–87 के बीच
3. स्वराज्य की पोषक और विरोधक व्यवस्था–'आलोचना', 1985–87 के बीच
4. अन्ना कारेनीना की भूमिका–'वर्तमान साहित्य', 1985–87 के बीच (छविनाथ पांडेय द्वारा अनूदित उपन्यास)

'मलकाना राजपूत मुसलमानों की शुद्धि' लेख उर्दू में था और मूल रूप से 'जमाना' में 1924–25 में छपा था। इसका देवनागरी में लिप्यन्तरण और हिन्दी अनुवाद मैंने ही किया था। प्रेमचंद की रचनाओं को खोजकर एक बार छपवा देने से उन पर सबका समान अधिकार हो जाता है। उपरोक्त सभी रचनाएँ बाद में कमल किशोर गोयनका द्वारा सम्पादित 'प्रेमचंद का अप्राप्य साहित्य' (ज्ञानपीठ) में शामिल कर ली गई हैं।"

1988 में भारतीय ज्ञानपीठ, नई दिल्ली से डॉ. कमल किशोर गोयनका के सम्पादन में दो भारी-भरकम खण्डों में 'प्रेमचंद का अप्राप्य साहित्य' शीर्षक

संकलन प्रकाशित हुआ। साहित्यिक क्षेत्र में इस संकलन का अभूतपूर्व स्वागत हुआ जिसमें 1159 पृष्ठों में प्रेमचंद की नानाविध सामग्री प्रकाशित हुई। इसमें सम्मिलित रचनाओं के सम्बन्ध में इस संकलन के सम्पादक डॉ. गोयनका ने यह दावा किया कि इसमें प्रेमचंद की 'अप्राप्य' रचनाएँ ही प्रकाशित की गई हैं, लेकिन वास्तविकता इसके प्रतिकूल है। जहाँ एक ओर इसमें प्रेमचंद द्वारा अनूदित नाटक 'सृष्टि का आरम्भ', उनका अन्तिम अपूर्ण उपन्यास 'मंगलसूत्र' तथा श्रीपतराय के सम्पादन में प्रकाशित 'सोलह अप्राप्य कहानियाँ' में सम्मिलित सभी 16 कहानियाँ 'अप्राप्य' बताकर सम्मिलित कर दी गईं, वहीं प्रेमचंद के पत्रों, सम्पादकीय आलेखों आदि में भी स्थान-स्थान पर ऐसी रचनाएँ सम्मिलित हैं जो इससे पूर्व प्रकाशित संकलनों में उपलब्ध हैं। इसमें तो सन्देह नहीं कि इस संकलन में कुछ ऐसी सामग्री भी सम्मिलित है जो पहली बार संकलित करके प्रकाशित की गई है, लेकिन पुनरावृत्ति करके संकलन का आकार बढ़ा देना और भ्रामक वातावरण की सृष्टि करना कुछ बुद्धिगम्य नहीं है। भले ही यह संकलन 1100 पृष्ठों के स्थान पर 100 पृष्ठों का ही होता, लेकिन इसमें वास्तविक रूप से वे रचनाएँ ही सम्मिलित होतीं जिनसे प्रेमचंद-साहित्य में नवीन अभिवृद्धि होती तो इसका महत्त्व निश्चित रूप से अधिक होता। कहा भी गया है-क्षणं प्रज्ज्वलितं श्रेयो न च धूमायितं चिरम्।

'प्रेमचंद का अप्राप्य साहित्य' द्वारा व्याप्त भ्रम का प्रभाव 'कुल्लियाते प्रेमचंद' तथा 'प्रेमचंद रचनावली' जैसे सार्वकालिक महत्त्व के प्रकाशनों पर तो दृष्टिगोचर होता ही है, स्वयं इसके सम्पादक डॉ. कमल किशोर गोयनका भी अपने द्वारा निर्मित भ्रमजाल से बच नहीं सके और उसका प्रभाव डॉ. गोयनका के सम्पादन में प्रकाशित 'प्रेमचंद पत्र कोश' (2007) पर भी दिखाई देता है। 'प्रेमचंद-विशेषज्ञ' के रूप में प्रचारित डॉ. गोयनका के इस प्रकार के अनुत्तरदायित्वपूर्ण व्यवहार को असावधानी, प्रमाद, सुविधाभोगी शोध और स्पष्ट दृष्टि का अभाव के अतिरिक्त और क्या कहा जा सकता है?

जिस भाँति 'प्रेमचंद का अप्राप्य साहित्य' का साहित्यिक क्षेत्र में प्रचार-प्रसार किया गया, उससे प्रेमचंद की अन्य लुप्त रचनाएँ सामने आने की सम्भावना क्षीण हो चली थी। यह तो सत्य है कि इस संकलन के पश्चात् प्रेमचंद की लुप्त तथा विस्मृत रचनाएँ खोजकर संकलित कर देने का कोई संगठित प्रयास दृष्टिपथ में नहीं आता, लेकिन समय-समय पर विभिन्न हिन्दी-उर्दू पत्र-पत्रिकाओं में प्रेमचंद की लुप्त रचनाएँ प्रकाशित होते रहने से यह धारणा टूटती प्रतीत होती है। आगामी पंक्तियों में सम्प्रति संज्ञान में आए ऐसे छिटपुट प्रयासों का संक्षेपतः उल्लेख प्रस्तुत है।

बनारस हिन्दू विश्वविद्यालय में उर्दू के विभागाध्यक्ष डॉ. हुकमचंद नैयर ने प्रेमचंद की एक अज्ञात कहानी 'दाराशिकोह का दरबार' उर्दू मासिक 'आजाद',

लाहौर के सितम्बर 1908 के अंक से खोजकर कोलकाता के उर्दू मासिक 'इंशा' के जनवरी 1995 के अंक में प्रकाशित कराई, जिसे गोपाल कृष्ण माणकटाला ने विस्तृत शोध टिप्पणी से संवलित करके अपनी पुस्तक 'प्रेमचंद का सेक्यूलर किरदार और दीगर मजामीन' (2001) में संकलित कर दिया।

भारत यायावर ने कानपुर के 'प्रताप' की फाइलों में से खोजकर उसके दिसम्बर 1925 के किसी अंक में प्रकाशित नितान्त असन्दर्भित लेख 'इस्लामी सभ्यता', 'इंडिया टुडे' के अक्टूबर 1995 के अंक में प्रकाशित कराया। इस लेख को अनीस आजमी ने उर्दू में अनुवाद करके 'इस्लामी तहजीब' शीर्षक से 'ऐवाने उर्दू' के किसी अंक में प्रकाशित कराया, जहाँ से लेकर गोपाल कृष्ण माणकटाला ने इस उर्दू अनुवाद को अपनी पुस्तक 'प्रेमचंद का सेक्यूलर किरदार और दीगर मजामीन' में सम्मिलित कर लिया।

मदन गोपाल के सम्पादन में 2000 से 2005 के मध्य 24 भारी-भरकम भागों में कौमी कौंसिल बराए फरोगे उर्दू जबान, नई दिल्ली द्वारा उर्दू में प्रकाशित 'कुल्लियाते प्रेमचंद' भले ही नाना प्रकार की गलतियों का पुलिन्दा ही क्यों न हो, भले ही 'प्रेमचंद का अप्राप्य साहित्य' में संकलित करके प्रकाशित की गई प्रेमचंद की अनेक पुस्तक-समीक्षाओं में से एक भी इसमें सम्मिलित न की जा सकी हो, लेकिन इसके पृष्ठों में प्रेमचंद की कुछ ऐसी रचनाएँ भी सम्मिलित होकर प्रकाशित हुईं, जो न तो किसी अन्य उर्दू-हिन्दी संकलन में सम्मिलित हैं, न इसके उपरान्त 20 भागों में हिन्दी में जनवाणी प्रकाशन, नई दिल्ली द्वारा 2006 में प्रकाशित 'प्रेमचंद रचनावली' के द्वितीय संस्करण में ही सम्मिलित की जा सकीं।

प्रेमचंद का एक लेख 'राज्यवाद और साम्राज्यवाद' गोरखपुर से प्रकाशित 'स्वदेश' के 18 मार्च, 1928 के अंक में प्रकाशित हुआ था जिसे खोजकर डॉ. कमल किशोर गोयनका ने साप्ताहिक 'पाञ्चजन्य' के 10 अगस्त, 2008 के अंक में प्रकाशित कराकर प्रेमचंद साहित्य में सम्मिलित किया।

जैसा कि उल्लेख किया जा चुका है, प्रेमचंद की केवल हिन्दी में लिखी रचनाओं का उर्दू अनुवाद कर प्रकाशित कराने की दिशा में अभी तक पर्याप्त कार्य नहीं हो पाया है। सौभाग्य की बात है कि बनारस हिन्दू विश्वविद्यालय में फारसी साहित्य के रीडर एवं विभागाध्यक्ष डॉ. सैयद हसन अब्बास का ध्यान इस दिशा में गया है जिन्होंने हाल ही में प्रेमचंद की पुस्तक 'शेख सादी' का उर्दू अनुवाद करना प्रारम्भ कर दिया है जो शीघ्र ही प्रकाशित होकर साहित्य-संसार के हाथों में होगा। आशा की जानी चाहिए कि डॉ. अब्बास इस दिशा में अध्यवसाय तथा मनोयोग के साथ कार्य करके प्रेमचंद की केवल हिन्दी में लिखी सभी रचनाओं के उर्दू अनुवाद उर्दू-जगत् को उपलब्ध कराने में सफल हो सकेंगे।

यहाँ यह उल्लेख करना कुछ असंगत न होगा कि इस सम्भावना को भी सिरे से नहीं नकारा जा सकता कि उपर्युक्त रचनाओं के अतिरिक्त भी प्रेमचंद की कोई अन्य अज्ञात रचना किसी हिन्दी-उर्दू पत्र-पत्रिका में प्रकाशित हुई हो, लेकिन हमारे संज्ञान में न आ सकी हो।

उपर्युक्त समस्त विवरण से स्पष्ट है कि प्रेमचंद की अज्ञात-अप्राप्त-असन्दर्भित-असंकलित रचनाओं की खोज का कार्य सुव्यवस्थित रूप में उनके देहावसान के अनन्तर ही प्रारम्भ हो गया था, जो आज तक अबाध गति से चला आता है। साथ ही, यह भी स्पष्ट है कि इस दिशा में जितना कार्य अमृतराय कर सके, उसके समक्ष अन्य विद्वानों का कार्य नगण्य ही है, भले ही 1962 के पश्चात् 14 अगस्त, 1996 को देहावसान होने तक अमृतराय इस दिशा में कुछ कार्य करते दिखाई नहीं देते।

डॉ. कमल किशोर गोयनका के सम्पादन में प्रकाशित बहुप्रचारित संकलन 'प्रेमचंद का अप्राप्य साहित्य' के प्रकाशन के उपरान्त भी प्रेमचंद की अज्ञात-असन्दर्भित रचनाएँ प्रकाश में आने का अनवरत सिलसिला ही वह सूत्र था जिसने मुझे लगभग 17-18 वर्ष पूर्व भारतीय ज्ञानपीठ, नई दिल्ली के तत्कालीन प्रबन्ध न्यासी साहू रमेशचंदजी जैन की आज्ञापालन हेतु प्रेमचंद का प्रामाणिक सन्दर्भ ग्रन्थ तैयार करते-करते उनकी अज्ञात-असंकलित रचनाओं की तलाश में समर्पित भाव से प्रवृत्त कर दिया और यह सुखद संयोग है कि इस दिशा में मुझे आशातीत सफलता प्राप्त हुई। मैं अब तक प्रेमचंद की जो अज्ञात-अप्राप्त-असन्दर्भित रचनाएँ खोजकर प्रेमचंद साहित्य में सम्मिलित कराने में सफल हो सका, उनका संक्षिप्त विवरण निम्नांकित है–

1. हिन्दी साहित्य सम्मेलन, दिल्ली में दिया गया भाषण ('कादम्बिनी', जुलाई 2006; 'हम बिना तैयारी के लेखक बनना चाहते हैं' शीर्षक से प्रकाशित), 2. पद्म सिंह शर्मा के साथ तीन दिन ('उत्तर प्रदेश', जुलाई 2006), 3. आबशारे न्याग्रा ('आजकल', अक्टूबर 2006), 4. दो अंग्रेजी फिलॉस्फर ('आजकल', अक्टूबर 2006), 5. कलामे सुरूर ('आजकल', अक्टूबर 2006), 6. स्विट्ज़रलैण्ड ('आजकल', अक्टूबर 2006), 7. महरी ('आजकल', अक्टूबर 2006), 8. अश्के नदामत ('आजकल'; 'नया दौर', अक्टूबर 2006), 9. इश्तिहारी शहीद ('नया दौर', जुलाई-अगस्त 2007), 10. इत्तिफाक ताकत है, 11. शहीदे आजम ('उर्दू दुनिया', अक्टूबर 2008), 12. सौदा-ए-खाम ('उर्दू दुनिया', जुलाई 2008), 13. जंजाल, 14. अहदे अकबर में हिन्दुस्तान की हालत, 15. अहमद अली तथा सज्जाद जहीर के नाम लिखे प्रेमचंद के पत्र।

इनके अतिरिक्त मैं प्रेमचंद की दो अप्राप्त पुस्तकों–1. 'निजात' (कहानी-संकलन), एवं 2. 'बाकमालों के दर्शन' (द्वितीय संस्करण) की खोज करके इनका प्रामाणिक विवरण भी प्रस्तुत कर चुका हूँ और प्रेमचंद के समस्त छद्म नामों का भी सप्रमाण निर्धारण कर चुका हूँ।

प्रेमचंद साहित्य के सम्बन्ध में यह दुःखद सत्य है कि अनेक ऐसी रचनाओं को भी इसमें सम्मिलित करके प्रकाशित किया जा रहा है, जिनके लेखक अन्य विद्वान् हैं। मैं अब तक ऐसी जिन रचनाओं को प्रेमचंद साहित्य से निकाल बाहर करने के लिए सप्रमाण चिह्नित कर चुका हूँ, उनका संक्षिप्त विवरण इस प्रकार है–

1. अकबरे आजम (मूल लेखक मौलवी मौ. अजीज मिर्जा), 2. मौलाना वहीदुद्दीन सलीम (मूल लेखक सैयद अब्दुल वदूद दर्द बरेलवी), 3. अब्दुल हलीम शरर (मूल लेखक ख्वाजा अब्दुल रऊफ इशरत लखनवी), 4. इन्साफ (मूल अनुवादक बाबू हरप्रसाद सक्सैना), 5. कलामे अकबर पर एक नजर (मूल लेखक अज्ञात), 6. फिरकेवाराना कशीदगी (जो सन्दर्भ उपलब्ध है, वहाँ रचना उपलब्ध नहीं है, न ही कहीं दृष्टि में आती है), 7. सुरूर और शाकिर (मूल लेखक मुंशी नौबतराय नजर), 8. मुबाहिसा : मौजूदा जौक ही सही (मूल लेखक खान बहादुर मिर्जा जाफर अली खान), 9. शुद्धि एक जवाब (मूल लेखक श्रीराम शर्मा), 10. प्रेम प्रभाकर (मूल अनुवादक आत्माराम)।

यहाँ यह उल्लेख भी करना चाहूँगा कि तटस्थ एवं निर्लिप्त भाव से सत्यान्वेषण करना ही साहित्यिक शोध है, जिसमें व्यक्तिगत मान्यताओं, विचारों और भावनाओं का कोई स्थान नहीं होता। इसी मार्ग का अनुसरण करते हुए मैंने समस्त पूर्वाग्रहों से पृथक् रहकर अपने शोध के परिणाम साहित्य-संसार के हाथों सौंपे हैं और यदि इनसे किसी भी विद्वान् को लेशमात्र भी कष्ट हुआ है तो मैं उसके लिए क्षमाप्रार्थी हूँ।

मुंशी प्रेमचंद के देहावसान के उपरान्त उनकी रचनाओं की चिन्ता तो उनके उत्तराधिकारियों को हुई, लेकिन साहित्य-संसार उनका भौतिक स्मारक बनाने की दिशा में सक्रिय होता दिखाई दिया। यह प्रसन्नता की बात है कि प्रेमचंद के छोटे भाई महताबराय ने अपना वह पैतृक भवन जिसमें प्रेमचंद का जन्म हुआ था, प्रेमचंद-स्मारक बनाने के विशिष्ट उद्देश्य के लिए नागरी प्रचारिणी सभा, काशी को दान कर दिया। सभा ने इस हेतु चन्दा भी वसूला लेकिन स्मारक नहीं बनना था, सो नहीं बना और सभा ने दान में प्राप्त किया हुआ भूखण्ड उत्तर प्रदेश सरकार को विधिविरुद्ध दान करके इस कार्य से अपना पीछा छुड़ा लिया। प्रेमचंद-स्मारक की संक्षिप्त व्यथा-कथा परिशिष्ट-2 में प्रस्तुत है, जिससे यह अनुमान लगा पाना सम्भव है कि देश के सर्वश्रेष्ठ, सर्वमान्य एवं सर्वाधिक लोकप्रिय रचनाकार की स्मृतियों को सुरक्षित रखने के नाम पर कैसा घृणित मजाक किया गया और किया जा रहा है।

किसी भी रचनाकार की जीवन-शैली के सम्बन्ध में डॉ. कमल किशोर गोयनका लिखते हैं–

"साहित्य तथा साहित्यकार का संसार कोई व्यवस्थित, संगठित तथा कौशलपूर्ण करीने से सजाई-बैठाई वस्तुओं का संसार नहीं है। प्रायः साहित्यकार कौशलपूर्ण

यान्त्रिक जीवन जीने का अभ्यस्त नहीं होता और न उसे ऐसा जीवन रुचिकर ही लगता है। वह रचना के अतिरिक्त अन्य मानवीय संसार में अव्यवस्था, लापरवाही तथा स्वाभाविक रूप में रहना और जीना पसन्द करता है। यही कारण है कि वह रचना के समय जितना अनुशासित, सन्तुलित तथा व्यवस्थित होता है, जीवन में वह उतना ही लापरवाह तथा अव्यवस्थित रहता है। उसकी यह जीवन-शैली उसके समग्र बाह्य जीवन पर छाई रहती है। वह रचना के पूर्ण होने के बाद उन्हें प्रकाशनार्थ पत्र-पत्रिकाओं में भेजता है और उनके छपने पर उन्हें संकलित करके भी प्रकाशित कराने का प्रयत्न करता है; परन्तु प्राय: ऐसा होता है कि अनेक रचनाएँ इन संकलनों में आने से रह जाती हैं। इसके मूल में साहित्यकार का अपना व्यक्तित्व तथा रुचि-अभिरुचि दोनों ही क्रियाशील रहती हैं। ऐसा प्राय: प्रत्येक साहित्यकार से होता है कि रचना पूर्ण होने के बाद प्रकाशन के अनुपयुक्त लगी हो, प्रकाशन के बाद इधर-उधर खो गई हो अथवा उसका अस्तित्व ही विस्मृत हो गया हो। कई बार ऐसा भी होता है कि रचना के प्रकाशित होने के बाद रचनाकार उसे डिस्ऑन कर दे और संकलन में देना उपयुक्त न समझे और कभी-कभी ऐसा भी हो सकता है कि प्रकाशित रचना की कलात्मकता से स्वयं रचनाकार ही सन्तुष्ट न हो और एक बार प्रकाशित करने के बाद, अपनी साहित्यिक उपलब्धियों को देखते हुए वह उस रचना को सदा-सदा के लिए पाठकों की दृष्टि से गायब कर देना चाहता हो। किसी भी साहित्यकार की प्रकाशित-अप्रकाशित रचनाओं के भावी पाठकों की दृष्टि से ओझल या गायब होने के मूल में ऐसे ही अनेक कारण हो सकते हैं।"[1]

डॉ. गोयनका का उपर्युक्त कथन तो वास्तविकता पर आधारित है, लेकिन वे इसके अतिरिक्त यह भी लिखते हैं–

"प्रेमचंद के साहित्य के साथ यह एक दु:खद सत्य है कि उनका सम्पूर्ण साहित्य अभी तक हमारे सामने नहीं है। वे अपने 34-35 वर्ष के लेखन-काल में निरन्तर और नियमित रूप से लिखते रहे। आरम्भ में उन्होंने उर्दू में लिखा और लगभग 1914 से हिन्दी में नियमित लिखना आरम्भ कर दिया। उन्होंने अपनी हिन्दी-उर्दू रचनाओं को भी परस्पर अनुवाद या रूपान्तर करके प्रकाशित कराया लेकिन अनेक बार ऐसा भी हुआ कि रचनाएँ एक भाषा में प्रकाशित होकर दूसरी भाषा में कभी पहुँच नहीं पाईं। ऐसी स्थिति में प्रेमचंद जैसे साहित्यकार के साथ जिसने प्रचुर मात्रा में साहित्य लिखा हो तथा जो दो-दो भाषाओं में लिखने तथा रचनाओं का आदान-प्रदान करता रहा हो, यह अस्वाभाविक नहीं लगता कि उनकी रचनाएँ काल-प्रवाह के साथ अदृश्य होती चली जाएँ। प्रेमचंद के जीवन-संघर्ष, जीविका के लिए बार-बार स्थानों के परिवर्तन, प्रचुर लेखन, सुविधाओं की कमी,

1. प्रेमचंद का अप्राप्य साहित्य, भाग-1, पृ. 18-19

आभिजात्य संस्कारों के अभाव आदि के कारण उनकी रचनाएँ या तो लुप्त हो गईं अथवा संकलनों में आने से रह गईं अथवा संकलन के समय अनुपलब्ध होने के कारण सदैव के लिए संकलित होने से रह गईं। यह कहना आज बहुत कठिन है कि प्रेमचंद ने कलाहीनता अथवा अपरिपक्व विचारों के कारण इन अप्राप्य रचनाओं को संकलित न किया हो।"[1]

यद्यपि डॉ. गोयनका का यह कथन वास्तविकता से कहीं दूर दिखाई देता है, तथापि यहाँ तक होता तो भी गनीमत थी। इससे भी आगे बढ़कर डॉ. गोयनका ने प्रेमचंद के देहावसान के बाद के 72 बरसों में भी उनकी रचनाओं को समग्रता में संकलित करने के गुरुतर दायित्व से स्वयं को, अपने-जैसे शोधकर्ताओं को और समूचे साहित्य-संसार को अलग-थलग रखते हुए मात्र यह कहकर पल्ला झाड़ लिया-

"साहित्यकार अपनी कमजोर रचनाएँ प्रकाशित नहीं कराता और यदि करा लेता है तो उन्हें संकलित न करके उन्हें अकाल मृत्यु का शिकार बना देता है। अनेक बार साहित्यकार अपनी रचनाओं का बड़ा कठोर आलोचक होता है और वह अपनी दुर्बल रचनाओं को छाँट-फटक कर फेंक देता है, परन्तु यहाँ एक विचारणीय प्रश्न है कि यदि साहित्यकार का श्रेष्ठ ही पाठक के सम्मुख आता है तो वह रचनाकार की वास्तविक रचनाधर्मिता तथा उसकी विकास-यात्रा को वैज्ञानिक दृष्टि से समझ तथा उसका विश्लेषण नहीं कर पाएगा। अतः रचना के पूर्ण होते ही उस पर से रचनाकार का एकाधिकार समाप्त हो जाता है और वह पाठक की वस्तु बन जाती है। इसलिए किसी भी साहित्यकार को यह अधिकार नहीं होना चाहिए कि वह अपनी जिन रचनाओं को लिखने अथवा प्रकाशन के बाद दुर्बल समझता है, उन्हें वह वापस ले ले या उन्हें भावी पाठकों की दृष्टि से लुप्त कर दे। वास्तव में इसकी भी कोई गारन्टी नहीं है कि रचनाकार जिन्हें कला शून्य अथवा दुर्बल रचना समझ रहा है, वे पाठक की दृष्टि में वास्तव में वैसी ही हों, अथवा भावी पाठकों के लिए उनकी कोई अर्थवत्ता एवं सार्थकता न हो।"[2]

डॉ. कमल किशोर गोयनका के उपर्युक्त शब्दों से ऐसा प्रतीत होता है मानो अपनी रचनाओं को साहित्य-संसार के समक्ष समग्रता से प्रस्तुत करने का दायित्व प्रेमचंद का ही था और अपनी अनेक रचनाओं को 'कमजोर' अथवा 'दुर्बल' समझकर उन्हें विस्मृति के अंधकूप में डालकर 'वापस लेने' अथवा 'भावी पाठकों की दृष्टि से लुप्त' कर देने का जघन्य पाप भी प्रेमचंद ने ही किया है। और यदि डॉ. गोयनका के अनुसार, यह दुष्कृत्य स्वयं प्रेमचंद का ही किया हुआ है तो उन्हें अपनी पुस्तकों के नामकरण भी इस प्रकार करने उचित होते-'प्रेमचंद का

1. प्रेमचंद की अप्राप्य कहानियाँ, पृ. 7
2. प्रेमचंद की अप्राप्य कहानियाँ, पृ. 7-8

परित्यक्त साहित्य' एवं 'प्रेमचंद की परित्यक्त कहानियाँ'। यह उल्लेख करते समय तिथिक्रम से प्रेमचंद की जीवनी लिखकर डी.लिट्. की उपाधि प्राप्त करने वाले डॉ. गोयनका प्रेमचंद के अस्त-व्यस्त जीवन, आर्थिक कष्टों से छुटकारा पाने की छटपटाहट, समाज के शोषित-वंचित वर्ग की व्यथा-कथा कहने की आकुलता के साथ-साथ अपना अस्तित्व बचाए रखने के उनके समूचे संघर्ष को भी विस्मृत कर जाते हैं। यह कुछ बुद्धिगम्य नहीं है कि जो रचनाकार अपनी रचना किसी भी पत्र-पत्रिका में प्रकाशित करा देता है वह उसे 'वापस' कैसे ले सकता है अथवा कैसे 'भावी पाठकों की दृष्टि से लुप्त' कर सकता है? और जब कोई भी साहित्यकार ऐसा नहीं कर सकता तो डॉ. गोयनका साहित्यकारों से कौन सा अधिकार छीनने की बात करते हैं?

मुख्य प्रश्न यह है कि किसी भी साहित्यकार की रचनाओं को उसके देहावसान के उपरान्त समग्रता के साथ साहित्य-संसार के समक्ष प्रस्तुत करने का दायित्व किसका है? वास्तव में यह दायित्व साहित्य-जगत् का है, साहित्य अन्वेषकों का है, शोधकर्ताओं का है और प्रेमचंद के विशेष सन्दर्भ में 'प्रेमचंद-विशेषज्ञों' का है। अपनी गलती को प्रेमचंद के मत्थे मढ़कर डॉ. गोयनका ही नहीं, प्रेमचंद साहित्य का कोई भी अन्वेषक अपने दायित्व से बचने में सफल नहीं हो सकता।

प्रेमचंद की रचनाओं के साथ-साथ उनकी पांडुलिपियाँ भी कितनी महत्त्वपूर्ण हैं, यह डॉ. कमल किशोर गोयनका के निम्नांकित कथन से स्पष्ट है–

"प्रेमचंद की उपलब्ध हिन्दी-उर्दू पांडुलिपियों का अध्ययन होना चाहिए। कहानी अथवा उपन्यास की पांडुलिपि के अध्ययन से प्रेमचंद की सृजन-प्रक्रिया के अनेक रहस्यमय एवं अज्ञात तथ्य उद्घाटित हो सकेंगे। 'गोदान' की पांडुलिपि के लगभग 800 पृष्ठों के दो ड्राफ्ट मेरे पास हैं जो सृजन-प्रक्रिया के अनेक अज्ञात तथ्यों को पहली बार उद्घाटित करते हैं। इस पांडुलिपि से ज्ञात होता है कि प्रथम ड्राफ्ट और दूसरे ड्राफ्ट की कथा में बड़ा अन्तर है तथा प्रेमचंद ने दूसरे ड्राफ्ट में अनेक प्रसंगों को बदल दिया है। इसी पांडुलिपि में अंग्रेजी में लिखी एक रूपरेखा है जिसमें होरी की पत्नी का नाम झिंकी है तथा होरी की मृत्यु पर गोबर अपने हाथ से गोदान करता है। अतः प्रेमचंद की मूल पांडुलिपियों का संग्रह करके उनका वैज्ञानिक अध्ययन किया जाना चाहिए। वास्तव में, तभी हम उनके सृजन-संसार की एक झलक प्राप्त कर सकते हैं।"[1]

यह तो कुछ स्पष्ट नहीं होता कि 'गोदान' की दो पांडुलिपियों के लगभग 800 पृष्ठों के दो ड्राफ्ट डॉ. कमल किशोर गोयनका के अधिकार में कैसे पहुँच गए, परन्तु प्रेमचंद की ढेरों उर्दू पांडुलिपियाँ किस प्रकार अनजाने में नष्ट हो गईं, यह प्रेमचंद के छोटे भाई महताबराय के सुपुत्र कृष्ण कुमार राय के लेख से ज्ञात

1. प्रेमचंद : एक पुनर्मूल्यांकन; प्रेमचंद : सृजन एवं चिन्तन, पृ. 144

हो जाएगा जिसका अविकल पाठ परिशिष्ट-4 में प्रस्तुत है। किस प्रकार प्रेमचंद की पांडुलिपियाँ उधार माँगी जाकर जीम ली गईं, यह काशी के श्रीरामरत्न पुस्तक भवन के संस्थापक कीर्तिशेष मुरारी लाल केडिया के पहली बार प्रकाशित हो रहे पत्रों से स्पष्ट हो जाएगा जिनका मूल पाठ परिशिष्ट-5 में प्रस्तुत है। और, किस प्रकार शोध के नाम पर उधार माँगी गई प्रेमचंद की अनेक महत्त्वपूर्ण पांडुलिपियाँ भावी शोधकर्ताओं की पहुँच से बाहर कर दी गईं, यह श्री रामरत्न पुस्तक भवन, बनारस के संस्थापक कीर्तिशेष मुरारी लाल केडिया के सुपुत्र गगनेन्द्र कुमार केडिया के लेख से स्पष्ट हो जाएगा जिसका अविकल पाठ परिशिष्ट-6 में प्रस्तुत है।

मुंशी प्रेमचंद जैसे देश के सर्वश्रेष्ठ तथा सर्वमान्य रचनाकार की पांडुलिपियों को व्यक्तिगत सम्पत्ति बनाना भावी शोध का गला घोंटना और भावी शोधकर्ताओं की राह में मात्र काँटे ही नहीं, वरन् भाले भी बो देना है। आश्चर्य तब होता है जब 'राष्ट्रीय पांडुलिपि मिशन' जैसी राष्ट्रीय संस्था अपना कर्त्तव्य भूलकर प्रेमचंद जैसे विश्वविश्रुत रचनाकार की पांडुलिपियों के उद्धार का कोई भी प्रयास करती दिखाई नहीं देती। क्या साहित्य-संसार और राष्ट्रीय पांडुलिपि मिशन देश के शीर्षस्थ रचनाकार के व्यक्तित्व-कृतित्व के सम्बन्ध में भावी शोध के द्वार पर जड़ दी गईं मेखें निकालने का कुछ प्रयास कर सकेगा?

प्रेमचंद साहित्य पर महत्त्वपूर्ण कार्य करके 'प्रेमचंद-विशेषज्ञ' के विरुद से सम्मानित पाँच विद्वानों का उल्लेख गोपाल कृष्ण माणकटाला करते हैं, लेकिन उन्होंने इन विद्वानों में मुंशी दयानारायण निगम और अमृतराय का नामोल्लेख नहीं किया है। मेरी दृष्टि में ये दोनों विद्वान् 'प्रेमचंद-विशेषज्ञ' के विरुद के वास्तविक अधिकारी हैं, जो इन सहित सभी विद्वानों के अग्रांकित संक्षिप्त कार्यवृत्त से स्पष्ट हो जाएगा।

1. मुंशी दयानारायण निगम

सन् 1882 में कानपुर में जन्मे मुंशी दयानारायण निगम उर्दू मासिक 'जमाना' के यशस्वी सम्पादक थे। प्रेमचंद को प्रेमचंद बनाने में सर्वाधिक योगदान निगम साहब का ही है जो इस तथ्य से भली प्रकार समझा जा सकता है कि 'जमाना' ही वह एकमात्र पत्रिका है जिसमें प्रेमचंद की सर्वाधिक रचनाएँ प्रकाशित हुईं। प्रेमचंद के देहावसान के उपरान्त मुंशी दयानारायण निगम ने 'जमाना' का 'प्रेमचंद विशेषांक' प्रकाशित किया था जो दिसम्बर 1937 में छपकर तैयार हो पाया था। इस विशेषांक में निगम साहब ने प्रेमचंद की आत्मकथा 'जीवन-सार' का उर्दू अनुवाद 'मुंशी प्रेमचंद की कहानी उनकी जबानी' शीर्षक से प्रकाशित किया और प्रेमचंद के व्यक्तित्व-कृतित्व पर अनेक महत्त्वपूर्ण लेख प्रकाशित किए। इन लेखों में सैयद अली जव्वाद जैदी का वह लम्बा लेख 'प्रेमचंद की जिन्दगी और तसानीफ पर एक नजर' भी सम्मिलित

है जिसे विस्तार देकर मदन गोपाल उर्दू में 'प्रेमचंद की आपबीती' और हिन्दी में 'प्रेमचंद की आत्मकथा' शीर्षक पुस्तकें लिखने में सफल हुए। इसी विशेषांक में निगम साहब के निम्नांकित महत्त्वपूर्ण लेख भी प्रकाशित हुए थे-

1. प्रेमचंद की बातें, 2. मिसेज प्रेमचंद, 3. प्रेमचंद की बाज तसानीफ के हालात, और 4. प्रेमचंद के खयालात।

इनके अतिरिक्त इस अंक में 'जमाना और प्रेमचंद' शीर्षक से निगम साहब ने 'जमाना' में प्रकाशित प्रेमचंद की रचनाओं को विधानुसार वर्गीकृत करके उनकी ससन्दर्भ सूची प्रस्तुत की तथा 'मुंशी प्रेमचंद की तसानीफ' शीर्षक से प्रेमचंद की सभी हिन्दी-उर्दू पुस्तकों की सूची भी प्रस्तुत की। ये दोनों सूचियाँ यद्यपि न तो पूर्ण हैं, न ही सर्वथा दोषरहित, लेकिन इन दोनों सूचियों से ही प्रेमचंद पर व्यवस्थित अध्ययन आरम्भ हुआ और इनको ही प्रेमचंद पर भावी शोध की आधारशिला माना जाता है।

2. अमृतराय

प्रेमचंद के छोटे बेटे अमृतराय का जन्म 1921 में गोरखपुर में हुआ था। पूर्व प्रस्तुत विवरण से स्पष्ट है कि प्रेमचंद साहित्य को खोजकर प्रकाश में लाने का महनीय कार्य अमृतराय ने 1936 से 1962 तक अत्यन्त अध्यवसाय के साथ सम्पन्न किया। 1962 में अमृतराय ने पहली बार प्रेमचंद की कहानियों तथा उपन्यासों की ससन्दर्भ तालिकाएँ 'प्रेमचंद : कलम का सिपाही' के परिशिष्ट के रूप में प्रकाशित कराकर प्रेमचंद साहित्य के विशिष्ट शोधकर्ता के रूप में अपना महत्त्व स्थापित किया।

यह आश्चर्य की बात है कि क्षमता, योग्यता, सुविधा और संसाधन उपलब्ध होने पर भी अमृतराय 1962 के पश्चात् प्रेमचंद साहित्य पर अपना शोधकार्य जारी न रख सके। इसका कारण यह भी हो सकता है कि इसके पश्चात् उन्होंने अपना ध्यान मौलिक सर्जनात्मक लेखन पर ही केन्द्रित कर लिया हो।

3. मदन गोपाल

1919 में हाँसी, जिला हिसार में जन्मे मदन गोपाल सन् 1944 में प्रेमचंद की संक्षिप्त जीवनी अंग्रेजी में पुस्तकाकार प्रकाशित कराकर साहित्यिक क्षेत्र में चर्चित हुए। मदन गोपाल ने सन् 1941 के आसपास ही प्रेमचंद के पत्रों को संगृहीत करना प्रारम्भ कर दिया था जो उनका सर्वाधिक महत्त्वपूर्ण कार्य है। 1964 में इनकी लिखी अंग्रेजी पुस्तक 'प्रेमचंद: ए लिटरेरी बायग्राफी' प्रकाशित हुई और 1965 में 'कलम का मजदूर प्रेमचंद' हिन्दी और उर्दू में पहली बार प्रकाशित हुई। ध्यातव्य है कि इन तीनों पुस्तकों को प्रेमचंद की प्रतिष्ठित अंग्रेजी-हिन्दी-उर्दू जीवनी पुस्तक होने का गौरव प्राप्त है। 1968 में मदन गोपाल के सम्पादन में

'प्रेमचंद के खुतूत' शीर्षक से प्रेमचंद के पत्रों का संग्रह उर्दू में प्रकाशित हुआ। इसके पश्चात् मदन गोपाल का सार्वकालिक महत्त्व का प्रकाशन 'कुल्लियाते प्रेमचंद' (24 भाग) 2000 से 2005 के मध्य साहित्य-संसार के समक्ष आया। यह संग्रह शोध की दृष्टि से अत्यन्त त्रुटिपूर्ण है, जिसका कारण यह है कि मदन गोपाल ने इसके सम्पादन में अपेक्षित शोध नहीं किया। प्रेमचंद पर उनका कार्य कब पूर्ण हुआ, इसकी सूचना देते हुए स्वयं मदन गोपाल लिखते हैं–

"प्रेमचंद पर जो काम मैंने गत शताब्दि के चौथे दशक में शुरू किया था, वह छठे दशक में मेरी 'प्रेमचंद : ए लिटरेरी बायग्राफी' और इसके हिन्दी और उर्दू में संक्षिप्त रूप 'कलम का मजदूर' के प्रकाशन के साथ सम्पन्न हो गया था। इस बीच एक ऐसी घटना भी घटी थी जिसके कारण मेरा मन इतना खट्टा हो गया था कि जैसे मैंने प्रेमचंद से मुँह मोड़ लिया हो। मैं भारतेन्दु हरिश्चन्द्र, गोस्वामी तुलसीदास, बालमुकुन्द गुप्त और नेताजी सुभाष चन्द्र बोस इत्यादि पर काम में उलझ गया था।"[1]

जिस घटना का संकेत मदन गोपाल करते हैं, वह उनका अमृतराय पर मुकदमा करना ही है। स्पष्ट है कि मदन गोपाल के अनुसार प्रेमचंद पर उनका कार्य 1964-65 तक पूर्णता को प्राप्त हो चुका था और 1965 के उपरान्त उन्होंने प्रेमचंद साहित्य पर सन् 2000 के निकट पूर्व में ही हाथ लगाया और 'कुल्लियाते प्रेमचंद' का सम्पादन किया। कौमी कौंसिल बराए फरोगे उर्दू जबान के तत्कालीन निदेशक डॉ. हमीदुल्ला भट्ट ने मदन गोपाल को 'कुल्लियाते प्रेमचंद' के सम्पादन का कार्य किस प्रकार सौंपा, स्वयं मदन गोपाल के ही शब्दों में–

"निदेशक हमीदुल्ला भट्ट से बातचीत में मैंने कहा कि प्रेमचंद की सभी हिन्दी और उर्दू कहानियों को कालक्रम के अनुसार यदि कोई छापे तो मैं सूची बना सकता हूँ। हमीदुल्ला भट्ट साहब ने सुझाव का स्वागत करते हुए कहा कि हम तो कुल्लियात (वाङ्मय) भी छाप सकते हैं। आप एक नोट लिखकर हमें दे दें। मैंने कहा, यदि आप अपने सेक्रेटरी को मेरे साथ भेज दें तो वे इसे तुरन्त कर सकते हैं। उन्होंने अपना पी.ए. मेरे साथ भेज दिया और मैंने पाँच पृष्ठ का सुझाव उन्हें भेज दिया। दो दिन बाद 10-2-99 को काउंसिल की लिटरेरी पैनल की मीटिंग होनी थी। यह सुझाव उन्हें पेश हुआ और स्वीकारा गया। पैनल ने यही फैसला किया कि यह काम मुझे सौंपा जाए।"[2]

स्पष्ट है कि अकेले मदन गोपाल के बुढ़ा चले कंधों पर 'कुल्लियाते प्रेमचंद' जैसे महत्त्वपूर्ण प्रकाशन के सम्पादन का सम्पूर्ण बोझ रखने का निर्णय मात्र दो दिनों में ही ले लिया गया। इस अनावश्यक हड़बड़ी का कारण क्या था, यह तो

---

1. भूमिका; प्रेमचंद दर्पण, पृ. 9
2. प्रेमचंद वाङ्मय अब उर्दू में भी; आजकल, नई दिल्ली, जून 2005, पृ. 6

कुछ ज्ञात नहीं होता, परन्तु यह निर्णय लेने के मात्र छह वर्षों के अन्दर ही 'कुल्लियाते प्रेमचंद' के 24 भारी-भरकम खण्ड प्रकाशित हो जाने से इस कार्य को निपटा देने में व्यवहृत आश्चर्यजनक शीघ्रता का अनुमान लगा पाना सम्भव है। इतने महत्त्वपूर्ण संग्रह का सम्पादन करने की क्या प्रक्रिया रही, स्वयं मदन गोपाल के ही शब्दों में–

"तीन-चार वर्ष हुए, उर्दू के प्रकाशकों द्वारा प्रेमचंद की अनदेखी के कारण मैंने कौमी काउंसिल बराए फरोगे उर्दू NCPUL को सुझाव दिया कि वे प्रेमचंद वाङ्मय निकालें। सुझाव स्वीकारा गया। अभी तक वाङ्मय (कुल्लियाते प्रेमचंद) के चौदह-पन्द्रह खण्ड प्रकाशित हो चुके हैं, नौ पर काम चल रहा है। इस कुल्लियात के लिए मेरे पुराने नोट्स और सामग्री काम आई और मुझे विशेष शोध कार्य नहीं करना पड़ा।"[1]

स्पष्ट है कि 'कुल्लियाते प्रेमचंद' के सम्पादन के लिए न तो 'विशेष शोध कार्य' किया गया, न ही इस सुदीर्घ कालावधि में हुए सम्पूर्ण शोध से लाभ उठाया गया। और यही कारण है कि इस समग्र में अनेकानेक त्रुटियाँ स्थान पा गईं, तथापि अनेक दृष्टियों से इसका महत्त्व सदा सर्वदा बना रहेगा।

उल्लेखनीय है कि 'कुल्लियाते प्रेमचंद', भाग-1, के पृष्ठ सं. vi पर मदन गोपाल ने 'हंस' कार्यालय, बनारस के लैटर पैड पर उर्दू में लिखे हुए विवरण की अनुकृति प्रकाशित कराते हुए उसके परिचय में लिखा है-"प्रेमचंद ने बिस्तरे मर्ग पर अपनी तसानीफ की एक फहरिस्त तैयार की थी। इसमें 'बेवा' से लेकर 'गऊदान' तक का जिक्र है जो 'हंस' के लैटर पैड पर लिखा गया।"

जिस मूल दस्तावेज की अनुकृति मदन गोपाल ने प्रकाशित कराई है, उस पर स्पष्ट रूप से 'सम्पादिका शिवरानी देवी' शब्द भी छपे हुए हैं। पूर्व में उल्लेख किया जा चुका है कि शिवरानी देवी के सम्पादन में 'हंस' का प्रकाशन अक्टूबर 1936 के अंक से प्रारम्भ हुआ था। प्रेमचंद के देहावसान की तिथि 8 अक्टूबर, 1936 के आलोक में यह कुछ बुद्धिगम्य नहीं है कि क्या प्रेमचंद के देहावसान से पूर्व ही शिवरानी देवी को विश्वास हो गया था कि अब 'हंस' कभी भी प्रेमचंद के सम्पादन में प्रकाशित नहीं होगा!

2001 में मदन गोपाल की लिखी 'प्रेमचंद की आपबीती' पुस्तक उर्दू में प्रकाशित हुई जिसका हिन्दी संस्करण 2002 में 'प्रेमचंद की आत्मकथा' शीर्षक से प्रकाशित हुआ।

प्रेमचंद के छोटे बेटे अमृतराय के विरुद्ध मुकदमा दायर करके उन्हें साहित्य अकादमी पुरस्कार लेने से रोकने के कारण मदन गोपाल साहित्यिक क्षेत्र में व्यापक रूप से चर्चा में आए।

1. भूमिका; प्रेमचंद दर्पण, पृ. 9

मदन गोपाल के उपर्युक्त कार्य से स्पष्ट है कि प्रेमचंद के व्यक्तित्व के अध्ययन में उनका योगदान अविस्मरणीय है और 80 वर्ष की परिपक्व अवस्था में 'कुल्लियाते प्रेमचंद' जैसे समग्र का सम्पादन स्वीकार करके पूर्णता को पहुँचाना उनके जैसे समर्पित व्यक्ति के लिए ही सम्भव हो सकता था। मदन गोपाल पर प्रेमचंद का प्रभाव इस तथ्य से समझा जा सकता है कि उन्होंने अपना निजी पत्राचार तथा अपनी आत्मकथा क्रमशः 'मुंशी प्रेमचंद की चिट्ठी-पत्री' तथा 'प्रेमचंद के जीवनीकार की आत्मकथा' शीर्षकों से प्रकाशित कराई।

यह अवश्य है कि 1968 से 2000 तक के 32 वर्षों में प्रेमचंद पर मदन गोपाल की कोई पुस्तक प्रकाश में आने का कोई संकेत प्राप्त नहीं होता, यद्यपि इस मध्य भी उनके छिटपुट लेख प्रकाशित होते रहे।

4. डॉ. कमर रईस

1932 में शाहजहाँपुर में जन्मे डॉ. कमर रईस को 1958 में अलीगढ़ मुस्लिम विश्वविद्यालय ने 'प्रेमचंद का तनकीदी मुताल्ला : बहैसियत नावलनिगार' विषय पर पी-एच्.डी. की उपाधि प्रदान की। डॉ. कमर रईस को उर्दू में प्रेमचंद साहित्य पर पी-एच्.डी. करने वाले प्रथम शोधार्थी होने का गौरव भी प्राप्त है। उनका शोध प्रबन्ध अगले वर्ष 1959 में पुस्तकाकार प्रकाशित भी हो गया, जिसके अब तक अनेक संस्करण प्रकाशित हो चुके हैं। इसके पश्चात् 1960 में डॉ. रईस के सम्पादन में 'मजामीने प्रेमचंद' शीर्षक संकलन प्रकाशित हुआ जिसने उर्दू-संसार को पहली बार प्रेमचंद के कथेतर लेखन से परिचित कराने का महत्त्वपूर्ण कार्य किया। 1962 में जब अमृतराय के सम्पादन में प्रेमचंद की अनेक अज्ञात रचनाओं के संकलन प्रकाशित हो रहे थे तब डॉ. कमर रईस के सम्पादन में 'मुंशी प्रेमचंद : शख्सियत और कारनामे' संकलन प्रकाशित हुआ जो प्रेमचंद के व्यक्तित्व और कृतित्व के अनेक अनछुए प्रसंगों को प्रकट करता है। 1968 में डॉ. कमर रईस की प्रसिद्ध पुस्तक 'तलाशो तवाजुन' प्रकाशित हुई जिसके एक लम्बे लेख में उन्होंने पहली बार प्रेमचंद की कहानियों और कहानी-संकलनों पर विस्तृत शोधपरक सूचनाएँ उर्दू-संसार के समक्ष प्रस्तुत कीं। 1980 में उनकी शोधपरक लघु पुस्तक 'प्रेमचंद : फिक्रो फन' प्रकाशित हुई। 1981 में उनके सम्पादन में 'प्रेमचंद के नुमाइंदा अफसाने' संकलन प्रकाशित हुआ जिसमें प्रेमचंद की 17 उर्दू कहानियाँ संकलित हैं। इस संकलन को डॉ. रईस ने प्रेमचंद की कहानियों तथा कहानी-संकलनों पर आधारित एक विद्वत्तापूर्ण भूमिका से भी समन्वित कर दिया है। इसके पश्चात् प्रेमचंद पर उनकी कोई पुस्तक प्रकाशित होने के प्रमाण नहीं मिलते। 1959 में प्रकाशित डॉ. कमर रईस की पहली पुस्तक 'प्रेमचंद का तनकीदी मुताल्ला' के दो संस्करण कौमी कौंसिल बराए फरोगे उर्दू जबान, नई दिल्ली से

2005 में और एजूकेशनल पब्लिशिंग हाउस, दिल्ली से 2007 में भी प्रकाशित हुए जो इस पुस्तक की लोकप्रियता और प्रतिष्ठा का स्पष्ट प्रमाण है।

यद्यपि 'प्रेमचंद के नुमाइंदा अफसाने' के पश्चात् डॉ. कमर रईस की प्रेमचंद पर अन्य कोई पुस्तक प्रकाशित होने की सूचना नहीं मिलती तथापि प्रेमचंद और प्रेमचंद साहित्य के प्रति उनकी अगाध निष्ठा और समर्पित भाव उन्हें समस्त प्रेमचंद-विशेषज्ञों में विशेष स्थान का अधिकारी बनाता है। उल्लेखनीय है कि डॉ. कमर रईस प्रेमचंद साहित्य पर शोध करने वाले प्रत्येक शोधार्थी की हर सम्भव सहायता करने के लिए सदा तत्पर रहते थे।

5. डॉ. जाफर रजा

1939 में इलाहाबाद में जन्मे डॉ. जाफर रजा की प्रेमचंद पर पहली उर्दू पुस्तक 'प्रेमचंद : कहानी का रहनुमा' 1969 में प्रकाशित हुई। इसके पश्चात् डॉ. रजा को 'प्रेमचंद के हिन्दी कथा साहित्य और उनके उर्दू कथा साहित्य का तुलनात्मक अध्ययन' विषय पर इलाहाबाद विश्वविद्यालय ने 1977 में पी-एच्.डी. की उपाधि प्रदान की। यह भी विचित्र संयोग है कि डॉ. जाफर रजा को उपाधि तो मिली हिन्दी में लेकिन उनके शोध प्रबन्ध का पुस्तकाकार रूप में प्रथम प्रकाशन 1977 में ही उर्दू में 'प्रेमचंद : फन और तामीरे फन' शीर्षक से हुआ और यह हिन्दी में पहली बार 1983 में 'प्रेमचंद : उर्दू-हिन्दी कथाकार' शीर्षक से प्रकाशित हुआ। डॉ. रजा की पहली उर्दू पुस्तक का हिन्दी रूप भी 2005 में 'प्रेमचंद : कहानी का रहनुमा' शीर्षक से ही प्रकाशित हुआ।

डॉ. रजा ने पहली बार प्रेमचंद की कहानियों के हिन्दी-उर्दू रूपों की तुलनात्मक सूचियाँ तैयार कीं और उनके द्वारा प्रशस्त मार्ग का अवलम्बन लिए बिना इस दिशा में कोई भी भावी कार्य सम्भव न हो सका।

प्रेमचंद पर उपर्युक्त पुस्तकों के अतिरिक्त डॉ. रजा की कोई अन्य पुस्तक प्रकाशित होने का प्रमाण नहीं मिलता जिससे यह अनुमान लगाया जा सकता है कि 1977 के पश्चात् उन्होंने छिटपुट लेखों के अतिरिक्त प्रेमचंद पर गम्भीर कार्य करना बन्द कर दिया।

6. गोपाल कृष्ण माणकटाला

1924 में लाहौर के निकट बागबानपुरा में जन्मे गोपाल कृष्ण माणकटाला विभाजन के कारण पढ़ाई छोड़कर मुम्बई में आ बसे और वहाँ अपना उद्योग स्थापित किया। उर्दू कहानीकार के रूप में अपनी पहचान बनाने वाले माणकटाला 1980 में कालिदास गुप्ता रिजा की प्रेरणा से प्रेमचंद साहित्य पर शोध में संलग्न हो गए। अब तक उनकी जो पुस्तकें प्रेमचंद साहित्य पर प्रकाशित हुई हैं उनका विवरण इस प्रकार है–

1. प्रेमचंद और तसानीफ प्रेमचंद : कुछ नए तहकीकी गोशे (1985), 2. प्रेमचंद : कुछ नए मुबाहिस (1988), 3. प्रेमचंद : हयाते नौ (1993), 4. प्रेमचंद का सेक्यूलर किरदार और दीगर मजामीन (2001), 5. तौकीते प्रेमचंद (2002), और 6. प्रेमचंद दर्पण (2003 हिन्दी में)। इनके अतिरिक्त उन्होंने 'जमाना' का प्रेमचंद नम्बर भी पुनः सम्पादित करके तथा शोधपरक चार 'जमीमों' से संवलित करके 2002 में कौमी कौंसिल बराए फरोगे उर्दू जबान, नई दिल्ली से पुस्तकाकार रूप में प्रकाशित कराया। माणकटाला ने शिवरानी देवी की पुस्तक 'प्रेमचंद घर में' का भी उर्दू अनुवाद पूर्ण करके कौमी कौंसिल बराए फरोगे उर्दू जबान, नई दिल्ली को बरसों पहले भेज दिया था लेकिन डॉ. हसन मंजर द्वारा किया हुआ इस पुस्तक का उर्दू अनुवाद अंजुमन तरक्की उर्दू (हिन्द), नई दिल्ली से प्रकाशित हो जाने के कारण माणकटाला द्वारा किया गया अनुवाद प्रकाशित न हो सका।

माणकटाला ने उर्दू में प्रेमचंद साहित्य पर गम्भीर कार्य करके अपना विशिष्ट स्थान बनाया है। यहाँ इस तथ्य का उल्लेख करना भी सर्वथा समीचीन होगा कि जहाँ अन्य सभी प्रेमचंद-विशेषज्ञों ने अपना शोध कार्य अचानक ही बन्द कर दिया, वहीं माणकटाला ने अपना शोध कार्य तभी बन्द किया जब शारीरिक स्वास्थ्य ने उनका साथ देना छोड़ दिया। यही नहीं, माणकटाला ने अपनी परम्परा को जीवित बनाए रखने की दृष्टि से अपनी समस्त संचित साहित्यिक पूँजी 12 अप्रैल, 2008 को मुझे मुम्बई में निस्संकोच सौंपकर एक अनुकरणीय उदाहरण प्रस्तुत किया।

7. डॉ. कमल किशोर गोयनका

1937 में बुलन्दशहर में जन्मे डॉ. कमल किशोर गोयनका सम्भवतः ऐसे एकमात्र विद्वान् हैं, जिन्होंने प्रेमचंद के जीवन और साहित्य पर ही पी-एच्.डी. और डी.लिट्. के शोध प्रबन्ध लिखे हों। डॉ. गोयनका ने 1972 में दिल्ली विश्वविद्यालय से 'प्रेमचंद के उपन्यासों का शिल्प विधान' विषय पर पी-एच्.डी. और 1984 में रांची विश्वविद्यालय से 'प्रेमचंद का जीवन' विषय पर डी.लिट्. की उपाधियाँ प्राप्त की थीं। प्रेमचंद पर डॉ. गोयनका की निम्नांकित पुस्तकें सम्प्रति प्रकाशित हो चुकी हैं–

1. प्रेमचंद के उपन्यासों का शिल्प-विधान (1974), 2. प्रेमचंद : कुछ संस्मरण (1980), 3. प्रेमचंद (1980), 4. प्रेमचंद और शतरंज के खिलाड़ी (1980), 5. प्रेमचंद : अध्ययन की नयी दिशाएँ (1981), 6. रंगभूमि : नए आयाम (1981), 7.प्रेमचंद विश्वकोश (दो खण्ड, 1981), 8. प्रेमचंद : चित्रात्मक जीवनी (1986), 9. प्रेमचंद का अप्राप्य साहित्य (दो खण्ड, 1988), 10. प्रेमचंद की हिन्दी-उर्दू कहानियाँ (1990), 11. प्रेमचंद : रचना संकलन (1994), 12. प्रेमचंद के नाम पत्र (2002), 13. प्रेमचंद : देश-प्रेम की कहानियाँ (2002), 14. प्रेमचंद : बाल साहित्य समग्र (2002), 15. रंगभूमि (विद्यार्थी संस्करण) (2004), 16. प्रेमचंद

और रंगभूमि उपन्यास (2004), 17. प्रेमचंद की अप्राप्य कहानियाँ (2005), 18. प्रेमचंद: नई पहचान (2005), 19. प्रेमचंद पत्र कोश (2007)।

इसके अतिरिक्त प्रेमचंद पर डॉ. कमल किशोर गोयनका की कुछ पुस्तकें सम्प्रति अप्रकाशित होने की सूचना देते हुए निर्मल सैनी लिखती हैं-

"डॉ. कमल किशोर गोयनका ने प्रेमचंद साहित्य पर अनेक पुस्तकें प्रकाशित की हैं। प्रेमचंद के अतिरिक्त इन्होंने अन्य साहित्यकारों पर भी अनेक पुस्तकें लिखीं हैं और अनेक पुस्तकों के सम्पादन का भी कार्य किया है। प्रकाशित पुस्तकों के अलावा इनकी कुछ अप्रकाशित कृतियाँ हैं जिनमें से कुछ प्रकाशनाधीन हैं और कुछ शीघ्र पूर्ण होने वाली हैं। इन पुस्तकों का विवरण इस प्रकार है-

1. प्रेमचंद विश्वकोश, खण्ड 3, 4, 5
2. प्रेमचंद : नई पहचान
3. 'कफन' : आत्मा की तलाश
4. प्रेमचंद और भारतीयता
5. गोदान की पांडुलिपियों का अध्ययन
6. प्रेमचंद कहानी कोश
7. प्रेमचंद की सम्पूर्ण कहानियाँ
8. प्रेमचंद का हिन्दुपन

आदि पुस्तकें अप्रकाशित हैं।"[1]

ध्यातव्य है कि 1988 में 'प्रेमचंद का अप्राप्य साहित्य' प्रकाशित होने के पश्चात् डॉ. गोयनका की जो भी पुस्तकें प्रेमचंद पर प्रकाशित हुई हैं वे या तो संचयन मात्र हैं अथवा पूर्व प्रकाशित पुस्तकों के किसी अंश अथवा पूरी पुस्तक की नए शीर्षक के अन्तर्गत मात्र पुनरावृत्ति। इससे यह निष्कर्ष निकालना अस्वाभाविक प्रतीत नहीं होता कि 1988 से अब तक के 21 वर्षों में डॉ. गोयनका अपने छिटपुट लेखों के माध्यम से प्रेमचंद की एक काल्पनिक एवं तथाकथित 'भारतीय मूर्ति' गढ़ने और प्रेमचंद के 'हिन्दूपन' को उजागर करने का 'महनीय' कार्य ही सम्पादित करते रहे और प्रेमचंद साहित्य उनकी चिन्तन-परिधि से बाहर हो गया। इसकी पुष्टि अन्य लेखकों पर प्रकाशित डॉ. गोयनका की पुस्तकों से हो जाती है, जिनका विवरण निम्नांकित है-

1. प्रभाकर माचवे : प्रतिनिधि रचनाएँ (1984), 2. अभिमन्यु अनतः एक बातचीत (1985), 3. जिज्ञासाएँ मेरी : समाधान बच्चन के (1985), 4. अभिमन्यु अनत: विवादास्पद रचनाकार (1985), 5. मन्मथनाथ गुप्त : प्रतिनिधि रचनाएँ (1985), 6. रवीन्द्रनाथ त्यागी : प्रतिनिधि रचनाएँ (1987), 7. हजारी प्रसाद द्विवेदी: कुछ संस्मरण (1988), 8. विष्णु प्रभाकर : प्रतिनिधि रचनाएँ (1988),

1. डॉ. कमल किशोर गोयनका का साहित्य-संसार, पृ. 92

9. यशपाल: कुछ संस्मरण (1990), 10. अभिमन्यु अनत: समग्र कविताएँ (1998), 11. अभिमन्यु अनत : प्रतिनिधि रचनाएँ (1999), 12. मॉरिशस की हिन्दी कहानियाँ (2000), 13. दिनेशनन्दिनी डालमिया से बातचीत (2002), 14. लघुकथा का व्याकरण (2002), 15. ब्रजेन्द्र कुमार भगत 'मधुकर' काव्य रचनावली (2003), 16. मंजुल भगत : समग्र कथा साहित्य (2004)।

ध्यातव्य है कि डॉ. गोयनका के बहुचर्चित 'प्रेमचंद विश्वकोश' में उपस्थित भयंकर भूलों पर डॉ. वीर भारत तलवार ने अपने एक लम्बे लेख-'प्रेमचंद की जीवनी का सवाल' में विस्तार से प्रकाश डाला था और 'प्रेमचंद का अप्राप्य साहित्य' के सम्बन्ध में इसी प्रकरण में पूर्व ही इंगित किया जा चुका है, जो डॉ. गोयनका की 'प्रेमचंद-विशेषज्ञता' का प्रमाण है।

उपर्युक्त सभी प्रेमचंद-विशेषज्ञों ने पुस्तकों के अतिरिक्त अनेकानेक लेख भी लिखकर समय-समय पर विभिन्न पत्र-पत्रिकाओं में प्रकाशित कराए हैं, जिनका विवरण विस्तारभय से नहीं दिया जा रहा है। ध्यातव्य है कि इन सभी प्रेमचंद-विशेषज्ञों के शोध में अन्यान्य कारणों से अनेक स्खलन दृष्टिगोचर होते हैं, जिनके कतिपय उदाहरण प्रस्तुत हैं-

1. डॉ. कमल किशोर गोयनका, डॉ. जाफर रजा, मदन गोपाल, गोपाल कृष्ण माणकटाला आदि ने 'शिकार' कहानी का प्रथम प्रकाशन 'जमाना' के जून 1910 के अंक में होने का उल्लेख किया है, जबकि वास्तव में यह कहानी 'जमाना' में कभी प्रकाशित नहीं हुई।
2. डॉ. कमल किशोर गोयनका लिखते हैं कि 'अश्के नदामत' शीर्षक कहानी 'अलअस्र' के 1917 के किसी अंक में प्रकाशित हुई। वास्तव में यह कहानी 'कहकशाँ' के जनवरी 1920 के अंक में प्रकाशित हुई थी।
3. डॉ. कमल किशोर गोयनका ने 'तोबा' कहानी के सम्बन्ध में यह लिखकर अपना कर्त्तव्य पूर्ण समझ लिया कि यह कहानी 'फिरदौसे खयाल' संकलन में सम्मिलित होने से पूर्व किस पत्र-पत्रिका में प्रकाशित हुई, यह ज्ञात नहीं है। उन्होंने यह सन्दर्भ देने की आवश्यकता अनुभव नहीं की कि यह कहानी उर्दू साप्ताहिक 'रियासत' के 2 मार्च, 1929 के अंक में प्रकाशित हुई थी।
4. डॉ. कमल किशोर गोयनका ने प्रेमचंद द्वारा अनूदित टॉल्सटॉय की कहानियों के एक संकलन 'प्रेम प्रभाकर' का उल्लेख किया है। वास्तव में 'प्रेम प्रभाकर' शीर्षक से जो संकलन प्रकाशित हुआ था उसमें टॉल्सटॉय की कहानियों के हिन्दी अनुवाद अवश्य संकलित थे, लेकिन उनके अनुवादक प्रेमचंद नहीं वरन् तत्कालीन पटियाला रियासत के सिविल इंजीनियर आत्माराम थे।

5. डॉ. कमल किशोर गोयनका ने 'अन्तरप्रान्तीय साहित्यिक आदान प्रदान के लिए' शीर्षक प्रेमचंद के एक सम्पादकीय आलेख का उल्लेख किया है। इस शीर्षक से प्रेमचंद का कोई सम्पादकीय आलेख कभी प्रकाशित नहीं हुआ। वास्तविकता यह है कि अमृतराय ने इस शीर्षक के अन्तर्गत 'साहित्य का उद्देश्य' के प्रथम संस्करण में कथित रूप से चार लेकिन वास्तव में पाँच भिन्न-भिन्न सम्पादकीय आलेख प्रस्तुत किए थे और इस सम्बन्ध में स्पष्ट रूप से उल्लेख भी कर दिया था।
6. हिन्दी कहानी 'प्रारब्ध' का प्रथम प्रकाशनोल्लेख डॉ. कमल किशोर गोयनका द्वारा 'विशाल भारत, अक्टूबर 1921' के रूप में किया गया है। हिन्दी मासिक 'विशाल भारत' का प्रथम अंक सम्पादकाचार्य पं. बनारसीदास चतुर्वेदी के सम्पादन में जनवरी 1928 में कलकत्ते से प्रकाशित हुआ था। अतः यह सूचना नितान्त अशुद्ध है।
7. हिन्दी कहानी 'मुक्ति मार्ग' का प्रथम प्रकाशनोल्लेख डॉ. कमल किशोर गोयनका, मदन गोपाल और गोपाल कृष्ण माणकटाला ने 'विशाल भारत, अप्रैल 1924' के रूप में किया है। जब 'विशाल भारत' का प्रथम अंक जनवरी 1928 में प्रकाशित हुआ था तब यह सूचना प्रामाणिक नहीं है।
8. हिन्दी कहानी 'सद्‌गति' का प्रथम प्रकाशनोल्लेख डॉ. कमल किशोर गोयनका, डॉ. जाफर रजा, मदन गोपाल और गोपाल कृष्ण माणकटाला ने 'विशाल भारत, अक्टूबर 1931' के रूप में किया है। यह कहानी 'विशाल भारत' में कभी प्रकाशित नहीं हुई।
9. उर्दू कहानी 'सैरे दरवेश' का प्रथम प्रकाशनोल्लेख डॉ. कमल किशोर गोयनका और डॉ. जाफर रजा ने 'जमाना, अप्रैल-जून 1910' के रूप में किया है। वास्तव में यह कहानी 'जमाना' के अप्रैल से जुलाई तक के 4 अंकों में धारावाहिक प्रकाशित हुई थी।
10. उर्दू कहानी 'बूढ़ी काकी' का प्रथम प्रकाशनोल्लेख डॉ. कमल किशोर गोयनका, मदन गोपाल और गोपाल कृष्ण माणकटाला ने 'कहकशाँ', जुलाई 1920' और डॉ. जाफ़र रजा ने 'तहजीबे निस्वाँ' के रूप में किया है। यह कहानी 'कहकशाँ' के सन्दर्भित अंक में प्रकाशित होने से पूर्व लाहौर के उर्दू साप्ताहिक 'तहजीबे निस्वाँ' के 25 मई, 1918, 1 जून 1918 और 8 जून, 1918 के तीन अंकों में धारावाहिक प्रकाशित हुई थी।
11. उर्दू कहानी 'साँप की माशूका' का प्रथम प्रकाशनोल्लेख मदन गोपाल और गोपाल कृष्ण माणकटाला ने 'तहजीबे निस्वाँ, अगस्त 1922' के रूप में किया है। यह कहानी पहली बार लाहौर के उर्दू मासिक 'हजार दास्तान' के जुलाई 1922 के अंक में प्रकाशित हुई थी और महिलाओं

के योग्य रूपान्तरण करके 'तहजीबे निस्वाँ' के सम्पादक ने अपनी टिप्पणी के साथ पत्रिका के 5 अगस्त और 12 अगस्त, 1922 के दो अंकों में 'नागजी' शीर्षक से प्रकाशित की थी।

12. उर्दू कहानी 'ईमान का फैसला' का प्रथम प्रकाशनोल्लेख डॉ. जाफर रजा ने 'आजाद', जुलाई 1917' और मदन गोपाल ने 'सरस्वती', जुलाई 1917' के रूप में किया है। यह कहानी 'जमाना' के अक्टूबर और नवम्बर 1917 के दो अंकों में क्रमशः प्रकाशित हुई थी।
13. उर्दू लेख 'रामायण और महाभारत' का प्रथम प्रकाशन मदन गोपाल के अनुसार 'जमाना' के मई 1912 के अंक में हुआ था। यह लेख 'जमाना' के मई-जून 1912 के संयुक्तांक में प्रकाशित हुआ था।
14. उर्दू लेख 'कदीम हिन्दू इल्मे रियाजी' का प्रथम प्रकाशनोल्लेख मदन गोपाल ने 'जमाना, मई-जून 1917' के रूप में किया है। यह लेख 'जमाना' के मई-जून 1912 के संयुक्तांक में प्रकाशित हुआ था।
15. हिन्दी लेख 'दुखी जीवन' का प्रथम प्रकाशनोल्लेख डॉ. कमल किशोर गोयनका ने 'हंस, वैशाख 1990 वि.सं.' और अमृतराय ने 'वैशाख 1990' के रूप में किया है। विद्यावाचस्पति वेदप्रकाश गर्ग ने पहली बार सप्रमाण इंगित किया था कि यह लेख 'द्विवेदी अभिनन्दन ग्रंथ' में प्रकाशित हुआ था।
16. 'जमाना' के दिसम्बर 1917 के अंक में प्रेमचंद की एक कहानी प्रकाशित हुई थी जिसका शीर्षक था 'दर्द और दवा'। डॉ. कमल किशोर गोयनका द्वारा इस कहानी का शीर्षक अपने तईं बदलकर 'दवा और दारू' कर देने की पृष्ठभूमि स्पष्ट नहीं है।

इनके अतिरिक्त अन्य लेखकों की रचनाएँ प्रेमचंद के नाम से प्रकाशित करा देने की भयंकर भूल का उल्लेख पूर्व में ही किया जा चुका है। यहाँ तक ही नहीं, गोपाल कृष्ण माणकटाला ने 'जमाना' का प्रेमचंद नम्बर अपनी शोधपरक टिप्पणियों (जमीमों) सहित प्रकाशित कराया है जिनके द्वारा उन्होंने इस विशेषांक में स्थान पा गई त्रुटियों का परिष्कार किया है। खेद का विषय है कि माणकटाला साहब की शोधपरक टिप्पणियाँ भी सर्वथा त्रुटिरहित नहीं हैं।

लम्बे समय से प्रेमचंद साहित्य पर शोध करने वाले इन प्रेमचंद-विशेषज्ञों के शोध में अन्यान्य कारणों से स्थान पा जाने वाली त्रुटियाँ ही प्रेमचंद साहित्य पर गहन-गम्भीर शोध करके भावी शोधकर्ताओं के लिए प्रामाणिक आधार सामग्री उपलब्ध कराने की दिशा में मेरे प्रवृत्त होने का हेतु बनीं। और, इसी कारण से मैं इन सभी 'प्रेमचंद-विशेषज्ञों' का हृदय से आभारी हूँ कि यदि ये विद्वान् असावधानी, प्रमाद तथा सुविधाभोगी वृत्ति से विलग रहकर अपने शोध को सर्वांग पूर्ण करने में सफल

हो जाते तो मेरे जैसे किसी भी शोधकर्ता के लिए प्रेमचंद साहित्य के सम्बन्ध में प्रामाणिक जानकारी जुटाने का कोई कारण ही शेष नहीं रहता।

ध्यातव्य है कि उपर्युक्त सात प्रेमचंद-विशेषज्ञों में से मात्र तीन–डॉ. कमर रईस, डॉ. जाफर रजा और डॉ. कमल किशोर गोयनका ही ऐसे हैं जो विश्वविद्यालयीय शिक्षा से सम्बद्ध रहे। विश्वविद्यालयीय शोध के सम्बन्ध में डॉ. कमल किशोर गोयनका का निम्नांकित उल्लेख द्रष्टव्य है–

"हिन्दी के शोधार्थियों में नयी खोज का उत्साह नहीं है और न बड़े-बड़े हिन्दी विभाग ही जमीन में दबी ऐसी पुरानी सभ्यताओं-सामग्रियों को ही खोदकर निकालने के लिए तत्पर हैं। हिन्दी में आदमी प्रोफेसर हुआ और उसने लिखना-पढ़ना तथा खोज-खबर लेना छोड़ दिया। अब शोध-कार्य केवल पी-एच्.डी. की उपाधि तक ही सीमित रह गया है, क्योंकि डॉक्टर बनकर ही नौकरी मिल सकती है। देश के हिन्दी-विभागों में श्रेष्ठ शोध की जो परम्परा थी, वह अब मर चुकी है क्योंकि अध्यक्षों एवं प्रोफेसरों की कोई रुचि तथा प्रतिबद्धता नए ज्ञान के प्रति अब रह नहीं गई है।"[1]

प्रेमचंद साहित्य पर विभिन्न विश्वविद्यालयों ने अब तक जो सैकड़ों पी-एच्. डी. की उपाधियाँ प्रदान की हैं उनके लिए लिखे गए शोध प्रबन्धों की गुणवत्ता पर डॉ. गोयनका उपर्युक्त शब्दों द्वारा प्रश्नचिह्न लगाते प्रतीत होते हैं। यही नहीं, उपर्युक्त शब्दों से यह प्रेरणा भी मिलती है कि विश्वविद्यालयीय शोध के आधार पर प्रेमचंद के जीवन और साहित्य के जो सन्दर्भ सामने आते हैं, उन सबका भी सत्यापन करके उन्हें प्रमाणपुष्ट किया जाना चाहिए और वह भी विश्वविद्यालयीय नहीं, वरन् स्वतन्त्र शोध द्वारा। वास्तव में विश्वविद्यालयों और महाविद्यालयों में सुविधाभोगी शोध की जो परम्परा विकसित हो गई है उसका मूल उद्देश्य मात्र उपाधि प्राप्त करना है, और इसमें वास्तविक साहित्यिक शोध पीछे, कहीं बहुत पीछे छूट जाता है। परन्तु व्यावहारिक कठिनाई यह भी है कि विश्वविद्यालयों अथवा महाविद्यालयों में शिक्षण से सम्बद्ध महानुभाव यह सहन नहीं कर पाते कि कोई स्वतन्त्र शोधकर्ता उनके परिणामों पर उँगली उठाने लगे, भले ही उनको भी ज्ञात हो जाए कि ये गलत हैं। ऐसी दशा में वे ऐसे स्वतन्त्र शोधकर्ता की शोध करने की योग्यता, क्षमता, पात्रता और आवश्यकता पर ही प्रश्नचिह्न लगाने का प्रयास करने लगते हैं। दिनोंदिन विकसित होती यह दूषित मानसिकता तथा प्रवृत्ति हिन्दी-उर्दू में साहित्यिक शोध के लिए अत्यन्त घातक है तथा यदि इस पर प्रभावी रोक न लगाई जा सकी तो वह दिन दूर नहीं जब इस माफिया तन्त्र से भयभीत होकर स्वतन्त्र शोधकर्त्ता अपने कार्य से विरत हो जाएगा अथवा इस गिरोह की दुष्टताओं तथा षड्यन्त्रों का शिकार हो जाएगा। यहाँ यह उल्लेख करना भी सर्वथा

1. प्रेमचंद की अप्राप्य कहानियाँ, पृ. 21

समीचीन होगा कि विश्वविद्यालयीय शोध को एक सिरे से नकार देना भी उचित नहीं है। ऐसा कदापि सम्भव नहीं है कि समूचा विश्वविद्यालयीय शोध ही स्तरहीन हो जाए। यदि 10 शोध-प्रबन्धों में से एक भी स्तरीय बन पड़ता है तो उसका स्वागत किया जाना प्रत्येक दृष्टि से उचित होगा, और ऐसा प्राय: होता है। विश्वविद्यालयीय शोध के गिरते स्तर के लिए जहाँ उपाधि का शिकार करने निकले शोधार्थी किसी सीमा तक दोषी हैं वहीं विश्वविद्यालयीय शिक्षा से सम्बद्ध उनके शोध निर्देशक कहीं अधिक दोषी हैं जो शोध की श्रेष्ठ परम्परा को जीवन्त बनाए रखने में सफल नहीं हो सके। परन्तु एक सिरे से समस्त विश्वविद्यालयीय शोध को खारिज करना उस शोध को भी नकार देना है जो रेगिस्तान में नखलिस्तान की भाँति सुखद होता है।

प्रस्तुत संकलन में सम्मिलित प्रेमचंद की समस्त रचनाओं में से मात्र तीन रचनाएँ–1. 'दाराशिकोह का दरबार', 2. 'वफा की देवी' और 3. 'जॉन ऑफ आर्क' ही ऐसी हैं जो अभी तक मात्र उर्दू में ही संकलित होने के कारण हिन्दी-साहित्य-संसार की दृष्टि-परिधि में नहीं आ पाई थीं। इनके अतिरिक्त अन्य सभी रचनाएँ प्रेमचंद साहित्य में नवीन अभिवृद्धि हैं। संकलन की रचनाओं के प्रथम प्रकाशन सन्दर्भ एवं पाठ के स्रोत का विवरण परिशिष्ट-7 में प्रस्तुत है जिससे यह स्पष्ट है कि इनका प्रकाशन-काल 1907 से 1933 तक विस्तृत है अर्थात् ये प्रेमचंद के लगभग सम्पूर्ण लेखकीय जीवन के विस्तार की रचनाएँ हैं। इन रचनाओं से प्रेमचंद की विचार-यात्रा और उनके रचनात्मक विकास क्रम पर नवीन प्रकाश पड़ता है और प्रेमचंद के समग्र मूल्यांकन में अतिरिक्त सुविधा प्राप्त होती है। यह संकलन प्रेमचंद के सम्प्रति ज्ञात जीवन और वैचारिक विकास यात्रा में नवीन तथ्यों का समावेश करने में सफल हो सकेगा, ऐसा विश्वास है। प्रेमचंद साहित्य में इन रचनाओं का स्थान और महत्त्व निर्धारित करना तो डॉ. नामवर सिंह और डॉ. मैनेजर पाण्डेय जैसे सुधी आलोचकों के कार्यक्षेत्र में अनुचित तथा अनधिकृत पदक्षेप होगा, अत: यह दायित्व इन्हीं विद्वानों पर है। हाँ, इतना अवश्य कहना चाहूँगा कि अपने जीवन-काल में जो प्रेमचंद 'ब्राह्मण विरोधी' होने के आरोपों तथा आक्षेपों से जूझते रहे, उन्हीं को स्वतन्त्र भारत में 'दलित विरोधी' और 'सामन्त का मुंशी' बताया जाने लगा। किसी ने भी यह सोचने का कोई प्रयास नहीं किया कि ये दोनों आरोप वास्तव में दो भिन्न-भिन्न धुर विरोधी ध्रुव हैं। यही नहीं, प्रेमचंद के मूलत: आर्य समाजी विचारधारा में दीक्षित होने के पुष्ट प्रमाणों (देखिए परिशिष्ट-3) की उपेक्षा करके वामपंथी विचारधारा के विद्वान् उन्हें सदा लाल झंडे में लपेटने की दिशा में सचेष्ट रहे। इन विद्वानों की मान्यता के लिए पर्याप्त आधार भी उपलब्ध होता है, जिसे अहमद अली तथा सज्जाद जहीर के नाम लिखे गए प्रेमचंद के वे पत्र भी पुष्ट करते हैं जो पहली बार इस संकलन के माध्यम

से प्रकाश में आ रहे हैं और जिनके आधार पर निश्चित रूप से कहा जा सकता है कि अपने जीवन के अन्तिम दिनों में प्रेमचंद साम्यवाद की विचारधारा में पूर्णता से दीक्षित दिखाई देते हैं। ध्यातव्य है कि किसी भी लेखक अथवा विचारक की वही विचारधारा मान्य होती है जो उसके समूचे जीवन के अनुभवों से होकर गुजरती हुई उसके जीवन के अन्तिम भाग में पुष्ट होकर सामने आती है, और इस दृष्टि से प्रेमचंद को साम्यवादी बताना प्रत्येक दृष्टि से उचित है। परन्तु आश्चर्य तब होता है जब सर्वहारा वर्ग को वाणी देकर लामबन्द कर देने वाले प्रेमचंद जैसे उस रचनाकार को जो अपने समूचे जीवन में साम्प्रदायिकता, धर्म पर हावी होते कठमुल्लापन, रूढ़िवादिता, अत्याचार, अन्याय, उत्पीड़न और शोषण जैसी बुराइयों से निरन्तर संघर्षरत रहा हो, भगवा ब्रिगेड के एकमात्र अलमबरदार डॉ. कमल किशोर गोयनका साम्यवाद विरोधी और हिन्दुत्व का पोषक सिद्ध करने की निरर्थक और अनावश्यक खींचतान में अपनी समस्त प्रतिभा नष्ट करने पर आमादा हो जाएँ। ऐसे किसी भी प्रयास से न तो प्रेमचंद की कथित 'भारतीय मूर्ति' का निर्माण हो पाना सम्भव है, न ही उनकी मानसिक संरचना को गुणात्मक रूप से परिवर्तित किया जा सकता है। हाँ, यह अवश्य है कि इस बहाने डॉ. गोयनका वामपंथी विचारधारा के विद्वानों को अत्यन्त अमर्यादित शब्दों में गरियाने और कोसने का कोई अवसर नहीं चूकते, जिसे साहित्यिक शोध के नाम पर स्थापित कर देने का षड्यन्त्र भी पनप रहा है।

इस संकलन में उर्दू रचनाओं का हिन्दी रूपान्तरण करके प्रस्तुत किया गया है जिसके सम्बन्ध में स्पष्टीकरण दिए बिना मेरी बात पूरी नहीं होगी। अमृतराय ने जब 1962 में प्रेमचंद की अनेकानेक रचनाएँ प्रकाशित कराई थीं तब लिखा था-

"उर्दू से प्राप्त कहानियों को ज्यों का त्यों छाप देना हिन्दी पाठकों के प्रति अन्याय समझकर मैंने उनको हिन्दी का जामा पहनाया है-मुंशीजी की अपनी हिन्दी का, यानी जहाँ तक मुझसे हो सका।"[1]

प्रारम्भ में मैं अमृतराय के उपर्युक्त शब्दों से सहमत नहीं था और मैंने भी प्रेमचंद की एक-दो दुर्लभ रचनाएँ मात्र देवनागरी में लिप्यन्तरित करके प्रकाशित कराईं। संयोग कुछ ऐसा हुआ कि एक बार 'समकालीन भारतीय साहित्य' के तत्कालीन सम्पादक अरुण प्रकाशजी से भेंट करने का सौभाग्य मिला तो उन्होंने स्पष्ट शब्दों में कहा कि 'अब हिन्दी में वह पीढ़ी शेष नहीं रही जो उर्दू-हिन्दी दोनों भाषाओं से परिचित होती थी।' उनकी बात पर मैंने जितना चिन्तन किया और इस प्रकार के देवनागरी लिप्यन्तरण को जितना स्वयं से पृथक् करके देखने का प्रयास किया उतना ही मैं अमृतराय के उपर्युक्त कथन से सहमत होता चला गया। यहाँ तक ही नहीं, अमृतराय से आगे बढ़कर मैंने उर्दू के मात्र उन्हीं शब्दों का

1. गुप्त धन, भाग-1, पृ. 6

प्रयोग करने का निर्णय लिया जिन्हें बदल देने से भाव में स्खलन हो जाता है। और, इस प्रकार प्रेमचंद की उर्दू रचनाओं का हिन्दी रूपान्तरण ही प्रस्तुत करने का अन्तिम निर्णय ले लिया ताकि देश के सम्पूर्ण विस्तार में, विशेषकर अहिन्दी भाषी क्षेत्र में प्रेमचंद की दुर्लभ रचनाएँ साहित्य-प्रेमियों को आप्यायित करने में सफल हो सकें। इस रूपान्तरण के सम्बन्ध में ध्यातव्य है कि यह प्रेमचंद की मूल हिन्दी रचना नहीं है यद्यपि कथ्य प्रेमचंद का ही है। अतः इसे प्रेमचंद की हिन्दी रचना के रूप में उल्लिखित करना भयंकर भूल होगी। प्रेमचंद की उंर्दू रचनाओं को प्रस्तुत करने के सम्बन्ध में डॉ. गोयनका लिखते हैं–

"मेरा दृढ़ मत है कि प्रेमचंद की उर्दू या हिन्दी भाषा को बदलने का किसी को भी अधिकार नहीं है, चाहे उनके पुत्र अमृतराय हों या शोधार्थी शैलेश जैदी। अमृतराय ने 'गुप्त धन' में प्रेमचंद की अनेक उर्दू कहानियों की भाषा में परिवर्तन कर दिया है और शीर्षक तक बदल दिए हैं जो साहित्य के किसी भी मापदण्ड से उचित नहीं है। प्रेमचंद की उर्दू अथवा हिन्दी भाषा का विकासात्मक अध्ययन करने तथा उनकी भाषागत प्रवृत्तियों के विवेचन में ऐसे भाषा-परिवर्तन से सही निष्कर्षों तक नहीं पहुँचा जा सकता है। अतः यह आवश्यक है कि प्रेमचंद की भाषा का, चाहे वह उर्दू हो या हिन्दी, मूल रूप की रक्षा होनी चाहिए।"[1]

डॉ. गोयनका का उपर्युक्त कथन इस सीमा तक तो ठीक है कि यह अनुवाद अथवा रूपान्तरण प्रेमचंद की मूल भाषा नहीं है और इसका स्पष्टीकरण पूर्व पंक्तियों में दिया भी जा चुका है, लेकिन प्रेमचंद की उर्दू भाषा के विकास क्रम का उनकी हिन्दी के विकास क्रम से क्या सम्बन्ध है, यह समझ में आने वाली बात नहीं है। जहाँ तक उनकी उर्दू भाषा के विकास क्रम का सम्बन्ध है, इस दिशा में कार्य करना डॉ. गोयनका जैसे हिन्दी-भाषियों का कार्य नहीं है वरन् उर्दू विद्वानों का कार्य है और वे ही इसकी विवेचना करने के सक्षम अधिकारी हैं। यह कहने की कुछ आवश्यकता नहीं है कि उर्दू साहित्य के विद्वान् उर्दू भाषा तथा लिपि से निश्चित रूप से परिचित होते हैं और उन्हें प्रेमचंद की उर्दू भाषा के देवनागरी लिप्यन्तरण की कुछ भी आवश्यकता नहीं है। डॉ. गोयनका की इस धारणा की पृष्ठभूमि का निर्माण भी उनकी उर्दू भाषा और लिपि की अज्ञता से ही निर्मित हुआ है। ध्यातव्य है कि उर्दू का वाक्य विन्यास हिन्दी से पृथक् होता है और प्रेमचंद की उर्दू में प्रायः अरबी-फारसी के कठिन शब्दों का प्रयोग दृष्टिगत होता है। ऐसे कठिन शब्दों के अर्थ कोष्ठक में या पद-टिप्पणी में देकर और उर्दू के वाक्य विन्यास को ज्यों का त्यों बनाए रखकर उर्दू से अपरिचित हिन्दी पाठकों की रसानुभूति में बाधा डालकर डॉ. गोयनका क्या प्रयोजन सिद्ध करना चाहते हैं, कुछ कह पाना कठिन है।

1. प्रेमचंद की अप्राप्य कहानियाँ, पृ. 22

प्रस्तुत संकलन में सम्मिलित रचनाओं के पाठ भिन्न-भिन्न ग्रन्थागारों तथा विद्वानों के कृपापूर्ण सौजन्य से प्राप्त हुए हैं, जिनका विवरण निम्नांकित है-

1. खुदाबख्श ओरियंटल पब्लिक लाइब्रेरी, पटना-'सौदा-ए-खाम', 'इश्तिहारी शहीद', 'जंजाल', 'महरी', 'अहदे अकबर में हिन्दुस्तान की हालत', 'इत्तिफाक ताकत है', 'आबशारे न्याग्रा', 'कलामे सुरूर'
2. गोपाल कृष्ण माणकटाला, मुम्बई- 'सौदा-ए-खाम'
3. डॉ. अलिफ नाजिम, देवरिया-'दाराशिकोह का दरबार'
4. आचार्य पं. सीताराम चतुर्वेदीजी का निजी ग्रन्थागार, मुजफ्फरनगर-'पद्म सिंह शर्मा के साथ तीन दिन', 'साहित्य और सदाचार'
5. डॉ. सैयद हसन अब्बास (रीडर एवं विभागाध्यक्ष, फारसी विभाग, बनारस हिन्दू विश्वविद्यालय), वाराणसी-'शहीदे आजम'
6. सैयद तकी हैदर, उपाध्यक्ष, इंस्टीट्यूट फॉर सोशलिस्ट एजुकेशन, नई दिल्ली-अहमद अली एवं सज्जाद जहीद के नाम लिखे प्रेमचंद के पत्र
7. विद्यावाचस्पति वेदप्रकाश गर्गजी का निजी ग्रन्थागार, मुजफ्फरनगर-पं. देवीदत्त शुक्ल के नाम लिखे प्रेमचंद के पत्र
8. नेहरु स्मारक संग्रहालय एवं पुस्तकालय, नई दिल्ली-प्रेमचंद-महताबराय पत्राचार
9. कृष्ण कुमार राय, वाराणसी-पण्डित जी के नाम लिखा प्रेमचंद का पत्र।

इन सभी विद्वानों तथा ग्रन्थागारों के प्रति मैं हार्दिक कृतज्ञता ज्ञापित करता हूँ, जिनके सहयोग के अभाव में यह संकलन तैयार कर पाना असम्भव था।

साहित्यिक शोध के क्षेत्र में मेरी अभिरुचि को परिष्कृत करने का महनीय कार्य हिन्दी साहित्य के शलाका पुरुष पूज्यपाद गुरुवर श्रद्धेय आचार्य पं. सीताराम चतुर्वेदीजी और मेरे पी-एच्.डी. के शोध निर्देशक डॉ. पवन कुमारजी जैन ने सम्पादित किया। इस संकलन के प्रकाशन के अवसर पर मैं इन गुरुजनों की अक्षय स्मृतियों को अपने विनम्र कृतज्ञतापूर्ण प्रणाम निवेदित करता हूँ।

भारतीय ज्ञानपीठ के तत्कालीन प्रबन्ध न्यासी कीर्तिशेष साहू रमेशचंद जी जैन के प्रति आभार व्यक्त करने के लिए मैं अपना शब्दकोश रिक्त पाता हूँ, जिन्होंने 1990 के आसपास मुझे प्रेमचंद के समस्त लेखन का एक प्रामाणिक सन्दर्भ ग्रन्थ तैयार करने की आज्ञा दी थी। उनकी आज्ञा ही प्रेमचंद साहित्य पर मेरे समूचे कार्य की अन्तःप्रेरणा है।

मुम्बई के प्रेमचंद-विशेषज्ञ गोपालकृष्ण माणकटाला का आभार किस प्रकार व्यक्त किया जाए जिन्होंने प्रेमचंद साहित्य पर शोध करने की दिशा में अपना उत्तराधिकारी बनाते हुए मुझे मुम्बई बुलाकर 12 अप्रैल, 2008 को निस्संकोच अपना समस्त संग्रह सौंप दिया। इस संकलन के प्रकाशन से उन्हें तनिक भी प्रसन्नता मिल सकी तो मैं अपना श्रम सार्थक समझूँगा।

संस्कृति मन्त्रालय, भारत सरकार के प्रति आभार व्यक्त किए बिना यह कृतज्ञता प्रकाश अपूर्ण ही रहेगा जिसने 'प्रेमचंद की रचनाओं का प्रकाशन-काल : पुनर्विचार' विषय पर शोध के लिए वर्ष 2007-09 की वरिष्ठ फैलोशिप प्रदान करके मुझे व्यापक रूप से शोध करने की सहज सुविधा प्रदान कर दी।

मेरी शोध यात्रा में अनेक विद्वानों का सहयोग रहा है, जिनमें से प्रमुख हैं हास्य-व्यंग्य के समर्थ शायर मास्टर शौकत फहमी-जो मेरे सहपाठी होने के साथ-साथ मेरे उर्दू के गुरु भी हैं; आधी सदी से भी अधिक समय से उपाधि-निरपेक्ष शोध में संलग्न सुप्रसिद्ध साहित्य-संशोधक विद्यावाचस्पति वेदप्रकाश गर्ग- जिन्होंने मुझे प्रेमचंद साहित्य पर गहन शोध करने की प्रेरणा दी; 'आजकल', उर्दू के सम्पादक डॉ. अबरार रहमानी-जिन्होंने न केवल मेरा उर्दू-साहित्य-संसार से प्रथम परिचय कराया वरन् मुझे निरन्तर प्रोत्साहन भी देते रहते हैं; उर्दू साहित्य के सुप्रसिद्ध आलोचक प्रो. डॉ. कमर रईस (अब दिवंगत)-जिन्होंने प्रेमचंद साहित्य पर शोध करने के लिए हरसम्भव सहायता देने का आश्वासन देकर मेरा साहस बढ़ाया; अंजुमन तरक्की उर्दू (हिन्द) के जनरल सेक्रेट्री डॉ. खलीक अंजुम-जिन्होंने मेरे अनेक शोधपरक लेखों को प्रमुखता से प्रकाशित करके मुझे उर्दू-संसार में दूर-दूर तक पहुँचाया; और साहित्य अकादमी पुरस्कार से सम्मानित सुप्रसिद्ध शायर मखमूर सईदी (अब दिवंगत)-जिन्होंने प्रेमचंद की दुर्लभ रचनाएँ तलाश करने और गहन-गम्भीर शोध करने की मुझे निरन्तर प्रेरणा दी। इनके अतिरिक्त मैं डॉ. प्रभाकर श्रोत्रिय (पूर्व निदेशक, भारतीय ज्ञानपीठ), विष्णु नागर (पूर्व सम्पादक, 'कादम्बिनी'), कुबेर दत्त (पूर्व चीफ प्रोड्यूसर, दूरदर्शन), डॉ. धनंजय सिंह (वरिष्ठ साहित्यकार तथा पूर्व मुख्य उपसम्पादक, 'कादम्बिनी'), एस.के. अहमद (सासाराम), प्रो. डॉ. अली अहमद फातमी (उर्दू विभाग, इलाहाबाद विश्वविद्यालय, इलाहाबाद), प्रो. राजेन्द्र जिज्ञासु (अबोहर), प्रवीण उपाध्याय (उपनिदेशक, प्रकाशन विभाग), प्रो. डॉ. नवीन चन्द्र लोहनी (हिन्दी विभागाध्यक्ष, चौ.च.सिं. विश्वविद्यालय, मेरठ), प्रो. डॉ. असलम जमशेदपुरी (उर्दू विभागाध्यक्ष, चौ.च.सिं. विश्वविद्यालय, मेरठ), डॉ. मुमताज अर्शी (रामपुर), डॉ. उमाकान्त शुक्ल (पूर्व संस्कृत विभागाध्यक्ष, सनातन धर्म महाविद्यालय, मुजफ्फरनगर), डॉ. आशुतोष पार्थेश्वर (हाजीपुर) आदि सब विद्वानों के प्रति हार्दिक आभार व्यक्त करता हूँ, जिन्होंने मुझे समय-समय पर नानाविध सहयोग प्रदान करके उपकृत किया है।

मैं जिनेन्द्र कुमार जैन एडवोकेट, राजेन्द्र कुमार गर्ग एडवोकेट, आनन्द स्वरूप चौधरी, डॉ. रेणु जैन, पूजा-विशाल जैन (अमरीका), अरुण शर्मा, कविवर प्रकाश सूना, तरुण गोयल एडवोकेट, सुनील गर्ग, आरती जैन, नीति जैन आदि अनेकानेक आत्मीय सुहृदों का भी आभारी हूँ जिनकी शुभकामनाएँ सदा मेरे साथ रहीं।

प्रस्तुत संकलन की विद्वत्तापूर्ण भूमिका लिखने के लिए मैं प्रेमचंद के अनुज महताबराय के परम सुयोग्य सुपुत्र और प्रेमचंद परिवार के वरिष्ठतम जीवित सदस्य श्री कृष्ण कुमार राय के समक्ष नतमस्तक हूँ, जिन्होंने छियासी वर्ष की परिपक्वावस्था में समस्त प्रकार की शारीरिक प्रतिकूलताओं के विद्यमान रहते हुए भी मेरे विनम्र निवेदन की रक्षा करते हुए इस गुरुतर दायित्व को वहन करना सहर्ष स्वीकार कर लिया। उनके लिए मात्र यही कहना पर्याप्त होगा-त्वदीयं वस्तु गोविन्द तुभ्यमेव समर्पये।

काशी के श्रीरामरत्न पुस्तक भवन के अधिष्ठाता श्री मुरारी लाल केडिया के पत्रों को अपनी महत्त्वपूर्ण टिप्पणी से संवलित करके संकलन में सम्मिलित करने की अनुज्ञा प्रदान करने के लिए मैं प्राचीन एवं मध्यकालीन हिन्दी साहित्य के विशेषज्ञ श्री उदयशंकर दुबे जी के प्रति कृतज्ञता ज्ञापित करने के लिए शब्द नहीं खोज पा रहा हूँ जिनके कृपापूर्ण सौजन्य से मैं इन पत्रों को पहली बार साहित्य संसार के समक्ष लाने में सफल हो सका।

प्रेमचंद स्मारक सम्बन्धी अत्यन्त महत्त्वपूर्ण दस्तावेजों की अनुकृतियाँ उपलब्ध कराने के लिए मैं श्री कृष्ण कुमार राय; और तत्कालीन महामहिम राष्ट्रपति डॉ. राजेन्द्र प्रसाद द्वारा प्रेमचंद स्मारक का शिलान्यास किए जाने के अवसर के दुर्लभ छायाचित्र उपलब्ध कराने के लिए डॉ. कौशल किशोर राय और डॉ. विजय राय के प्रति हार्दिक कृतज्ञता ज्ञापित करता हूँ।

संकलन के परिशिष्ट के रूप में अपने-अपने लेख सम्मिलित करके प्रकाशित कर देने की अनुमति प्रदान करने के लिए मैं प्रेमचंद परम्परा के सशक्त कहानीकार श्री कृष्ण कुमार राय और श्रीरामरत्न पुस्तक भवन, वाराणसी के अधिष्ठाता कीर्तिशेष मुरारी लालजी केडिया के सुपुत्र और वर्तमान संचालक श्री गगनेन्द्र कुमार केडिया के प्रति हार्दिक कृतज्ञता ज्ञापित करता हूँ।

किसी भी शोधकर्ता के लिए यह सम्भव नहीं हो पाता कि वह अपना कार्य गृह-मन्दिर के अनुकूल वातावरण की अनुपस्थिति में पूर्णता को पहुँचा सके। सौभाग्य से मुझे अपना समस्त शोध कार्य करने के लिए पितृतुल्य अग्रज श्री नरेश चन्द जैन, एडवोकेट और उनके समूचे परिवार ने पारिवारिक एवं सामाजिक दायित्वों से सर्वथा मुक्त रखते हुए समस्त अनुकूलताएँ सहज ही उपलब्ध करा दीं। इनका अयाचित स्नेह तथा वात्सल्य ही शोध-यात्रा में सदा मेरा पाथेय रहा और रहेगा।

राष्ट्रभाषा हिन्दी को वैश्विक स्तर पर प्रतिष्ठित करने में महात्मा गांधी अन्तर्राष्ट्रीय हिन्दी विश्वविद्यालय, वर्धा की भूमिका असंदिग्ध है, अतः अन्तर्राष्ट्रीय स्तर पर भारतीय साहित्य का पर्याय बन चुके मुंशी प्रेमचंद की सम्प्रति अज्ञात रचनाओं को प्रकाश में लाने का अधिकार भी नैसर्गिक रूप से इसी महनीय विश्वविद्यालय का ही है। प्रस्तुत संकलन के त्वरित प्रकाशन हेतु विश्वविद्यालय

के कुलपति डॉ. विभूति नारायण राय और प्रकाशन प्रभारी डॉ. बीर पाल सिंह यादव ने जो सार्थक पहल की है, उसके प्रति आभार व्यक्त करने के लिए मैं अपना शब्दकोश अपर्याप्त समझता हूँ। मुझे आशा ही नहीं अपितु पूर्ण विश्वास है कि प्रस्तुत संकलन के प्रकाशनोपरान्त मैं प्रेमचंद की जो अन्य अज्ञात रचनाएँ खोजने में सफल हो सकूँगा उनका संकलन प्रकाशित करने में भी महात्मा गांधी अन्तर्राष्ट्रीय हिन्दी विश्वविद्यालय, वर्धा ऐसी ही अभिरुचि एवं त्वरा का सुपरिचय अवश्य प्रदान करेगा।

संकलन के सुन्दर, शुद्ध एवं सुरुचिपूर्ण अक्षर संयोजन के लिए प्रियवर मामचंद गर्ग के प्रति आभार व्यक्त करना मात्र औपचारिकता ही नहीं वरन् कर्त्तव्य भी है।

–डॉ. प्रदीप जैन

46–बी, नई मण्डी
मुजफ्फरनगर–251 001
8 अक्टूबर, 2011

अनुक्रम

कहानियाँ

लेख

भाषण

पत्र

परिशिष्ट

कहानियाँ

दाराशिकोह का दरबार

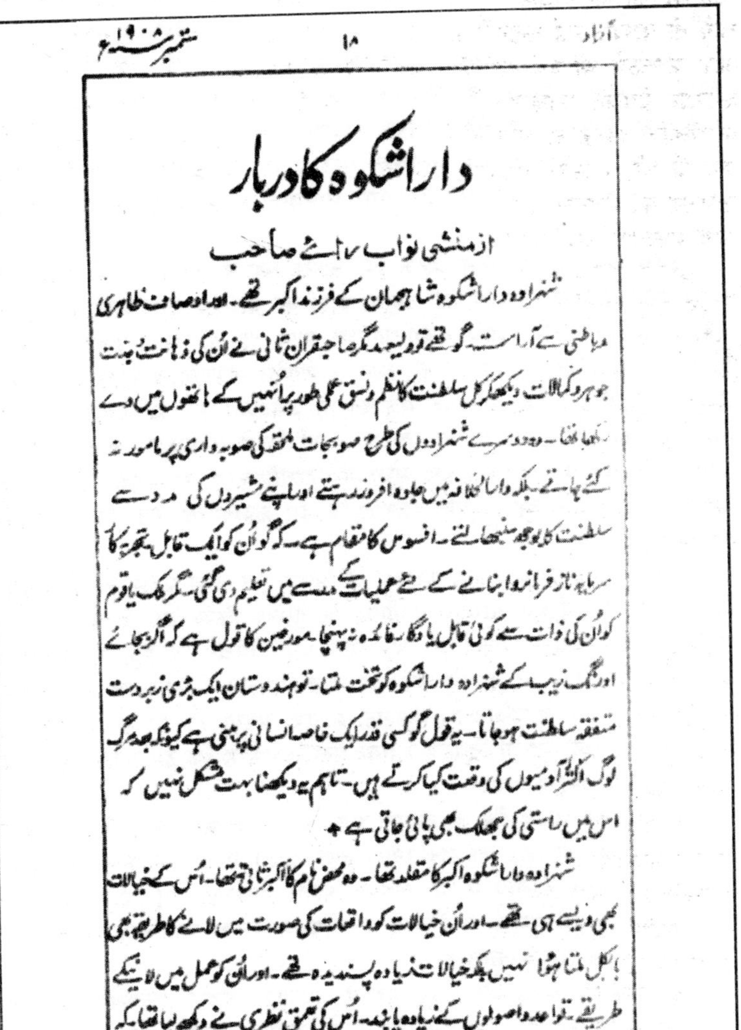
آزاد ۱۸ ستمبر ۱۹۰۸ء

داراشکوہ کا دربار

از منشی نواب رائے صاحب

شہزادہ داراشکوہ شاہجہان کے فرزند اکبر تھے۔ اور اوصاف ظاہری
و باطنی سے آراستہ۔ گو تھے تو ولیعہد مگر صاحبقران ثانی نے اُن کی ذہانت جدت
جوہر و کمالات دیکھ کر کل سلطنت کا نظم و نسق عملی طور پر انہیں کے ہاتھوں میں دے
رکھا تھا۔ وہ دوسرے شہزادوں کی طرح صوبجات ملحقہ کی صوبہ داری پر مامور نہ
کئے جاتے بلکہ دارالخلافہ میں جلوہ افروز رہتے اور اپنے مشیروں کی مدد سے
سلطنت کا بوجھ سنبھالتے۔ افسوس کا مقام ہے۔ کہ گو اُن کو ایک قابل تجربہ کار
سرمایہ ناز فرمانروا بنانے کے لئے عملیات کے مدرسے میں تعلیم دی گئی۔ مگر ملک یا قوم
کو اُن کی ذات سے کوئی قابل یادگار فائدہ نہ پہنچا۔ مورخین کا قول ہے کہ اگر بجائے
اورنگ زیب کے شہزادہ داراشکوہ کو تخت ملتا۔ تو ہندوستان ایک بڑی زبردست
متفقہ سلطنت ہو جاتا۔ یہ قول گو کسی قدر ایک خاص انسانی پر مبنی ہے کیونکہ بعد مرگ
لوگ اکثر آدمیوں کی وقعت کیا کرتے ہیں۔ تاہم یہ دیکھنا بہت مشکل نہیں کہ
اس میں راستی کی جھلک بھی پائی جاتی ہے ٭

شہزادہ داراشکوہ اکبر کا مقلد تھا۔ وہ محض نام کا اکبر ثانی تھا۔ اُس کے خیالات
بھی ویسے ہی تھے۔ اور اُن خیالات کو واقعات کی صورت میں لانے کا طریقہ بھی
بالکل ملتا ہوا نہیں بلکہ خیالات زیادہ پسندیدہ تھے۔ اور اُن کو عمل میں لانیکے
طریقے قواعد و اصولوں سے زیادہ پابند۔ اُس کی تعمق نظری نے دیکھ لیا تھا کہ
ہندوستان میں سلطنت کا مستقل طور پر قایم رہنا ممکن نہیں تاوقتیکہ ہندوؤں

उर्दू मासिक 'आजाद' के सितम्बर 1908 के अंक में
प्रकाशित इस कहानी का प्रथम पृष्ठ

[मुंशी बिशन सहाय आजाद के सम्पादन में लाहौर से उर्दू मासिक 'आजाद' प्रकाशित होता था, जिसके सितम्बर 1908 के अंक में प्रेमचंद की एक कहानी 'दाराशिकोह का दरबार' शीर्षक से प्रकाशित हुई थी। लम्बे समय तक अनुपलब्ध रहने के पश्चात् यह कहानी सन् 1991 में डॉ. हुकम चंद नैयर ने खोज निकाली और कलकत्ते के उर्दू मासिक 'इंशा' के जनवरी 1995 के अंक में प्रकाशित कराकर प्रेमचंद साहित्य में सम्मिलित कराई। डॉ. नैयर ने इस कहानी की फोटोकॉपी बम्बई के प्रेमचंद-विशेषज्ञ गोपाल कृष्ण माणकटाला को भी प्रेषित कर दी थी, जिन्होंने इसका अविकल पाठ 2001 में प्रकाशित अपनी पुस्तक 'प्रेमचंद का सेक्यूलर किरदार और दीगर मजामीन' में अपनी विस्तृत टिप्पणी के साथ प्रकाशित करा दिया।

प्रेमचंद साहित्य पर शोध करके डॉ. जाफर रजा ने सन् 1977 में इलाहाबाद विश्वविद्यालय से पी-एच्.डी. की उपाधि प्राप्त की थी। इस शोध कार्य के क्रम में उन्हें प्रेमचंद की 25 अप्राप्य कहानियाँ भी प्राप्त हुई थीं जो अमृतराय के हंस प्रकाशन, इलाहाबाद से 'गुप्त-धन', भाग-3 शीर्षक संकलन में सम्मिलित होकर प्रकाशित होनी प्रस्तावित थीं। यह संकलन तो प्रकाशित नहीं हो पाया, परन्तु इन कहानियों की सूची डॉ. रजा ने 'प्रेमचंद : उर्दू-हिन्दी कथाकार' के पृष्ठ संख्या 109 पर प्रस्तुत कर दी थी। इस सूची में 'दाराशिकोह का दरबार' का स्पष्ट उल्लेख प्राप्त होने से यह अनुमान होता है कि इस कहानी का पाठ उनके पास भी उपलब्ध था।

सन् 1980 में प्रेमचंद जन्म शताब्दी के अवसर पर उत्तर प्रदेश उर्दू अकादमी, लखनऊ ने जो अखिल भारतीय सेमीनार आयोजित किया था, उसमें दिए गए व्याख्यानों का संकलन 1984 में 'मकालात योमे प्रेमचंद' शीर्षक से प्रकाशित हुआ। इस संकलन में डॉ. शैलेश जैदी का लेख 'प्रेमचंद के अफसाने और उनका तहजीबी शऊर' भी प्रकाशित है। संकलन के पृष्ठ संख्या 91-92 पर डॉ. जैदी ने इस कहानी से एक उद्धरण दिया है जिससे पता चलता है कि इस कहानी का पाठ उनके पास भी उपलब्ध था।

आश्चर्य की बात है कि जो कहानी सन् 1977 तथा सन् 1980 में दो विद्वानों के पास उपलब्ध थी और जो सन् 1995 तथा 2001 में दो स्थानों पर प्रकाशित हो चुकी है, उसके सम्बन्ध में डॉ. कमल किशोर गोयनका सन् 2005 में पहली बार प्रकाशित अपनी पुस्तक में प्रेमचंद की शेष अनुपलब्ध कहानियों की सूची में निम्नांकित सन्दर्भ प्रस्तुत करते हैं-

"दाराशिकोह का दरबार : उर्दू कहानी, आजाद, लाहौर, सितम्बर 1908।"[1]

स्पष्ट है कि डॉ. गोयनका इस कहानी को अप्राप्य बताते हैं, जो कि उपर्युक्त सन्दर्भों के आलोक में अशुद्ध तथा भ्रामक है।

उपर्युक्त समस्त तथ्यों से स्पष्ट है कि डॉ. हुकम चंद नैयर, गोपाल कृष्ण माणकटाला, डॉ. जाफर रजा, डॉ. शैलेश जैदी और डॉ. कमल किशोर गोयनका

1. प्रेमचंद की अप्राप्य कहानियाँ; पृ. 278

प्रभृति विद्वान् 'दाराशिकोह का दरबार' को प्रेमचंद की कहानी मानते हैं और इस रूप में ही इसका वर्गीकरण भी करते हैं। परन्तु इन सब विद्वानों के मत के प्रतिकूल मदन गोपाल इसे प्रेमचंद की कहानी न मानकर मात्र लेख ही मानते हैं और अपने कथन के पक्ष में लिखते हैं–

"कुछ मुहक्किकीन ने तो 'दाराशिकोह का दरबार' को अफसानों में शामिल करना चाहा है। सितम्बर 1908 में लाहौर के माहवार रिसाले 'आजाद' में शाया हुआ। यह अफसाना नहीं इंशाईयः है। प्रेमचंद तारीखी वाकिआत को मौजू बनाकर अफसाने जरूर लिखते थे जैसे इम्तिहान, नजूले बर्क, दिल की रानी, जंजीरे हवस, मगर इन सबमें वे ड्रामाई कैफियत पैदा कर देते थे। मगर 'दाराशिकोह का दरबार' में मुगल बादशाह शाहजहाँ के फरजन्दे अजीम की जिन्दगी के सिर्फ एक पहलू पर रोशनी डाली गई है। यह तो मजमून ऐसे ही है जैसे प्रेमचंद का क्रामवेल पर मजमून।"[1]

अपनी मान्यता के पक्ष में मदन गोपाल ने जो तर्क प्रस्तुत किए हैं उन्हें पुष्ट करने के लिए कोई प्रमाण प्रस्तुत करने का उन्होंने कोई प्रयास नहीं किया। इस रचना के प्रस्तुत पाठ से इसकी 'ड्रामाई कैफियत' होने में कोई सन्देह नहीं रहता और इसमें दाराशिकोह के जीवन का मात्र 'एक पहलू' नहीं वरन् उसका सम्पूर्ण व्यक्तित्व मुखर होता दिखाई देता है।

यहाँ यह उल्लेख करना असंगत न होगा कि यह कहानी प्रेमचंद की प्रारम्भिक कहानियों में से है। जिस समय प्रेमचंद ने यह कहानी लिखी उस समय वे कहानी की आधारशिला रख रहे थे। इस कहानी के प्रकाशित होने के मात्र तीन महीने पहले जून 1908 में प्रकाशित प्रेमचंद के प्रथम कहानी संकलन 'सोज़े वतन' की कहानियाँ भी भाषा और शिल्प की दृष्टि से इस कहानी से अत्यधिक साम्य रखती हैं। इतना अवश्य है कि अपनी प्रारम्भिक कहानियों में प्रेमचंद पर पूर्ववर्ती दास्तानों और किस्सों का प्रभाव व्यापक रूप से दृष्टिगोचर होता है। 'दाराशिकोह का दरबार' भी इस प्रभाव से अछूती कहानी नहीं है और यह प्रेमचंद-पूर्व के किस्सों की शैली में लिखी कहानी ही है, लेख नहीं।

प्रेमचंद के समस्त लेखन से यह स्पष्ट होता है कि वे हिन्दू-मुस्लिम एकता के प्रबल पक्षधर थे। अपनी प्रारम्भिक कहानियों में से एक 'दाराशिकोह का दरबार' में प्रेमचंद ने अपनी विचारधारा स्पष्ट करने के लिए भारतीय इतिहास के उस अनूठे व्यक्तित्व–दाराशिकोह का चयन किया जो आज भी धर्म पर हावी होते कठमुल्लापन और कट्टरता का सटीक उत्तर है। अतः प्रेमचंद की मानसिक संरचना का तथ्यपरक अध्ययन करने की दृष्टि से यह उनकी अत्यन्त महत्त्वपूर्ण कहानी है।]

---

1. कुल्लियाते प्रेमचंद, भाग-9, पृ. xvi

शहजादा दाराशिकोह शाहजहाँ के बड़े बेटे थे और बाह्य तथा आन्तरिक गुणों से परिपूर्ण। यद्यपि वे थे तो वली अहद मगर साहिबे किरान सानी[1] ने उनकी बुद्धिमत्ता, विशेषता, गुणों और कलात्मकता को देखकर व्यावहारिक रूप में पूरे साम्राज्य की व्यवस्था उन्हीं को सौंप रखी थी। वे अन्य शहजादों की तरह सम्बद्ध प्रान्तों की सूबेदारी पर नियुक्त न किए जाते, वरन् राजधानी में ही उपस्थित रहते और अपने सहयोगियों की सहायता से साम्राज्य का कार्यभार सँभालते। खेद का विषय है कि यद्यपि उनको योग्य, अनुभवी, गर्वोन्नत, आज्ञाकारी बनाने के लिए व्यावहारिकता की पाठशाला में शिक्षा दी गई, लेकिन देश की जनता को उनकी ओर से कोई स्मरणीय लाभ नहीं हुआ। इतिहासकारों का कथन है कि यदि औरंगजेब के स्थान पर शहजादा दाराशिकोह को गद्दी मिलती तो हिन्दुस्तान एक बहुत शक्तिशाली संयुक्त साम्राज्य हो जाता। यह कथन हालाँकि किसी सीमा तक एक मानवीय गुण पर आधारित है, क्योंकि मृत्यु के पश्चात् प्रायः लोग मनुष्यों की प्रशंसा किया करते हैं, फिर भी यह देखना बहुत कठिन नहीं है कि इसमें सच्चाई की झलक भी पाई जाती है।

शहजादा दाराशिकोह अकबर का अनुयायी था। वह केवल नाम का ही अकबर द्वितीय नहीं था, उसके विचार भी वैसे ही थे और उन विचारों को व्यावहारिकता में लाने का तरीका भी बिल्कुल मिलता हुआ नहीं, बल्कि उसके विचार अधिक रुचिकर थे और उनको व्यवहार में लाने के तरीके, नियमों और सिद्धान्तों में अधिक रुचि। उसकी गहन चिन्तन दृष्टि ने देख लिया था कि हिन्दुस्तान में स्थायी रूप से साम्राज्य का बना रहना सम्भव नहीं जब तक कि हिन्दुओं और मुसलमानों में मेल-मिलाप और एकता स्थापित नहीं हो जाती। वह भली-भाँति जानता था कि शक्ति से साम्राज्य की जड़ नहीं जमती। साम्राज्य की स्थिरता व नित्यता के लिए यह आवश्यक है कि शासकगण लोकप्रिय सिद्धान्तों और सरल कानूनों से जनता के दिलों में घर कर लें। पत्थर के मजबूत किलों के बदले दिलों में घर करना अधिक महत्त्वपूर्ण है और सेना के बदले जनता की

---

1. 'साहिबे किरान' तैमूर की उपाधि थी। उसकी छठी पीढ़ी के बाबर ने भारत में मुगल साम्राज्य की स्थापना की थी। मुगल बादशाहों में से शाहजहाँ के लिए सर्वप्रथम 'साहिबे किरान सानी' का विरुद प्रयुक्त हुआ और उसके पश्चात् शाह शुजा, मुराद बख्श, शाह आलम प्रथम, जहाँदार शाह, फर्रूखसियर, मुहम्मद शाह द्वितीय और अकबर द्वितीय के लिए भी इसी विरुद का प्रयोग किए जाने के प्रमाण मिलते हैं।

मुहब्बत व जान छिड़कने पर अधिक भरोसा करना आवश्यक है। दाराशिकोह ने इन सिद्धान्तों का व्यवहार करना प्रारम्भ किया था। उसने एक अत्यन्त रोचक तथा सार्थक पुस्तक लिखी थी जिसमें अकाट्य तर्कों से यह सिद्ध किया था कि मुसलमानों की नित्यता हिन्दुओं से एकता व संगठन पर आधारित है। उसकी दृष्टि में बाबा कबीरदास, गुरु नानक जैसे महापुरुषों का बहुत सम्मान था क्योंकि दूसरे पैगम्बर मानव जाति में भेद उत्पन्न करते थे लेकिन ये महानुभाव सर्वधर्म समभाव की शिक्षा देते थे।

इस समय हिन्दू तथा मुसलमान, दोनों जातियाँ दो बच्चों की-सी हालत में थीं। एक ने तो कुछ ही दिन पहले दूध छोड़ा था, दूसरा अभी दूध-पीता था। दाराशिकोह का विचार था कि इस दूध-पीते बच्चे पर दूसरे को बलिदान कर देना अहितकर होगा। हालाँकि उसके दूध के दाँत टूट गए हैं, लेकिन अब वे दाँत निकलेंगे जो और भी ज्यादा मजबूत होंगे। दाँत निकलने से पहले ही चने चबवाना अमानवीयता है। क्यों न दोनों बच्चों का साथ-साथ पालन-पोषण हो। अगर एक को अधिक दूध दिया जाए तो दूसरे को पौष्टिक चीजें दी जाएँ।

इस जातीय एकता के लिए दाराशिकोह के मन में भी वही बात आई जो अकबर के मन में आई थी। अर्थात् दोनों जातियों के हृदय से विजेता और विजित, आधिपत्य और अधीनता की भावना समाप्त हो जाए। दोनों खुले हृदय से मिलें, आपस में वैवाहिक सम्बन्ध हों, मेल-जोल बढ़े। न कोई हिन्दू रहे न कोई मुसलमान, बल्कि दोनों भारतभूमि के निवासी हों, दोनों में पृथक्-पृथक् होने का कोई चिह्न शेष न रह जाए। शहजादा इस एकता में अकबर से भी एक इंच आगे था। अकबर ने राजाओं की पुत्रियों से विवाह किया था, राजाओं को उचित प्रतिष्ठा प्रदान की थी, हिन्दुओं पर से उस जजिया का भार हटा दिया था जो उन्हें हिन्दू होने के कारण देना पड़ता था, लेकिन शहजादे का कहना था कि राजकन्याओं से ही विवाह क्यों किया जाए, मुगल परिवार की लड़कियाँ भी राजाओं को क्यों न ब्याह दी जाएँ। उसने भली-भाँति समझ लिया था कि भारतवासी अपनी लड़कियों का विवाह दूसरी जातियों में करने को अपना अपमान तथा तिरस्कार समझते हैं। और जब उनकी लड़कियाँ ली जाती हैं मगर मुसलमानों द्वारा लड़कियाँ दी नहीं जातीं तब यह भावना और भी दृढ़ हो जाती है। सच्चा मेलजोल उसी दशा में होगा जब लड़की और लड़के में कोई अन्तर शेष न रह जाए। उसने स्वयं अग्रगामी बनना चाहा था, केवल अवसर की प्रतीक्षा में था।

शहजादा दाराशिकोह केवल समाज सुधारक नहीं था, उसके सिर पर ज्ञान तथा प्रतिष्ठा की पगड़ी भी बँधी हुई थी। उसने भारत की सभी प्रमुख भाषाओं पर अधिकार प्राप्त कर लिया था, विशेषकर संस्कृत से तो उसे प्यार सा हो गया था। घंटों हौज के किनारे बैठा पतंजलि या गौतम का दर्शन पढ़ता, चिन्तन करता और

रोता। एशियाई भाषाओं के अतिरिक्त उसने यूरोप की भी कई भाषाओं में निपुणता प्राप्त कर ली थी। लातिनी, यूनानी तथा इबरानी भाषाओं पर उसकी अच्छी पकड़ थी। फ्रांसीसी, अंग्रेजी तथा जर्मन जैसी आधुनिक भाषाएँ, जिनका अभी तक इतना विकास नहीं हुआ था कि उनकी विशेषता व सौन्दर्य दूसरे देशों को आकर्षित करता, उसे प्रभावित नहीं कर सकीं, फिर भी उन भाषाओं से वह नितान्त अनभिज्ञ नहीं था। थोड़ी-बहुत बातचीत समझ लेता और टूटे-फूटे शब्दों में अपने विचार भी प्रकट कर लेता था। वह इतने बड़े देश पर शासन करता था और उसके साथ-साथ अपनी व्यक्तिगत शिक्षा के लिए भी ऐसा प्रयास करता था; यह सोचकर आश्चर्य होता है कि उसकी क्षमताएँ कैसी थीं और मस्तिष्क कैसा।

दाराशिकोह ने वह गलती न की जो अकबर ने की थी। अकबर के सलाहकार या तो हिन्दू थे या मुसलमान और इसका स्वाभाविक परिणाम यह था कि दोनों में निरन्तर तू-तू मैं-मैं चला करती थी। यदि अकबर जैसा दृढ़ संकल्पी शासक न होता तो उस वर्ग को बिल्कुल भी वश में नहीं रख सकता था जिसमें मानसिंह, अबुल फजल जैसे मनोमस्तिष्क के लोग थे। स्पष्ट है कि ऐसे सलाहकारों की सम्मति कभी निरर्थक नहीं होगी, हरेक अपनी जाति की ओर ही खींचेगा। इस भय से शहजादे ने अपने सलाहकार अंग्रेजों से लिए थे क्योंकि उनसे अनुचित पक्षपात की आशंका नहीं हो सकती थी। पहले अपने दरबारियों से हरेक बात की पूछताछ करता और तब अपने फिरंगी सलाहकारों से राय लेकर निर्णय करता।

तीसरे पहर का समय है। शहजादा दाराशिकोह का दरबारे खास सजा है। अच्छी और नेक सलाह देने वाले सलाहकार पद के अनुरूप सजी-धजी पोशाकों में उपस्थित हैं। ठीक मध्य में एक जड़ाऊ सिंहासन है जिस पर शहजादे साहब विराजमान हैं। उनके चेहरे से चिन्तामग्न तथा विचारमग्न होना स्पष्ट होता है। हाथ में एक शाही फरमान है जिसे वे रह-रहकर व्याकुल दृष्टि से देखते हैं और फिर कुछ सोचने लगते हैं। सिंहासन से सटी हुई एक रत्नजड़ित कुर्सी पर हेनरी बोजे बैठा हुआ है, जो शहजादे का मनपसन्द सलाहकार है और उसकी सलाह का बड़ा सम्मान किया जाता है। हेनरी बोजे के बराबर में दूसरी जड़ाऊ कुर्सी पर मालपेका बैठा हुआ है। सिंहासन के बाईं ओर फ्रांसीसी पर्यटक बर्नियर एक कुर्सी पर बैठा हुआ कुछ सोच रहा है और उसके बराबर में एक दूसरी कुर्सी पर पुर्तगाली राजदूत जोजरेट बैठा है। पूरे दरबार में आश्चर्यजनक मौन पसरा हुआ है। चारों ओर के दरवाजे बन्द हैं। सलाहकारों की आँखें बार-बार शहजादे की ओर उठती हैं लेकिन उन्हें चुप देखकर फिर नीची हो जाती हैं। थोड़ी देर बाद शहजादे साहब ने कहा, 'महानुभावो! शायद आप लोगों को कंधार अभियान की तबाही का समाचार मिला हो।'

इस संक्षिप्त से वाक्य ने उपस्थित महानुभावों के मुँह का रंग उड़ा दिया। हरेक व्यक्ति सन्नाटे में आ गया और कई मिनट तक किसी को बोलने का भी साहस

न हुआ। अन्ततः हेनरी बोजे ने कहा, 'यह समाचार सुनकर हमें अत्यधिक शोक हुआ, हम सच्चे हृदय से साम्राज्य के पक्षधर हैं।'

पादरी जोजरेट : 'मगर समझ में नहीं आता कि असफलता क्यों हुई। गोले उतारने वाले, सेना को व्यवस्थित करने वाले तो प्रायः फिरंगी थे जिनके सिरों पर हजरत मसीह की कृपा थी। उनका असफल रहना समझ में नहीं आता।'

यह कहकर उन्होंने गले से मसीह की छोटी सी तस्वीर निकाली और बड़े सम्मान के साथ चूमी। अब डॉक्टर बर्नियर की बारी आई। पहले उन्होंने दर्शकों को उस दृष्टि से देखा जो सत्यनिष्ठ भी थी और सत्यवक्ता भी। इसके पश्चात् बोले, 'महानुभावो! सच पूछिए तो इस अभियान की सफलता में मुझे पहले से ही सन्देह था। शहजादा मुहीउद्दीन इसके भाग्यविधाता बनने के योग्य नहीं थे। इसलिए नहीं कि उनमें यह योग्यता नहीं है, बल्कि केवल इसलिए कि वे अपने वैमनस्य को दबा नहीं सकते। मुझे विश्वास है कि इस असफलता का कारण राजा जगत सिंह का अलग रहना है।'

इसके पश्चात् कई मिनट तक सन्नाटा रहा।

अन्ततः शहजादे साहब ने चुप्पी को यूँ तोड़ा, 'महानुभावो! मैं इस वाद-विवाद में नहीं पड़ता कि इस असफलता का वास्तविक कारण क्या है। इस बात की छानबीन करना उचित नहीं है। आप भली प्रकार जानते हैं कि ऐसा करना बुद्धिमानी के प्रतिकूल होगा।'

शहजादे साहब ने ये शब्द रुक-रुककर कहे। प्रतीत होता था कि इस समय ये मन में उभरने वाले विचारों से परेशान हो रहे हैं, जैसे कोई आन्तरिक दुविधा में पड़ा हो। मन पहले कहता हो अच्छा है ऐसा कर लेकिन फिर दिशा बदल जाता हो। अपनी बात समाप्त करके शहजादे ने उपस्थित लोगों को सार्थक दृष्टि से देखा। जो कुछ वाणी न कह सकी थी, आँखों ने कह दिया। पादरी जोजरेट ने शहजादे को उत्तर देते हुए कहा, 'जहाँपनाह! धृष्टता क्षमा हो। गुलाम की तुच्छ राय तो यह है कि इस असफलता के कारणों पर प्रत्येक दृष्टि से विचार कर लें, भले ही वे कितने ही अरुचिकर क्यों न हों, ताकि भविष्य के लिए उन महत्त्वपूर्ण कारणों की रोकथाम भी कर ली जाए। असफलता हमें गलतियों से परिचित करा देती है, इसलिए मेरी दृष्टि में सफलताओं का इतना महत्त्व नहीं है जितना कि असफलताओं का। निस्सन्देह सांसारिक अनुभव का असफलता से बढ़कर और कोई शिक्षक नहीं होता।'

यह कहकर पादरी साहब ने दर्शकों को गर्वोन्नत दृष्टि से देखा, मानो उस समय उन्होंने कोई असाधारण काम किया हो। और निस्सन्देह शहजादे साहब के वक्तव्य पर आपत्ति करना कोई साधारण काम नहीं था। उनकी सलाह सबको अच्छी लगी। शहजादे साहब ने भी समर्थन करते हुए कहा, 'पादरी साहब! आप

जो कहते हैं, बहुत ठीक है। बेशक मैं गलती पर था लेकिन शायद आपने मेरे स्वर से यह तो अवश्य समझ लिया होगा कि मुझे जान-बूझकर गलती करनी पड़ती है। इस असफलता के कारणों की खोज में मुझे मन से कोई आपत्ति नहीं। लेकिन. ....लेकिन किसी समय आँख बन्द करना ही ठीक होता है, विशेषकर उस समय जबकि शाही खानदान के एक वरिष्ठ सदस्य की प्रतिष्ठा में अन्तर आता हो। बस, इस समय तो हम केवल इस बात का निर्णय करना चाहते हैं कि क्या सदा के लिए कंधार से हाथ खींच लेना उचित है? इस समय तक कंधार पर दो अभियान हो चुके हैं लेकिन दोनों के दोनों असफल रहे। आपसे छिपा नहीं है कि इन दूर के अभियानों में साम्राज्य को भारी खर्च सहन करना पड़ता है।'

यह सुनते ही अरस्तू के खानदानी सलाहकारों के सिर पुनः लटक गए। निस्सन्देह समस्या अत्यन्त जटिल थी और उसे सुलझाने के लिए सोच-विचार करने की भी आवश्यकता थी। पन्द्रह मिनट तक तो सबके सब अपना आपा खोए बैठे रहे, उसके बाद वाद-विवाद इस प्रकार प्रारम्भ हुआ--

हेनरी बोजे : 'कंधार पर मुगल बादशाहों का अधिकार कब से है?'

डॉक्टर बर्नियर : 'शहंशाह बाबर के शुभ युग से।'

हेनरी बोजे : 'दीर्घकालीन शासन होने पर भी वहाँ इस खानदान का प्रभुत्व स्थापित नहीं हुआ।'

बर्नियर : 'इसका कारण यही है कि शहंशाह बाबर के बाद भारत के सम्राट् हिन्दुस्तान के मामलों में इतने व्यस्त रहने लगे कि कंधार पर पर्याप्त ध्यान न दे सके। इसी कारण दोनों देशों के पारस्परिक सम्बन्ध दिन-प्रतिदिन कमजोर होने लगे।'

बोजे : 'संक्षेप में इसका अर्थ यह है कि भारत के सम्राटों को कंधार से उतना फायदा नहीं था कि उसको भी भारत का एक प्रान्त समझकर पर्याप्त ध्यान देते। यदि ऐसा करते तो कंधार कभी सिर न उठा पाता।'

बर्नियर : 'निस्सन्देह, भारत के सम्राटों का अधिकांश समय हिन्दू राजाओं को अधीन करने और प्रान्तों के वैमनस्य और उपद्रव शान्त करने में व्यतीत होता था। हजरत अर्श आशियानी ने हालाँकि एक बार कंधार को एक अभियान भेजना चाहा था लेकिन कुछ-न-कुछ रुकावटों से तंग आकर इरादा छोड़ दिया। अन्तिम रूप से यह कहना आसान नहीं है कि भारत के सम्राट् कंधार से क्यों बेखबर रहे। सम्भव है कि दूरी के विचार अथवा असफलता के भय अथवा भरे-पूरे खजाने की गरीबी के कारण ऐसा न कर सके हों।'

मालपेका : 'मगर क्या वही चिन्ताएँ इस समय भी सामने नहीं हैं? दक्खिन की उलझनें इतनी बढ़ गई हैं कि अब उनको सुलझाना बहुत कठिन है, और यह कहने की आवश्यकता नहीं कि दक्खिन-विजय कंधार-विजय से कहीं अधिक महत्त्वपूर्ण है। भारत और कंधार के मध्य जो दूरी थी वह तिलमात्र भी कम नहीं

हुई। और अब असफलता का भय पहले से भी अधिक है क्योंकि अब ईरान के शासक भी कंधार की सहायता के लिए कटिबद्ध हैं।'

पादरी जोजरेट : 'ठीक कहा, मगर अब भारत के सिंहासन पर वह बादशाह नहीं है जिसे दूरी या असफलता का भय अपने संकल्प से डिगा सके। पूर्ववर्ती सम्राटों के काल में भारत का साम्राज्य शैशवावस्था में था। अब उसकी जवानी उठान पर है। उस काल में भारत पर हजरत मसीह की कृपा नहीं हुई थी। अल्लाह ताला साहिबे किरान सानी को दीर्घायु करें, उनके पवित्र मस्तक पर तो मसीह ने अपने हाथों से ऐश्वर्य का मुकुट रख दिया है।'

इस प्रभावशाली तर्क पर शहजादा दाराशिकोह के होठों पर क्षीण सी मुस्कराहट दिखाई देने लगी। दो-तीन मिनट विचारमग्न रहकर डॉक्टर बर्नियर बोले, 'महानुभावो! साम्राज्य की नित्यता के लिए आवश्यक है कि प्रतिपक्षी शक्तियाँ उसका लोहा मानें। दूसरे की दृष्टि में महत्त्व कम हो जाना उसके लिए प्राणघातक जहर है। यदि विपक्षियों के मन में उसका आतंक बैठ जाए तो फिर साम्राज्य अटल है। जब तक कि आन्तरिक बीमारियाँ उनकी तबाही का कारण न हों, दक्खिन की उलझनें बढ़ती ही जाती हैं। मरहठों ने उपद्रव फैलाने पर कमर बाँध ली है। जाठों ने भी कुछ सिर उठाया है। बस, यह समय भारतीय साम्राज्य के लिए बहुत ही नाजुक तथा खतरनाक है। इस नाजुक समय में कंधार से बेखबर होना इन उपद्रवियों को शेर बना देगा। यदि साहिबे किरान सानी ने अली मर्दान खाँ को शरण न दी होती और कंधार के लिए दो अभियान कूच न कर चुके होते तो इस समय उस देश से किनारा कर लेने में तनिक भी हानि नहीं थी। मगर जब संसार पर यह खुल गया है कि भारत के सम्राट् कंधार पर अधिकार जमाना चाहते हैं और इस काम के लिए उद्यत हैं तो फिर इस संकल्प से पीछे हटना साम्राज्य के लिए बहुत भयावह होगा। अब तो भारत का यह कथन होना चाहिए कि लड़ेंगे, मरेंगे मगर कंधार को नहीं छोड़ेंगे। यदि इस समय कंधार से हाथ खींच लिया तो मरहठों में स्वाभाविक रूप से यह विचार उत्पन्न होगा कि यदि इसी भाँति उपद्रव मचाते रहें तो हम भी कंधार की भाँति स्वतंत्र हो जाएँगे, दक्खिन के शाहों को हमारी क्षमता का अन्दाजा हो जाएगा। ईरान-नरेश समझेगा कि भारत में अब दम नहीं रहा तो वह कंधार से होता हुआ काबुल तक चला आएगा। और क्या आश्चर्य कि भारत की ओर भी मुँह कर ले, फिर तो काबुल के अफगान सिर उठाए बिना नहीं मानेंगे। संक्षेप में यह कि इस समय कंधार अभियान से मुँह मोड़ना बहुत भयावह है।'

डॉक्टर बर्नियर के उग्र तथा हितकर व्याख्यान ने श्रोताओं को प्रभावित कर दिया। शहजादा साहब तो सन्नाटे में आ गए। उन्होंने अभी तक यह नहीं सोचा था कि कंधार से अलग होने के क्या परिणाम होंगे, क्या-क्या कठिनाइयाँ सामने

आएँगी। अब डॉक्टर बर्नियर के मुँह से इस दुष्परिणाम का वर्णन सुनकर उनके होश उड़ गए। फिर हेनरी बोजे के इस भाषण ने कुछ ढाढ़स बँधाया, 'महानुभावो! डॉक्टर बर्नियर साहब एक भ्रम में पड़ गए। सम्भवतः उनको ज्ञात नहीं है कि साम्राज्यों को अपना सिक्का जमाने के लिए केवल सेनाओं की ही आवश्यकता नहीं। ऐसे साम्राज्य जिनकी शक्ति हथियारों पर आधारित होती है, लम्बे समय तक नहीं बने रहते। बल्कि आवश्यकता है नैतिक बल की ताकि जनता के मन में उसकी ओर से कोई विपरीत धारणा उत्पन्न न हो। साम्राज्य का हरेक कथन तथा कार्य न्याय व समानता के समर्थन में हो, कोई उसे लालची न समझे। जब तक साम्राज्य इस कसौटी पर खरा नहीं उतरेगा, न तो उसकी धाक दिलों में बैठेगी और न ही अन्य विपक्षी शक्तियाँ उसका लोहा मानेंगी। मैं मानता हूँ कि साम्राज्य को बहुत साहसी होना चाहिए ताकि जनता के दिल में भी जोश पैदा हो, अपने शासकों से साहस का पाठ पढ़े, लेकिन यह ध्यान रहे कि साहस निरर्थक न हो। निरर्थक साहस और लोभ, दोनों समानार्थी शब्द हैं। मैं एक उदाहरण देकर समझाता हूँ कि सार्थक और निरर्थक साहस से मेरा क्या मंतव्य है। यूरोपीय देश बड़ी तत्परता से जहाज बना रहे हैं। सेनाओं की संख्या दिन-प्रतिदिन बढ़ती जाती है। उन जहाजों पर दूर-दूर के देशों की यात्रा की जाती है, अन्य देशों से व्यापारिक अथवा क्षेत्रीय सम्बन्ध बनाए जाते हैं, नयी बस्तियाँ बसाई जाती हैं। इसे मैं सार्थक साहस कहता हूँ। लेकिन जब किसी कमजोर देश या शक्ति को तलवार के बल पर अधीन करने की कोशिश की जाती है तो मैं उसे निरर्थक साहस कहता हूँ क्योंकि उसके आवरण में अनीति और असमानता छिपी रहती है। अब आप स्वयं निर्णय कर सकते हैं कि भारतीय साम्राज्य का कंधार को अभियान भेजना सार्थक है या निरर्थक। मैं कहता हूँ निरर्थक है, नितान्त निरर्थक। और अत्यन्त खेद का विषय है कि जनता का भी यही विचार है यद्यपि उसकी आवाज आपके कानों तक नहीं पहुँची। अब विचार कीजिए कि यह भावना उत्पन्न हो जाना कितना भयंकर है क्योंकि जब अन्य शक्तियाँ देखेंगी कि भारत विजय या विश्वविजय हेतु सन्नद्ध है तो वे शक्ति-सन्तुलन के लिए अपनी सेना बढ़ाएँगी और क्या आश्चर्य है कि आपस में संगठित होकर हिन्दुस्तान पर ही चढ़ दौड़ें। जहाँपनाह! डॉक्टर बर्नियर साहब ने कहा है कि अब भारत का यह संकल्प होना चाहिए कि लड़ेंगे, मरेंगे पर कंधार नहीं छोड़ेंगे। ये उनके मुँह से निकले हुए शब्द हैं। मैं उनकी अनुमति से कुछ शब्द और बढ़ाता हूँ अर्थात् कंधार को नहीं छोड़ेंगे! नहीं छोड़ेंगे! सारा संसार उलट-पलट हो जाए मगर कंधार को नहीं छोड़ेंगे! सारा संसार इकट्ठा हो जाए, हम मिट्टी में मिल जाएँ मगर हमसे कंधार नहीं छूटेगा! महानुभावो! ध्यान तो दीजिए यह सलाह है! एक छोटे से प्रान्त के लिए एक शानदार साम्राज्य को खतरे में डालना! मैं यह नहीं कहता कि खतरा सन्निकट है मगर खतरा सिर

पर भी होता तो डॉक्टर साहब के कथनानुसार हिन्दुस्तान को जान पर खेल जाना चाहिए था। यह सलाह नीतिसम्मत नहीं। नीतिसम्मत सलाह उसे कहते हैं कि साँप मर जाए और लाठी न टूटे। माना कि आपने पुनः कंधार को एक जबर्दस्त अभियान भेजा। मान लीजिए कि मामला लम्बा खिंचा। ईरान का शाह अपनी पूरी शक्ति के साथ आ डटा तो आपको सहायता की आवश्यकता हुई। और इस प्रकार आठ महीने बीत गए। नवें महीने में जब बर्फ पड़ने लगी तो आपको विवश होकर हटना पड़ा और शत्रु ने उस अवसर का दिल खोलकर लाभ उठाया। बताइये अपमान, दुर्दशा और असफलता के अतिरिक्त क्या हाथ लगा? आप कहेंगे कि हम पूरी शक्ति से कंधार पर आक्रमण करेंगे और आठ महीने में ही उसे अधिकार में ले लेंगे। आप पूरी शक्ति से उधर गए, इधर हमारी जरा-जरा सी हलचल की टोह लेने वाले दक्खिनवासी, मरहठे और जाठ मैदान खाली देखकर आ चढ़े। बताइये, उस समय भारत की सत्ता क्या करेगी? क्या किले की दीवारें लड़ेंगी या कलम पकड़ने वाले मुंशी, या सौदा बेचने वाले व्यापारी? जहाँपनाह! मैं डॉक्टर साहब से सहमत हूँ कि सत्ता को अपना सिक्का जमाने की कोशिश करनी चाहिये। निस्सन्देह यदि उसकी धाक जम जाए तो बहुत अच्छा है मगर इसके लिए सत्ता को ही दाँव पर लगा देना कौन सी नीति है? यदि देश की वास्तविक शक्ति को आघात पहुँचाए बिना आप अपनी धाक जमा सकते हैं तो शौक से जमाइये, मगर मैं एक बार नहीं सौ बार कहूँगा कि यदि ऐसा करने से देश कमजोर होता हो तो इसका विचार भी मत कीजिए। दो अभियानों का असफल हो जाना स्पष्टतः सिद्ध करता है कि कंधार को जीतना मुँह का निवाला नहीं। लगभग आधी सदी के खून-खराबे के बाद भी दक्खिन के देशों का मुकाबले के लिए तैयार रहना उनकी आन्तरिक शक्ति का ज्वलन्त प्रमाण है। मैं डंके की चोट कहता हूँ कि यह साम्राज्य उन दोनों उद्दण्ड शत्रुओं का सामना एक साथ नहीं कर सकता। कंधार और दक्खिन, दोनों पर विजय पाना कठिन है। इनमें से एक ले लीजिये, कंधार या दक्खिन। मेरी सलाह यह है कि कंधार पर दक्खिन को वरीयता दीजिएगा।

जहाँपनाह! मेरा विचार है कि संसार के प्रत्येक प्रसिद्ध देश का पतन इसी कारण से हुआ कि उसने अपनी चादर से बाहर पाँव फैलाने की कोशिश की। उनके दुस्साहस लोभ-लालच की सीमा तक पहुँच गए। ईरान, यूनान, इटली, रोम–सबने सीमा से अधिक पाँव फैलाये। केवल सैन्य शक्ति तथा तलवार के बल पर दूर-दूर के देशों को अधिकार में रखना चाहा, लेकिन परिणाम क्या हुआ? उन्हें अधीन करने के अभिमान में अपनी शक्ति खो बैठे, यहाँ तक कि न केवल अपने अधिकृत क्षेत्रों से ही हाथ धो बैठना पड़ा बल्कि अपने जत्थे को भी खो बैठे। उनका नाम इतिहास से सदा के लिए मिट गया। इस गलती में भारत क्यों पड़े? अन्य देशों से प्रेरणा क्यों न ग्रहण करे? हिन्दुस्तान विस्तृत देश है। यदि हिन्दुस्तान

की आबादी पच्चीस वर्षों में दोगुनी भी हो जाए तो सदियों तक तंगी की शिकायत भी सुनने को नहीं मिलेगी। कंधार को अधीनस्थ देशों में सम्मिलित करना युद्ध के खर्चे को अत्यधिक बढ़ाना है क्योंकि वहाँ की पहाड़ी जातियाँ सदा झगड़े और उपद्रव का बोलबाला रखेंगी और उन विद्रोहों को दबाने के लिए एक भारी सेना रखनी पड़ेगी। बस, केवल साम्राज्य को विस्तार देने के विचार से कंधार पर आक्रमण करना या अभियान भेजना मेरी दृष्टि में उचित नहीं है।'

उस समय डॉक्टर बर्नियर विचार-प्रवाह में डूबे हुए थे। उन्होंने हेनरी बोजे की आपत्तियों का खण्डन करने के लिए कुछ नोट किया था। उनके चेहरे से तनिक भी उत्साह या उतावलापन नहीं झलक रहा था। लोगों की दृष्टि उन पर लगी हुई थी कि देखें अब ये क्या उत्तर देते हैं। अन्ततः वे कई मिनट के असमंजस के पश्चात् बोले, 'महानुभावो! मुझे अत्यन्त खेद है कि इस समय मुझे कुछ अरुचिकर सच्चाइयों को प्रकट करना पड़ता है। परन्तु क्योंकि सच्चाइयाँ बहुत कम रुचिकर होती हैं, आशा है कि आप लोग मुझे क्षमा करेंगे। मेरे विद्वान् मित्र हेनरी बोजे साहब ने कहा है कि शासन की स्थापना और स्थायित्व नैतिक गुणों पर आधारित है, न कि प्राकृतिक गुणों पर। जिसका अर्थ यह है कि ऐ भूखण्ड के बादशाह! यह मार-काट किसलिए? यह लड़ाई-झगड़ा किसलिए? यह पैदल व सवार किसलिए? इन्हें नरक में फेंकिए। कुछ ईश्वरवादी, पवित्र, धर्मात्मा बुजुर्गों से कहिए कि जनपथ पर खड़े होकर उपदेश दिया करें। बस, बाकी अल्लाह-अल्लाह खैर सल्ला। फिर देखिये कि कैसे झन्नाटे का शासन चलता है। आश्चर्य है कि मिस्टर बोजे साहब व्यापक अनुभव होने पर भी ऐसी बेतुकी गलती में पड़ गए। हम यह नहीं कहते कि जो सिद्धान्त उन्होंने बताया है वह गलत है। लेशमात्र भी नहीं, वह बिल्कुल ठीक है। लेकिन सिद्धान्त का ठीक होना इस बात का प्रमाण नहीं है कि व्यावहारिक रूप में वह सभी आवश्यकताओं की पूर्ति कर सकता हो। सम्भवतः ये विद्वान् यूटोपिया के लोकतंत्र का सपना देख रहे थे। वे भूल गए थे कि यूटोपिया का अस्तित्व सपने तक ही सीमित है और यहाँ उसकी चर्चा करना निरर्थक है। मैं मिस्टर बोजे से पूछता हूँ, भगवान् ने अच्छाई के साथ बुराई भी पैदा की थी। उनका उत्तर होगा नहीं, भगवान् ने अच्छाई पैदा की। अच्छाई की अनुपस्थिति बुराई है। इस पर भी जिधर देखिए बुराई का ही बोलबाला है। अच्छाई और बुराई की जो पहली लड़ाई अदन के बाग में हुई, उसमें भी मैदान बुराई के ही हाथ रहा। संसार में मशाल लेकर ढूँढ़िये तब भी अच्छे आदमी कठिनाई से इतने मिल सकेंगे जो एक नगर बसा सकें। सारा संसार बुराई से भरा हुआ है। ऐसी दशा में क्योंकर सम्भव है कि कोई शासन बना रह सके जब तक कि वह आतंकियों, उपद्रवियों, विद्रोहियों, अत्याचारियों के दमन के लिए सदा तत्पर न रहे। भगवान् से हमारी प्रार्थना है कि मिस्टर बोजे किसी देश के बादशाह हों और वे अपने

सिद्धान्तों का पालन करके सारे संसार को पाठ पढ़ाएँ कि नैतिक गुणों पर शासन कैसे बना रहता है।

जहाँपनाह! कौन नहीं जानता कि मनुष्य जाति के कर्त्तव्य पृथक्-पृथक् हैं। बाप का कर्त्तव्य बेटे के कर्त्तव्य से पृथक् है। बाप का कर्त्तव्य बेटे की शिक्षा-दीक्षा, रोटी-कपड़ा और अन्य आवश्यकताएँ उपलब्ध करना है। और बेटे का कर्त्तव्य है माता-पिता की आज्ञा का पालन करना और उनकी सेवा करना। बादशाह का कर्त्तव्य जनता के कर्त्तव्य से बिल्कुल पृथक् है। प्रजापालन तथा न्यायप्रियता बादशाहों के उच्चतम कर्त्तव्य हैं और आज्ञापालन तथा कृतज्ञता जनता के। यदि पिता अपने बेटे को मारे तो उसे कोई भी बुरा नहीं कह सकता, लेकिन पिता की प्रतिष्ठा के प्रतिकूल पुत्र का एक कठोर वाक्य कहना भी पाप है। यदि सामान्य व्यक्ति बिना आज्ञा के दूसरे की वस्तुएँ ले ले तो उसे चोरी या लूट कहेंगे, लेकिन अपने अधीन करने के लिए एक बादशाह का दूसरे बादशाह पर आक्रमण करना लेशमात्र भी अनुचित नहीं है। राज्य का विस्तार करना तो बादशाहों का सर्वाधिक मुख्य कर्त्तव्य है क्योंकि प्रजापालन उसका एक विशेष अंग है। राज्य-विस्तार से व्यापार का विकास होता है, उद्योग-धन्धों की प्रगति होती है, प्रजा का राष्ट्रीय उत्साह बढ़ता है, देशभक्ति उत्पन्न होती है, अपनी जाति के कारनामों पर गर्व होता है। क्या ये सब विशेष और लाभदायक परिणाम नहीं हैं? प्राचीन राष्ट्रों के विनाश को राज्य-विस्तार से सम्बद्ध करना बुद्धिमानी के प्रतिकूल है। रोम, ईरान तथा यूनान का नाम इस कारण नहीं मिटा कि उन्होंने अपने अधिकृत क्षेत्र को विस्तार दिया वरन् इस कारण से कि उनमें आलस्य, भीरुता, आरामतलबी, विषय लोलुपता और दुराचरण बढ़ गया। वे प्रकृति के उस कानून से प्रभावित हो गए जिसे प्रकृति का चुनाव कहते हैं। सृष्टि के आरम्भ से समस्त जीवधारियों में वह खींचतान, वह आपाधापी मची हुई है जिसे जीवन-संघर्ष कहें तो असंगत न होगा। इस जीवन-संघर्ष में शक्तिशाली की विजय होती है और जो दुर्बल तथा निर्बल हैं वे हारते हैं और उनका नाम अशुद्ध लेख की भाँति सदा के लिए जीवन-पृष्ठ से मिट जाता है। इस कानून का प्रभाव मनुष्य और पशु, सभी पर एक समान होता है। पशुओं की सैकड़ों प्रजातियाँ विलुप्त हो गईं और सैकड़ों बड़ी-बड़ी जातियाँ गुमनाम, क्योंकि एक विशेष अवधि के पश्चात् प्रत्येक जाति में वे बीमारियाँ उत्पन्न हो जाती हैं जो धन, ऐश्वर्य, बड़प्पन तथा वैभव से सम्बद्ध होती हैं। इसके अतिरिक्त काल की गति प्रगति पर है और जब कोई एक जाति दीर्घकाल तक बनी रहती है तो उसमें सहसा पुरानेपन की गन्ध आने लगती है। और, क्योंकि प्रगतिशीलता एक मानवीय गुण है, यह जाति अपनी परम्पराओं, सभ्यता और संस्कृति में ऐसे परिवर्तन नहीं कर सकती जो वर्तमान काल के अनुकूल हों। अन्ततः नयी-नयी जातियाँ उठ खड़ी होती हैं जिनका उत्साह नया

होता है, पुरानी जातियाँ उनका सामना नहीं कर सकतीं। क्या मिस्टर बोजे का आशय यह है कि हिन्दुस्तान इस जीवन-संघर्ष से मुँह फेर ले और डरपोक माना जाए और दूसरे नए देशों का शिकार बने? देखिये, आज योरुप में कैसे उत्साह से जीवन-संघर्ष हो रहा है। कौन सी सत्ता ऐसी है जो अपनी सीमाओं से बाहर पाँव फैलाने के लिए प्राणपन से प्रयास नहीं कर रही है। जहाज बनाए जा रहे हैं, उन पर हजारों मील की भयंकर यात्रा की जा रही है, कौड़ियों की भाँति रुपया फूँका जा रहा है और आदमियों की जानें अत्यल्प मूल्य पर बेची जा रही हैं। क्यों? इसलिए कि नयी बस्तियाँ बनाई जाएँ, देश का व्यापार विस्तृत हो, धन में वृद्धि हो और देश की बढ़ती हुई जनसंख्या के लिए जगह बने। दो सदियों में फ्रांस की जनसंख्या चौगुनी हो जाएगी। यदि अभी से रोकथाम न की जाए तो उसके लिए क्या जीवनाधार होगा? हम यह नहीं कहते कि इस समय हिन्दुस्तान को तंगी अनुभव हो रही है। नहीं, अभी बहुत से विस्तृत क्षेत्र नितान्त निर्जन हैं लेकिन निकट भविष्य में यहाँ भी आवश्यक रूप से तंगी अनुभव होगी। जनसंख्या का बढ़ना एक प्राकृतिक नियम है, इसे कोई नहीं रोक सकता। हिन्दुस्तान योरोपीय देशों का अनुसरण और भविष्य के लिए अभी से प्रयास क्यों न करे। आगत काल को वर्तमान काल से अधिक मूल्यवान समझा जाता है।'

डॉक्टर बर्नियर जिस समय अपने स्थान पर बैठे, सभाजनों ने प्रशंसा की बौछार कर दी। विशेषकर शहजादे साहब को उनका भाषण बहुत अच्छा लगा, तत्काल सिंहासन से उतरकर उनसे हाथ मिलाया। हेनरी बोजे साहब मन-ही-मन में कटे जा रहे थे। वे समझते थे कि डॉक्टर बर्नियर का सम्मान मेरा परोक्ष अपमान है क्योंकि डॉक्टर साहब उनसे बहुत कम मतभेद किया करते थे, और अगर करते भी थे तो मुँह की खाते थे। मगर इस समय मैदान उन्हीं के हाथ रहा। कुछ मिनटों के मौन के बाद भी जब हेनरी बोजे साहब अपने स्थान से न हिले तो पादरी जोजरेट ने यूँ मोती बिखराए, 'महानुभावो! मेरी जानकारी में सभ्य राष्ट्रों की विजयश्री से कभी यह आशय नहीं लिया जाना चाहिए कि अपने देश का ही फायदा सोचें, अपने देश को ही दौलत से मालामाल तथा निहाल करें और केवल अपनी स्वार्थसिद्धि के लिए अन्य देशों की गरदन पर आज्ञापालन का जुआ रख दें। बल्कि इन विजयों से विजित देशों का लाभ दृष्टि में रहना चाहिए। यूनान की विजयों ने यूनान का केवल यश ही नहीं बढ़ाया बल्कि उसके विजित राष्ट्रों में ज्ञान व सभ्यता, उद्योग व व्यवसाय तथा सत्कलाओं की आधारशिला रखी। सारे यूरोप ने ही नहीं, बल्कि सारे संसार ने यूनान के ही सांस्कृतिक विद्यालय में शिक्षा पाई है। यूनान ने संसार को सबसे पहले राजनीति के सिद्धान्त सिखाये। दर्शन और तर्कशास्त्र, पिंगल व रसायनशास्त्र, चिकित्साशास्त्र व संगीतशास्त्र—सब इसी यूनानी मस्तिष्क के खिलौने हैं। आज योरुप में यह आँखें चुँधिया देने वाला प्रकाश कहाँ

होता यदि यूनान ने अपनी संस्कृति की प्रज्ज्वलित मशाल से उस घटाटोप अँधेरे को दूर न कर दिया होता। यूनान का इतिहास उन बलिदानों से भरा पड़ा है जो यूनानियों ने दूसरों को सभ्य बनाने के लिए किये। इटली की विजयों ने संसार पर वह उपकार किया जिसे वे अनन्त काल तक भूल नहीं सकते। जिसने सभ्य अनीश्वरवादियों को आदमी बनाया, जिसने संसार की मुक्ति का द्वार खोल दिया। महानुभावो! वह कौन सा उपकार है? वह यह है कि इटली ने मसीह के मिशन को सारे संसार में फैलाया, मसीही प्रकाश से असत्य का अन्धकार दूर किया। इटली से ही आध्यात्मिक प्यास बुझाने वाले पानी का स्रोत फूटा।

जहाँपनाह! कौन कहता है कि इटली का नामोनिशान मिट गया? कौन कहता है कि इटली की सत्ता विनष्ट हो गई? आज का संसार एक बड़ी इटली है और संसार के समस्त राज्य इटली का नाम रोशन कर रहे हैं। यदि सन् 200 ई. में इटली की बादशाहत उन्नति की पराकाष्ठा पर पहुँची हुई थी तो आज चौथे आकाश तक पहुँची हुई है। हरेक देश की संस्कृति, नैतिकता तथा व्यवहार, सत्ता के सिद्धान्त जो आज संसार में प्रचलित हैं, इटली की टकसाल में ही ढलकर निकले हैं। यहाँ तक कि हम पर यूनान का जो प्रभाव पड़ा है, वह भी इटली के कारण ही है। इटली की भाषा लैटिन ही आज संसार के सभ्य देशों की मान्य भाषा है।

भगवान् ने भारत को एशिया में ज्ञान तथा सभ्यता का खजांची बनाया है और अब कुछ दिनों से उसे अमूल्य मसीही रत्न भी सौंपे जाने लगे हैं। बस, उसका कर्त्तव्य है कि अन्य एशियाई देशों को अपनी सम्पदा से यश प्रदान करे, दिल खोलकर उस खजाने को लुटाए, विशाल हृदयता दिखाये, दानशीलता का प्रमाण दे। यदि इस अकूत सम्पदा से वह स्वयं लाभ उठाएगा तो स्वार्थी कहलाएगा, आने वाली पीढ़ियाँ उस पर कंजूसी का आरोप लगाएँगी। यदि वह संस्कृति का प्याला स्वयं पियेगा और दूसरे देशों को उससे आनन्दित नहीं होने देगा तो उस पर अपना ही पेट भरने का आरोप लगाया जाएगा। बस, उसका कर्त्तव्य है कि कंधार को यह प्याला पिलाए और मन में समझे कि वह इस कार्य को करने के लिए ईश्वर द्वारा नियुक्त किया गया है। इसमें कोई सन्देह नहीं कि कंधार यह प्याला सरलता से नहीं पियेगा, मगर इसका कारण यह है कि वह इसके आनन्द को नहीं जानता, इसके लाभों से अनभिज्ञ है। अब भारत का कर्त्तव्य है कि उसे इसका आनन्द दे और इसका लाभ उसके मन में जमा दे।'

पादरी जोजरेट ने अपना भाषण समाप्त किया ही था कि खानदानी शहजादे ने सिंहासन से उतरकर उनसे हाथ मिलाया। हर्ष के आवेग से डॉक्टर बर्नियर साहब का मुँह खिल उठा, मगर हेनरी बोजे साहब का चेहरा बुझ गया क्योंकि उन पर स्पष्टतः प्रकट हो गया कि अब मेरी सलाह स्वीकार किए जाने की तनिक भी आशा शेष नहीं रही। पादरी साहब का क्या पूछना! वे तो समझते थे आज जग

जीत लिया। और क्यों न समझते! अब तक किसी ने इस दृष्टि से कंधार अभियान पर विचार नहीं किया था। यह पादरी साहब की ही सूझबूझ है।

इस भाषण के पश्चात् कई मिनट तक सन्नाटा रहा। अन्ततः शहजादे साहब ने कहा, 'महानुभावो! मैं आपका हृदय से आभारी हूँ कि आपने अपने बुद्धिमत्तापूर्ण वक्तव्यों से मुझे प्रफुल्लित किया। जिस समय मैंने इस दीवाने खास में पाँव रखा था, मैं कंधार अभियान का धुर विरोधी था। दो निरन्तर पराजयों ने मेरा साहस तोड़ दिया था और स्वाभाविक रूप से मेरे मन में यह विचार उत्पन्न होता था कि ईश्वर ने इस प्रकार हमारे भ्रामक उत्साह का दण्ड दिया है। मगर डॉक्टर बर्नियर और पादरी जोजरेट के प्रभावशाली वक्तव्यों ने मेरे विचारों की कायापलट कर दी और अब मेरा यह निश्चय है कि यथासम्भव कंधार को हाथों से न निकलने दूँगा। मैं कंधार को हिन्दुस्तान का एक प्रान्त बना दूँगा और यह कोई नयी बात नहीं है। संस्कृत की किताबें प्रमाण हैं कि प्राचीन काल में जब आर्यों की तूती बोल रही थी, तब कंधार भारत का एक प्रान्त था, दोनों देशों के शासकों में वैवाहिक सम्बन्ध थे। राजा धृतराष्ट्र की पत्नी गांधारी कंधार की राजपुत्री थी। दोनों बहनों में अब तनिक मनोमालिन्य हो गया है, लेकिन मैं उन्हें पुनः गले मिलाऊँगा।'

इस वक्तव्य के पश्चात् सभा विसर्जित हुई।

सौदा-ए-खाम[1]

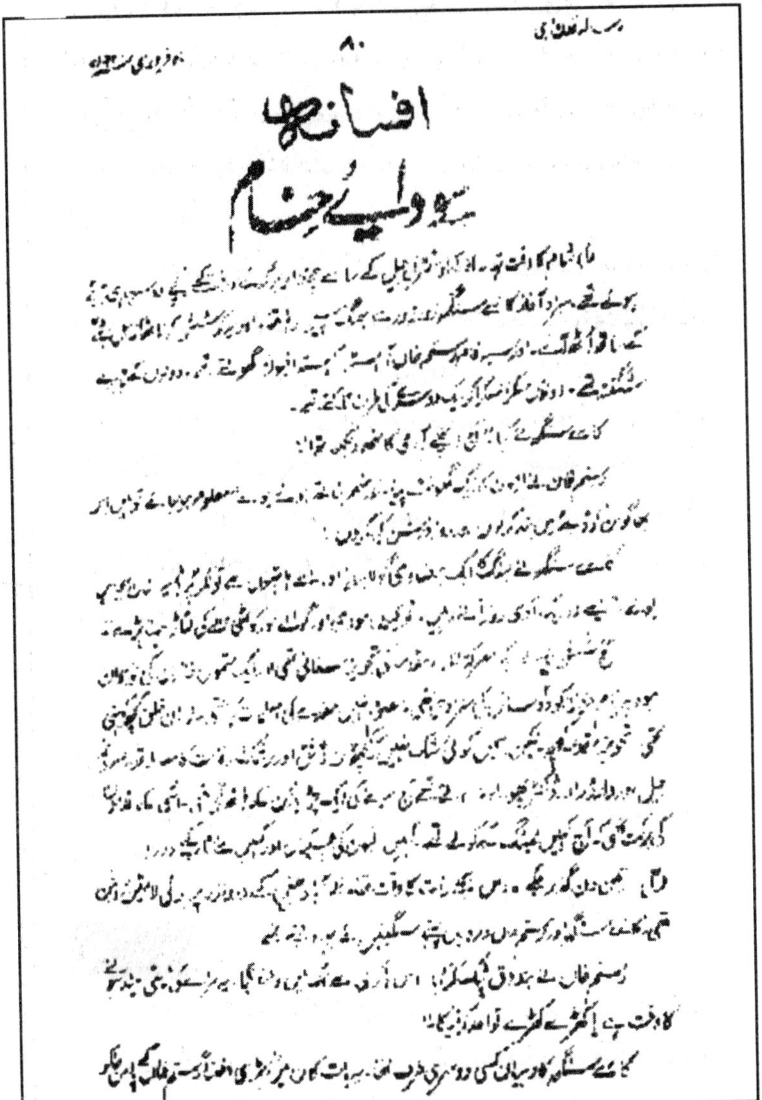
افسانہ
سودائے خام

उर्दू मासिक 'तमद्दुन', दिल्ली के फरवरी 1920 के अंक में प्रकाशित इस कहानी का प्रथम पृष्ठ

1. मूर्खता; पागलपन

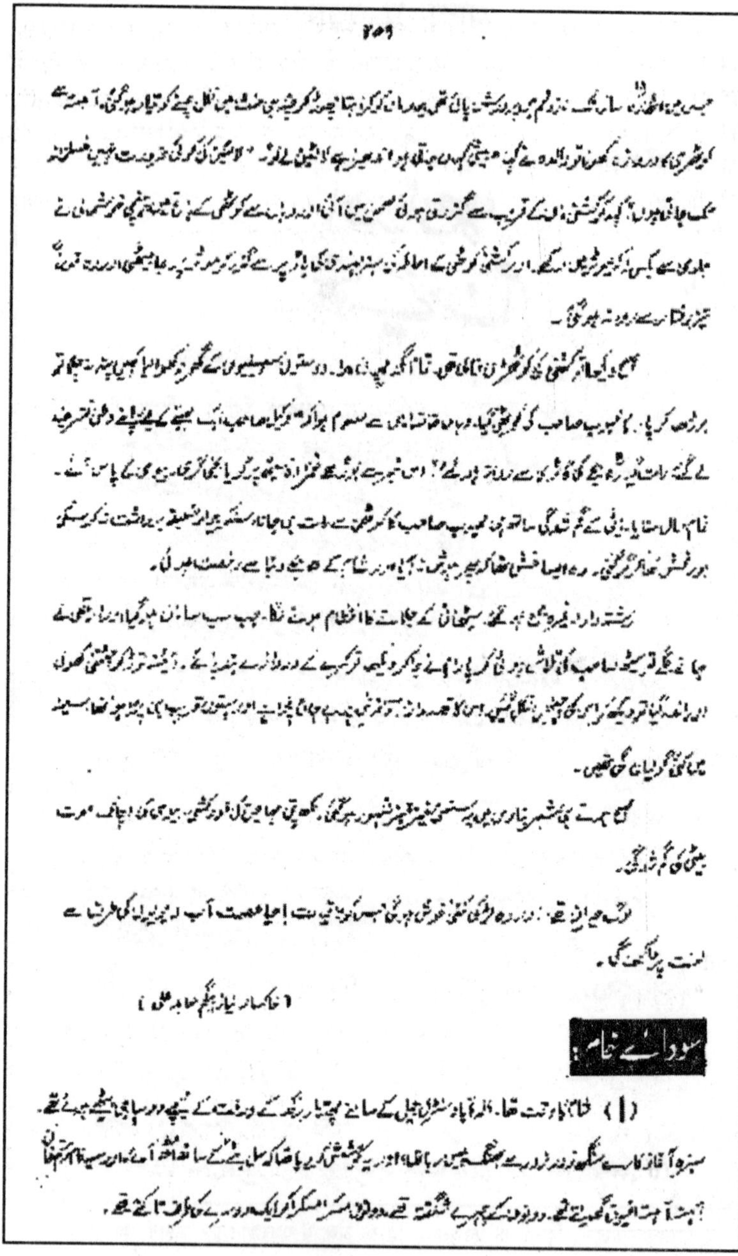

(خاکسار نیاز بیگم عابد علی)

سودائے خام

किसी अज्ञात पत्रिका में प्रकाशित इस कहानी का प्रथम पृष्ठ

[मौलाना मौ. अली ने 1911 में कलकत्ता से 'कामरेड' नामक अंग्रेजी समाचार पत्र का प्रकाशन प्रारम्भ करके पत्रकारिता के क्षेत्र में प्रवेश किया। जब दिल्ली दरबार करके अंग्रेजों ने भारत की राजधानी कलकत्ता से दिल्ली स्थानान्तरित कर ली तो मौलाना मौ. अली ने भी दिल्ली से ही अपनी गतिविधियाँ चलाने का निर्णय लिया और परिणामस्वरूप उन्होंने 23 फरवरी, 1913 को दिल्ली से उर्दू दैनिक समाचार पत्र 'हमदर्द' निकालना प्रारम्भ कर दिया। जब तत्कालीन ब्रिटिश शासन ने राजद्रोह के अपराध में मौलाना मौ. अली को सलाखों के पीछे कर दिया तो 'हमदर्द' भी 10 अगस्त, 1915 के पश्चात् प्रकाशित नहीं हो पाया। पीछे चलकर 'हमदर्द' का प्रकाशन 9 नवम्बर, 1924 को पुनः प्रारम्भ हुआ जो 12 अप्रैल, 1929 तक जारी रहा तथा इसके पश्चात् सदा के लिए बन्द हो गया।

'हमदर्द' में जहाँ राजनीतिक समाचार प्रमुखता से प्रकाशित होते थे और देशभक्ति की भावनाएँ जाग्रत करने वाले लेख प्रकाशित होते थे, वहीं दूसरी ओर मुंशी प्रेमचंद जैसे लोकप्रिय कथाकार की कहानियाँ भी इसके प्रथम कालखण्ड में प्रकाशित हुईं। ध्यातव्य है कि 'हमदर्द' में प्रकाशित प्रत्येक कहानी के पारिश्रमिक के रूप में मौलाना मौ. अली ने प्रेमचंद को एक सोने की गिन्नी प्रदान की थी जो उनकी श्रेष्ठ साहित्यिक अभिरुचि का प्रबल प्रमाण है। 'हमदर्द' में प्रकाशित प्रेमचंद की कहानियों का विवरण प्रस्तुत करते हुए गोपाल कृष्ण माणकटाला लिखते हैं-

"पहले दौर में 'हमदर्द' में प्रेमचंद की भी चन्द कहानियाँ शाया हुई थीं जिनमें से दर्जे जैल चार कहानियों का पता चलता है-1. 'आबे हयात'-यकुम जून और 3 जून, 1913 की दो इशाअतों में; 2. 'बाँगे सहर'-11 जून और 13 जून, 1913 की दो इशाअतों में; 3. 'दारू-ए-तल्ख'-13, 18 और 19 जुलाई की तीन इशाअतों में; 4. 'नमक का दारोगा'-10 अक्टूबर, 1913 की इशाअत में।"[1]

माणकटाला साहब अपनी किसी भी पुस्तक में उपर्युक्त चार कहानियों के अतिरिक्त 'हमदर्द' में प्रकाशित होने वाली प्रेमचंद की अन्य किसी कहानी की चर्चा नहीं करते, लेकिन इसी पत्र में प्रकाशित एक अन्य कहानी को 'अप्राप्य' बताते हुए डॉ. कमल किशोर गोयनका लिखते हैं–

"1914-अगस्त, सौदा-ए-खाम, हमदर्द मासिक, कहानी, अप्राप्य।"[2]

उपर्युक्त उद्धरण में डॉ. गोयनका 'हमदर्द' को एक मासिक पत्र बताते हैं जबकि वास्तव में यह दैनिक समाचार पत्र था। यह भयंकर भूल करके भी डॉ. गोयनका को आशा है कि यह कहानी उर्दू 'मासिक' 'हमदर्द' में उन्हें मिल ही जाएगी और वे इसी कल्पना-लोक में प्रसन्न हैं। अपनी उपर्युक्त भ्रामक सूचना की आवृत्ति करते हुए डॉ. गोयनका सन् 2005 में प्रकाशित अपनी पुस्तक में लिखते हैं–

---

1. प्रेमचंद : हयाते नौ, पृ. 168
2. प्रेमचंद का अप्राप्य साहित्य, भाग-2, पृ. 684

"सौदा-ए-खाम; उर्दू कहानी, हमदर्द अगस्त 1914"[1]

17 वर्षों की सुदीर्घ कालावधि में भी डॉ. गोयनका को इस कहानी का पाठ न मिलने से यह अनुमान करना कुछ अनुचित न होगा कि जो रचना एक दैनिक समाचार पत्र में प्रकाशित हुई थी, वह गोयनकाजी को उस मासिक पत्रिका में कैसे प्राप्त हो सकती है जिसका कोई अस्तित्व ही नहीं है।

गोपाल कृष्ण माणकटाला ने जब वार्द्धक्य के कारण विगत 12 अप्रैल, 2008 को मुझे मुम्बई बुलाकर अपना समस्त संग्रह सौंप दिया तो उनके संग्रह के साथ किसी उर्दू पत्रिका से निकाले गए कुछ पृष्ठ भी प्राप्त हुए जिनके ऊपरी पृष्ठ पर 'गोशा-ए-प्रेमचंद' छपा है। इन पृष्ठों में माणकटालाजी की पुस्तक 'प्रेमचंद : कुछ नए मुबाहिस' की अनुक्रमणिका, प्रेमचंद के दो लेख 'कुरान में फिरकेवाराना इत्तिहाद के अनासिर' तथा 'मलकाना राजपूत मुसलमानों की शुद्धि' एवं डॉ. रिजवान अहमद खान का लेख 'प्रेमचंद और खूने हुरमत' प्रकाशित हैं। डॉ. खान ने अपने संक्षिप्त लेख के साथ प्रेमचंद की दो कहानियाँ 'खूने हुरमत' और 'सौदा-ए-खाम' और एक अन्य लेखिका की कहानी 'बाली बेवा' प्रकाशित कराई हैं। डॉ. खान की सूचना के अनुसार 'सौदा-ए-खाम' कहानी उर्दू मासिक 'तमद्दुन' के फरवरी 1920 के अंक में प्रकाशित हुई थी जिसके अन्त में एक कोष्ठक में 'अज हमदर्द' शब्द भी मुद्रित थे। डॉ. खान द्वारा प्रस्तुत विवरण से स्पष्ट है कि उन्होंने इस कहानी का जो पाठ प्रकाशित कराया है, वह वही पाठ है जो 'तमद्दुन' में प्रकाशित हुआ था। खेद है कि माणकटालाजी से जो पृष्ठ प्राप्त हुए हैं उन पृष्ठों पर पत्रिका का नाम तथा अंक प्रकाशित नहीं है इसलिए विश्वास के साथ नहीं कहा जा सकता कि ये किस पत्रिका के पृष्ठ हैं, परन्तु ऐसा अनुमान होता है कि ये सम्भवतः 'निगार', कराची (पाकिस्तान) के जुलाई 1989 के अंक के पृष्ठ हैं। परन्तु यह मात्र अनुमान है, जिसे किसी प्रामाणिक सूचना से पुष्ट किया जाना आवश्यक है।

उपर्युक्त पृष्ठों के प्राप्त होने से यह अवश्य ही कहा जा सकता है कि प्रेमचंद की यह कहानी पुनः प्रकाशित होने के कारण 'अप्राप्य' नहीं रही, भले ही साहित्यिक क्षेत्र में इसका संज्ञान नहीं लिया जा सका और यह 20 भागों में प्रकाशित 'प्रेमचंद रचनावली' तथा उर्दू में 24 भागों में प्रकाशित 'कुल्लियाते प्रेमचंद' में भी सम्मिलित नहीं की जा सकी। फिर भी इस कहानी को प्रेमचंद की दुर्लभ कहानी अवश्य ही स्वीकार किया जा सकता है, जो किसी भी दृष्टि से अनुचित नहीं है।]

1. प्रेमचंद की अप्राप्य कहानियाँ, पृ. 278

शाम का समय था। इलाहाबाद सेन्ट्रल जेल के सामने छतनार बरगद के पेड़ के नीचे दो सिपाही बैठे हुए थे। किशोरवय कारे सिंह जोर-जोर से भाँग पीस रहा था और यह कोशिश कर रहा था कि बट्टे के साथ सिल उठ आए, और काला-कलूटा रुस्तम खान धीरे-धीरे अफीम घोलता था। दोनों के चेहरे चमक रहे थे और दोनों मुस्करा-मुस्कराकर एक दूसरे की ओर देखते थे।

कारे सिंह ने कहा, 'आज अच्छे आदमी का मुँह देखा था।'

रुस्तम खान ने अफीम का एक घूँट पिया और मुँह बनाते हुए बोले, 'पता चल जाए तो मैं उस भागवान को डब्बे में बन्द कर लूँ और रोज दर्शन किया करूँ।'

कारे सिंह ने भाँग का एक बड़ा सा गोला बनाया और उसे हाथों से तोलकर सन्तोष भरे स्वर में बोले, 'ऐसे दो-एक आदमी रोज आते रहें तो क्यों परचूनिये, ग्वाले और कोठी वाले की लताड़ सहनी पड़े।'

आज सेशन जज ने एक बहुचर्चित मुकदमे का फैसला सुनाया था और एक धनी परिवार की विधवा को दो साल की सजा दी थी। पता नहीं मुकदमे की असलियत क्या थी। जनता की आवाज कुछ कहती थी, मुकदमे का फैसला कुछ। लेकिन इसमें कोई शक नहीं कि कुछ हुस्नो इश्क और ईर्ष्या-वैमनस्य का मामला था। जेल दारोगा, वार्डन और डॉक्टर फूले नहीं समा रहे थे। आज उनके हाथ एक सोने की चिड़िया लग गई थी। उसी के चरणों का प्रताप था कि आज कहीं भाँग के गोले थे, कहीं अफीम की चुस्कियाँ और कहीं उम्दा शराब के दौर।

2

तीन दिन बीत गए। रात के दस बजे का समय था। इलाहाबाद जेल के दरवाजे पर बिजली की लालटेन जल रही थी। कारे सिंह और रुस्तम खान वर्दी पहने, संगीनें चढ़ाए पहरे पर थे।

रुस्तम खान ने बन्दूक पटककर कहा, 'इस नौकरी से नाक में दम आ गया। यह मजे की मीठी नींद का समय है या खड़े-खड़े कवायद करने का?'

कारे सिंह का ध्यान किसी दूसरी तरफ था, कान में बात न पड़ी। अचानक रुस्तम खान के पास जाकर बहुत भेद भरे स्वर से बोले, 'यार, तुमसे एक बात कहूँ? पेट के हल्के तो नहीं हो, जान जोखिम में है।'

रुस्तम खान ने आश्वस्त करते हुए पूछा, 'क्या मुझ पर भी भरोसा नहीं है, आजमाकर देखो।'

कारे सिंह को विश्वास हो गया। बोले, 'तीन दिन से रोज इसी समय जेल के अन्दर से कोई मेरे पास कागज के टुकड़े फेंकता है। एक ठीकरे में लिपटा हुआ बस मेरे सामने ही आकर गिरता है और मजमून सबका एक। यह देखो।'

रुस्तम खान ने आश्चर्यमिश्रित उत्सुकता के साथ टुकड़ों को लिया और बहुत धीरे-धीरे पढ़ने लगा-'ठाकुर कारे सिंह को हरनाम देवी का बहुत-बहुत प्यार। यदि बीस हजार नकद, पाँच हजार के गहने और एक प्यार-भरा दिल लेना हो तो मुझे यहाँ से किसी तरह निकालो। बस, जिन्दगी की आस तुम्हीं से है।'

रुस्तम खान को ईर्ष्या हुई—यह कोई ऐसा गबरू जवान तो है नहीं, हाँ रंग जरा साफ और बदन सुडौल है। बोले, 'यार तुम्हारा भाग्य तो जागता हुआ नजर आता है।'

कारे सिंह ने उत्साह से कहा, 'जागेंगे तो हम दोनों के नसीब साथ ही जागेंगे।'

रुस्तम खान ने सच्ची सहानुभूति और उत्साहवर्धक दृष्टि से देखा, ईर्ष्या न रही। बोले, 'मुझे तुमसे यही उम्मीद है। मैं तुम्हारे साथ जान देने को तैयार हूँ।'

दोनों दोस्त आपस में फुसफुसाने लगे। उन टुकड़ों के सम्बन्ध में जो सन्देह पैदा हो सकते थे, वे पैदा हुए। कोई छल-कपट तो नहीं है, शायद किसी दुश्मन की शरारत हो, किसी बुरा चाहने वाले ने जाल बिछाया हो। लेकिन औरत का क्या भरोसा! कहीं धोखा दे तो अपना काम निकालकर धता बता दे। उसे ऐसे सैकड़ों आदमी मिल सकते हैं। फिर उसे नाम कैसे पता चला? जरूर किसी धोखेबाज की शरारत है। लेकिन रुस्तम खान ने अपने जबर्दस्त तर्कों से सारे सन्देह दूर कर दिए-'धोखा-फरेब कुछ नहीं, उसका दिल तुम पर आ गया है। तुम्हारे जैसा सजीला जवान पूरी दुनिया में नहीं है। चाहे शर्त लगा लो, कोई बात नहीं हैं। उसकी निगाह तुम पर पड़ी और रीझ गई। और नाम का क्या, किसी से पूछ लिया होगा। खूबसूरत औरत है, लाखों का कारोबार है। और यदि धता ही बता दे, दो-चार महीने तो उसके साथ रहने का का मजा लूटोगे। इतने दिनों में तो मालामाल हो सकते हो, चाहे सोने की दीवारें बनवा लो।'

इस समय कारे सिंह को रुस्तम खान एक अत्यन्त अनुभवी, बुद्धिमान और प्यारा दोस्त लगता था। उसके सारे सन्देह मिट गए। अटकते-अटकते बोले, 'तो तुम्हारी यही सलाह है?'

रुस्तम खान ने दृढ़ता से कहा, 'हाँ।'

कारे सिंह, 'कुछ आगा-पीछा न करें?'

रुस्तम खान, 'आगा-पीछा करके पछताओगे। मोती तो डूबने से ही मिलता है।'

3

ये बातें हो ही रही थीं कि दोनों सिपाहियों के सामने कागज में लिपटा हुआ एक ठीकरा आकर गिरा। रुस्तम खान ने दौड़कर उठा लिया। यह अफीम की तरंग हो या तरक्की न होने की निराशा, इस मामले में उसकी हैसियत एक सहयोगी और हमदर्द की होने पर भी उसका उत्साह और साहस असली हीरो से कई कदम आगे था। टुकड़ा खोलकर पढ़ने लगा-'जवाब का इंतजार है। मैं यहाँ बगीचे में खड़ी हूँ।'

बारूद में आग लग गई। धैर्य और चरित्र की दीवार तो कमजोर थी ही, लेकिन भय की मजबूत तथा ऊँची दीवार भी हिल गई। रुस्तम खान ने वह सवाल किया जिसका एक ही जवाब हो सकता था-'अब?'

कारे सिंह ने डरते-डरते कहा, 'मैं भी तुम्हारे साथ हूँ।'

लेकिन जब कारे सिंह सीढ़ी लाने चला ताकि अहाते की ऊँची दीवार पर चढ़ सके तो उसके हाथ-पैर थर-थर काँप रहे थे। बातों के हवामहल से निकलकर अब वह काम के मुहाने पर खड़ा था और सोच रहा था कि सीढ़ी उठाऊँ या न उठाऊँ। यदि कोई देख ले, किसी दूसरे सिपाही की नजर पड़ जाए या रुस्तम खान ही विश्वासघात कर बैठे तो जान आफत में फँस जाए। इस सोच-विचार में उसे देर हुई तो रुस्तम खान लपके हुए आए और व्यंग्यात्मक स्वर में बोले, 'यहाँ खड़े-खड़े सीढ़ी के नाम को रो रहे हो क्या? चूड़ियाँ क्यों नहीं पहन लीं?' कारे सिंह ने शर्मिन्दगी से सिर झुकाकर उत्तर दिया, 'भई, यह काम मेरे बूते का नहीं, मैं क्या करूँ?' रुस्तम खान उन शीघ्र भरोसा करने वाले लोगों में था जो सिर झुकता है मगर तर्क देते नहीं थकते। बोला, 'अच्छा हटो, मैं ही ले जाता हूँ।'

यह कहकर उसने एक लम्बी सीढ़ी कंधे पर उठाई और लाकर उसे जेल की दीवार से सटाकर खड़ा कर दिया। अब कठिनाई का पहला और कठिन पग उठाना था–सीढ़ी पर चढ़कर अन्दर कौन जाए। कारे सिंह जानता था अगर मैंने

जरा भी संकोच किया तो रुस्तम खान सीढ़ी पर चढ़ जाएगा और सेहरा भी उसी के सिर होगा। जो भेदी था वह शत्रु बन जाएगा। रुस्तम खान की जिन्दादिली ने उसे भी कुछ जोश दिलाया। सीढ़ी पर तो चढ़ा परन्तु इस तरह मानो कोई सूली के तख्ते पर लिए जाता हो। हरेक कदम के साथ दिल बैठा जाता था और बहुत मुश्किल से सीढ़ी के डंडों पर पैर जमते थे। अन्तरात्मा की आवाज कभी की बन्द हो चुकी थी लेकिन दंड का भय बाकी था। इन्सान मच्छर के डंक की उपेक्षा कर सकता है लेकिन कौन है जो तेज भाले के सामने ढाल बन सके। कारे सिंह पछताता था और अपने को कोसता था कि बेकार बैठे बिठाए अपनी जान आफत में डाल दी। पता नहीं सुबह को क्या गुल खिलेंगे और यह अवश्यम्भावी था कि यदि रुस्तम खान नीचे न खड़ा होता तो वह कुशलतापूर्वक नीचे उतर आने के लिए देवताओं की मनौतियाँ मानता। इस तरह मचलते और हिचकते हुए उसने आधा रास्ता पार कर लिया।

4

आधा रास्ता पार करने के बाद कारे सिंह को एक प्रकार की स्फूर्ति अनुभव हुई। स्फूर्ति क्या थी, सन्तोष का सहारा था। उसने तेजी से पैर उठाए और बात की बात में जेल की दीवार पर जा पहुँचा। वहाँ पहुँचते ही उसने दूसरी ओर निगाह दौड़ाई और उसके मन में गुदगुदी-सी होने लगी। एक ओट में खड़ी हरनाम देवी अपनी ओर बुला रही थी। यह लिखना कि किस तरह कारे सिंह अपने साफे को सीढ़ी के एक डंडे से बाँधकर नीचे उतर गया और वहाँ उस रूपसी ने उससे क्या प्यार-मोहब्बत की बातें कीं, आपस में क्या-क्या वादे हुए और फिर किस प्रकार वह उसे दीवार के ऊपर लाया, यह एक लम्बा किस्सा है। यह लिखना पर्याप्त है कि कारे सिंह ने वही किया जो एक मनचला आशिक ऐसी हालत में कर सकता था। हरनाम देवी को कद-काठी भरपूर मिली थी और जब कारे सिंह ने मैदान जीतने के लिए उसे अपनी पीठ पर लादा था तो उसकी कमर टूटी जाती थी। रूपसी ने ऐसे अन्दाज से आसन जमाया था मानो घोड़े की सवारी ही कर रही हो। मगर कारे सिंह ने ये सब मुसीबतें भी हँसते-हँसते झेल लीं। ये सब प्यार की देन हैं। शिकायत का एक शब्द भी मुँह पर न आया। हाँ, अपने दिल से मजबूर था। इस तरह जब घंटे भर की मशक्कत के बाद फिर रुस्तम खान के पास आया तो उसकी साँस फूल रही थी और सारा शरीर पसीना-पसीना हो रहा था। रुस्तम खान ने उसे गोद में उठा लिया और हरनाम देवी से बहुत आदरपूर्वक कहा, 'बाईजी, इस गुलाम का भी खयाल रहे।'

5

समय बहुत मूल्यवान था। हरनाम देवी बरगद की ओट में खड़ी हो गई। दोनों सिपाहियों ने झटपट वर्दी उतार फेंकी और तब रुस्तम खान ने दूसरे सिपाही को जगाकर पहरा बदला। वह एक पहाड़ी था, बहुत गुर्राया कि बारह नहीं बजे, अभी से तंग करने लगे। लेकिन, रुस्तम खान की खुशामद-दरामद ने उसे ठंडा कर दिया। इधर वह पहरे पर आया, उधर वे तीनों आदमी शहर की ओर चल दिए। हरनाम देवी ने सब्जी मंडी का पता दिया था। आगे-आगे कंधे पर बन्दूक रखे रुस्तम खान गर्व में फूले चले जाते थे मानो कोई मोर्चा ही जीतकर आए हों। बीच में हरनाम देवी थी, शर्मीली और छुईमुई-सी। कारे सिंह सबसे पीछे थे, मौन, चिन्तित और भयभीत। कदम-कदम पर खटका होता था कि कहीं पीछे सिपाहियों की पलटन तो नहीं चली आ रही है। इस तरह लगभग आधा मील चलने के बाद पक्की सड़क मिली। हरनाम देवी एक ठंडी साँस लेकर बैठ गई और बोली कि अब मुझसे चला नहीं जाता, मेरे पाँव मन-मन भर के हो गए। एक इक्का लाओ। रुस्तम खान बहुत शर्मिन्दा हुए कि यह प्रस्ताव उनकी ओर से आना चाहिए था। अपनी गलती पर बहुत पछताए और तब कारे सिंह को बन्दूक सौंपकर इक्के की तलाश में चले।

आधी रात थी, चाँदनी छिटकी हुई, जमीन पर आँखें लुभाने वाली घास की चादर, पेड़ की शीतल छाया, फूलों से सजी हुई सम्पूर्ण प्रकृति आनन्द के सुरीले गान से सम्मोहित हो रही थी। यह स्वाभाविक था कि कारे सिंह के दिल में प्यार के विचारों का तूफान उठ खड़ा हो। हरनाम देवी ने एक लुभावनी अदा से उसके दोनों हाथ पकड़ लिए और बोली-ये बहुत शरारत करते हैं, मैं इन्हें बाँध दूँगी।

कारे सिंह को मटके भर भाँग का नशा था, दिल जुल्फों में उलझ चुका था, गर्दन में वफा की रस्सी पड़ी हुई थी। सारा साफा खत्म हो गया, हरनाम देवी फन्दे लगाते-लगाते थक गई, लेकिन वह अपनी मस्ती की तरंग में इन रसीली अदाओं की बहार लूटता रहा।

तभी उसकी आँखों के सामने से भ्रम का परदा हटा। हरनाम देवी ने साड़ी उतार फेंकी और उसके बदले एक गठीला, बड़ी-बड़ी मूँछों वाला जवान हाथ में बन्दूक लिए खड़ा दिखाई दिया। एक पाँच हाथ की साड़ी आदमी को कितना धोखा दे सकती है! कारे सिंह ने पैर पटककर कहा, 'अरे घासीराम!'

इसी बीच रुस्तम खान इक्का लाते हुए दिखाई दिये। घासीराम ने वह साड़ी उठाकर कारे सिंह को ओढ़ा दी और बोला, 'यह तुम्हारी हरनाम देवी तुम्हारे हवाले है। इसके बदले में यह बन्दूक मुझे दे दो। अब मैं चलता हूँ, मेरी गलती माफ करना।'

कारे सिंह ने चीख-पुकार मचाई लेकिन घासीराम गायब हो चुका था। रुस्तम खान पर इस घटना का जो कुछ असर हुआ वह कहने की बात नहीं। आशाओं से भरे हुए सुहाने स्वप्न टूट गए। इस राजदारी, कोशिश और हमदर्दी का यह पुरस्कार मिला कि कारे सिंह ने सारा इल्जाम उसके सिर रखा और जब वह अपनी सफाई देने लगा तो गरीब को ऐसा धोबीपाट मारा कि उसकी कलाई टूट गई।

उसी रात को शहर में दो सशस्त्र डाके पड़े। दैनिक समाचार पत्रों ने लिखा कि कुख्यात डाकू घासीराम इलाहाबाद जेल से निकल भागा है और शहर में चारों ओर डाके और लूट का बोलबाला है।

इश्तिहारी शहीद

اشتہاری شہید

میری سادگی۔ میری سچائی۔ میری سادہ لوحی میرے لیے وبال جان ہوگئی۔ آج چار
ہفتہ ہوئے مین اس مصیبت کو خود اپنے اوپر لے آیا اور اب اس سے نجات کی کوئی صورت نظر
نہین آتی۔ جب سے مین رسول آباد پنشن لیکر آیا۔ کتب بینی اور یاد الٰہی مین وقت صرف ہوتا
تھا۔ شام کو قصبہ کے ہم عمر روسا جمع ہوجاتے اور دو گھڑی خوش گپون مین گذارتے۔ منشی رام
کھلاون پوسٹماسٹر سے اچھی ملاقات ہوگئی تھی۔ یہی صاحب میری مصیبت کے بانی ہین جب
مین اول اول یہان آیا تھا۔ تو منشی صاحب کے سر پر خفیف سا گنج تھا۔ آپ کے کسی دوست
نے آپکو ترغیب دیکر۔ لاہور کے مشہور دواخانہ انڈین میڈیکل ہال کی بال اُگنے والی شیشی
منگوادی۔ حالانکہ آپ صرف نیم راضی ہی تھے اور انکسار سے یہی کہا کرتے کہ اب اس عمر مین
گنج کی کیا فکر کرون مگر ایک ہفتہ بعد ساتھ ہی تین روپیہ کا ویلیو آن گرا اور منشی صاحب نے محض
اپنے دوست کی خاطر لیلیا چند ماہ کے استعمال کے بعد بفضل الٰہی آپکے سر پر بال نمودار ہوگئے
پوسٹماسٹر صاحب اس دوا کو ایک بڑی عزت کی نگاہ سے دیکھنے لگے اور رفاہ عام کے خیال سے
ہر کس و ناکس سے اسکا ذکر کرنے لگے۔ کوئی شخص ایک کارڈ لینے گیا آپ نے دوا کی تعریف کا دفتر
کھولدیا۔ اب وہ بیچارہ فریاد کی جگہ کیسے خاندان مین آج تک کوئی گنجا نہین ہوا اور مجھکو
اس دوا کی کبھی ضرورت نہ ہوگی لیکن آپ اصرار کرتے ہین کہ بھائی منگوا لو۔ نہ پیسہ واپس
کرتے ہین نہ پوسٹ کارڈ ہی دیتے ہین خیر یہ تو ٹکے دن کی باتین ہین اب میرا حال سنئیے کہ
ایک روز آپ مجھ سے کہنے لگے کہ انصاف مقتضی ہے کہ اس دواخانہ کو ایک سارٹیفکٹ دیا جاوے
چونکہ میرا تجربہ وسیع تھا۔ اور مین نے عرصہ تک عہدہ تحصیلداری کا کام نہایت خوش اسلوبی کے
ساتھ انجام دیا تھا۔ اس لیے وہ اس سارٹیفکٹ کی تصدیق کے لیے میرے پاس آئے مین نے
بھی اسکو ایک غیر معمولی بات سمجھکر اس کے کل بیانات تحسین کرکے آخر مین اپنے دستخط
کردیے۔ بس جناب گویا اُسی دن سے ایک نئی بلا میرے سر پر نازل ہوئی افسوس تھا بری ساعت

٣٥٣

उर्दू मासिक 'जमाना' के अप्रैल-मई १९१५ के संयुक्तांक में
प्रकाशित इस कहानी का प्रथम पृष्ठ

[साहित्येतिहास साक्षी है कि जब-जब किसी रचनाकार पर लेखकीय प्रतिबन्ध आरोपित हुए हैं तब-तब छद्म लेखकीय नामों के अन्तर्गत रचनाएँ प्रकाशित कराने में संकोच नहीं किया गया। भारतीय साहित्य के सर्वश्रेष्ठ रचनाकार मुंशी प्रेमचंद भी इसका अपवाद नहीं हैं। यह भी आश्चर्यजनक रूप से सत्य है कि नवाबराय के नाम से लिखने वाले धनपतराय श्रीवास्तव का एक ऐसा ही छद्म नाम 'प्रेमचंद' भी है जिसकी व्यापक प्रसिद्धि के आलोक में उनके मूल तथा लेखकीय नाम ही विस्मृति के गहन अन्धकार से आवृत्त होकर रह गए हैं।

नवाबराय के लेखकीय नामोल्लेख के साथ जमाना प्रेस, कानपुर से प्रकाशित प्रेमचंद के प्रथम उर्दू कहानी संकलन 'सोज़े वतन' को लेकर कुछ-न-कुछ विवाद हुआ जिसके कारण उन पर कतिपय लेखकीय प्रतिबन्ध भी आरोपित कर दिए गए। विद्वानों ने इस विवाद को प्रायः संकलन की 'जब्ती' अथवा 'बेजाब्ता जब्ती' के रूप में उल्लिखित किया है, परन्तु इस सम्बन्ध में पुष्ट प्रमाण खोजे जाने अपेक्षित हैं। यह अवश्य है कि इसी विवाद से उद्‌भूत प्रतिबन्धों के कारण नवाबराय का प्रेमचंद में रूपान्तरण हुआ था। इस रूपान्तरण के संक्रमण-काल में प्रेमचंद की रचनाएँ कभी विभिन्न छद्म नामों से तो कभी बिना नाम के प्रकाशित होती रहीं। यही नहीं, प्रेमचंद का नाम ग्रहण करने तथा इस नाम की व्यापक प्रसिद्धि हो जाने के पश्चात् भी प्रेमचंद अपने छद्म नामों के अन्तर्गत रचनाएँ प्रकाशित कराते रहे।

आश्चर्यजनक रूप से प्रेमचंद का एक छद्म नाम ऐसा भी है जिसके अन्तर्गत उनकी प्रथम रचना उस समय प्रकाशित हुई जब प्रेमचंद के नाम की धूम मची हुई थी। यह छद्म नाम है 'बम्बूक' और इस नाम के अन्तर्गत उनकी प्रथम कहानी 'जमाना' के अप्रैल-मई 1915 के संयुक्तांक में 'इश्तिहारी शहीद' शीर्षक से प्रकाशित हुई थी।

बम्बूक के लेखकीय नाम से प्रकाशित प्रेमचंद की दो कहानियाँ-'शादी की वजह' ('जमाना', मार्च 1926) और 'ताँगे वाले की बड़' ('जमाना', सितम्बर 1926) प्रेमचंद के पुत्र अमृतराय ने अपने शोध और जानकारी के आधार पर उनकी प्रामाणिक रचना स्वीकार करके 1962 में 'गुप्त धन' शीर्षक संकलन में सम्मिलित करके प्रकाशित करा दी थीं। उल्लेखनीय है कि उस समय प्रो. कमर रईस इस सम्बन्ध में अमृतराय से सहमत थे और डॉ. जाफर रजा अपनी प्रारम्भिक असहमति व्यक्त करने के अनन्तर गहन-गम्भीर शोध के आधार पर उनसे सहमत हुए थे।

बम्बूक के लेखकीय नामोल्लेख के अन्तर्गत प्रकाशित प्रेमचंद की प्रथम कहानी 'इश्तिहारी शहीद' किसी कारण अथवा अनवधानता के कारण अमृतराय ही नहीं, प्रेमचंद साहित्य के किसी भी अध्येता अथवा विशेषज्ञ के संज्ञान में न आ सकी। यह सुदुर्लभ कहानी प्रेमचंद को एक सफल हास्य लेखक के रूप में स्थापित करने के लिए पर्याप्त है, और इस दृष्टि से यह कहानी प्रेमचंद की अत्यन्त महत्त्वपूर्ण कहानियों में निश्चित रूप से सम्मिलित किए जाने योग्य है।]

मेरी सादगी, मेरी सच्चाई, मेरा भोलापन मेरे लिए जी का जंजाल हो गया। आज चार सप्ताह हो गए, यह मुसीबत मैंने स्वयं अपने ऊपर ओढ़ ली और अब इससे पीछा छूटने का कोई उपाय दिखाई नहीं देता।

जब से मैं पेंशन लेकर रसूलाबाद आया, किताबें पढ़ने और ईश्वर का नाम लेने में समय बीतता था। शाम को कस्बे के रईस इकट्ठा होते और हँसी-मजाक में दो घड़ी बिताते। मुंशी रामखिलावन पोस्टमास्टर से अच्छी पहचान हो गई थी। यही साहब मेरी मुसीबत की जड़ हैं। जब मैं पहले-पहल यहाँ आया था तो मुंशीजी के सिर पर थोड़ा-सा गंजापन था। आपके किसी दोस्त ने प्रेरित करके लाहौर के प्रसिद्ध दवाखाने इंडियन मेडीकल हाल की बाल उगाने वाली दवा की शीशी मँगवा दी। यद्यपि आप पूर्णतया सहमत नहीं थे और संकोच से यही कहते थे कि अब इस अवस्था में गंजेपन की क्या चिन्ता करूँ, तथापि एक सप्ताह पश्चात् ही साढ़े तीन रुपए की वी.पी.पी. आ टपकी और मुंशीजी ने अपने दोस्त की बात रखने को छुटा ली। कुछ महीनों के इस्तेमाल के बाद प्रभु कृपा से आपके सिर पर बाल उग आए। अब पोस्टमास्टर साहब इस दवा को बड़ी इज्जत की दृष्टि से देखने लगे और लोक-कल्याण के लिए हर छोटे-बड़े से इसकी चर्चा करने लगे। कोई आदमी एक पोस्ट कार्ड लेने गया तो आपने दवा की प्रशंसा का पोथा ही खोल लिया। अब वह बेचारा दुहाई दे रहा है कि आज तक मेरे खानदान में कोई गंजा नहीं हुआ और मुझे इस दवा की कभी आवश्यकता नहीं पड़ेगी, लेकिन आप आग्रह कर रहे हैं कि भाई सुन तो लो। न पैसे लौटाते हैं न पोस्ट कार्ड ही देते हैं। खैर, ये तो आए दिन की बातें हैं।

अब मेरा किस्सा सुनिए। एक दिन आप मुझसे कहने लगे कि न्याय की माँग है कि इस दवाखाने को एक सार्टिफिकेट दिया जाए। क्योंकि मेरा अनुभव व्यापक था और मैंने लम्बे समय तक तहसीलदार के पद पर अत्यन्त कुशलता के साथ कार्य किया था इसलिए वे इस सार्टिफिकेट को प्रमाणित कराने के लिए मेरे पास आए। मैंने भी इसे एक महत्त्वहीन बात समझकर पूरा घटना-क्रम लिखकर उसके अन्त में अपने हस्ताक्षर कर दिए। बस, मानो उसी दिन से एक नई बला मेरे सिर पर आन गिरी। अफसोस है, कैसी मनहूस घड़ी थी कि मैं आज तक इसके लिए पछता रहा हूँ।

सार्टिफिकेट पहुँचते ही दवाखाने ने उसे लाहौर के सभी दो-दो पैसे वाले अखबारों में मोटे-मोटे अक्षरों में छपवा दिया और जुल्म यह किया कि उसके साथ-साथ मेरा पता भी दे दिया। बस साहब, मैं भी उसी दिन से इश्तिहारबाजी को मानने लगा। कारखाने के मैनेजर साहब का धन्यवाद का एक लम्बा पत्र आया जिसमें

उन्होंने मुझसे यह पूछा था कि मैं उनकी अन्य अनुभूत दवाइयों के सार्टिफिकेट देने के लिए क्या लूँगा। उनकी तैयार की हुई एक हाजमे की गोली थी। आपने मुझे एक धनराशि भेंट करने का आश्वासन दिया, यदि मैं यह लिखकर दे दूँ कि मेरे दोस्त का बिल्कुल सड़ा हुआ पेट इससे ठीक हो गया। यदि मैं यह लिख दूँ कि उनका मोम का तेल गठिया की रामबाण औषधि है तो वे मेरे साथ हर प्रकार का व्यवहार करने को तत्पर थे। जिस प्रकार मैनेजर साहब ने लिखा था, उससे ऐसा लगता था कि यदि मैं यह लिख दूँ कि उनका मंजन प्रयोग करने से एक बुढ़िया के अठारह वर्ष से गिरे हुए दाँत पुनः निकल आए हैं तो वे मुझे अपने कारखाने का साझीदार ही बना लेंगे। वे इसे मेरा कर्त्तव्य समझते हैं कि मैं उनके केशरंजन की एक दर्जन शीशियाँ अपने आत्मीय मित्रों को प्रयोग कराकर उन्हें इसके लाभ की सूचना दूँ। लेकिन मुझे इन सब सेवाओं से क्षमा माँगनी पड़ी।

केवल यही नहीं, दूसरे दवा-विक्रेताओं ने भी मुझ पर कृपा की। मुहम्मद अफजल एण्ड संस ने बाल उगाने के पाउडर की छह पुड़िया मेरे पास इसलिए भेजीं कि यदि मेरे कुछ और दोस्त गंजे हों तो वे इस दवा का प्रयोग करके देखें, दो सप्ताह में ही उनके बाल उग आएँगे। स्वदेशी कैमिकल वर्क्स ने रजिस्टर्ड ट्रेड मार्क वाली गोलियाँ पेड पार्सल के द्वारा भेजीं और बहुत अनुरोध किया कि मैं उनका प्रयोग करूँ। भगवान् न करे, यदि पोस्टमास्टर साहब के बाल फिर कभी गिर जाएँ तो इसके प्रयोग से बिना बरसात की प्रतीक्षा किए बाल पुनः उग आएँगे और फिर कभी नहीं गिरेंगे। इस दावे के प्रमाणस्वरूप सौ रुपए का वांछित पुरस्कार भी लिफाफे में साथ ही भेजा गया था और इसके अतिरिक्त और बहुत से छपे हुए सार्टिफिकेट भी साथ में थे। एक रेलवे पार्सल में बहुत से इश्तिहार और दीवारों पर चिपकाए जाने वाले छह सौ पोस्टर अलग से आए। इन सब बातों से पता चला कि श्रीमानजी ने मुझे अपना आनरेरी एजेन्ट समझ लिया है। जरा यह उदारता तो देखिए-आपने मेरे माध्यम से जाने वाले आर्डर पर उचित कमीशन का भी वादा कर लिया। पचास वर्ष से बालों के सम्बन्ध में हर प्रकार का कार्य करने वाली बाल जिया कम्पनी ने भी अपने तेल की एक दर्जन नमूने की शीशियाँ भेजीं जिनसे मेरे दोस्तों के बाल थोड़े समय में ही निकल आएँ। वैदिक प्रचारक कम्पनी, जालन्धर के एजेन्ट स्वयं कष्ट उठाकर मुझसे मिलने आए और अपनी दवा की छह डिब्बियाँ दे गए कि मेरे दोस्तों तथा परिचितों में जो गंजे शेष रह गए हों, उन पर इस दवा का प्रयोग कर देखा जाए। मतलब यह कि मैं इन कृपाओं से इतना परेशान हुआ कि मैंने लाहौर के दैनिक अखबारों में छपवा दिया कि अब मेरे कोई दोस्त गंजे शेष नहीं रहे और इसलिए अब कोई साहब अपनी मूल्यवान दवाइयाँ मेरे पास परीक्षा के लिए भेजने का कष्ट न करें। लेकिन इस पर भी मुझे छुटकारा न मिला। वास्तव में जितने प्रकार के पत्र मेरे पास आए यदि मैं उन सबकी नकल करूँ तो एक भारी-भरकम किताब तैयार हो जाए।

मैं विश्वास के साथ कह सकता हूँ कि जिस दिन से पोस्टमास्टर साहब के गंजेपन के अनुभव अखबारों में प्रकाशित हुए, तब से इस कस्बे की डाक चौगुनी हो गई है। कन्याकुमारी से लेकर हिमालय तक का कोई भी गंजा न बचा होगा जिसने पोस्टमास्टर साहब के गंजेपन और स्वदेशी मेडीकल हाल की दवा के सम्बन्ध में मुझे कम-से-कम दो पत्र न लिखे हों। उन हजारों पत्रों से मुझे गंजों का ऐसा अनुभव हुआ है कि यदि किसी समय गंजों पर कमीशन बैठा तो मुझे विश्वास है कि वह मेरी ही अध्यक्षता में बनेगा।

एक सज्जन ने बहुत प्रेम-प्रदर्शन के पश्चात् जिज्ञासा की कि क्या पोस्टमास्टर साहब जन्मजात गंजे थे। दूसरे सज्जन जानना चाहते थे कि क्या उनका गंजापन वंश परम्परा से चला आता था, और यदि ऐसा था तो वह उन्हें दादा या नाना, किसकी ओर से उत्तराधिकार में मिला। और यह कि उनके खानदान की महिलाओं में तो गंजापन नहीं होता।

एक अंग्रेज डॉक्टर कलकत्ता में बालों के सम्बन्ध में प्रयोग कर रहे थे। उन्होंने अंग्रेजी में एक चिट्ठी लिख भेजी जिसमें सिर का एक नक्शा भी बना हुआ था। पोस्टमास्टर साहब के जो बाल गिर गए थे, उस नक्शे में उन्हें पूरे करने का निवेदन था-गंजेपन के स्थान के किनारे पर कितने बाल छोटे होकर रह गए थे? प्रतिदिन कितने बाल गिरा करते थे? और कितने बाल बीच से टूटे थे? ये डॉक्टर साहब बालों के सम्बन्ध में एक पुस्तिका लिख रहे थे। उसके लिए उन्हें इस प्रकार की जानकारियों की अत्यधिक आवश्यकता थी। यदि मैं उनके उत्तर लिखने का प्रयास करता तो अवश्यम्भावी था कि मेरे परिजनों को उपचार हेतु मुझे आगरा के लिए चलता करना पड़ता।

जिला झांसी से एक सज्जन ने पूछा कि क्या ये वही मुंशी रामखिलावन हैं जो उनके कस्बे में सन् 1899 में पार्सल बाबू थे, उनके भी गंजापन था। और यदि ये वही सज्जन हों तो अभी तक उनके जिम्मे बकाया पन्द्रह दिन का मकान का किराया, जो कि सवा रुपए के हिसाब से दस आने होता है, वसूल करके डाक द्वारा या दस्ती भेज दूँ।

बनारस से एक सज्जन ने पूछा कि इन मुंशीजी के नाखून भी थे या नहीं। यदि नहीं थे तो बालों के साथ-साथ नाखून भी निकले या नहीं। एक पंडितजी ने कृपापूर्वक लिखा कि जब ईश्वर ने उन्हें बाल नहीं दिए तो उन्हें ईश्वरेच्छा के विरुद्ध बाल उगाने की क्या आवश्यकता थी। आप समझिए कि इन बातों से ईश्वर बहुत रुष्ट होते हैं। दूसरे यह कि गंजा भागवान और पुत्रवान होता है। फिर मेरे दोस्त ने ऐसी गलती क्यों की! तीसरे यह कि अब तो जो हुआ सो हुआ, अब वे इसके प्रायश्चित्त में प्रत्येक एकादशी को एक निर्धन ब्राह्मण को भोजन करा दिया करें और कभी ऊँट-गाड़ी की सवारी न करें।

हजरत 'हकीर' लखनवी ने मेरे दोस्त के बाल उगने की प्रसन्नता में एक कसीदा लिखकर मेरे पास भेजा। हजरत नूर ने गंजेपन के हकीम से पूछा कि क्या जले हुए सिर पर भी पुनः बाल निकल सकते हैं। पटना के एक सज्जन ने तो हद ही कर दी। आपने अपने विवाह का छपा हुआ निमन्त्रण-पत्र और जन्म-पत्री ही भेज दी। अजीमाबाद से एक हकीम साहब ने लिखा कि यदि मैं दो हजार रुपए उनके पास अमानत के रूप में जमा कर दूँ तो वे अपनी अनुभूत दवाइयों के इश्तिहार दें और नफे में भागीदार बनाएँ। जिन्होंने अपने घोड़े के बाल बहुत अधिक कटवा दिए थे, ऐसे एक सज्जन ने मुझसे उपचार पूछा कि कब तक बाल पुनः निकल सकते हैं और यह कि पोस्टमास्टर साहब की दवा से लाभ होगा या नहीं। डिप्टी झमक लाल साहब ने पूछा कि उनकी कुतिया के बाल गर्मी में गिर जाते हैं और जानवरों पर इस दवा का क्या प्रभाव होता है।

एक सज्जन का बच्चा गलती से इस दवा को पी गया और इसलिए उन्होंने मुझसे यह पूछा कि बच्चे के पेट के अन्दर तो बाल नहीं निकलेंगे और उसका दम तो नहीं घुटने लगेगा। उन्होंने मुझसे सलाह भी माँगी कि यदि उसे बालसफा की एक शीशी पिला दें तो कैसा रहे ताकि बाल निकलने के साथ-साथ ही साफ भी होते चलें।

कम मूँछों वाले जवानों के एक हजार तीन सौ बयालीस पत्र आए जिन्होंने यह पूछा कि क्या इस दवा से उनकी मूँछें बढ़ जाएँगी। एक सज्जन को मूँछों की कमी के कारण पुलिस का एक पद नहीं मिलता था। उन्होंने बहुत अनुनय-विनय की कि जैसे भी सम्भव हो, उनकी मूँछों के लिए किसी भी मूल्य की कोई दवा देखकर भेज दी जाए। कई हजार नौजवानों ने पूछा कि क्या इस दवा के प्रयोग से उनकी पत्नियों के बाल कमर तक पहुँच सकते हैं?

दूर-दूर के स्थानों से हजारों आदमी मुझसे मिलने और मेरी राय माँगने आए। सच पूछिए तो उन सभी ने मेरी बोलती बन्द कर दी। खाना-पीना, उठना-बैठना, मेल-जोल, स्नान-ध्यान--सब हराम हो गया। मतलब यह है कि जिस समय देखिए, कोई-न-कोई सज्जन आए डटे बैठे हैं। जहाँ कहीं बाहर जाता वहाँ भी यह बला मेरे साथ-साथ ही रहती। एक बार की बात है कि मैं एक आत्मीय के विवाह में एक दूसरे शहर में गया। वहाँ भी सारे शहर के गंजे मेरे दर्शनों को आए।

एक सज्जन ने तार देकर मुझसे पूछा कि क्या मुंशी रामखिलावन साहब दवा का प्रयोग करने से पहले सुबह-शाम, दोनों समय अपना सिर पानी से धोया करते थे। और यह कि वे दवा की मालिश किसी नौकर से कराते थे या स्वयं करते थे। एक दिन मैं हजामत बनवा रहा था। मेरी नाक पकड़े हुए नाई उस्तरा साफ कर रहा था कि एक सज्जन दौड़ते हुए आए। पता चला कि आप स्नान कर रहे थे कि आपके सिर के दो बाल हाथ में आ गए। बस फिर क्या था, उस समय से ही खाना-पीना सब

हराम है और इस होने वाले गंजेपन के भय से दुखी हैं। और, मुझसे उपचार पूछने के लिए लगभग दो सौ मील से आ उपस्थित हुए और मुझे हकीम का विरुद दे दिया।

एक बार मुझे सूचना मिली कि किसी समय मुझ पर बहुत कृपालु रहे जौनपुर के कमिश्नर मिस्टर एडम्स साहब बहादुर शाम की गाड़ी से मेरे कस्बे के स्टेशन से होते हुए जा रहे हैं। मुझे उनकी कृपाएँ याद थीं और भैया के सम्बन्ध में भी स्मरण कराना था, इसलिए मैं उनसे भेंट करने स्टेशन को गया। रेल पर लोगों ने मेरी खुशबू सूँघ ली। फिर क्या था, सैकड़ों यात्रियों ने मुझे घेर लिया। कोई सज्जन कुछ पूछते हैं, कोई सज्जन कुछ और मुझे साहब से भेंट नहीं करने देते। इस बखेड़े से मेरा पूरा उद्देश्य, जिसके लिए मैं इतनी दूर से आया था, व्यर्थ हो गया और मैं दाँत पीसकर रह गया। हाय! मैंने कैसे बुरे समय में सार्टिफिकेट को प्रमाणित किया था कि यह बला किसी क्षण भी पीछा नहीं छोड़ती।

किसी समय मैं घर से बाहर निकला। कोई सज्जन पूछ रहे हैं कि हजरत, बालों के लिए पगड़ी बाँधना लाभदायक है या टोपी पहनना। और टोपियों में कौन सी टोपी को वरीयता दी जाए। यदि कोई व्यक्ति तुर्की टोपी पहनने का अभ्यस्त हो और फिर एकदम बिना सूचना के फैल्ट कैप पहनने लगे तो उसके बाल गिरने लगे। यदि मोटे कपड़े की टोपी पहनने वाला महीन कपड़े की टोपी पहनने लगे, तो इसमें किसी प्रकार के भय की तो बात नहीं है। एक सज्जन रात को दो बजे की गाड़ी से जाने वाले थे। स्टेशन जाते समय मेरे मकान से गुजरे। मुझे जगाया, मैं बाहर आया। दुआ-सलाम के बाद आपने पूछा कि रेल की यात्रा में रात के समय टोपी पहने रहें या उतारकर रख दें। इसके पश्चात् कहा कि मैं उनकी टोपी को तोलकर देख लूँ कि वह उनके दिमाग के लिए भारी तो नहीं है क्योंकि आपको स्मरण होता है कि कभी किसी अखबार में आपने टोपी के वजन और स्मरण-शक्ति के सम्बन्ध में कुछ पढ़ा या सुना था। आपने यह भी कहा कि मेरी टोपी में ऊपर की ओर छेद नहीं है और अब नए प्रकार की टोपियाँ आई हैं, जिनमें छेद होते हैं। इसलिए मैं भी अपनी टोपी में छेद कर लूँ या लखनऊ के प्रसिद्ध टोपी वाले मियाँ नजफुद्दीन से छेद करा लूँ। मैं आश्चर्यचकित था कि क्या उत्तर दूँ। अन्ततः राम-राम करके घड़ी देखकर आपने कहा कि अब गाड़ी का समय निकट है, मैं फिर कभी कष्ट दूँगा। मैंने इत्मीनान की साँस ली कि जान बची लाखों पाए।

किस्सा यह है कि अब मेरी जान पर आ बनी है। अफसोस, मेरी जान का बीमा नहीं हुआ है अन्यथा मैं आत्महत्या कर लेता। अब तो जान देने में पेंशन की चिन्ता होती है। मैंने साढ़े चौंतीस साल बहुत सख्त अधिकारियों की देख-रेख में काम किया है, बहुत से मोर्चे जीत चुका हूँ लेकिन यह बला सिर से किसी प्रकार भी टाले नहीं टलती। आह, मेरी भलमनसाहत मेरे गले पड़ी और अब मेरी जान संकट में है। यह मुसीबत अब बिल्कुल असहनीय है। मैंने नौकरों को बार-बार समझाकर कहा और

बर्खास्त कर देने की भी धमकी दी कि प्रत्येक व्यक्ति से पहले काम पूछ ले तभी मुझे उसकी सूचना दे। और यदि उसके गंजापन हो या बालों की चर्चा करे तो उसे किसी मूल्य पर भी मकान में न घुसने दे, चाहे वह कितना ही आत्मीय क्यों न हो।

लेकिन उस दिन जब मैं बैठक में आया तो एक सज्जन एक घंटे से डटे हुए बैठे मिले। आपने बहुत सम्मान के साथ प्रणाम किया। मेरा माथा ठनका लेकिन मुझे चाहे-अनचाहे बैठना पड़ा। अब श्रीमान् उठे और सब दरवाजे और खिड़कियाँ बन्द करके धीरे से बोले कि कोई सुनता तो न होगा। मैं घबराया कि यह व्यक्ति अवश्य ही मेरी हत्या करने आया है। मैं भी अपनी जान से ऊब चला था फिर भी मैंने यह कहना आवश्यक समझा कि भाई ठहर जाओ, मैं अपने वसीयतनामे पर हस्ताक्षर कर लूँ। इसके उत्तर में उसने अपनी टोपी मेरे पैरों में रख दी और मुझसे वादा करा लिया कि मैं उसके किस्से की चर्चा किसी से न करूँ। इस शपथ-सौगन्ध के पश्चात् उसने अपने सिर से नकली बाल उतार डाले और तब मुझे पता चला कि उसके सिर पर एक भी बाल नहीं था। वह कहने लगा कि इन नकली बालों से उसे बहुत कष्ट होता है लेकिन नौकरी के कारण यह ढोंग बनाया है और उपचार के लिए आपकी सलाह लेने आया हूँ। उसने अपनी जेब से एक आतशी शीशा निकालकर मुझे दिया, दो रुपए भी भेंट किए और कहा कि इस दूरबीन से मेरा सिर देखकर बताइए कि कहीं यह असाध्य तो नहीं है। मैंने उसको मुंशी रामखिलावन के पास भेजा और इस प्रकार इस अटल बला को अपने सिर से टाला।

अब श्रीमान्, मुझको अफसोस के अतिरिक्त अपने भाग्य पर रोना आता है। ईश्वर की सौगन्ध, अब कभी मुझसे ऐसी गलती नहीं होगी। मैं अपनी वसीयत में शर्त लगा जाऊँगा कि मेरे कुनबे में कभी कोई व्यक्ति किसी भी दवा को प्रमाणित न करे अन्यथा ब्रह्मज्ञानी मित्र इस ईश्वर के बन्दे को भी पागल बना देंगे। अब चाहे स्वयं हजरत ईसा मसीह ही क्यों न कहें, लेकिन इस पापी से पुनः इसे प्रमाणित करने की गलती नहीं होगी। जिस मुसीबत में मैं स्वयं अपनी मूर्खता से आ फँसा हूँ, उसे मैं मात्र लोक-कल्याण की दृष्टि से सार्वजनिक कर रहा हूँ ताकि देश के अन्य निर्दोष व्यक्ति इस बला से सुरक्षित रहें।

पोस्टमास्टर साहब और दवा विक्रेताओं को मैं इसके अतिरिक्त और क्या कहूँ कि भगवान् भला करें।

शेष कृपा!

جنجال

(از منشی پریم چند صاحب)

دبانے سے خواہشیں فنا ہوجاتی ہیں۔ اس میں ہمیں شک ہے۔ ممکن ہے بعض صورتوں میں ایسا ہوتا ہو۔ لیکن بیشتر حالات میں ضبط تند ہوا کی طرح آندھی کا پیش خیمہ ہوا کرتا ہے۔ پاربتی کو اپنے شوہر کے ساتھ رہتے ہوئے پانچ سال سے زیادہ ہوگئے۔ لیکن اُس نے کبھی اُن سے کوئی فرمایش نہیں کی۔ وہ اگر کبھی دبی زبان سے یا کنایتاً کسی زیور یا کپڑے کا ذکر کرتی تو سریندر ناتھ نہایت بیکسانہ انداز سے کہتے۔ "میری آمدنی اور خرچ کا حساب تمہارے ہاتھ میں ہے۔ اس میں اگر گنجائش نظر آئے۔ تو جو چیزیں چاہو بنوا لو۔ مجھے اس سے زیادہ خوشی اور کیا ہوگی۔ کہ تمہیں زیوروں سے آراستہ دیکھوں"۔ پاربتی یہ جواب سُن کر سر جُھکا لیتی اور سوچتی۔ کہ میں سادی عُمر یوں ہی بوچی بنی بیٹھی رہوں گی؟ کبھی سوچتی یہ خرچ توڑوں۔ اس مد میں کمی کروں۔ لیکن کبھی چُول ٹھیک نہ بیٹھتی تھی۔

اس کے پاس کُچھ زیور پہلے کے تھے لیکن وہ اُنہیں بھی نہ پہنتی۔ تیوہار یا تقریب میں بھی وہ اکثر سادی ساڑی ہی پہن رہ جاتی تھی۔ اپنے مہری اور پڑوسنوں کو دکھانا چاہتی تھی۔ کہ مجھے زیوروں کی ہوس نہیں ہے۔ لیکن فی الواقع یہ اپنی نارسائی بخت اور شوہر کی بے زری کا اعلان تھا۔ اُسے رہ رہ کر یہ خیال ہوتا۔ کہ سریندر میرے لئے جتنا کچھ کرسکتے ہیں۔ اُتنا نہیں کرتے۔ وہ میری بے عُذری اور سیدھے پن کا بیجا فائدہ اُٹھاتے ہیں۔ وہ کبھی کبھی مایوسی کے عالم میں سریندر سے جھگڑنا چاہتی چھیڑتی۔ بے رُخی کی باتیں کرتی۔ سُنا سُنا کر اپنی تقدیر کو کوستی۔ سریندر سمجھ جاتے۔ کہ اس وقت ہوا نہ ور دل پر ہے رُخ بچا جاتے۔ کبھی کبھی گنگا اشنان یا کسی میلے سے لوٹ کر پاربتی پر زیوروں کا جنون سا سوار ہوجاتا۔ وہ ارادہ کرتی۔ کہ ایک بار دل کی ہوس نکال لوں۔ جو دو چار سَو روپے بچے ہوئے ہیں۔ اُن کی کوئی چیز بنوالوں۔ آیندہ کی فکر میں کہاں تک مروں۔ لیکن ایک لمحہ میں یہ جنون فرو ہو جاتا۔ یہاں تک کہ نصیب پیہم کے باعث اُس کا شوقِ آرائش آرزوے مُردہ بن کر جگر کے ایک گوشے میں پڑا رہتا تھا۔

مگر آج پانچ سال کے بعد یہ آرزو بیدار ہُوئی ہے۔ اس میں بیتابی نہیں ہے لیکن بیتابی سے بھی زیادہ جگر سوز افسردگی ہے۔ پاربتی کے چھوٹے بھائی کی شادی درپیش ہے میکے سے بُلاوا آیا ہے۔ اس تقریب میں شریک ہونا ضروری ہے۔ زیوروں کا پہننا لازمی ہو گیا۔

उर्दू साप्ताहिक 'तहजीबे निस्वाँ' के 3 अगस्त 1918 के अंक में प्रकाशित इस कहानी का प्रथम पृष्ठ

['गुप्त धन' शीर्षक से दो भागों में प्रेमचंद की 56 अप्राप्य हिन्दी-उर्दू कहानियाँ प्रकाशित कराते हुए अमृतराय ने सन् 1962 में लिखा था–

"मेरा अनुमान है कि अभी तीस-चालीस कहानियाँ और मिलनी चाहिए। उर्दू-हिन्दी पत्र-पत्रिकाओं की पुरानी फाइलें-और हिन्दी से भी ज्यादा उर्दू पत्र-पत्रिकाओं की फाइलें आसानी से नहीं मिलतीं। अक्सर खण्डित मिलती हैं। कम जाने-माने और साप्ताहिक-पाक्षिक पत्रों की तो प्राय: नहीं मिलतीं।...मैं पूरी तरह निराश नहीं हूँ और सच तो यह है कि पुराने पत्रों की छानबीन अभी उस आत्यंतिक लगन से की भी नहीं जा सकी है जो कि अपेक्षित है। मुझे यकीन है कि अगले कुछ बरसों में मुझे या मेरे किसी और उत्साही भाई को और भी कुछ कहानियाँ मिलेंगी।"[1]

अमृतराय का उपर्युक्त कथन वास्तविकता पर आधारित है। यह तो सत्य है कि 1962 के पश्चात् प्रेमचंद के अप्राप्य साहित्य को खोजने तथा प्रकाशित कराने की दिशा में अमृतराय कोई विशेष प्रयत्न करते भी दिखाई नहीं देते, परन्तु उन्होंने जो 'यकीन' जाहिर किया था उसे किन्हीं अर्थों में डॉ. जाफर रजा चरितार्थ करते दिखाई देते हैं, जिन्होंने प्रेमचंद साहित्य पर शोध करके 1977 में इलाहाबाद विश्वविद्यालय से पी-एच.डी. की उपाधि प्राप्त की थी। उनका शोध-प्रबन्ध उर्दू में 1977 में ही प्रकाशित हो गया था, जिसका हिन्दी अनुवाद 1983 में प्रकाशित हुआ था। इसमें डॉ. रजा लिखते हैं–

"इन पंक्तियों के लेखक को अपने शोध कार्य के बीच उर्दू तथा हिन्दी के विभिन्न पत्र-पत्रिकाओं से पच्चीस ऐसी कहानियाँ प्राप्त हुईं जो अब तक सर्वथा अज्ञात थीं। यह कहानियाँ शीघ्र ही हंस प्रकाशन, इलाहाबाद से 'गुप्त धन' भाग-3 के रूप में प्रकाशित हो रही हैं।"[2]

उपर्युक्त शब्दों के साथ डॉ. रजा ने इन पच्चीस कहानियों के नाम भी प्रस्तुत किए हैं। आश्चर्य की बात है कि अमृतराय के हंस प्रकाशन से 'गुप्त धन' का यह तीसरा भाग तो कभी भी प्रकाशित नहीं हो सका, लेकिन श्रीपतराय के सरस्वती प्रेस से जो 'सोलह अप्राप्य कहानियाँ' शीर्षक संकलन सन् 1981 के आसपास कभी प्रकाशित हुआ था, और जिसमें संकलित कहानियों के सम्बन्ध में डॉ. कमल किशोर गोयनका यह दावा करते हैं कि इनकी खोज तथा लिप्यन्तरण का कार्य उन्होंने सम्पादित किया था, उनमें से एक कहानी के अतिरिक्त अन्य कोई भी कहानी ऐसी नहीं है जो डॉ. जाफर रजा द्वारा प्रस्तुत सूची में उल्लिखित न हो। गौरतलब है कि इन कहानियों के सम्बन्ध में मदन गोपाल का भी यही दावा है कि इनकी खोज का श्रेय उन्हें ही है। परन्तु तथ्य स्वयं बोलते हैं कि इन्हें डॉ. जाफर रजा ने ही तलाश किया था और उनके नामोल्लेख के बिना इन कहानियों को श्रीपतराय ने 'सोलह अप्राप्य कहानियाँ' में और डॉ. गोयनका ने 'प्रेमचंद का अप्राप्य साहित्य', भाग-1 (1988) एवं 'प्रेमचंद की अप्राप्य कहानियाँ' (2005) में प्रकाशित कर देने में तनिक भी संकोच नहीं किया।

1. गुप्त धन, भाग-1, पृ. 5-6
2. प्रेमचंद : उर्दू हिन्दी कथाकार, पृ. 109

डॉ. जाफर रजा द्वारा प्रस्तुत प्रेमचंद की कहानियों की सूची में एक कहानी 'जंजाल' ('तहजीबे निस्वाँ', अगस्त 1918) का उल्लेख भी प्राप्त है, जिसके सम्बन्ध में डॉ. गोयनका लिखते हैं कि यह कहानी 'पूरी चेष्टा के बावजूद' उन्हें प्राप्त नहीं हो सकी। इसके प्रकाशन का सन्दर्भ डॉ. गोयनका निम्नानुसार प्रस्तुत करते हैं–

"जंजाल' उर्दू से, तहजीबे निस्वाँ, उर्दू मासिक, अगस्त 1918"[1]

डॉ. गोयनका द्वारा प्रस्तुत उपर्युक्त सन्दर्भ अशुद्ध एवं अपूर्ण है। 'तहजीबे निस्वाँ' कोई उर्दू मासिक पत्र नहीं था, वरन् सन् 1898 में लाहौर से प्रकाशित होना आरम्भ हुआ साप्ताहिक पत्र था, जिसकी आदि सम्पादिका मुहम्मदी बेगम थीं, जिनके बाद इसके सम्पादन का भार आसिफ जहाँ बेगम ने सँभाला। पीछे चलकर सैयद इम्तियाज अली ताज इसके सम्पादक हुए। इस पत्र में प्रेमचंद की 'जंजाल' शीर्षक कहानी 3 अगस्त, 1918 तथा 10 अगस्त, 1918 के दो अंकों में क्रमशः प्रकाशित हुई थी और इस पर लेखकीय नामोल्लेख भी 'प्रेमचंद' के रूप में ही प्रकाशित हुआ था।

प्रेमचंद की कहानी-कला के विकास-क्रम, उनकी संवेदनाओं, सामाजिक मूल्यों के प्रति निष्ठा के साथ-साथ नारी मनोविज्ञान पर उनकी गहरी पकड़ का प्रत्यक्ष परिचय प्राप्त करने की दृष्टि से 'जंजाल' विशेष रूप से महत्त्वपूर्ण कहानी है। ध्यातव्य है कि 'तहजीबे निस्वाँ' एक महिलोपयोगी साप्ताहिक पत्र था, जिसमें प्रेमचंद की 'बाजयाफ्त' और 'बूढ़ी काकी' जैसी नारी मनोविज्ञान पर आधारित कहानियाँ प्रकाशित हुई थीं।

गहनों के प्रति महिलाओं के स्वाभाविक आकर्षण की भावभूमि पर प्रेमचंद का उर्दू उपन्यास 'किशना' दिसम्बर 1906 में प्रकाशित हुआ था, जो सम्प्रति अप्राप्य है। इसी भावभूमि पर प्रेमचंद ने पीछे चलकर एक उपन्यास 'गबन' शीर्षक से लिखा था, जिसके सम्बन्ध में पं. जनार्दन प्रसाद झा द्विज का मत है कि यह 'किशना' का ही संशोधित तथा परिवर्द्धित रूप है। इन दोनों उपन्यासों के मध्य प्रकाशित कहानी 'जंजाल' भी ठीक इसी भावभूमि की रचना है, जिसे 'किशना' की ही भावभूमि पर आधारित बताना कुछ असंगत न होगा।

इस कहानी 'जंजाल' में पात्रों के चरित्र-चित्रण, यथार्थ का प्रतिफलन और आदर्श की स्थापना में प्रेमचंद पूर्णतः सफल रहे हैं। सशक्त शिल्प और समाज को सार्थक सन्देश देने की दृष्टि के साथ-साथ पाठकीय रोचकता की दृष्टि से भी यह कहानी प्रेमचंद की एक उत्कृष्ट कहानी है।]

1. प्रेमचंद की अप्राप्य कहानियाँ, पृ. 11

दबाने से इच्छाएँ समाप्त हो जाती हैं, हमें इसमें सन्देह है। सम्भव है, कुछ मामलों में ऐसा होता हो, लेकिन प्राय: सहनशीलता बन्द हवा की तरह आँधी की पूर्व-पीठिका हुआ करती है।

पार्वती को अपने पति के साथ रहते हुए पाँच साल से ज्यादा हो गए लेकिन उसने उनसे कभी कोई फरमाइश नहीं की। यदि वह कभी दबी जबान से या परोक्ष रूप से किसी गहने या कपड़े की चर्चा करती तो सुरेन्द्रनाथ अत्यन्त बेबसी के साथ कहते, 'मेरी आमदनी और खर्च का हिसाब तुम्हारे हाथ में है। यदि इसमें कोई गुंजाइश दिखाई दे तो जो चाहे चीजें बनवा लो। इससे अधिक प्रसन्नता की बात मेरे लिए क्या होगी कि तुम्हें गहनों से सजी देखूँ।' यह उत्तर सुनकर पार्वती सिर झुका लेती और सोचती कि मैं सारी उम्र यूँ ही नंगी-बुच्ची बनी बैठी रहूँगी। कभी सोचती है कि यह खर्च न करूँ, इस मद में कमी करूँ, लेकिन चूल कभी ठीक नहीं बैठती थी।

उसके पास पहले के भी कुछ गहने थे लेकिन वह उन्हें भी नहीं पहनती थी। त्योहार या उत्सव में भी वह प्राय: सादी साड़ी पहनकर ही रह जाती थी। वह अपनी महरी और पड़ोसिनों को दिखाना चाहती थी कि उसे गहनों की भूख नहीं है, लेकिन यह इस समय अपने दुर्भाग्य और पति की निर्धनता की घोषणा थी। उसे रह-रहकर विचार आता कि मेरे लिए सुरेन्द्र जितना कुछ कर सकते हैं उतना नहीं करते। वे मेरी अनापत्ति और सीधेपन का नाजायज फायदा उठाते हैं। निराश होकर वह कभी-कभी सुरेन्द्र से झगड़ना चाहती, झगड़ती, मुँह फेरकर बात करती, उसे सुना-सुनाकर अपने भाग्य को कोसती। सुरेन्द्र समझ जाते कि इस समय हवा का रुख बदला हुआ है, बचकर निकल जाते। कभी-कभी गंगा स्नान या किसी मेले से लौटकर पार्वती पर गहनों का उन्माद-सा छा जाता। वह संकल्प करती कि एक बार मन की निकाल ही लूँ, जो दो-चार सौ रुपए बचे हुए हैं उनकी कोई चीज बनवा लूँ, कल की चिन्ता में कहाँ तक मरूँ। लेकिन एक क्षण में उसका यह उन्माद उड़नछू हो जाता, यहाँ तक कि लगातार सहन करने के कारण उसकी सजने के शौक की इच्छाएँ मरकर मन के एक कोने में पड़ी रहती थीं।

मगर आज पाँच साल के बाद यह इच्छा जाग्रत हुई है। इसमें बेचैनी नहीं है लेकिन बेचैनी से भी ज्यादा दु:खदायी उदासी है। पार्वती के छोटे भाई की शादी होने वाली है, उसके मायके से बुलावा आया है। इस समारोह में भाग लेना जरूरी है। गहनों का पहनना आवश्यक हो गया। इस अवसर पर सुरेन्द्र भी अपनी विवशता का बहाना न कर सके। इस समय यह उपाय भी सफल होता दिखाई नहीं दिया।

शाम के समय सुरेन्द्र बाहर से लपके हुए आए। उनका चेहरा चमक रहा था। उन्होंने पार्वती के हाथ में एक पोटली रख दी। पार्वती ने खोलकर देखा तो पोटली में एक जड़ाऊ कंगन, एक चन्द्रहार और झुमके दिखाई दिए। पार्वती कुछ सहम-सी गई। उसे सपने में भी उम्मीद नहीं थी कि सुरेन्द्र उसके लिए इतनी और ऐसी कीमती चीजें लाएँगे। खुशी के बदले एक व्याकुलता, एक भय का अनुभव हुआ। वह डरते-डरते बोली, 'ये कितने के हैं?'

सुरेन्द्र, 'पसन्द तो हैं न?'

पार्वती, 'पहले दाम तो बताओ।'

सुरेन्द्र, 'चार सौ।'

पार्वती, 'सच?'

सुरेन्द्र, 'मेरे पास और रुपए कहाँ थे?'

पार्वती, 'उधार तो नहीं लेने पड़े?'

सुरेन्द्र, 'नहीं, उधार क्या लेना।'

पार्वती, 'तब पसन्द हैं।'

सुरेन्द्र ने वास्तविकता छिपानी चाही थी लेकिन अपनी विशाल-हृदयता का बखान किए बिना न रह सके। सोचा कि इन्हें क्या पता चलेगा कि इनके लिए इस समय कितने बोझ के नीचे दबा जा रहा हूँ। बोले, 'सच-सच कह दूँ! बारह सौ लगे।'

पार्वती ने पति को तिरस्कार की दृष्टि से देखते हुए कहा, 'तो इतनी चीजें लाने की क्या जरूरत थी?'

दानवीर जैसी लापरवाही के साथ सुरेन्द्र बोले, 'एक मुद्दत के बाद जब जेवर बनवाने लगा तो कंजूसी करने बैठता। शर्म भी तो कोई चीज है।' पार्वती ने पति की ओर कृतज्ञता की दृष्टि से देखा। उसमें कुछ प्यार की झलक थी कुछ शिकायत की, कुछ गर्व की कुछ परेशानी की। उसने और अधिक प्रश्न न किए कि कहीं कोई ऐसी बात कानों में न पड़ जाए जिससे इन गहनों को वापस कर देना ही जरूरी हो जाए। जिस व्यक्ति के हलक में प्यास से काँटे पड़े हुए हों वह यह नहीं पूछता कि बर्तन कैसा है और पानी किसने भरा है।

2

एक हफ्ते तक पार्वती एक दूसरी ही दुनिया में रही। उसके अन्दाज में एक शान, बातों में अभिमान और चेहरे से अमीरी झलकती थी। कितने ही ऐसे काम जिन्हें वह पहले निस्संकोच कर लिया करती थी, अब उसे दूभर लगने लगे। यहाँ तक कि अपनी नन्हीं बच्ची तारा को गोद में लेते हुए भी उसे अपने कपड़े मैले होने की आशंका होने लगती, लेकिन वह स्वयं अपने व्यवहार में आए इस परिवर्तन से अनजान थी।

सातवें दिन उसका भाई आया और पार्वती मायके चली। उसने सुरेन्द्र से हर तीसरे दिन पत्र भेजने का आश्वासन लिया। उनके सामने खड़ी घंटों रोती रही, ऐसा मालूम होता था कि बिछुड़ने के दुःख से उसका कलेजा फटा जा रहा है। लेकिन घर से निकलते ही दिखावे की इच्छा उसके मन पर छा गई। वह गाड़ी के एक जनाने डिब्बे में आकर बैठी, जिसमें अधिकांश महिलाएँ निम्न वर्ग की थीं। उन्होंने पार्वती को आतंकित दृष्टि से देखा और इधर-उधर सिमट गईं। पार्वती खिड़की के सामने जाकर ऐसे बैठी मानो इतनी आवभगत उसका जन्मसिद्ध अधिकार हो। उसे गाड़ी में भले खानदान की केवल एक ही महिला दिखाई दी। उसका चेहरा गम्भीर था। वह एक साफ साड़ी पहने हुए थी, पैरों में स्लीपर थे, हाथों में चूड़ियाँ, लेकिन शरीर पर गहने के नाम पर एक तार तक न था। वह निम्न वर्ग की कई महिलाओं के बीच हाथ-पाँव सिकोड़े बैठी थी। मन-ही-मन पार्वती ने कहा—निस्सन्देह सुन्दर महिला है, लेकिन सम्मान कहाँ। कोई बात भी तो नहीं पूछता, एक कोने में दबी बैठी है। शरीर पर चार गहने होते तो यही सब ओछी महिलाएँ इसका सम्मान करतीं।

नीचे फर्श पर पार्वती के निकट ही एक गरीब महिला बैठी हुई थी। उसकी गोद में एक बच्चा था, जो रह-रहकर इतने जोर से खाँसता और चीख मारता कि पार्वती मन-ही-मन झुंझलाकर रह जाती। जब उससे रहा न गया तो उसने उस महिला से कहा, 'तुम दूसरी पटरी पर जा बैठो। इस लड़के के खाँसने से मुझे नींद नहीं आ रही है।' गरीब महिला ने पार्वती की ओर आश्चर्य से देखा और धीरे-से सरक गई।

रात आधी से अधिक बीत गई थी। खिड़कियों से ठंडी हवा आ रही थी। गरीब महिला ने खिड़कियाँ बन्द करनी चाहीं तो पार्वती ने आदेशात्मक स्वर में कहा, 'नहीं, रहने दो। मुझे गर्मी लग रही है।' धीरे-धीरे बच्चे की खाँसी बढ़ने लगी। कुछ देर तक तो वह चिल्लाता रहा, फिर उसका गला पड़ गया। उसने दूध पीना छोड़ दिया। सामने बैठी सीधी-सादी महिला कुछ देर तक तो बच्चे को देखती रही, फिर उसने उस गरीब महिला के पास आकर बच्चे को गोद में ले लिया। बच्चे की हालत खराब थी, सीने पर बलगम जमा हुआ था, लगता था कि निमोनिया की शुरुआत है। उसने फौरन अपना बक्स खोलकर उसमें से एक दवा निकाली और हवा से बचाकर बच्चे के सीने पर हल्के हाथ से मलने लगी। फिर दूसरी शीशी से एक चम्मच दवा निकालकर बच्चे को पिलाई। गाड़ी की सब महिलाएँ आकर बच्चे के निकट खड़ी हो गईं। निरन्तर एक घंटा तेल मालिश करने के बाद उस भली महिला ने अपने बक्से से एक फलालैन का टुकड़ा निकालकर बच्चे के सीने पर बाँध दिया। बच्चा सो गया।

वह रात के तीन बजे तक बच्चे को गोद में लिए एक-एक घंटे पर दवा पिलाती रही। बच्चे ने दूध पीना शुरू किया, उसके गले की घरघराहट रुक गई और वह मौत के फन्दे से निकल आया। बच्चे की माँ अपनी उपकारिणी के पाँवों पर गिर पड़ी और रो-रोकर उसे धन्यवाद देने लगी।

इलाहाबाद में पार्वती और वह सीधी-सादी महिला, दोनों उतरीं। पार्वती का भाई आकर कुलियों को पुकारने लगा। जब कोई कुली न आया तो पार्वती को ही अपने सन्दूक, बिस्तर आदि उतार-उतारकर भाई को देने पड़े। उसकी रेशमी जाकट चिरक गई। उधर उस गम्भीर सीधी-सादी महिला ने जैसे ही अपना बिस्तर उठाया तो लपककर एक महिला ने उसके हाथों से बिस्तर ले लिया, दूसरी ने उसका सन्दूक उतार लिया, तीसरी ने उसका दवाओं का बक्स उठाया और कई महिलाएँ उसे धर्मशाला तक पहुँचाने आईं। बीमार बच्चे की माँ बार-बार उसके आगे हाथ जोड़ती और पैरों पर गिरती। दूसरी महिलाएँ भी उससे गले मिलीं। ऐसा लगता था मानो वे अपने किसी आत्मीय से बिछुड़ रही हों लेकिन किसी ने पार्वती की बात भी न पूछी। उसके जाने से सब महिलाओं को सच्ची खुशी हुई, मानो सिर से एक बला ही टल गई। अब उन्हें जरा कमर सीधी करने की जगह तो मिलेगी। बीमार बच्चे की माँ ने तो उसे घृणा की दृष्टि से देखा और मन-ही-मन उसे जी भरकर कोसा।

पार्वती ने मन में कहा--इस सीधी-सादी औरत ने तो अच्छा ही रंग जमा लिया। सभी महिलाएँ अनुचरी बन गईं, मानो कोई मन्त्र ही फूँक दिया हो। गँवारों के बीच तो ऐसा हो सकता है, परन्तु किसी भले घर में इसे कौन घास डालेगा?

3

पार्वती का मायका शहर से सटी एक ऐसी बस्ती में था जिसे न शहर कह सकते थे, न देहात। वहाँ शहर की तो एक भी सुविधा न थी मगर देहात के सभी कष्ट मौजूद थे। न शहर की सड़कें, लालटेनें, नालियाँ थीं न देहात का विस्तार, हरियाली और हवा। वहाँ का दूध शहर वाले पीते थे, सब्जी शहर वाले खाते थे, लकड़ी शहर वाले जलाते थे। वहाँ के मजदूर काम करने शहर में जाते थे। खाने-पीने की चीजें वहाँ शहर से आकर ही बिकती थीं। पार्वती के पिता के पास कुछ जमीन थी लेकिन वे मजदूरों की कमी के कारण खेती न कर सकते थे। उसके दोनों भाई अंग्रेजी पढ़ते और वकालत का सपना देखते थे। भोले-भाले से चालाक बनने की धुन सवार थी।

बेटी का ठाट-बाट देखकर पार्वती की माँ फूली न समाई। उसकी दुनिया उन्हीं इने-गिने मकानों और उनके निवासियों तक सीमित थी। वहाँ के गहने-कपड़े, शादी-ब्याह, झगड़े-टंटे उसके अस्तित्व की धुरी थे। वह उनमें ही बसती थी और उन्हीं का सपना देखती थी। मुहल्ले में किसी के घर बच्चा पैदा होना उसके लिए पनामा नहर के उद्घाटन से भी बड़ी घटना थी, और किसी घर में एक नए कंठे का बनना देहली के निर्माण से कहीं अधिक शानदार। पार्वती को देखकर बाग-बाग हो गई। उसे साथ लेकर पड़ोसिनों के घर गई। जो भी उसके कंगन और चन्द्रहार को देखता, लोटपोट हो जाता। माँ सामने वाले की सामर्थ्य के अनुसार उन गहनों का मूल्य

बढ़ाती रहती थी। दो-तीन दिन पूरे मुहल्ले में उन गहनों की नुमाइश हुई। पार्वती का सिक्का जम गया, उसका रौब बैठ गया।

पार्वती की चाल-ढाल से एक शान टपकती थी। वह खाना खाने बैठती तो नाक सिकोड़ लेती, घी बेस्वाद है; पानी पीती तो मुँह बनाकर, ठंडा नहीं है। माँ सबको सुना-सुनाकर कहती, 'भला इनसे पूछो, घर का-सा सुख यहाँ कहाँ मिलेगा। वहाँ अपने मन का खाती थी, अपने मन का पहनती थी। यहाँ गृहस्थी में तो मोटा-महीन सब मिलेगा। मगर बेचारी में जरा भी ऐंठ नहीं है। वही पुराना स्वभाव है, वही अल्हड़पन।'

पार्वती की बिटिया तारा पूरे मुहल्ले की गुड़िया बनी हुई थी। सभी छोटे-बड़े उसे गोद में उठाते और प्यार से चूमते। कोई कहता, बेटी यह हँसली हमको दे दो, तो तारा तोतली बोली में कहती, 'हमाली है।' कोई पूछता, बेटी ये कड़े किसने बनवाए हैं, तारा कहती, 'मेले बाबूदी ने।'

शादी का दिन निकट आ गया। रस्म-रिवाज होने लगे। मुहल्ले की औरतें बन-सँवरकर आने लगीं, लेकिन पार्वती उन सबकी रानी लगती थी। सभी औरतों की दृष्टि उसके कंगन, चन्द्रहार और झुमकों पर ही टिकी रहती। सब उससे दबतीं, उसका लिहाज करतीं, उसकी हाँ में हाँ मिलातीं। पार्वती को यह सम्मान केवल अपने गहनों के बल पर ही मिल रहा था। बरात चलने के दिन न्यौते में सुरेन्द्रनाथ भी आए। जब वे शाम के समय घर में गए तो मुस्कराकर पार्वती ने कहा, 'आज जी चाहता है कि तुम्हारी पान-फूल से पूजा करूँ।'

मुस्कराकर सुरेन्द्र ने कहा, 'बना रही हो?'

पार्वती, 'नहीं, सच कहती हूँ। इस समय मन यही चाहता है। तुम्हारे इन गहनों ने मेरा बोलबाला कर दिया। सारे मुहल्ले में धाक जम गई, सब की सब पानी भरती हैं। ये न होते तो झूठे भी कोई बात न पूछता। अपनी जमा अपने घर में है, लेकिन नेकनामी मुफ्त। ऐसा सौदा और क्या होगा!'

सुरेन्द्र, 'मैं जानता तो दो-एक चीजें और ले लेता।'

पार्वती, 'ओह! तब तो सारे मुहल्ले में मैं ही मैं होती। औरत की इज्जत गहने-कपड़े से होती है, नहीं तो अपने माँ-बाप भी आँख से गिरा देते हैं।'

सुरेन्द्र पछताए कि और गहने क्यों न खरीद लिए। भले ही दो-चार सौ और उधार हो जाते, इसकी लालसा तो मिटती।

4

पार्वती को मायके में रहते दो महीने हो गए। सुरेन्द्र को दफ्तर से छुट्टी न मिली कि आकर ले जाते। शादी का सब काम पूरा हुआ, मेहमान बिदा हो गए, सन्नाटा छा गया। धीरे-धीरे पड़ोसिनों का आना-जाना भी बन्द हुआ। पार्वती के गहनों के चार दिन

के साम्राज्य का अन्त हो गया। वही गहने थे वही कपड़े, मगर अब उन्हें देखने में क्या आनन्द आता। अब पूरे-पूरे दिन पार्वती अकेली बैठी रहती। कभी कोई औरत मिलने आ भी जाती तो बस दो-चार बातें करके ही अपनी राह लेती। किसी को भी अपने घर के कामकाज से फुर्सत न थी। यह अकेलापन पार्वती को बहुत अखरता। मायके से उसका मन उचाट हो गया। उसे पता चल गया कि नित्य नए गहने बनते रहने से ही उसकी बात बनी रह सकती है, पुराने तमाशे को कोई मुफ्त में भी नहीं देखता। कोढ़ में खाज यह हुई कि और भी कई घरों में उसके जैसे गहने बनने लगे। यहाँ तक कि एक मनचले शौकीन बनिये ने, जिसे नमक के काम में बड़ा भारी लाभ हुआ था, कलकत्ते के बने हुए कंगन और हार मँगवाए, जिन्होंने पार्वती का रंग फीका कर दिया। रही-सही बात भी जाती रही। रेत की दीवार भरभराकर ढह गिरी।

एक दिन पार्वती अकेली बैठी सुरेन्द्र को पत्र लिख रही थी कि अब यहाँ जरा सा भी मन नहीं लगता। दो दिन की छुट्टी मिले तो मुझे ले जाओ। इतने में उसकी बचपन की सहेली बागेश्वरी उससे मिलने आई। वह पार्वती के साथ खेली हुई थी। उसका ब्याह एक गरीब खानदान में हुआ था लेकिन उसके पति ने रंगून जाकर खूब पैसा कमाया और चार-पाँच साल के बाद लौटा तो पत्नी के लिए एक मोतियों का हार लेता आया। बागेश्वरी आज ही मायके आई थी। पार्वती ने उसका मोतियों का हार देखा तो आँखें खुल गईं, दो हजार से कम का नहीं होगा। पार्वती ने उसकी प्रशंसा तो की लेकिन उसका दिल बैठा जाता था; जैसे कोई ईर्ष्यालु कवि अपने नौसिखिये प्रतिद्वंद्वी की कला की प्रशंसा करने में कंजूसी करे।

यह रोग पार्वती की आत्मा में घुन की तरह लग गया। उसने दूसरों के घर आना-जाना छोड़ दिया, मन मारे अपने घर में ही बैठी रहती। उसे ऐसा लगता था कि अब औरतें, यहाँ तक कि उसकी माँ भी उसे तिरस्कार की दृष्टि से देख रही हैं। पहले गहनों की चर्चा में उसे एक विशेष आनन्द मिलता था, अब वह भूलकर भी गहनों की चर्चा नहीं करती मानो अब उसे इस सम्बन्ध में मुँह खोलने का भी मन न हो।

आखिरकार एक दिन उसने अपने सब गहने उतारकर बक्से में रख दिए और ठान लिया कि इन्हें खोलूँगी नहीं। उसे इन गहनों के खरीदने पर पछतावा होने लगा। दिखावे की चाह में जिन्दगी के सुख-चैन में बेकार खलल पड़ गया। वह बिना गहनों के ही अच्छी थी कि यह मुफ्त की उलझन तो नहीं थी। घर के रुपए गँवाकर यह सिरदर्द खरीदना बड़ा महँगा सौदा है। तीज के दिन पार्वती की माँ ने कहा, 'बेटी, आज मुहल्ले की सब औरतें स्नान करने जा रही हैं। तुम भी चलोगी?'

पार्वती ने उपेक्षा से कहा, 'नहीं, मैं नहीं जाऊँगी।'

माँ, 'चलती क्यों नहीं? बरस-बरस का त्योहार है, सब अपने मन में क्या कहेंगी?'

पार्वती, 'जो चाहे कहें, मैं तो जाऊँगी नहीं।'

5

क्वार के दिन थे। सुरेन्द्र को अभी तक छुट्टी नहीं मिली थी। पार्वती ने जल-भुनकर उन्हें कई चिट्ठियाँ लिखी थीं, पर इधर दो हफ्ते से पत्र लिखना बन्द कर दिया था। उसे अपनी जिन्दगी बोझ लगती थी। मुहल्ले में बुखार और चेचक का प्रकोप था, कोई किसी के घर आता-जाता न था। नाश्ते के बदले घरों में काढ़ा पकता था। अस्पताल में मेला-सा लगा रहता था। वैद्य और हकीम पत्थर के देवता बने हुए थे। एक दिन पार्वती की माँ ने कहा, 'बेटी, आज शीतला देवी आ रही हैं। चलो, उनसे मिल आएँ।'

पार्वती, 'शीतला देवी कौन हैं?'

माँ, 'यह तो नहीं जानती, मगर कभी-कभी यहाँ आया करती हैं। औरत क्या है देवी ही है।'

पार्वती, 'क्या करती हैं?'

माँ, 'यहाँ तो जब आती हैं, बीमारों की दवा-दारू करती हैं और किसी से एक पैसा भी नहीं लेतीं।'

पार्वती, 'तो घर की मालदार होंगी?'

माँ, 'नहीं, सुनती हूँ कि सिलाई करके गुजर-बसर करती हैं। ब्याह के बाद ही पति हैजे से मर गया, उसका मुँह तक नहीं देखा। तब से इसी भाँति काम कर रही हैं।'

पार्वती, 'तो क्या अभी उम्र अधिक नहीं है?'

माँ, 'नहीं, अभी उम्र ही क्या है? नारायण ने जैसी शक्ल-सूरत दी है, वैसा ही स्वभाव है। किसी महल में होती तो महल जगमगा उठता। ऐसी हँसमुख, ऐसी मिलनसार कि पास से हटने का मन नहीं होता। जब तक यहाँ रहती हैं, भीड़ लगी रहती है। पूरा मुहल्ला घेरे रहता है।'

इतने में महरी ने आकर कहा, 'बहूजी, शीतला देवी आई हैं और पाठशाला में जैठी हुई लड़कियों से कुछ पूछ रही हैं। कई लड़कियों को तो इनाम भी दिए हैं। मैं भी जाती हूँ, जरा दर्शन कर आऊँ।'

माँ ने कहा, 'अरी तू पानी तो भर दे, न जाने कब तक लौटेगी।'

महरी, 'अभी लौटी आती हूँ। कहीं ऐसा न हो कि चली जाएँ।'

महरी के जाने के एक घंटे बाद पार्वती की वही मोतियों के हार वाली सहेली आकर बोली, 'चलो बहन, शीतला देवी से मिल आएँ। मुहल्ले की सभी औरतें जा रही हैं।'

पार्वती को भी उत्कंठा हुई। तारा को एक अच्छी-सी फ्रॉक पहना दी परन्तु स्वयं वही सादी-सी साड़ी पहने हुए शीतला से मिलने चली। गहने नहीं पहने।

जब दोनों सहेलियाँ पाठशाला में पहुँची तो औरतों और बच्चों की भीड़ जमा थी। शीतला देवी जमीन पर बैठी हुई बच्चों को देख रही थी और बक्स से निकाल-निकालकर दवा देती जाती थी। मानो पेड़ों की छाँव में एक उजला कुंड

था–वैसा ही मौन, गम्भीर, शान्तिमय और सुन्दर! शीतला की आँखों से एक चित्ताकर्षक पवित्रता झलक रही थी। पार्वती ने उसे पहचान लिया। यह वही सीधी–सादी महिला थी जिसे उसने गाड़ी में देखा था। पार्वती ने देखा कि इस औरत के सामने मैं कैसी निकृष्ट हूँ। और कुछ मैं ही नहीं, मुहल्ले की वे सभी औरतें जो गहनों से गोंड़नी की भाँति सजी हुई हैं इस औरत के सामने सेविकाओं की भाँति खड़ी हैं। यदि ये सभी अपने को सोने से मँढ़वा लें तो भी क्या! क्या इनका ऐसा सम्मान हो सकता है? इससे बात करके कौन निहाल नहीं हो जाता। और जो बीमार हैं वे तो मानो बिना दाम के ही गुलाम हैं। सचमुच इसी का नाम सम्मान है। यह क्या कि चार औरतें आवें और आँखें मटका–मटकाकर हमारे गहनों का बखान करने लगें, मानो हमारा शरीर नहीं बल्कि गहनों की नुमाइश का मैदान ही हो।

आज से एक महीना पहले शायद इस प्रकार के विचार पार्वती के मन में न उभरते लेकिन आजकल गहनों से उसका मन फिरा हुआ था। सामान्य रूप से दार्शनिक विचारों के मूल में निराशा और उदासी ही होती है। पार्वती चित्रलिखित–सी खड़ी शीतला देवी का तौर–तरीका, बात करने का ढंग और आत्मीयतापूर्ण व्यवहार ध्यान से देखती रही। वह सोचती थी, 'यह औरत कितनी सुन्दर है लेकिन इसके साथ ही इच्छाओं से कितनी मुक्त। मैं सम्मान की भूखी हूँ लेकिन मैं जिसे सम्मान समझती थी, वह यथार्थ से कितना दूर है। मैं अभी तक छाया के पीछे ही भाग रही थी, आज उसका वास्तविक रूप दिखाई दिया है।'

जब शाम ढल गई और भीड़ छँटी तो शीतला देवी की दृष्टि पार्वती पर पड़ी। वह उसे तत्काल पहचानकर बोली, 'बहन, तुम्हें तो मैंने रेलगाड़ी में देखा था।'

पार्वती ने कहा, 'हाँ, उस दिन मैं यहाँ आ रही थी।'

शीतला देवी ने पार्वती को सर से पाँव तक देखा और फिर उसकी सहेली बागेश्वरी की ओर प्रश्नवाचक दृष्टि से देखा। मुस्कराकर बागेश्वरी ने कहा, 'कुछ दिनों से गहने नहीं पहनती।'

शीतला, 'क्या गहनों से नाराज हैं?'

बागेश्वरी, 'इनका मन ही जाने।'

पार्वती, 'आप भी तो नहीं पहनती।'

शीतला, 'मुझे मयस्सर ही कहाँ? मैं तो भिखारिन हूँ, बहनों की सेवा करती हूँ और पुण्य के मार्ग में वे जो कुछ दे देती हैं, उसी से अपना पेट पालती हूँ।'

पार्वती, 'मुझे भी अपने जैसी भिखारिन बना दीजिए।'

शीतला देवी हँसकर उठ खड़ी हुई और बोली, 'भीख माँगने से भीख देना बहुत अच्छा है।'

रात में जब पार्वती लेटी तो शीतला देवी का दमकता चेहरा उसकी आँखों में नाच रहा था जो उसके मन को खींचे लेता था। उसने सोचा, क्या मैं भी शीतला देवी

बन सकती हूँ? तत्काल सुरेन्द्र उसके सामने आकर खड़े हो गए, तारा रो-रोकर उसकी गोद में आने के लिए मचलने लगी। जीवन की इच्छाओं की एक बाढ़ ही उठ खड़ी होकर टक्कर मारने लगी। नहीं, शीतला देवी बनना मेरे वश में नहीं है, लेकिन मैं एक बात कर सकती हूँ और वह अवश्य करूँगी।

6

एक सप्ताह में पार्वती अपनी ससुराल आ पहुँची। सुरेन्द्र ने उसका मुरझाया मुँह देखा तो आश्चर्य से बोले, 'गहनों से रूठ गईं क्या?'

पार्वती, 'पुराने हो गए, नए बनवा दो।'

सुरेन्द्र, 'अभी तो इन्हीं का हिसाब चुकता नहीं हुआ।'

पार्वती, 'मैं एक उपाय बताती हूँ। इन गहनों को वापस कर दो। वापस तो हो जाएँगे?'

सुरेन्द्र, 'हाँ, बहुत आसानी से। इन दो महीनों में सोने का भाव बहुत चढ़ गया है।'

पार्वती, 'तो कल वापस कर आना।'

सुरेन्द्र, 'पहनोगी क्या?'

पार्वती, 'दूसरे गहने बनवाऊँगी।'

सुरेन्द्र, 'और रुपए कहाँ हैं?'

पार्वती, 'उन गहनों में रुपए नहीं लगेंगे।'

सुरेन्द्र, 'मैं तुम्हारा मतलब नहीं समझा।'

पार्वती, 'ये गहने जी के जंजाल हैं। इनसे मन भर गया। इन्हें बेचकर किसी बैंक में जमा कर दो। हर महीने मुझे उसका ब्याज दे दिया करना।'

सुरेन्द्र ने बात हँसी में उड़ानी चाही लेकिन पार्वती के हाव-भाव से ऐसा दृढ़ संकल्प प्रकट होता था कि वे उस विषय में गम्भीरता से विचार करने पर विवश हो गए।

दूसरे महीने में शीतला देवी के नाम बारह रुपए का एक गुमनाम मनीऑर्डर पहुँचा। कूपन में लिखा हुआ था। यह तुच्छ धनराशि स्वीकार कीजिए। ईश्वर की इच्छा हुई तो यह धनराशि स्थायी रूप से प्रतिमाह मिलती रहेगी। आप इसे जिस भाँति चाहें खर्च करें। अब से दुआएँ ही मेरा आभूषण होंगी। ये धातु के टुकड़े तो जी के जंजाल हैं, इनसे मेरा मन भर गया है।'

महरी

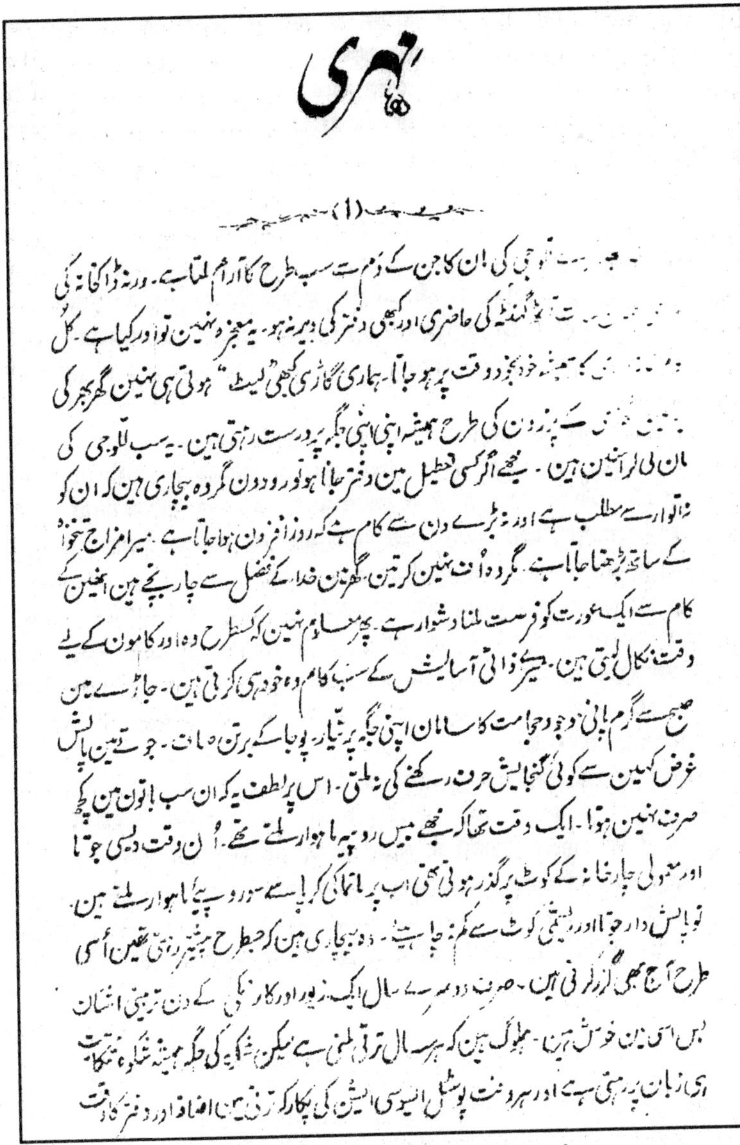

مہری

(1)

... جی کی ماں کا جن کے دم سے سب طرح کا آرام ملتا ہے۔ ورنہ ڈاکخانہ کی
... کی حاضری اور کبھی دفتر کی دیر نہ ہو۔ یہ معجزہ نہیں تو اور کیا ہے۔ کل
... ہمیشہ خود بخود وقت پر ہو جاتا۔ ہماری گاڑی کبھی "لیٹ" ہوتی ہی نہیں گھر بھر کی
... پرزوں کی طرح ہمیشہ اپنی اپنی جگہ پر درست رہتی ہیں۔ یہ سب للو جی کی
ماں کی کرامتیں ہیں۔ مجھے اگر کسی تعطیل میں دفتر جانا ہو تو رو دوں مگر وہ بیچاری ہیں کہ ان کو
نہ اتوار سے مطلب ہے اور نہ بڑے دن سے کام ہے کہ روز افزوں ہوا جاتا ہے۔ میرا مزاج تنخواہ
کے ساتھ بڑھتا جاتا ہے۔ مگر وہ اُف نہیں کرتیں۔ گھر میں خدا کے فضل سے چار بچے ہیں انھیں کے
کام سے ایک عورت کو فرصت ملنا دشوار ہے۔ پھر معلوم نہیں کسطرح وہ اور کاموں کے لیے
وقت نکال لیتی ہیں۔ میرے ذاتی آسایش کے سب کام وہ خود ہی کرتی ہیں۔ جاڑے میں
صبح سے گرم پانی وجود حجامت کا سامان اپنی جگہ پر تیار۔ پوجا کے برتن دھات۔ جوتے میں پالش
غرض کہیں سے کوئی گنجایش حرف رکھنے کی نہ ملتی۔ اس پر لطف یہ کہ ان سب باتوں میں کچھ
صرف نہیں ہوتا۔ ایک وقت تھا کہ مجھے بیس روپیہ ماہوار ملتے تھے۔ اُن وقت دیسی جوتا
اور معمولی چارخانہ کے کوٹ پر گذر ہوتی تھی اب پرماتما کی کرپا سے سو روپے ماہوار ملتے ہیں۔
تو پالش دار جوتا اور ریشمی کوٹ سے کم نہ چاہیے۔ وہ بیچاری ہیں کہ جسطرح پہلے رہتی تھیں اُسی
طرح آج بھی گزر کرتی ہیں۔ صرف دوسرے سال ایک زیور اور ... کے دن ... انسان
بس اسی ... خوش ہیں۔ ہم لوگ ہیں کہ ہر سال ترقی ملتی ہے لیکن شکریہ کی جگہ ہمیشہ شکوہ شکایت
ہی زبان پر رہتی ہے اور ہر وقت پوسٹل ایسوسی ایشن کی پکار کرتے ... اضافہ اور دفتر کا وقت

उर्दू मासिक 'जमाना' के नवम्बर 1926 के अंक में
प्रकाशित इस कहानी का प्रथम पृष्ठ

[बीसवीं सदी के प्रारम्भ में जब मुंशी प्रेमचंद इलाहाबाद के टीचर्स ट्रेनिंग कॉलेज में प्रशिक्षण प्राप्त कर रहे थे तब वहाँ उनके सहपाठी बाबू लाल कृष्ण के साथ-साथ उनके समस्त मित्र उन्हें बम्बूक के नाम से पुकारते थे। इस तथ्य का उद्घाटन करने के साथ ही बाबू लाल कृष्ण ने अपने लेख 'मुंशी प्रेमचंद : एक हमसबक की निगाह में' ('जमाना', प्रेमचंद नम्बर, दिसम्बर 1937) में यह भी स्पष्ट कर दिया था कि प्रेमचंद के साथ इसी नाम से उनका पत्राचार भी होता था। और, इस तथ्य की पुष्टि करते हुए डॉ. अली अहमद फातमी ने अपने लेख 'प्रेमचंद और इलाहाबाद' ('हमारी जबान', नई दिल्ली, 8-14 अगस्त 2006) में लिखा है कि प्रेमचंद ने बम्बूक के नाम से अपनी कई रचनाएँ भी प्रकाशित कराई थीं। अपने समय के प्रसिद्ध अंग्रेजी पत्रकार और प्रेमचंद के ज्येष्ठ पुत्र श्रीपतराय के अन्तरंग मित्र मदन गोपाल भी 1980 में प्रकाशित अपनी अंग्रेजी पुस्तक-'प्रेमचंद : हिज रेलेवैंस टुडे' में स्पष्ट उल्लेख करते हैं कि प्रेमचंद का एक उपनाम 'बम्बूक' था। प्रेमचंद ने मुंशी दयानारायण निगम को सम्बोधित अपने जून 1905 के पत्र में 'बम्बूक' शब्द का स्पष्ट उल्लेख भी किया है।

प्रेमचंद के छोटे बेटे अमृतराय ने प्रेमचंद के निकट सम्पर्क के लोगों से प्राप्त व्यक्तिगत जानकारी के आधार पर प्रो. कमर रईस की सहमति से उनकी प्रामाणिक रचना स्वीकार करते हुए 'बम्बूक' के लेखकीय नाम से प्रकाशित दो कहानियाँ-'शादी की वजह' ('जमाना', मार्च 1926) और 'ताँगे वाले की बड़' ('जमाना', सितम्बर 1926) 'गुप्त धन' (1962) में संकलित करके प्रकाशित करा दी थीं। उल्लेखनीय है कि प्रेमचंद का ही नाम बम्बूक होने के सम्बन्ध में प्रेमचंद के सर्वाधिक आत्मीय मित्र मुंशी दयानारायण निगम ने अक्टूबर 1936 के 'जमाना' के अंक में ही स्पष्ट उल्लेख कर दिया था और 'जमाना प्रेमचंद नम्बर' (दिसम्बर 1937) में भी स्पष्ट किया था कि उनके कानपुर प्रवास के काल में भी उन्हें 'बम्बूक' के नाम से सम्बोधित किया जाता था।

प्रेमचंद के इसी छद्म नाम 'बम्बूक' के लेखकीय नामोल्लेख के अन्तर्गत एक कहानी 'जमाना' के नवम्बर 1926 के अंक में भी 'महरी' शीर्षक से प्रकाशित हुई थी जो किसी भी प्रेमचंद-विशेषज्ञ के संज्ञान में नहीं आ सकी। इस दुर्लभ कहानी में प्रेमचंद जहाँ एक ओर सहज एवं स्वाभाविक हास्य की सृष्टि करने में पूर्णता के साथ सफल रहे हैं, वहीं दूसरी ओर इसके द्वारा स्वावलम्बी होने की प्रबल प्रेरणा भी देते हैं। और, इस दृष्टि से यह प्रेमचंद की एक अत्यन्त महत्त्वपूर्ण कहानी है।]

1

भगवान् भला करे लल्लूजी की माँ का, जिनके बल पर हर प्रकार का आराम है। अन्यथा डाकखाने की नौकरी जहाँ सात-आठ घंटे की हाजिरी और कभी दफ्तर को देर न हो, यह चमत्कार नहीं तो और क्या है? घर-बार का सारा काम सदा स्वयं ही समय पर हो जाता, हमारी गाड़ी कभी 'लेट' होती ही नहीं। घर की सभी चूलें घड़ी के पुर्जों की भाँति सदा अपनी-अपनी जगह पर ठीक रहती हैं। यह सब लल्लूजी की माँ का जादू है। यदि मुझे किसी छुट्टी के दिन दफ्तर जाना पड़ जाए तो रो पड़ूँ लेकिन वे बेचारी हैं कि उनको न इतवार से मतलब है, न ही बड़े दिन से। काम है कि प्रतिदिन बढ़ता ही जाता है। मेरा घमण्ड वेतन के साथ-साथ बढ़ता जाता है लेकिन वे उफ तक नहीं करतीं। घर में प्रभु की कृपा से चार बच्चे हैं, उनके ही काम से एक औरत को अवकाश मिलना कठिन है, फिर पता नहीं वे अन्य कामों के लिए किस प्रकार समय निकाल लेती हैं। मेरे व्यक्तिगत सुख के सभी काम वे स्वयं ही करती हैं। जाड़े में सुबह-सुबह गर्म पानी मौजूद, हजामत का सामान अपनी जगह तैयार, पूजा के बर्तन साफ, पॉलिश किए हुए जूते, अर्थात् कहीं से उँगली रखने का कोई अवसर न मिलता। इस पर मजा यह कि इन बातों में कुछ खर्च नहीं होता। एक जमाना था कि मुझे बीस रुपए मासिक मिलते थे। उस समय देसी जूते और साधारण से चारखाने के कोट पर गुजर होती थी। अब परमात्मा की कृपा से सौ रुपए मासिक मिलते हैं तो पॉलिशदार जूता और रेशमी कोट से कम नहीं चाहिए। वे बेचारी हैं कि जिस प्रकार पहले रहती थीं, उसी प्रकार आज भी गुजर करती हैं। केवल दूसरे साल एक गहना और कार्तिकी के दिन त्रिवेणी स्नान, बस इसी में प्रसन्न हैं। इधर हम लोग हैं कि प्रत्येक वर्ष वेतन-वृद्धि होती है लेकिन धन्यवाद के स्थान पर सदा उलाहना-उपालम्भ ही मुँह पर रहता है और हर समय पोस्टल एसोसिएशन की पुकार कि वार्षिक वेतन-वृद्धि में बढ़ोतरी और दफ्तर के कार्य का समय कम रखा जाए और कोई भी अधिकारी आँख उठाकर न देख सके। मैं जो दाल-चावल खाता हूँ, वही वे भी खाती हैं। ईश्वर की देन है कि उन्हें सन्तोष रहता है और मुझे असन्तोष और अधीरता।

2

मैं पूरा का पूरा वेतन लल्लूजी की माँ के हाथ में ही दे देता हूँ और मुझे वह सुख-सुविधा मिलती है जो तीन सौ रुपए के अफसर को भी नसीब न हो। अतिथि

भी प्रसन्न रहते हैं और सभी सम्बन्धी भी सन्तुष्ट हैं। सच पूछिए तो जितना काम वे करती हैं वह सौ रुपए से अधिक का होता है। साहब लोग अपने बच्चों के लिए पन्द्रह-बीस रुपए मासिक पर आया रखते हैं लेकिन उनको वह आराम और प्यार नसीब नहीं होता जो मेरे बच्चों को है। यदि मैं एक बावर्ची रखूँ तो कम-से-कम दस रुपए मासिक और भोजन देने पर भी इतना अच्छा खाना नहीं बना सकता। इस पर मजा यह कि सदा खर्च में किफायत दृष्टि में रहती है। यदि मैं पन्द्रह रुपए मासिक पर अपने लिए एक बैरा रखूँ तो भी वह इतनी देखभाल और रख-रखाव नहीं कर सकेगा। फिर बच्चों के कपड़ों की सिलाई ही दस-पन्द्रह रुपए मासिक की हो जाती है। झाड़ू-बर्तन की नौकरानी ही दस-पाँच रुपए मासिक ले जाती। अर्थात् चाहे जो हिसाब लगाइए, यदि मेरा लगभग समस्त वेतन भी नौकरों को भेंट कर दिया जाए तो भी इतना आराम नसीब नहीं हो सकता, जितना कि इस भागवान के रहने से उपलब्ध है।

3

इसे अंग्रेजी शिक्षा का प्रभाव समझिए या अखबार पढ़ने अथवा बड़े-बड़े नेताओं के भाषणों का परिणाम, प्राय: मेरे मन में आता है कि अपने जीवन-साथी से इतनी मेहनत कराना भारी अत्याचार है और वास्तव में एक औरत का इस सीमा तक काम करना अन्याय है, लेकिन वह बेचारी अपने मुँह से कुछ नहीं कहती। सम्भवत: उनके मन में कभी विचार ही नहीं आता है। मेरे मन में कभी-कभी उफान-सा उठता है कि एक महरी या नौकरानी रख दूँ तो शायद उन्हें कुछ आराम मिले। वास्तव में बहुत स्वार्थीपन की बात है कि मैं तो बाबू बना हुआ हर प्रकार का आराम उठाऊँ और घर की देवी नौकरानी की भाँति दिन-भर काम ही करती रहे। लेकिन जब कभी देवीजी से इसकी चर्चा होती है तो वे सदा हँसकर टाल देती हैं-

"क्यों बेकार में खर्च बढ़ाओगे? मैं कुछ पढ़ी-लिखी तो हूँ नहीं जो दिन-भर पलंग पर लेटी रहूँ, या सुबह-शाम पार्क की सैर को जाऊँ। जिस तरह काम चलता है, चलने दो।" यदि मैं दबाव देता हूँ तो वे कहने लगती हैं-"मैं तो मना नहीं करती, महरी रख लो।"

मेरे समय से पहले तो सदा एक नौकरानी घर में रही, मुझे वही समय याद आता है। बुढ़िया नौली के बाद घर में कोई नौकरानी नहीं रही। भगवान् भला करे, उसकी कमर झुक गई थी लेकिन मरते दम तक अकेली ही सारा काम करती रही। सदा सेवा ही की, स्वयं कभी बीमारी तक में भी कोई सेवा न ली। उस पर मजा यह कि केवल एक रुपया वेतन और खाने पर, और वह उम्र भर का वेतन भी मरने पर घर में ही छोड़ मरी। माँ से अधिक सेवा करने वाली, दु:ख-दर्द बाँटने वाली! अब ऐसे नौकर

कहाँ मिलते हैं। क्या समय था, अत्यल्प वेतनों पर भी लोग सम्पन्न थे। इसके प्रतिकूल आजकल वह समय है कि आय और व्यय, दोनों में वृद्धि, उस पर भी हर समय असन्तोष। पहले प्रत्येक वस्तु सस्ती थी। लट्ठा और उत्तम मलमल चार आने गज, अच्छी मिठाई पाँच-छह आने सेर। अब खर्च दोगुना हो गया है मगर वह बात ढूँढ़े नहीं मिलती। भगवान् करे वह समय एक बार तो पुनः आ जाए, चाहे थोड़े ही समय के लिए हो लेकिन एक बार तो 'टके सेर भाजी और टके सेर खाजा' बिक जाए।

4

अब मैंने किसी आवश्यकता के कारण नहीं और न किसी के कहने पर बल्कि अपनी इच्छा से, फैशन की दृष्टि से एक महरी रखने का संकल्प कर लिया, लेकिन यह संकल्प रास नहीं आया। हर बार नयी मुसीबतों से दो-चार होना पड़ा और आराम तो एक ओर, चिन्ता ही चिन्ता रही। प्रतिदिन बर्तनों और कपड़ों का गुम होना आरम्भ हुआ। खर्चे अत्यधिक बढ़ गए। यदि पहले दस-पन्द्रह रुपए के घी में काम चल जाता था तो अब पच्चीस का लगने लगा। नौकरानी है कि हर समय अपने पिछले स्वामी की बड़ाई का गीत गाती रहती है, "वहाँ यह होता था वह होता था, इस प्रकार घी पतनालों में बहाया जाता था, दूध से बर्तन धुलते थे, यह मिलता था वह मिलता था।"

अर्थात् आराम कम और खर्च अधिक हो गया, हर समय की बकझक ऊपर से।

5

पहली नौकरानी जो मिली उसकी अवस्था बीस-बाईस वर्ष की रही होगी। आप उसे रूपसी नहीं कह सकते हैं लेकिन शिष्ट अवश्य थी और उसकी आँखों में एक प्रकार की चमक भी थी। यद्यपि कोई विशेष बात नहीं हुई लेकिन देवीजी को शिकायत ही रही। वह कहतीं कि मैं अब दफ्तर देर से जाता और शीघ्र लौट आता हूँ। लेकिन मैं पूरे समय तक दफ्तर में ही रहता। डाकखाने की नौकरी में देरी और जल्दी कैसी? दूसरी शिकायत यह हुई कि मैं जमना (नौकरानी का नाम) की ओर बहुत देखता हूँ, हर समय उसी से बातें करता रहता हूँ, लेकिन मुझे कोई असामान्य बात नहीं लगी। लेकिन जब शिकायत बढ़ते-बढ़ते कष्ट और शोक तक जा पहुँची तो मैंने अन्ततः उसे नौकरी से निकाल दिया। इसके पश्चात् मैंने ढूँढ़कर एक बुढ़िया रखी ताकि घर में किसी प्रकार का सन्देह उत्पन्न न हो और आवश्यकता भी पूरी हो जाए, लेकिन यह

प्रयोग भी असफल रहा। बुढ़िया से न तो पानी से भरा कोई बर्तन ही उठता है, न पलंग ही उठा सकती है। वह तो हड्डियों और खाल का एक थैला-भर थी और सच पूछिए तो उसे स्वयं ही एक सेवक की आवश्यकता थी। बहरहाल, लल्लूजी की माँ को उससे कोई आराम नहीं मिला। उन्हें पहले जितना काम करना पड़ता था, अब भी उतना ही करना पड़ता था। लेकिन बीच में मैं बेवकूफ बना। संक्षेप में यह कि अन्तत: उसे भी नौकरी से निकाल दिया और अब एक मध्यम आयु वाली की खोज आरम्भ हुई। सर्विस सीकिंग एजेन्सी के माध्यम से एक चालीस वर्षीया नौकरानी की खोज हुई। उससे पहले अनेक सेविकाएँ आईं और चली गईं। कोई काम का विवरण पूछती और काम बताया जाता तो यह कहती हुई उलटे पाँवों चली जाती कि काम तो दो नौकरों का है और वेतन एक का भी नहीं। इस पर जब दूसरी महरी आई तो मैंने कहा कि काम तो कुछ नहीं है, केवल पलंग बिछाकर पड़े रहना होगा। वह भी चली गई। विचित्र दशा है। यदि काम लेता हूँ तो नौकर नहीं रहता। यदि कहता हूँ कि कोई काम नहीं तो भी कोई परिणाम नहीं निकलता। खैर, हफ्ते-पखवाड़े की खोज के पश्चात् एक और मिली कि जिस पर न किसी प्रकार के सन्देह हो सकते थे और जो कामचोर भी नहीं थी। हर प्रकार से, अपनी बुद्धि से भली प्रकार सोच-विचार कर उसे नौकर रखा।

6

थोड़े समय में पता चला कि यह औरत जब चाहती, अच्छा काम करती और जब न चाहती तो कुछ न करती। ऊपर से यह कि जब जी में आता धृष्टता का व्यवहार करती। एक दिन की घटना सुनिए—देवीजी ने थाली में मिट्टी और मिट्टी में पंजे का निशान देखा तो उससे पूछा, "चम्पा, यह थाली तो बहुत मैली है।" चम्पा बोली, "ये तो साफ पंजे और उँगलियों के निशान हैं। मैं ही क्या, सभी देख सकते हैं। मगर ये मेरी नहीं हैं, हुमा (यह मेरी बड़ी लड़की का नाम है) की होंगी। लड़के तो इस घर में मिट्टी से खेला ही करते हैं।"

देवी, "अरी चम्पा, क्यों इतना झूठ बोलती है? लड़की के इतनी बड़ी उँगलियाँ कहाँ? बेकार बातें बनाती है और बच्चों को बदनाम करती है।"

चम्पा, "मैं तो बात बनाती हूँ मगर झूठ तो तुम ही बोला करती हो।"

देवी, "जबान सँभालकर बात कर। यह महीना पूरा हो ले तो हम तुझे बर्खास्त कर देंगे।"

चम्पा, "तुम क्या बर्खास्त करोगी, मैं खुद ही थोड़े दिनों में नौकरी छोड़ने वाली हूँ। केवल अपना सुभीता देख रही थी। मेरा आदमी हैरान है कि मैं इतने दिनों यहाँ कैसे रही। वे तो शुरू से ही इस घर के खिलाफ थे। यहाँ किसी नौकर

का गुजारा हो ही नहीं सकता। सब चीजों पर ताले और मुहरें लगी हैं। सूखी तनख्वाह ही तनख्वाह है। यह बात तो साफ है कि यहाँ कभी कोई नौकर नहीं रहा है।"

जब मैं शाम को दफ्तर से आया तो मुझे यह बात पता चली। मैंने यह कहकर टाल दिया कि तुमको नौकर नहीं रखना है तो निकाल दो। जो मैंने लल्लूजी की माँ के साथ किया, उस अन्याय पर मुझे बाद में बहुत पश्चात्ताप हुआ। खैर, उस समय तो यह बात आई गई हो गई और मैंने चम्पा को समझा दिया। और फिर कुछ दिनों तक काम चलता रहा।

7

एक दिन की बात सुनिये। देवीजी ने दस बार 'चम्पा-चम्पा' पुकारा। वह नीचे थी लेकिन बोली नहीं। चम्पा सुनती है लेकिन बोलती नहीं। तब देवीजी नीचे आईं और उससे कहा, "तुझे पचास आवाजें दीं, तूने जवाब न दिया।"

चम्पा, "अरे बीबी! रहने दो, क्यों झूठ बोलती हो? तुमने दस बार ही तो पुकारा और पचास बार कहती हो। तुमने ही तो कहा था कि महीना बन्द हो जाए तो हम निकाल देंगे, और आज पहली तारीख है। अब मैं क्यों बोलूँ?"

देवीजी गुस्से से आग होकर चली आईं। चम्पा उत्तर देने में बिजली, बेचारी पर्दे में रहने वाली देवीजी चुप होकर मेरे कारण गुस्सा पी जाती और मुझसे कुछ न कहतीं। मेरा कमरा भली प्रकार साफ न होता और यदि वे कुछ कहतीं तो वह कहती कि कौन बड़ा साफ कमरा है। एक दिन चम्पा ने चीनी मिट्टी के गुलदान तोड़ डाले। देवीजी ने पूछा तो कहा, "लड़कों ने तोड़े हैं।"

देवीजी, "लड़के इनको कभी नहीं छूते।"

चम्पा, "तो साहब मैंने ही तोड़े। मुझे कब कहा था कि गुलदान न तोड़ें। शीशे के बर्तनों को कहा था, सो आज तक एक भी नहीं टूटा है। जो काम करेगा उससे टूट-फूट भी होगी। गुलदान पुराने तो थे। आपको नौकर नहीं रखना है, बेकार झूठे आरोप लगाती हैं।"

जब शाम को मैं पहुँचा तो कहा, "हाँ सरकार, खता हो गई। साफ करने पर एक दूसरे पर गिर गया और टूट गए।"

मैं यथासम्भव प्रसन्न रहने का प्रयत्न करता हूँ। क्या करूँ, दिन-भर दफ्तर की हाय-हाय, शाम से घर की परेशानियाँ। एक दिन मैंने कहा कि, "चम्पा, मेरे जूते में एक कील निकल आई है, उसको किसी चीज से ठोक दे।"

वह चुप रही। शायद मन में यह सोचती रही होगी कि जिस समय नौकर रखा था उस समय यह नहीं कहा था कि यह काम भी उसी के जिम्मे होगा। शायद इसी

विचार से उसने उसमें हाथ तक नहीं लगाया। मुझे सुबह को कील वैसी ही मिली तो मैंने उससे पूछा कि तूने कल शाम को जो कील दबाई थी वह रात में फिर निकल आई। तो वह उत्तर देती है, "बाबू, जूते पुराने हैं, कहाँ तक चलें? इनको बदल डालो और अच्छे दाम के जूते ले लो कि कुछ चलें।"

इस भाँति जब मेरा नाक में दम आ गया तो मैंने उसे निकाल दिया और फिर कोई महरी न रखी। इस प्रकार खोया हुआ चैन आप ही आप मिल गया। सच है, अब नौकरों का समय नहीं रहा, प्रत्येक व्यक्ति स्वयं अपना सर्वश्रेष्ठ नौकर है।

वफा की देवी

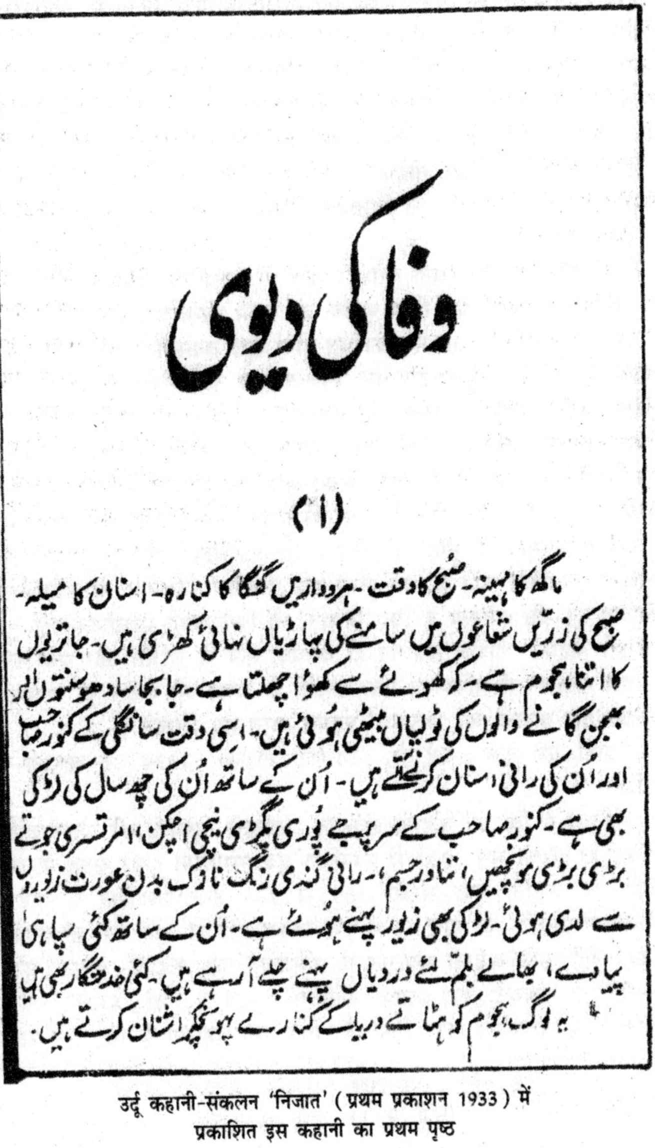

وفا کی دیوی

(۱)

ماگھ کا مہینہ۔ صبح کا وقت۔ ہردوار میں گنگا کا کنارہ۔ اسنان کا میلہ۔ صبح کی زرّیں شعاعوں میں سامنے کی پہاڑیاں نہائی کھڑی ہیں۔ جاتریوں کا اتنا ہجوم ہے۔ کہ کھوے سے کھوا اچھلتا ہے۔ جا بجا سادھو سنتوں اور بھجن گانے والوں کی ٹولیاں بیٹھی ہوئی ہیں۔ اسی وقت سانگی کے کنور صاحب اور اُن کی رانی اسنان کرنے نکلتے ہیں۔ اُن کے ساتھ اُن کی چھ سال کی لڑکی بھی ہے۔ کنور صاحب کے سر پہ جے پوری پگڑی نیچی اچکن، امرتسری جوتے بڑی بڑی مونچھیں، تنا ور جسم۔ رانی گندمی رنگ نازک بدن عورت زیوروں سے لدی ہوئی۔ لڑکی بھی زیور پہنے ہوئے ہے۔ اُن کے ساتھ کئی سپاہی پیادے، بھالے بلم لئے وردیاں پہنے چلے آرہے ہیں۔ کئی خدمتگار بھی ہیں یہ لوگ ہجوم کو ہٹاتے دریا کے کنارے پہونچکر اشنان کرتے ہیں۔

उर्दू कहानी-संकलन 'निजात' (प्रथम प्रकाशन 1933) में प्रकाशित इस कहानी का प्रथम पृष्ठ

[प्रेमचंद का एक उर्दू कहानी-संकलन 'निजात' शीर्षक से सन् 1933 में लाहौर से तीर्थराम हरबंसलाल ने प्रकाशित किया था। इसके सम्बन्ध में डॉ. कमल किशोर गोयनका निम्नांकित सूचना उपलब्ध कराते हैं–

"निजात'-उर्दू कहानी-संकलन/प्रकाशक-तीरथराम हरबंसलाल, अनारकली, लाहौर, प्रथम संस्करण 1933/संग्रह की कहानियाँ मार्च 1934 में 'आखिरी तोहफा' शीर्षक से भी प्रकाशित हुईं। उपेन्द्रनाथ अश्क के लेख 'प्रेमचंद के पत्र' ('हंस', दिसम्बर 1948) के अनुसार तीरथराम हरबंसलाल ने प्रेमचंद से 250 रु. में 'निजात' का कॉपीराइट लिया था। लेकिन पुस्तक प्रकाशन के साथ ही उसकी दुकान बन्द हो गई। प्रेमचंद ने फिर 50 रु. लेकर इसका कॉपीराइट नारायणदत्त सहगल, लाहौर को दे दिया जिसने 'आखिरी तोहफा' नाम से इसकी कहानियों को मार्च 1934 में प्रकाशित किया।...'निजात' का विज्ञापन 'नैरंगे खयाल', जून-जुलाई 1936, पृ. 168 पर प्राप्त होता है।"[1]

डॉ. गोयनका की सूचना परोक्ष प्रमाण पर आधारित होने के कारण प्रामाणिक नहीं मानी जा सकती। फिर जिस पुस्तक का प्रथम संस्करण 1933 में प्रकाशित हुआ हो, उसका विज्ञापन 1936 में प्रकाशित होना कुछ तर्कसंगत नहीं जान पड़ता। इतना अवश्य है कि इस कहानी-संकलन 'निजात' का नामोल्लेख डॉ. कमर रईस, मदन गोपाल प्रभृति विद्वानों ने किया अवश्य परन्तु पुस्तक की अनुपलब्धता के कारण इसका विस्तृत विवरण प्रस्तुत नहीं किया जा सका। प्रेमचंद के इस अलभ्य कहानी-संकलन की प्रति खोजकर इसका सम्पूर्ण प्रामाणिक विवरण इन पंक्तियों के लेखक ने ही पहली बार साहित्य-संसार के समक्ष प्रस्तुत किया था जिससे इस सूचना की प्रामाणिक रूप से पुष्टि हो जाती है कि 'आखिरी तोहफा' नामक संकलन में प्रकाशित कहानियाँ वही हैं, जो इससे पूर्व प्रकाशित 'निजात' में सम्मिलित होकर प्रकाशित हुई थीं। ध्यातव्य है कि 'निजात' तो फिर कभी प्रकाशित नहीं हुआ और 'आखिरी तोहफा' शीर्षक संकलन ही व्यापक रूप से चर्चित और प्रचलित रहा।

इस संकलन में सम्मिलित एक कहानी है 'वफा की देवी'। डॉ. कमल किशोर गोयनका इस कहानी को 'अप्राप्य' घोषित करते हुए लिखते हैं–

"वफा की देवी', उर्दू से, 'आखिरी तोहफा' 1934 उर्दू कहानी-संग्रह में संकलित।"[2]

ध्यातव्य है कि उर्दू कहानी-संकलन 'आखिरी तोहफा' की उपलब्धता निरन्तर बनी हुई है। इसका सन् 2000 में प्रकाशित एक संस्करण हमारे संग्रह में उपलब्ध है जिसमें यह कहानी पृष्ठ संख्या 169 से 204 तक प्रकाशित है। यह कहानी 'कुल्लियाते प्रेमचंद' के भाग 14 में पृष्ठ संख्या 225 से 249 तक भी प्रकाशित हुई है। यही नहीं, इसी कहानी-संकलन में सम्मिलित एक कहानी 'बारात' को तो डॉ. गोयनका ने 'प्रेमचंद का अप्राप्य साहित्य', भाग-1 तथा 'प्रेमचंद की अप्राप्य कहानियाँ' में प्रकाशित करा दिया है, फिर क्या कारण है कि इसी संकलन में

---

1. प्रेमचंद विश्वकोश, भाग-2, पृ. 209
2. प्रेमचंद की अप्राप्य कहानियाँ, पृ. 11

सम्मिलित कहानी 'वफा की देवी' को प्रकाशित कराने में उन्हें सफलता न मिल सकी?

जो कहानी अधुनातन संकलनों में प्रकाशित होकर उपलब्ध है, उसे 'अप्राप्य' घोषित करने में क्या 'विशेषज्ञता' है, कुछ कह पाना सम्भव नहीं है। हाँ, इतना अवश्य है कि जो महानुभाव उर्दू भाषा एवं लिपि से नितान्त अपरिचित हैं, उनके लिए तो यह कहानी आकाश-कुसुम के समान 'अप्राप्य' ही है।]

माघ का महीना, सुबह का समय, हरिद्वार में गंगा का किनारा, स्नान का मेला। सामने की पहाड़ियाँ सुबह की सुनहरी किरणों में नहाई खड़ी हैं। यात्रियों की इतनी भीड़ है कि कंधे से कंधा छिलता है। जगह-जगह साधु-संन्यासियों और कीर्तनियों की टोलियाँ बैठी हुई हैं। इस समय सांगली के कुँअर साहब और उनकी रानी स्नान करने आए हैं। उनके साथ उनकी छह वर्ष की लड़की भी है। कुँअर साहब के सिर पर जयपुरी पगड़ी, नीची अचकन, अमृतसरी जूते, बड़ी-बड़ी मूँछें, गठीला शरीर। रानी का रंग गेहुँआ, शरीर नाजुक, गहनों से सजी हुई। लड़की भी गहने पहने हुए है। कई सिपाही, प्यादे उनके साथ भाला-बल्लम लिए, वर्दियाँ पहने चले आ रहे हैं। कई सेवक भी हैं।

ये लोग भीड़ को हटाते, नदी-किनारे पहुँचकर स्नान करते हैं। चार आदमी रानी के स्नान के लिए परदा करते हैं। लड़की पानी से खेल रही है, राजा साहब पंडितों को दान दे रहे हैं और लड़की पानी पर अपनी नाव तैरा रही है। अचानक नाव एक रेले में बह जाती है, लड़की उसे पकड़ने के लिए लपकती है। उसी समय भीड़ का ऐसा रेला आता है कि लड़की माँ-बाप से अलग हो जाती है। कभी इधर भागती कभी उधर, बार-बार अपनी माँ को देखने का भ्रम होता है। फिर वह रोने लगती है, डर के मारे किसी से कुछ बोलती भी नहीं, न रास्ता ही पूछती है। बस, खड़ी फूट-फूटकर रो रही है और अपनी माँ को पुकारती है। अचानक एक रास्ता देखकर उसे धर्मशाला के मार्ग का भ्रम होता है। वह उसी पर हो लेती है, लेकिन वह रास्ता उसे धर्मशाला से दूर ले जाता है।

इधर लड़की को न पाकर कुँअर साहब और उनकी रानी इधर-उधर खोजने लगते हैं और बौखलाकर अपने नौकरों पर बिगड़ते हैं। नौकर लड़की की तलाश में चले जाते हैं। एक छोटी लड़की को देखकर रानी सहसा उसकी ओर दौड़ पड़ती है, लेकिन जब अपनी गलती पता चलती है तो आँखों पर हाथ रखकर रोने लगती है। कुँअर साहब गुस्से से आग बबूला हो रहे हैं, मगर तलाश करने कहीं नहीं जाते। अभी उनका साफा ठीक नहीं हुआ, अचकन भी नहीं सजी, बाल भी सँवारे नहीं जा सके। अब वहाँ नौकर तो रहे नहीं, वे पंडितों पर बिगड़ते हैं और अन्ततः नखशिख से सज-धजकर, कमर में तलवार लगाकर लड़की की तलाश में निकलते हैं। इसी मध्य गंगा के किनारे आकर रानी मन्नत माँगती है। भीड़ के मारे एक कदम चलना मुश्किल है। भीड़ बढ़ती जाती है। बेचारे हतभागे माँ-बाप धक्कम-धक्के में कभी दो पग आगे बढ़ते हैं तो कभी दो पग पीछे हो जाते हैं।

इधर रोती हुई लड़की अपनी धर्मशाला को पहचानने की कोशिश में और दूर चली जा रही है।

सहसा कुँअर साहब के मन में आता है कि शायद लड़की धर्मशाला में पहुँच गई हो और उसे नौकरों ने पा लिया हो। फौरन भीड़ को हटाते हुए दोनों धर्मशाला की ओर चल देते हैं मगर वहाँ पहुँचकर देखते हैं कि लड़की का कुछ पता नहीं। घबराकर दोनों फिर निकल पड़ते हैं। आश्चर्य यह है कि आगे-आगे लड़की रोती चली जा रही है और पीछे-पीछे माँ बाप उसकी तलाश में जा रहे हैं, बीच में केवल बीस गज की दूरी है मगर दोनों का आमना-सामना नहीं होता। यहाँ तक कि घंटों बीत जाते हैं। बादल घिर आते हैं। रानी थक जाती है, उससे एक कदम भी चला नहीं जाता। वह सड़क के किनारे बैठ जाती है और रोने लगती है। कुँवर साहब लाल-लाल आँखें निकाले, बेसुध हुए सारी दुनिया पर झल्लाए हुए हैं।

निराश होकर राजकुमारी फिर हरिद्वार घाट की ओर चलती है और माँ-बाप के सामने से निकल जाती है, लेकिन दोनों की दृष्टि दूसरी ओर है, आँखें चार नहीं होतीं।

इतने में कंधे पर मृगछाला डाले, हाथ में तम्बूरा लिए एक जटाधारी महात्मा चले आ रहे हैं। राजकुमारी को घबराया देखकर वे समझ जाते हैं कि यह अपने घरवालों से बिछुड़ गई है। वे उसे गोद में उठा लेते हैं और उससे उसके घर का पता पूछते हैं। लड़की न तो अपने माता-पिता का नाम बता सकती है न अपने घर का पता, वह बस रोए जाती है। डर के कारण उसका मुँह ही नहीं खुलता।

अब साधु के मन में एक नई इच्छा उत्पन्न होती है। लड़की को गोद में लिए वे सोच रहे हैं कि मुझे क्या करना चाहिए? उनका मन कहता है–जब इसके माँ-बाप का पता ही नहीं तो मैं क्या कर सकता हूँ? उनका मन लड़की को छिपा रखने के लिए प्रेरित करता है। वे राजकुमारी को लिए अपनी कुटिया की ओर चले जाते हैं। उनकी लड़की और पत्नी, दोनों मर चुके हैं और इसी शोक में वे संसार से विरक्त हो गए हैं। इस चाँद-सी लड़की को पाकर उनके हृदय में पितृ-प्रेम पुनः जाग्रत हो उठता है। वे समझते हैं कि परमात्मा ने उन पर दया करके उनके जीवन-दीप को जगमगाने के लिए इसे भेजा है।

2

पथरीली जगह पर एक साफ-सुथरी, बेलों और फूलों से सुसज्जित कुटिया है। पीछे की ओर बहुत नीचे एक नदी बह रही है। कुटिया के सामने छोटा-सा मैदान है। दो हिरन और दो मोर मैदान में घूम रहे हैं। वही महात्मा कुटिया के सामने एक चट्टान पर बैठे तम्बूरे पर गा रहे हैं। राजकुमारी भी उनके सुर में सुर मिलाकर गा रही है।

उसकी उम्र अब दस साल की हो गई है। भजन गा चुकने पर लड़की कुटिया में जाकर ठाकुरजी को स्नान कराती है।

साधु भी आ जाते हैं और दोनों ठाकुरजी की स्तुति करते हैं। फिर वे मस्ती में आकर नाचने लगते हैं। थोड़ी देर बाद लड़की भी नाचने लगती है। कीर्तन समाप्त हो जाने के पश्चात् दोनों चरणामृत लेते हैं और साधु राजकुमारी को (जिसका नाम इंदिरा रखा गया है) पढ़ाने लगते हैं। उसे गाना, बजाना, नाचना सिखाने में उन्हें आत्मिक आनन्द प्राप्त होता है। उनकी इच्छा है कि इंदिरा ईश्वर-भजन और जगत्-सेवा में अपना जीवन अर्पित कर दे। वे उस शुभ घड़ी का स्वप्न देख रहे हैं जब इंदिरा ठाकुरजी के सामने मीरा की भाँति गायेगी और मस्ती में आकर नाचेगी। इंदिरा इतनी रूपवती, इतनी मृदुभाषिणी और नृत्य में इतनी पारंगत है कि जब वह रात में कीर्तन करने लगती है तो भक्तों की भीड़ लग जाती है।

महात्माजी ने ये पाँच बरस इसी कुटिया में बिताए हैं। इंदिरा यात्रा के कष्ट सहन करने के योग्य हो गई है इसलिए अब साधु तीर्थयात्रा करने के लिए निकलते हैं। भक्तजन उन्हें बिदा करने के लिए आते हैं। एक भक्त को कुटिया सौंपकर महात्मा इंदिरा के साथ तीर्थयात्रा के लिए चल देते हैं।

बरसों तक महात्माजी तीर्थस्थानों की यात्रा करते रहते हैं। कभी बदरीनाथ जाते हैं कभी केदारनाथ, कभी द्वारका कभी रामेश्वरम, कभी मथुरा कभी काशी, कभी पुरी। दोनों प्रत्येक स्थान पर मन्दिरों में कीर्तन करते हैं और भक्तों को आध्यात्मिक आनन्द से सराबोर कर देते हैं। अब महात्माजी इंदिरा को शास्त्रों और वेदों का भी सदुपदेश देते हैं। जब महात्माजी ध्यानमग्न हो जाते हैं तो इंदिरा प्राय: वेदों का अध्ययन करती है।

3

एक दिन महात्माजी और इंदिरा, दोनों एक गाँव में जा पहुँचते हैं। यह गाँव मुसलमानों का है। एक हफ्ते से प्लेग फैला हुआ है। लोग गाँव के बाहर झोंपड़ियाँ डाले पड़े हैं। महात्माजी एक वृक्ष के नीचे आसन जमाते हैं और प्लेगग्रस्त लोगों का उपचार करते हैं। इंदिरा भी महिलाओं की सेवा में व्यस्त हो जाती है। जड़ी-बूटियाँ खोजना, दवाएँ बनाना, मरीजों को उठाना-बैठाना, उनके बच्चों के लिए खाने-पीने की व्यवस्था करना उन दोनों का नित्य कर्म है। यहाँ तक कि महात्माजी को प्लेग हो जाता है और वे उसी वृक्ष के नीचे पड़ जाते हैं। गाँव के सभी स्त्री-पुरुष और आसपास के देहात के लोग महात्माजी की सेवा-शुश्रूषा के लिए आते हैं लेकिन महात्माजी की दशा बिगड़ती जाती है और एक दिन वे इंदिरा को बुलाकर ईश्वर-भजन और जनसाधारण की सेवा का उपदेश देकर ठाकुरजी के चरणों का

ध्यान करते हुए समाधि ले लेते हैं। गाँव में कोहराम मच जाता है। महात्माजी की अर्थी धूमधाम और गाजे-बाजे के साथ निकलती है। एक भजन मंडली भी साथ है। गाँव की परिक्रमा करने के पश्चात् उसी वृक्ष की छाया में उनकी छतरी बनती है।

इस समय इंदिरा की आयु बीस-इक्कीस वर्ष है और उसके चेहरे पर ऐसा तेज है कि देखने वालों की आँखें झुक जाती हैं। उसका भरा-पूरा शरीर हर प्रकार का कष्ट सहन करने का अभ्यस्त हो गया है। गाँव के लोगों की इच्छा है कि वह उसी गाँव में रहे मगर अब उससे अपने उपकारी का बिछोह सहन नहीं होता। जिस गाँव में उस पर यह कष्ट आन पड़ा उसमें वह अब नहीं रह सकती। वह हृदय को इस बात से सांत्वना देना चाहती है कि जो ईश्वरेच्छा थी वही हुआ, लेकिन उसे किसी प्रकार सन्तोष नहीं होता। अन्ततः एक दिन वह सबसे बिदा लेकर निकल पड़ती है। उसकी कमर में कटार छिपी है, हाथ में तम्बूरा और कमंडल तथा कंधे पर मृगछाला है।

वह गाँव-गाँव और नगर-नगर में ईश्वर के भजन सुनाती और जनता के हृदय में भक्ति के दीप जलाती घूमती है। वह जिस नगर में जा पहुँचती है, वहाँ बात की बात में हजारों आदमी आ जाते हैं। उसकी सवारी के लिए सर्वोत्तम साधन प्रस्तुत किए जाते हैं लेकिन वह प्रदर्शन और बनावट को तुच्छ समझती हुई किसी मन्दिर के सामने वृक्ष की छाया में ठहरती है। उसकी आँखों की निश्छल अदाओं में वह आकर्षण है कि लोग उसके मुँह से एक-एक शब्द सुनने के लिए व्याकुल रहते हैं। उसके दर्शन करते ही बड़े-बड़े ऐयाश और मनचले उसके समक्ष श्रद्धा से सिर झुका देते हैं। इंदिरा को सूफी कवियों की कविताएँ बहुत पसन्द हैं। वह मीरा, कबीर आदि के दोहों को अत्यन्त रुचि से पढ़ती और उन्हीं के भजन गाती है। तुलसी और सूरदास के पदों से भी उसे प्रेम है। समकालीन कवियों में से जिसकी कविताएँ उसे सर्वाधिक प्रिय हैं, वह हरिहर नाम का एक कवि है। वह उसके गीतों को पढ़कर मतवाली हो जाती है। उसके हृदय में उसका विशेष सम्मान है। वह चाहती है कि कहीं हरिहर से भेंट हो जाती तो वह उसके चरणों को चूम लेती।

4.

जरवल रियासत का प्रमुख नगर, पथरीला क्षेत्र, साफ-सुथरी सड़कें, साफ-सुथरे आदमी, वैभवशाली महल, एक अत्यन्त सुन्दर चौक, चारों ओर प्रकाश में नहाई हुई दुकानें, बीच में एक पार्क, पार्क में फव्वारा; उसी फव्वारे के सामने खड़ी इंदिरा तम्बूरे पर भजन गा रही है। हजारों लोग तल्लीन खड़े हैं। जाती हुई मोटर कारें रुक जाती हैं और उन पर से उतर-उतरकर रईस लोग गाना सुनने लगते हैं। खोमचे वाले

रुक जाते हैं और खोमचा लिये भजन सुनने लगते हैं। इंदिरा अपने प्रिय कवि हरिहर का एक अध्यात्म में डूबा हुआ पद गा रही है। उसकी रसीली धुन सबको मस्त कर रही है।

5

कई बरस हुए, हरिहर एक मालदार रईस था। काव्य-रसिक, दार्शनिक चिन्तन में डूबा हुआ और आध्यात्मिकता में रंगा हुआ। अपने शानदार महल को छोड़कर एक झोंपड़ी में बैठा अध्यात्म और दर्शन की भावनाओं को कविता और गीतों के आकर्षक रूप में अभिव्यक्त किया करता था। अध्यात्म की वास्तविकताएँ उसके मनोमस्तिष्क में जाकर काव्यात्मक चमक-दमक से सुसज्जित हो जाती थीं। बैठे-बैठे पूरी रात बीत गई है और वह अपने विचारों में मस्त है। खाने-पीने, कपड़े-लत्ते की चिन्ता नहीं। उसकी दृष्टि में जगत् स्वप्न है, केवल इच्छाओं की मृगतृष्णा। उसकी दृष्टि में इसकी कोई वस्तु ऐसी नहीं कि मानव उसमें मन लगाए। वह अपनी सम्पत्ति की कोई परवाह नहीं करता, कामकाज पर लेशमात्र भी ध्यान नहीं देता। व्यापारी लोग बार-बार उससे मिलने आते हैं लेकिन वह अपने आनन्दकानन से बाहर नहीं निकलता। हाँ, यदि कोई फटेहाल आ जाता है तो तत्काल आकर उसे अतिथिशाला में ले जाता है। उसका समस्त वैभव गरीबों के लिए न्यस्त है। कभी गरीबों को कम्बल बाँटता है कभी अनाज। कोई भूखा भिखारी उसके द्वार से निराश नहीं लौटता। परिणाम यह होता है कि वह कर्ज में डूब जाता है। कर्ज देने वाले नालिश करते हैं, उस पर डिग्री होती है। हरिहर अपना एकान्त छोड़कर कभी मुकदमे की पैरवी करने नहीं जाता। उसकी सम्पत्ति कुड़क हो रही थी और वह अपनी झोंपड़ी में बैठा सितार पर वह पद गा रहा था जो उसने अभी-अभी लिखा था। बनाव-सजाव की वस्तुएँ उसके महल से निकालकर नीलाम कर दी जाती हैं, उसे तनिक भी दुःख नहीं। तब उसका महल नीलाम कर दिया जाता है और वह इसी प्रकार निस्पृह बना रहता है। एक बहुत बड़ा रईस आकर इस महल पर अधिकार जमा लेता है। हरिहर के पास अब भी विस्तृत इलाका है। वह चाहे तो फिर भव्य महल बनवा सकता है, मगर उसे सम्पत्ति से प्यार नहीं। वह हरेक गाँव में घूम-घूमकर अपनी आसामियों को जमींदारी के अधिकार प्रदान कर देता है, यहाँ तक कि उसके सभी एक सौ एक गाँव स्वतन्त्र हो जाते हैं। वह जिस गाँव में जा पहुँचता है, लोग उसका स्वागत करने दौड़ते हैं और उसके चरणों की धूल मस्तक पर लगाते हैं। उसके लिए हर प्रकार की सुविधाएँ प्रस्तुत की जाती हैं लेकिन वह गाँव के बाहर किसी वृक्ष की छाया में टिक जाता है और जंगली फल खाकर सो रहता है। अन्ततः सम्पत्ति की चिन्ता से मुक्त होकर वह फिर सन्तोष के साथ अपने आनन्दकानन में आ बैठता है। आज उसके हर्ष की

कोई सीमा नहीं है। उसकी कुटिया में अब भी कितनी ही फालतू चीजें हैं जिन्हें उसकी सौन्दर्यप्रियता ने एकत्र कर रखा है। चित्रकला और कारीगरी के इन अजूबों को इकट्ठा करके वह एक ढेर लगा देता है और उसमें आग लगा देता है। उसका सितार और तम्बूरा और डफ, मूर्तियाँ, मृगछालाएँ, अध्यात्म और दर्शन की किताबें–सब उस ढेर में जलकर राख हो जाती हैं और वह मुस्कराता खड़ा उन वस्तुओं को राख होते हुए देखता है।

6

शाम हो गई है। शहर के चौक में इंदिरा अपने तम्बूरे पर एक पद गा रही है। हजारों आदमी इकट्ठा हैं। बड़े-बड़े रईस और अमीर तल्लीन खड़े हैं। वह लुभावना गीत सुनकर हरिहर चौंक जाता है और कान लगाकर सुनता है और तब लपककर भीड़ में पीछे खड़ा हो जाता है। इंदिरा पद गा रही है जिसकी एक-एक तान उसके हृदय पर चोट करती है। आज हरिहर को अपनी रचनाओं के गाम्भीर्य, दर्द और प्रभाव का आभास होता है। वह आश्चर्य की मूर्ति बना खड़ा रहता है। यहाँ तक कि गाना समाप्त हो जाता है, लोग विदा हो जाते हैं और इंदिरा भी वहाँ से चली जाती है, मगर अभी तक हरिहर वहीं विचारों में डूबा हुआ बिना हिले-डुले मूरत बना खड़ा है। जब बिल्कुल सन्नाटा छा जाता है तो उसे अपने आसपास की चुप्पी का आभास होता है। वह एक-दो आदमियों से इंदिरा का पता पूछना चाहता है, मगर झिझक के कारण नहीं पूछता। वह विवश होकर अपनी कुटिया में लौट जाता है और प्रेम का पहला गीत लिखता है। वह व्याकुलता की दशा में पूरी रात काटता है और दूसरे दिन संध्याकाल फिर चौक की ओर जाता है। इंदिरा आज भी चौक में गा रही है, भीड़ कल से भी कहीं अधिक है मगर क्या मजाल कोई हिल भी सके। हरिहर भी बुत बना हुआ सुनता है और जब आधे घंटे के बाद इंदिरा चल देती है तो वह उसके पीछे हो लेता है। भक्तों की अजगर जैसी लम्बी पंक्ति साथ में है। इंदिरा कुटिया के पास पहुँचकर सब लोगों को विदा कर देती है, केवल हरिहर उससे कुछ दूरी पर चला आ रहा है। अपनी कुटिया में पहुँचकर इंदिरा पानी भर लाती है और तब ठाकुरजी को भोग लगाकर स्वयं भी खाती है। फिर धरती पर पड़ रहती है।

धवल चाँदनी छिटकी हुई है। कुटिया के सामने धरती पर बैठकर हरिहर पत्थर के टुकड़ों पर कोयले से प्यार का एक नया गीत लिखने लगता है। लिखते-लिखते पूरी रात बीत जाती है। जब पूर्व में सूर्योदय की लालिमा प्रकट होती है तो वह पत्थर के टुकड़ों को कुटिया के द्वार पर क्रम से रखकर वहाँ से कुछ दूर जाकर एक वृक्ष के नीचे लेट जाता है। पत्थर के टुकड़े इस प्रकार रखे गए हैं कि इंदिरा को उसका प्रेम-सन्देश पढ़ने में लेशमात्र भी कठिनाई न हो।

संध्या–पूजन और कीर्तन के पश्चात् जब इंदिरा मुँह अँधेरे बाहर निकलती है तो उसे द्वार पर क्रम से रखे हुए पत्थर के चौकोर टुकड़े दिखाई देते हैं। वह आश्चर्य से एक पत्थर उठा लेती है। उसे उस पर कुछ लिखा हुआ दिखाई देता है। अरे! यह कोई प्रेमगीत है। वह दूसरा पत्थर उठाती है। उस पर भी वही लिखा है। यह इस गीत का दूसरा अन्तरा प्रतीत होता है। फिर वह पत्थर के सभी टुकड़ों को उठाकर पढ़ती है और उन्हें एक पंक्ति में रखकर पूरा गीत पढ़ लेती है। इस गीत में वह दर्द और प्रभाव है कि वह कलेजा थामकर रह जाती है। यह उसी अमर कवि हरिहर की रचना है। इंदिरा के मन में कितनी बार इच्छा उत्पन्न हुई थी कि इस कवि के दर्शन करे लेकिन उसे कुछ पता नहीं था कि वह कौन है, कहाँ रहता है। आज यह प्रेम–सन्देश पाकर वह पागलों की भाँति उसकी खोज में निकल पड़ती है। उसे विश्वास है कि वह कहीं आसपास ही होगा। वह उसे चारों ओर तलाश करती है और अन्ततः वह उसे कुटिया के पिछवाड़े जमीन पर सोता हुआ दिखाई देता है। वह आश्चर्यपूरित आनन्द से उसके चेहरे की ओर देखती है। यह देखकर कि उसे मक्खियाँ सता रही हैं, वह अपने आँचल से मक्खियाँ उड़ाने लगती है। हरिहर की नींद खुल जाती है और इंदिरा को आँचल से पंखा झलते देखकर वह इस प्यार का आनन्द लेने के लिए पड़ा रहता है। फिर वह उठकर बैठता है और इंदिरा उसे प्रणाम करती है।

अब हरिहर भी वहीं रहता है। वह कुटिया के अन्दर रहती है, हरिहर बाहर। दोनों साथ–साथ पहाड़ियों पर घूमते हैं और जंगली फल–फूल एकत्रित करते हैं। इंदिरा के गीतों से पहाड़ियाँ गूँजने लगती हैं। अब वह शहर के चौक में अपने गीत सुनाने नहीं जाती, केवल हरिहर ही उसका श्रोता है। मगर अब भी शहर के भक्तों की भीड़ लग जाती है और लोग उसे बहुत से उपहार देने जाते हैं, जिन्हें इंदिरा खुले हाथों से गरीबों में बाँट देती है।

7

सुबह के समय इंदिरा झील के किनारे एक चट्टान पर बैठी गा रही है और हरिहर सामने बैठा ठाकुरजी के लिए हार गूँथ रहा है। झील में मुर्गाबियाँ, हंस आदि तैर रहे हैं। किनारों पर हिरण, नीलगाय आदि सब मानो उस गीत से मस्त हो रहे हैं।

एकाएक घोड़े पर सवार राजकुमार ज्ञान सिंह उधर से निकलता है। उसके साथ कई बन्दूकची, शिकारी और दरबारी हैं। वह मर्दाने चेहरे का अत्यन्त सुन्दर युवक है। अभी मसें भीग रही हैं। ऊँचा कद, चौड़ा सीना, उन्नत ललाट। इंदिरा का गाना सुनते ही जैसे सन्नाटे में आ जाता है। उसका घोड़ा वहीं रुक जाता है और सारी भीड़ वहीं चुपचाप खड़ी हो जाती है। इंदिरा अध्यात्म के नशे में डूबी हुई है।

उसे ज्ञान सिंह के आने की कुछ भी खबर नहीं होती। जब गाना समाप्त हो जाता है तो राजकुमार घोड़े से उतरता है और इंदिरा के पास आकर सम्मान से प्रणाम करता हुआ उसका नाम पूछता है। वह अब तक अविवाहित था। राजों-महाराजों के यहाँ से सैकड़ों प्रस्ताव आए थे लेकिन उसने एक भी स्वीकार नहीं किया। आज इस रूपसी को देखकर वह आत्मविस्मृति की दशा में पहुँच जाता है। वह सम्मान के साथ उसे अपने महल में आने का निमंत्रण देता है। इंदिरा एक दिन का अवकाश माँगती है, ज्ञान सिंह दूसरे दिन आने का वचन देकर चला जाता है लेकिन शिकार में उसका मन बिल्कुल भी नहीं लगता। उसे एकाएक शिकार से घृणा और प्रत्येक जीवधारी से प्रेम हो जाता है। अब उसे हिरणों का शिकार करने में दुःख होता है। वही दर्दभरा गीत उसके कानों में गूँज रहा है और आँखों में वही सूरत बसी हुई है।

8

यह निमंत्रण पाकर इंदिरा खुशी से फूली नहीं समाती। उस चिंगारी का उसे कुछ पता नहीं जो उसके रूप और गीत ने ज्ञान सिंह के हृदय में भड़का दी थी। वह सोचती है—शाही कृपाओं के सहारे वह जीवन की चिन्ताओं से मुक्त हो जाएगी और हरिहर के साथ सन्तुष्ट रहती हुई जीवन के दिन काट देगी। क्योंकि राजकुमार के दिल का हाल उससे छिपा नहीं रहता इसलिए हरिहर सोचता है कि रनिवास में इंदिरा कितनी प्रसन्न होगी। क्या ऐसी अनिन्द्य रूपसी पहाड़ों तथा जंगलों में फिरने के योग्य है। हरिहर के साथ रहकर उसे भूख व चिन्ता के अतिरिक्त और क्या मिलेगा। वह इस देवी को इन कठिनाइयों में डालना नहीं चाहता। उसके आध्यात्मिक सन्तोष के लिए इतना विश्वास ही पर्याप्त है कि उसका स्थान इंदिरा के हृदय में है। यही विचार उसके जीवन को चरमोत्कर्ष तक पहुँचाने के लिए पर्याप्त है। उसके हृदय में और कोई इच्छा, और कोई आकांक्षा नहीं है।

रात बीत जाती है। पौ फटे हरिहर इंदिरा को फूलों के गहनों से सजाता है। भक्तों ने उस दिन इंदिरा को जितने उपहार दिए थे, वे सब हरिहर ने इकट्ठे कर रखे हैं। वह इस सज्जा से इंदिरा के रूप को और भी चमका देता है मगर जब अवसर मिलता है तो इंदिरा की आँख बचाकर आँसुओं की दो-चार बूँदें भी गिरा लेता है। इंदिरा से हँस-हँसकर बातें करता है मानो उसे कोई आशंका न हो, लेकिन उसे मन में विश्वास है कि अब इंदिरा के दर्शन नहीं होंगे। यह भय भी है कि इंदिरा के मन में अब उसकी याद नहीं रहेगी, शाही भोग-विलास में पड़कर वह उसे अवश्य ही भूल जाएगी। कौन किसको याद करता है! लेकिन वह इस विचार से अपने दिल को सांत्वना देता है कि वह आराम से तो रहेगी, उसके व्यक्तित्व से प्रजा को लाभ होगा। क्या वह इतनी

बदल जाएगी कि अधिकार पाकर शाही अत्याचार के विरुद्ध मुँह भी न खोले? क्या वह महात्मा के उपदेश को भूल सकती है?

जब इंदिरा बन-सँवरकर तैयार हो जाती है तो दोनों साथ बैठकर कीर्तन करते हैं। आज इस कीर्तन में दोनों के मन में भिन्न-भिन्न भावनाएँ उत्पन्न होती हैं। इंदिरा अनजाने में प्रसन्न है। उसे हरा ही हरा सूझता है। वह संन्यास और वैराग्य से अघा चुकी है और अब सांसारिक वस्तुओं का आनन्द लेना चाहती है। उसके विचार में शाही कृपाएँ उसके लिए समृद्धि का द्वार खोल देंगी। वह इस समय भी उस जीवन का स्वप्न देख रही है जब वह हरिहर के लिए अच्छा खाना पकाएगी, उसके लिए अच्छे-अच्छे कपड़े बनवाएगी, उसके सिर में तेल डालेगी, जब वह सोएगा तो उसके लिए पंखा झलेगी। क्या ऐसा गुणवान, ईश्वर तक पहुँचा हुआ कवि इस योग्य है कि संसार की उपेक्षा का शिकार हो? मगर हरिहर दुःख के विचारों में डूबा हुआ है। उसकी आँखों के समक्ष अँधेरा छा रहा है। इसी समय ज्ञान सिंह अपने साथियों के साथ सवारी लिए आ पहुँचता है।

9

शाही महल के सुसज्जित और सुरुचिपूर्ण कमरे, रूपवती दासियाँ। राजमाता का दरबार लगा हुआ है। इंदिरा महल में पहुँचकर राजमाता को प्रणाम करती है। रानी उसकी बड़ी आवभगत करती हैं। वे स्नान करके पूजा के लिए तैयार बैठी हैं। इंदिरा उनके साथ मन्दिर में जाती है जो काँच की वस्तुओं से सजा हुआ है, और वहाँ उनका कीर्तन होता है। रानी के साथ और भी कई कुलीन महिलाएँ हैं। इंदिरा का कीर्तन सुनकर सब अपना आपा खो बैठती हैं। रानी साहिबा इंदिरा को गले लगा लेती हैं और अपनी मोतियों की माला निकालकर उसके गले में डाल देती हैं। इंदिरा दूसरा भजन गाती है। रानी उसके पाँवों पर सिर रख देती है। उसके हृदय में भगवान् की ऐसी भक्ति कभी न उमड़ी थी। इसी समय पद्मा आती है। पद्मा रूप में इंदिरा से बिल्कुल अलग है। उसके रूप में रौब, गाम्भीर्य, लावण्य और आकर्षण है। इंदिरा के रूप में मृदुलता और नम्रता। एक चमेली का फूल है—सादा और कोमल, उसका सौन्दर्य उसकी कोमलता और सादगी में है। दूसरा सूरजमुखी है—सुवर्ण और सुदर्शन। पद्मा का पिता सरदार केसरी सिंह राज्य में मंत्री के पद पर प्रतिष्ठित है। वह पद्मा का विवाह राजकुमार ज्ञान सिंह से करना चाहता है। पद्मा भी राजकुमार को सच्चे दिल से चाहती है मगर राजकुमार उस पर अधिक आसक्त नहीं है, फिर भी उसका बहुत आदर-सत्कार करता है।

पद्मा आकर राजकुमार को इंदिरा की ओर मुग्ध दृष्टि से घूरते हुए देखती है। यह भी देखती है कि यहाँ इसका आदर-सम्मान हो रहा है। स्वयं उसका इतना सम्मान

कभी न हुआ था। यह साधारण, बाजारों में गाने वाली औरत उससे बाजी मार ले, इस विचार से वह अन्दर-ही-अन्दर जल जाती है। उसे तत्काल इंदिरा से ईर्ष्या व द्वेष उत्पन्न हो जाता है और वह उसे अपमानित करने की योजना बनाने लगती है। वह रानी साहिबा को उससे विमुख करना चाहती है। उसके चेहरे-मोहरे, पहनने-ओढ़ने का मजाक उड़ाती है। लेकिन जब इस दुश्चक्र का इंदिरा पर कोई प्रभाव नहीं होता तो वह उसे बदनाम करना चाहती है। अवसर पाकर वह अपना कीमती कंगन उसके तम्बूरे के नीचे छिपा देती है और कुछ देर बाद उसे तलाश करने लगती है। इधर-उधर ढूँढ़ती हुई वह इंदिरा के पास आती है और तम्बूरे से कंगन निकाल लेती है। शर्मिन्दा होकर इंदिरा रोने लगती है। पद्मा से दासियाँ बहुत प्रसन्न हैं क्योंकि वह उन्हें पुरस्कार देती रहती है। वे सब इंदिरा से विमुख रहती हैं। लेकिन इसी समय ज्ञान सिंह आ जाता है और इस घटना का समाचार सुनकर इंदिरा को दोषी नहीं ठहराता। उसे इस घटना में धूर्तता और शरारत प्रतीत होती है। वह इंदिरा की ओर से किसी भी प्रकार की बेईमानी का विचार तक मन में नहीं ला सकता। उसका व्यवहार देखकर दासियाँ भी उसी की हाँ में हाँ मिलाती हैं और रानी साहिबा पद्मा को कठोर शब्द कहती हैं। पद्मा दाँत पीसकर रह जाती है।

इधर शाही महल की दीवार के नीचे हरिहर आत्मविस्मृत हुआ खड़ा है कि सम्भवतः इंदिरा की आवाज कानों में पड़ जाए। वह यहाँ से निराश होकर फिर इंदिरा की कुटिया में जाता है और उसकी एक-एक वस्तु को चूमता और रोता है।

दूसरे दिन महल में पुनः महफिल सजती है। आज महाराज साहब जरवल भी उपस्थित हैं। संयोग से सांगली के कुँअर साहब भी आए हुए हैं। इन चौदह-पन्द्रह बरसों में उन्होंने बड़े-बड़े दुःख उठाए हैं। उनकी पत्नी का देहान्त हो गया है। पत्नी और पुत्री की याद में बहुत दुबला गए हैं लेकिन बनने-सँवरने का शौक अभी तक बना हुआ है। अब भी वही जयपुरी साफा है, वही नीची अचकन, वही अमृतसरी जूता, उसी प्रकार बाल सँवारे हुए, यद्यपि इस बाहरी सजावट के आवरण में रोता हुआ हृदय छिपा है। जिस समय इंदिरा तल्लीन होकर गाती है, उनकी आँखों से आँसू बह निकलते हैं। इंदिरा के चेहरे में उन्हें अपनी स्वर्गवासी पत्नी का प्रतिबिम्ब दिखाई देता है। उन्होंने जब पहली बार इंदिरा की माँ को नई-नवेली दुल्हन के रूप में देखा था उस समय वह बिल्कुल ऐसी ही थी। इतनी समानता उन्होंने आज तक किसी औरत में नहीं देखी। जब इंदिरा यहाँ से जाने लगती है तो वे उसके साथ कुछ दूर जाते हैं और अवसर पाकर उसका नाम और उसके माता-पिता का हाल पूछते हैं। इंदिरा अपने बचपन की घटना उन्हें बताती है। कुँअर साहब को विश्वास हो जाता है कि इंदिरा ही मेरी खोई हुई बेटी है। उनका हृदय सहसा उमंग से भर जाता है कि इसे गले लगा लें लेकिन लाज रोक देती है। क्या पता यह किस-किसके साथ रही, इस पर क्या-क्या बीती, वे इसे अपनी बेटी कैसे स्वीकार कर सकते हैं? इंदिरा भी ध्यान से

उनके चेहरे को देखती है और उसे कुछ-कुछ याद आता है कि उसके पिता की सूरत इनसे मिलती थी, लेकिन वह भी लाज से यह सब प्रकट नहीं करती कि कहीं कुँअर साहब मना कर दें तो शर्मिन्दा न होना पड़े।

इंदिरा के कीर्तन से राजा साहब जरवल इतने प्रसन्न होते हैं कि उसे पाँच गाँव माफ कर देते हैं। इंदिरा उनके पाँवों पर गिरकर कृतज्ञता प्रकट करती है।

10

राजकुमार अपनी नाव सजाता है और इंदिरा को नदी में घुमाने के लिए ले जाता है। इंदिरा इस अवसर की प्रतीक्षा में है कि राजकुमार से हरिहर की सिफारिश करके उसे राजकवि के रूप में प्रतिष्ठित करा दे। इसलिए वहाँ से मन उचट जाने और हरिहर का बिछोह असहनीय होने पर भी वह जाने का नाम नहीं लेती। नदी की सैर में शायद वह अवसर हाथ आ जाए, इसलिए वह इस प्रस्ताव को प्रसन्नता से स्वीकार कर लेती है। नाव लहरों पर खेल रही है। इंदिरा हरिहर का एक पद गाने लगती है। सहसा उसे किनारे पर खड़ा हरिहर दिखाई दे जाता है। उसके चेहरे से निराशा ऐसे बरस रही है मानो यह बिछोह स्थायी हो।

इस प्रेम के पद से राजकुमार का दिल बेसुध हो जाता है। उसके सब्र का बाँध टूट जाता है। वह इंदिरा के समक्ष अपने आकुल-व्याकुल हृदय की कथा कह सुनाता है। वह अपना हृदय उसे दे बैठता है। अब इंदिरा को पता चलता है कि वह एक सुनहरे जाल में फँस गई है। अब हरिहर का नाम मुँह पर लाना कहर हो जाएगा, राजकुमार तत्काल हरिहर के लहू का प्यासा हो जाएगा। वह मन में पछताती है कि बेकार में राजकुमार का निमन्त्रण स्वीकार किया। यह हवस का पहला कोड़ा है जो उस पर पड़ा। अब वह यह भी समझने लगी है कि यद्यपि राजकुमार उसके सामने भिखारी बना खड़ा है मगर वास्तव में वह उसकी कैद में है।

वह कहती है, 'राजकुमार, मैं दीन-हीन औरत हूँ, इस योग्य नहीं कि तुम्हारी रानी बनूँ। तुम बदनाम हो जाओगे और आश्चर्य नहीं कि राजा साहब और तुम्हारी माताजी भी तुमसे रुष्ट हो जाएँ। इसका परिणाम अच्छा नहीं होगा। मैं तुम्हें कष्ट में डालना नहीं चाहती।'

राजकुमार, 'मैं तुम्हारे लिए सिंहासन को ठोकर मार दूँगा। इंदिरा, मुझे किसी की खुशी या नाराजगी की परवाह नहीं है। मैं तुम्हारे लिए सब कुछ करने को प्रस्तुत हूँ।'

इंदिरा बहाना करती है कि उसने संन्यास-व्रत धारण कर लिया है और यदि उसने संकल्प तोड़ा तो उन महात्माजी को कितना कष्ट होगा जिन्हें वह अपना गुरु मानती है। उसका यह काम उन्हें परलोक में भी चैन से नहीं रहने देगा। वह राजकुमार का

सम्मान करती है लेकिन उसके लिए प्यार करना निषिद्ध है और वह अपने संकल्प को तोड़ नहीं सकती।

राजकुमार, 'इंदिरा, तुम्हें मुझ पर तनिक भी दया नहीं आती?'

इंदिरा, 'अपने संकल्प को तोड़कर मैं जीवित नहीं रह सकती।'

राजकुमार, 'ये सब बहाने हैं इंदिरा! क्या मैं मान लूँ कि तुम्हारे हृदय में किसी अन्य के लिए स्थान है?'

इंदिरा, 'मैंने आपसे कह दिया, मैं संन्यासिनी हूँ।'

राजकुमार, 'यह तुम्हारा आखिरी फैसला है?'

इंदिरा, 'हाँ, आखिरी।'

निराशा की दशा में राजकुमार अपनी कमर से तलवार निकालकर अपने सीने में घोंपना चाहता है। इंदिरा तेजी से उसका हाथ पकड़ लेती है।

राजकुमार, 'मुझे मर जाने दो इंदिरा। जब मैं तुम्हें पा नहीं सकता तो जिन्दगी बेकार है।'

इंदिरा उसकी कमर में तलवार लगाती हुई बहलाने के लिए कहती है, 'आपको मेरे जैसी हजारों औरतें मिलेंगी। आपको एक गरीब का प्रेम मिल भी जाए तो आपको इससे सन्तोष नहीं होगा।'

राजकुमार का चेहरा प्रसन्नता से खिल जाता है और कहता है, 'प्यार तो संकल्प और व्रत की चिन्ता नहीं करता।'

इंदिरा, 'लेकिन प्यार छूमन्तर से पैदा होने वाली चीज भी तो नहीं। जो प्यार एक दृष्टि से पैदा हो सकता है वह एक दृष्टि में समाप्त भी हो सकता है। तुम राजकुमार हो। मुझे क्या भरोसा कि मुझसे अधिक रूपवती और सौन्दर्यवान औरत पाकर तुम मेरी ओर से आँखें नहीं फेर लोगे? फिर तो मैं कहीं की भी न रहूँगी। प्रिय-मिलन के लिए ईश्वर को छोड़कर यदि भाग्यहीन रहूँ तो क्या हो?'

राजकुमार, 'हाँ, तुम्हारी यह शर्त मुझे स्वीकार है। इंदिरा, मुझे अवसर दो कि मैं तुम्हारे हृदय पर अपने प्यार का चिह्न अंकित कर सकूँ। लेकिन यदि तुम मुझसे मुँह मोड़कर चली गईं तो देख लेना, उसी दिन तुम्हें मेरे मरने की खबर मिलेगी।'

इंदिरा देखती है कि हरिहर धीरे-धीरे नदी के किनारे से बस्ती की ओर चला जा रहा है। अपनी बेबसी और निराशा का विचार करके उसकी आँखें नम हो गईं।

11

पद्मा अपनी इच्छाओं का खून होते सरलता से नहीं देख सकती। वह इंदिरा के सम्बन्ध में खोज आरम्भ करती है कि शायद कोई ऐसा सूत्र हाथ आ जाए जिसके आधार पर वह उसे राजकुमार की दृष्टि से गिरा दे। एक दिन वह उसके ठिकाने का

पता पूछती-पूछती उसकी कुटिया तक जा पहुँचती है। वहाँ उसकी भेंट हरिहर से हो जाती है। बातों-बातों में वह हरिहर को इंदिरा की बेवफाई की कथा सुनाती है। उसने कई तस्वीरें बनवा ली हैं जिनमें राजकुमार के साथ इंदिरा का सैर करना, गाना-बजाना, पढ़ना-लिखना दिखाई देता है। वह कहती है कि वहाँ इंदिरा ऐसी प्रसन्न है मानो उसे सृष्टि की सम्पदा ही मिल गई हो, और तुम उसके वियोग में घुल रहे हो। ऐसी बेवफा औरत इसी योग्य है कि उसकी पोल खोल दी जाए ताकि वह अपना काला मुँह कहीं न दिखा सके। लेकिन इन बुरी बातों का हरिहर पर कोई प्रभाव नहीं होता। अन्ततः उधर से निराश होकर पद्मा एक दूसरा जाल फैलाती है। वह हरिहर को अपने साथ दरबार में लाती है और राजकुमार से उसका परिचय कराती है। राजकुमार उसकी कविता सुनकर बहुत प्रसन्न होता है। यह वही कविता है जो उसने इंदिरा के मुँह से सुनी है। राजकुमार उसका बहुत सम्मान करता है। पद्मा हरिहर के मुँह से ऐसे शब्द निकलवाना चाहती है जो उसके प्यार का भेद खोल दें और राजकुमार को पता चल जाए कि यह इंदिरा का प्रेमी है। लेकिन हरिहर इतना चौकन्ना है कि वह मुँह से ऐसा एक भी शब्द नहीं निकलने देता जिससे उसका प्यार प्रकट हो जाए। राजकुमार इंदिरा की प्रशंसा करता है। हरिहर इस प्रकार सुनता है मानो उसने इंदिरा का नाम भी नहीं सुना। पद्मा उसी समय रनिवास में जाकर इंदिरा को अपने साथ लाती है। उसे विश्वास है कि आकस्मिक भेंट से दोनों अवश्य ही इतने हर्षित हो जाएँगे कि उस कमजोर नींव पर कोई भी भवन बना खड़ा किया जा सकेगा। लेकिन हरिहर को देखकर इंदिरा पराएपन का व्यवहार करती है और हरिहर भी उससे अधिक बात नहीं करता। तब पद्मा एक कवि-गोष्ठी आयोजित करती है और उसमें रियासत के बड़े-बड़े सुकुमार कवियों को आमंत्रित करती है। यह भी प्रस्ताव किया जाता है कि जिसकी कविता श्रेष्ठ होगी उसे राजकवि का पद प्रदान किया जाएगा। पद्मा को विश्वास है कि हरिहर की कविता ही सर्वोत्कृष्ट होगी इसलिए वह इंदिरा को निर्णायक बनाती है। राजकुमार भी बड़ी प्रसन्नता से इंदिरा को निर्णायक बनाया जाना स्वीकार करता है। अब इंदिरा को साफ दिखाई दे रहा है कि उसकी तबाही के सामान जुटाए जा रहे हैं। हरिहर की कविता निश्चय ही सर्वश्रेष्ठ होगी और उसे विवश होकर उसी को श्रेष्ठ कहना पड़ेगा। हरिहर के पक्ष या समर्थन में मुँह से एक शब्द भी निकालना उसके लिए घातक विष बन सकता है। उसके निर्णय पर आपत्ति करना और हरिहर की कविता में दोष निकालकर राजकुमार के मन में इंदिरा के प्रति सन्देह उत्पन्न करना कुछ कठिन न होगा। वह चाहती है कि यदि अवसर मिले तो हरिहर को सावधान कर दे, लेकिन उसे इसका अवसर नहीं मिलता।

पद्मा कवि-गोष्ठी की तैयारियों में व्यस्त रहती है। नियत तिथि पर सभी कवि उपस्थित होते हैं, हरिहर भी आता है। नयी कविता की शर्त है। हरिहर ने कोई नयी

कविता नहीं लिखी। अन्य कवि अपनी कविताएँ सुनाते हैं। प्रशंसा का स्वर गूँज उठता है। अन्ततः जब हरिहर की बारी आती है तो वह स्पष्ट कह देता है, 'मैंने कोई नयी कविता नहीं लिखी।' उसने भी पद्मा के इन प्रयासों को अपनी चतुराई से ताड़ लिया है और उसके जाल में फँसना नहीं चाहता। इंदिरा इसे दैवी सहायता समझकर मन-ही-मन परमात्मा को धन्यवाद देती है। एक दूसरे कवि को पुरस्कार तथा पद मिल जाता है और इंदिरा के प्रेम का रहस्य छिपा रह जाता है। यहाँ से हरिहर प्रसन्नतापूर्वक विदा होता है। रनिवास में इंदिरा भी प्रसन्न व आनन्दित है। उसके लिए इससे अधिक प्रसन्नता की बात और क्या हो सकती है?

12

राजकुमार ज्ञान सिंह की राजगद्दी का उत्सव मनाया जा रहा है। शहर में दीपावली मनाई जा रही है। चौराहों पर भव्य द्वार बनाए गए हैं। मुख्य द्वार से चौक तक बिजली के दोमुँहे सुन्दर बल्ब लगाए गए हैं। किनारे के वृक्षों पर बिजली से जगमगाते अक्षरों में स्तुति वाक्य लिखे गए हैं। पण्डित लोग मुहूर्त देखते हैं। उसी समय ज्ञान सिंह महल से निकलकर भव्य मण्डप में आता है जो इसी उत्सव के लिए बनाया गया है। दरबारी और रईस लोग उपहार भेंट करते हैं। ज्ञान सिंह उठकर अपनी नीति की घोषणा करता है और शाही सेवकों तथा प्रजा को अपने कर्त्तव्य-पालन हेतु निर्देशित करता है। उसने आसामियों का आधा लगान माफ कर दिया है इसलिए प्रजा अत्यधिक प्रसन्न है। प्रसन्नता प्रकट करके सब उसे दुआएँ देते हुए विदा हो जाते हैं। फिर गरीबों में भोजन वितरित किया जाता है। बन्दियों को मुक्त करने का आदेश होता है। फिर सेना की सलामी और परेड होती है। बैंड बजता है। अफसरों को पदक और जागीरदारी मिलती है। फिर आतिशबाजियाँ छोड़ी जाती हैं। इसके पश्चात् ठाकुरद्वारे में कीर्तन होता है। वहाँ इंदिरा के दर्शनों की लालसा में हरिहर आया है, लेकिन कीर्तन करने वालों में इंदिरा नहीं है। परम्परा के प्रतिकूल वेश्याओं को आमंत्रित नहीं किया गया। इस उत्सव में ज्ञान सिंह ने अनावश्यक खर्च करना अस्वीकार कर दिया है। शहर में चर्चा है कि इंदिरा का विवाह ज्ञान सिंह से होगा। ऐसी कृपालु, दीनों की पालक और सर्वप्रिय रानी मिलने से प्रत्येक छोटा-बड़ा प्रसन्न है।

कीर्तन के पश्चात् ज्ञान सिंह इंदिरा के पास जाता है और कहता है, 'इंदिरा, क्या अभी तुम्हारी परीक्षा पूरी नहीं हुई?'

इंदिरा कहती है, 'अभी नहीं, मुझे इस प्रतिष्ठा के योग्य बनने दीजिए।'

राजकुमार, 'इस उत्सव की स्मृति में प्यार का एक उपहार प्रस्तुत करता हूँ।'

इंदिरा, 'अभी मेरे लिए प्यार का कोई उपहार वर्जित है।'

राजकुमार, 'तुम बड़ी निर्दयी हो इंदिरा!'

इंदिरा, 'और ऐसी निर्दयी औरत को आप अपनी रानी बनाना चाहते हैं? रानी को दयालु होना चाहिए।'

राजकुमार, 'सारी दुनिया के लिए तो तुम दया की देवी हो लेकिन मेरे लिए पत्थर की मूरत।'

ज्ञान सिंह अब इंदिरा के हाथों में है। वह आत्मा है तो ज्ञान सिंह शरीर। प्रजा के अधिकारों को इंदिरा एक क्षण के लिए भी विस्मृत नहीं करती। आए दिन नए-नए फरमान जारी होते हैं जिनके द्वारा प्रजा की आवश्यकताएँ पूरी करने के लिए कोई-न-कोई नया अधिकार प्रदान किया जाता है। शाही खर्चे कम किए जाते हैं। शाही महल में भी वह ठाट-बाट नहीं है। सेवकों की एक पूरी पलटन थी, उन्हें हटा दिया गया है। रूपवान दासियों की भी एक फौज थी, उन्हें भी हटा दिया जाता है। प्रजा की आवश्यकताओं के लिए महलों के कई भाग पृथक् कर दिए जाते हैं। एक महल में पुस्तकालय खुल जाता है, दूसरे में औषधालय। एक पूरा भवन किसानों और मजदूरों के नाम कर दिया जाता है, जहाँ उनकी पंचायतें होती हैं और विभिन्न प्रकार के कृषि उपकरणों की प्रदर्शनी लगती है। सेना के एक बड़े भाग को भंग कर दिया जाता है। उसके स्थान पर प्रजा में से युवा चुन लिए जाते हैं और तत्काल राष्ट्रीय सेना सुसज्जित कर दी जाती है। युवाओं के लिए व्यायामशालाएँ निर्मित की जाती हैं। ज्ञान सिंह वैभव के वातावरण में पला हुआ राजकुमार है। उसका आदेश प्रजा के लिए कानून हो सकता था, अब वह पग-पग पर स्वयं ही प्रतिबन्ध आरोपित करता है। यह सब इंदिरा की प्रेरणा का प्रभाव है। इंदिरा जो राजाज्ञा लिखती है, वह उस पर आँखें मूँदकर हस्ताक्षर कर देता है।

इधर अमीरों और दरबारियों में बड़ी चिन्ता व्याप्त हो जाती है। उनके विचार में रियासत नष्ट हुई जाती है। ज्ञान सिंह की यही दशा रही तो थोड़े ही दिनों में अमीरों का खात्मा हो जाएगा। आजादी की इस बाढ़ को रोकने के षड्यन्त्र किए जाते हैं। पद्मा इस षड्यंत्र की प्राणवायु है। ये लोग कटी-छँटी सेना के सिपाहियों और बर्खास्त किए गए सरकारी सेवकों में अफवाहें फैलाते हैं। अमीरों में भी विद्रोह उत्पन्न करते हैं। ज्ञान सिंह को तलवार की नोक पर अधीन करके किसी दूसरे राजा को गद्दी पर बैठाना चाहते हैं। इस षड्यन्त्र से पद्मा का उद्देश्य मात्र यही है कि इंदिरा अपमानित व बदनाम हो। वह उसको बदनाम करती है और इंदिरा को ही इन समस्त परिवर्तनों का एकमात्र कारण ठहराती है। इसलिए विद्रोहियों का यह समूह उसके प्राणों का प्यासा हो जाता है। सशस्त्र विद्रोह की तैयारियाँ की जा रही हैं।

ज्ञान सिंह और इंदिरा शाही महल के एक छोटे से कमरे में बैठे शतरंज खेल रहे हैं। कमरे में कोई सजावट या बनावट नहीं है। आज इंदिरा ने यह शर्त लगाई है

कि यदि वह जीत जाएगी तो जो चाहेगी राजा से माँग लेगी, उसके देने में राजा को कोई आपत्ति नहीं होगी; और राजा को भी यही अधिकार होगा। अपने-अपने मन में दोनों प्रसन्न हैं। ज्ञान सिंह की प्रसन्नता की सीमा नहीं है, आज वह अपनी सफलता के विश्वास से फूला नहीं समा रहा है। दोनों खूब मन लगाकर खेल रहे हैं। पहले राजा साहब बढ़त लेते हैं और इंदिरा के कई मोहरे पीट लेते हैं। उनकी प्रसन्नता क्षण-प्रतिक्षण बढ़ती जाती है। अचानक बाजी पलट जाती है, राजा के बादशाह पर शह पड़ जाती है और उसका वजीर पिट जाता है। फिर तो एक-एक करके उसके सभी मोहरे गायब हो जाते हैं और वह हार जाता है। उसके मुँह पर निराशा छा जाती है। उसी समय इंदिरा एक राजाज्ञा निकालती है और राजा से उस पर हस्ताक्षर करने का निवेदन करती है। झुकी हुई दृष्टि से राजा उस राजाज्ञा को देखता है। अनाज का आयात कर माफ कर दिया गया है जिससे शाही राजस्व में एक महत्त्वपूर्ण राशि की कमी हो जाती है। रियासत में बहुत कम अनाज उत्पन्न होता है, अधिकांश अनाज दूसरे देशों से आता है। इस पर आयात कर के कारण अनाज महँगा हो जाने से प्रजा को कष्ट होता था। इंदिरा गरीबों को सस्ता अनाज उपलब्ध कराने की चिन्ता में थी और अवसर पाकर उसने आज यह राजाज्ञा प्रस्तुत की। ज्ञान सिंह को संकोच तो होता है लेकिन वह जबान हार चुका है। राजाज्ञा पर हस्ताक्षर कर देता है।

इसी समय बाहर शोर मच जाता है। एक संतरी दौड़ा हुआ आता है और सूचना देता है कि विद्रोहियों ने शाही महल को घेर लिया है और अन्दर घुसने की चेष्टा कर रहे हैं।

13

ज्ञान सिंह का मुँह क्रोध से लाल हो जाता है। वह तत्काल हथियारों से सुसज्जित होकर इंदिरा से विदा लेता है और परकोटे पर चढ़कर विद्रोहियों को ऊँची आवाज में सम्बोधित करके विद्रोह का कारण पूछता है।

नीचे से एक आदमी उत्तर देता है, 'हम यह अत्याचार सहन नहीं कर सकते। इंदिरा हमारी तबाही का कारण है, वह हमारी रानी नहीं बन सकती।'

ज्ञान सिंह इंदिरा के उन उपकारों का वर्णन करता है जो उसने देश पर किए हैं, लेकिन नीचे से वही उत्तर आता है, 'इंदिरा हमारी तबाही का कारण है, वह हमारी रानी नहीं बन सकती', मानो किसी ग्रामोफोन की आवाज हो।

तब ज्ञान सिंह वह राजाज्ञा निकालकर पढ़नी प्रारम्भ करता है जिस पर उसने अभी-अभी हस्ताक्षर किए हैं, लेकिन विद्रोहियों पर उसका भी कोई प्रभाव नहीं पड़ता। फिर वही रटन लगाई जाती है, 'इंदिरा हमारी रानी नहीं बन सकती, वह हमारी

तबाही का कारण है।' इसके साथ ही विद्रोही लोग सीढ़ियों से परकोटे पर चढ़ने की कोशिश करते हैं। मुख्य द्वार बन्द कर दिया जाता है।

अब ज्ञान सिंह कुपित होकर धमकियाँ देता है लेकिन चेतावनी की भाँति उसकी धमकियाँ भी भीड़ पर प्रभाव नहीं डालतीं। वे परकोटे पर चढ़ने की निरन्तर कोशिश करते हैं।

ज्ञान सिंह आवेश में आकर खतरे के घंटे के पास जाता है और उसे जोर से बजाता है। सेना के सिपाही सुनते तो हैं लेकिन निकलते नहीं। वह पुनः घंटा बजाता है। सिपाही तैयार होते हैं और शीघ्रता से हथियार इकट्ठे करने लगते हैं। तीसरा घंटा बजता है, पूरी सेना निकल पड़ती है। पद्मा उसी समय आकर उन्हें बहकाती है, 'नादानो! क्यों अपने पाँवों पर स्वयं कुल्हाड़ी मारते हो? क्या अभी तक तुम्हारी आँखें नहीं खुलीं? तुम्हारे कितने ही भाई निकाल दिए गए और आज वे दर-दर की ठोकरें खाते फिरते हैं। बहुत जल्द तुम लोगों की बारी भी आई जाती है। यदि यही दिन-रात हैं तो दो-चार महीनों में सबके सब निकाल दिए जाओगे। ये विद्रोही कौन हैं? ये तुम्हारे ही भाई हैं जिन्हें ज्ञान सिंह की नयी बिनबियाही रानी इंदिरा ने निकाल दिया है। एक बाजारू वेश्या तुम पर इस तरह राज कर रही है, क्या तुम लोग इसे सहन कर सकते हो?'

इस समय इंदिरा के पास आकर पद्मा उसे मित्रवत् सलाह देती है, 'भाग जाओ इंदिरा, अन्यथा तुम्हारी जान खतरे में है।' इंदिरा इस अवसर को अच्छा समझती है और पद्मा के प्रति कृतज्ञता ज्ञापित करती है। पद्मा उसे एक गुप्त द्वार से ले जाती है जो शहर के बाहर एक मन्दिर में खुलता है। वह सुरंग ऐसे ही कठिन अवसर के लिए बनाई गई है। पद्मा ने पहले ही हरिहर को बुला लिया है। उसके साथ दो घोड़े हैं। चारों ओर अँधेरा है।

हरिहर एक घोड़े पर इंदिरा को सवार करा देता है और दूसरे पर स्वयं बैठता है और दोनों शहर की अँधेरी सड़कों पर होते हुए निकल जाते हैं।

इसी समय पद्मा परकोटे पर चढ़कर ज्ञान सिंह के बराबर में खड़ी होकर कहती है, 'बहादुरो! मैं तुम्हें शुभ सूचना देती हूँ कि अब इंदिरा इस महल में नहीं है। तुममें से कोई एक विश्वसनीय आदमी शाही किले में आकर तसल्ली कर सकता है। वह जिस गुमनामी से आई थी, फिर उसी में चली गई है। अब तुम लोग वापस लौट जाओ। मैं तुम लोगों को विश्वास दिलाती हूँ कि तुम लोगों के सिर से ये आदेश हटा लिए जाएँगे।'

ज्ञान सिंह घायल पक्षी की भाँति एक ठंडी साँस लेकर गिर पड़ता है। विद्रोहियों की भीड़ लौट जाती है और ज्ञान सिंह को इस विद्रोह से छुटकारा दिलाने का श्रेय पद्मा को मिलता है।

निराश स्वर से ज्ञान सिंह पूछता है, 'इंदिरा कहाँ चली गई?'

पद्मा, 'जहाँ से आई थी वहीं चली गई। यदि तुम समझते हो कि उसे तुमसे प्यार था तो तुम गलती पर हो। वह यहाँ मजबूरी में पड़ी थी। उसका प्रेमी वही अभागा कवि हरिहर है, वह उसी पर जान देती है। उसको कोई पद दिलाने के लिए वह यहाँ पड़ी हुई थी। जब उसने देखा कि यहाँ खतरा है तो भाग निकली। बेवफा थी।'

मृतप्राय-सी दशा में ज्ञान सिंह अन्दर आया और आवेश में इंदिरा की प्रत्येक वस्तु को पैरों से कुचल डालता है। प्यार असफल होने पर पश्चात्ताप का रूप धारण कर लेता है। दीवारों पर इंदिरा के कई चित्र लगे हुए हैं। ज्ञान सिंह उन चित्रों को उतारकर टुकड़े-टुकड़े कर डालता है। इस समय धैर्य और क्षमा की देवी बनी हुई पद्मा बाहर से तो उसके क्रोध को शान्त कर रही है लेकिन चोट करने वाली ऐसी-ऐसी बातें कहती है कि ज्ञान सिंह की ईर्ष्या की आग और भी भड़क उठती है। वह तम्बूरे के सैकड़ों टुकड़े कर डालता है। अचानक उसे एक बात याद आ जाती है। वह तत्काल बाहर आता है और कई विश्वस्त सिपाहियों को इंदिरा का पीछा करने के लिए भेज देता है और आदेश देता है कि शहर की नाकाबन्दी कर दी जाए।

फिर अन्दर जाकर इंदिरा की पूजा की वस्तुएँ और ठाकुरजी का सिंहासन–सब उठा-उठाकर फेंक देता है। जो दासियाँ इंदिरा की सेवा में नियुक्त थीं, उन्हें निकाल देता है और एक उन्माद की-सी दशा में पाँव पटकता हुआ इंदिरा को बार-बार कोसता है, 'धूर्त्ता, छलिया, जादूगरनी, बेवफा, कपटी!'

पद्मा उसे ठंडे पानी का गिलास लाकर देती है। वह गिलास को एक ही साँस में खाली करके पटक देता है। उसकी आँखों से चिंगारियाँ निकल रही हैं, नथुने फड़क रहे हैं। वह पद्मा की ओर से विनम्र हो जाता है। वह उसे सहिष्णुता और वफा की देवी मानने लगता है। उपकृत होने का भाव भी कुछ कम नहीं है। यदि पद्मा आड़े न आई होती तो विद्रोहियों ने महल पर अधिकार कर लिया होता और पता नहीं उसके सिर पर क्या विपत्ति आती। वह उससे अपनी पिछली गलतियों की क्षमा माँगता है। और पहली बार उसके हृदय में उसके प्यार की झलक उमड़ने लगती है। इस निराशा और शोक की दशा में पद्मा ही उसे सद्गति की देवी दिखाई देती है। वह उसे गले से लगा लेता है। प्रेम के आवेग में पद्मा उसके कंधे पर सिर रखकर रोने लगती है।

14

घोड़ों पर सवार इंदिरा और हरिहर प्राचीर के एक द्वार पर पहुँचते हैं। द्वार बन्द है। दूसरे द्वार पर आते हैं, वह भी बन्द है। हरिहर को पता है कि प्राचीर में एक दरार है, जिस पर घास-फूस जमी हुई है और शायद किसी को इस दरार की खबर भी न हो। दोनों उस दरार में घोड़े डाल देते हैं और काँटों से उलझते, घास-फूस के ढेरों को हटाते कठिनाई से दरार को पार करते हैं, लेकिन बाहर की ओर प्राचीर से लगी हुई नदी आती

है। विवश दोनों अपने घोड़े नदी में डाल देते हैं और तैरते हुए नदी से पार हो जाते हैं। दूसरी ओर पहुँचकर दोनों तनिक साँस लेते हैं और फिर भागते हैं। बहुत दूर चलने के बाद उन्हें एक मन्दिर मिलता है। दोनों वहीं घोड़े खोल देते हैं और रात्रि व्यतीत करते हैं। प्रातःकाल वहाँ से दोनों पैदल ही चल देते हैं और दोपहर होते-होते एक बड़े गाँव में जा पहुँचते हैं। वहाँ गाँव का जमींदार बारात लेकर अपना विवाह करने जा रहा है, हजारों आदमी इकट्ठा हैं। दूसरे गाँवों के लोग भी तमाशा देखने आए हैं। बारात चलने को तैयार है। दूल्हा घर से निकलकर मोटर पर बैठता है और मोटर चलने को ही है कि एक औरत आकर मोटर के सामने लेट जाती है। यह जमींदार साहब की पहली पत्नी है जिसे उन्होंने पन्द्रह वर्षों से छोड़ रखा है। आज वे अपना विवाह करने जा रहे हैं तो पत्नी उनके रास्ते में आ जाती है। पति-पत्नी में कुछ वाद-विवाद की नौबत आती है। पति पत्नी को धमकाकर रास्ते से हट जाने का आदेश देता है। पत्नी पर कोई प्रभाव नहीं होता। तब वह क्रोध में आकर मोटर चला देता है, पत्नी कुचली जाती है। उस समय हजारों आदमी क्रोध में आकर जमींदार साहब पर टूट पड़ते हैं और उसे मार डालते हैं। इंदिरा और हरिहर को दुःख होता है कि कुछ पहले यहाँ क्यों न आ पहुँचे नहीं तो समझा-बुझाकर दोनों का मिलन करा देते। कुछ देर उस गाँव में ठहरकर दोनों फिर वहाँ से आगे बढ़ जाते हैं, जहाँ नाच हो रहा है। वहाँ इंदिरा गाती है और उन्हीं लोगों के साथ रात बिताती है।

कई दिन के बाद दोनों उस रियासत की सीमाओं से बाहर निकल जाते हैं और सांगली की रियासत में जा पहुँचते हैं। दोनों यहीं एक गाँव में रहने लगते हैं। दोनों गाँव की सेवा करते हैं और उनकी सेवा से गाँव वाले बहुत प्रसन्न हैं।

गाँव में एक ठाकुरद्वारा है, वहीं दोनों रात में कीर्तन करते हैं। उनकी सेवा और भक्ति की प्रसिद्धि आसपास के गाँवों में फैल जाती है और भक्तों की संख्या बढ़ने लगती है। उन किसानों की दृष्टि में ये दोनों दैवी शक्तियाँ हैं और वे उनकी प्राणपन से अर्चना करते हैं। गीत तथा कविता के इस संसार में दोनों ईश्वरीय अस्तित्व के दर्शन करते हैं और सांसारिक मलिनता और इच्छाएँ उनके मन से निकल जाती हैं। उन्हें हरेक वस्तु में एक ही वास्तविकता के दर्शन होने लगते हैं। कभी-कभी हरिहर झरने के किनारे जा निकलता है और उसके संगीत में ईश्वरीय ध्वनि सुनता है और उसका हृदय आध्यात्मिक भावों से परिपूर्ण हो जाता है। कभी किसी जंगली फूल को देखकर वह मस्ती में आ जाता है और उसमें ईश्वर के दर्शन करता है।

एक दिन सांगली के कुँअर साहब शिकार खेलने आते हैं। उनके साथ बन्दूकची, शिकारी आदि भी डेरे लिए आ पहुँचते हैं। संध्याकाल है, कुँअर साहब अपने हाथी पर गाँव में आते हैं और शिकार की तैयारियाँ होने लगती हैं। उसी समय इंदिरा उनके सामने पहुँचकर एक आध्यात्मिक पद गाती है। कुँअर साहब के हृदय में लड़की का प्यार हरा हो जाता है। जब उन्होंने पहली बार इंदिरा को देखा था तो उसे पहचान गए

थे लेकिन उस दशा में उसे अपनी लड़की स्वीकार करने का उन्हें साहस न हुआ था। तब से उन्हें निरन्तर अपनी बेटी की स्मृति बेचैन करती रहती थी लेकिन इस मध्य उनका प्यार इन विचारों पर हावी हो चुका है। अब वे सहन नहीं कर पाते और इंदिरा को सीने से लगाकर कहते हैं, 'तू मेरी खोई हुई प्यारी बेटी है।' वे उससे अपने साथ चलने का आग्रह करते हैं लेकिन हरिहर वैभव और समृद्धि के जाल में फँसना नहीं चाहता। उसे आशंका होती है कि कहीं वैभव में पड़कर इंदिरा को ही न खो बैठे। वह इंदिरा से कुछ नहीं कहता लेकिन उसके हाव-भाव से उसकी मनोदशा प्रकट हो जाती है और इंदिरा अपने पिता के साथ जाने से मना कर देती है। मन्दिर के सामने झोंपड़ी में दोनों बैठे हुए हैं। घर में कोई सामान नहीं। उधर शाही महल में वैभव है, प्रतिष्ठा तथा नौकर-चाकर हैं, लेकिन इंदिरा यह सब अपने प्यार पर न्योछावर कर देती है।

15

इंदिरा को महल से निकालकर और उसकी ओर से निश्चिन्त होकर कुछ दिनों से ईर्ष्या के कारण नेपथ्य में चली गई पद्मा की स्वाभाविक सज्जनता प्रकट हो जाती है और वह प्राणपन से ज्ञान सिंह की सेवा करती है। इस आशा तथा शोक की दशा में यदि वह कुछ खाता है तो उसी के आग्रह से, घूमने जाता है तो उसी के कहने से, रियासत का कामकाज देखता है तो उसी के संकेत से। वह कभी गीत गाकर, कभी कहानी सुनाकर उसका मनोरंजन करती है। लेकिन प्राय: रातों में राजा की नींद उचट जाती है और वह इंदिरा को याद करके बेचैन हो जाता है। तब उसके सीने में ईर्ष्या की आग भड़क उठती है। इंदिरा किसी पराए की होकर रहे, यह विचार उसके लिए असहनीय है। वह तपस्विनी बनकर रहती तो सम्भवत: उसके चरणों की धूल मस्तक पर धरता लेकिन वह पराए के पार्श्व में है, यह सोचकर उसके तन-बदन में आग लग जाती है।

ज्ञान सिंह के भेदिए और जासूस चारों ओर फैले हुए हैं। एक दिन उसे सूचना मिलती है कि इंदिरा सांगली के एक गाँव में है। ज्ञान सिंह उसी समय कुछ परखे हुए सिपाहियों और जान छिड़कने वाले मित्रों को साथ लेकर इंदिरा और हरिहर की खोज में चल पड़ता है। पद्मा उसे रोकती है, मिन्नतें करती है लेकिन वह तनिक भी परवाह नहीं करता। अन्तत: विवश होकर वह भी उसके साथ चल पड़ती है। सभी घोड़ों पर सवार हैं और डबल चाल चल रहे हैं। कठिन पहाड़ी रास्ता है। ज्ञान सिंह और पद्मा अपने साथ वालों से बहुत आगे निकल जाते हैं। अचानक उनका सामना कई सशस्त्र डाकुओं से हो जाता है। अपने पिस्तौल से पद्मा दो आदमियों को नरक का मार्ग दिखा देती है, शेष डाकू भाग खड़े होते हैं। कई दिन पश्चात्

यह जत्था उस गाँव में पहुँच जाता है जहाँ इंदिरा और हरिहर शान्ति का जीवन जी रहे हैं।

बात की बात में खबर फैल जाती है कि राजा ज्ञान सिंह इंदिरा और हरिहर को बन्दी बनाने के लिए चढ़ आए हैं। आसपास के किसान लाठियाँ, गंडासे और कुल्हाड़े लेकर आते हैं। इंदिरा और हरिहर दोनों दलों के बीच में आकर खड़े हो जाते हैं। उन्हें देखते ही ज्ञान सिंह तलवार खींचकर उन पर झपटता है। इंदिरा और हरिहर वहीं सिर झुकाकर बैठ जाते हैं और परमात्मा का ध्यान करने लगते हैं। हरिहर की गर्दन पर तलवार पड़ने ही वाली है कि पद्मा आ जाती है और लपककर राजा के हाथ से तलवार छीन लेती है। दोनों प्रेम–दीवानों की बहादुरी और समर्पण देखकर ज्ञान सिंह की आँखें खुल जाती हैं। सहसा उसके हृदय में उस प्रकाश का प्राकट्य होता है जिसके समक्ष दुर्बलताएँ और वासनाओं की उद्दंडताएँ नष्ट हो जाती हैं। वह एक मिनट तक चुप खड़ा रहता है, फिर इंदिरा के पाँवों पर गिर पड़ता है। पद्मा राजा साहब को उनके जीवन का अन्त कर देने वाले दुष्कर्म से बचाकर उनका मन जीत लेती है।

एक क्षण में ज्ञान सिंह इंदिरा के पाँवों से उठकर पद्मा को गले लगा लेता है। इंदिरा भी पद्मा को सीने से लगा लेती है। फिर हरिहर और ज्ञानसिंह आलिंगनबद्ध हो जाते हैं।

लेख

अहदे अकबर में हिन्दुस्तान की हालत

عہد اکبر میں ہندوستان کی حالت

उर्दू मासिक 'उर्दू-ए-मुअल्ला' के अक्टूबर-नवम्बर 1907 के अंक में प्रकाशित इस लेख का प्रथम पृष्ठ

[मुगल साम्राज्य का काल भारतीय इतिहास का वह सर्वाधिक महत्त्वपूर्ण कालखण्ड है जिसमें समस्त क्षेत्रों में समाजोत्थान, लोकहित तथा लोककल्याण के व्यापक कार्य हुए। इसके अतिरिक्त फारसी एवं भारतीय स्थापत्य के सम्मिश्रण से जिस मुगल स्थापत्य का विकास हुआ वह अपने में अनूठा है।

वैसे तो मुगल साम्राज्य की स्थापना जहीरुद्दीन बाबर ने की थी, लेकिन उसे स्थायित्व प्रदान करने का कार्य मुगले आजम जलालुद्दीन अकबर की सर्वधर्म समभाव, विश्व-बन्धुत्व, शान्तिप्रियता और कुशल प्रशासनिक क्षमता ने ही सम्पादित किया। यही कारण है कि लगभग आधी सदी का अकबर का शासन-काल भारतीय इतिहास का स्वर्ण युग कहलाता है। यहाँ यह उल्लेख करना भी सर्वथा समीचीन होगा कि मुगले आजम अकबर की अद्वितीय संगठन क्षमता ने ही अखंड भारत के भौगोलिक मानचित्र का निर्माण किया था, जिसमें से कुछ भू-भाग अंग्रेजों ने कूटनीतिक कारणों से पृथक् कर दिया था। अतः भारतवर्ष के वर्तमान मानचित्र को भी यदि अकबर महान् की देन कहा जाए तो कुछ अतिशयोक्ति न होगी। अकबर के युग की चमत्कारिक विशेषताओं से प्रेमचंद जैसे प्रखर देशभक्त रचनाकार का प्रभावित होना स्वाभाविक ही है।

मुंशी प्रेमचंद के लेखकीय जीवन का प्रारम्भ वैसे तो सन् 1901 में ही हो गया था, परन्तु जब 1905 में लार्ड कर्जन द्वारा किए गए बंगाल के विभाजन के विरुद्ध समूचा देश एकता के सूत्र में बँधकर देशभक्ति की भावनाओं से उफन रहा था, उस समय प्रेमचंद जैसा संवेदनशील रचनाकार जनभावनाओं से निस्पृह नहीं बना रह सकता था। परन्तु ब्रिटिश साम्राज्यवाद की निपट निरंकुश नीतियों से भी सरकारी शिक्षा विभाग में कार्यरत प्रेमचंद सुपरिचित थे, अतः अपनी देशभक्ति की भावनाओं को अभिव्यक्त करने के लिए प्रेमचंद ने भारतीय इतिहास के स्वर्णिम अध्याय-अकबर के युग के माध्यम से ही जनता को आन्दोलित करने का निर्णय लिया, जिसका परिणाम था उनका लेख 'अहदे अकबर में हिन्दुस्तान की हालत'।

प्रेमचंद का यह ऐतिहासिक महत्त्व का लेख सुप्रसिद्ध क्रान्तिकारी शायर मौलाना हसरत मोहानी के सम्पादन में अलीगढ़ से प्रकाशित होने वाले उर्दू मासिक 'उर्दू-ए-मुअल्ला' के अक्टूबर-नवम्बर 1907 के संयुक्तांक में पृष्ठ संख्या 36 से 49 तक नवाबराय के लेखकीय नामोल्लेख के साथ प्रकाशित हुआ था। आश्चर्य का विषय है कि प्रेमचंद का बहुत-सा 'अप्राप्य' साहित्य प्रकाशित कराने वाले बहुप्रचारित 'प्रेमचंद-विशेषज्ञ' डा. कमल किशोर गोयनका प्रेमचंद के इस लेख का पाठ प्रकाशित कराने की दिशा में तनिक भी सचेष्ट दिखाई नहीं देते और इसे 'अप्राप्य' बताकर ही अपने कर्त्तव्य की इतिश्री कर देते हैं। प्रेमचंद जैसे सर्वश्रेष्ठ और सर्वमान्य रचनाकार की रचना का एक शताब्दी से भी अधिक समय तक अप्राप्य बने रहना प्रेमचंद-विशेषज्ञों के सुविधाभोगी शोध का ज्वलन्त प्रमाण है।

इस महत्त्वपूर्ण लेख में प्रेमचंद ने अकबरकालीन शासन-प्रशासन के समस्त अंगों पर संक्षेपतः परन्तु पूर्णता के साथ विचार किया है, जो उनकी सुस्पष्ट जनोन्मुखी चिन्तन-धारा का प्रबल प्रमाण है। इस लेख से यह भी स्पष्ट होता है कि प्रेमचंद राज्य

के उस कल्याणकारी स्वरूप के पक्षधर थे जिसमें लोककल्याण और लोकहित सर्वोच्च होता है, प्रजा सुख-समृद्धि के साथ जीवनयापन करती है और अर्थव्यवस्था विकासोन्मुखी होती है। प्रेमचंद का यह लेख जहाँ एक ओर विदेशी गुलामी से होने वाली दुर्दशा की ओर परोक्ष रूप से इंगित करता है, वहीं दूसरी ओर स्वाधीन भारत को विकास के मार्ग पर अग्रसर करने की दिशा भी निर्धारित करता है। वर्तमान में समूचा देश धार्मिक उन्माद, कट्टरता, कठमुल्लापन, वैमनस्य और साम्प्रदायिकता के निरन्तर व्यापक होते तिलिस्म से आजाद होने के प्रश्नों से जूझ रहा है। इन नितान्त प्रतिकूल परिस्थितियों में प्रेमचंद का यह दुर्लभ लेख इस समस्या का तार्किक समाधान प्रस्तुत करता हुआ बतलाता है कि इस तिलिस्म को तोड़ने की एकमात्र चाबी अकबरकालीन सामाजिक-राजनीतिक व्यवस्था ही है। और इस दृष्टि से यह लेख प्रेमचंद के अत्यन्त महत्त्वपूर्ण लेखों में निश्चित रूप से सम्मिलित होने योग्य है।]

अब यह बात पक्की हो गई है कि हिन्दुस्तान के इतिहासकार इतिहास-लेखन की कला से अनभिज्ञ थे। हिन्दू तो हिन्दू, प्रायः यूनान से शिक्षा लेकर आने वाले मुस्लिम इतिहासकार भी शाही अभियानों और सफलताओं का वर्णन करना ही इतिहास का अन्तिम ज्ञान समझते थे। यद्यपि अकबर के युग के अनेक विश्वसनीय तथा प्रामाणिक इतिहास उपलब्ध हैं, तथापि उनके अनुशीलन से लोकतांत्रिक सांस्कृतिक परम्परा, जीवन शैली और स्पष्ट वैचारिकता पर बहुत मद्धम-सा प्रकाश पड़ता है। लेकिन क्योंकि राज्य-विधान और सांस्कृतिक शैली में बहुत घनिष्ठ सम्बन्ध है, इसलिए उनके अनुशीलन से हम देश की दशा का पर्याप्त अनुमान कर सकते हैं।

हिन्दुओं के धार्मिक विचार

क्योंकि राष्ट्रीय जीवन का सर्वाधिक कार्यकारी तत्त्व धर्म है, इसलिए हम सबसे पहले इसकी चर्चा करते हैं। अकबर के युग से कुछ पहले ही हिन्दू रिफॉर्मेशन (जिसका आशय एक ईश्वर की पूजा और कर्मकाण्डों से पृथक् रहना है) शुरू हो गया था। स्वामी रामानुज, रामानंद, कबीर, चेतन और वल्लभ स्वामी जैसे-जैसे महान्, शुद्ध अन्तःकरण वाले, अध्यात्म में रुचि रखने वाले पूर्वजों ने मूर्खतापूर्ण मूर्तिपूजा और कर्मकाण्ड के अंधानुकरण के विरुद्ध शंखनाद कर दिया था, फिर भी अकबर के युग में उन सामंजस्यपूर्ण विचारों का प्रभाव सम्भवतः इससे भी कम था जो आजकल जनता पर आर्य समाज या ब्रह्म समाज का है। उस काल की सामान्य बोलचाल की भाषा में कहे गए कबीर के भजन और साखियाँ उस समय भी लोकप्रिय हो चुकी थीं और प्रायः गाई जाती थीं। लेकिन उनसे जनता उसी सीमा तक प्रभावित होती थी जितनी आजकल होती है क्योंकि इन भजनों और गीतों से आत्मा को एक आश्चर्यजनक आनन्द का अनुभव होता है। लेकिन उसका प्रभाव इतना शक्तिशाली नहीं होता कि उस झूठे आचरण को मिटा दे जो दीर्घ काल से चले आते रहने के कारण हमारा स्वभाव बन गया है। ध्यातव्य है कि प्रत्येक सभ्य देश में श्रेष्ठ तथा सामान्य जनों के धर्मों का पृथक्-पृथक् रूप पाया जाता है। श्रेष्ठजनों की श्रद्धा दार्शनिक विचारों पर आधारित होती है और जनता मात्र अपने बाप-दादा के पदचिह्नों पर चलने को ही धर्म मानती है। इसलिए अकबर के दरबार में निरन्तर वैचारिक स्वतन्त्रता की चर्चा होते रहने पर भी अकबर ने हिन्दुओं से आत्मीय सम्बन्ध जोड़ने के लिए जो ढंग अपनाया उससे ज्ञात होता है कि उस काल में जनता पर ब्राह्मणों का

प्रभाव उससे कहीं अधिक था जो आजकल है। उसने दाढ़ी मुँड़वा ली थी और उसके दरबारी उमरा भी प्रायः बिना दाढ़ी के रहना पसन्द करते थे। वह ब्राह्मणों का सम्मान करता था, हिन्दू विद्वानों को सर-आँखों पर बैठाता था, हिन्दुओं को ऊँचे-ऊँचे पद प्राप्त थे, सूर्य की पूजा करता था, अग्नि के समक्ष नतमस्तक होता था, गोहत्या पर प्रतिबन्ध लगा दिया था, स्वयं मांसाहार नहीं करता था। किसी अभियान पर निकलता तो ब्राह्मणों से मुहूर्त निकलवाता। विष्णु भगवान् ने जिन-जिन रूपों में अवतार लिया था, वे पवित्र समझे जाते थे, यहाँ तक कि सूअर भी पवित्र था। तुलादान होता था, यज्ञ किए जाते थे, हवन होते थे, यहाँ तक कि वह साधुओं और योगियों को अपने बराबर में बैठा लिया करता था।

मुसलमानों की धार्मिक दशा

आलिमों और शेखों की तूती बोलती थी। उनके विरुद्ध बादशाह भी चूँ तक न कर सकता था कि कहीं उस पर भी काफिर होने का फतवा न सुना दिया जाए। हरेक बात में चाहे धार्मिक हो या शासकीय, उनमें धार्मिक आधार पर दिए गए निर्णयों तथा आदेशों का पालन किया जाता था। अदालत के सभी विषय उनके ही हाथों में थे। शिया व सुन्नी, हनफी व शाफईं प्रायः वाद-विवाद और छींटाकशी किया करते थे जिनसे उनकी मूर्खता और अन्यायप्रियता ही प्रकट होती थी। अन्ततः जब बादशाह उनके अज्ञान से बहुत अप्रसन्न हो गया तो धीरे-धीरे उनको दरबार से निकालना आरम्भ कर दिया जिस पर मुल्लाओं ने बादशाह को काफिर बताया और बंगाल प्रान्त में विद्रोह फैला दिया। उस समय के मुल्लाओं की हालत बहुत खराब हो गई थी जो हजरत आजाद देहलवी की अनमोल रचना 'दरबारे अकबरी' के एक अद्‌भुत लेख से स्पष्ट होती है।

एक समारोह में कोई मुल्ला साहब ही आ गए। बात यह चल रही थी कि मौलवियों में गणित की योग्यता कुछ कम होती है। मुल्ला साहब उलझ गए। एक व्यक्ति ने कहा, 'अच्छा बताओ, दो और दो क्या?' मुल्ला घबराकर बोले, 'चार रोटियाँ!'

पनाहे खुदा! ये मस्जिदों के आज्ञापालक! दिन का खाना दोपहर ढले और रात का खाना आधी रात गए खाते हैं कि शायद कोई अच्छी चीज आ जाए, और शायद कोई बुलाने ही आ जाए। रात की घड़ियाँ गिनते हैं और बैठे रहते हैं। हवा से कुंडी हिली और दरवाजे को देखने लगे कि कोई कुछ लाया। मस्जिद में बिल्ली की आहट हुई और चौकन्ने हुए कि देखें क्या आया। ऐसे लोग राज्य की समस्याओं को क्या समझें, उन्हें तो अपने हलवे-मांडे से काम है। यद्यपि हजरत आजाद ने हास्यपूर्ण अतिशयोक्ति से काम लिया है लेकिन इसमें कुछ भी सन्देह नहीं कि उस समय के धार्मिक नेताओं की दशा इससे कुछ ही अच्छी थी और वे ही देश के वास्तविक शासक थे। बादशाह

और उसके उमरा हथेली पर जान लेकर लड़ते थे और शासन का आनन्द मुल्ला लूटते थे। अन्तत: अकबर ने उनकी रगें ढीली कर दीं।

दरबार के उच्च विचारवान उमरा-धार्मिक निर्णय से पृथक् रहने वाले राज्य के कार्यकर्ता कुछ और ही रंग में डूबे दिखाई देते हैं। उनका व्यवहार शान्तिप्रियता का प्रतीत होता है। इस वर्ग का नेता अकबर है फिर भी उसका प्रभाव दरबार की चहारदिवारी के अन्दर ही सीमित है।

हिन्दुओं की सांस्कृतिक पद्धति

सांस्कृतिक सुधार के लिए अकबर ने जो विधान लागू किए, उनसे स्पष्ट होता है कि हिन्दुओं में वे समस्त सामाजिक बुराइयाँ विद्यमान थीं जिन्हें दूर करने के लिए आज इतने प्रयास किए जा रहे हैं। सती प्रथा आम थी यद्यपि अधिकांश असहमत महिलाएँ बलात् सती होने के लिए विवश की जाती थीं। सामान्य रूप से प्रत्येक वर्ग में अल्पायु में विवाह हो जाया करते थे। विवाह से पूर्व दूल्हा-दुल्हन एक दूसरे से बिल्कुल अपरिचित रहते थे। ये वही बुराइयाँ हैं जो आज भी पूरे संसार में हमारी संस्कृति को बदनाम कर रही हैं। यद्यपि अकबर ने उनकी विधिक वर्जना की, लेकिन उसका बहुत कम प्रभाव पड़ा।

किसानों की दशा

हिन्दुस्तान विशेष रूप से कृषि प्रधान देश है और किसानों की दशा परखने का इससे अच्छा कोई उपाय नहीं है कि उस समय के कृषि कानूनों का विहंगावलोकन किया जाए। अकबर के युग से पहले खेती की दशा बहुत खराब थी। न लगान का कोई नियत शुल्क था, न उसे वसूल करने का कोई निश्चित समय था। अकबर के युग में ये सभी असंगतियाँ दूर कर दी गईं। जमीन की पैमाइश की गई, उसे उपज की दृष्टि से तीन भागों में विभक्त किया गया और औसत निकालकर प्रत्येक भूखण्ड पर लगान की धनराशि निर्धारित की गई। गाँव के प्रतिष्ठित व्यक्ति के माध्यम से वसूली होती थी। ईख और अन्य ऐसी जिन्सों पर जिनमें अधिक मेहनत लगती है, लगान औसत उपज का पाँचवाँ, छठा या सातवाँ भाग निर्धारित किया गया। शेष रबी तथा खरीफ की अन्य जिन्सों पर राज्याधिकार एक चौथाई से अधिक नहीं था। स्थान-स्थान पर कुएँ बनवाए गए। अकाल के समय में किसानों की सहायता करने का प्रबन्ध किया गया। किसानों को अधिकार था कि लगान चाहे उपज के रूप में दें अथवा नक़द। उन कानूनों की जब हम आज के कानूनों से तुलना करते हैं तो सिद्ध होता है कि उस समय के किसानों की दशा इतनी बिगड़ी हुई नहीं थी। विशेषकर इस कारण से कि उनकी आवश्यकताएँ तुलनात्मक रूप से बहुत सीमित थीं और वे भी बहुत आसानी से पूरी हो जाती थीं क्योंकि आज की तुलना में वस्तुओं के दाम बहुत कम थे।

न्याय व्यवस्था

जिस समय अकबर ने सिर पर राजमुकुट पहना था, उसकी अवस्था तेरह वर्ष से अधिक नहीं थी। राज्य का भला-बुरा बैरम खान (खाने खानखाँ) के हाथों में था। वह शासन करने की योग्यता रखता था लेकिन शासन के सिद्धान्तों से उतना ही परिचित था जितने उसके अयोग्य सहायक। प्रत्येक बात में पहले के शाहों के अनुकरण की अदालत के सभी विवाद काजियों और मुफ्तियों के हाथों में थे। ये जिसे चाहते बनाते, जिसे चाहते बिगाड़ते। उनकी अपील कहीं नहीं हो सकती थी। हिन्दुओं के मुकदमे भी उन्हीं के दरबार में निर्णीत होते थे और उनके मामलों में भी हदीस और शरीयत का पालन किया जाता था। हिन्दुओं पर किए जाने वाले पीरों के अत्याचार अकबर देखता था और दाँत पीसकर रह जाता था।

अन्ततः जब बैरम खान के काल का पतन हुआ और अकबर ने हाथ-पाँव सँभाले तो उसने धार्मिक विद्वानों की खूब किरकिरी की। कितने ही लोगों को देशनिकाला दे दिया, कितनों को कैदखाने में भिजवा दिया और हिन्दुओं के मुकदमों के फैसले ब्राह्मण विद्वानों के हाथों में दे दिए ताकि शास्त्र के आदेशों के अनुसार व्यवहार करें।

राजनीतिक पद्धति पर दृष्टिपात करने से पता चलता है कि उस समय अपराधियों के साथ बड़ी सख्ती की जाती थी। आजकल बेंत मारना बुरा समझते हैं, उस जमाने में शपथ की यह परम्परा थी कि जलते तवे पर हाथ रखा जाता था और कुछ अपराधों का दण्ड यह था कि हाथ काट डाला जाए या नाक या कान। लेकिन उस काल में लगभग प्रत्येक देश में ऐसे ही कठोर दण्ड लागू थे, यहाँ तक कि इसी देश में आज से लगभग एक शताब्दी पूर्व बहुत से अपराधों का दण्ड मृत्यु था।

सेवा कार्य

प्रतिष्ठित लोगों की आर्थिक सहायता के दो उपाय थे—एक वजीफा, दूसरा नौकरी। वजीफा जागीर थी जो मस्जिदों के इमामों और श्रेष्ठ धार्मिक जनों के लिए होती थी। इसमें सेवा क्षम्य थी, नौकरी में सेवा भी होती थी। यह दस सरदारों से लेकर पाँच हजारी तक, जो मुलाजिम होते थे, सब तलवार वाले होते थे। दस सरदारों को दस, बीसी को बीस आदि-आदि सिपाही रखने होते थे। इसी प्रकार दो बीसी, पाँच नायक, तीन बीसी, चार बीसी, सौ बीसी आदि-आदि पाँच हजारी तक। वेतन की पद्धति यह थी कि हिसाब के अनुसार उतनी जमीन का भाग या इलाका या देहात या प्रान्त मिल जाता था जिसके राजस्व से वह अपने लिए निर्धारित सेना रखें और अपनी हैसियत और इज्जत तथा दशा को ठीक रखें। उपर्युक्त मुलाजिमों में से जिसकी जैसी योग्यता देखते थे वैसा काम लिखित में भी देते थे। युद्ध का अवसर आता तो जिन-जिनके नाम प्रस्तावित होते क्या तलवार वाले, क्या लेखक; उनके नाम आदेश पहुँचते। वे सरदारों

से लेकर सौ-दो सौ आदि-आदि तक सभी मनसबदार अपने-अपने जिम्मे की सेना पोशाक, हथियार और सामान से सुसज्जित करते और उपस्थित होते।

बदनीयत मनसबदारों ने यह ढंग अपना लिया कि सिपाही तैयार करके मुहिम पर जाते। जब लौटकर आते तो अपनी आवश्यकता के अनुसार कुछ आदमी रख लेते, बाकी निकाल देते। उनके वेतन आप हजम। रुपए से मौज-मस्ती करते या घर भरते। जब मुहिम की फिर आवश्यकता होती और ये इस भरोसे पर बुलाए जाते कि सुसज्जित सेनाएँ, लड़ाकू सिपाही लेकर उपस्थित होंगे, वे कुछ अपने दस्तरख्वानों के पुलाव, कुछ कुँजड़े, भटियारे, धुनिये, जुलाहे, पक्के जंगली मुगल, पठान, तुर्क, जो हजारों की संख्या में बाजारों में फिरते थे और सरायों में पड़े रहते थे, उन्हीं को पकड़ लाते थे। कुछ अपने सेवक, कुछ साईस, शागिर्द पेशा आदि लेते। घसियारों के घोड़ों, भटियारों के टट्टुओं पर बैठाते, किराए के हथियार, माँगे-ताँगे के कपड़ों से लिफाफा चढ़ाते और जा उपस्थित होते लेकिन तोप-तलवार के सामने उन लोगों से क्या होता था? ठीक लड़ाई के समय बड़ी दुर्दशा होती थी।

उस समय के जागीरदारों का कैसा सच्चा चित्र है। और ये बेईमानियाँ कोई विशेष रूप से हिन्दुस्तान के साथ ही जुड़ी हुई नहीं हैं, योरुप में भी सेनाएँ रखने का पहले यही तरीका था और ऐसी ही धोखेबाजियाँ होती थीं। अकबर ने इनकी रोकथाम के लिए दाग का कानून जारी किया। योरुप वालों ने उनका अधिक ठोस उपाय किया। उन्होंने जागीरों की परम्परा ही समाप्त कर दी और स्थायी सेना रखने लगे। उस समय अकबर चाहता तो भी ऐसा न कर सकता, क्योंकि विद्रोह हो जाने की आशंका थी।

जागीरें देने की परम्परा चाहे निरंकुश बादशाहों की जिम्मेदारियों को कम करती हो लेकिन प्रजा के लिए अत्यन्त हानिकर थी क्योंकि जब किसी को जागीर मिलती तो केवल उसके युद्ध व संघर्ष की क्षमता के विचार से। और ऐसे लोग जब जागीरों पर जाते तो शान्त न बैठते, सदा ऊधम मचाया करते। ऐसा बहुत कम होता है कि हर व्यक्ति में लड़ाई के साथ शासन की योग्यता भी पाई जाए। ऐसे उदाहरण अप्राप्य भले ही न हों लेकिन दुष्प्राप्य अवश्य हैं।

कभी-कभी ये लोग जागीरों की ओर मुँह नहीं करते थे, केवल विश्वासपात्र कारिन्दों के भरोसे शासन करते थे। जैसे स्वामी वैसे ही उनके नौकर, बल्कि उनसे भी दो अंगुल ऊँचे। ये कारिन्दे प्रजा को सताते और अपने घर भरते थे।

ज्ञान के कार्य

जिस काल में फैजी जैसा कालजयी कवि और अबुल फजल जैसा चमत्कारिक लेखक हो उस काल के ज्ञान के विकास का क्या पूछना? क्या शिल्प की कसावट की दृष्टि से और क्या रोचकता की दृष्टि से केवल 'अकबरनामा' एक ऐसी अनुपमेय पुस्तक है जो संसार की अत्यन्त प्रसिद्ध रचनाओं के बराबर रखे जाने योग्य है।

अकबर स्वयं तो अनपढ़ था लेकिन उसने ज्ञान तथा उसकी महत्ता का जितना सम्मान किया वैसा किसी अन्य ने बहुत कम किया होगा। और जितनी पुस्तकें और संकलन उसके युग में हुए, उतने शायद ही किसी दूसरे बादशाह के समय में हुए हों। अंग्रेजी इतिहास में सम्राज्ञी एलिजाबेथ का युग ज्ञान के विकास की दृष्टि से स्मरणीय समझा जाता है। लेकिन वहाँ जो पुस्तकें लिखी गईं वे रसज्ञता और सामान्य गुणग्राहकता का परिणाम थीं, न कि एलिजाबेथ के प्रयासों का। इसके प्रतिकूल अकबर के युग में जितनी पुस्तकें लिखी गईं, सभी उसकी गुणग्राहकता तथा उत्साहवर्धन का परिणाम थीं। जितने भी लेखक थे सभी समुचित पदों पर प्रतिष्ठित थे। यदि उस काल की सभी पुस्तकें इकट्ठी की जाएँ तो एक अच्छा बड़ा पुस्तकालय ही बन जाए। उनमें अधिकांशतः संस्कृत पुस्तकों के फारसी अनुवाद हैं। 'सिंहासन बत्तीसी', 'अथर्ववेद', 'रामायण', 'महाभारत', 'नलदमन', 'लीलावती', 'अय्यार दानिश' विशेष रूप से उल्लेखनीय हैं और आज तक रुचिपूर्वक पढ़ी जाती हैं। इन अनुवादों के अतिरिक्त मुल्ला अब्दुल कादिर बदायुँनी ने कश्मीर के प्रसिद्ध व प्रामाणिक संस्कृत इतिहास 'राजतरंगिणी' का फारसी में अनुवाद किया। हकीम हमाम, मुल्ला शीरीं और अब्दुर्रहीम खानखाना भी प्रसिद्ध लेखकों में हैं। अब्दुर्रहीम खानखाना तो संस्कृत की अच्छी योग्यता रखता था और प्रायः हिन्दी भाषा में लिखा करता था। उसके लिखे हुए दोहे हिन्दी में अब तक बहुत लोकप्रिय हैं। समीक्षकों का विचार है कि वे तुलसीदास के दोहों से टक्कर लेते हैं।

सत्कलाएँ (निर्माण एवं मूर्तिकला)

अकबर के युग में ये कलाएँ अपने उत्कर्ष पर पहुँच गई थीं। अकबराबाद[1] का किला, फतहपुर सीकरी के भवन और हुमायूँ का मकबरा वे अद्वितीय निर्माण हैं जिन्हें देखने वालों की आँखें पथरा जाती हैं लेकिन दृष्टि नहीं थकती। विश्व-यात्री कहते हैं कि संसार में ऐसे भवन अत्यल्प हैं। इन्हीं शिल्पियों के वंशजों ने दिल्ली के वे भवन बनाए जो आज तक इस कला का पूर्ण तथा अनुपम उदाहरण स्वीकार किए जाते हैं।

चित्रकला

उस युग में चित्रकला भी अपने चरमोत्कर्ष पर पहुँची हुई थी। चित्रकला के सामान पर बहुत ध्यान दिया जाता था। चित्रण और रंजन का भी विकास हो गया था। मीर सैयद अली तबरेजी और अब्दुस्समद शीरीं, कलम शीराजी और दसवंत हिन्दी बड़े उच्च कोटि के कलाकार थे। इन्हीं चित्रकारों ने अकबर और उसके दरबार के जो चित्र चित्रित किए थे, वे जिन्होंने देखे हैं वे स्वीकार करते हैं कि वे अपने आप में निराले

1. अकबर ने आगरा का नाम बदलकर अकबराबाद रखा था।

हैं। उस काल के अमीर और प्रतिष्ठित व्यक्ति शिक्षा की पूर्णता के लिए इस कला को सीखना आवश्यक समझते थे। अकबर स्वयं कहता है, 'जो लोग चित्रकला के कार्य की निन्दा करते हैं, मैं उन्हें पसन्द नहीं करता। मैं समझता हूँ कि ईश्वर को पहचानने के लिए एक चित्रकार बहुत से व्यक्तियों से कहीं अच्छा होता है।'

दीनों की सहायता

अकबर के युग की एक विशेषता यह है कि असहाय तथा बेरोजगारों की सहायता भी की जाती थी ताकि ये लोग आवश्यकताओं से विवश होकर धनोपार्जन के अनुचित साधन न अपना लें। इसके अतिरिक्त निम्नलिखित चार वर्ग शाही सहायता के अधिकारी माने जाते थे-

1. वे लोग, जो अपना समय लेखन तथा संकलन में लगाएँ।
2. जो लोग संसार से विरक्त होकर इन्द्रिय-शुद्धि और ईश्वराराधन में व्यस्त हों।
3. जो लोग फटेहाल हों लेकिन श्रम करने के योग्य न हों।
4. जिन लोगों की नसों में शराफत का खून हो लेकिन अज्ञान या अयोग्यता के कारण धनोपार्जन न कर पाते हों।

जो सरकार इतनी उदार हो उसकी प्रजा की समृद्धि और सम्पन्नता के सम्बन्ध में क्या कहा जा सकता है। कुछ लोगों का विचार है कि अकबर के काल में प्रजा को चाहे कैसा भी सुख-चैन क्यों न हो मगर अंग्रेजी राज का उससे क्या मुकाबला! शायद ऐसा ही हो, मगर अन्तर केवल यह है कि अकबर की प्रजा के मन में बादशाह के प्रति सच्चा विश्वास उत्पन्न हो गया था, वह उसे अपना बादशाह समझती थी। मगर इसके प्रतिकूल अंग्रेजी राज चाहे कितना भी सुख-सुविधा क्यों न पहुँचाए, अभी तक एक पराया शासन माना जाता है क्योंकि वह प्रजा से अपनत्व उत्पन्न करने का प्रयास नहीं करता।

शिक्षा

प्राचीन काल में न कोई यूनिवर्सिटी थी न आजकल जैसे मदरसे और कॉलेज। विद्यार्थियों को विद्वान् अपने मकानों पर या मस्जिदों में बैठकर पढ़ाते थे। अकबर ने शिक्षा की ओर भी ध्यान दिया। उसके आदेश से शिक्षा की ऐसी पद्धति लागू की गई कि लड़के थोड़े ही दिनों में लिखना-पढ़ना सीखने लगे। मगर सच्चाई यह है कि शिक्षा नए जमाने के उच्च विचारों की देन है। आज प्रायः शासन अपनी कुल आय का सातवाँ या आठवाँ भाग इस भलाई के काम पर व्यय करना भी अपव्यय नहीं मानते।

अकबर के युग में प्रारम्भ में गणित हिन्दी में प्रचलित था। टोडर मल ने हिन्दी के स्थान पर फारसी में प्रचलित किया। पहले तो हिन्दू लोगों को यह परिवर्तन अरुचिकर लगा लेकिन बहुत शीघ्र इसका अच्छा प्रभाव प्रकट हुआ क्योंकि हिन्दुओं

को फारसी पढ़ने की आवश्यकता पड़ी और वे विद्वान् होकर मुसलमानों के साथ उच्च पदों पर प्रतिष्ठित होने लगे।

जनता के मनोरंजन

उस काल में क्योंकि मार-काट का बोलबाला रहता था, जनता की रुचि के काम भी इसी प्रकार के होते थे। कहीं चीते से हाथी लड़ रहा है, कहीं भैंसे लड़ाए जा रहे हैं, कही मेंढ़ों के जोड़ छूटे हुए हैं। उमरा हाथियों की लड़ाइयों और उनकी रेल-पेल में आनन्द लेते थे। हाथियों, शेरों, चीतों, भैंसों, हिरणों को फँसाने के विचित्र-विचित्र उपाय किए जाते थे। मुर्गाबियों का शिकार करने का तरीका ऐसा अनोखा है कि हम उसका वर्णन किए बिना नहीं रह सकते। पहले क्या करते कि एक ढाँचा बनाते, उस पर मुर्गाबी की खाल मँढ़ते जिसमें पर, चोंच तथा खून लगा रहता था। उसमें दो छिद्र रखते थे जिनसे शिकारी देखता था। ढाँचा अन्दर से खोखला होता था। उसमें शिकारी सिर रखता, गले तक पानी में डूब जाता और सावधानी से मुर्गाबियों के पास जाकर एक-एक को पकड़ता जाता। क्या बात है!

उस काल में चौगान[1] भी उमरा का एक प्यारा खेल था। कभी-कभी पलाश की लकड़ी की गेंद बनाकर उन्हें जलाते और रात में चौगान का आनन्द उठाते थे। कबूतरबाजी, चौपड़, गंजिफा[2] भी सामान्य रूप से प्रचलित थे, ताश तो नए युग की खोज है।

एक अंग्रेज पर्यटक के यात्रावृत्त से संचयन

प्रायः ऐसा होता है कि जब किसी देश के इतिहासकार उसका इतिहास लिखते हैं तो रोजाना की सोशल बातों को मामूली समझकर विस्मृत कर जाते हैं। लेकिन जो पर्यटक अपरिचित देशों में जाते हैं वे प्रत्येक बात को, चाहे वह कितनी भी छोटी क्यों न हो, लिपिबद्ध कर देते हैं। यही कारण है कि किसी देश की जीवन-शैली की दशा जानने के लिए हमें वहाँ के पर्यटकों के यात्रावृत्तों की आवश्यकता पड़ती है। अकबर के युग में सम्राज्ञी एलिजाबेथ से सिफारिशी चिट्ठियाँ लेकर कुछ अंग्रेज पर्यटक व्यापार करने की इच्छा से हिन्दुस्तान में आए थे। उनमें से एक ने संक्षिप्त-सा यात्रावृत्त लिखा है। हम उस पुस्तक से आवश्यकतानुसार थोड़ा-सा चयन करते हैं।

ये व्यापारी 13 फरवरी, 1513 ई. को इंग्लिस्तान से रवाना हुए और अप्रैल के अन्तिम सप्ताह में स्याम देश में त्रिपोली स्थान पर उतरे। कोलम्बस ने नयी दुनिया खोज ली थी लेकिन उस समय तक केप ऑफ गुड होप होकर आने का मार्ग किसी को

1. गेंद-बल्ले का खेल, जो पोलो से मिलता-जुलता है।
2. ताश से मिलता-जुलता एक खेल, जिसमें 96 गोल पत्ते होते हैं और जिसे तीन खिलाड़ी खेलते हैं।

ज्ञात नहीं हुआ था। त्रिपोली से ये लोग पैदल बसरा होते हुए फारस की खाड़ी के बन्दरगाह हुर्मुज तक आए। उस समय वहाँ पुर्तगाली व्यापारियों ने व्यापार प्रारम्भ किया था। वे जब किसी यूरोपियन को देखते तो ईर्ष्या से तत्काल गिरफ्तार कर लेते और भाँति-भाँति के कष्ट पहुँचाते। उन्होंने इन पर्यटकों पर भी जासूस होने का आरोप लगाया और बन्दी बना लिया। एक माह तक बन्दी रखने के पश्चात् उन्हें गोवा के लिए चलता कर दिया।

उस समय गोवा पुर्तगालियों के अधिकार में था और आज चार शताब्दियों के बाद भी वहाँ उनका आधिपत्य विद्यमान है। इस स्थान पर उनकी जाँच-पड़ताल की गई और अन्ततः हजारों दिक्कतों और परेशानियों के बाद उन्हें मुक्ति मिली। उनमें से तीन आदमियों ने कपड़े और रत्नों का व्यापार प्रारम्भ किया। लेकिन जब उनका काम चमका तो पुर्तगाली घबराए और फिर उन पर हाथ डालने की घात में लगे। अन्ततः ये लोग भयभीत होकर भागे और बीजापुर तथा गोलकुंडा की सैर करते हुए बुरहानपुर पहुँचे। इस नगर को अकबरी प्रताप ने कुछ ही दिनों पूर्व अपने अधिकृत क्षेत्रों में सम्मिलित कर लिया था। इस जगह तक का विवरण कुछ उखड़ा-पिछड़ा सा है, लेकिन यहाँ से आगे का विवरण क्रमबद्ध है। इन रिमार्कों के पढ़ने से हमको अकबर के युग की समृद्धि, सम्मान, व्यापार, उत्साह और जीवन-शैली की विशेषताएँ ज्ञात हो जाएँगी।

"बुरहानपुर से हम उमड़ी हुई नदियों को पार करते आगरा पहुँचे। मार्ग में बड़ा कष्ट हुआ। कई बार तो चौड़ी नदियों पर कोई पुल नहीं होता था। विवश होकर हम उस समय तैरकर पार होते थे। आगरा बड़ा आबाद और विस्तृत शहर है। मकान बड़े सुन्दर तथा साफ-सुथरे हैं और गलियाँ भी साफ-सुथरी तथा चौड़ी। शहर के ठीक मध्य में एक नदी बहती है जो बंगाल की खाड़ी में गिरती है (यमुना)। यहाँ एक सुन्दर किला है जिसके चारों ओर गहरी खाई खुदी हुई है। यहाँ मुसलमान बहुलता से बसे हैं और बादशाह का नाम जलालुद्दीन अकबर है। उसे लोग 'मुगले आजम' भी कहते हैं। यहाँ से हम फतहपुर सीकरी पहुँचे जहाँ बादशाह दरबार करता है। शहर आगरा से बड़ा है लेकिन गलियाँ और मकान इतने सुन्दर और स्वच्छ नहीं है। यहाँ भी मुसलमान बहुलता से बसे हुए हैं। लोग कहते हैं कि यहाँ पर बादशाह ने एक हजार हाथी, बीस हजार घोड़े, बारह सौ पालतू हिरण रखे हैं और मुर्गों, बाजों और अन्य शिकारी चिड़ियों की संख्या इतनी अधिक है कि देखकर आश्चर्य होता है। अन्तःपुर में आठ सौ बेगमें हैं। बादशाह का दरबार बड़ा प्रतिष्ठित है। उसको दारखाना कहते हैं। आगरा और फतहपुर, दोनों शहर लंदन से बहुत बड़े हैं और इन दोनों शहरों के बीच बारह मील की दूरी है लेकिन यह बीच का पूरा रास्ता खाने-पीने और अन्य वस्तुओं के बाजारों से ऐसा आबाद है कि लगता है, शहर का ही सिलसिला है और आदमी इतने अधिक आते-जाते रहते हैं कि मानो बाजार हो। यहाँ रईसों की सवारी

छोटी-छोटी बहलियाँ होती हैं जिन पर सुनहरे बेल-बूटे बने रहते हैं। इसमें दो पहिये होते हैं और दो बैल जोते जाते हैं जो इंग्लिस्तान के बड़े कुत्तों जितने कद के होते हैं और ऐसे तेज होते हैं कि घोड़ों से शर्त लगाकर दौड़ सकते हैं। इसमें दो या तीन आदमी सवार होते हैं। ये सवारियाँ सुन्दर रेशमी कपड़ों से सजी होती हैं। इस शहर में फारस और तिब्बत और सारे हिन्दुस्तान और अन्य देशों के व्यापारी हजारों की संख्या में इकट्ठे होते हैं और रेशम, कपड़े, मूल्यवान रत्नों जैसे हीरे, मोती, लाल आदि का खूब क्रय-विक्रय होता है।"

दोनों शहरों का यह संक्षिप्त वर्णन करने के पश्चात् लेखक बादशाह के बहुमूल्य वस्त्रों की चर्चा करता है, जिसका उल्लेख करना निरर्थक है।

ये तीनों व्यापारी यहाँ कुछ समय तक रहे। इसके पश्चात् एक तो विदेश चला गया, दूसरे ने शाही दरबार में नौकरी कर ली और तीसरा, जिसका नाम फिंच था, कुछ हिन्दुस्तानी व्यापारियों के साथ हो लिया जो अपनी नावें लेकर बंगाल की ओर जा रहे थे। उन नावों में नमक, हींग, केसर, अफीम, सीसा, कालीन आदि वस्तुएँ लदी हुई थीं। बंगाल के शहरों का वर्णन दृष्टव्य है। फिंच लिखता है–

"पटना से मैं टांडा को गया जो पहले स्वयं एक राज्य था लेकिन अब जलालुद्दीन अकबर के अधिकृत क्षेत्रों में सम्मिलित है। यहाँ रुई और रुई के कपड़े की बड़ी मंडी है। जनता एक पतली-सी धोती कमर में बाँधे नंगे शरीर इधर-उधर घूमती रहती है। यहाँ चीते, जंगली भैंसे और जंगली चिड़ियाएँ बड़ी प्रचुरता से पाई जाती हैं। लोग बड़े मूर्तिपूजक हैं। आगरा से यहाँ तक आने में पाँच महीने लगे लेकिन यह यात्रा इससे कम समय में हो सकती है।

हम बंगाल से कूचबिहार की ओर चले। यह स्थान टांडा से पच्चीस मील पर स्थित है। सुनने में आया है कि लड़ाई के दिनों में नोकदार बाँस की मेखें जमीन में गाड़कर पानी से भर देते हैं ताकि कोई आदमी या घोड़ा उधर से न गुजर सके। जब शत्रु चढ़ आता है तो ये लोग कुँओं में जहर मिला दिया करते हैं। यहाँ रेशम और रुई की बहुतायत है। यहाँ लोग कभी जानवर को नहीं मारते और भेड़, बकरी, कुत्ते, बिल्ली, चिड़ियों और अन्य जीवों के लिए औषधालय और दानशालाएँ बनी हुई हैं। जब ये जीव बूढ़े या लँगड़े हो जाते हैं तो उन्हीं दानशालाओं में भोजन पाते हैं। लोग चींटियों को खाद्य सामग्री बाँटते फिरते हैं। जब मीरे शिकार[1] कोई चिड़िया या जानवर फँसा कर लाता है तो लोग उसे खाना देकर चिड़िया छुड़ा लेते हैं और उन अस्पतालों में रखते हैं या उड़ा देते हैं।

यहाँ से मैं हुगली को गया। इस शहर में पुर्तगाली लोग बसे हैं। हमने आम रास्ता छोड़ दिया था क्योंकि डाकुओं का भय था। रास्ते में गाँव बहुत कम थे और जंगली सूअर और हिरण और चीते ऊँची-ऊँची घास में टहल रहे थे।"

---

1. वह शाही सेवक, जो शिकारी जानवरों की निगरानी हेतु नियुक्त होता था।

यह पर्यटक हुगली से अन्य स्थानों को गया। उड़ीसा का हाल इस प्रकार लिखता है –

"यहाँ चावल बहुतायत से होता है और एक प्रकार की घास उत्पन्न होती है जो रेशम के समान होती है। इससे सुन्दर कपड़े बनते हैं। इस बन्दरगाह में नगापट्टन, मलाका द्वीपसमूह, सुमात्रा और अन्य स्थानों से अनगिनत जहाज हिन्दुस्तान आते हैं और चावल, ऊन, सूती कपड़े, शक्कर, लाल मिर्च, मक्खन और अन्य कृषि उत्पाद लादकर ले जाते हैं।

बंगाल में प्रतिदिन कहीं-न-कहीं पैंठ लगती है जिसे 'चाँदू' कहते हैं। लोगों के पास बड़ी-बड़ी नावें होती हैं जिन पर सवार होकर इधर-उधर क्रय-विक्रय करते फिरते हैं। यहाँ हिन्दू गंगा-जल का बड़ा सम्मान करते हैं और कुएँ का पानी पास हो, फिर भी दूर से गंगा-जल लाते हैं। यदि वह पीने भर को पर्याप्त न हो तो उसकी कुछ बूँदें छिड़ककर घड़ों को पवित्र किया करते हैं।

उड़ीसा से मैं बाकला (बाकरगंज) को गया जहाँ हिन्दू राजा है और बन्दूक के शिकार का बहुत शौक रखता है। यह देश बहुत विस्तृत और उपजाऊ है। यहाँ चावल, रुई और हर प्रकार के कपड़े बहुत बनते हैं। मकान बड़े और ऊँचे होते हैं, गलियाँ चौड़ी लेकिन जनता अर्धनग्न होती है। कमर में केवल एक धोती होती है। औरतें गले और पाँव में चाँदी के गहने पहनती हैं। पैरों में चाँदी, तांबे या हाथी दाँत के कड़े होते हैं।"

यहाँ से फिंच श्रीपुर को गया। वह लिखता है कि इस जगह भी सूती कपड़े बहुत बनते हैं। श्रीपुर से श्रीरामपुर को आया और कहता है यहाँ हिन्दुस्तान के सभी स्थानों से अच्छा कपड़ा बनता है। बादशाह अफगानी है। सामान्य रूप से मकान छोटे होते हैं और लोग धनी तथा सम्पन्न हैं। मांसाहार नहीं करते। यहाँ से सूती कपड़ा, चावल और रेशम प्रचुरता से हिन्दुस्तान, लंका, पेगू, मलाका द्वीपसमूह, सुमात्रा आदि को जाता है।

इस पर्यटक के ये रिमार्क हमारे लिए अर्थपूर्ण हैं। इनसे स्पष्ट होता है कि हिन्दुस्तान में उस समय सम्पन्नता का बोलबाला था। मलाका द्वीपसमूह, सरनदीप, सुमात्रा, चीन, तिब्बत, फारस, काबुल आदि से व्यापारिक सम्बन्ध स्थापित थे। रेशमी और सूती कपड़ा सभी दिशाओं में भेजा जाता था। माल की ढुलाई के लिए नावों और जहाजों का प्रयोग किया जाता था। मांस का प्रयोग कम था और जनता प्रत्येक दृष्टि से तृप्त तथा सन्तुष्ट थी।

इत्तिफाक ताकत है

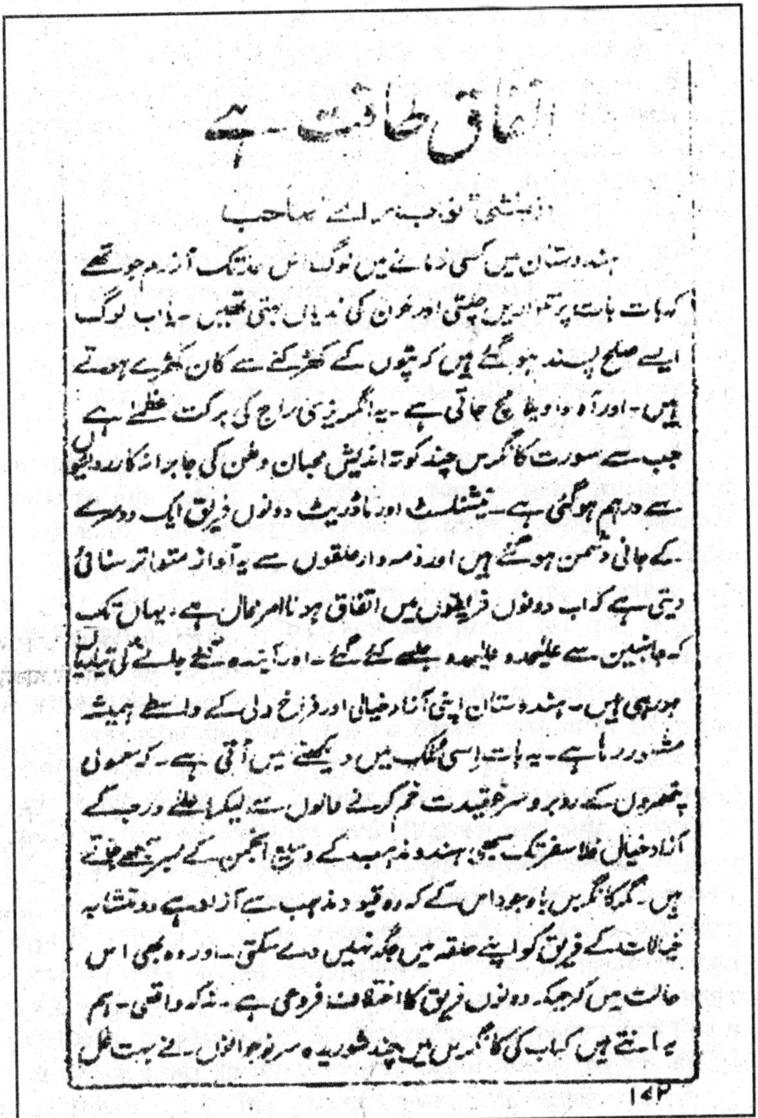

اتفاق طاقت ہے

از منشی نواب رائے صاحب

ہندوستان میں کسی زمانے میں لوگ اس حد تک آزاد رو تھے
کہ بات بات پر تلواریں چلتی اور خون کی ندیاں بہتی تھیں۔ پر اب لوگ
ایسے صلح پسند ہو گئے ہیں کہ پتوں کے کھڑکنے سے کان کھڑے ہوتے
ہیں۔ اور آوا ویلا مچ جاتی ہے۔ یہ انگریزی راج کی برکت عظمیٰ ہے
جب سے سورت کانگرس چند کوتہ اندیش محبان وطن کی جابرانہ کارروائیوں
سے درہم ہو گئی ہے۔ نیشنلسٹ اور ماڈریٹ دونوں فریق ایک دوسرے
کے جانی دشمن ہو گئے ہیں اور ذمہ دار حلقوں سے یہ آواز متواتر سنائی
دیتی ہے کہ اب دونوں فریقوں میں اتفاق ہونا امر محال ہے۔ یہاں تک
کہ جانبین سے علیحدہ علیحدہ جلسے کئے گئے۔ اور آئندہ نئے جلسے کی تیاریاں
ہو رہی ہیں۔ ہندوستان اپنی آزاد خیالی اور فراخ دلی کے واسطے ہمیشہ
مشہور رہا ہے۔ یہ بات اسی ملک میں دیکھنے میں آتی ہے۔ کہ بتوں
پتھروں کے روبرو سر عقیدت خم کرنے والوں سے لیکر جلنے ور جب کے
آزاد خیال فلاسفر تک سبھی ہندو مذہب کے وسیع انجمن کے ممبر سمجھے جاتے
ہیں۔ مگر کانگرس باوجود اس کے کہ وہ قیود مذہب سے آزاد ہے دو متضاد
خیالات کے فریق کو اپنے حلقہ میں جگہ نہیں دے سکتی۔ اور وہ بھی اس
حالت میں کہ جبکہ دونوں فریق کا اختلاف فروعی ہے۔ نہ کہ واقعی۔ ہم
یہ مانتے ہیں کہ اب کی کانگرس میں چند شوریدہ سر نوجوانوں نے بہت غل

۱۴۲

उर्दू मासिक 'आजाद' के मार्च 1908 के अंक में
प्रकाशित इस लेख का प्रथम पृष्ठ

[1857 के प्रथम स्वतंत्रता संग्राम को ब्रिटिश साम्राज्यवाद ने जिस क्रूरता, नृशंसता और अमानवीयता से कुचला था, उसकी प्रेतछाया से मुक्त होने में देश की जनता को आधी सदी लग गई। 1857 के पश्चात् अखिल भारतीय स्तर पर गुलामी की जंजीरें काट फेंकने की जनता की बेकरारी लार्ड कर्जन द्वारा 1905 में किए गए बंग-भंग के विरुद्ध आन्दोलन के रूप में ज्वालामुखी बनकर फूट पड़ी।

बंग-भंग के विरुद्ध आन्दोलन में रवीन्द्रनाथ टैगोर के नेतृत्व में बंगाल के सभी साहित्यकार उठ खड़े हुए तो देश का समूचा साहित्यिक वातावरण उससे अछूता न रह सका और उस समय नवाबराय के लेखकीय नाम से लिखने वाले प्रेमचंद भी पीछे नहीं रहे। कानपुर के उर्दू मासिक 'जमाना' के जून 1905 के अंक में 'देशी अशिया को क्यों कर फरोग हो सकता है' तथा बनारस के उर्दू साप्ताहिक 'आवाजा-ए-खल्क' के 16 नवम्बर, 1905 के अंक में 'स्वदेशी तहरीक' शीर्षक से दो लेख प्रकाशित कराकर प्रेमचंद ने अपनी भावनाएँ सार्वजनिक करने में कोई संकोच नहीं किया। 1905 का कांग्रेस अधिवेशन बनारस में आयोजित हुआ जिसमें गोपाल कृष्ण गोखले कांग्रेस अध्यक्ष बने। 'जमाना' के नवम्बर-दिसम्बर 1905 के संयुक्तांक में प्रकाशित प्रेमचंद का लेख 'ऑनरेबल गोपाल कृष्ण गोखले' कांग्रेस में उनकी गहरी निष्ठा का प्रबल प्रमाण है।

बंग-भंग के विरुद्ध देशव्यापी आन्दोलन ने उस मजबूत आधारशिला का कार्य किया जिस पर असंख्य देशभक्तों ने स्वतंत्रता संघर्ष के भव्य भवन का निर्माण किया। इसी आन्दोलन ने कांग्रेस के अन्दर गरम दल तथा नरम दल के रूप में आन्तरिक संघर्ष को भी जन्म दिया। यह आन्तरिक संघर्ष दो वर्ष तक अन्दर ही अन्दर पनपता रहा और अन्ततः सूरत कांग्रेस के दूसरे दिन 28 दिसम्बर, 1907 को मंच पर ही दोनों पक्षों के मध्य खुला संघर्ष हुआ, जो कांग्रेस के समूचे इतिहास की अभूतपूर्व घटना है। इस संघर्ष में मंच पर दोनों पक्षों के मध्य खुले वाक्युद्ध के साथ-साथ कुर्सियाँ और बेंत आदि भी चले। इस सारे हाय बवेले में कांग्रेस दो फाड़ हो गई जिससे अन्य देशभक्तों की भाँति प्रेमचंद भी आहत हुए।

प्रेमचंद की दृष्टि में नरम दल और गरम दल की एकता होने से ही कांग्रेस मजबूत होकर देश की आजादी के लिए संघर्ष कर सकती थी और देश की जनता को गुलामी से मुक्ति दिला सकती थी। अपनी इसी भावना को वाणी देने के लिए प्रेमचंद ने एक लेख लिखकर लाहौर से मुंशी बिशन सहाय आजाद के सम्पादन में प्रकाशित होने वाले उर्दू मासिक 'आजाद' के मार्च 1908 के अंक में नवाबराय के लेखकीय नामोल्लेख के साथ प्रकाशित कराया था, जिसका शीर्षक है 'इत्तिफाक ताकत है।' प्रेमचंद का बहुत सा 'अप्राप्य' साहित्य प्रकाशित कराने वाले प्रेमचंद साहित्य के बहुप्रचारित 'विशेषज्ञ' डॉ. कमल किशोर गोयनका इस लेख का नामोल्लेख तो करते हैं परन्तु इसका पाठ प्रकाशित कराने की दिशा में तनिक भी सचेष्ट दिखाई नहीं देते और इसे 'अप्राप्य' बताकर ही अपने कर्त्तव्य की इतिश्री कर देते हैं।

देश की राजनीति और स्वतन्त्रता संघर्ष को कहीं दूर तक प्रभावित करने वाली घटना पर प्रेमचंद का यह ऐतिहासिक महत्त्व का लेख एक सदी तक अप्राप्य बना रहना आश्चर्य के साथ-साथ खेद का भी विषय है।]

एक जमाने में हिन्दुस्तान के लोग इस सीमा तक युद्धप्रिय थे कि बात-बात पर तलवारें चलतीं और खून की नदियाँ बहती थीं। या अब लोग ऐसे शान्तिप्रिय हो गए हैं कि पत्तों के खड़कने से भी कान खड़े हो जाते हैं और हाय बवेला मच जाता है। यह अंग्रेजी राज की बड़ी अनुकम्पा है। जब से सूरत कांग्रेस कुछ अदूरदर्शी देशभक्तों की अन्यायपूर्ण कार्रवाइयों से छिन्न-भिन्न हो गई है, नेशनलिस्ट और माडरेट–दोनों पक्ष एक दूसरे के जानी दुश्मन हो गए हैं और जिम्मेदार हलकों से यह आवाज लगातार सुनाई देती है कि अब दोनों पक्षों में एकता होनी कठिन है। यहाँ तक कि दोनों ओर से अलग-अलग अधिवेशन किए गए और आगे भी किए जाने की तैयारियाँ हो रही हैं।

हिन्दुस्तान अपने विचार-स्वातंत्र्य और विशाल-हृदयता के लिए सदा प्रसिद्ध रहा है। यह बात इसी देश में देखने में आती है कि मामूली पत्थरों के समक्ष श्रद्धा से नतमस्तक होने वालों से लेकर उच्च कोटि के स्वतंत्र विचार दार्शनिक तक सभी हिन्दू-धर्म की विस्तृत सभा के सदस्य समझे जाते हैं। मगर धर्म के बन्धन से मुक्त होने पर भी कांग्रेस समान विचार के पक्षों को अपनी मंडली में जगह नहीं दे सकती, और वह भी इस हालत में, जबकि दोनों का विरोध वास्तविक नहीं है। हम मानते हैं कि अबकी कांग्रेस में कुछ दीवाने नौजवानों ने बहुत शोर मचाया और कुछ बड़े-बड़े नेताओं को बोलने भी नहीं दिया। उनकी यह हरकत सरासर गलत थी। कोई भी बुद्धिमान व्यक्ति ऐसी उच्छृंखलता का पक्ष नहीं ले सकता, मगर ऐसी हालत में देशभक्ति का दावा करने वाले महानुभावों को खुश होना चाहिए था कि नौजवानों में कांग्रेस के साथ व्यावहारिक दिलचस्पी लेने का शौक तो पैदा हुआ। और उन्हें इस कोशिश में अपनी पूरी ताकत लगानी चाहिए थी कि किस प्रकार इस नए उत्साह का बेहतरीन इस्तेमाल किया जा सकता है, बनिस्बत इसके कि उसे एक झटके से अलग कर देने की जरूरत समझी जाती। जरूरत इस बात की थी कि जब कांग्रेस बर्खास्त की गई तो मेम्बरों के चुनाव के अनुरूप देश के सभी रहनुमा नए उपाय और कानून प्रस्तावित करते। हरेक प्रान्त और शहर को उसकी आबादी और व्यापारिक महत्त्व के आधार पर मेम्बरों की एक निश्चित संख्या चुनने का अधिकार दिया जाता और अगले साल कांग्रेस दोगुनी शानो शौकत के साथ दोनों पक्षों के मेम्बरों सहित इकट्ठी आयोजित होती। उस समय किसी दल को यह शिकायत न होती कि एक पक्ष ने एक स्थान विशेष के सैकड़ों डेलीगेट भरती कर दिए।

मानवीय विचारों में सदा विरोध रहा है और रहेगा। यह लगभग असम्भव है कि सभी मनुष्य एक ही विचार के हों। दुनिया में जहाँ कहीं भी राष्ट्रीय दल हैं वहाँ मतभेदों को हमेशा प्रतिद्वन्द्विता की दृष्टि से देखा जाता है। इस समय तो नरम दल वाले खुश हैं कि हमने अपने दल को घास-फूस से साफ कर लिया और अब हम पूरी तसल्ली से हर साल अधिवेशन करते रहेंगे। मगर क्या ये लोग इस बात की जिम्मेदारी ले सकते हैं कि भविष्य में इन लोगों में फिर किसी समस्या पर मतभेद नहीं होगा। और क्या उस हालत में फिर कन्वेंशन भी दो फाड़ नहीं हो जाएगा। और क्या यह अन्तहीन सिलसिला उस समय तक जारी नहीं रहेगा जब तक कि कट-छँटकर कांग्रेस कुछ बूढ़े आदमियों की एक मंडली रह जाएगी।

बुद्धिमानों की परम्परा है कि जब उनसे कोई गलती हो जाती है तो बहुत जल्दी शर्मिन्दा हो जाते हैं और उस गलती को सुधारने का प्रयास करते हैं। मिस्टर तिलक ने सबसे पहले मेल-मिलाप की आवाज उठाई है और उसकी आवश्यकता स्वीकार की है। इसके प्रतिकूल नरम दल के नेता, जो धृष्टताओं के कम-से-कम उसी सीमा तक जिम्मेदार हैं जिस सीमा तक मिस्टर तिलक, एकता के नाम से घबराते हैं मानो यह उनके कई महीने के सत्प्रयासों का परिणाम है। उन्हें न केवल अपनी गलती पर पछतावा है बल्कि उस गलती को सही ठहराने की कोशिश में लगे हुए हैं और कांग्रेस की इस गलती को मिस्टर मार्ले के यादगार शब्दों में 'तयशुदा बात' समझते हैं। मिस्टर तिलक जानते हैं कि कांग्रेस से बाहर उनका कुछ अस्तित्व नहीं, मगर मिस्टर गोखले इस विचार से भ्रमित हैं कि हमारी इस हरकत से खुश होकर सरकार अब हम पर कृपाओं की भरमार कर देगी। वे यह बिल्कुल भूल जाते हैं कि नेशनलिस्टों की जमात कुछ दिनों से ही अस्तित्व में आई है, उससे पहले सब लोग नरम दली ही थे। उस समय सरकार ने उनके साथ क्या रियायत कर दी थी। भगवान् नेशनलिस्टों का भला करे कि उनके शोर-शराबे ने सरकार को नरम दल वालों की माँगों पर वरीयता देने का वादा तो किया मगर यह ध्यान रहे कि यह वादा उस समय हुआ था जब दोनों पक्ष प्रकट रूप में इकट्ठे थे। और यदि उनका अलगाव किसी सैद्धान्तिक विषय पर सद्भावनापूर्वक हुआ होता तो सम्भव था कि इस विचार से कि नरम दल नेशनलिस्टों से अलग रहे और इकट्ठा न होने पावे, सरकार अपना वादा पूरा करती। मगर अब जबकि दोनों वर्गों में मनोमालिन्य उत्पन्न हो गया है, अभिमान और व्यक्तित्व का विष फैल गया है और देखती आँखों उनके इकट्ठा होने की कोई उम्मीद दिखाई नहीं देती, तो सरकार को वादा पूरा करने की कोई जरूरत नहीं रही क्योंकि अब वह यह समझेगी कि मनमुटाव व पारस्परिक स्तुतिगान के जोश में ये दोनों अपने आप ठंडे पड़ जाएँगे, हमें क्या आवश्यकता है कि एक को दबाने के लिए दूसरे की पीठ सहलाएँ और थपकियाँ दें। अब उसे नेशनलिस्टों की प्रगति का कुछ भी भय

नहीं रहा क्योंकि वे महानुभाव जो अब नरम दली बन रहे हैं, अगर किसी सिद्धान्त से नहीं तो केवल अकड़ और स्वाभिमान के विचार से नेशनलिस्टों के दल से परहेज रखेंगे और चाहे सरकार की तरफ से निराश भी हो जाएँ, मगर नरम दली बने रहेंगे। पिछले दो बरसों में कांग्रेस को जो प्रतिष्ठा और सम्मान प्राप्त हुआ है वह उससे पहले के बीस बरसों में भी नहीं मिला था और यह इसी नए दल का प्रभाव था। अब क्योंकि दोनों दल अलग हो गए हैं, सरकार की दृष्टि में कांग्रेस का वही प्रभाव और प्रतिष्ठा रह गई जो दो बरस पहले थी। वे महानुभाव जो इस अलगाव से खुश होकर बगलें बजा रहे हैं और शर्मिन्दा होने तथा एकता का प्रयास करने के बजाय इस मामूली फटन को गहरा गढ़ा बनाने की धुन में हैं, उन्हें ठीक से समझ लेना चाहिए कि सरकार का वादा उसी समय तक के लिए था जब तक दोनों दल एक थे। उसका उद्देश्य अब पूरा हो गया और उसे पिछले बाईस बरसों से पता है कि माडरेट लोगों की प्रार्थना को क्या भाव देना चाहिये। यदि मिस्टर गोखले, बैनर्जी, मेहता आदि वास्तव में राष्ट्रहित के पक्षधर हैं तो उन्हें एकता और मेल-मिलाप के इस अवसर को हाथ से न जाने देना चाहिए और मिस्टर तिलक के उदाहरण से शिक्षा लेकर पुरानी बातों को भूल जाना चाहिए। धैर्य, साहस, दृढ़ता और क्षमा–ये देशभक्ति की पहली शर्तें हैं। जो लोग अपने ही भाइयों के शोर-शराबे और मतभेद से झल्लाकर आपा खो बैठें और उन्हें दूध से मक्खी की तरह निकालकर फेंक दें, वे इससे ज्यादा नाजुक अवसरों पर जनता का क्या साथ देंगे। मिस्टर बैनर्जी जैसे देशभक्त से क्या यह कहने की आवश्यकता है कि अपनी राष्ट्रीय सभा में गालियाँ खाना और अपमानित होना इतना बुरा नहीं है जितना जनता के एक भाग को यह जानते हुए घर से निकाल देना कि सरकार बहुत जल्द उनकी हस्ती खाक में मिला देगी। वह दिन हमारे नरम दली भाइयों के लिए डूब मरने का होगा जब इस पारस्परिक वैमनस्य का परिणाम यह होगा कि सरकार का सख्त हाथ नेशनलिस्टों की गर्दन में होगा। और वह अवसर इससे भी अधिक शर्मनाक होगा जब नेशनलिस्ट लोग सरकार के जालिम हाथ के नीचे दबे बावेला मचाएँगे और हमारे नरम दली भाई तालियाँ बजाएँगे।

आबशारे न्याग्रा

زمانہ - جولائی ۱۹۰۸ء   آبشار نیاگرا

آبشار نیاگرا

उर्दू मासिक 'जमाना' के जुलाई 1908 के अंक में
प्रकाशित इस लेख का प्रथम पृष्ठ

[जिस समय प्रेमचंद ने साहित्य-संसार में पदार्पण किया उस समय देश की तरुणाई अँगड़ाई लेकर उठ रही थी और समूचे देश में देशभक्ति की प्रबल लहर चल रही थी। प्रेमचंद भी उससे अछूते न रहे और जून 1908 में प्रकाशित अपने पहले कहानी संकलन 'सोज़े वतन' की कहानियों के देशभक्तिपूर्ण स्वर के कारण उन्हें अपने लेखकीय नाम 'नवाबराय' को छोड़ना पड़ा। नवाबराय से प्रेमचंद का नाम ग्रहण करने तक के संक्रमण काल में प्रेमचंद ने कई छद्म तथा संक्षिप्त नामों के अन्तर्गत अपनी रचनाएँ प्रकाशित कराईं, जिनमें से उनके वास्तविक नाम धनपतराय का संक्षिप्त रूप दाल-रे विशेष रूप से उल्लेखनीय है।

दाल-रे के संक्षिप्त लेखकीय नामोल्लेख के साथ प्रकाशित होने वाला प्रेमचंद का सर्वप्रथम लेख 'आबशारे न्याग्रा' शीर्षक से मुंशी दयानारायण निगम के सम्पादन में कानपुर से प्रकाशित होने वाले उर्दू मासिक 'जमाना' के जुलाई 1908 के अंक में पृष्ठ संख्या 41 से 45 तक प्रकाशित हुआ था। दाल-रे के लेखकीय नामोल्लेख से प्रेमचंद की अनेकानेक रचनाएँ प्रकाशित होने के पर्याप्त प्रमाण उपलब्ध हैं, परन्तु 'आबशारे न्याग्रा' पर इस नाम में आश्चर्यजनक रूप से 'अज अम्बाला' शब्दों की वृद्धि कर दी गई थी, जिसके कारणों पर निम्नांकित पंक्तियों में विचार प्रस्तुत है।

अपने आत्मकथात्मक लेख 'जीवन-सार' में प्रेमचंद 'सोज़े वतन' प्रकाशित होने के पश्चात् की घटनाओं का उल्लेख करते हुए लिखते हैं–

"उस वक्त मैं 'नवाबराय' के नाम से लिखा करता था। मुझे इसका कुछ-कुछ पता मिल चुका था कि खुफिया पुलिस इस किताब के लेखक की खोज में है।"[1]

स्पष्ट है कि यह तथ्य प्रेमचंद के संज्ञान में आ चुका था कि 'सोज़े वतन' के लेखक को खुफिया पुलिस खोज रही है। संकलन की कहानियों के सम्बन्ध में तो उन्हें पता ही था कि वे देशभक्ति की भावनाओं से ओतप्रोत हैं और इस तथ्य का उल्लेख प्रेमचंद ने 'जमाना' में छपे इस संकलन के उस विज्ञापन में भी स्पष्ट रूप से किया था, जो उन्होंने स्वयं लिखकर 'जमाना' में प्रकाशनार्थ भेजा था। ऐसी दशा में सरकारी शिक्षा विभाग में कार्यरत धनपतराय के लिए यह अनुमान करना कुछ कठिन नहीं था कि यदि पुलिस उन तक पहुँच गई तो उन्हें क्या-क्या और कैसी-कैसी कठिनाइयों से दो-चार होना पड़ेगा।

अतः प्रेमचंद ने अपने लेखों आदि पर नवाबराय का नाम देना उचित नहीं समझा और अपने वास्तविक नाम धनपतराय के उर्दू आद्याक्षरों दाल-रे का प्रयोग करने का निर्णय लिया। अपनी पहचान और अधिक गोपनीय बनाए रखने के लिए उन्होंने दाल-रे के साथ 'अज अम्बाला' शब्दों की वृद्धि करके यह भ्रम उत्पन्न करने का प्रयास किया कि यह लेखक पंजाब प्रान्त के अम्बाला नगर का निवासी है, ताकि पुलिस-प्रशासन उन तक पहुँचने में सफल न हो सके।

इस लेख का नामोल्लेख डॉ. कमल किशोर गोयनका ने 'प्रेमचंद विश्वकोश' भाग-1, पृ. 321 पर किया अवश्य, परन्तु इसे अशुद्ध रूप से 'जमाना' के जुलाई 1907 के अंक में प्रकाशित बताया है। आश्चर्य की बात है कि डॉ. गोयनका ने

---

1. जीवन-सार; हंस, आत्मकथा अंक, पृ. 164

प्रेमचंद के इस लेख का कोई उल्लेख न तो 'प्रेमचंद विश्वकोश' के द्वितीय भाग में किया, न ही 'प्रेमचंद का अप्राप्य साहित्य' में प्रस्तुत प्रेमचंद की शेष अप्राप्य रचनाओं की सूची में इसे स्थान दिया। इसका कारण तो कुछ बुद्धिगम्य नहीं है, परन्तु प्रेमचंद के एक अप्राप्य लेख के प्रति उनकी अतिशय उदासीनता और उपेक्षा अवश्य ही खटकती है।

अन्तर्राष्ट्रीय स्तर के पर्यटन स्थल न्याग्रा जल-प्रपात के सम्बन्ध में प्रेमचंद ने एक संक्षिप्त से लेख में जितनी प्रामाणिक जानकारी प्रस्तुत करने में सफलता प्राप्त की है, वह अपने में अनूठी है। और, इस लेख की यही विशेषता इसे प्रेमचंद के महत्त्वपूर्ण लेखों में सम्मिलित कराने के लिए पर्याप्त है।]

प्रकृति ने जहाँ मानव को बहुत-से उपहार प्रदान किए हैं, वहीं उनमें वे रंग-बिरंगे पहाड़ भी हैं जिन्हें प्रकृति के उदार हाथों ने फूलों के गुलदस्तों की भाँति उत्तरोत्तर सजाया है। जहाँ ऊँचे-ऊँचे वृक्ष आकाश से बातें करते हैं, सुन्दर युवा उद्यान अपनी प्रेयसी शीतल मन्द हवा से आलिंगनबद्ध होकर आत्ममुग्ध और आत्मविस्मृत हुए झूमने लगते हैं, और कभी उसके आनन्ददायक झोंकों से मस्ती में आकर अपने स्रष्टा के नाम का स्मरण करने लगते हैं। जहाँ प्रपातों और निर्झरों से बहता हुआ स्वच्छ शीतल जल अपने प्रेमियों की व्यथा और संताप मिटा रहा है। जहाँ संसार की चिन्ताएँ और बाधाएँ बात की बात में मिट जाती हैं और मन सहसा पाँव पीछे हटाने से वर्जित करने लगता है और कहता है कि यह चार दिन का जीवन प्रकृति के स्वयं उद्भूत संरक्षण और उसके रचयिता की पूजा-अर्चना में व्यतीत कर दीजिए। ये वही पवित्र स्थान हैं जिनमें योगियों, मुनियों और संन्यासियों के आवास रहे हैं। ये वही पवित्र स्थान हैं जहाँ बैठकर संसार से विरक्तपूर्ण ज्ञानियों ने आत्म-साक्षात्कार और लोकहित तथा लोक-कल्याण के सम्बन्ध में चिन्तन किया है। यही वे प्राकृतिक दृश्य थे जिनमें स्वामी राम खो गए। उनका यह शेर उनकी मानसिकता का अनुमान करने के लिए पर्याप्त है-

लोग कहते हैं कि मैदानों में रहना ठीक है
कौन जाए राम अब गंगा की लहरें छोड़कर

पता नहीं शहंशाह बाबर ने किस आधार पर भारतवासियों पर आरोप लगाते हुए और आश्चर्य प्रकट करते हुए कहा था-'विचित्र रसहीन लोग हैं। यदि डेरा लगाना हो तो नदी की ओर पीठ कर लेते हैं। इनके मन पर प्राकृतिक दृश्यों का तनिक भी प्रभाव नहीं होता।'

ऐसी बेबसी की दशा में जबकि लोग विदेशी आक्रान्ताओं से भयभीत थे और गृहयुद्ध तथा पारस्परिक झंझटों में फँसे हुए थे, प्राकृतिक दृश्य उन पर क्या प्रभाव छोड़ते! इसी प्रकार विदेशी लेखकों ने अन्य बातों में अपना मत निर्धारित करने में त्रुटि की है। भारतवासियों पर यह एक धार्मिक प्रतिबन्ध था जिसकी पृष्ठभूमि में पूर्वजों का यही गुप्त मन्तव्य था कि तीर्थ यात्राओं, दर्शनीय स्थलों जैसे बदरीनारायण, केदारनाथ, अमरनाथ, वैष्णोदेवी, कांगड़ा, ज्वालामुखी, मक्का-मदीना के दर्शनों के बहाने मनुष्य प्राकृतिक दृश्यों का आनन्द ले, अपने ज्ञान में वृद्धि करे, पहाड़ों के व्यापार और देश-देश की उपज से परिचय प्राप्त करे। यह नहीं कि चिड़चिड़े अज्ञानियों की भाँति आँखें मूँदे जाएँ और ईसा के गधे की भाँति कोरे के कोरे वापस चले आएँ। ऐसे ही

स्थान और वस्तुएँ प्रकृति ने अन्य देशों के निवासियों के लिए भी उत्पन्न की हैं ताकि अपने अवकाश के क्षणों में लोग इनका आनन्द लें और प्राकृतिक सौन्दर्य देखकर ईश्वर का स्मरण करें।

इनमें एक विक्टोरिया जल-प्रपात है जो अफ्रीका महाद्वीप के निवासियों को अपना प्रेमी बनाए हुए है। ऐसा ही एक जल-प्रपात अमरीका महाद्वीप में है जो आबशारे न्याग्रा के नाम से प्रसिद्ध है। सुन्दर दृश्यों के प्रेमी यहाँ के निवासी आश्चर्यजनक बुद्धिमत्ता से कार्य कर रहे हैं और दिन-रात इसी चिन्ता में रहते हैं कि ईश्वर ने आँखें तो दी हैं लेकिन हम अभी तक इनसे सूर्य के प्रकाश में ही काम ले सकते हैं। इसलिए कोई ऐसा उपाय खोज निकाला जाए जिससे इस जल-प्रपात की सुन्दरता का दृश्य और पूर्ण स्रष्टा की कलाकारी तथा कारीगरी का अनुभव रात और दिन में एक समान कर सकें। वे प्रत्येक दिन को ईद और रात को शबे बरात बनाने के इच्छुक हैं। सच पूछिए तो न्याग्रा जल-प्रपात का सौन्दर्य रात के समय ही निखार पर आता है जब उसकी चित्ताकर्षक जल-चौकी का सम्पूर्ण विस्तार विभिन्न रंगों के प्रकाश से दैदीप्यमान हो जाता है। इस उत्कृष्ट दृश्य की सुन्दरता का क्या वर्णन हो सकता है, मनुष्य क्या देवता भी आकाश से देख लें तो हजार जान से मुग्ध हो जाएँ।

दीर्घकाल तक अमरीका वाले इस दुविधा में रहे कि किन माध्यमों और संसाधनों से यह जल-प्रपात रात्रि के समय प्रकाशमान होकर मनमोहक हो सकता है। रात्रि के समय इसमें दर्शकों के लिए निरन्तर जल गिरने के शोर के अतिरिक्त और कुछ भी मनमोहक विशेषता नहीं थी। लम्बे समय तक विचार-विमर्श होता रहा। अन्ततः यह महत्त्वपूर्ण कार्य न्याग्रा जल-प्रपात के उत्साही अधिकारी को सौंपा गया और इसकी सफलता का श्रेय भी उन्हीं को प्राप्त हुआ, क्योंकि अब आप इस अनुपमेय जल-प्रपात को प्रकृति के अत्यन्त विचित्र रंगों में नहाता हुआ देख सकते हैं।

वास्तव में यहाँ दो पृथक्-पृथक् जल-प्रपात हैं-1. गोट टापू-जो एक पाषाणी भूखण्ड है और नदी को दो भागों में विभक्त करता है। कैनेडा वाले भाग को हॉर्स शू या कैनेडा का जल-प्रपात कहते हैं जिसकी गहराई 158 फिट और चौड़ाई 2640 फिट है।

इस टापू के दूसरी ओर दूसरा जल-प्रपात है जो अमरीकी जल-प्रपात के नाम से प्रसिद्ध है। इसकी गहराई 162 फिट और चौड़ाई लगभग 1000 फिट है। इन दोनों दरारों को स्वच्छ करती जाने वाली पानी की धार या लहर में जल का प्रवाह एक करोड़ पचास लाख घन फिट प्रति मिनट है। सितम्बर 1907 में ये दोनों जल-प्रपात पहली बार प्रकाशित किए गए थे। यह परीक्षण बड़ी-बड़ी मशालों की सहायता से किया गया था। 50 मशालें प्रज्ज्वलित की गई थीं जो इसी विशिष्ट उद्देश्य के लिए जनरल

इलेक्ट्रिक कम्पनी से बनवाई गई थीं और जिन्हें कम्पनी के प्रसिद्ध इंजीनियर श्री डब्ल्यू.डी.ए. रामन साहब ने अत्यन्त श्रमपूर्ण प्रयास से सुसज्जित किया था। एक प्रकाशगृह जिसमें 21 मशालें थीं, ओंटेरियो के निकट कैनेडा की घाटी में स्थापित किया गया था और चाँद जैसे लैम्प बराबर-बराबर रख दिए गए थे ताकि इससे दोनों जल-प्रपातों पर प्रकाश पड़े। दूसरा प्रकाशगृह पहले स्थान से कुछ ऊँचाई पर स्थापित किया गया ताकि उससे जल-प्रपातों के ऊपरी भागों पर प्रकाश की जगमगाती किरणें पड़ सकें। तीसरा प्रकाशगृह विक्टोरिया बाग में बनाया गया जिससे अमरीकी जल-प्रपात पर प्रकाश पहुँच सके। जो लोग प्राय: कहते थे कि नदियों की शक्ति निरर्थक नष्ट हो रही है, उनसे किसी प्रकार का काम नहीं लिया जाता, उन लोगों की इच्छा भी पूर्ण हो गई। इन मशालों और प्रकाशगृहों को प्रकाश पहुँचाने का कार्य इन जल-प्रपातों से ही लिया जा रहा है, जिसका अर्थ यह है कि ये स्वयं अपने आपको प्रकाश पहुँचा रहे हैं। इस विद्युत-यन्त्र को चलाने के लिए 300 अश्वशक्ति विद्युत और बीस करोड़ कैंडिल पॉवर के प्रकाश की आवश्यकता थी। बीस करोड़ कैंडिल पॉवर के प्रकाश की तीव्रता का अनुमान तब तक नहीं किया जा सकता जब तक कि इस देखने योग्य दृश्य का आनन्द स्वयं न उठा लिया जाए।

प्रकाश को और अधिक तीव्र तथा आकर्षक बनाने के लिए विभिन्न रंगों का प्रकाश उत्सर्जित करने वाले ऐसे उपकरणों से काम लिया जाता है जो गोल होते हैं और जिनसे रंगीन छल्ले निकाले जाते हैं। इस उपाय से अधिकारियों के मनोनुकूल विभिन्न रंगों की किरणें प्रकट होती जाती हैं। दर्शक यह देखकर आश्चर्यचकित रह जाता है कि मानवीय आँखों ने ऐसा दृश्य पहले कहीं नहीं देखा था। विचित्र प्रभाव छा जाता है। प्रतीत होता है कि जो पानी दरार पर से होकर जा रहा है वह पिघली हुई चाँदी का ही ढेर है। फिर मानो किसी ने जादू कर दिया और सहसा पानी की रुपहली लहरें गहरे नीले रंग में परिवर्तित हो गईं। बात की बात में यह रंग भी मद्धम पड़ गया और पानी हरा, पीला, लाल, कत्थई होता गया। फिर कुछ क्षणों के लिए घुप्प अँधेरा छा गया लेकिन कुछ समय पश्चात् जल-प्रपात का एक किनारा सफेद प्रकाश की किरणों से चमक उठा और शेष भाग नीले से। और इसी प्रकार विभिन्न रंगों में परिवर्तित होता रहा, यहाँ तक कि उस तट पर दस-बारह भिन्न-भिन्न रंग गिरते दिखाई देते हैं। फिर इसका क्रम बदल गया। जल-प्रपात के किनारे-किनारे सफेद प्रकाश चमक उठा। उससे कुछ ही फिट नीचे पानी भिन्न रंग लिए हुए था और नीचे तक जल-प्रपातों की यही दशा थी। इस समय इसकी घरघराहट और गति भी उन्मत्त भाव की होती है। कभी नाचते और कभी चक्कर काटते हुए दिखाई देते फेनिल बादल वह आनन्द उत्पन्न करते हैं कि दर्शक का मन अनचाहे ही अपनी ओर आकर्षित कर लेते हैं। रंगों का मिश्रण और पानी की अठखेलियाँ इन्द्रधनुष की समस्त विशेषताओं को नि:शेष कर देती हैं। एक प्रसिद्ध पर्यटक का कथन है कि कोई कवि या लेखक अभी

तक इस दृश्य के सौन्दर्य का वर्णन नहीं कर सका। इसका वर्णन करना मात्र कल्पना शक्ति का काम नहीं है जो उड़ती हुई धुंध और गिरते हुए पानी की सुन्दरता को स्पष्ट कर सके, विशेषकर उस समय जब इन पर नितान्त अँधेरे से अचानक प्रकाश की चमक दिखाई देती है।

हॉर्स शू जल-प्रपात के लाल और नीले रंगों से मिलकर उत्पन्न होने वाले दृश्य का वर्णन अनिर्वचनीय है। ऐसा ही प्रभावोत्पादक और मनमोहक दृश्य उस समय दिखाई देता है जब लाल, सफेद और नीली किरणें पानी की सतह पर पड़ती हैं।

जब पानी पर रंगीन किरणें पड़ती हैं तो कुछ बम के गोले छोड़ दिए जाते हैं जिनके छूटते ही धुएँ के बादल बन जाते हैं जिन पर कृत्रिम प्रकाश पहुँचाया जाता है तो आकाश पर उड़ता हुआ धुआँ एक कृत्रिम बादल का रूप ग्रहण कर लेता है जिस पर विभिन्न रंगों की छाया पड़ती है। कई बार ये बादल सितारों के समान हो जाते हैं और अत्यन्त विचित्र तथा सुन्दर लगते हैं। कभी-कभी बिजली के प्रकाश की किरणें उस बड़े इस्पाती पुल पर डाली जाती हैं जो जल-प्रपातों के नीचे बना हुआ है। यहाँ से दर्शकों के झुंड के झुंड स्पष्ट दिखाई देते हैं। प्रकाश की ये किरणें सौ मील और कभी-कभी डेढ़ सौ मील की दूरी से दिखाई देती हैं।

इस यन्त्र को स्थापित करने के लिए न्याग्रा जल-प्रपात के अधिकारी ने एक हजार पाउण्ड चंदा इकट्ठा किया था और इस धनराशि से वह जल-प्रपात को एक मास तक प्रत्येक रात्रि में एक घंटे तक प्रकाशित करता रहा। आजकल वह उसके लिए मशाल की तैयारी में व्यस्त है और उसका विचार पहले से भी अधिक भव्य और शक्तिशाली यन्त्र बनाने का है जो अनुमानतः बीस हजार पाउण्ड की लागत से तैयार हो सकेगा और जिसे चलाने के लिए छह सौ पाउण्ड वार्षिक का व्यय होगा।

मिस्टर डगलस कहते हैं कि यह विचित्र तथा अद्वितीय दृश्य न्याग्रा के हजारों लोगों को प्रभावित किए बिना नहीं रहेगा। इस भव्य जल-प्रपात का जो प्राकृतिक सौन्दर्य दिन में दृष्टिगोचर होता है, कहीं मनमोहक है परन्तु इस नवीन उपाय से उसके आकर्षण में हजार गुनी वृद्धि हो जाएगी। और यह ऐसा दृश्य है जो किसी भी घुमक्कड़ मन में घर किए बिना नहीं रह सकेगा।

जॉन ऑफ आर्क

جون آف آرک

جن لوگوں نے فرقہ اناث کو فضول و ناکارہ عنصر خیال کر رکھا ہے وہ در حقیقت سخت غلطی پر ہیں۔ کوئی زمانہ ایسا نہ تھا جب وقت اُنھوں نے اپنی عظمت و فضیلت کا سکہ عوام الناس کے دلوں پر نہ جمایا ہو۔ تاریخ شاہد ہے کہ میدان جنگ میں بھی عورتوں نے شجاعت و دلیری کے وہ وہ حیرت انگیز سین پیش کیے ہیں جن کو پڑھ کر [illegible] آج خلقت دنیا دست بستہ رہ جاتی ہے۔ وہ اوصاف حمیدہ و اطوار پسندیدہ کی مجسم دیویاں ہیں۔ وقت علم و ہنر فضل و کمال کی طرف رُخ کرتی ہیں تو لیلاوتی سے لاثانی ہستیاں پیش نظر آجاتی ہیں اور اگر وہ تدبر و سیاست آرا مسند ہو کر [illegible] کے مقابلہ میں سیادت میں آتی ہیں تو [illegible] کی [illegible] اور [illegible] کے بڑے بڑے حادثات کرتی چلی جاتی ہیں۔ وہ مردوں سے کسی بات میں کم نہیں۔ انکا سچا جوش، حب الوطنی، خودداری، صداقت، ہمدردی اور دیگر اوصاف قابل پرستش ہیں۔ تمام ہندوستان اور خصوصاً راجپوتانہ میں ان سے ایسے واقعات پیش آئے ہیں جن سے پتہ لگتا ہے کہ ان ہندوستانی دیویوں نے اپنے وطن اور اپنی عصمت و عفت پر جانیں قربان کر دی ہیں اور جل کر خاک ہو گئی ہیں لیکن اپنے دھرم اور [illegible] پر مرتے دم تک آنچ نہ آنے دی۔ اہلیا بائی، رانی [illegible]، رضیہ بیگم، چاند بی بی [illegible] ہیں اور ہندوستان [illegible] شہیدان [illegible] خدمت قوم [illegible] ہمارا ہندوستان جنت نشان ہو رہا تھا۔ آج ہمارے قومی تنزل کا [illegible] باعث یہی ہے کہ [illegible] کو [illegible] جہالت [illegible] علم و ہنر کے [illegible] کر دیا [illegible] ان پر بند کر دیا۔ نتیجہ یہ ہوا جو ہم آنکھوں سے دیکھ رہے ہیں۔

उर्दू मासिक 'जमाना' के जुलाई 1909 के अंक में
प्रकाशित इस लेख का प्रथम पृष्ठ

[साहित्य-संसार में उपन्यास सम्राट् और कथा सम्राट् के रूप में प्रसिद्ध प्रेमचंद का लेखकीय जीवन उपन्यास अथवा कहानी से आरम्भ नहीं हुआ था, वरन् उन्होंने लेखों के माध्यम से साहित्य के क्षेत्र में पदार्पण किया और प्रारम्भ में उनकी ख्याति निबन्ध लेखक के रूप में ही हुई। प्रसिद्ध व्यक्तियों के जीवन-चरित लिखने में प्रेमचंद की विशेष अभिरुचि थी, जिसका प्रमाण यह है कि उनका सम्प्रति ज्ञात प्रथम लेख 'ओलिवर क्रामवेल' भी जीवन-चरित ही है। यह आश्चर्य की बात है कि 'ओलिवर क्रामवेल' के अतिरिक्त प्रेमचंद की लिखी हुई समस्त जीवनियाँ केवल 'जमाना' में ही प्रकाशित हुईं!

'जमाना' में प्रकाशित प्रेमचंद की जीवनियों का एक संग्रह उर्दू में 'बाकमालों के दर्शन' शीर्षक से 1929 में प्रकाशित हुआ था, जिसका द्वितीय परिवर्द्धित संस्करण 1932 में प्रकाशित हुआ था। यह देखकर आश्चर्य होता है कि इस जीवनी-संग्रह के द्वितीय संस्करण में प्रेमचंद ने तीन भिन्न-भिन्न लेखकों द्वारा लिखी गई तीन जीवनियाँ भी सम्मिलित कर दी थीं। यद्यपि प्रेमचंद ने मुंशी दयानारायण निगम के नाम लिखे अपने 25 अक्टूबर, 1932 के पत्र में इस तथ्य का स्पष्ट उल्लेख कर दिया था, लेकिन साहित्य संसार ने इस ओर कोई ध्यान नहीं दिया और इन पंक्तियों के लेखक ने इस सम्बन्ध में पहली बार मौलिक शोध करके इस तथ्य को सार्वजनिक किया। ध्यातव्य है कि इस शोध का संक्षिप्त रूप पहली बार अंग्रेजी दैनिक 'दि हिन्दुस्तान टाइम्स', नई दिल्ली के 31 जुलाई, 2006 के अंक में प्रकाशित हुआ था।

'जमाना' के अप्रैल 1909 के अंक में प्रेमचंद की लिखी हुई एक जीवनी 'जॉन ऑफ आर्क' शीर्षक से प्रकाशित हुई थी। इस जीवनी पर पत्रिका के अंक की अनुक्रमणिका में लेखकीय नामोल्लेख 'दाल-रे अज अम्बाला' तथा लेख के अन्त में 'दाल-रे' के रूप में प्रकाशित हुआ था। ध्यातव्य है कि यह वह समय था जब 'सोज़े वतन' से उद्भूत विभागीय प्रतिबन्धों के कारण प्रेमचंद छद्म नामों से लिखने के लिए विवश थे। प्रेमचंद की लिखी यह जीवनी तब तक साहित्य संसार की दृष्टि से ओझल रही जब तक कि मुम्बई के प्रसिद्ध प्रेमचंद विशेषज्ञ गोपाल कृष्ण माणकटाला ने इसे खोजकर अपनी परिचयात्मक टिप्पणी के साथ उर्दू साप्ताहिक 'हमारी जबान', नई दिल्ली के 22 जुलाई, 1984 के अंक में प्रकाशित नहीं करा दिया। इसके सम्बन्ध में प्रतिक्रिया व्यक्त करते हुए उर्दू के सुप्रसिद्ध लेखक, आलोचक और साहित्यिक शोधकर्त्ता मालक राम ने लिखा—

"पिछले दिनों 'हमारी जबान' के कुछ शुमारों में जनाब माणकटाला ने अपने मजामीन में मुंशी प्रेमचंद के बाज मजामीन की निशानदिही की है। उन्होंने कहा है कि ये मजामीन माहनामा 'जमाना', कानपुर में दाल-रे के नाम से छपे थे, जो धनपत राय का मुखफ्फफ़ है और यह प्रेमचंद का असली नाम था। उन्होंने यह नहीं बताया कि आखिर मुंशी प्रेमचंद को सिर्फ दाल-रे के हरूफ लिखने की क्या जरूरत पेश आई!

बहरहाल उन्हें गलतफहमी हुई है। ये मजामीन मुंशी प्रेमचंद के नहीं, इनके लिखने वाले एक और धनपत राय साहब थे। ये हुकूमते हिन्द की वजारते दिफा

(डिफेन्स) के महकमा-ए-डेरी फॉर्म में मुलाजिम थे। मुद्दतों रावलपिण्डी और अम्बाला में तैनात रहे। उन्होंने मुलाजमत के आखिरी जमाने में अपने महकमे के शुमाली सर्किल के हैड क्वार्टर लाहौर छावनी (मियाँ मीर) में सुपरिंटेंडेंट की हैसियत से काम किया और वहीं से सुबुकदोश हुए। उनका 16 दिसम्बर, 1968 को अपने बड़े बेटे के पास मेरठ में इन्तकाल हुआ।

उन्हें उर्दू-फारसी से बहुत दिलचस्पी थी। शुरू में खास तौर पर अम्बाले के दौराने कयाम में उन्होंने चंद नस्री मजामीन लिखे थे जिनके आखिर में नाम की जगह सिर्फ दाल-रे या दाल-रे अज अम्बाला छपा है। इन मजमूनों की तादाद चार-पाँच से ज्यादा नहीं होगी। मैंने एक मर्तबा दरियाफ्त किया कि आपने पूरा नाम क्यों न लिखा तो फरमाया कि हुकूमत (और वह भी डिफेन्स) का मुलाजिम था! खयाल किया कि कोई पेचीदगी न पैदा हो जाए। मरहूम मेरे खुसुर बुजुर्गवार थे।

पस, दाल-रे के लिखे हुए किसी मजमून का मुंशी प्रेमचंद से कोई ताल्लुक नहीं है और इससे किसी को कोई गलतफहमी नहीं होनी चाहिए। यह तहरीर मुझे आज से बहुत दिन पहले लिख देना चाहिए थी, लेकिन कुछ तो सहलंगारी और बहुत हद तक मेरी मुसलसल अलालत के बाएस यह बात टलती रही। ताखीर के लिए माजरतख्वाह हूँ। मालक राम (8 फरवरी, 1985)"[1]

मालक राम का जन्म 8 मार्च, 1907 को हुआ था, अतः स्पष्ट है कि 'जॉन ऑफ आर्क' प्रकाशित होने के समय उनकी अवस्था मात्र दो वर्ष की ही थी। मालक राम का विवाह 1931 में हुआ था और उन्होंने शिक्षा पूर्ण करके उर्दू साप्ताहिक 'आर्य गजट' के प्रतिनिधि के रूप में कार्य आरम्भ किया। इसके पश्चात् वे 1931 से 1936 तक लाहौर के उर्दू मासिक 'नैरंगे खयाल' के सम्पादक रहे। जनवरी 1936 में वे लाहौर के उर्दू दैनिक 'भारत माता' से सम्बद्ध हो गए और 1936 में ही सरकारी सेवा में चले गए।

उपर्युक्त तथ्यों के परिप्रेक्ष्य में मालक राम के उपर्युक्त उद्धृत पत्र का परीक्षण करने से यह स्पष्ट नहीं होता कि उन्हें ऐसे लेखों के सम्बन्ध में अपने ससुर से जिज्ञासा करने की क्या आवश्यकता थी जो उस समय प्रकाशित हुए थे जब वे मात्र दो वर्ष के थे। फिर यह भी स्पष्ट नहीं होता कि इन लेखों का सन्दर्भ क्यों और किस कारण से आया। मालक राम ने अपने पत्र में यह भी स्पष्ट नहीं किया कि उनके ससुर के लेख किन पत्र-पत्रिकाओं में प्रकाशित हुए, उनके शीर्षक क्या थे और उनकी निश्चित संख्या क्या थी? मात्र हवा में बात उछाल देने से तो उसे प्रामाणिक नहीं माना जा सकता। अतः मालक राम का उपर्युक्त पत्र प्रामाणिक मानने योग्य नहीं है।

इसके प्रतिकूल प्रेमचंद साहित्य के सभी अध्येता और शोधकर्ता इस सम्बन्ध में एकमत हैं कि प्रेमचंद ने दाल-रे के छद्म नाम से लेख, कहानियाँ आदि प्रकाशित कराए हैं और ऐसी सभी रचनाएँ प्रेमचंद साहित्य में सम्मिलित हैं। जहाँ तक 'जॉन ऑफ आर्क' का सम्बन्ध है, माणकटाला साहब द्वारा प्रकाशित कराने के पश्चात् यह लेख डॉ. आबिद रजा बेदार के सम्पादन में प्रकाशित 'प्रेमचंदः मुतफर्रिकात' (1995)

1. हमारी जबान, नई दिल्ली, 22 फरवरी, 1985, पृ. 5

और मदन गोपाल के सम्पादन में प्रकाशित 'कुल्लियाते प्रेमचंद', भाग-20 (2003) में भी सम्मिलित होकर प्रकाशित हो चुका है। अतः 'जॉन ऑफ आर्क' को प्रेमचंद की प्रामाणिक रचना स्वीकार करने में लेशमात्र भी संकोच नहीं होता।

प्रेमचंद के इस उर्दू लेख से हिन्दी साहित्य संसार अभी तक अनभिज्ञ ही है और इसे 'प्रेमचंद रचनावली' सहित प्रेमचंद के किसी भी संकलन में प्रस्तुत नहीं किया जा सका है। 'सोज़े वतन' की कहानियों के देशभक्तिपूर्ण स्वर से उद्‌भूत प्रतिबन्धों को नकारने के लिए दाल-रे के छद्म नाम से लिखा गया यह लेख प्रेमचंद की देशभक्ति की भावनाओं का यथार्थ परिचय देने में सर्वथा समर्थ है, और यही इस लेख का विशिष्ट महत्त्व है]

जिन लोगों ने महिला वर्ग को व्यर्थ और निकम्मा समझ रखा है वास्तव में वे भारी गलती पर हैं। कोई युग ऐसा नहीं है जिसमें उन्होंने जनता के मन में अपनी प्रतिष्ठा और बड़ाई का सिक्का न जमाया हो। इतिहास साक्षी है कि युद्ध क्षेत्र में भी उन्होंने शूरवीरता और साहस के वे आश्चर्यजनक सीन प्रस्तुत किए हैं जिन्हें पढ़कर और सुनकर आज जनता आश्चर्य-चकित रह जाती है। ये गुणवान और शुभ आचरण का पर्याय देवियाँ जिस समय ज्ञान और कला तथा दया और गुणों की ओर पग बढ़ाती हैं तो लीलावती-सी अनसुलझी पहेलियाँ दृष्टि में आती हैं और यदि वे धनुष-बाण से सुसज्जित होकर शत्रु के समक्ष मैदान में उतरती हैं तो पंक्तियाँ की पंक्तियाँ और परे के परे साफ करती चली जाती हैं। वे पुरुषों से किसी बात में भी कम नहीं। उनका सच्चा उत्साह, देशभक्ति, स्वाभिमान, पवित्रता, सहानुभूति और अन्य गुण पूजा के योग्य हैं। पूरे हिन्दुस्तान और विशेषकर राजपूताने में ऐसी घटनाएँ सामने आती हैं जिनसे पता चलता है कि इन हिन्दुस्तानी देवियों ने अपने देश, अपनी पवित्रता और अपने सतीत्व पर प्राण न्योछावर कर दिए और जलकर राख हो गईं, लेकिन अपने धर्म और जन्मभूमि पर मरते दम तक आँच न आने दी। अहिल्याबाई, रानी पद्मिनी, रजिया बेगम, चाँद बीबी, नूरजहाँ और इन अनेक देश पर मर मिटने वालों के उदाहरण मिलेंगे जिनके नाम जीवन-पटल पर चाँद-सूरज की भाँति टपका करेंगे। इन्हीं देवियों के कल्याणकारी अवतरण की कृपा से हमारा हिन्दुस्तान स्वर्ग जैसा हो रहा था। आज हमारे राष्ट्रीय पतन का मुख्य कारण यही है कि हमने उनको अपना गुलाम बनाकर, उनको अपने पाँवों की जूती समझकर और मानसिक क्षमताओं में अपने से कम मानकर उन्हें ज्ञान और कला के खजाने से वंचित कर दिया है। उनके लिए शिक्षा का द्वार बन्द कर दिया। परिणाम यह है जो हम आज आँखों से देख रहे हैं।

किसी देश का विकास और खुशहाली उसके उन युवा बच्चों पर आधारित है जिन्हें पुरुष नहीं, वरन् माताएँ बनाती हैं। हमने उनको पर्दे और उपेक्षा में रखकर स्वतन्त्रता की झलक और नए युग के विकास से वंचित कर दिया। वे शारीरिक और मानसिक रूप से दुर्बल और अशक्त होती गईं और वही दुर्बलता, अशक्तता, अज्ञान और अशिक्षा हमें उत्तराधिकार में मिली। माताएँ ही हमको साहसी और गुणवान बनाया करती हैं और भावी खुशहाली तथा विकास की आधारशिला उनकी गोद में रखी जाती है। माताओं की बहादुरी, उनके साहस और दृढ़ संकल्प

से ही राष्ट्रीय भवन के निर्माताओं को मसाला प्राप्त होता है। जहाँ के पूर्व व वर्तमान आविष्कारक और आविष्कार, ज्ञानी और विद्वान्, सर्वज्ञ और विवेकी, वैज्ञानिक और बुद्धिमान माताओं के सुन्दर गुणों का गुलदस्ता हैं। ये गुण माताएँ अपने बच्चों में शैशवकाल से ही कूट-कूटकर भर देती हैं जो भावी पीढ़ियों में मानव जाति पर जान न्योछावर करना बच्चों का खेल समझते हैं। अतीत के वैभव पर हमारा गर्व करना मानो रेत के ऊँचे टीले पर खड़ा होना है जिसका एक पल का भी भरोसा नहीं कि किस समय वह प्रतिकूल हवा की टक्कर से खील-खील हो जाए और तितर-बितर होकर गिर पड़े। रूस, जापान, इंग्लिस्तान, फ्रांस, इटली–चाहे किसी भी साम्राज्य को लीजिए, उस देश की सफलता, विकास, समृद्धि, स्वतन्त्रता और उसकी व्यवस्था तथा स्थिरता के मूल में आपको उस देश की उच्च साहसी महिलाएँ ही दिखाई देंगी।

आज मैं आपको फ्रांस के एक निर्धन लेकिन शरीफ खानदान की लड़की की कथा सुनाता हूँ जिसने देशभक्ति के नशे में चूर होकर किस प्रकार अपने प्रिय देश के लिए स्वयं को कष्टों व खतरों की जलती हुई आग में झोंक दिया और उस पर बलिदान हो गई। ऐसे पुण्यात्मा लोग जो दूसरों की भलाई के लिए अपने जान-माल की चिन्ता न करें, संसार में दुर्लभ हैं। हाँ, अपनी मुक्ति के अभिलाषी, यश के इच्छुक, अपनी श्रेष्ठता तथा खुशहाली के दीवाने आपको बहुत से मिल जाएँगे लेकिन निःस्वार्थ और निरुद्देश्य दूसरों की सेवा करने वाले देश के सच्चे हितैषी तथा जान छिड़कने वाले यदा-कदा ही दिखाई देंगे। कैसा अच्छा हो यदि उनको इस बात से परिचित कराया जाए कि जन सेवा ही ईश-मिलन है तो नरक के भयावह और हृदयद्रावक दृश्य स्वर्ग के शाश्वत सुख और विजयोल्लास में परिवर्तित हो जाएँ। किसी ने सत्य ही कहा है–

खुदा के आशिक तो हैं हजारों, बुतों में फिरते हैं मारे-मारे।
मैं उसका बन्दा बनूँगा जिसको खुदा के बन्दों से प्यार होगा॥

* * * * *

मलूल अज हमरहान बूदन तरीके कारदानी नीस्त।
बेकश दुश्वारिय मंजिल ब यादे अहदे आसानी॥

[सहयात्रियों से दुखी होना निपुणता का व्यवहार नहीं है। सुख के समय को स्मरण करके यात्रा की कठिनाइयों को सहन किया जा सकता है।]

आज देश इसी प्रश्न को हल करने में व्यस्त हैं कि महिलाओं की वर्तमान दशा चिन्तनीय है। अमरीका के प्रेजीडेंट रूजवेल्ट ने एक स्थान पर अपने भाषण में कहा कि "महिलाएँ ही देश की सम्पदा हैं। उनकी भलाई देश की भलाई है। यदि वे दुर्बल हैं तो देश दुर्बल है।" आज देश के नेता इसी भेद को खोलने पर तुले हुए हैं।

जिस समय फ्रांस और इंग्लिस्तान उस शतवर्षीय युद्ध में व्यस्त थे जो एड्वर्ड तृतीय के युग में सन् 1328 में प्रारम्भ हुआ था और जो सन् 1453 में हेनरी षष्ठ के युग में समाप्त हुआ तो मित्रता, श्रेष्ठता और बड़ाई से चमकते अंग्रेज उस समय आए दिन शहर पर शहर जीतते जाते थे और बड़े-बड़े प्रान्तों और शहरों को अधिकृत कर चुके थे। समस्त बन्दरगाह और किले उनके हाथ में आ गए थे। पोर्ट स्मिथ, क्रेसी, कैले, पोर्सट्रिज, पेरिस, रून, पास्टस-सब अंग्रेजों के राज्य में सम्मिलित हो चुके थे। दूसरे शब्दों में मानो वे सभी फ्रांस के प्रान्त बन गए थे। फ्रांसवासियों की दशा अकथनीय थी। वे आए दिन की पराजयों से दुखी थे। हर लड़ाई में हार ही हार हो रही थी। इंग्लिस्तान का उत्कर्ष तथा प्रभुत्व प्रसिद्धि के शिखर पर पहुँच गया था, दिलों पर उनका भय छा रहा था। उस समय समूचे योरुप की दृष्टि अंग्रेजों पर लगी हुई थी। लेकिन जय के साथ पराजय फूल में काँटे की भाँति सम्बद्ध होकर साथ-साथ चलती है क्योंकि प्रत्येक उत्थान के बाद पतन आवश्यक है। जब जीत पर जीत प्राप्त करते हुए उन्होंने पाँच वर्ष के अन्दर लगभग समूचा फ्रांस जीतकर अधीन कर लिया और जब ऑर्नलीज की घेराबन्दी में सफल होने को ही थे कि अचानक वह आश्चर्यजनक घटना घटी जो विश्व-इतिहास में सदा स्मरणीय रहेगी। जब फ्रांस की ऐसी गम्भीर दशा थी और समस्याओं तथा कष्टों का सामना करते-करते जनता अन्ततः निराश हो चुकी थी और विदेशी आक्रान्ताओं के निरन्तर आक्रमणों से देश नष्ट-भ्रष्ट हो चुका था, देश से सुख-शान्ति विदा हो चुकी थी, उस समय जॉन ऑफ आर्क एक देवदूत की भाँति अवतरित हुई जिसे ईश्वर ने फ्रांस की दुर्दशा पर दया करके उसके बचाव और सहायता के लिए भेजा था। वह डोमरेमी में स्थित लोरीन के एक देहाती मजदूर की लड़की थी। उनके माता-पिता बहुत गरीब थे और झोंपड़ी में रहकर मेहनत-मजूरी से अपना पेट पालते थे। अपने घरेलू कार्यों और सीने-पिरोने से निपटकर जॉन ऑफ आर्क खेतों में भेड़ तथा अन्य पशु चराया करती थी। उस समय घर-घर पर अंग्रेजों का आंतक जमा हुआ था। लोग अपने घर-सम्पदा की सुरक्षा कठिनाई से कर सकते थे। प्रत्येक व्यक्ति के मुँह पर पुरानी भविष्यवाणियाँ थीं। वह काल दुर्भाग्य का काल माना जाता है। ब्रंस नामक एक फ्रांसीसी कवि ने भविष्यवाणी की थी कि लोरीन के बालूत के जंगलों में एक लड़की पैदा होगी, और सौभाग्य से बालूत के जंगल डोमरेमी की पहाड़ियों में ही थे। प्रायः लोग कहा करते थे कि जिस फ्रांस को एक औरत (सम्राज्ञी इसाबेला से आशय है) ने अपने हाथों से खोया है वह एक लड़की के सहारे स्वाधीन होगा। और, यह भी प्रसिद्ध था कि लोरीन की एक उत्साही लड़की फ्रांस को स्वतंत्रता का प्रकाश प्रदान करेगी। इन किंवदन्तियों ने उस तेरह वर्षीय लड़की के कोमल हृदय को आश्चर्यजनक रूप से प्रभावित किया। एक दिन उसने यह स्वप्न देखा कि महान्

देवदूत जिबराइल उसे धर्मात्मा, आस्थावान, देश के लिए पूर्णतः समर्पित और पवित्र बनने का उपदेश दे रहे हैं। इसके बाद सन्त कैथेराइन और मार्गरेट प्रकट हुईं और उसे उपदेश देकर लुप्त हो गईं। आध्यात्मिकता अवतरित होने तथा अन्य आम चर्चाएँ होने पर भी जब उसने फ्रांस की ऐसी दुर्दशा देखी कि उसका प्यारा देश विजयी आक्रान्ताओं के आक्रमणों से बरबाद हो चुका है, लोगों का साहस टूट गया है और उत्साह ठंडा हो गया है, हर छोटा-बड़ा अपनी दुर्बलता और निर्धनता के हाथों रो-पीट रहा है, शत्रु के सामने आ डटना सरल कार्य नहीं रह गया है, तब देश के शासन और हानि व दुर्दशा से परिचित होकर वह शोक में डूबी हुई तथा अत्याचारों की तलवार से मारी हुई काँप उठी। और, दूसरी ओर जब उसने अपनी विपत्ति तथा निर्धनता का चिन्तन किया तो अनायास आँसू भरकर कहने लगी–

क्या हाथ उठाऊँ बहरे दुआ सूए आसमाँ
बर आए जो कभी वह मिरी आरजू नहीं

लेकिन फिर उसने अपने शोकाकुल हृदय को ढाढ़स बँधाया और उसके शरीर में एक बिजली-सी कौंध गई। राष्ट्रीय स्वतंत्रता का नाम सुनकर उसका खून उबलने लगा। उसने राष्ट्रीय पराधीनता की शर्म अनुभव की। उसका दिल भर आया और उस गुप्त रहस्य तथा आकाशवाणी की याद ने उसके घायल हृदय को चीर दिया। वह देशभक्ति में डूबी बैरागन एक सच्चे संन्यासी की भाँति एक वृक्ष के नीचे अपने परम पिता की गोद में बैठ गई। उसने अपना दायाँ हाथ आकाश की ओर उठाया और बाएँ हाथ में तलवार लेकर सम्पूर्ण समर्पण से प्रार्थनारत हो गई। उसकी आँखों से आसुँओं की बूँदें टप-टप टपक रही थीं, उसके मुँह से ये शब्द निकल रहे थे कि ऐ सृष्टि के रचयिता परमात्मा, ऐ दोनों लोकों के स्वामी और अन्तर्यामी, मेरे देश की दशा पर दया कर, मेरे प्यारे देशवासियों को इस बरबादी और विनाश से मुक्त कर, मुझे शक्ति दे कि मैं देश की सेवा कर सकूँ, मुझे देशभक्ति की क्षमता प्रदान कर, अपनी मातृभूमि से प्यार करने का साहस दे, मेरे भाइयों को विदेशी शासन से बचा, अन्याय-अत्याचार का सामना करने का साहस दे। मेरा शरीर इस देश के जान-माल पर अर्पित है। ऐ परम पिता! मेरी इस विनम्र प्रार्थना और इच्छा को पूर्ण कर। उसकी प्रार्थना ईश्वर के दरबार में स्वीकार हुई और जब उसने वह आवाज सुनी तो उसका मुरझाया हृदय गुलाब के फूल जैसा खिल गया, उसका अस्तित्व उस चुम्बकीय क्षमता से भर गया जो बाद में उसके जीवन का सर्वश्रेष्ठ गुण सिद्ध हुआ। कहते हैं कि उसकी वाणी में विचित्र प्रभाव था और उसकी उपस्थिति मनुष्य में नवीनता और स्फूर्ति का संचार करती थी। उसके चेहरे से वह शराफत और रौब टपकता था जो मनुष्यों के दिल को जीत लेता है। इस प्रार्थना से उसके हृदय को शक्ति प्राप्त हुई। उसने हाथ में तलवार सँभाली, उसे चूमा और आकाश की ओर देखकर संकल्प लिया कि मैं

आज से अपना तन-मन देश को समर्पित करती हूँ। एक चित्रकार ने जॉन का ऐसा चित्र बनाया है जिसमें वह यह कहती हुई दिखाई देती है कि जब तलवार हाथ में है तो फ्रांस को छुड़ाना और स्वाधीन करना क्या बड़ी बात है? इसके बाद वह गाँव के पादरियों और लोगों के कहने के प्रतिकूल कप्तान के पास गई और उससे कहा कि मुझे कैम्प में ले चलो। वह वैंकोलीवर में गई, फिर चिम्यान। वहाँ उसने अपने मिशन का वर्णन किया कि मैं एक मूर्ख लड़की हूँ लेकिन परमात्मा ने मुझे आदेश दिया है कि मैं ऑर्लनीज को अंग्रेजों के हाथों से बचाऊँ और फ्रांस के राजा को सिंहासन पर बैठाऊँ। मुझे न प्रशंसा की इच्छा है न पुरस्कार की चिन्ता, न शत्रु का भय न प्रतिद्वन्द्वी का डर। मैं केवल ईश्वरीय इच्छा और ईश्वरीय आदेश पूरा करने को आई हूँ। अलहमीस के बड़े पादरी ने उन ईश्वरीय प्रेरणाओं और खुलासों की चर्चाओं का वर्णन करके सम्राट् चार्ल्स को प्रेरणा दी कि वे इस समय उसकी सहायता से लाभ उठाएँ। जिसकी निराशा आशा में बदल गई ऐसे फ्रांस के राजा ने इस अवसर को अच्छा समझकर उसे अपनी इच्छानुसार कार्य करने की अनुमति दे दी। फिर वह जान हथेली पर रखकर सेनापति बन, घोड़े पर सवार हो, जिरह-बख्तर पहन, सिर पर लोहे की टोपी रखकर, हाथ में फ्रांस का शाही झंडा लेकर मौत की हँसी उड़ाने के लिए लड़ाई के मैदान में कूद पड़ी। वह शत्रु-सेना के दस हजार सशस्त्र जवानों पर इस प्रकार टूट पड़ी जैसे कोई बाज अपने शिकार पर बुरी तरह टूटता है। यद्यपि इस लड़ाई में उसे गहरे जख्म लगे लेकिन उसने ऑर्लनीज का घेरा उठवा दिया। अंग्रेज भयभीत हो गए और फ्रांसीसियों ने उसे दया का दूत माना। जो लड़ाई के अतिरिक्त कुछ भी पसन्द नहीं करते थे, उन फ्रांसीसी जनरलों की कोई परवाह न करती हुई वह जीत के बाजे बजाती तथा बधाई और कुशलता की पुकार सुनती हुई 14 जुलाई, 1429 को रेम्स में प्रविष्ट हुई और जो भी सामने आता गया, उसे जीतती गई। और, उसने वहाँ पहुँचकर दूसरे दिन 17 जुलाई को बड़े गिरिजाघर में फ्रांस के राजा चार्ल्स के राज्यारोहण की रस्म पूरी की।

उसके बाद पेरिस और कम्पेकिन की घेराबन्दी होती रही जहाँ उसकी स्वामिभक्त और उत्साही सेना ने बड़े शानदार महान् कार्य किए। लेकिन अन्तिम शहर की सुरक्षा के समय वह ड्यूक ऑफ बरगंडी के हाथों गिरफ्तार हो गई जिसने उसे बन्दी बना लिया और बाद में अंग्रेजों के हाथ बेच दिया। जब उसे युद्धक्षेत्र से बन्दीगृह में ले गए, उस समय का दृश्य अत्यन्त हृदयद्रावक है। कड़ी परीक्षा का अवसर था और वह मृत्युपाश में फँसी पुकार-पुकारकर कह रही थी कि देश के प्रेम में इस सिर पर जो कुछ भी बीते वह कम है।

फिर अहंकारी न्यायालय का द्वार खुला। 3 जनवरी, 1431 को उसे न्यायालय के अधिकारियों को सौंप दिया गया जहाँ छह दिनों तक उसकी पेशी होती रही।

24 मार्च को उस पर शत्रु और जादूगरनी होने का आरोप लगाया गया और वह 30 मई, 1431 को 'ऊन' स्थान में जादूगरनी मानकर जिन्दा ही दहकते अंगारों के हवाले कर दी गई। और, वह पवित्र आत्मा उन मुहब्बत का दम भरने वाले झूठे दोस्तों और अत्याचारपूर्ण व्यवहार करने वाले निर्दयी तथा कातिल शत्रुओं से सदा के लिए उड़कर उस स्थान पर जा पहुँची जहाँ मानव शरीर की बुराई और विश्वासघात कुछ काम नहीं आते और जहाँ थके-हारों को स्थायी सुख-चैन प्राप्त होता है। जिन फ्रांसवासियों को बचाने के लिए उसने प्रसन्नता से शहादत का जाम पिया और जिन्होंने अपनी मुक्तिदाता को बचाने का तनिक भी प्रयास नहीं किया उनके लिए; और उसकी वीरता पर आश्चर्यचकित होकर उसकी शूरवीरता का लोहा मान चुके लेकिन जिन्होंने अपने शत्रु के सुगुणों का सम्मान न किया, ऐसे अंग्रेजों के लिए अन्ततः यह एक लज्जाजनक कहानी है।

लड़ाई फिर भी चलती रही लेकिन उसके बाद अंग्रेजों के पाँव ऐसे उखड़े कि फिर न जम सके। सफलता की आशा जाती रही क्योंकि ड्यूक ऑफ बरगंडी फ्रांस के राजा की ओर मिल गया। उसके बाद आपस में समझौता हो गया लेकिन चार्ल्स अष्टम ने फिर नोरमेंडी को जीत लिया और चार वर्ष के अन्दर ही वह गाईन और बोड़दो का स्वामी बन गया। और इस प्रकार सन् 1453 में शतवर्षीय युद्ध समाप्त हुआ लेकिन उस समय केवल एक शहर कैले अंग्रेजों के अधिकार में शेष रह गया था।

जॉन के व्यक्तित्व में बहादुरी, पुरुषत्व, साहस, अकूत शक्ति, पवित्रता कूट-कूटकर भरी हुई थी। शारीरिक तथा मानसिक दृष्टि से वह अत्यन्त स्वस्थ और सुदृढ़ थी। उसके चेहरे-मोहरे से जैसा तेज बरसता था वैसा ही उसके शरीर से रौब-दाब टपकता था। एक चितेरे ने जॉन का इस प्रकार चित्र बनाया है जिससे उसकी आध्यात्मिकता, धर्मनिष्ठा, सौन्दर्य, सरलता और अन्य वे गुण स्पष्ट दिखाई देते हैं जो उसके जीवन का सर्वश्रेष्ठ भाग थे।

जॉन के जीवन में शौर्य और सन्तों-जैसे गुण विद्यमान थे जो उसके बाल्यकाल से ही उजले दिन की भाँति प्रकट थे। उसमें महान् कार्य करने की असीम शक्ति थी। वह हर समय कठिनाइयों और कष्टों का सामना करने के लिए तैयार रहती थी। उसमें आदमियों में प्राण फूँकने की आश्चर्यजनक शक्ति थी। उसकी समस्त विजयों और वीरता और बलिदान के कामों को अपनी आँखों से देखने वाले एक प्रत्यक्षदर्शी ने लिखा है—जो समस्त घटनाएँ मैंने देखीं, सुनीं और मेरे समक्ष घटीं, उन सब में मैंने उसे ईशप्रिय, पवित्र और निःस्पृह पाया।

कलामे सुरूर

علمی ضمیمہ

کلام سرور

منشی درگا سہائے صاحب سرور کی وفات نے انجمن اردو میں ایک ایسی جگہ خالی کر دی ہے جسکا پورا ہونا بہت مشکل نظر آتا ہے۔ رنگ قدیم کے شعرا میں بجز دو ایک بزرگون کے اور کوئی باقی نہیں رہا۔ اور جو ہیں بھی اُنکے قدر دان نہیں۔ رنگ جدید میں چند نوجوان جبتیں اِس نشہ سے متوالی نظر آتی تھیں۔ مگر اتفاقات نے اُنکے لب بھی بند کر دیے ہیں۔ مولانا حالی پیرانہ سالی سے معذور ہوئے۔ حضرت اقبال اور نیرنگ پر وکالت کی زبردست کشش نے اثر پہونچایا۔ پنڈت چکبست صاحب نے کسی وجہ سے روش قدیم اختیار کر لی۔ حضرت سرور اور نادر یہی دو بزرگ تھے جن سے یہ مجلس برقرار تھی۔ افسوس! سرور اب اس دنیا میں نہیں رہے۔ اور اب اِس زبان کا مستقبل شاعرانہ نقطہ نگاہ سے تاریک نظر آتا ہے۔ اردو کے ایک خوش فکر سخن سنج نے مرحوم کے وفات کا ذکر کرتے ہوئے بہت خوب کہا ہے۔ کہ زبان اردو کے لیے یہ صدمہ نسیم لکھنوی کے جوان مرگ سے کسی صورت میں کم نہیں۔ سرور مادرزاد شاعر تھے انہوں نے کسی استاد کے روبرو زانوے ادب نہیں تہہ کیا۔ مگر اُنکے ایک ایک شعر سے استادی کی شان ٹپکتی ہے۔ وہ کسی خاص رنگ کے مقلد نہ تھے۔ ان کا رنگ نرالا تھا۔

اُن کے کلام میں قدیم اور جدید دونوں رنگوں کی خوبیاں جلوہ افروز ہیں۔ دور قدیم کی چست بندشیں۔ منجی ہوئی ترکیبیں۔ یا مزا تشبیہات اور دور جدید کے تازہ سلجھے ہوئے خیالات قومیت اور ہمدردی کے جوش سے معمور جذبات۔ یہ اُن کے کلام کی خصوصیات ہیں وہ دور جدید کے رو کھے پن۔ سہل پسندی اور عامیانہ رنگ سے اُسی قدر دور بھاگتے ہیں جسقدر دور قدیم کے مخرب اخلاق جذبات اور زلف گرہ گیر کے پیچوں سے۔ جس زمانہ میں حضرت سرور کانپور میں تھے راقم کو اُن کی ہمسائگی کا فخر حاصل تھا۔ وہ ہر وقت فکر سخن میں محو رہتے تھے۔ وہ مجسم شاعر تھے اور شعرا کی اخلاقی کمزوریوں سے بھی انہیں حصہ وافر ملا تھا۔ مگر اُنکی کمزوریاں [illegible]

उर्दू मासिक 'जमाना' के जुलाई 1911 के अंक में
प्रकाशित इस लेख का प्रथम पृष्ठ

[अपने प्रथम कहानी संकलन 'सोज़े वतन' के कारण किसी भी रचना के प्रकाशन से पूर्व अनुमति लिए जाने का प्रतिबन्ध आरोपित होने के उपरान्त 'नवाबराय' के लेखकीय नाम से लिखने वाले धनपतराय श्रीवास्तव ने 'प्रेमचन्द' का लेखकीय नाम ग्रहण करने तक के संक्रमण काल में अनेक छद्म नामों से अपनी रचनाएँ प्रकाशित कराईं, इसके पर्याप्त प्रमाण उपलब्ध हैं। जिस छद्म नाम से उनकी सर्वाधिक रचनाएँ प्रकाशित हुईं वह उनके मूल नाम धनपतराय के उर्दू के आद्याक्षर 'दाल-रे' ही है।

अपने युग के सुप्रसिद्ध और सुप्रतिष्ठित शायर मुंशी दुर्गासहाय सुरूर जहानाबादी कानपुर के उर्दू मासिक 'जमाना' से प्रबन्धक के रूप में जुड़े और पीछे चलकर उसके सम्पादन में भी सहयोगी रहे। प्रेमचंद, 'जमाना' और 'जमाना'-सम्पादक मुंशी दयानारायण निगम के पारस्परिक सम्बन्ध किसी परिचय की अपेक्षा नहीं रखते, अतः 'जमाना' से सक्रिय रूप में जुड़े सुरूर से भी प्रेमचंद के आत्मीय सम्बन्ध स्वाभाविक रूप से विकसित हो गए।

साहित्य सर्जना के क्षेत्र में यद्यपि प्रेमचंद गद्य लेखन तक ही सीमित रहे और उनकी एक भी पद्य रचना अभी तक प्रकाश में नहीं आई है तथापि शायरी में उन्हें गहरी दिलचस्पी थी जिसके फलस्वरूप उन्होंने फारसी शायरी पुस्तकों पर विस्तृत समीक्षाएँ लिखीं। अपने 14 सितम्बर, 1920 के पत्र में प्रेमचंद ने लाहौर के उर्दू मासिक 'कहकशाँ' के सम्पादक सैयद इम्तियाज अली ताज को लिखा था-

"मुझे टैगोर की अक्सर नज़्में नहीं भातीं, यह मेरा फितरी नुक्स है, क्या करूँ। अशआर भी मुझे वही अपील करते हैं जिनमें कोई जिद्दत हो। गालिब के रंग का मैं आशिक हूँ, अजीज लखनवी के गुलकदे की खूब सैर की थी मगर बदकिस्मती से आज तक एक शेर भी मौजूँ नहीं कर सका, न जी चाहता है। गालिबन शायराना हिस दिल में है ही नहीं।"[1]

इस पत्रांश से स्पष्ट है कि समकालीन उर्दू शायरी और शायरों में प्रेमचंद कितनी दिलचस्पी रखते थे। मुंशी दुर्गासहाय सुरूर जहानाबादी के देहावसान से प्रेमचंद ने अपना एक ऐसा आत्मीय सुहृद खो दिया जिसने अपनी शायरी के बल पर उर्दू साहित्य में अपना विशिष्ट स्थान बनाया था। इससे प्रेमचंद का विचलित होना स्वाभाविक ही था और उन्होंने अपने लेख 'कलामे सुरूर' के द्वारा अपने उसी आत्मीय मित्र सुरूर जहानाबादी को जो सारस्वत श्रद्धांजलि दी वह 'जमाना' के जुलाई 1911 के अंक में पृष्ठ संख्या 61 से 70 तक प्रकाशित हुई।

अत्यन्त आश्चर्य का विषय है कि जिस लेख के माध्यम से प्रेमचंद ने सुरूर जहानाबादी की शायरी की मूलभूत विशेषताओं को प्रभावशाली ढंग से स्पष्ट किया वह प्रेमचंद साहित्य के विशेषज्ञों की दृष्टि में नहीं आ पाया। इसका कारण सम्भवतः यह भी हो सकता है कि 'जमाना' के उक्त अंक की अनुक्रमणिका में लेखक के रूप में 'दाल-रे' का नामोल्लेख प्राप्त है, परन्तु उस समय की परम्परा के प्रतिकूल लेख के अन्त में लेखक का नामोल्लेख किसी त्रुटिवश छूट गया है।]

---

1. चिट्ठी-पत्री, भाग-2, पृ. 122

मुंशी दुर्गासहाय सुरूर के देहावसान ने उर्दू की सभा में एक ऐसा स्थान रिक्त कर दिया है जिसका पूरा होना बहुत कठिन दिखाई देता है। प्राचीन शैली के शायरों में एक-दो वरिष्ठ शायरों के अतिरिक्त अन्य कोई शेष नहीं रह गया; और जो हैं, उन्हें भी पूछने वाले नहीं। आधुनिक शैली में कुछ युवा इस नशे से मस्त दिखाई देते थे लेकिन कुछ दुर्योग से उनके भी होंठ सिल गए। मौलाना हाली वार्द्धक्य से विवश हो गए, हजरत इकबाल और नैरंग को वकालत के तीव्र आकर्षण ने प्रभावित किया। पंडित चकबस्त साहब ने किसी कारण प्राचीन शैली अपना ली। हजरत सुरूर और नादिर--यही दो वरिष्ठ शायर ऐसे थे जिनसे यह गोष्ठी बनी हुई थी। अफसोस! सुरूर अब इस संसार में नहीं रहे और अब कविता के दृष्टिकोण से इस भाषा का भविष्य अन्धकारमय प्रतीत होता है। उर्दू के एक सुविचारक काव्य-मर्मज्ञ ने उनके देहावसान की चर्चा करते हुए कहा है कि उर्दू भाषा के लिए यह आघात नसीम लखनवी की अकाल मृत्यु से किसी प्रकार भी कम नहीं है। सुरूर जन्मजात शायर थे। उन्होंने किसी गुरु के समक्ष सम्मान में घुटने नहीं टिकाए लेकिन उनके एक-एक शे'र से काव्य-कौशल की सुगन्ध प्रवाहित होती है। वे किसी विशेष शैली के पक्षधर नहीं थे, उनकी शैली निराली थी।

उनकी कविताओं में प्राचीन और आधुनिक दोनों शैलियों की विशेषताएँ प्रकट होती हैं। प्राचीन काल के कसे हुए छन्द, मंजी हुई पद्धति, सुरुचिपूर्ण उपमाएँ और आधुनिक काल के नए सुलझे हुए विचार, राष्ट्रवादिता और सहानुभूति के उत्साह से छलकती भावनाएँ--ये उनके काव्य की विशेषताएँ हैं। वे आधुनिक काल के रूखेपन, सरलता और विद्वत्तापूर्ण ढंग से उतने ही दूर भागते हैं जितने प्राचीन काल की सदाचार विरोधी भावनाओं और बन्धन में बाँधने वाली अलकों के जाल से दूर भागते हैं।

जिस काल में हजरत सुरूर कानपुर में थे, हमें उनकी छत्रछाया में रहने का गौरव प्राप्त था। वे हर समय काव्य-चिन्तन में लीन रहते थे। वे मूर्तिमान शायर थे और शायरों की दुर्बलताओं से भी उन्हें पर्याप्त अंश मिला था, लेकिन उनकी दुर्बलताएँ वे नहीं थीं जो विकृत मानसिकता का परिणाम होती हैं। उनका हृदय स्वच्छ, विचार पवित्र और दृष्टि सम्पूर्ण थी। उनकी दुबर्लताएँ वे थीं जो शायरों के लिए नैतिक आभूषण से कम नहीं होतीं। वह व्यक्ति जिसके स्वभाव में विश्वसनीयता, सावधानी और नम्रता हो, शायर नहीं हो सकता। विश्वसनीयता

और शायरी परस्पर विरोधी हैं। शराबीपन और उच्छृंखलता, आत्ममुग्धता और दुर्दशा—यही शायरी की भावभूमि है। मनमौजीपन ही हजरत सुरूर का प्रकट स्वभावगत वैशिष्ट्य था। जो कुछ मिलता, और उर्दू भाषा के शायर को मिलता ही क्या है, वह खुले हाथों खर्च करते। संसाधन अत्यन्त सीमित, लेकिन हृदय नदी की भाँति विस्तृत था। कल की चिन्ता उन्हें कभी नहीं सताती थी। रहन-सहन बहुत ही साधारण और वाणी में ऐसा आकर्षण था जो अनचाहे ही हृदय को खींच लेता था। उन्हें पुस्तकों का अध्ययन करते हुए किसी ने भी बहुत कम देखा होगा लेकिन स्मृति इतनी प्रबल कि जो कविता एक बार भी दृष्टि में आ जाती, सदा के लिए अंकित हो जाती। प्रायः सूक्ष्म काव्यगत गूढ़ताओं और मतभेदों पर वरिष्ठ शायरों के शे'र इस प्रवाह से पढ़ते थे कि आश्चर्य होता था।

उनसे परिचय प्राप्त करने का प्रथम अवसर मुझे कानपुर में मिला। उस समय वे 'जमाना' पत्रिका के प्रबन्धक थे। उनसे मिलने की उत्कंठा हृदय में हिलोरें भर रही थी। तृतीय प्रहर के लगभग तीन बजे उनके निवास पर गया तो देखकर मैं आश्चर्यचकित रह गया। मेज पर शराब की बोतल, हाथ में गिलास, एक मैला-सा कुर्ता पहने खुर्री चारपाई पर बैठे स्वर्गीय स्वामी रामतीर्थ का शोकगीत लिख रहे थे। स्वामीजी में उन्हें परोक्ष श्रद्धा थी। काव्य-चिन्तन में इतने खोए हुए थे कि उन्हें कई मिनट के पश्चात् पता चला कि वे कमरे में अकेले नहीं हैं। निम्नांकित छन्द को पुनः-पुनः पढ़ते और झूमते थे। अपनी कविता के नशे से स्वयं ही मस्त हो रहे थे। यह वही काव्य है जो शायर को कालजयी बनाता है—

खुल्द से है किसको लेने को क़ज़ा आई हुई
साहिले गंगा पे है ग़म की घटा छाई हुई
डूबती है किसकी कश्ती आज चकराई हुई
मौजे क़िस्मत की तरह इक इक है बल खाई हुई
आश्ना दरिया से क़तरा कौन सा होने को है
इश्तियाक़े मिह्र में शबनम फ़ना होने को है

इस शोकगीत में छन्द की शुद्धता और शायर के विचारों की उड़ान आकाश तक जा पहुँची है। एक-एक शे'र हताशा और शोक की भावनाओं से परिपूर्ण है। अपनी शैली में यह उर्दू भाषा का सम्भवतः सर्वाधिक स्मरणीय शोकगीत है। कैसा उत्कृष्ट विचार है—

हो फ़ना तूफ़ान में इक ज़िंदए जावेद क़ौम
आह यू गंगा में डूबे कश्ती-ए-उम्मीदे क़ौम
ख़ाक का पैवन्द ऐसा गौहरे नायाब हो
ऐसा बेड़ा आह गंगा में ग़रीक़े आब हो

इस शोकगीत का एक-एक शे'र हताशा का एक-एक महाग्रन्थ है। उन्होंने जब मेरी ओर देखा तो उत्साह से उठकर हाथ मिलाया और पारस्परिक परिचय के उपरान्त काव्य पर वार्ता होने लगी। उनकी सादगी और निर्धनता ने मुझे बहुत प्रभावित किया। खेद है कि उर्दू का ऐसा उत्कृष्ट शायर, ऐसा वाक्पटु साहित्यकार इस निर्धनता में जीवनयापन करे! वे जब तक कानपुर में रहते रहे मैं प्राय: उनकी संगति से लाभान्वित होता रहा।

यद्यपि उनकी कविता का विशिष्ट गुण निराशा और हताशा की भावनाएँ हैं लेकिन मित्रों की सभा में उनके सम्भाषण के ढंग और मुखाकृति से विनोदप्रियता टपकती थी और उनके अट्टहास की ध्वनि मित्रों के मन में गुदगुदी करती थी। सम्भवत: इतनी विनोदप्रियता उनके जीवन के लिए आवश्यक थी। यदि वे दिन-रात काव्य-चिन्तन में व्यस्त रहते तो मुस्कान को उनके मुँह पर आने का सौभाग्य प्राप्त न होता। निराशा में आँसू बहाना, जीविका न होने का उलाहना देना, विरहाग्नि में जलना, विगत दिनों को स्मरण करना—ये उनकी शायरी के विषय थे। हाथ में कलम थामते ही उनकी प्रसन्नता विदा हो जाती थी। शायरी की परिभाषा में बचपन का काल निश्चिन्तता और सम्पन्नता का पर्याय है। सम्भव है, उनका बचपन भूखों मरते बीता हो लेकिन प्राय: शायरी की कल्पनाओं में व्यक्तिगत अनुभवों को स्थान नहीं होता।

प्रत्येक व्यक्ति के मन में बचपन की याद अठखेलियाँ करती है। ऐसा कौन है जो अपने बालपन के काल को अपने जीवन का सर्वाधिक प्रिय काल नहीं समझता। इसके अनुसार यौवन काल मस्ती तथा मद्यपान, गाने तथा मिलने और भोग तथा आनन्द का पर्याय है। शायर का कलम बाल्यकाल की निश्चिन्तताओं और यौवन काल की उच्छृंखलताओं का आनन्द लेते नहीं थकता। सुरूर साहब ने उन संवेदनाओं को जिस करुणापूर्ण और सुन्दरतापूर्ण ढंग से सजाया है, उर्दू शायरी में उसका उदाहरण कहीं और कठिनता से ही मिलेगा। मगर उनकी यह दशा एक शायर के रूप में ही है अन्यथा दुर्गासहाय एक चिन्ताविहीन और सदाबहार आदमी था। एक ही लेखक के शायराना और मानवीय स्वभाव में ऐसा विरोध होना कोई असामान्य बात नहीं है। चार्ल्स डिकेन्स अंग्रेजी भाषा का बड़ा भारी हास्य लेखक था लेकिन मित्रों की सभा में गम्भीरता और खिन्नता उसका विशेष गुण हो जाता था। संक्षेपत: सुरूर मनुष्य की निराशापूर्ण भावनाओं का चितेरा है और इस रूप में उसका स्थान उर्दू में आधुनिक शैली के समस्त शायरों से कहीं ऊँचा है। लेकिन अपनी श्रेष्ठता का विचार उन्हें कभी स्वप्न में भी नहीं आया। वे अपने से कहीं निम्न कोटि के शायरों के समक्ष निष्ठाओं का अन्तर प्रकट नहीं होने देते थे। आत्मप्रशंसा और अक्खड़पन उर्दू शायरों का आवश्यक गुण है। उनमें आत्मश्लाघा नाम को भी नहीं थी। कविता की प्रशंसा करने के

लिए वे हर समय प्रसन्नमुख से तत्पर रहते थे और प्रायः हलके शे'रों पर भी मस्ती में आ जाते थे। इसे नम्रता और विनय से संवर्धित गुणग्राहकता के अतिरिक्त और क्या कहा जा सकता है!

खेद है कि उर्दू-संसार ने उनका कुछ सम्मान नहीं किया। कुछ तो उनका हिन्दू होना, कुछ उनकी स्वभावगत नम्रता, कुछ साहित्यिक क्षेत्र से अपरिचित होना—इन कारणों ने उन्हें प्रतिष्ठा के पुष्पों से अपनी झोली नहीं भरने दी। ऐसी हालत में उनके अधिकांश मित्रों को आशंका होती थी कि उनके काव्य-संकलन को जनता के सामने आने का सम्भवतः अवसर ही नहीं मिलेगा। मगर सन्तोष की बात है कि यह आशंका निराधार सिद्ध हुई और वे इच्छाएँ जो उत्पन्न होकर मुरझा चली थीं, पुनः हरी हो गईं। इस समय उनकी कविताओं के एक नहीं, वरन् दो संकलन प्रकाशित हो गए हैं। एक इंडियन प्रेस, इलाहाबाद की ओर से प्रकाशित हुआ है, दूसरा जमाना प्रेस, कानपुर की ओर से। एक 'जामे सुरूर' है और दूसरा 'खुमखाना सुरूर'। 'जामे सुरूर' में उनके काव्य से संचयन प्रकाशित किया गया है और 'खुमखाना सुरूर' में प्रायः वही कविताएँ हैं जो 'जमाना' पत्रिका में प्रकाशित हुई थीं, और इस तथ्य को तो नकारा ही नहीं जा सकता कि उनकी सर्वश्रेष्ठ रचनाएँ 'जमाना' में ही प्रकाशित होती थीं। कागज अत्युत्तम, लिखाई सुरुचिपूर्ण, छपाई स्पष्ट। 'जामे सुरूर' की भूमिका सार्थक है। उनके चित्र ने 'खुमखाना सुरूर' की शोभा दोगुनी कर दी है। कविता कहने में उनकी व्यस्तता के परिप्रेक्ष्य में यह परिमाण, ज़ो उनके दस वर्ष के प्रयासों का फल है, कुछ अधिक नहीं कहा जा सकता लेकिन काव्य के प्रभाव, भावनात्मक सौन्दर्य, अद्‌भुत विचार और विषयों की नवीनता उस कमी की प्रतिपूर्ति कर देते हैं। बाह्य रूप में तो यह संकलन सुरूर के अत्यधिक काव्य-लेखन का खण्डन करता है लेकिन इस अवसर पर अत्यन्त खेद के साथ कहना पड़ता है कि सुरूर के काव्य-चिन्तन का एक बड़ा अंश दूसरों को शायर बनाने में व्यय हो जाता था। मुसहफी के अत्यधिक काव्य लेखन ने कितने ही लोलुपों को शायर बना दिया था। सुरूर साहब को भी अत्यल्प मूल्य में प्रायः अपनी अधिकांश कविताएँ दूसरों के नाम से लिखनी पड़ती थीं। उर्दू जनता की गुणग्राहकता पर यह एक लज्जाजनक कलंक है।

हम पूर्व में ही लिख चुके हैं कि सुरूर निराशापूर्ण भावनाओं के चितेरे थे इसलिए उन्होंने अधिकांशतः उन्हीं विषयों पर कलम उठाई है जो हृदय में व्यथा और जलन की भावनाएँ भर सकें। उनकी कोई भी कविता इस भावना से खाली नहीं है। यह हमारा सौभाग्य है कि देश को भी इस नैराश्य भावना का पर्याप्त अंश प्राप्त हुआ है। 'खाके वतन', 'उरूसे हुब्बे वतन', 'हसरते वतन', 'मादरे हिन्द', 'यादे वतन'—ये सभी इसी राष्ट्रीय रंग में डूबी हुई कविताएँ हैं। 'मादरे हिन्द' में सम्भवतः बंकिम के सुप्रसिद्ध राष्ट्रगीत 'वन्दे मातरम' का अनुकरण

किया गया है लेकिन कुछ कविताएँ ऐसी भी हैं जो बाह्य रूप में तो प्रेमपरक प्रतीत होती हैं मगर वास्तव में राष्ट्रीय भावनाओं से ओतप्रोत हैं। 'गुलो बुलबुल का फसाना' में कहते हैं–

चमन में नहीं यादगारे चमन कुछ
परेशाँ ज़मीं पर हैं ख़ारे चमन कुछ
यहीं मेरी सय्याद तुर्बत बनाना
यहीं मेरी मिट्टी ठिकाने लगाना

इस कविता का एक-एक शे'र हृदय में सुईयाँ चुभाता है। 'शमा-ए-अंजुमन' में कहते हैं–

रातों को जिस तरह तू जलती है अंजुमन में
जलता हूँ मैं भी यूँ ही सोज़े ग़मे वतन में

हृदय राष्ट्रीय व्यथा से व्याकुल है। जब अवसर पाता है अपनी व्यथा-कथा सुना जाता है। राष्ट्रीय कविताओं के पश्चात् ऐतिहासिक और धार्मिक कविताओं का स्थान है और इस रंग में भी जो कुछ कहा है वह व्यथा की भावनाओं से परिपूर्ण है। 'पद्मिनी', 'पद्मिनी की चिता', 'सीताजी की गिरिया व जारी', 'महाराजा दशरथ की बेकरारी', 'जमना', 'गंगा', 'प्रयाग का संगम', 'सती', 'नूरजहाँ का मजार', 'हसरते दीदार'–ये सभी इसी श्रेणी में हैं। नल और दमयन्ती की करुण कथा पर दो अत्यन्त कारुणिक कविताएँ लिखी हैं। इन कविताओं के शीर्षकों से शायर की मनोदशा स्पष्ट परिलक्षित होती है। शायर हर्ष और अभिलाषा की भावनाओं से परिचित नहीं है, उसे तो प्रकृति ने नैराश्य गीत गाने के लिए उत्पन्न किया है और इसी भावभूमि में उसका मन कुलाचें भरता है, इसी क्षेत्र में उसका चिन्तन-सागर अपने मोती लुटाता है। उसका हृदय तो अगरु है जिसमें जलने से ही सुगन्ध आती है। जमना और गंगा पर दो उत्कृष्ट कविताएँ लिखी हैं जो वर्णना शक्ति, वैचारिक सौन्दर्य और भावनात्मक गाम्भीर्य की दृष्टि से उर्दू काव्य संसार में प्रथम स्थान की अधिकारी हैं। इन दोनों पवित्र नदियों में हिन्दुओं की जो धार्मिक आस्था है उसे अभिव्यक्त करने में शायर कला के चरमोत्कर्ष पर पहुँच जाता है। 'गंगाजी' देखिए–

वो दिन भी होगा जब हम होंगे ग़रीक़े रहमत
और तेरी नज़्र होंगी ये हड्डियाँ हमारी
गंगा में फेंक आना बादे फ़ना उठा कर
बरबाद हो न मिट्टी ओ आस्माँ हमारी

एक छन्द और देखिए–

आई अजल की ज़द पर जब अपनी उम्रे फ़ानी
और ख़त्म रफ़्ता रफ़्ता हो सैले ज़िन्दगानी

दुनिया से आह जब हो अपने सफ़र का सामाँ
बालीं पे अक़्बा हों सरगर्म नौहाख़्वानी
जब होंट ख़ुश्क हों और दुश्वार हो तनफ़्फ़ुस
अहबाब अपने मुँह में टपकाएँ तेरा पानी
हँसते हुए जहाँ से हम शादकाम जाएँ
दुनिया से पी के तेरी उल्फ़त का जाम जाएँ

'जमना' में ऐतिहासिक तथ्यों को काव्यात्मक भावनाओं के साथ इस सूक्ष्मता से मिलाया है जो किसी रसविहीन से भी अपनी कला की प्रशंसा करा सकता है–

ये वो जमना है कि राधा सी हसीं ने मुद्दतों
ब्रज की एक पाक दामन नाज़नीं ने मुद्दतों
बंसी वाले की जुदाई में उड़ाई सर पे ख़ाक
अपने अश्कों से किया है दामने साहिल को पाक
अब कहाँ छोटा सा वो राधा का कुंजे खुशगवार
अब कहाँ वह आह मथुरा तेरे फूलों की बहार
अब कहाँ वो बंसीवाले की अदाए जाँनवाज़
अब कहाँ वो आह मुरली की सदाए जाँनवाज़
अब कहाँ वो ख़िल्वते राज़ो नियाज़े हुस्नो इश्क़
बेसदा ज़ेरे ज़मीं है आह साज़े हुस्नो इश्क़

'लक्ष्मीजी' और 'वेद मुकद्दस' दो धार्मिक भावनाओं से ओतप्रोत कविताएँ हैं। पहली कविता में हिन्दी शब्द इस कौशल से प्रयोग किए हैं कि सहसा प्रशंसा करने का मन होता है–

रुख़े ताबाँ पे बरसता था तेरे नूरे अज़ल
बनके सावन की झड़ी और कभी भादों की भरन
खिड़कियाँ तेरे शिवाले की थीं आँखें अपनी
उन झरोकों से किया करते थे तेरे दर्शन

मगर अब क्या हालत है–

तेरे मन्दिर में न बत्ती न दिया है अफ़सोस
आह देवी तेरा सूना है पड़ा सिंघासन

लेकिन यदि सुरूर को उनकी शायरी के चरमोत्कर्ष पर देखना हो तो वे कविताएँ देखिए जिनमें उन्होंने हताशा और व्यथा का राग गाया है, जिनमें बाल्यकाल और यौवनावस्था की स्मृतियाँ ताजा की गई हैं। 'दीवारे कुहन', 'हसरते शबाब', 'अंदोहे गुरबत', 'मुर्गाने कफस', 'यादे तिफ्ली', 'गुलो बुलबुल का फसाना', 'हसरते दीदार', 'मातमे आरजू', 'मुर्गो सैयाद' आदि कविताएँ हताशा के

शोकगीतों से कम प्रभावशाली नहीं हैं। 'गुलो बुलबल का फसाना' में देखिए कि चमन की क्या दशा है–

वो गुल जो कभी यादगारे चमन थे
वो गुंचे जो आईनादारे चमन थे
हुए सूख कर ख़ारे हसरत चमन में
बरसती है अब उन पे इबरत चमन में
चमन में नहीं यादगारे चमन कुछ
परेशाँ ज़मीं पर हैं ख़ारे चमन कुछ

लेकिन फिर भी चमन से कितना प्यार है कि–

यहीं मेरी सय्याद तुर्बत बनाना
यहीं मेरी मिट्‌टी ठिकाने लगाना

'मातमे आरजू' के दो शे'र देखिए–

हाए वो दिल जिसमें उम्मीदों की थी बज़्मे निशात
उसमें है इक आह छोटा सा मज़ारे आरज़ू
हसरते मुर्दा के ग़म में हाए मेरी ग़मगुसार
मर मिटा क्या तो भी शौक़े बेक़रारे आरज़ू

सम्भवतः 'मुर्गो सैयाद' सुरूर की सर्वश्रेष्ठ कविता है। हताशा के ऐसे कारुणिक शे'र कहे हैं कि पढ़ने से जिगर पर चोट-सी लगती है और रोंगटे खड़े हो जाते हैं। उर्दू में ऐसी करुणापूर्ण कविता सम्भवतः अन्य किसी ने नहीं लिखी। एकान्त पिंजरे में बैठा हुआ मुर्गा हवा से कहता है। विचारों का खुलापन प्रशंसनीय है–

ऐ नसीमे सुब्ह! ये गह्वारा जुंबाने चमन
हो अगर तेरा गुज़र सूए जवानाने चमन
उनसे कहना मेरी जानिब से बसद इज़हारे शौक़
साथ के खेले हुए हैं वो जो याराने चमन
इक गिरफ़्तारे कफ़स ने है कहा तुमको सलाम
और पूछा है मिज़ाजे सर्द औ रेहाने चमन
फिर ये दुनिया मेरी जानिब से नवेदे जाँफ़िज़ा
सैरे गुलशन हो मुबारक तुमको मुर्ग़ाने चमन

बेचारा मुर्गा स्वयं पिंजरे में बन्द है लेकिन चमन के युवाओं को आनन्ददायक प्राणवायु की शुभ सूचना देता है। अपना हृदय हताशा से कुचला हुआ है लेकिन दूसरों की प्रसन्नता देखकर वह कुछ समय के लिए अपनी व्यथा भूल जाता है–

छेड़ती है क्या क़फ़स में हमको ऐ बादे नसीम
इस चमन में हम भी थे परवर्दए नाज़े क़दीम

हम कहाँ के खुशनवा थे हम कहाँ के बज़्लासंज
हम पे ऐ सय्याद जो टूटा तेरा क़हरे अज़ीम
हमसफ़ीराने चमन के क्या तग़ाफुल का गिला
जब क़फ़स में फँस गए कैसी रह-ए-रस्मे-क़दीम
दीदे गुल से वास्ता क्या हम असीरों के लिए
सैरे गुलशन हो मुबारक हमसफ़ीरों के लिए
फिर सुनेगा हाय किसके ज़मज़मे सय्याद तू
हम क़फ़स में और हैं नग़्मासरा दो-चार दिन
हसरते परवाज़ भी जाती रहेगी ऐ अजल
हम से उड़ लें और मुर्ग़ाने हवा दो-चार दिन
फिर कहाँ सय्याद हम और फिर कहाँ कुंजे क़फ़स
आबो दाना है मुक़द्दर में तेरा दो चार दिन
घुट के इस ज़िन्दाँ में जाएगा कभी तो दम निकल
और हैं हसरतकशे ज़ौक़े फ़ना दो चार दिन

लेकिन मुर्गे को हाथ से खोकर बहेलिये की क्या दशा होगी, स्वयं मुर्गे के मुँह से सुनिये–

जब बनाएगा हमारा आह छोटा-सा मज़ार
चुपके-चुपके तू हमारे ग़म में होगा अश्कबार
याद रह रह कर जफ़ाएँ अपनी आएँगी तुझे
और हमारी बेकसी पर रोएगा तू ज़ार ज़ार

इसी कविता में एक ऐसा तड़पाने वाला शे'र भी हो गया है जिस पर संकलन के संकलन न्योछावर किए जा सकते हैं–

अपनी मिट्टी है कहाँ की क्या ख़बर बादे सबा
हो परीशाँ देखिए किस-किस जगह मुश्ते गुबार

दो शे'र और देखिए–

हम न फँसते किस तरह सय्याद तेरे जाल में
आबो दाना था मुक़द्दर में तेरे घर का लिखा
तेरे मुर्ग़े दस्त परवर हम हैं सय्यादे अज़ल
ख़्वाह हमको ज़िब्ह कर तू ख़्वाह हमको कर रिहा

हाफिज का मक्ता किस कौशल से चिपकाया है–

सुन न आँ मुर्ग़म के नालम अज़ जफ़ाए तेग़ तू
ज़िब्हकुन सय्याद बा कुर्बां अदाए तेग़ तू

सुरूर साहब का अंग्रेजी ज्ञान सीमित था लेकिन अंग्रेजी भावभूमि को वे जिस कौशल से काव्यबद्ध कर देते थे, वह वर्तमान शायरों में कदाचित् किसी को

उपलब्ध नहीं है। इन दोनों संकलनों में लगभग 20 कविताएँ इसी प्रकार की हैं। कहीं कविताओं का अनुवाद कर दिया है, कहीं मात्र विचार लेकर कविता का रूप दे दिया है। 'मुर्गाबी', 'तराना-ए-ख्वाब', 'बच्चा और हिलाल', 'मुताल्ला-ए-कुतुब', 'कारजारे हस्ती', 'उम्मीद और तिफ्ली', 'मौसमे सर्मा का आखिरी गुलाब' अपनी शैली की अच्छी कविताएँ हैं। इनके विषय में यह कहना ही पर्याप्त है कि इनमें लेखन तथा कथन का सौन्दर्य और स्पष्टता विद्यमान है। और अनुवाद की कभी इससे अधिक प्रशंसा नहीं की जा सकती।

'तराना-ए-ख्वाब' देखिए। मोमिन का-सा प्रवाह और कोमलता विद्यमान है–

सो गए ऐ दिल दुनिया वाले
अब तो ज़रा आँखें झपका ले
दरिया की खामोश हैं लहरें
नींद से हमआग़ोश हैं लहरें

'मुताल्ला-ए-कुतुब' में शाब्दिक सौन्दर्य दृष्टव्य है–

तुम ग़िज़ा-ए-रूह हो तुम सैक़ले अख़्लाक़ हो
सफ़हा-ए-दानिश पे गोया जद्वले अख़्लाक़ हो
हो दबिस्ताने ख़मोशी में अदब आमोज़ तुम
और ग़मे आलाम में हो मूनिसे दिलसोज़ तुम

इन कतिपय उदाहरणों से स्पष्ट है कि उन्हें अनुवाद पर कितना अधिकार और अभ्यास था। इसी शैली में 'कोयल' और 'बीर बहूटी'–दो मौलिक कविताएँ लिखी हैं। काव्यात्मक क्षमता हताशा से हटकर शब्दाडम्बर और ऊँची उड़ान में लय हो गई है। विषय वर्णन में चमत्कार उत्पन्न कर दिया है। सुरूर ने कोई कसीदा नहीं लिखा लेकिन इस कविता ने सिद्ध कर दिया है कि यदि वे कसीदा-लेखन के क्षेत्र में आते तो उत्कृष्ट कसीदे कहते–

बर्क़े आलम सोज़ की नन्हीं सी हैकल है कोई
आतिशे याक़ूत की छोटी सी मुन्क़ल है कोई
या शफ़क़ का कोई टुकड़ा है ज़मीं पर जल्वागर
जामे ज़र्री में है या सहबा-ए-अहमर जल्वागर

सुरूर साहब ने नैतिकता और शिष्टाचार पर कलम नहीं उठाई। वे मद्यप थे, पीरे मुगाँ[1] के द्वार पर नतमस्तक होने वाले। वे सौन्दर्य-प्रेमी थे, इच्छाओं को मन में पालने वाले। ऐसा व्यक्ति हितोपदेश का प्रेमी कैसे हो सकता था? प्रकृति ने उन्हें भावनाओं को लिपिबद्ध करने के लिए उत्पन्न किया था, धर्मोपदेशक बनने के लिए नहीं। फिर भी उन्होंने कम-से-कम तीन ऐसी कविताएँ लिखी हैं जिन पर नैतिकतापूर्ण होना चरितार्थ होता है। 'जने खुशखू', 'बेसबाती-ए-दुनिया' और

1. मदिरालय का बूढ़ा प्रबन्धक।

'आवा-ए-शर्म'। यद्यपि इस मार्ग से वे नितान्त अपरिचित हैं फिर भी वह सुरुचिपूर्ण वर्णना शक्ति जो उनका विशेष गुण थी, यहाँ भी अपनी चमक दिखा गई है। 'जने खुशखू' एक लम्बी कविता है जिसमें 22 छन्द हैं। यहाँ वे सदुपदेशक बने हैं लेकिन दयावान; और नम्र स्वभाव वाला विषय रूखा है मगर वर्णन के सौन्दर्य से सुसज्जित। 'जने खुशखू' में कहते हैं-

फ़र्ज़ाना है ज़ीरक है अक़ीला है निको होश
कम गो है मुअद्दब है रज़ा जू है वफ़ा कोश
हर्फ़े सुख़न ख़ूब है गाहे गहे ख़ामोश
आरामे जिगर, राहते जाँ, ज़ीनते आग़ोश
हुस्न जिसमें नहीं है कि वफाएँ नहीं इसमें
हाँ, कौन सी पाकीज़ा अदाएँ नहीं इसमें

सुरूर साहब ने आश्चर्यजनक प्रत्युत्पन्न मति पाई थी। विचार में विषय आया और मन चिन्तन का आनन्द लेने लगा। वे जिन दिनों कानपुर में थे उस समय क्राइस्ट चर्च कॉलेज के छात्रों ने विदेश जा रहे प्रोफेसर क्रास्थवेट को एक विदाई गीत प्रस्तुत करने का निश्चय किया। तीसरे पहर के समय कुछ छात्रों ने आकर सुरूर साहब से एक ऐसी कविता की माँग की जो समयानुकूल हो। समय अत्यल्प था लेकिन दो घंटे के चिन्तन में ही सुरूर ने दस छन्दों की एक ऐसी आकर्षक कविता लिख दी जिसके एक-एक छन्द से वह श्रद्धा टपकती है जो प्रतिष्ठित प्रोफेसर के किसी निष्ठावान शिष्य के मन में उत्पन्न हो सकती हो।

लेकिन खेद! अब उर्दू के उद्यान में इस सुन्दर पक्षी की चहक सुनाई नहीं देगी। वह बुलबुल जो स्वतंत्र रहकर भी बहेलिये के बन्धन की कामना में घुलता रहा, जिसकी व्यथा-कथा में मनमोहक गीत का आकर्षण और नैराश्य गीत में प्रसन्नता का आनन्द था, वह शोक-मदिरा का दीवाना, कामनाओं की मदिरा का मूर्त रूप, वह हताशा की मूर्ति; खेद है वह प्रसन्नचित्त शायर अब इस संसार में नहीं रहा। उर्दू की सभा में उसका स्थान रिक्त हो गया और दीर्घकाल तक रिक्त रहेगा। उसकी कविता कहती है कि मैं क्या कुछ हो सकती थी लेकिन निर्दयी मृत्यु ने नहीं होने दिया। वह अधखिला फूल था, जैसे ही उस पर अभिलषित दृष्टियाँ पड़ने लगीं, जैसे ही बहुत बेचैन लोग उसकी बलाएँ लेने लगे, ठीक उसी समय वह विषैली हवा का एक झोंका खाकर मुरझा गया और सूखकर धरती पर गिर गया। अब उसकी स्मृति में कुछ व्याकुल पृष्ठ शेष हैं जो हताशा की भाषा में बता रहे हैं कि हम क्या होने वाले थे लेकिन हो नहीं पाए।

सुरूर! हमने जीवित रहते तुम्हारा सम्मान नहीं किया लेकिन अब जबकि तुम हमें वियोग का संताप देकर चले गए हो, हमें तुम्हारी याद आती है। तुम्हें हाथों से खोकर अब हम तुम्हारा सम्मान कर रहे हैं। यदि तुमने संसार के किसी अन्य

देश में जन्म लिया होता तो आज तुम्हारी समाधि पर हीरे-मोती न्योछावर किए जाते, तुम्हारे स्मारक बनते, लोग तुम्हारे नाम पर जान छिड़कते। लेकिन यद्यपि हम इस योग्य नहीं हैं कि तुम्हारी समाधि पर हीरे-मोती न्योछावर कर सकें, यद्यपि हममें तुम्हारा स्मारक बनाने की योग्यता और पात्रता नहीं है, तथापि तुम्हारे नाम पर जान छिड़कने वालों की संख्या कम नहीं है। यद्यपि तुम्हारी सभा निर्जन हो गई लेकिन तुम्हारा वह खुमखाना अभी शेष है जो मस्ती और प्यार का एक अनित्य निर्झर है। परमात्मा से हमारी प्रार्थना है कि हम दीर्घकाल तक इस जामे सुरूर से मदमस्त और छलकते रहें।

शहीदे आजम

۵

شہید اعظم

(از جناب منشی پریم چند صاحب جرنلسٹ لکھنو)

سانحہ کربلا، تاریخ دنیا کے اُن معرکتہ الآرا واقعات میں ہے جنھوں نے تہذیب کا رخ تبدیل کر دیا ہے۔ اسلامی خلافت کا یزید کے خاندان میں جانا فی الواقع اسلام کے عالمگیر اخوت اور مساوات کا چراغ گل ہونا تھا۔ اگر خلافت حضرت حسین کے ہاتھوں میں ہوتی تو اسلامی روایات اپنی اصلی صورت میں نشو پذیر ہوتیں اور فتوحات و ملوکیت کے وہ قرون نہ آتے جنھوں نے اسلامی تاریخ کو چاہے شکوہ عطا کیا ہو پر اُس نصب العین سے ضرور گرا دیا جو اسلام کے وجود میں آنے کا باعث ہوا تھا۔ اسلام کا نزول ملک گیری کے لیے نہیں ہوا تھا۔ وہ ایک خالص روحانی تحریک تھی جس کا منشا دنیا میں استبداد اور ملوکیت کو فنا کر کے مساوات عالمگیر کی اشاعت تھی حضرت ابوبکرؓ۔ حضرت فاروقؓ اور حضرت عثمانؓ کا زمانہ اس تحریک کی ابتدا کا زمانہ تھا جبکہ اسلامی روایات کی بنیادیں پڑ رہی تھیں۔ حضرت علیؑ کے مختصر دورِ خلافت میں اسلامی تہذیب کا نشو و نما جس عنوان سے ہوا وہ اگر قائم رہتا تو آج اسلام اپنی شان و شوکت اور فتوحات کے لئے نہیں اپنی روحانیت اور صداقت پرستی کے لئے ممتاز ہوتا۔ ملک گیری کی ہوس حضرت معاویہ کے ساتھ اسلام میں داخل ہوئی اور یہ عنصر روز افزوں ہوتا گیا، یہاں تک کہ ہم اُس کی بدترین صورت محمود غزنوی کے اصنام شکن حملوں اور ہسپانی فتوحات کی صورت میں دیکھتے ہیں۔

حضرت حسین علیہ السّلام خلافت اور ملوکیت کے اصولی اختلاف اور اہمیت کو خوب سمجھتے تھے اور اسی لئے انھوں نے، باوجود اسکے کہ حالات اُن کے موافق نہ تھے اپنا

1931 में प्रकाशित संकलन 'कारनामा-ए-हुसैन' में प्रकाशित इस लेख का प्रथम पृष्ठ

[मुंशी प्रेमचंद ने अन्याय, अत्याचार, शोषण, उत्पीड़न, दमन आदि समस्त सामाजिक बुराइयों के विरुद्ध अपनी रचनाओं के माध्यम से जो शंखनाद किया था, उसकी अनुगूँज आज भी सुनाई देती है। समूचे विश्व इतिहास में कर्बला का युद्ध अत्याचार और अन्याय के विरुद्ध अनवरत संघर्ष का सशक्त प्रतीक बनकर उभरता है और यही कारण है कि प्रेमचंद जैसा संवेदनशील रचनाकार इस घटना से प्रभावित हुए बिना नहीं रह सका।

कर्बला की घटना पर प्रेमचंद का एक लेख सन् 1923 में लखनऊ की मासिक पत्रिका 'माधुरी' में प्रकाशित हुआ और एक वर्ष उपरान्त 1924 में उनका प्रसिद्ध हिन्दी नाटक 'कर्बला' भी प्रकाशित हो गया। ध्यातव्य है कि सन् 1923 में ही प्रेमचंद का लेख 'हजरत अली' भी 'प्रभा' में प्रकाशित हो चुका था। इन तथ्यों के आलोक में भली प्रकार समझा जा सकता है कि कर्बला की घटना से प्रेमचंद किस सीमा तक प्रभावित थे। प्रेमचंद ने 22 जुलाई, 1924 के पत्र में मुंशी दयानारायण निगम को लिखा था-

"मैंने हजरत हुसैन का हाल पढ़ा। उनसे अकीदत हुई। उनके जौके शहादत ने मफ्तूँ कर लिया।"[1]

उपर्युक्त पत्रांश में स्वयं प्रेमचंद कर्बला की घटना से प्रभावित होने की पुष्टि करते हैं। प्रेमचंद की रचनाओं में इसका कोई संकेत उपलब्ध नहीं है कि उन्हें साम्प्रदायिक विचार प्रभावित कर पाते थे। इसके प्रतिकूल उनकी रचनाएँ, उनका मस्तिष्क और उनकी चिन्तन-धारा स्पष्ट रूप से यह उद्घोषणा करते दिखाई देते हैं कि प्रेमचंद हिन्दू-मुस्लिम एकता के प्रबल पक्षधर थे और स्वाधीनता प्राप्त करने के लिए इसी एकता को अत्यावश्यक समझते थे। प्रेमचंद की यह विचारधारा मुंशी दयानारायण निगम के नाम 17 फरवरी, 1924 को लिखे पत्र में भी अभिव्यक्त होती है जिसमें उन्होंने अपने हिन्दी नाटक 'कर्बला' का लेखन पूर्ण होने की सूचना देते हुए लिखा था-

"मैंने इधर पाँच महीने में अपने नावल 'रंगभूमि' के साथ एक ड्रामा लिखा है जिसका नाम है 'कर्बला'। इसमें कर्बला के वाकआत पर तारीखी हैसियत को कायम रखते हुए एक ड्रामा लिखा गया है।....इसका यकीन रखिए कि मैंने एहतराम को कहीं नजरअन्दाज नहीं होने दिया है। एक-एक लफ्ज पर इस बात का खयाल रखा है कि मुसलमानों के मजहबी एहसासात को सद्मा न पहुँचे। मकसद है पोलिटिकल, बाहमी इत्तिहाद को बढ़ाना, और कुछ नहीं।"[2]

उपर्युक्त सन्दर्भित लेखों और नाटक से तो साहित्य-संसार परिचित है परन्तु सम्प्रति इस वास्तविकता से अपरिचित है कि प्रेमचंद का एक उर्दू लेख बिहार शिया कान्फ्रेंस, पटना द्वारा प्रकाशित स्मारिका 'कारनामा-ए-हुसैन' में पृष्ठ संख्या 5 से 8 तक प्रकाशित हुआ था, जिसका शीर्षक है 'शहीदे आजम'। सौभाग्य की बात है कि इस स्मारिका की एक प्रति काशी हिन्दू विश्वविद्यालय के फारसी विभाग में रीडर एवं

1. चिट्ठी-पत्री, भाग-1, पृ. 146
2. चिट्ठी-पत्री, भाग-1, पृ. 141

विभागाध्यक्ष डॉ. सैयद हसन अब्बास के निजी संग्रह में सुरक्षित रह गई, जिनके कृपापूर्ण सौजन्य से प्रेमचंद के इस अज्ञात एवं अप्राप्य लेख की फोटोकापी मुझे प्राप्त हो सकी।

'कारनामा-ए-हुसैन' एक 56 पृष्ठों की स्मारिका है जिसके अन्तिम पृष्ठ पर निम्नांकित विवरण प्रकाशित है–

"सैयद अहमद रजा, मालिक व मैनेजर इस्लामी प्रेस, गोरहट्टा, पटना सिटी में तबा होकर शाया हुआ। सन् 1931 ई., 1350 हि."

उपर्युक्त विवरण से स्पष्ट है कि प्रेमचंद का लेख 'शहीदे आजम' सन् 1931 में प्रकाशित हुआ था। स्मारिका में लेख के शीर्षक के नीचे एक कोष्ठक में लेखकीय नामोल्लेख भी इस प्रकार प्रकाशित है-

"अज जनाब मुंशी प्रेमचंद साहब, जर्नलिस्ट, लखनऊ"

ध्यातव्य है कि प्रेमचंद लखनऊ से प्रकाशित होने वाले हिन्दी मासिक 'माधुरी' के सम्पादन से 18 फरवरी, 1931 को कार्य-मुक्त हुए थे। उनके नाम के साथ 'जर्नलिस्ट, लखनऊ' शब्दों के प्रयोग से यह अनुमान करना कुछ असंगत नहीं है कि जिस समय उन्होंने अपना यह लेख प्रकाशनार्थ भेजा था, उस समय वे 'माधुरी' के सम्पादन से सम्बन्धित थे। इसका अर्थ यह है कि यह लेख सम्भवतः जनवरी 1931 में ही प्रकाशनार्थ भेज दिया गया होगा, जिसे इसका लेखन-काल स्वीकार करने में कोई बाधा नहीं है। स्मारिका पर हिजरी संवत् 1350 का उल्लेख प्राप्त होने से यह तथ्य उद्घाटित होता है कि जिस समय यह स्मारिका प्रकाशित हुई थी उस समय प्रेमचंद 'माधुरी' के सम्पादन से विलग हो चुके थे। इसका आधार यह है कि हिजरी संवत् 1350 की प्रारम्भिक तिथि 19 मई, 1931 है और हिजरी संवत् का प्रथम मास ही मुहर्रम होता है। स्मारिका की भूमिका में इसके मुहर्रम मास में प्रकाशित होने का स्पष्ट उल्लेख भी प्राप्त है। अतः प्रेमचंद के लेख 'शहीदे आजम' का प्रकाशन-काल मई-जून 1931 स्वीकार करना प्रत्येक दृष्टि से उचित होगा।]

कर्बला की दुर्घटना विश्व इतिहास की उन सर्वश्रेष्ठ घटनाओं में है जिन्होंने सभ्यता की दिशा परिवर्तित कर दी है। यजीद के खानदान में इस्लामी खिलाफत[1] का जाना वास्तव में इस्लाम के विश्व-बन्धुत्व और समानता के दीप का बुझ जाना था। यदि हजरत हुसैन के हाथों में खिलाफत होती तो इस्लामी परम्पराएँ अपने वास्तविक रूप में विकसित होतीं और विजयों तथा बादशाहत के वे बन्दर न आते जिन्होंने चाहे इस्लामी इतिहास को उलाहना न दिया हो मगर उस उद्देश्य से अवश्य ही गिरा दिया जो इस्लाम के अस्तित्व में आने का कारण बना था। इस्लाम का अवतरण दूसरे देशों को जीतने के लिए नहीं हुआ था, वह एक शुद्ध आध्यात्मिक आन्दोलन था जिसका उद्देश्य दुनिया से जुल्म और बादशाहत को समाप्त करके विश्वव्यापी समानता का प्राकट्य था। हजरत अबू बकर, हजरत फारूक और हजरत उस्मान का युग इस आन्दोलन का प्रारम्भिक काल था जिसमें इस्लामी परम्पराओं की नींव पड़ रही थी। हजरत अली के खिलाफत के अल्पकालिक युग में इस्लामी सभ्यता का विकास जिस नाम से हुआ वह यदि बना रहता तो आज इस्लाम अपनी शानो शौकत और विजयों के लिए नहीं, वरन् अपनी आध्यात्मिकता और सत्यनिष्ठा के लिए प्रतिष्ठित होता। देशों को जीतने की भूख हजरत मआविया के साथ इस्लाम में प्रविष्ट हुई और यह तत्त्व निरन्तर बढ़ता गया, यहाँ तक कि महमूद गजनवी के मूर्तिभंजक आक्रमणों और बर्बर विजयों के रूप में हम उसका निकृष्ट रूप देखते हैं।

हजरत हुसैन अलेहिस्सलाम खिलाफत और बादशाहत के सैद्धान्तिक मतभेदों और महत्त्व को भली प्रकार समझते थे और इसीलिए अपने पक्ष में वातावरण न होने पर भी उन्होंने अपना सब कुछ, यहाँ तक कि अपना और अपने आत्मीय जनों का प्रिय जीवन भी इस्लामी प्रतिष्ठा के समर्थन और सुरक्षा की भेंट कर दिया। यह स्वीकार करने के लिए बुद्धि सहमत नहीं होती कि ऐसा निःस्वार्थ, ऐसा कामनारहित, ऐसा सिद्धान्तप्रिय पूर्वज मात्र निजी व्यक्तिगत अधिकार के लिए इतना भयावह युद्ध ठान बैठता।

इस्लाम के अवतरण से पूर्व एकेश्वरवाद का स्वर गूँजने लगा था। इस विषय में हिन्दुस्तान को अग्रगामी होने का गौरव प्राप्त है। ईश्वर के अस्तित्व के अतिरिक्त अन्य सभी वस्तुएँ नष्ट होने वाली हैं, यह वास्तविकता पहली बार वेदों ने प्रकट की। इसके पश्चात् बौद्ध धर्म का आविर्भाव हुआ। बौद्ध धर्म ने 'अहिंसा' को श्रेष्ठ

1. खलीफा का शासन।

स्वीकार किया। बाद में हजरत ईसा अवतरित हुए और उन्होंने 'दया' को सर्वश्रेष्ठ सच्चाई माना। इस्लाम ने विश्व-बन्धुत्व और समानता की पताका फहराई। उस समय भी संसार पारस्परिक खून-खराबे से तंग आ चुका था। उस खून-खराबे का कारण यही छोटे और बड़े, ऊँचे और नीचे का झगड़ा था। इस्लाम के प्रवर्तक ने संसार से खून-खराबे और शत्रुता को जड़ से मिटा देने का संकल्प कर लिया था और इस संकल्प को पूर्ण करने के लिए समानता से उत्कृष्ट कोई उपाय नहीं था। आज भी संसार समानता की खोज में उलझा है। सोशलिज्म और साम्यवाद क्या है उसी समानता की खोज। तेरह-चौदह शताब्दियों के बाद भी संसार जिस गुत्थी को सुलझाने का प्रयास कर रहा है, उसे इस्लाम के प्रवर्तक ने कब का सुलझा दिया था। खेद है कि जिस क्षेत्र में उसका बीजारोपण किया गया था वह उस समय इस खेती के योग्य न था। हजरत मुहम्मद के जीवन-काल में और उसके कुछ दिनों बाद तक भाईचारा ही इस्लाम का विशेष गुण रहा जो हजरत हुसैन के बलिदान के साथ समाप्त हो गया। इस दृष्टिकोण से देखिए तो हजरत हुसैन का बलिदान संसार की सबसे महान् ऐतिहासिक घटना है।

वैचारिक, मानवीय या भावनात्मक–किसी भी दृष्टि से देखिए, हजरत हुसैन के लिए बलिदान अनिवार्य था। कूफावासियों का बार-बार निमन्त्रण देना क्या कुछ महत्त्वपूर्ण बात नहीं थी? उन निमन्त्रणों को ठुकराना शिष्टाचार की दृष्टि से आपत्तिजनक था। इसके अतिरिक्त जब इस्लाम की सबसे प्रिय वस्तु को अधिकार में लेने का प्रयास किया जाता हो, तब इस्लामी प्रतिष्ठा के एकमात्र ध्वजवाहक व्यक्ति का इसके अतिरिक्त और क्या कर्त्तव्य हो सकता था कि वह व्यक्तिगत आशंकाओं को हेय समझे और यथासम्भव उसकी सुरक्षा करे। कूफियों के छल का भेद खुल जाने पर सम्भव था कि वे अधीनता स्वीकार करके जान बचा लेते, मगर मानवीय दृष्टि से यह दूषित कर्म होता। एक बार दृढ़ संकल्प कर लेने के बाद फिर बलिदान के अतिरिक्त और कोई मार्ग नहीं था। सम्भवतः हजरत हुसैन बलिदान होकर ही इस्लाम की उत्कृष्ट सेवा कर सकते थे। यहाँ मुहर्रम और अजादारी[1] के सम्बन्ध में अपनी राय प्रकट करना सम्भवतः कुछ मित्रों को अरुचिकर प्रतीत हो, लेकिन मैं इसे स्पष्ट करना अपना दायित्व समझता हूँ।

राम, कृष्ण और बुद्ध इतिहास से होते हुए कहानियों की परिधि में आ गए हैं, यहाँ तक कि प्रायः शोधकर्ताओं के विचार में महाभारत और रामायण ऐतिहासिक घटनाएँ नहीं हैं बल्कि आध्यात्मिक अनुभव हैं। महात्मा गांधी इन्हीं लोगों में हैं; उनकी आस्था है कि प्रत्येक हृदय रामायण और महाभारत का मंच है और इन कहानियों को ऐतिहासिक दृष्टि से देखना इनके महत्त्व को मिट्टी में

1. मुहर्रम के महीने में हजरत इमाम हुसैन के बलिदान का शोक मनाना, मातम करना, ताजिया बनाना, उठाना और रोशनी आदि करना।

मिलाना है। मगर कर्बला का युद्ध अभी तक प्रामाणिक ऐतिहासिक घटना है और सम्भवतः आज तक किसी अन्वेषक को यह कहने का साहस नहीं हुआ कि यह मात्र आध्यात्मिक अनुभव है और अच्छे व बुरे का अनादि काल से चला आता संघर्ष है जो प्रत्येक हृदय में सदैव होता रहता है। लेकिन इस पर भी हमारे कवियों और साहित्यकारों ने इस दुर्घटना को अपने नवचिन्तन का कार्यक्षेत्र बनाकर इसे कहानी का रूप दे दिया। इतिहास में काव्यात्मक अतिशयोक्ति को कोई स्थान नहीं होता। यदि हमारे साहित्यकारों ने स्वयं को ऐतिहासिक घटनाओं तक ही सीमित रखा होता तो शिकायत का कोई अवसर नहीं था लेकिन उन्होंने उनकी गाथा में उन समस्त शब्द तथा अर्थ-अलंकारों तथा नवोक्तियों का प्रयोग किया जो किसी विशुद्ध काव्यात्मक कहानी के लिए उचित था। और इस प्रकार इस दुर्घटना के ऐतिहासिक महत्त्व को ही नहीं, उसकी आध्यात्मिक प्रतिष्ठा को भी हानि पहुँचाई। धार्मिक सम्मान की यह अपेक्षा थी कि कर्बला के युद्ध को काव्यात्मक उड़ानों से कहीं ऊँचा रखा जाता लेकिन प्रकृति समूचे संसार में एक समान है और हरेक धर्म में ऐसे लोगों की बड़ी संख्या होती है जिन्हें उस समय तक तसल्ली नहीं होती जब तक कि धार्मिक महापुरुषों को महामानव न बना दिया जाए।

पद्म सिंह शर्मा के साथ तीन दिन

पद्मसिंह शर्माके साथ तीन दिन

श्री प्रेमचन्द

गुरुकुल कांगड़ीमें हिन्दी-साहित्य-परिषद्का कोई उत्सव था। मुझे नेवता मिला। उधर शर्माजी भी निमन्त्रित हुए। हम दोनों एक ही साथ तंबेड़ेपर बैठकर कांगड़ी पहुँचे। शर्माजी उधर अकसर आते-जाते रहते थे। तंबेड़ेपर बैठनेके आदी थे। मेरे लिए तंबेड़ा अजूबा चीज़ थी, जो अगर गुरुकुलवालोंका आविष्कार नहीं तो पेटेन्ट अवश्य है। उस स्थानकी वेगवती गंगामें नाव और किश्ती तथा स्टीमरकी गति नहीं। उस वैतरिणीमें तो यह गऊकी पूँछ ही पार लगा सकती है। आपको यह विश्वास तो दिला दिया गया है कि अकाल मृत्युकी यहाँ सम्भावना नहीं, क्योंकि गंगा माताकी गोदमें भी मौत कुछ कम भयंकर नहीं होती। आपको कुछ आश्वासन हो भी रहा है, लेकिन जब आप उस अपार सागरको देखते हैं, लहरोंकी तर्जोंको देखते हैं, तो इस आश्वासनमें कुछ कम्पन होने लगता है। आपके मनमें यह धारणा जमने नहीं पाती कि ये लहरें आपके तंबेड़ेका बाल भी बाँका नहीं कर सकतीं। आप अपने मित्रोंके आश्वासनसे दिलको मज़बूत किये बैठे हैं, लेकिन उनके विनोदमें भाग नहीं ले सकते। आपकी दशा कुछ उस मनुष्यकी-सी है, जो ज़िन्दगीमें पहली बार किसी शरीर घोड़ेपर सवार हुआ हो।

शर्माजीसे मेरी पहली मुलाक़ात छै सात वर्ष पहले हुई थी, पर वह बहुत थोड़ी देरकी मुलाक़ात थी। आज मैं उनके साथ एक ही तंबेड़ेपर बैठा हुआ था। यद्यपि वह बीच-बीचमें मेरी शंकाओंका समाधान करनेके लिए तंबेड़ेका गुण-गान करते जाते थे, लेकिन मेरा मन उनकी काव्य-कला-मर्मज्ञताका कायल होकर भी तंबेड़ेके विषयमें निश्शंक न होता था।

ख़ैर, यात्रा समाप्त हुई। हम लोग गुरुकुलमें पहुँचे, और आतिथ्यशालामें ठहराये गये। वहाँ मुझे मालूम हुआ कि शर्माजीको चायसे बड़ा प्रेम था और वे दो-एक प्यालेसे सन्तुष्ट न होते थे। वे चायको शरबतकी तरह पीते थे। नई सभ्यताकी शायद यही एक चीज़ थी, जिसे उन्होंने अपनाया था। और सभी बातोंमें वह पूरे स्वदेशी थे। वेष-भूषामें नयापन कहीं छू भी न गया था। जूते भी पुराने ढंगके ही पहनते थे। उन्हें देखकर सहसा यह गुमान न हो सकता था कि यह साधारण-सा व्यक्ति इतने ऊँचे दिल और दिमाग़का स्वामी है। आजकल हम लोगोंमें दिखावेका जो रोग लग गया है, वह उन्हें छू भी न गया था। हम अपनी थोड़ीसी पूँजीको इस तरह प्रदर्शित करते फिरते हैं, मानो विद्या हमारे ही ऊपर ख़तम हो गई है। वेदों और शास्त्रोंका इस तरह उल्लेख करते हैं, मानो सब चाटे बैठे हैं। आज अपनी विद्वत्ताका सिक्का जमानेके लिए केवल बड़े-बड़े नाम कंठ कर लेनेकी ज़रूरत है। कालिदासपर कोई लेख लिखनेके लिए अंगरेज़ीके एकाध आलोचकोंका लेख पढ़ लेना काफ़ी है। बस, अब हमसे बड़ा कालिदासका पारखी कोई नहीं है। 'कुमारसम्भव'! अजी वह तो कालिदासके युवा-कालकी रचना है। उसमें कविकी कला पूर्णताको नहीं पहुँच सकी है। कविका कमाल देखना हो, तो 'मेघदूत' पढ़िये। कहिये, 'शकुन्तला'पर व्याख्यान दे डालें। शेक्सपियरकी रचनाओंकी नामावली और उसके दो-चार पात्रोंकी आलोचना पढ़कर शेक्सपियरपर आलोचना करनेवालोंकी कहीं भी कमी नहीं है। शर्माजी इस दिखावेके शत्रु थे, और ऐसोंका परदा बड़ी निर्दयतासे फ़ाश किया करते थे। तब वे ज़रा भी रू-रिआयत न करते थे। उनका साहित्य-ज्ञान बहुत बढ़ा हुआ था। खेद यही है कि अनेक बाधाओंने उन्हें एकाग्र मनसे साहित्यकी सेवा न करने दी।

हिन्दी मासिक 'विशाल भारत' के अगस्त 1932 के अंक में प्रकाशित इस लेख का प्रथम पृष्ठ

[प्रेमचंद ने अपनी स्मरण-शक्ति के सम्बन्ध में स्वयं कहा है कि 'मेरा हाफिजा नाकिश है और याददाश्त कमजोर'। इसी कथन को आधार बनाकर उनके सभी जीवनीकारों और प्रेमचंद-विशेषज्ञों ने बिना पुष्टि किए यह कहना प्रारम्भ कर दिया कि प्रेमचंद बहुत कमजोर स्मरण-शक्ति के स्वामी थे और इसी आधार पर रचनाओं के सम्बन्ध में उनके स्वयं के उल्लेखों को नकारने लगे परन्तु वास्तविकता इसके प्रतिकूल है।

स्वामी श्रद्धानन्दजी द्वारा स्थापित गुरुकुल कांगड़ी में आयोजित साहित्य परिषद् की अध्यक्षता करने के लिए प्रेमचंद जुलाई 1927 में हरिद्वार गए और वहाँ तीन दिन प्रवास किया। हिन्दी साहित्य में तुलनात्मक समालोचना की परम्परा के अधिष्ठाता पं. पद्म सिंह शर्मा भी इस आयोजन में सहभागी थे, जिनके साथ प्रेमचंद के आत्मीय सम्बन्ध स्थापित हो गए। हरिद्वार के इस तीन दिवसीय प्रवास के संस्मरण प्रेमचंद ने लखनऊ की मासिक पत्रिका 'माधुरी' के अप्रैल 1928 के अंक में 'गुरुकुल कांगड़ी में तीन दिन' शीर्षक से प्रकाशित करा दिए थे, जिनका उर्दू अनुवाद लाहौर के उर्दू साप्ताहिक 'प्रकाश' के 22 अप्रैल, 1928 के अंक में इसी शीर्षक से प्रकाशित हुआ था।

पं. पद्म सिंह शर्मा का देहावसान हो जाने पर पं. बनारसी दास चतुर्वेदी के सम्पादन में प्रकाशित होने वाली मासिक पत्रिका 'विशाल भारत' ने सारस्वत श्रद्धान्जलि के रूप में 'पद्म सिंह अंक' निकालने की योजना बनाई तो उसके लिए प्रेमचंद से भी हरिद्वार प्रवास में व्यतीत तीन दिनों के संस्मरणों पर आधारित लेख लिख भेजने का अनुरोध किया, जिसके उत्तर में प्रेमचंद ने अपने 18 जून, 1933 के पत्र के साथ लेख भेजते हुए पं. बनारसी दास चतुर्वेदी को लिखा–

"लीजिए, फरमाइश की तामील कर रहा हूँ। जो कुछ याद आया, लिखा। उस वक्त जानता कि यह लेख लिखना पड़ेगा तो शर्माजी का एक-एक वाक्य नोट कर लेता।"[1]

प्रेमचंद का भेजा हुआ यह लेख 'विशाल भारत' के 'पद्म सिंह अंक', अगस्त 1932 में प्रकाशित हुआ, जिसे उनके 1927 में प्रकाशित लेख 'गुरुकुल कांगड़ी में तीन दिन' का पूरक भी स्वीकार किया जा सकता है।

इस लेख में प्रेमचंद ने जिस सूक्ष्मता से पं. पद्म सिंह शर्मा के व्यक्तित्व के विभिन्न पक्षों पर प्रकाश डालने के साथ गुरुकुल कांगड़ी के पाँच वर्ष पुराने तीन दिनों के संस्मरण लिपिबद्ध किए हैं, उससे प्रेमचंद की स्मरणशक्ति अत्यन्त तीव्र होने में किसी प्रकार का सन्देह नहीं रह जाता।

'विशाल भारत' जैसे प्रसिद्ध एवं सरलता से प्राप्त हो सकने वाले पत्र में प्रेमचंद के व्यक्तित्व के एक रहस्य को अनावृत्त करने वाला लेख 74 वर्षों तक अचीन्हा पड़ा रहना प्रेमचंद-विशेषज्ञों के सुविधाभोगी शोध का ज्वलन्त प्रमाण है।]

---

1. चिट्ठी पत्री, भाग-2, पृ. 77-78

गुरुकुल कांगड़ी में हिन्दी-साहित्य-परिषद् का कोई उत्सव था। मुझे नेवता मिला। उधर शर्माजी भी निमन्त्रित हुए। हम दोनों एक ही साथ तंबेड़े पर बैठकर कांगड़ी पहुँचे। शर्माजी उधर अकसर आते-जाते रहते थे। तंबेड़े पर बैठने के आदी थे। मेरे लिए तंबेड़ा अजूबा चीज थी, जो अगर गुरुकुल वालों का आविष्कार नहीं तो पेटेन्ट अवश्य है। उस स्थान की वेगवती गंगा में नाव और किश्ती तथा स्टीमर की गति नहीं। उस वैतरिणी में तो यह गऊ की पूँछ ही पार लगा सकती है। आपको यह विश्वास तो दिला दिया गया है कि अकाल मृत्यु की यहाँ सम्भावना नहीं, क्योंकि गंगा माता की गोद में भी मौत कुछ कम भयंकर नहीं होती। आपको कुछ आश्वासन हो भी रहा है, लेकिन जब आप उस अपार सागर को देखते हैं, लहरों की तेजी को देखते हैं, तो इस आश्वासन में कुछ कम्पन होने लगता है। आपके मन में यह धारणा जमने नहीं पाती कि ये लहरें आपके तंबेड़े का बाल भी बाँका नहीं कर सकतीं। आप अपने मित्रों के आश्वासन से दिल को मजबूत किए बैठे हैं, लेकिन उनके विनोद में भाग नहीं ले सकते। आपकी दशा कुछ उस मनुष्य की-सी है, जो जिन्दगी में पहली बार किसी शरीर घोड़े पर सवार हुआ हो।

शर्माजी से मेरी पहली मुलाकात छह-सात वर्ष पहले हुई थी, पर वह बहुत थोड़ी देर की मुलाकात थी। आज मैं उनके साथ एक ही तंबेड़े पर बैठा हुआ था। यद्यपि वह बीच-बीच में मेरी शंकाओं का समाधान करने के लिए तंबेड़े का गुण-गान करते जाते थे, लेकिन मेरा मन उनकी काव्य-कला-मर्मज्ञता का कायल होकर भी तंबेड़े के विषय में निश्शंक न होता था।

खैर, यात्रा समाप्त हुई। हम लोग गुरुकुल में पहुँचे, और आतिथ्यशाला में ठहराये गए। वहाँ मुझे मालूम हुआ कि शर्माजी को चाय से बड़ा प्रेम था और वे दो-एक प्याले से सन्तुष्ट न होते थे। वे चाय को शरबत की तरह पीते थे। नई सभ्यता की शायद यही एक चीज थी, जिसे उन्होंने अपनाया था। और सभी बातों में वह पूरे स्वदेशी थे। वेषभूषा में नयापन कहीं छू भी न गया था। जूते भी पुराने ढंग के ही पहनते थे। उन्हें देखकर सहसा यह गुमान न हो सकता था कि यह साधारण-सा व्यक्ति इतने ऊँचे दिल और दिमाग का स्वामी है। आजकल हम लोगों में दिखावे का जो रोग लग गया है, यह उन्हें छू भी न गया था। हम अपनी थोड़ी-सी पूँजी को इस तरह प्रदर्शित करते फिरते हैं, मानो विद्या हमारे ही ऊपर खत्म हो गई है। वेदों और शास्त्रों का इस तरह उल्लेख करते हैं, मानो सब चाटे

बैठे हैं। आज अपनी विद्वत्ता का सिक्का जमाने के लिए केवल बड़े-बड़े नाम कंठ कर लेने की जरूरत है। कालिदास पर कोई लेख लिखने के लिए अंगरेजी के एकाध आलोचकों का लेख पढ़ लेना काफी है। बस, अब हमसे बड़ा कालिदास का पारखी कोई नहीं है। 'कुमारसम्भव'! अजी वह तो कालिदास के युवा-काल की रचना है। उसमें कवि की कला पूर्णता को नहीं पहुँच सकी है। कवि का कमाल देखना हो, तो 'मेघदूत' पढ़िये। कहिये, 'शकुन्तला' पर व्याख्यान दे डालें। शेक्सपियर की रचनाओं की नामावली और उसके दो-चार पात्रों की आलोचना पढ़कर शेक्सपियर पर आलोचना करने वालों की कहीं भी कमी नहीं है। शर्माजी इस दिखावे के शत्रु थे, और ऐसों का परदा बड़ी निर्दयता से फाश किया करते थे। तब वे जरा भी रू-रिआयत न करते थे। उनका साहित्य-ज्ञान बहुत बढ़ा हुआ था। खेद यही है कि अनेक बाधाओं ने उन्हें एकाग्र मन से साहित्य की सेवा न करने दी।

शर्माजी और मैं सबेरे और शाम को कांगड़ी से कुछ दूर सैर करने निकल जाते। उस वक्त शर्माजी के मुख से सूक्तियों के सुनने का अवसर मिलता। ऐसे-ऐसे कवियों की सूक्तियाँ सुनाते थे, जिनके नाम तक मैंने न सुने थे।

उन्हीं दिनों दो-एक बार हिन्दू-मुस्लिम समस्या पर उनसे मेरा वार्तालाप हुआ। गुरुकुल के उस साहित्यिक अधिवेशन में कदाचित् यह भी एक विषय था। शर्माजी पक्के हिन्दू-सभाइट थे, और अपने पक्ष के समर्थन में ऐसी-ऐसी दलील पेश करते थे—ऐतिहासिक भी और धार्मिक भी—कि उनका जवाब देने के लिए मुझसे कहीं ज्यादा विद्वान् आदमी की जरूरत थी। वे मुझे कायल न कर सके, और मैं तो भला उन्हें क्या कायल करता, लेकिन इस मुबाहसे में मुझे यह स्वीकार करना पड़ा कि हिन्दू-सभा की नीति बड़ी मजबूत बुनियाद पर खड़ी है। औरंगजेब, अकबर, हैदर अली और सिराजुद्दौला पर किए गए आक्षेपों का उत्तर तो दिया जा सकता था, और दिया गया, लेकिन मुस्लिम लीग की वर्तमान नीति का क्या जवाब हो सकता था। मन समझाने को चाहे हम कह लें कि मुस्लिम लीग केवल ओहदे के भूखे और अधिकार के इच्छुक लोगों की ही संस्था है, लेकिन जब हम देखते हैं कि मुसलमान जनता, व्यापारी और जमींदार—सभी उनके साथ हैं, तो हम जरा देर के लिए भविष्य से निराश हो जाते हैं। हिन्दुस्तान की मुस्लिम नीति केवल हिन्दुओं का विरोध है। असेम्बली को लीजिए या कौंसिल को। हिन्दू कोई प्रश्न करता है, कोई प्रस्ताव उपस्थित करता है, तो वह राष्ट्रीय दृष्टि से। मुस्लिम मेम्बर जो कुछ कहेगा, या करेगा, वह अपने मजहबी दृष्टिकोण से। मुस्लिम लीग अब भी विशेष अधिकार चाहती है, विशेष व्यवहार चाहती है; और देश की व्यवस्था ही कुछ इस तरह की हो रही है कि मुसलमान नेता जितना ही ज्यादा हिन्दू द्रोही हो, उसका उतना ही मान-सम्मान होता है। उसकी उन्नति देखकर दूसरे भी उसकी

रीस करते हैं। टैक्स अधिकतर हिन्दुओं की जेब से आवे, पर ओहदे मुसलमानों को दिए जाएँ। हिन्दू मुकाबले के इम्तहान में जान खपाकर जो ओहदा पाता है, वही मुसलमान चुनाव के द्वारा सहज ही प्राप्त कर लेता है। राष्ट्रवादी हिन्दू तो इस व्यवस्था को काल-गति समझकर सब्र कर लेता है, और इस आशा से सन्तोष लाभ करता है कि मुसलमानों में शिक्षा का खूब प्रचार हो जाएगा, तो वे भी उदार हो जाएँगे। पर हिन्दुओं की दूसरी जमायत इतनी सहिष्णु नहीं है। वह देखती है कि शिक्षा के प्रचार से यह भेदभाव मिटने के बदले और बढ़ता जाता है, तो उसे शिक्षा में भी अविश्वास होने लगता है। अगर दो भाई में से एक हमेशा पृथकता की रट लगाता रहे, तो दूसरा भाई कुछ दिन दबने के बाद मजबूर होकर पृथकता ही स्वीकार कर लेगा। अगर एक भाई सारे घर और सारी जायदाद का दावा करे, तो दूसरा एकता के इच्छुक भाई के लिए इसके सिवा और क्या उपाय रह जाता है कि पेड़ तले रहे, और अपने बाल-बच्चों को भूखों मरते देखे। शर्माजी 'विशेष' अधिकारों के नाम से ही चिढ़ते थे। किसी के साथ जौ-भर भी रिआयत उन्हें अस्वीकार थी। वे किसी के सामने दबना या झुकना न जानते थे।

लेकिन इसके साथ ही संकीर्णता उन्हें छू भी न गई थी। मुस्लिम संस्कृति, इतिहास, साहित्य में जो कुछ आदर के योग्य है, उसका वे मुक्त-हृदय से आदर करते थे। खलीफा मामूँ रशीद का चरित्र उन्होंने जितनी श्रद्धा से लिखा है, उतनी ही श्रद्धा से वह कदाचित् चन्द्रगुप्त या अशोक पर लिखते। फारसी कवियों में वह सादी, हाफिज, उमर खैयाम, शम्स तब्रेज, मौलाना रूम आदि का उतना ही आदर करते थे, जितना भवभूति, कालिदास या बाण का। और उर्दू के अमर कवि अकबर पर तो वह आशिक़ थे। शायद ही कोई मुसलमान अकबर का इतना भक्त हो।

शालीनता और विनय के वह मानो पुतले थे। मैं उनके साथ ज्वालापुर का गुरुकुल देखने गया था। मैं तो सन्ध्या समय लौट आया। वे हरिद्वार में ही रह गए। दूसरे दिन मुझे लौटना था। जब हरिद्वार स्टेशन पर पहुँचा, तो शर्माजी मुझे विदा करने के लिए खड़े थे। गाड़ी चली, तो उनके मुख पर स्नेह की ऐसी गाढ़ी झलक नजर आई, मानो उनका अपना बन्धु विदा हो रहा है। वह सूरत आज तक मेरे हृदय-पट पर अंकित है। छोटों पर बड़ों का इतना प्रेम मैंने उन्हीं में देखा। रास्ते-भर वह आकृति मेरी आँखों के सामने फिरती रही, और अब भी जब याद आ जाती है, तो आँखों में आँसू आ जाते हैं। अगर जानता कि वे इतनी जल्द प्रस्थान करने वाले हैं, तो उनके चरणों के अन्तिम दर्शन कर लेता।

भाषण

साहित्य और सदाचार

हिन्दी मासिक 'विशाल भारत' के अक्टूबर 1932 के अंक में
प्रकाशित इस भाषण का प्रथम पृष्ठ

[दिल्ली में आयोजित प्रान्तीय हिन्दी साहित्य सम्मेलन में भाग लेने हेतु प्रेमचंद की यात्रा और सम्मेलन के स्थान आदि का विवरण देते हुए डॉ. कमल किशोर गोयनका लिखते हैं–

"1932–23 सितम्बर-हिन्दी साहित्य सम्मेलन, दिल्ली की अध्यक्षता करने के लिए बनारस से दिल्ली पहुँचे। 24 सितम्बर-दिल्ली के रामा थियेटर हॉल में प्रातः 9:०० बजे प्रो. इन्द्र के साथ सम्मेलन की अध्यक्षता करने के लिए पहुँचे। प्रो. इन्द्र एवं सेठ केदारनाथ गोयनका ने प्रेमचंद को पुष्प मालाएँ पहना कर स्वागत किया। प्रो. इन्द्र ने स्वागत भाषण दिया तथा अन्त में प्रेमचंद ने अपना भाषण पढ़ा।"[1]

इतनी स्पष्ट तथा विस्तृत सूचना देने पर भी डॉ. गोयनका ने प्रेमचंद के इस भाषण को खोजने का कोई प्रयास किया हो, इसका कोई संकेत प्राप्त नहीं होता।

प्रेमचंद के इस भाषण को पं. बनारसी दास चतुर्वेदी ने 'विशाल भारत' के अक्टूबर 1932 के अंक में 'सम्पादकीय विचार' स्तम्भ में पृष्ठ संख्या 504-5 पर 'साहित्य सेवी और सदाचार' शीर्षक की सम्पादकीय टिप्पणी में समाहित करके प्रकाशित कर दिया था। भाषण के पाठ से पूर्व पं. चतुर्वेदी जी ने अपनी सम्पादकीय टिप्पणी में लिखा था–

"विशाल भारत' के अप्रैल सन् 1932 के अंक में हमने 'हिन्दी साहित्य सेवियों के आदर्श' शीर्षक एक लेख लिखा था। उसका विरोध कई महानुभावों ने किया और इस प्रकार एक वाद-विवाद ही उठ खड़ा हुआ। इसके विषय में श्री प्रेमचंद जी ने दिल्ली प्रान्तीय हिन्दी साहित्य सम्मेलन के सभापति की हैसियत से जो विचार प्रकट किए हैं, वे मनन करने योग्य हैं।"[2]

उपर्युक्त टिप्पणी के पश्चात् प्रेमचंद के भाषण का पाठ प्रकाशित किया गया जो प्रथम दृष्ट्या अविकल पाठ प्रतीत नहीं होता।

डॉ. कमल किशोर गोयनका के उपर्युक्त उद्धृत शब्दों–'अन्त में प्रेमचंद ने अपना भाषण पढ़ा' से यह स्पष्ट होता है कि प्रेमचंद ने अपने अभ्यास के अनुसार दिल्ली प्रान्तीय हिन्दी साहित्य सम्मेलन में अपना लिखित भाषण ही पढ़ा था। 'विशाल भारत' के आगामी मास के अंक में ही इसके प्रकाशित हो जाने से यह अनुमान किया जा सकता है कि प्रेमचंद ने अपने भाषण की लिखित प्रति तत्काल पं. बनारसी दास चतुर्वेदी के पास कलकत्ता भेज दी होगी, जिन्होंने उसे प्रकाशित करने में तनिक भी विलम्ब नहीं किया और पत्रिका के अक्टूबर 1932 के अंक में स्थान दे दिया। भाषण के सम्पादकीय आलेखों में प्रकाशित होने से यह संकेत भी प्राप्त होता है कि जिस समय चतुर्वेदी जी को प्रेमचंद का यह भाषण मिला होगा उस समय तक पत्रिका के सम्बन्धित अंक के लेख आदि का मुद्रण कार्य पूर्ण

1. प्रेमचंद विश्वकोश, भाग–1, पृ. 148
2. विशाल भारत, कलकत्ता, अक्टूबर 1932, पृ. 504

हो चुका होगा और सम्पादकीय आलेखों का कार्य प्रगति पर होगा। ध्यातव्य है कि 'विशाल भारत' में 'सम्पादकीय विचार' शीर्षक से सम्पादकीय आलेख प्रत्येक अंक के प्रायः अन्तिम पृष्ठों पर ही प्रकाशित किए जाते थे।

74 वर्षों तक 'विशाल भारत' जैसी सुप्रसिद्ध पत्रिका में भी प्रेमचंद का भाषण छिपा पड़ा रहना हिन्दी में प्रेमचंद साहित्य के शोधकर्ताओं तथा स्वनामधन्य प्रेमचंद विशेषज्ञों के प्रमाद का अनुपम उदाहरण है।]

इधर साहित्य-संसार में एक नया विवाद उठ खड़ा हुआ। वह यह है कि कलाकारों के लिए सदाचारी होने की जरूरत नहीं है। कुछ विद्वानों का मत है कि सच्चे कलाविद् किसी प्रकार के सामाजिक बन्धनों में नहीं रह सकते! उसके लिए हर एक प्रकार की स्वच्छन्दता परमावश्यक है, अन्यथा बन्धनों में पड़कर उसकी कला कुंठित हो जाएगी। इसके विपरीत कुछ विद्वानों का कहना है कि कलाकार के लिए सदाचारी होना अनिवार्य है, नहीं तो वह कलाकार हो ही नहीं सकता। पहला पक्ष अपने समर्थन में ऐसे कलाकारों की मिसालें पेश करता है, जो आचरण-भ्रष्ट होने पर भी अपनी अमर कीर्त्ति छोड़ गए हैं। दूसरा पक्ष जवाब देता है कि यदि वे लोग आचरण-भ्रष्ट न होते, तो उनकी रचना और भी उदात्त होती। वे अपनी आचरण-भ्रष्टता के कारण अच्छे कलाविद् नहीं हुए, बल्कि उसके प्रतिकूल। मैं आपकी अनुमति से इस विषय में अपनी सम्मति प्रकट कर देना चाहता हूँ।

आचरण में कुछ तो सत्य होता है और कुछ असत्य। जिसका आधार सामाजिक प्रथा और मर्यादा है, वह असत्य है। जिसका आधार नैसर्गिक नियम है, वह सत्य है। एक ब्राह्मण कलाकार यदि किसी अन्त्यज के साथ बैठकर भोजन करे, तो वह सामाजिक दृष्टिकोण से आचरण-भ्रष्ट होगा; लेकिन उस नैसर्गिक नियम के अनुसार, जो प्राणीमात्र को बराबर समझता है, उसका यह कृत्य सर्वथा स्तुत्य है। अगर कोई अपने स्वार्थ के लिए किसी की हत्या करे, और अपने कौशल से उसे छिपा भी ले जाए, फिर भी वह आचार-भ्रष्ट है। सम्भव है, कोई आदमी क्षणिक आवेश में ऐसा काम करके फिर उस पर पश्चात्ताप करे, तो यह उसकी आत्मा को और भी चमकायेगा; लेकिन हम यह नहीं मान सकते कि सांसारिक विषय-भोग में लिप्त मनुष्य कभी कलाकार हो सकता है।

कला का प्रधान गुण सुन्दर और सत्य है। जो असुन्दर और असत्य हो, वह अपनी कला में गुण कहाँ से पैदा करेगा? जो मन में है, वही तो कलम से निकलेगा। हो सकता है कि कोई कलाकार नास्तिक होकर भी भक्तिपूर्ण चित्रों की या भक्ति-रस की कविता की रचना करे, पर इस रचना में कदापि वह ओज और प्रभाव नहीं हो सकता, जो एक आस्तिक की रचना में हो सकता है।

सदाचार का उद्देश्य केवल संयम है, संयम में शक्ति है और शक्ति ही आनन्द की बुनियाद है। जिसका पाचन दुर्बल है, वह मलाई का स्वाद क्या जाने! उसे तो मलाई खाने से उदर-विकार का ही अनुभव होगा। जो स्वयं संयमहीन है, वह शक्तिहीन भी होगा, और शक्तिहीन आदमी न आनन्द का अनुभव कर सकता है, न उसकी कल्पना कर सकता है। जब साधारण सांसारिक जीवन को सुखमय बनाने के लिए संयम की आवश्यकता निर्विवाद है, तो सौन्दर्य की सृष्टि के लिए संयम अनावश्यक हो, यह तो हो ही नहीं सकता...

कला की जो मुख्य वस्तु है, सौन्दर्य, उसका रस लेने के लिए साधना की आवश्यकता है। जिस अनुपात से हममें यह साधना कम होगी, उसी अनुपात से हममें सौन्दर्य की भावना भी कम होगी। हमारी तो यह धारणा है कि जिस मनुष्य में सौन्दर्य-भावना पूर्ण रूप से विकसित हो जाएगी, उसकी चंचलता आप-ही-आप नष्ट हो जाएगी। सच्चा कलाकार वही है, जो हमारे मन की चंचलता को शान्त करके हमें सत्य की ओर ले जाए। जो स्वयं चंचल है, वह दूसरों को अचंचल कैसे बना सकता है? जिन बड़े-बड़े कलाविदों ने दुर्बल चरित्र होकर भी कला की सृष्टि की है, उन्होंने भी अपनी अपूर्णता को स्वीकार किया है। जब अपने अन्दर के सत्य के क्षीण प्रकाश से वे अपने को अमर कर गए, तो हम अनुमान कर सकते हैं कि यदि वह ज्योति अलिप्त होती, तो वे क्या कर जाते?

यह आवश्यक है कि हम जो साहित्य-सेवी बनने की कामना रखते हैं, इस साधना के आदर्श को सम्मुख रखें। साहित्यकार का दरजा ऋषि से कम नहीं है, बल्कि ऋषियों को भी सदुपदेश करने के लिए साहित्य की ही शरण लेनी पड़ती है। हमारे साहित्य की यह हीन दशा विशेषतः इसीलिए हुई है कि हममें साधना की कमी है, संयम की कमी है, और इसलिए तेज की भी कमी है। इसी साधना और तप की यह विभूति है कि महात्मा जी के मुख या कलम से जो कुछ निकलता है, वह अमर साहित्य होता है। हम चारों तरफ रोते फिरते हैं कि हमारी पुस्तकें नहीं बिकतीं, जनता में रुचि नहीं है, जागृति नहीं है। अपनी बिक्री बढ़ाने के लिए नाना प्रकार के कृत्रिम साधनों का सहारा लेते हैं। वास्तव में इस अनादर का कारण हमारी रचनाओं की सौन्दर्यहीनता है।

हमने कलाकार बनने के लिए कोई तैयारी नहीं की। जिनमें कुछ थोड़ी-सी रचनाशक्ति थी, वह लेखक बन बैठा। जो आदमी सितार बजाना चाहता है, वह बरसों सितार का अभ्यास करता है। जो शारीरिक बल चाहता है, वह बरसों कसरत करता है, अखाड़े में लोटता है, उस्तादों के घूँसे खाता है। हम कलाकार बनना चाहते हैं, पर बिना किसी तैयारी के। ऐसे कलाकारों का अगर कोई पुरसाँ हाल न हो, तो शिकायत का मौका नहीं।

अगर आप जनता को कुछ दे सकते हैं, उसकी बुद्धि का परिमार्जन कर सकते हैं, उसमें रस का संचार कर सकते हैं, उसमें सौन्दर्य-भावना भर सकते हैं, सारांश यह कि अगर आप उसे अस्थिर और असत्य की ओर से हटा कर स्थायी और सत्य की ओर ले जा सकते हैं, तो आपका आदर होगा, आप पढ़े जाएँगे, आप पूजे जाएँगे! अन्यथा चाहे कोई मनोरंजन के लिए भले ही आपकी रचना पढ़ ले, प्रकाश के लिए, आत्मतुष्टि के लिए, नहीं पढ़ सकता।

पत्र

अहमद अली एवं सज्जाद जहीर के नाम

۱۶

پریم چند کے غیر مطبوعہ خطوط

پریم چند نے یہ خطوط سید سجاد ظہیر صاحب کو انجمن ترقی پسند مصنفین کے سلسلہ میں لکھے تھے۔ پریم چند کو ترقی پسند ادب کی تحریک سے بڑی دلچسپی تھی اور انھوں نے اس تحریک کے اغراض و مقاصد کا اثر بہت جلد قبول کر لیا تھا۔ چنانچہ اُن کے آخری افسانے اُن کے ترقی پسند رجحانات کا پتہ دیتے ہیں۔ انھوں نے اس تحریک کو کامیاب بنانے کی ابھی ہر ممکن کوشش کی لیکن افسوس ہے کہ عمر نے وفا نہ کی اور ابھی یہ تحریک شروع ہوئی تھی کہ پریم چند اس دنیا سے چل بسے۔ انجمن ترقی پسند مصنفین کی پہلی کانفرنس کی صدارت بھی پریم چند ہی نے کی تھی چنانچہ ان خطوں میں اس کی طرف اشارہ بھی ہے۔ پریم چند خلوص اور محبت کے پتلے تھے لیکن صداقت اور صاف گوئی کو ہاتھ سے نہ جانے دیتے تھے۔ یہ باتیں ان خطوں میں بھی پائی جاتی ہیں۔ ہم ان خطوں کے لیے سجاد ظہیر سے زیادہ خدیجہ سجاد ظہیر کے ممنون ہیں۔

بنارس

۲۷ فروری ۱۹۳۶ء

برادرم — تسلیم

"شمو خاں"[۱] ملے۔ پڑھ گیا۔ کبوتر بازوں کی اصطلاحیں اور اُن کی بازاری گفتگو آپ نے خوب لکھی ہے۔ لیکن ہندی میں تو ایک باقاعدہ گلاسری لکھنی پڑے گی۔ مدراس کا جانگلو دہلی کے محاورے کیا سمجھے۔ آپ نیا ہندی مجموعہ مجھے ضرور بھیجیں۔ میں اس پر ضرور لکھوں گا۔ شمو خاں میں کوئی جان ڈالنے والی چیز نہ نکلی ہاں اس طبقہ کے دو آدمیوں کے مذاق اور وفاع کا نقشہ کھینچ گیا اس کے ساتھ ہی

۱ مسٹر احمد علی لکچرر انگلش ڈپارٹمنٹ لکھنؤ یونیورسٹی کے نام جو اُن دنوں الٰہ آباد یونیورسٹی میں لکچرر تھے۔

۲ احمد علی کا ایک افسانہ۔

उर्दू मासिक 'नया अदब और कलीम' के जनवरी-फरवरी-मार्च 1940 के संयुक्तांक में प्रकाशित इन पत्रों का प्रथम पृष्ठ

نیا ادب اور کلیم

جلد ۲	جنوری، فروری، مارچ سنہ ۴۰ء	نمبر ۱-۲-۳

उर्दू मासिक 'नया अदब और कलीम' के जनवरी-फरवरी-मार्च 1940 के संयुक्तांक की अनुक्रमणिका

[अमृतराय द्वारा लिखी गई प्रेमचंद की जीवनी 'प्रेमचंद:कलम का सिपाही' के सम्बन्ध में डॉ. वीर भारत तलवार लिखते हैं–

"1962 में जब यह किताब पहली बार छपी थी, तब यह हिन्दी साहित्य में लिखी गई पहली महत्त्वपूर्ण जीवनी थी। इससे पहले हिन्दी साहित्य में इतने व्यवस्थित ढंग से कोई जीवनी नहीं लिखी गई। यूरोपीय साहित्य में जीवनी विधा का विकास काफी हो चुका था। हिन्दी में इसकी कोई महत्त्वपूर्ण परम्परा न थी। अमृतराय ने प्रेमचंद की जीवनी लिखकर एक नए ढंग की परम्परा की नींव डाली। अच्छी और मजबूत नींव।"[1]

स्पष्ट है कि हिन्दी साहित्य में 'प्रेमचंद: कलम का सिपाही', 'निराला की साहित्य साधना', 'आवारा मसीहा' जैसी अनेक उत्कृष्ट जीवनियों का जो भव्य भवन दिखाई देता है, उसकी आधारशिला अमृतराय ने ही रखी थी। और, इस मजबूत आधारशिला के निर्माण में अमृतराय ने जिस आधार सामग्री का भरपूर उपयोग किया, वह उन्हीं के शब्दों में–

"जीवनी लिखने में इन चिट्ठियों से मैंने कितनी मदद ली है, यह मेरे कहने की चीज नहीं है, पढ़ने वाले खुद देखेंगे। मैं इतना ही कह सकता हूँ कि इस खजाने के बगैर अब मैं जीवनी की कल्पना भी नहीं कर सकता। लिखी वह शायद तब भी जाती लेकिन लंगड़ी होती, बेजान होती।"[2]

स्पष्ट है कि प्रेमचंद के अत्यन्त अव्यवस्थित जीवन के उलझे-बिखरे सूत्रों को एक माला के रूप में गूँथने के लिए अमृतराय ने उनके पत्रों का सर्वाधिक महत्त्वपूर्ण प्रयोग किया और तब कहीं जाकर वे 'प्रेमचंद : कलम का सिपाही' को एक प्रामाणिक जीवनी का स्वरूप दे पाने में सफल हो सके। इससे प्रेमचंद के पत्रों का महत्त्व स्पष्ट हो जाता है।

प्रेमचंद के जीवन का एक पक्ष ऐसा भी है, जिस पर अभी तक विद्वान् प्रामाणिकता के साथ कुछ लिख पाने में सफल नहीं हो सके हैं, और वह पक्ष है– प्रगतिशील लेखक संघ से उनकी सम्बद्धता और उनकी अन्तिम वैचारिक सोच।

सज्जाद जहीर ने जब डॉ. मुल्कराज आनन्द, डॉ. के.एस. भट्ट, डॉ. जे.सी. घोष, डॉ. एस. सिन्हा और मौहम्मद दीन तासीर आदि प्रगतिशील लेखकों के साथ मिलकर लंदन में 'इन्डियन प्रोग्रेसिव राइटर्स एसोसिएशन' की स्थापना की थी तो प्रेमचंद ने 'हंस' के जनवरी 1936 के अंक में 'लंदन में भारतीय साहित्यकारों की एक नयी संस्था' शीर्षक सम्पादकीय आलेख लिखकर इस प्रयास का खुले हृदय से स्वागत किया था। इसी वर्ष जनवरी में हिन्दुस्तानी एकेडेमी के चतुर्थ साहित्य सम्मेलन में सम्मिलित होने के लिए प्रेमचंद इलाहाबाद गए तो वहीं उनकी सज्जाद जहीर से प्रथम भेंट हुई, जो भारत में 'प्रगतिशील लेखक संघ' की स्थापना का संकल्प लेकर लंदन से लौट आए थे। एकेडेमी का सम्मेलन समाप्त होने के दो दिन पश्चात् इलाहाबाद में ही 14 जनवरी, 1936 को सज्जाद जहीर के आवास पर

---

1. प्रेमचंद की जीवनी का सवाल; सामना, पृ. 200
2. भूमिका; चिट्ठी-पत्री, भाग-1, पृ. 4-5

मौलवी अब्दुल हक, जोश मलीहाबादी, मुंशी दयानारायण निगम, अहमद अली आदि वरिष्ठ एवं प्रतिष्ठित लेखकों की एक सभा हुई जिसमें प्रेमचंद भी सम्मिलित हुए और सबने 'प्रगतिशील लेखक संघ' के मैनीफेस्टो पर हस्ताक्षर करके भारत में इस आन्दोलन का विधिवत् रूप से सूत्रपात कर दिया। इसके उपरान्त 9 और 10 अप्रैल, 1936 को 'प्रगतिशील लेखक संघ' का प्रथम अधिवेशन लखनऊ में आयोजित हुआ जिसकी अध्यक्षता करते हुए प्रेमचंद ने जो अध्यक्षीय वक्तव्य पढ़ा था, वह उनकी वामपंथी विचारधारा का स्पष्ट प्रमाण है।

इधर कुछ ऐसा दुष्चक्र भी पनप रहा है जिसमें प्रेमचंद को कट्टर हिन्दूवादी सिद्ध करने के प्रयास हो रहे हैं और उनकी उस वामपंथी विचारधारा को सिरे से नकारने का प्रयास किया जा रहा है जो उनके अन्तिम चरण के लेखन से भी स्पष्ट होती है। इसके अतिरिक्त कुछ इस प्रकार के संकेत भी प्राप्त हो रहे हैं कि 'प्रगतिशील लेखक संघ' के प्रथम अधिवेशन में पढ़े गए प्रेमचंद के वक्तव्य को भी उनकी रचना न मानकर डॉ. अब्दुल अलीम की रचना सिद्ध करने की चेष्टा की जा रही है। इस प्रकार के सभी प्रयासों को प्रामाणिक रूप से नकारने और प्रेमचंद की वास्तविक विचारधारा को स्पष्ट करने के लिए अहमद अली और सज्जाद जहीर के नाम लिखे गए उनके वे पत्र पर्याप्त हैं जो अभी तक भी साहित्य-संसार के समक्ष नहीं आ सके हैं।

सज्जाद जहीर ने 1959 में पहली बार प्रकाशित अपनी प्रसिद्ध पुस्तक 'रोशनाई' में प्रेमचंद के तीन पत्रों के अंश प्रस्तुत करते हुए लिखा था–

"खुशकिस्मती से मुंशी प्रेमचंदजी के चंद खुतूत जो लखनऊ कान्फ्रेंस के बाद उन्होंने मुझे लिखे, मेरे पास महफूज रह गए। वे 'नया अदब' (लखनऊ, जनवरी-फरवरी-मार्च 1940, जिल्द नं. 1, 2, 3) में शाया कर दिए गए थे। चूँकि रजअतपरस्त हलकों ने प्रेमचंद की अंजुमन से दिलचस्पी को छिपाने और इसके साथ उनके करीबी ताल्लुक पर पर्दा डालने की कोशिश की है, इसलिए उनके तीन खतों के इक्तिबास यहाँ पर पेश किए जाते हैं।"[1]

उल्लेखनीय है कि प्रेमचंद के पत्र जनवरी-फरवरी-मार्च 1940 में तो प्रकाशित अवश्य हुए लेकिन पत्रिका का नाम 'नया अदब' नहीं, वरन् 'नया अदब और कलीम' है। ध्यातव्य है कि प्रगतिशील लेखक संघ के साथ आरम्भ से ही सम्बद्ध रहे प्रसिद्ध शायर जोश मलीहाबादी के सम्पादन में उर्दू मासिक 'कलीम' देहली से प्रकाशित होता था। 'कलीम' का नाम 'नया अदब' के साथ क्यों और कैसे संयुक्त कर दिया गया, इस सम्बन्ध में सज्जाद जहीर लिखते हैं–

"जब जोश साहब का 'कलीम' बन्द हो गया तो 'कलीम' का नाम भी 'नया अदब' के साथ शामिल कर दिया गया।"[२]

स्पष्ट है कि जनवरी 1940 से पूर्व ही 'कलीम' का प्रकाशन बन्द हो चुका था और 'नया अदब' का नाम 'नया अदब और कलीम' के रूप में परिवर्तित हो चुका था।

1. रोशनाई, पृ. 135
1. रोशनाई, पृ. 218

'नया अदब और कलीम' के जनवरी-फरवरी-मार्च 1940 के जिस संयुक्त अंक में प्रेमचंद के अलभ्य पत्र प्रकाशित हुए थे, उस पर स्पष्ट रूप से 'जिल्द-2' छपा है, जिसका सीधा-सा अर्थ यह है कि 'नया अदब' का प्रकाशन जनवरी 1939 से आरम्भ हुआ था। परन्तु आश्चर्यजनक रूप से अपने पूर्व उद्धृत कथन के प्रतिकूल सज्जाद जहीर लिखते हैं–

"सिब्ते हसन, मजाज और सरदार जाफरी ने अब उर्दू का एक ऐसा अदबी रिसाला जारी करने का मंसूबा बनाया जो तरक्कीपसन्दी के मेयार पर पूरा उतरे और जो एक मरकजी हैसियत से तरक्कीपसन्द अदब के उर्दू हिस्से की तखलीक, तंजीम और राहनुमाई में मददगार साबित हो। 1941 के शुरू से लखनऊ से 'नया अदब' जारी हुआ।"[1]

स्पष्ट है कि यहाँ सज्जाद जहीर को स्मृति विभ्रम हुआ है और उन्होंने 'नया अदब' के प्रारम्भ होने का उल्लेख त्रुटिपूर्ण रूप से 1941 कर दिया है, जबकि वास्तव में यह उर्दू मासिक 1939 में ही आरम्भ हो चुका था।

ध्यातव्य है कि 'रोशनाई' का जानकी प्रसाद शर्मा द्वारा किया हुआ हिन्दी अनुवाद इसी शीर्षक से सन् 2000 में प्रकाशित हो चुका है। खेद का विषय है कि सज्जाद जहीर के नाम लिखे और 'नया अदब और कलीम' में 1940 में ही प्रकाशित हो चुके प्रेमचंद के पत्र तो क्या, 'रोशनाई' में प्रस्तुत तीन पत्रों के अंश भी इसके उपरान्त प्रकाशित होने वाले संकलनों 'चिट्ठी-पत्री' (1962, सं. अमृतराय-मदन गोपाल), 'प्रेमचंद के खुतूत' (1968, सं. मदन गोपाल), 'प्रेमचंद का अप्राप्य साहित्य' (1988, सं. डॉ. कमल किशोर गोयनका), 'प्रेमचंद रचनावली' (प्रथम संस्करण 1996, मुख्य सम्पादक प्रो. जाबिर हुसैन); और 'रोशनाई' का हिन्दी अनुवाद भी प्रकाशित होने के उपरान्त प्रकाशित होने वाले संकलनों 'कुल्लियाते प्रेमचंद भाग-17' (2001, सं. मदन गोपाल), 'प्रेमचंद रचनावली' (द्वितीय संस्करण 2006, मुख्य सम्पादक प्रो. जाबिर हुसैन) और 'प्रेमचंद पत्र कोश' (2007, सं. डॉ. कमल किशोर गोयनका) में सम्मिलित करके प्रकाशित करा देने का कोई प्रयास नहीं किया जा सका। इससे सज्जाद जहीर के पूर्व उद्धृत कथन की प्रामाणिक रूप से पुष्टि हो जाती है।

स्वतन्त्रता प्राप्ति से पूर्व और स्वतन्त्रता के उपरान्त देश में वामपंथी विचारधारा के कार्यकर्ताओं तक को जिस प्रकार पकड़-पकड़कर जेलों में ठूँसा गया और अपनी विचारधारा की पुस्तकों तथा पत्र-पत्रिकाओं को इधर-उधर छिपाने के लिए समस्त वामपंथी महानुभाव जिस प्रकार के प्रयास करते थे, उसके कारण 'नया अदब और कलीम' के सम्बन्धित अंक का मिल पाना असम्भव-सा प्रतीत होने लगा था। ध्यातव्य है कि लखनऊ में एक बार बाढ़ आ जाने के कारण सज्जाद जहीर के घर में भी कई-कई फिट पानी भर गया था, अतः उनके संग्रह में भी इसका मिल पाना सम्भव नहीं रह गया था। कई प्रोफेसरों और पुस्तकालयों से इसके सम्बन्ध में जिज्ञासा की परन्तु कहीं से भी सकारात्मक उत्तर न मिल सका।

---

1. रोशनाई, पृ. 217

ऐसी निराशा, हताशा और गताशा की स्थिति में एक बार दिल्ली में 'अजय भवन' जाकर भारतीय कम्युनिस्ट पार्टी के सचिव शमीम फैजी साहब से मिला तो उन्होंने भी अनभिज्ञता प्रकट करते हुए कहा कि इसके सम्बन्ध में यदि बता सकते हैं तो केवल सैयद तकी हैदर, जो कि अरुणा आसफ अली मार्ग पर शशिभूषण, पूर्व सांसद द्वारा संचालित इंस्टीट्यूट फॉर सोशलिस्ट एजूकेशन के उपाध्यक्ष हैं। सैयद तकी हैदर साहब से भेंट करके अपना मंतव्य प्रकट किया तो उन्होंने अत्यन्त सौजन्यतापूर्वक मुझे 'नया अदब और कलीम' के जनवरी-फरवरी-मार्च 1940 के संयुक्त अंक में पृष्ठ संख्या 17 से 25 तक प्रकाशित एक अहमद अली के नाम और सात सज्जाद जहीर के नाम लिखे गए प्रेमचंद के 8 पत्रों की फोटोकॉपी तत्काल उपलब्ध करा दी। प्रेमचंद के ये अत्यन्त महत्त्वपूर्ण तथा अलभ्य पत्र सैयद तकी हैदर साहब की उदारता के अभाव में साहित्य-संसार के समक्ष नहीं आ सकते थे, जिन्हें 'प्रेमचंद के गैर मतबूआ खुतूत' शीर्षक से प्रकाशित करते हुए 'नया अदब और कलीम' में निम्नांकित सम्पादकीय टिप्पणी भी प्रकाशित हुई थी–

"प्रेमचंद ने ये खत सैयद सज्जाद जहीर साहब को अंजुमन तरक्कीपसन्द मुसन्निफीन के सिलसिले में लिखे थे। प्रेमचंद को तरक्कीपसन्द अदब की तहरीक से बड़ी दिलचस्पी थी और उन्होंने इस तहरीक के अगराज व मकासिद का असर बहुत जल्द कबूल कर लिया था। चुनाँचे उनके आखिरी अफसाने उनके तरक्कीपसन्द रुजहानात का पता देते हैं। उन्होंने इस तहरीक को कामयाब बनाने की भी हर मुमकिन कोशिश की लेकिन अफसोस है कि उम्र ने वफा न की और अभी यह तहरीक शुरू हुई थी कि प्रेमचंद इस दुनिया से चल बसे। अंजुमन तरक्कीपसन्द मुसन्निफीन की पहली कान्फ्रेंस की सदारत भी प्रेमचंद ही ने की थी चुनाँचे इन खतों में इसकी तरफ इशारा भी है। प्रेमचंद खुलूस और मुहब्बत के पुतले थे लेकिन सदाकत और साफगोई को हाथ से न जाने देते थे। ये बातें इन खतों में भी पाई जाती हैं। हम इन खतों के लिए सज्जाद जहीर से ज्यादा रजिया सज्जाद जहीर के ममनून हैं।"

आशा की जानी चाहिए कि इन अलभ्य पत्रों के आलोक में प्रेमचंद की विचारधारा का सम्यक् एवं यथार्थपरक मूल्यांकन करने का कोई सार्थक प्रयास अवश्य किया जा सकेगा।]

अहमद अली[1]

पत्रांक 1

बनारस

27 फरवरी, 1936

बिरादरम,

तस्लीम,

"शम्मू"[2] मिले, पढ़ गया। कबूतरबाजों की इस्तिलाहें (*पारिभाषिक शब्दावली*) और उनकी बाजारी गुफ्तगू आपने खूब लिखी है, लेकिन हिन्दी में तो एक बाकायदा ग्लासरी लिखनी पड़ेगी। मद्रास का जाँगलू देहली के मुहावरे क्या समझे। आप अपना हिन्दी मजमूआ मुझे जरूर भेजें, मैं उस पर जरूर लिखूँगा। शम्मू खाँ में कोई जान डालने वाली चीज न निकली, हाँ उस तबके के दो आदमियों के मजाक और दिफा (*सुरुचि और प्रतिरक्षा*) का नक्शा खिंच गया। उसके साथ ही कोई इमोशन पर करने वाली बात भी होती तो किस्सा बेहतर हो जाता। मैं तो 20 फरवरी को बवक्त तीन बजे सेपहर (*तीसरे पहर*) मिस्टर सज्जाद जहीर के दौलतखाने पर हाजिर हुआ था। मैंने उन्हें लिखा भी था कि अनकरीब (*शीघ्र*) इलाहाबाद में आपसे मिलूँगा तब अपनी स्कीम के मुताल्लिक कुछ गुफ्तगू होगी मगर हजरत मिले ही नहीं। शायद लखनऊ गए हुए थे। आपके मकान का मुझे पता न था। मैं तो समझ रहा था कि आप लखनऊ में हैं मगर अब मालूम हुआ कि आप इलाहाबाद यूनिवर्सिटी में आ गए हैं। क्यों नहीं मिस्टर रघुपति सहाय[3] को अपनी स्कीम में ले लेते। उनके मशवरे से मुझे फायदा होगा हालाँकि अमल के ऐतबार से उनसे ज्यादा उम्मीद नहीं।

दुआगो

प्रेमचंद

---

1. अहमद अली (1910-1994)-1932 से 1946 तक लखनऊ, इलाहाबाद आदि विश्वविद्यालयों में अंग्रेजी के व्याख्याता रहे। 1944 से 1947 तक प्रेजीडेंसी कॉलेज, कोलकाता में अंग्रेजी विभागाध्यक्ष रहे। देश विभाजन के उपरान्त नेशनल सेन्ट्रल यूनिवर्सिटी, नानकिंग, चीन में व्याख्याता रहे, फिर पाकिस्तान जाकर 1948 में विदेश प्रचार के निदेशक रहे। 1950 में पाकिस्तान विदेश सेवा में कार्यरत हो गए। सज्जाद जहीर के साथ प्रगतिशील लेखक संघ की स्थापना में सहयोगी। 'अंगारे' के एक कहानीकार।
2. अहमद अली की एक कहानी का शीर्षक।
3. रघुपति सहाय (1896-1982)-1919 में सिविल सर्विस छोड़कर देश कार्य में जुट गए। इलाहाबाद विश्वविद्यालय में लम्बे समय तक अंग्रेजी के व्याख्याता रहे और वहीं से सेवानिवृत्त हुए। फिराक गोरखपुरी के उपनाम से उर्दू के सुप्रतिष्ठित शायर। पद्म भूषण, ज्ञानपीठ और साहित्य अकादमी सम्मानों से विभूषित।

सज्जाद जहीर
पत्रांक 2

बनारस
15 मार्च, 1936

डीयर सज्जाद जहीर,

तुम्हारा 4 तारीख का खत मिला। मैं देहली गया हुआ था। 11 को लौटा हूँ तब यह खत देखा। हमने देहली में एक हिन्दोस्तानी सभा कायम की है जिसमें उर्दू और हिन्दी के अहले अदब (*साहित्यकार*) बाहम तबादलए-खयालात (*पारस्परिक विचार विनिमय*) कर सकें। सियासी मुदब्बिरों (*राजनीतिज्ञों*) ने जो काम खराब कर दिया है उसे अदीबों को पूरा करना पड़ेगा, अगर सही किस्म के अदीब पैदा हो जाएँ। किसी तरह आपस की यह मुनाफिरत (*घृणा*) तो पैदा[1] हो। अलीगढ़ के डॉ. अलीम साहब[2] भी तशरीफ रखते थे। उनकी तजवीज (*प्रस्ताव*) थी कि तरक्कीपसन्द मुसन्निफीन को हिन्दोस्तानी सभा में या इसको उसमें शामिल कर दिया जाए लेकिन अकसर लोग इस खयाल से मुत्तफिक (*सहमत*) न हो सके। खैर, हिन्दोस्तानी सभा कायम हुई है और उर्दू-हिन्दी के मुसन्निफीन (*लेखकों*) में कुछ बदगुमानी (*भ्रम*) का इजाला (*निवारण*) हो जाए, तो कोशिश नाकाम न रहेगी।

आपने लखनऊ में अंजुमन की शाख कायम करने की कोशिश की है। बहुत बेहतर। लखनऊ है तो एक खास किस्म के अदीबों का अड्डा। लेकिन खैर, कोशिश करना हमारा काम है। पहले हम खुद तो वाजे तौर पर (*स्पष्ट रूप से*) समझ लें कि हम लिटरेचर को किस तरफ ले जाना चाहते हैं, जभी हम दूसरों को रास्ता दिखा सकते हैं। जब हमें तबलीग (*प्रचार*) करना है तो उसके लिए असलहे से मुसल्लेह (*शस्त्र-सुसज्जित*) होना पड़ेगा।

मेरी सदारत की बात। मैं इसका अहल (*योग्य*) नहीं। इज्ज (*विनय*) से नहीं कहता, मैं अपने में कमजोरी पाता हूँ। मिस्टर कन्हैयालाल मुंशी[3] मुझसे बहुत

---

1. प्रेमचंद सम्भवतः इस स्थान पर 'नापैद' या 'पैदा न' हो लिखना चाहते होंगे और शीघ्रता में 'पैदा' हो लिख गए होंगे। ('नया अदब और करीम' की सम्पादकीय टिप्पणी)
2. डॉ. अब्दुल अलीम (1905-1976)-लखनऊ विश्वविद्यालय के अरबी भाषा विभाग में व्याख्याता थे, जो उन दिनों अलीगढ़ मुस्लिम विश्वविद्यालय में थे। अलीगढ़ मुस्लिम विश्वविद्यालय, अलीगढ़ के उपकुलपति रहे। तरक्की उर्दू बोर्ड के भी अध्यक्ष रहे।
3. कन्हैयालाल माणिकलाल मुंशी (1887-1971)-1937 में बम्बई सरकार में गृहमंत्री, 1952 में केन्द्र सरकार में खाद्य मंत्री, 1953 से 1958 तक उत्तर प्रदेश के राज्यपाल रहे। 1938 में भारतीय विद्या भवन, मुम्बई की स्थापना की। संविधान सभा के सदस्य रहे।

बेहतर होंगे। या डॉक्टर जाकिर हुसैन[1]। पंडित जवाहरलाल तो बहुत मसरूफ होंगे वरना वे निहायत मौजूँ (*उपयुक्त*) होते। इस मौके पर सभी सियासियात (*राजनीति*) के नशे में होंगे, अदबियात (*साहित्य*) से शायद ही किसी को दिलचस्पी हो लेकिन हमें तो कुछ-न-कुछ करना है। अगर मिस्टर जवाहरलाल ने कुछ दिलचस्पी का इजहार किया, तो जलसा कामयाब होगा।

मेरे पास इस वक्त भी सदारत के दो पैगाम हैं। एक लाहौर के हिन्दी सम्मेलन का, दूसरा हैदराबाद दक्कन के हिन्दी प्रचार सभा का। मैं इनकार कर रहा हूँ लेकिन वे लोग इसरार (*आग्रह*) कर रहे हैं। कहाँ-कहाँ प्रेसाइड करूँगा? अगर हमारी अंजुमन में कोई बाहर का आदमी सदर हो तो ज्यादा मौजूँ है। मजबूरी दरजे मैं तो हूँ ही। कुछ रो-गा लूँगा।

और क्या लिखूँ? तुम जरा पंडित अमरनाथ झा[2] को तो आजमाओ, उन्हें उर्दू अदब से दिलचस्पी है और शायद वे सदारत मंजूर कर लें।

मुखलिस
प्रेमचंद

यह खत लिख चुकने के बाद मुझे खयाल आया, ऐसी सोसाइटी के लिए बहुत सी शाखों की क्या जरूरत! वह तो एक मरकजी (*केन्द्रीय*) अंजुमन होनी चाहिए, बजिन्सहू (*ठीक*) इस तरह जैसे हिन्दुस्तानी एकेडेमी। ज्यादा से ज्यादा प्रॉविनशियल शाखें खोली जा सकती हैं ताकि दूसरी हिन्दोस्तानी जबानों के अदीब शरीक हों। उर्दू के लिए तो लखनऊ या इलाहाबाद। हिन्दी के लिए भी इन दोनों में से कोई शहर। अगर हिन्दी और उर्दू के लिए एक ही मुत्तेहदा (*संयुक्त*) एसोसिएशन हो, तो और भी बेहतर।

---

1. डॉ. जाकिर हुसैन (1897-1969)-1920 में अलीगढ़ में जामिया मिल्लिया इस्लामिया की स्थापना में सहयोगी। 1926 में जर्मनी से अर्थशास्त्र में पी-एच.डी. की उपाधि प्राप्त करने के उपरान्त उसी वर्ष जामिया मिल्लिया इस्लामिया के उपकुलपति रहे। 1948 में अलीगढ़ मुस्लिम विश्वविद्यालय अलीगढ़ के उपकुलपति रहे। 1957 से 1962 तक बिहार के राज्यपाल, 1962 से 1967 तक उपराष्ट्रपति और 1967 से 1969 तक भारत के राष्ट्रपति रहे। 'अब्बू खाँ की बकरी' शीर्षक कहानी संकलन विशेष रूप से प्रसिद्ध हुआ।
2. पं. अमरनाथ झा-महामहोपाध्याय पं. गंगानाथ झा के परम सुयोग्य सुपुत्र। इलाहाबाद विश्वविद्यालय में अंग्रेजी विभागाध्यक्ष रहने के उपरान्त वहीं उपकुलपति रहे। पीछे चलकर बनारस हिन्दू विश्वविद्यालय के उपकुलपति रहे। उत्तर प्रदेश लोक सेवा आयोग तथा बिहार लोक सेवा आयोग के अध्यक्ष रहे।

पत्रांक 3

बनारस
18 मार्च, 1936

बिरादरम,

मेरा खत पहुँच गया होगा इसलिए मैंने आपके तार का जवाब न दिया। रात मिस्टर कन्हैयालाल मुंशी का एक तार आया है कि 4 अप्रैल को वर्धा में ऑल इण्डिया लिटरेरी कान्फ्रेंस हो रही है। महात्माजी इस तारीख को वर्धा में होंगे और उनके आरजी कयाम (*अस्थायी निवास*) का फायदा उठाकर फिर तारीख मुकर्रर (*निर्धारित*) की गई है। मेरा शरीक होना जरूरी है। इसलिए मैं तो लखनऊ आ भी न सकूँगा। मेरा खयाल है कि अभी हमें किसी जलसे की फिक्र न करना चाहिए। कुछ दिन खामोशी से काम करने के बाद जलसे का एहतेमाम (*आयोजन*) किया जाएगा। अभी तो गिने-गिनाये अहबाब (*मित्र*) जमा होंगे और हमारा मंशा फौत (*इच्छा नष्ट*) हो जाएगा।

मुखलिस
प्रेमचंद

पत्रांक 4

बनारस
19 मार्च, 1936

डीयर सज्जाद जहीर,

तुम्हारा खत अभी मिला। मैं तुम्हें एक खत शायद कल लिख चुका हूँ जिसमें मैंने वर्धा में होने वाली ऑल इण्डिया कान्फ्रेंस का जिक्र किया है जो 4 अप्रैल को होने वाली है। वहाँ से मुझको लखनऊ आना है क्योंकि पण्डित जवाहरलाल की तकरीर (*भाषण*) का जो तर्जुमा होगा उसके लिए ऐसी जबान की जरूरत है जो कॉमन लेंगुएज हो। अगर हमारे लिए कोई लायक सदर नहीं मिल रहा है तो मुझी को रख लीजिए। मुश्किल यही है कि मुझे एक पूरी तकरीर लिखनी पड़ेगी। हाँ, अब मुझे जो एतराज मकामी (*स्थानीय*) कमेटियों के मुताल्लिक था, वह दूर हो गया। बेशक मकामी कमेटियों से मुस्तकिल और जिन्दा (*स्थायी एवं जाग्रत*) दिलचस्पी कायम रहेगी। देहली की हिन्दोस्तानी सभा का मकसद सिर्फ इत्तेहाद (*एकता*) और एक मुश्तरक जबान (*साँझी भाषा*) की तहरीक (*आन्दोलन*) को कायम रखना है। हमारा मकसद वसीअतर (*अधिक विस्तृत*) है। मेरी तकरीर में आप किन मसाइल (*समस्याओं*) पर बहस (*चर्चा*) चाहते हैं, इसका कुछ इशारा तो कीजिए। मैं तो डरता हूँ मेरी तकरीर जरूरत से ज्यादा दिलशिकन (*हृदयविदारक*) न हो। आज ही लिख दो ताकि मैं वर्धा जाने के कब्ल (*पूर्व*) उसे तैयार कर लूँ। वर्धा से आने पर पण्डितजी की तकरीर के

तर्जुमे में मसरूफ हो जाऊँगा और तकरीर लिखने का मौका न मिलेगा। मिस्टर अहमद अली ने जो एक मजमून पढ़ा था उसकी नकल या असल भी भेजना और उनसे भी तकरीर के मौजूआत (*विषयों*) पर राय लेना।

वस्सलाम।

मुखलिस
प्रेमचंद

पत्रांक 5

बनारस
26 मार्च, 1936

डीयर सज्जाद जहीर,

खत और खुतबा (*उद्‌बोधन*), दोनों मिल गए। मशकूर हूँ। मैं अब वर्धा नहीं जा रहा हूँ क्योंकि ऑल इण्डिया अदबी कान्फ्रेंस जो वहाँ 3-4 अप्रैल को होने जा रही थी, अब मुल्तवी (*स्थगित*) हो गई है। इसलिए मैं सदारत के लिए इनकार की जरूरत नहीं देखता। आप इसका ऐलान कर सकते हैं। मेरा खुतबा मुख्तसर (*संक्षिप्त*) होगा। मगर शायद मैं इतनी जल्द न लिख सकूँ कि उसे शाया (*प्रकाशित*) किया जा सके। इसकी जरूरत भी क्या है? पढ़ने के बाद शाया कर दिया जाएगा।

मुखलिस
प्रेमचंद

पत्रांक 6[1]

दफ्तर हंस, बनारस
17 अप्रैल, 1936

माई डीयर सज्जाद जहीर,

लाहौर से आज ही पलटा हूँ। तुम जानते होगे कि हम लोग 24-25 अप्रैल को महात्माजी की सदारत में नागपुर में एक ऑल इण्डिया लिटरेरी जलसा करने वाले हैं।[2] उर्दू के लेखक भी मदऊ (*आमंत्रित*) किए गए हैं लेकिन मुझे

1. यह पत्र मूलतः अंग्रेजी में लिखा गया था लेकिन इसका मूल अंग्रेजी पाठ सम्प्रति उपलब्ध नहीं है।
2. महात्मा गांधी ने नागपुर में हिन्दी साहित्य परिषद का अधिवेशन आयोजित किया था, जहाँ पहली बार हिन्दी-हिन्दुस्तानी की बहस छिड़ी और गांधीजी की कार्यप्रणाली के कारण हिन्दी और उर्दू का पारस्परिक विवाद विकसित हुआ।

उनके आने का कुछ ज्यादा यकीन नहीं है। मैंने मौलाना अब्दुल हक साहब[1] से नागपुर आने की जाती तौर पर (*व्यक्तिगत रूप से*) दरख्वास्त की है लेकिन मुझे शुबहा (*सन्देह*) है कि लाहौर के सफर के बाद (मैं उनसे लाहौर में मिला था) वे नागपुर पहुँचने की तकलीफ उठाएँगे।

क्या तुम 23 अप्रैल को मेरे साथ नागपुर चल सकते हो?

भाई, इन्कार न करना, इससे हमारे मकासिद (*उद्देश्यों*) का भी थोड़ा-बहुत प्रोपेगैन्डा हो जाएगा।

पी.ई.एन. का एक खत भेज रहा हूँ। मादाम सोफिया वाडिया[2] लखनऊ के जलसे की एक रिपोर्ट चाहती हैं। मेहरबानी करके उन्हें भेज दो। वे एक मजहबी खातून (*धार्मिक महिला*) हैं। मैं भी उन्हें जवाब लिख रहा हूँ।

रिपोर्ट उनके पास जरूर भेज दो। उसे वे अपने माहाना रिसाले (*मासिक पत्रिका*) पी.ई.एन. में छापेंगी।

जवाब का इन्तजार रहेगा।

तुम्हारा
प्रेमचंद

पत्रांक 7

बनारस
10 मई 1936

डीयर सज्जाद जहीर,

तुम्हारा खत मिला, शुक्रिया। मैं एक दिन के लिए जरा गोरखपुर चला गया था और वहाँ देर हो गई। मैंने यहाँ एक ब्रांच कायम करने की कोशिश की है। तुम उसके मुताल्लिक जितना लिटरेचर हो, वह सब भेज दो तो मैं यहाँ के 'लेखकों' को एक दिन जमा करके बातचीत करूँ। बनारस कदामतपरस्ती (*रूढ़िवाद*) का अड्डा है और हमें शायद मुखालफत (*विरोध*) का भी सामना

---

1. मौलवी अब्दुल हक (1870-1961)-अंजुमन तरक्की उर्दू के संस्थापक सचिव, जो इस अधिवेशन में सम्मिलित हुए थे। देश विभाजन के उपरान्त पाकिस्तान चले गए और वहाँ भी अंजुमन तरक्की उर्दू की स्थापना की। बाबा-ए-उर्दू के नाम से विख्यात। अनेक पुस्तकों के लेखक व सम्पादक। उर्दू-अंग्रेजी शब्दकोश भी तैयार किया। 'उर्दू की नश्वोनुमा में सूफिया-ए-कराम का हिस्सा' शीर्षक पुस्तक विशेष रूप से प्रसिद्ध। रचनाएँ अनेक विश्वविद्यालयों के पाठ्यक्रम में सम्मिलित।
2. सोफिया वाडिया (1901-1986)-1933 में अन्तर्राष्ट्रीय पी ई एन (पोएट्स एडीटर्स नाविलिस्ट्स) के भारतीय केन्द्र की संस्थापक। मार्च 1930 से 'आर्यन पथ' नामक अंग्रेजी पत्रिका का सम्पादन किया और 1933 से अंग्रेजी पत्रिका 'इंडियन पी ई एन' का सम्पादन किया। थियोसॉफिकल विचारधारा से गहरा जुड़ाव।

करना पड़े। लेकिन दो-चार भले आदमी तो मिल ही जाएँगे जो हमारे साथ इश्तराक (*सहयोग*) कर सकें। अगर मेरी स्पीच[1] की एक उर्दू कॉपी भी भेज दो और उसका तर्जुमा अंग्रेजी में हो गया हो और छप भी गया हो तो उसकी चन्द कॉपियाँ और मैनीफेस्टो की चन्द कॉपियाँ और मेम्बरी के फार्म की चन्द पर्तें और लखनऊ कान्फ्रेंस की कार्रवाई की रिपोर्ट वगैरह, तो मुझे यकीन है कि यहाँ शाख खुल जाएगी। फिर मैं पटना भी जाऊँगा और वहाँ भी एक शाख कायम करने की कोशिश करूँगा। आज बाबू सम्पूर्णानन्द[2] से इसी के मुताल्लिक कुछ बातें हुईं। वे भी मुझी को आगे करना चाहते हैं। मैं चाहता था कि वे पेशकदमी (*पहल*) करते, मगर शायद उन्हें मसरूफियतें (*व्यस्तताएँ*) बहुत हैं। बाबू जयप्रकाश नारायण साहब[3] से भी बातें हुईं। उन्होंने प्रोग्रेसिव अदबी हफ्तावार (*साहित्यिक साप्ताहिक*) हिन्दी में शाया करने की सलाह दी, जिसकी उन्होंने काफी जरूरत बताई। जरूरत तो मैं भी समझता हूँ लेकिन सवाल पैसे का है। अगर हम कई शाखें हिन्दी वालों की कायम कर लें तो मुमकिन है, माहवार या हफ्तावार अखबार चल सके। अंग्रेजी मैगजीन का मसला भी सामने है ही। मैं समझता हूँ, हर एक जबान में एक प्रोग्रेसिव परचा चल सकता है, जरा मुस्तैदी की जरूरत है। मैं तो यूँ भी बुरी तरह फँसा हुआ हूँ। फिक्रे मआश (*जीविका की चिन्ता*) भी करनी पड़ती है और फिजूल का बहुत-सा लिटरेरी काम करना पड़ता है। अगर हममें से कोई 'होल टाइम' (पूरा वक्त देने वाला) काम करने वाला निकल आए तो यह मरहला (*लक्ष्य*) बड़ी आसानी से तय हो जाए। तुम्हें भी कानून ने गिरफ्त कर रखा है। खैर, इन हालात में जो कुछ मुमकिन है वही किया जा सकता है।

तुम्हारा 'बीमार'[4] तो मुझे अभी तक नहीं मिला। मिस्टर अहमद अली साहब क्या इलाहाबाद में हैं? उन्हें दो माह की छुट्टी है। वे अगर पहाड़ जाने की धुन

---

1. प्रगतिशील लेखक संघ के प्रथम अधिवेशन में पढ़ा गया अध्यक्षीय वक्तव्य।
2. डॉ. सम्पूर्णानन्द (1890-1969)--अध्यापन कार्य छोड़कर वाराणसी के ज्ञानमण्डल और काशी विद्यापीठ से सम्बद्ध रहे। तदुपरान्त स्वतंत्रता संग्राम में जुट गए और कई बार जेल यात्रा की। 1926 में उ.प्र. एसेम्बली के सदस्य बने और 1937 में शिक्षा मंत्री। 1955 में उ.प्र. के मुख्यमंत्री बने और फिर राजस्थान के राज्यपाल रहे। हिन्दी साहित्य सम्मेलन से मंगलाप्रसाद पारितोषिक प्राप्त।
3. जयप्रकाश नारायण (1902-1979) असहयोग आन्दोलन के दौरान 1921 में पढ़ाई छोड़कर देश कार्य में लगे। आल इंडिया सोशलिस्ट पार्टी, पटना के तत्कालीन महासचिव। स्वतंत्रता के उपरान्त समग्र क्रान्ति के प्रणेता, जिनके नेतृत्व में हुए व्यापक जन-आन्दोलन के कारण तत्कालीन प्रधानमंत्री श्रीमती इंदिरा गांधी को आपात्काल की घोषणा करनी पड़ी थी। 1977 में हुए आम चुनाव में इनके नेतृत्व में ही जनता पार्टी की सरकार अस्तित्व में आई।
4. सज्जाद जहीर के लिखे हुए नाटक का शीर्षक।

में न हों तो कई शहरों में दौरे कर सकते हैं और आगे के लिए उन्हें तैयार कर सकते हैं। 'बीमार' अभी तक न भेजा हो तो अब भेज दो।

यह खबर बहुत मसर्रतनाक (*आनन्ददायक*) है कि बंगाल और महाराष्ट्र में कुछ लोग तैयार हैं। हाँ, वहाँ सूबेजाती (*प्रान्तीय*) कान्फ्रेंसें हो जाएँ तो अच्छा ही है और अगला जलसा पूना में ही होना चाहिए क्योंकि दूसरे मौके पर राइटरों का पहुँचना मुश्किल हो जाता है। फाकामस्तों की जमात जो ठहरी। वहाँ तो एक पंथ दो काज हो जाएगा।

हिन्दी वाले Inferiority complex से मजबूर हैं मगर गालिबन (*सम्भवत:*) यह खयाल तो नहीं है कि यह तहरीक उर्दू वालों ने उन्हें फँसाने के लिए की है। अभी तक उनकी समझ में इसका मतलब ही नहीं आया है। जब तक उन्हें जमा करके समझाया न जाएगा, यूँ ही तारीकी (*अँधेरे*) में पड़े रहेंगे। एक नौजवान हिन्दी एडीटर ने, जो देहली के एक सिनेमा अखबार के एडीटर हैं, हमारे जलसे पर यह ऐतराज किया है कि इस जलसे की सदारत तो किसी नौजवान को करनी चाहिए थी, प्रेमचंद जैसे बूढ़े आदमी इसके सदर क्यों हुए। उस अहमक को यह मालूम नहीं कि यहाँ वही जवान है जिसमें प्रोग्रेसिव (तरक्कीपसन्द) रूह हो। जिसमें ऐसी रूह नहीं, वह जवान होकर भी मुर्दा है।

नागपुर में मौलवी अब्दुल हक साहब भी तशरीफ लाये थे, उनसे दो रोज खूब बातें हुईं। मौलाना इस सिनो साल (*आयु*) में बड़े जिन्दादिल बुजुर्ग हैं।

और क्या लिखूँ, वह सब लिटरेचर और 'बीमार' का नुस्खा भेजिए। क्या बताऊँ, मैं ज्यादा वक्त निकाल सकता तो कानपुर क्या, हर एक शहर में अपनी शाखें कायम कर देता। मगर यहाँ तो प्रूफ और खुतूतनवीसी (*पत्रलेखन*) से ही फुर्सत नहीं मिलती।

हाँ, चोरी हुई मगर तशफ्फी (*सन्तोष*) इस खयाल से करने की कोशिश कर रहा हूँ कि मुझे एक हजार रुपए अपने पास रखने का क्या हक था?

मुखलिस
प्रेमचंद

पत्रांक 8

सरस्वती प्रेस, बनारस कैंट
12 जून, 1936

डीयर जहीर,

भई माफ करना, तुम्हारे खत का जवाब जल्द न दे सका और न इलाहाबाद आ ही सका। मैंने अपनी तकरीर का तर्जुमा हिन्दी में करा लिया है

और उसे जुलाई के 'हंस'[1] में निकाल रहा हूँ। अभी मदरसे और यूनिवर्सिटी बन्द हैं, इसलिए यहाँ एसोसिएशन की शाख शायद अगस्त से पहले न खुल सकेगी। आजकल तो इलाहाबाद में सन्नाटा होगा। 'बीमार' मैं पढ़ गया। बीमार तुम्हारा हीरो है मगर कहीं उसका कैरेक्टर जाहिर नहीं हुआ इसके सिवा कि वह बीमार है और एक अजीज (*मित्र*) के घर बोझ की तरह पड़ा हुआ है। वह अगर इस सोसाइटी के उसूल (*सिद्धान्त*) और बरताव का कायल नहीं, अपनी सोसाइटी अलग बनाना चाहता है, अस्रे नौ (*नवयुग*) का पैगम्बर (*सन्देशवाहक*) है तो उसका कुछ अमली इजहार (*व्यावहारिक अभिव्यक्ति*) तो उसे करना चाहिए। महज जबानी इश्तिराकियत (*साम्यवाद*) से क्या हासिल। मैं ऐसे कितने नौजवानों को जानता हूँ जो मजलिसे अहबाब (*मित्रों की सभा*) में सोशलिस्ट और कम्यूनिस्ट सब कुछ हैं मगर जब जवाँमर्दी दिखाने का मौका आता है तो हरमसरा (*अन्तःपुर*) में रूपोश (*छुप*) हो जाते हैं। बीमार को इस तरह नाजिर (*दर्शक*) के सामने आना चाहिए कि उससे हमदर्दी हो। मौजूदा हालत में तो अजीज ही से हमदर्दी होती और सलीमा[2] ही बेइन्साफी पर माइल (*आमादा*) नजर आती है। जबान शुस्ता (*परिमार्जित*) है और मियाँ-बीवी का मुकालमा (*वार्तालाप*) बिल्कुल फितरी (*स्वाभाविक*)। मेरी तकरीर का अंग्रेजी तर्जुमा जो कर रहे थे?

मुखलिस
प्रेमचंद

---

1. हिन्दी मासिक, जो बनारस से मुंशी प्रेमचंद के सम्पादन में मार्च 1930 से प्रकाशित होना आरम्भ हुआ था।
2. 'अजीज' और 'सलीमा' सज्जाद जहीर के नाटक 'बीमार' के दो पात्र हैं।

पं. देवीदत्त शुक्ल के नाम

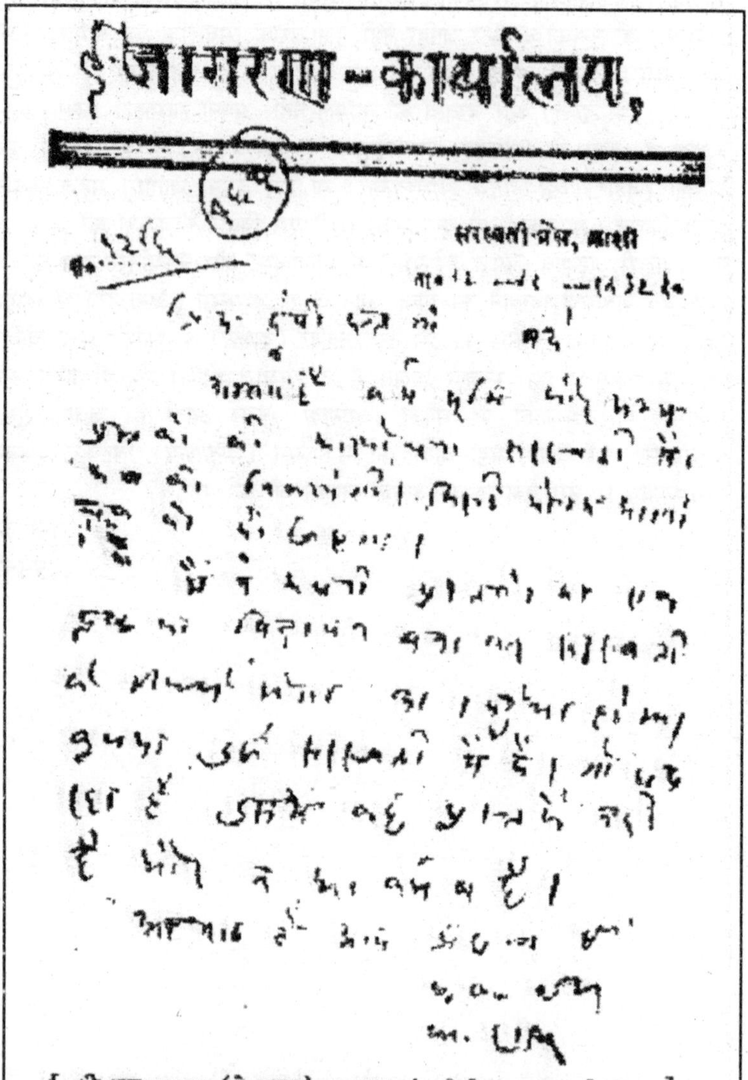

[श्री धनपतराय (प्रेमचन्द) का पत्र पं० देवीदत्त शुक्ल के नाम]

हिन्दी त्रैमासिक 'सम्मेलन पत्रिका' के पौष-ज्येष्ठ 1903-04
के अंक में प्रकाशित प्रेमचंद के एक पत्र की अनुकृति

[पं. महावीर प्रसाद द्विवेदी और पदुमलाल पुन्नालाल बख्शी के उपरान्त 'सरस्वती' के सम्पादन का गुरुतर दायित्व पं. देवीदत्त शुक्ल ने ही सँभाला था, जिन्होंने निरन्तर 27 वर्षों तक इस प्रतिष्ठित पत्रिका का सम्पादन कुशलता के साथ किया। प्रेमचंद और 'सरस्वती' के पारस्परिक सम्बन्ध किसी परिचय की अपेक्षा नहीं रखते, अतः स्वाभाविक रूप से उनका पत्राचार पं. देवीदत्त शुक्ल के साथ भी हुआ।

सौभाग्य से पं. देवीदत्त शुक्ल के नाम लिखे गए प्रेमचंद के पाँच पत्र हिन्दी साहित्य सम्मेलन, प्रयाग के संग्रह में सुरक्षित रह गए, जो 'सम्मेलन-पत्रिका' के पौष-ज्येष्ठ 1903-04 (शक), तदनुसार जनवरी-जून 1982 के 'पत्र-विशेषांक' में पृष्ठ संख्या 103-5 पर प्रकाशित होकर सार्वजनिक हो गए थे। आश्चर्य की बात है कि प्रेमचंद के इन पत्रों की ओर साहित्य संसार की दृष्टि नहीं जा पाई और ये पत्र डॉ. कमल किशोर गोयनका के सम्पादन में प्रकाशित 'प्रेमचंद का अप्राप्य साहित्य' (1988) एवं 'प्रेमचंद पत्र कोश' (2007); मदन गोपाल के सम्पादन में प्रकाशित 'कुल्लियाते प्रेमचंद', भाग-17 (2001) तथा डॉ. जाबिर हुसैन के सम्पादन में प्रकाशित 'प्रेमचंद रचनावली'-भाग 19 (2006) में सम्मिलित नहीं किए जा सके।]

पत्रांक 9

भार्गव पुस्तकालय,
गायघाट, बनारस सिटी
1-9-1926

श्रीमान् सम्पादक
'सरस्वती'
प्रयाग

प्रिय शुक्ल जी।

'काया कल्प' और 'प्रेम-प्रतिमा' की एक-एक प्रति सेवा में भेज रहा हूँ और आशा करता हूँ कि निकट के किसी अंक में इनकी आलोचना कराने की कृपा करेंगे।

उपाध्याय जी का लेख तो अभी चखा जा रहा। क्या सचमुच उन्होंने किताब ही लिख डाली है क्या? खैर, अगर रबिन्द्र बाबू उसी पाप के अपराधी हैं जिसका मैं हूँ तो मुझे कुछ सन्तोष है।

एक कहानी आपके लिए लिख रहा हूँ।

भवदीय
धनपतराय

पत्रांक 10

2, Hewett Road
Lucknow
28-2-29

प्रिय देवीदत्त जी,

वन्दे।

यह मुझ पर क्या ख़फगी है कि विशेषांक की कॉपी मेरे पास नहीं भेजी गई? इतने दिनों तक उसकी प्रतीक्षा करके तब यह तकाजा कर रहा हूँ। क्षमा कीजिएगा।

सेवक
धनपतराय

पत्रांक 11

लखनऊ
23-6-31

प्रिय शुक्ल जी।

वन्दे।

क्या 'गबन' की आलोचना 'सरस्वती' में न निकालिएगा? अब तो लगभग दो महीने हो गए। मुझे तो आशा थी, पहले ही महीने में आलोचना हो जाएगी, पर दिन गुजरते चले जाते हैं। हिन्दी लेखकों के लिए यों ही क्या कम बाधाएँ हैं फिर आप लोग भी हतोत्साह करने लगे?

आशा है, आप प्रसन्न हैं।

भवदीय
धनपतराय

पत्रांक 12

Lucknow
ता. 21-7-1931 ई.

प्रिय बन्धुवर

वन्दे।

फिर याददिहानी कर रहा हूँ। जरा फिर खटखटाइए।

मेरी कहानियों की एक बृहद आलोचना किसी सज्जन ने कलकत्ता के Liberty में की थी। उसके अनुवाद का एक अंश 'सरस्वती' में प्रकाशनार्थ सेवा में भेजता हूँ। यदि स्वीकार करेंगे तो कृपा होगी। मगर बहुत इन्तजार न कराइएगा।

आपके यहाँ तो साहित्य सम्मेलन के विषय पर झगड़ा खूब चल रहा है।

भवदीय
धनपतराय

पत्रांक 13

जागरण-कार्यालय

सरस्वती प्रेस, काशी

सं. 1276 12-12-1932 ई.

प्रिय देवीदत्त जी

वन्दे।

आशा है 'कर्मभूमि' और अन्य पुस्तकों की आलोचना 'सरस्वती' में अबकी निकलेगी। किसी योग्य आलोचक को दीजिएगा।

मैंने अपनी पुस्तकों का एक पृष्ठ का विज्ञापन बनाकर 'सरस्वती' के लिए भेजा था। पहुँचा होगा। कृपया उसे 'सरस्वती' में दें। जो छप रहा है उसमें कई पुस्तकें नहीं हैं और न आकर्षक है। आशा है, आप प्रसन्न हैं।

भवदीय

धनपतराय

प्रेमचंद-महताबराय पत्राचार

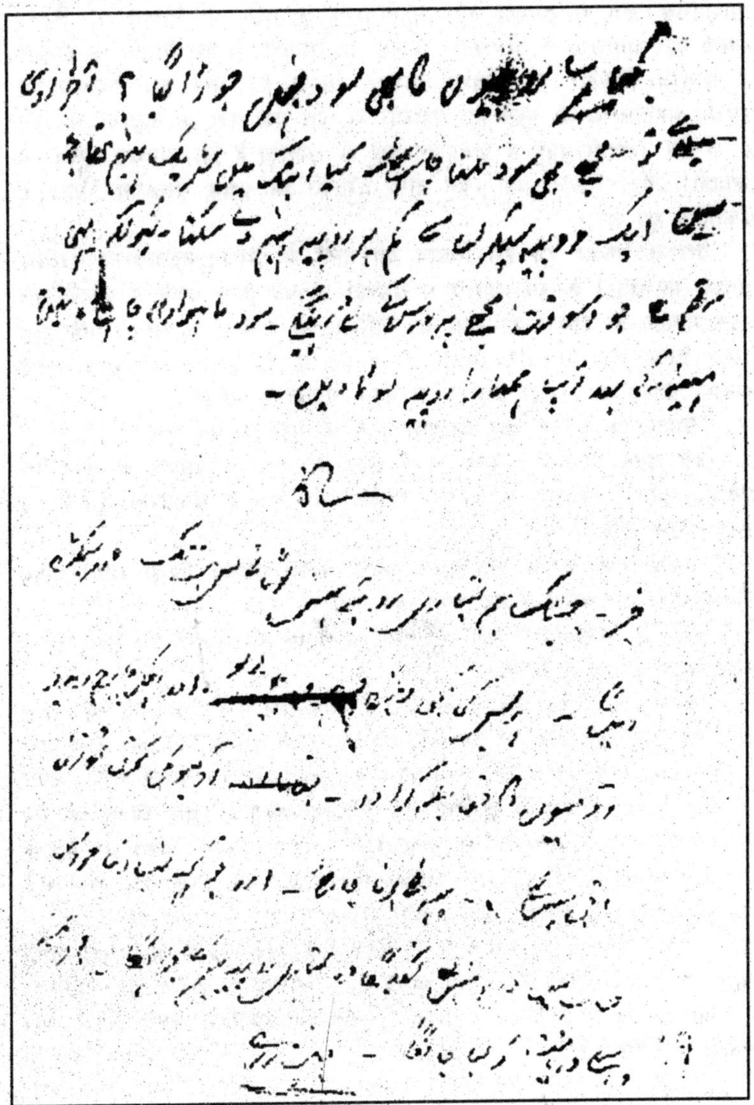

नेहरु स्मारक संग्रहालय एवं पुस्तकालय, नई दिल्ली
में सुरक्षित इस पत्राचार का एक पृष्ठ

[प्रेमचंद, उनके छोटे भाई महताबराय, उनके चचेरे भाई बलदेव लाल और प्रसिद्ध शायर रघुपति सहाय फिराक गोरखपुरी ने साझे में सरस्वती प्रेस स्थापित किया था। प्रेस में निरन्तर घाटा होने के कारण साझेदारों में मनमुटाव हुआ और स्वाभाविक रूप से प्रेमचंद और महताबराय के मध्य भी विवाद की स्थिति उत्पन्न हुई। अमृतराय ने 'प्रेमचंद : कलम का सिपाही' में इस विवाद के सम्बन्ध में पर्याप्त विस्तार से विवरण प्रस्तुत किया है। और इस विवरण में प्रेमचंद-महताबराय के मध्य हुए पत्राचार से चार ऐसे पत्रों के उद्धरण भी दिए हैं जो कि 'चिट्ठी-पत्री' में प्रकाशित नहीं हैं। ध्यातव्य है कि 'प्रेमचंद:कलम का सिपाही' और 'चिट्ठी-पत्री'–इन दोनों पुस्तकों के प्रथम संस्करण 1962 में प्रकाशित हुए थे।

प्रेस को लेकर हुए इस विवाद की दृष्टि से प्रेमचंद-महताबराय पत्राचार अत्यन्त महत्त्वपूर्ण है। महताबराय से प्रेमचंद के पत्र प्राप्त करने में पहली बार मदन गोपाल ही सफल हो सके थे, लेकिन इस सम्बन्ध में स्वयं उनके द्वारा प्रस्तुत किया गया विवरण भ्रामक है। 1965 में पहली बार प्रकाशित अपनी पुस्तक 'कलम का मजदूर प्रेमचंद' में मदन गोपाल ने लिखा था–

"प्रेमचंद के सौतेले भाई महताबराय ने भी मुझे छः पत्र दिए।"[1]

जब मदन गोपाल ने मात्र अपने संग्रह में उपलब्ध प्रेमचंद के पत्रों का संकलन उर्दू में 'प्रेमचंद के खुतूत' शीर्षक से 1968 में प्रकाशित कराया तो उसमें अपनी भूमिका में लिखा–

"प्रेमचंद के करीबी रिश्तेदारों से भी राब्ता कायम किया गया। उनके सौतेले भाई महताबराय ने मुझे सात खत दिये।"[2]

2001 में 'कुल्लियाते प्रेमचंद', भाग-17 में प्रेमचंद के पत्र प्रकाशित कराते समय मदन गोपाल ने लिखा–

"प्रेमचंद ने सौतेले भाई महताबराय के साथ प्रेस में शिरकत की थी। उसमें घाटा रहा और बदमजगी भी पैदा हुई। महताबराय ने बताया कि कुछ लोग आए थे और प्रेमचंद के खुतूत ले गए। (कौन थे? अब कहाँ हैं? मालूम नहीं।) मगर जो खुतूत बाकी हैं उन्हें वे इसलिए नहीं दे सकते क्योंकि 'भाई साहब को मैंने मूर्ति के तौर रखा है मगर इन खुतूत में वे गिर गए हैं।' बहुत मिन्नत-समाजत के बाद उन्होंने दस खुतूत मुझे दिये, बाकी सँभाल कर रख छोड़े। दस साल बाद अमृतराय ने उनको हासिल किया, मगर 'चिट्ठी-पत्री' में शाया नहीं किया। ये खुतूत जवाहरलाल नेहरू म्यूजियम में महफूज हैं। इन्हें पहली बार यहाँ शाया किया जा रहा है। खतों की हालत खस्ता है, न तारीख है और न पूरा खत।"[3]

और 2004 में 'कुल्लियाते प्रेमचंद', भाग-24 प्रकाशित कराते समय मदन गोपाल ने लिखा–

---

1. कलम का मजदूर प्रेमचंद, पृ. 5
2. प्रेमचंद के खुतूत, पृ. 7
3. कुल्लियाते प्रेमचंद, भाग-17, पृ. पग.ग

"महताबराय को लिखे प्रेमचंद के खुतूत अदबी मौजू पर तो नहीं हैं मगर उन्होंने प्रेमचंद के साथ सरस्वती प्रेस में शिरकत (की) थी। उनके खतो-किताबत से प्रेमचंद की इक्तिसादी हालत पर रोशनी पड़ती है। मैं महताबराय से तीन बार मिला। एक बार तो वे मुझे अपनी साइकिल पर बिठाकर लमही भी ले गए। उन्होंने मुझे मुत्तिला किया कि मेरी मुलाकात से कब्ल कुछ और लोग भी उनसे प्रेमचंद के खुतूत ले गए थे जिनके पते उनके पास नहीं थे। जो खुतूत उनके पास बच रहे थे वे उन्हें देने को इसलिए तैयार नहीं थे क्योंकि उन खुतूत में भी (प्रेमचंद) उस चोटी से गिर गए जिस पर उन्होंने बिठा रखा था। उन खुतूत को वे अवाम के सामने नहीं रखना चाहेंगे। बहुत मिन्नत-समाजत के बाद आठ-दस खुतूत उन्होंने मुझे दिये। कई साल बाद उन्होंने दस-बारह खुतूत को अमृत राय के हवाले किया। अब ये दिल्ली के नेहरू लाइब्रेरी में हैं।"[1]

उपर्युक्त उल्लेखों से स्पष्ट है कि महताबराय से प्राप्त हुए पत्रों की संख्या मदन गोपाल कभी 6, कभी 7, कभी 10 और कभी 8-10 बताते हैं। इसके अतिरिक्त वे यह सूचना भी देते हैं कि महताबराय के पास जो पत्र बचे रह गए थे वे उनसे अमृत राय ले गए परन्तु उन्होंने 'चिट्ठी-पत्री' में उन पत्रों को प्रकाशित नहीं कराया। ध्यातव्य है कि मदन गोपाल के मात्र अपने संग्रह के पत्र उन्हीं के सम्पादन में प्रकाशित 'प्रेमचंद के खुतूत' शीर्षक संकलन में प्रकाशित हुए थे, जिसमें प्रेमचंद द्वारा महताबराय के नाम लिखे गए केवल सात पत्र ही प्रकाशित हैं। इसके प्रतिकूल 'चिट्ठी-पत्री' में महताबराय के नाम लिखे गए प्रेमचंद के नौ पत्र प्रकाशित हैं। इससे यह अनुमान लगाया जा सकता है कि अमृत राय ने पीछे चलकर महताबराय से जो पत्र प्राप्त किए उनमें से मात्र दो पत्र ही उन्होंने 'चिट्ठी-पत्री' में प्रकाशित कराए और शेष पत्र सम्भवतः इसी कारण से, जैसा कि महताबराय ने मदन गोपाल से कहा था कि इनमें प्रेमचंद अपने उच्च स्थान से गिर गए हैं, इन पत्रों को प्रकाशित कराना उचित नहीं समझा होगा।

महताबराय के नाम लिखे गए प्रेमचंद के दो पत्र (दिनांकित 3 अगस्त, 1925 और 6 सितम्बर, 1925) डॉ. कमल किशोर गोयनका ने 1988 में 'प्रेमचंद का अप्राप्य साहित्य' शीर्षक संकलन में प्रकाशित करा दिए थे, जिनका स्रोत क्या है यह कुछ ज्ञात नहीं होता।

मदन गोपाल ने जब 2001 में 'कुल्लियाते प्रेमचंद', भाग-17 में प्रेमचंद के पत्र प्रकाशित कराए तो उसमें 'चिट्ठी-पत्री' में पत्रांक 137 तथा 'प्रेमचंद के खुतूत' में पृ. 169 पर प्रकाशित प्रेमचंद का जून 1925 का पत्र प्रकाशित नहीं कराया और 'चिट्ठी-पत्री' में प्रकाशित पत्रांक 139 (दिनांकित 1 अक्टूबर, 1920) को दो भिन्न-भिन्न तिथियों-1 अक्टूबर 1920 तथा 10 अक्टूबर, 1920 (पत्रांक 176 तथा 180) के रूप में दो बार प्रकाशित करा दिया। अस्तु!

मदन गोपाल ने नेहरू स्मारक संग्रहालय तथा पुस्तकालय, नई दिल्ली के संग्रह से खोजकर 'कुल्लियाते प्रेमचंद', भाग-17 के पत्रांक 331 के अन्तर्गत

1. कुल्लियाते प्रेमचंद, भाग-24, पृ. 528

प्रेमचंद-महताबराय पत्राचार के 20 पत्र, जिनमें से दस पत्र प्रेमचंद के लिखे हुए और दस पत्र महताबराय के लिखे हुए हैं, पहली बार उर्दू में प्रकाशित कराए। इनके अतिरिक्त पत्रांक 295 पर आनुमानिक रूप से सितम्बर 1925 में लिखा हुआ पत्र और पत्रांक 332 पर बिना तिथि का पत्र भी प्रकाशित कराए हैं, जो प्रेमचंद द्वारा महताबराय को लिखे गए थे। 'कुल्लियाते प्रेमचंद' में इन पत्रों का जो पाठ प्रकाशित है, वह अत्यधिक विकृत होने के कारण अमान्य हो जाता है। अतः नेहरू स्मारक संग्रहालय तथा पुस्तकालय, नई दिल्ली से इन पत्रों की मूल प्रति की प्रतिलिपि प्राप्त करके इनका प्रामाणिक पाठ पहली बार प्रस्तुत किया जा रहा है। एक पत्र के अतिरिक्त अन्य किसी पत्र पर दिनांक का निर्देश प्राप्त नहीं है, अतः पत्रों के कथ्य के आधार पर ही इनको क्रम देने का प्रयास किया गया है। इन पत्रों के देवनागरी लिप्यन्तरण में बनारस हिन्दू विश्वविद्यालय के फारसी विभाग में रीडर एवं विभागाध्यक्ष डॉ. सैयद हसन अब्बास से जो अहैतुकी सहायता प्राप्त हुई है, उसके लिए मैं उनका हृदय से कृतज्ञ हूँ।

प्रेमचंद की मानसिक संरचना की दबी-छिपी परतें उघाड़ने वाले ये दुर्लभ पत्र प्रेमचंद के जीवन का अध्ययन करने वाले शोधार्थियों के लिए अवश्य ही उपादेय सिद्ध होंगे, इसमें सन्देह नहीं।]

पत्रांक 14

सेवा-उपवन,
काशी
मि...............

जनाब भाई साहब,

खत मिला। मैं प्रेस में चलकर रुपए वसूल करने में मदद जरूर दूँगा और रुपए वसूल हो जाएँगे। मगर प्रेस में जब तक कोई नया इन्तजाम काम का मुस्तकिल बन्दोबस्त नहीं हो जाता तब तक बनारस के काम के भरोसे मेरा शरीक (*सम्मिलित*) होना यही मानी रखता है कि किसी तरह रोटी-दाल खाऊँ और प्रेस दौड़ा करूँ। उस रोज भी जब आपने मुझे लिखा था कि भार्गव के साथ ऐसा बन्दोबस्त हो रहा है और तुमको तर्जुमे का काम भी मिल जाएगा जिससे 40-50 की आमदनी हो जाएगी। मुझे उसी की लालच थी और प्रेस से जो दस-बीस बच रहते। आखिर आपने एक महीना तो देख लिया कि यहाँ की क्या कैफियत (*दशा*) है और ऐसी हालत में जबकि काम किताबी और जॉब आपके पास पहले से ही मौजूद था। एक ऐसी भी किताब थी जिसका प्रूफ प्रेस ही में देखकर छपना थी। उसके चाहे तीन फार्म रोज छाप दिया जाता। भार्गव के साथ कोई मामला तय होता नहीं मालूम होता और उनके यहाँ काम यूँ करने में प्रेस को कोई फायदा नहीं। काम करने वाले बढ़ गए मगर अभी काम कराने वाले नहीं बढ़े। यूँ तो जब तक मैं बनारस में हूँ, आप जो हुक्म देंगे उसे करने के लिए हमेशा तैयार हूँ।

खादिम
महताबराय

पत्रांक 15

मैं परसों फिर भार्गव[1] से मिला था। वह काम करने को मुस्तैद हैं। जो किताबें हमारे प्रेस में छपेंगी, अपना खर्च निकालकर हमारा और उनका आधा साझा रहेगा। कोर्स की किताबें भी लगाई जाएँगी। किस्सा, कहानी, उपन्यास वगैरह सब। मैं दो फार्म का काम रोजाना करूँगा। टाइप आते ही काम शुरू होगा। तुम्हारे लिए इस वक्त प्रेस फिर खुला है। अगर दो फार्म काम रोजाना हो और 15 रुपए फार्म रेट हो तो शायद नफे में 200 रुपए माहवार मिल जाएँ। हम तीनों

---

1. भार्गव पुस्तकालय, वाराणसी के स्वामी।

आदमी मौजूद रहेंगे, काम करेंगे, नफा तकसीम करेंगे। अगर तुम्हें इस वक्त मुनासिब मालूम हो तो तुम रघुपति सहाय का हिस्सा भी ले लेना, 1 रुपया माहवार सूद पर। मेरी निगरानी में काम होगा तो किसी को शिकायत का मौका न रहेगा। 30 रुपया रोजाना काम किया जाए तो माहवार 24 दिन में 720 और ट्रेडिल के 80 मिलकर 800 का काम हो सकता है। कम-से-कम 700 का तो हो ही जाएगा। खर्च माहवार 400। किराया मकान। सूद 8 आना, घिसाई वगैरह 150 । साढ़े पाँच सौ निकालकर डेढ़ सौ खालिस नफा हो सकता है। मुझे उम्मीद है 2000 के हिस्से के 30 माहवार फायदा होगा। 4000 पर 60। इसके अलावा तुम्हें बंगला, उर्दू, अंग्रेजी वगैरह से तर्जुमा करने का काम काफी मिल जाएगा जिससे 100 का औसत पड़ जाएगा। नौकरी आजकल मिलनी मुश्किल है। मगर मैं सिर्फ तुम्हारे बेहतरी के खयाल से लिख रहा हूँ। ईश्वर के लिए कहीं यह मत समझना कि मैं तुम्हें मुगालता देकर तुम्हारे रुपए हजम करना चाहता हूँ। मैं तुम्हारे व सूद के दो हजार रुपए दूँगा अगर तुम कहीं और जाने का इरादा पक्का कर लोगे। या 20 रुपए माहवार सूद तावक्ते अदायगी। नन्द क़िशोर[1] को तो मैंने बाजार की खराबी का जिक्र करके बेहौसला कर दिया।

(धनपतराय)

पत्रांक 16

भार्गव कल आए थे। एक किताब जो जगमोहन वर्मा जी[2] की लिखी हुई पड़ी हुई थी, मैंने ले ली है। भार्गव ने कागज भेजने का वादा किया है। वे लिखा-पढ़ी करके 8 आना के कागज पर लिखने को भी कहते थे। अब मुझे दुलारे लाल[3] ने फिर बुलाया है। वह इतवार को आने वाला था। नहीं आया है। वहाँ भी कुछ-न-कुछ काम मिलने की उम्मीद है। सामान आने के बाद मैं दौड़ धूप करके काम लाऊँगा। तुम अच्छा काम दोगे। उतना ही अच्छा जितना और लोग देते हैं तो कोई दिक्कत न होगी। मैंने एक महीने में कोई काम लेने की कोशिश ही नहीं की और अब भी वर्मा जी की किताब प्रेस में देते डर रहा हूँ। किसी तरह वक्त टाल रहा हूँ। बदनामी का खयाल था वरना मैंने दो महीने के लिए प्रेस को बन्द कर देने का इरादा किया था। बिहारी लाल टाइप वाला मर गया है। देखूँ उसके आर्डर में क्या देर है। कल सरजू मिस्त्री के यहाँ पुराने टाइप भेज

---

1. वाराणसी के प्रकाशन संस्थान नन्दकिशोर एण्ड ब्रदर्स के स्वामी।
2. नागरी प्रचारिणी सभा के 'हिन्दी शब्द सागर' के सहायक सम्पादक। कुछ अनूदित पुस्तकें भी प्रकाशित हुईं। जिस पुस्तक की चर्चा की गई है वह भार्गव पुस्तकालय, बनारस से 1926 में प्रकाशित उपन्यास 'लोकवृत्ति' था।
3. लखनऊ के गंगा पुस्तकमाला कार्यालय के स्वामी दुलारे लाल भार्गव।

दिए हैं। तर्जुमे का काम क्यों नहीं करते? कोई बंगला किताब ले लो या अंग्रेजी किताब ले लो। मैं तो बंगला नहीं जानता, अंग्रेजी भी मैं कहाँ जानूँ। तुम्हें कौन सी किताब ज्यादा आसान मालूम होगी? कोई किताब तैयार करके मुझे दो और मैं उसके छपने का इन्तजाम करूँ तो अलबत्ता कह सकते हो। आओ, घर में बैठे रहने से तो कोई फायदा ही नहीं है। अगर रुपए जल्द वसूल हो जाएँगे तो कुछ-न-कुछ मिल ही जाएगा। बहरहाल यह तो मुनासिब नहीं मालूम होता कि और लोग जब काम का मुस्तकिल बन्दोबस्त (*स्थायी प्रबन्ध*) कर लें या खाना पकाकर रख दें तो तुम खाने पहुँच जाओगे। कुछ लकड़ी, पानी, ईंधन तुम भी जमा करो। जो मुनासिब है, वह मैंने कह दी। अब तुम्हारी खुशी। जब सारा इन्तजाम हो गया और मैं खूब परेशान होकर मुस्तकिल इन्तजाम कर ही चुका तो फिर तुम जाकर क्या करोगे? हाँ, अगर तुमने कोई बेहतर काम पा लिया हो तो मुझे यहाँ क्या करना? जाओ।

तुम्हारा
धनपत राय

पत्रांक 17

मैंने तुमसे बार-बार काम की तफसील (*विवरण*) लिखने को कहा। फार्म का नमूना तक लिख दिया लेकिन तुमने न माना। जब साझे का काम है तो हर एक हिस्सेदार हिसाब देखने के लिए इसरार कर सकता है। दो साल तक की तनख्वाहों की जाँच कौन कर सकता है। न वे आदमी हैं, और हैं भी तो याद किसकी इतनी जबरदस्त है। तुम्हारा कितना निकलता है, यह हिसाब से न मालूम होगा। जो कुछ तुम बतला दोगे वही ठीक है। 300 पिछले साल के हैं, इमसाल (*इस वर्ष*) के जितने निकलें उतना बतला दो। जूँ जूँ रुपए वसूल होते जाएँगे, और देने के साथ तुम्हारा देना भी चुकता होता जाएगा। मैंने तुमसे कई माह हुए कहा था कि अगर तुम्हारी तनख्वाह भी नहीं निकलती तो तुम प्रेस में कुफ्ल (*ताला*) डाल कर चले जाओ। काश! तुमने उस वक्त मेरी बात मान ली होती तो इस वक्त तनख्वाह क्यों इतनी ज्यादा पड़ती। खैर, अब पिछली बातों का रोना क्या? तुमने भी नुकसान उठाया, मैंने भी नुकसान उठाया। अब प्रेस में न टाइप है कि किसी का काम कर सकूँ, न साख है कि किसी से काम माँग सकूँ। इधर रघुपति सहाय अपने रुपए का तकाजा करेंगे और कर रहे हैं। जो कुछ हुआ अच्छा ही हुआ। तुम जो कुछ बतला दो वही मान लूँगा। सारा काम चौपट हो गया।

धनपतराय

पत्रांक 18[1]

बिरादरम,

तुमने प्रेस के लेने-देने की जो फर्द दी थी उसमें जो गलतियाँ थीं वे तुम्हें दिखाता हूँ। तुमने पाने की मदों में राम प्रसाद पांडे के 50 और गोविंद शुक्ल के 45 और दुर्गा मेडिकल हाल के 25 फिजूल दिखाए हैं क्योंकि ये रकमें वसूल होनी ही नहीं हैं। ख्वामख्वाह गिनती बढ़ाने से क्या फायदा? कान्ता प्रसाद विश्वनाथ के 28 और छुन्नू लाल के 4 रुपए, ये भी फिजूल हैं कि तुम वसूल कर चुके हो। राजा मोती चंद से 200 पाना लिखा। हालाँकि कागज का बिल जो 186 का है निकालकर शुक्ल के...बचते हैं। देने में मकान का पुराना किराया, नए मकान का 4 माह किराया, मजदूरों की तनख्वाह, मैनेजर की तनख्वाह का...जिक्र न था। इसलिए अब नया हिसाब यूँ है-

Govind Sukul	45-0	
Durga Hall	25-0	
R. Pande	50-0	
K.P. & Vis.	28-0	
Chunnu Lal	4-8	
R. Moti Chand	75-0	Less than estimated
	227-8	(bad account)

2160-8
227-8
1933-0 कुल पाना
1736
197-0

अब देने का हिसाब देखो-

Bihari Lal	200-0	
Nand Kishore	312-0	तुमने 100 रुपए दिखाए। 186 रुपया कागज का बिल है और 26 पोस्टकार्ड के दाम।
Harihar Nath	200-0	
Mother	50-0	
Shiva Nand	53-0	

1. यह पत्र स्थान-स्थान पर खंडित है। जो शब्द लुप्त हो गए हैं उनके स्थान पर...अंकित कर दिया गया है।

Old House Rent	200–0
New House Rent	72–0
Pay for August	325–0
Manager's pay	324–0

....

अब कुल पाना 197–0 है। अगर और रकमें पूरी पूरी वसूल हों तब तो आना है। लेकिन मुझे खौफ है शिवमंगल से रुपया लेना मुश्किल हो जाएगा और दूसरी रकमों से भी दस–बीस रुपया भी घट ही जाएगा। इस तरह 197 में शायद 97 बच रहें तो बच रहें वरना लेना–देना बराबर। बस, प्रेस की सारी कमाई 445 रुपए है जो मनमोदक का दाम है।

प्रेस का काम मुश्किल है, इसे मैं मानता हूँ और तुम्हें इल्जाम नहीं देता। मैं भी शायद इससे अच्छा इन्तजाम न कर सकूँ, लेकिन चूँकि तुमने बाबू शिव प्रसाद गुप्त[1] से कहा है कि भाई साहब ने अपना प्रेस छीन लिया इसलिए मैं यह दिखा देना चाहता हूँ कि तुम्हारे इन्तजाम में उसकी क्या हालत थी। तुम जो हालत समझे बैठे हो वह नहीं है। साल–दो साल में तुम्हारे और हमारे दोनों के रुपए डूब जाते। तुम्हें सबसे ज्यादा नुकसान हुआ, यह मैं मानता हूँ। लेकिन यह नुकसान रोकने का कोई इन्तजाम करना मुनासिब था या नहीं? कामयाबी होगी या न होगी, ईश्वर जाने। लेकिन एक बार कोशिश करके अगर मैं तुम्हारे और अपने रुपए बचा सकूँ तो क्या बुरी बात है। कल शिव प्रसाद ने इस तरह सबके सामने कह दिया कि उन्होंने महताबराय से प्रेस छीन लिया कि मुझे निहायत शर्मिन्दा होना पड़ा। उनसे मैं क्या कहता? भाई, मैंने प्रेस छीन नहीं लिया बल्कि वही काम करने की कोशिश की जो बदइन्तजामिया सीरदारों के साथ कोर्ट ऑफ वार्ड करती है। और कुछ नहीं। बस अब भी इस....करूँ। मगर....होता या नहीं...खत का जवाब देने की जरूरत...क्योंकि मैंने कोई ऐतराज नहीं किया है।

तुम्हारा
धनपतराय

---

1. शिवप्रसाद गुप्त (1883–1944)–काशी के सुप्रसिद्ध समाजसेवी। बनारस हिन्दू विश्वविद्यालय की स्थापना के समय महामना मालवीय जी के सहयोगी। 1916 में ज्ञानमण्डल की स्थापना। 1920 में बनारस से दैनिक 'आज' का प्रकाशन आरम्भ किया।। प्रेस एक्ट की पाबन्दियों के कारण 1930 में भूमिगत पत्र 'रणभेरी' निकाला। 1921 में अपने भाई हरप्रसाद की स्मृति में काशी विद्यापीठ और 1936 में भारत माता मन्दिर की स्थापना की। 'राष्ट्ररत्न' की उपाधि से विभूषित।

पत्रांक 19

$$9 \times 5 \times 25 = 1125$$

@ -/8/-

$$2 \times 5 \times 20 = 200$$

$$1325$$

कल तुमने जो हिसाब दिया था उसमें कुल पाना 2240 दिखाया था। आज इसमें से 624 और घटा दिया। पुराने मकान का 200 और बाकी रह गया। 824 इसमें से निकाल दो तो कुल 1416 रह जाते हैं। इसमें 'स्वदेश'[1] के 108 रुपए गायब हैं। गोविन्द शुक्ल के गायब हैं यानी 153 और निकाल दो। कुल 1263 बच रहते हैं। सूद 25 महीने का 8 आने के हिसाब से 1325 होता है। गोया तुमने 8 आने का सूद भी नहीं दिया। अब तक तुम्हारे हिसाब का परत देखकर यह समझा था शायद 10 आने सूद का परता पड़ेगा। अब मालूम हुआ कि वह धोखा था। गोया इस वक्त तक अगर तुम्हारी बतलाई हुई सब रकमें वसूल हो जाएँ तो मुश्किल से 6 आने का परता पड़ेगा। तुम मुझसे 1 रुपया माँगते हो। क्या मेरे प्रेस के हाथ में लेते ही हुन बरस जाएगा? इससे तो यही बेहतर है कि प्रेस बेच दिया जाए। आज चलकर मैं इसका स्टाक लेता हूँ और बेचने की फिक्र करता हूँ। जो कुछ मिल जाए, वही गनीमत है। तुम्हारे हाथ में तो शायद साल-दो साल में इसकी हस्ती ही मिट जाती। तुम भी चलो और प्रेस को बेचने की फिक्र करो। जो कुछ बाजार दाम लग जाएगा वह मैं दे दूँगा। कल तुमने हिसाब में 624 की बड़ी रकम न दिखाई। क्यों?

(धनपतराय)

पत्रांक 20

7-9-25

भाई साहब किब्ला,

हमारा हिसाब हस्बे जैल (*निम्नांकित*) है। मैंने कुल 25 महीने प्रेस में काम किया है जिसमें कुल 876/-रुपया लिया है। 60 के हिसाब से हमारा 1500/-होता है। इस तरह हमारा 624/-निकलता है। 'भूत'[2] का 175/10 प्रेस को मिल चुका है। और कुल छपाई वगैरह 'भूत' की बाजार दर से 20/-हफ्ता हुआ। कुल 29 नम्बर हमारे यहाँ से निकले हैं। यानी प्रेस का 580/-'भूत' की छपाई का हुआ जिसमें से 175/10 निकाल दिया जाए जो प्रेस को मिल चुका है तो 403/6[3] रुपया बच गया जो मेरी तनख्वाह में से काट लिया जाए।

---

1. गोरखपुर से पं. दशरथ प्रसाद द्विवेदी के सम्पादन में प्रकाशित होने वाला हिन्दी साप्ताहिक पत्र।
2. काशी से बालचन्द्र अष्ठाना के सम्पादन में प्रकाशित होने वाला हिन्दी साप्ताहिक पत्र।
3. यह राशि 404/6 होती है। घटाने में त्रुटि हुई है।

मेरी बकाया तनख्वाह	624/-0-
'भूत' का खर्च	403/6
बकाया	221-10-0[1]

221-10 मुझे मेरी तनख्वाह के मिलने चाहिए। इसके अलावा जो प्रेस में बचेगा उसमें से जितना औसत मेरे हिस्से का हुआ वह और मेरा 1950 का एक रुपए के हिसाब से सूद।

खादिम
महताबराय[2]

पत्रांक 21

जो कुछ भी प्रेस का सच्चा हिसाब यही है और ठीक है। चाहे प्रेस की हालत कुछ भी हो। कल तक तो आपने हर बातें मान कर कहा कि तुम्हारे रुपए का सूद एक रुपया देता रहूँगा मगर आज आप बदल गए। मैं अपने हिसाब के बाबत धोखे में था कि पार साल मैंने अपनी तनख्वाह की बचत अपने capital में जोड़ दिया था और इस साल का जो मेरा निकलता वह मेरा होता। बाजार में जब बेचना ही है तो जो दाम लगे मैं ही क्यों न देकर ले लूँ, आप ही क्यों लेंगे? मैं तो यह चाहता हूँ कि जो कुछ आप प्रेस के चलते हुए समझौता कर लें ज्यादा

---

1. यह राशि 220-10 होती है। घटाने में त्रुटि हुई है।
2. जब महताबराय ने इस पत्र की प्रतिलिपि प्रेमचंद को प्रेषित की थी तो उसका पाठ निम्नांकित था--

Copy of my Letter D/- 7.9.1925

भाई साहब किब्ला,

हमारा हिसाब हस्बे जैल है। मैं कुल 25 महीने प्रेस में काम किया है जिसमें कुल 876 रुपया लिया है। 60 के हिसाब से हमारा 1500 हुआ। इस तरह हमारा 624 निकलता है। 'भूत' का 175/10 प्रेस को मिल चुका है और कुल छपाई 'भूत' बाजार दर से 20/-हफ्ता होता है। कुल 29 नम्बर हमारे यहाँ छपा यानी प्रेस का 580/-'भूत' की छपाई का हुआ जिसमें से 175/10 निकाल दिया जाए जो प्रेस को मिल चुका है तो 403/6 बच गया जो मेरी तनख्वाह से काट लिया जाए।

मेरी तनख्वाह	624/-
'भूत' का खर्च	403/6
	221-10-0

221-10 मुझे मेरी तनख्वाह के मिलना चाहिए। इसके अलावा जो प्रेस में बचेगा उसमें से जितना औसत मेरे हिस्से का हो वह। आज से 1 सितम्बर से 1950/-रुपए का एक रुपए के दर से सूद।

मुनासिब है। प्रेस के बिकते ही अगर प्रेस दूसरों के हाथ में गया तो जो रुपया बकाया है, वह नहीं मिलता। हमारे या आपके पास रहने पर अलबत्ता मिल सकेगा। पहले मैं भी यही चाहता था जब आपने लिखा था कि प्रेस फरोख्त (*विक्रय*) कर दिया जाए, कि बाजार में जो उसकी कीमत लगे वह मैं देकर प्रेस अपना कर लूँ। मगर सिर्फ इस खयाल से कि सब हिस्सेदार कहेंगे कि रुपया डूब गया, इस खयाल को तर्क करके मैंने रुपया कर्ज लेकर बाबू बलदेव लाल व बाबू रघुपति सहाय को लौटाने पर तैयार हुआ कि जिसमें उन लोगों को शिकायत का मौका न रह जाए। मगर सब बातों के जान लेने पर मेरी हिम्मत नहीं पड़ी कि रुपया लौटाऊँ इसलिए भी यही जो आप कहते हैं। जो बाजार में कीमत लगे उसमें से सबका बाकी देकर सब लोग तकसीम कर लें और प्रेस मैं लूँ क्योंकि मैं बेरोजगार हूँ।

महताबराय

पत्रांक 22

मैं नहीं बदल गया, तुम बदल गए क्योंकि तुमने भी हिसाब मेरे सामने नहीं रखा। प्रेस तुम लो या मैं लूँ जो ज्यादा से ज्यादा कीमत दे, वही इसके लेने का इख्तियार (*अधिकार*) रखता है। अगर मैं सबसे ज्यादा दूँगा मैं लूँगा, तुम दोगे तुम लोगे, कोई तीसरा देगा तीसरा लेगा। अगर तुम बेरोजगार हो तो मैं कौन बारोजगार हूँ? तुम तो जवान आदमी हो, कलकत्ता–बम्बई की हवा खा सकते हो। मैं तो इस काबिल भी नहीं हूँ। खैर, बतलाओ कि तुम प्रेस की ज्यादा से ज्यादा क्या कीमत दे सकते हो? अगर मैं उससे ज्यादा दूँगा तो मैं लूँगा, वरना तुम।

धनपतराय

पत्रांक 23

आप ही बताइए, आप क्या देंगे? अगर मैं पहले बता दूँ तो क्या मुझे और बढ़ने का हक होगा? क्या हमारी और आपकी पर बोली पर खात्मा है कि और लोगों की भी राय ली जाएगी?

महताबराय

पत्रांक 24

हाँ–हाँ, बोली है। आखिरी वक्त तक सबको बढ़ने का इख्तियार है। तुम जो कुछ कहो उससे मैं बढ़ूँ, फिर तुम बढ़ना फिर मैं बढ़ूँगा, फिर तुम बढ़ना। बस जहाँ तक कोई आगे न बढ़ सके वहीं तक खात्मा है।

धनपतराय

पत्रांक 25

क्या मेरे रुपयों का भी सूद नहीं जोड़ा गया? आखिर उसी में से तो मुझे भी सूद मिलना चाहिए। क्या अब तक मैं शरीक नहीं था? मैं एक रुपया सैकड़े से कम पर रुपया नहीं दे सकता क्योंकि यही रकम है जो इस वक्त मुझे परवरिश के लिए रहेंगे। सूद माहवारी चाहिए। तीन महीने के बाद आप हमारा रुपया लौटा दें।

महताबराय

पत्रांक 26

खैर, जब तक हम तुम्हारे रुपए नहीं लौटाते हैं तब तक एक रुपया सैकड़ा देंगे। प्रेस की कुंजी वगैरह ले लो और चलकर चार्ज दे दो। आदमियों का मुकाबला करा दो। आदमियों की कोई तनख्वाह बाकी नहीं है, यह तय होना चाहिए। और जो कुछ लेना-देना जो इस हिसाब में दर्ज नहीं है, निकलेगा वह तुम्हारे रुपए में से मुजरा होगा। हाँ, तुमसे पहले दरयाफ्त कर लिया जाएगा।

धनपतराय

पत्रांक 27

यही सही। वसूल होने पर ही मेरी तनख्वाह के कुल रुपए जो निकले हमको दिया जाए और हमारा असल 1950 भी, मुझे कोई इन्कार नहीं। लड़खड़ प्रेस गए। कॉपियाँ आ जाती हैं तो देख लीजिए।

महताबराय

पत्रांक 28

कॉपियाँ नाहक मँगवाते हो, मैं उन्हें नहीं देखना चाहता। देखता तो जब हिसाब की तरह हिसाब रखा जाता। तुमने क्या हिसाब रखा है? मुलाजिमों को जो तनख्वाहें दी हैं क्या उनके दस्तखत लिए हैं? बिलों की फाइल कहीं है। क्या-क्या काम रोजाना हुआ है इसकी तफसील कहीं है। जब हिसाब ही नहीं तो देखूँ क्या? इसे हिसाब नहीं कहते कि फलाँ से मिला और फलाँ को दिया गया। **क्या सबूत है?** *(यह वाक्य लिखकर काट दिया है)*

लड़खड़ को मत दौड़ाओ। प्रेस के मैनेजर के हिसाब की जाँच खुदा भी नहीं कर सकता। जो कुछ वह कहे वही ठीक, बाकी सब गलत।

धनपतराय

पत्रांक 29

भाई साहब किब्ला,

आदाब

आपका खत मिला। मेरी सारी गलती है इसमें शक नहीं। मैंने हर तरह से अपना नुकसान किया। बेवकूफी न करता तो मैं आज इस तरह मुतफक्किर (*चिन्तित*) न होता। बलदेव भैया को रुपए और रघुपति सहाय को रुपए देने पर मैं उसी वक्त तैयार हुआ था जब आपने तहरीर किया (*लिखा*) था कि उन लोगों का सख्त तकाजा है। वरना मैं खुद अपना रुपया आपसे चाहता था और अब भी यही चाहता हूँ। रुपया मेरे पास है मगर मैं कुल बातें जान लेने पर किसी को लौटाने पर राजी नहीं हूँ। अब मेरी तबीयत भी घबरा गई है। आप शौक से प्रेस चलाइए और मुझे हर महीने जो आपने तहरीर किया है 2250 का 1 रुपया के हिसाब से सूद देते जाइये जब तक कि आप रुपए न दे सकें। मुझे प्रेस से कोई मतलब नहीं। मैंने जो रुपए का बन्दोबस्त किया है उसमें से दो हजार लेकर दवाखाना चलाऊँगा।

'भूत' का काम हमेशा फुरसत के वक्त हुआ है। इसलिए क्या उसके लिए मुझे बाजार भाव ही देना होगा? मुझे जैसा आप कहिए, मंजूर है। प्रेस में देख लीजिए 'भूत' का कितना रुपया खर्च हुआ है। उसको काटकर जितना चाहिए, ले लीजिए। मैंने खुद 28 नम्बर निकाले हैं जिसमें 8 पेज Standing matter था और 8 पेज कम्पोज होता था। लिहाजा बाजार भाव से 16/-फी नम्बर खर्च हुआ। चाहिए तो जितना actual खर्च लगा है वह लेना। मगर जब आप न मानेंगे तो बाजार भाव ही सही। कल मैं अपनी तनख्वाह का हिसाब करूँगा कि कितना लिया है कितना बाकी है और उसी के साथ 'भूत' का भी हिसाब करूँगा। जितना निकलेगा उतना आप मेरी तनख्वाह में मुजरा कर लें, मुझे कोई उज्र (*आपत्ति*) न होगा। इसलिए कि वाकई मैंने आपकी सलाह लिए बगैर ही उसको छापना शुरू कर दिया था। दुलारे को मैं खुद ही अपने दवाखाने में ले जाऊँगा। और लोगों को जिसको आप चाहिए निकाल दीजिए। मुझे क्या करना है?

खादिम

महताबराय

पत्रांक 30

तुम्हें भूल हो रही है। प्रेस में तुम्हारे कुल 1950 रुपए हैं न कि 2250। रघुपति सहाय के रुपए तुमने अभी नहीं दिए। उन्हीं के रुपए मैंने लिए थे। तुमने मुझे जो हिसाब का परत दिया था उसमें तुम्हारी तनख्वाह दर्ज न थी। इससे मैंने यह नतीजा निकाला था कि तुमने अपना और प्रेस के मुलाजिमों का हिसाब चुकता

कर लिया है। क्या अभी वह झंझट बाकी ही है? खैर, हिसाब तुम्हारे हाथ में है। जो कुछ तुम लिखो वह तुम्हारा, जो न लिखो वह हमारा। यह भी मंजूर है।

धनपतराय

पत्रांक 31

क्या आपको याद नहीं है कि पार साल जब मैंने आपको प्रेस का हिसाब दिया था उस वक्त हमारी तनख्वाह के 375 के करीब प्रेस के ऊपर निकले थे? उसमें से मैंने 300 प्रेस में छोड़कर बाकी ले लिए थे। इस तरह मैंने अपने 2250 कर दिए थे। हिसाब मेरे हाथ में नहीं। जब जो चाहे पाई-पाई का हिसाब देख ले। मैं अभी लड़खड़ को भेजकर हिसाब की कॉपियाँ मँगाता हूँ और दिखाता हूँ।

महताबराय

पत्रांक 32

नहीं मुझे यह बात याद नहीं है। तनख्वाह का रुपया प्रेस के सरमाये (*पूँजी*) से नहीं, बकाया वसूल होने पर मिलेगा। इस तरह तो दस साल में शायद सारा प्रेस तुम्हारी तनख्वाह ही की नजर (*भेंट*) हो जाता। 700 सालाना के हिसाब से 14 साल में तो वारा-न्यारा हो जाता है।

धनपतराय

पत्रांक 33

मैं प्रेस चलता हूँ और कुल बातें समझा दूँगा और जब-जब आप लोगों को मेरी जरूरत होगी आऊँगा और बता दूँगा। मेरे एक बात का जवाब आपने नहीं दिया। अब तक जो कुछ भी बचेगा, क्या उसमें मेरा हिस्सा या सूद नहीं निकलेगा? क्या मेरे रुपए प्रेस में दो साल तक नहीं थे? इस 1747 रुपए का सूद कब से मिलेगा?

महताबराय

पत्रांक 34

मिलेगा।

आज से।

धनपतराय

इस समस्त पत्राचार के साथ तीन पृष्ठों में लिखा हुआ हिसाब-किताब भी उपलब्ध है। लिखावट महताबराय की है। आगामी पृष्ठों में यह हिसाब-किताब प्रस्तुत है।

पृष्ठ-1

2 साल 1 मास का वेतन 1500

120	544		
17	50		
20	30		
20	6		
10	50		
10	12	4-12-0	7-12-0
5	20	4-0-0	5-14-0
15	05	21-2-0	6-10-0
2	35	10-3-0	6-4-0
10	25	11-5-0	5-13-0
17	9	2-0-0	15-0-0
5	10	15-0-0	47-5-0 [3]
15	20	3-0-0	
8	20	5-0-0	
6	836	2-0-0	
7	15	2-0-0	
50	851 [1]	2-0-0	
5		4-0-0	
5		6-4-0	29
14		12-2-0	20
5		2-0-0	580
32		19-2-0	175
17		2-0-0	405 [4]
12		5-0-0	
20		2-0-0	
12		8-12-0	
5		6-0-0	
10		5-0-0	
25		17-0-0	
20		1-0-0	
25		2-0-0	
544		175-10-0 [2]	

पृष्ठ-2[5]

Mahtab Rai	B. Dhanpat Rai
6000	6500/-
7000	7500/-
7750	7800/-
7900	8000/-
8250	8350/-
8400	8500/-
8750	8800/-
8900	9000/-
9200	9300/-
9400	9500/-

\+ \+ \+ \+ \+ \+

पृष्ठ-3[6]

2000
4500
2250
1950
―――
10700
9500
―――
5/1100/222
10
―――
100

221

---

1. यह महताबराय द्वारा प्रेस से लिए गए धन का विवरण है, जिसका उल्लेख पत्रांक 20 में उपलब्ध है।
2. यह 'भूत' की छपाई की मद में मिले धन का विवरण है, जिसका उल्लेख पत्रांक 20 में उपलब्ध है। इनका योग 174-10-0 होता है, प्रतीत होता है कि महताब राय से जोड़ने में त्रुटि हुई है।

3. यह सम्भवत: 'भूत' की छपाई की मद में मिले धन का अतिरिक्त विवरण है।
4. यह 'भूत' की छपाई का हिसाब है, जिसका उल्लेख पत्रांक 20 में उपलब्ध है।
5. यह प्रेमचंद–महताब राय के मध्य हुई प्रेस की बोली का विवरण है, जिससे स्पष्ट है कि प्रेस की बोली महताब राय ने 6000 रुपए से आरम्भ की और जब महताब राय और आगे न बढ़ सके तो अन्तत: 9500 रुपए में प्रेस प्रेमचंद का हो गया।
6. यह प्रेस में साझेदारों की लागत और हानि का विवरण है। 2000 रु. फिराक गोरखपुरी, 4500 रु. प्रेमचंद, 2250 रु. बलदेव लाल और 1950 रु. महताब राय की लागत थी। प्रेमचंद ने प्रेस 9500 रु. में खरीदा तो कुल हानि 1100 रु. की हुई। इस हानि को पाँच भागों में क्यों विभाजित किया गया जबकि साझीदार चार थे, यह कुछ बुद्धिगम्य नहीं है। इसका एक कारण यह भी प्रतीत होता है कि क्योंकि प्रेमचंद की लागत अन्य साझीदारों से दोगुनी थी, इसलिए कुल हानि को पाँच भागों में विभाजित किया गया होगा। 1100 को 5 से भाग देने पर 220 आता है, जिसे त्रुटिपूर्ण रूप से एक स्थान पर 222 और दूसरे पर 221 लिखा गया है। प्रेमचंद के अनुज महताबराय के पुत्र कृष्ण कुमार राय ने इन पंक्तियों के लेखक को एक भेंटवार्ता में बताया था कि फिराक गोरखपुरी को तो उनकी लागत लौटा दी गई थी लेकिन प्रेस अकेले प्रेमचंद का हो जाने के उपरान्त भी बलदेव लाल और महताबराय को उनकी लागत की राशि कभी नहीं लौटाई गई।

पण्डित जी के नाम

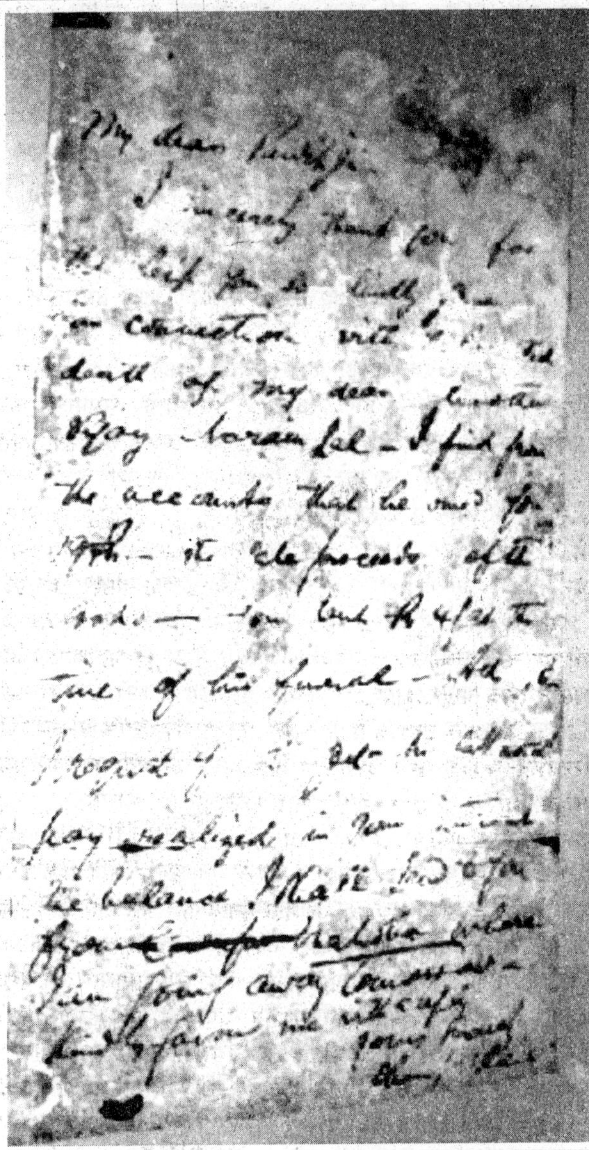

कृष्ण कुमार राय, वाराणसी के पास सुरक्षित यह पत्र

[प्रेमचंद की आयु अभी लगभग 8 वर्ष की ही थी कि सन् 1888 में उनकी माता आनन्दी देवी का देहावसान हो गया। उनके पिता अजायब लाल का स्वास्थ्य भी कुछ अनुकूल नहीं रहता था और नौकरी के कारण स्थानान्तरण भी होता रहता था, अतः परिस्थितियों से विवश होकर लगभग डेढ़ वर्ष पश्चात् अजायब लाल ने दूसरा विवाह कर लिया। अजायब लाल की दूसरी पत्नी का नाम क्या था, यह तो कुछ ज्ञात नहीं होता, लेकिन प्रेमचंद उन्हें 'चाची' कहकर पुकारते थे। उनका छोटा भाई विजय बहादुर या विजय नारायण लाल भी उनके साथ ही आकर रहने लगा था। विजय नारायण प्रेमचंद से एक-दो वर्ष ही छोटा था इसलिए मामा-भांजे में गहरी छनती थी। पिता के देहावसान के लगभग दो वर्ष पश्चात् जब प्रेमचंद नौकरी में गए तो चाची लमही में रहती हुई खेती की देखभाल करती रही और विजय नारायण लाल प्रेमचंद के साथ-साथ रहते रहे।

जून 1908 में जब प्रेमचंद का प्रथम कहानी संकलन 'सोज़े वतन' प्रकाशित हुआ तो उसकी प्रति भेजते हुए प्रेमचंद ने 'सरस्वती' सम्पादक पं. महावीर प्रसाद द्विवेदी को जो पत्र लिखा था उसमें पुस्तक मिलने का पता 'बाबू विजय नारायण लाल, नया चौक, कानपुर' ही लिखा था और यही पता 'सरस्वती' के दिसम्बर 1908 के अंक में प्रकाशित हुआ था।

प्रेमचंद 4 दिसम्बर, 1907 को कानपुर में सब डिप्टी इंस्पेक्टर ऑफ स्कूल्स के पद पर अस्थायी रूप से नियुक्त किए गए लेकिन लगभग डेढ़ वर्ष पश्चात् पुनः अध्यापक के अपने मूल पद पर प्रत्यावर्तित कर दिए गए। प्रेमचंद 24 जून 1909 को सब डिप्टी इंस्पेक्टर ऑफ स्कूल्स के पद पर पदोन्नत होकर जिला हमीरपुर के महोबा चले आए, जहाँ वे 1 जून, 1910 से 20 जून, 1910 तक प्रिविलेज लीव पर रहे। बीस दिन के दीर्घकालीन अवकाश का कारण क्या था, यह तो कुछ ज्ञात नहीं होता, लेकिन अभी प्रेमचंद का एक अप्रकाशित तथा असन्दर्भित पत्र हस्तगत हुआ है जिससे इसके कारण पर कुछ प्रकाश अवश्य पड़ता है।

अमृतराय, मदन गोपाल, गोपाल कृष्ण माणकटाला आदि विद्वानों ने प्रेमचंद के मामा विजय नारायण लाल का आकस्मिक निधन हो जाने की चर्चा तो की है, लेकिन किसी ने भी उनके निधन की तिथि अथवा वर्ष का उल्लेख नहीं किया। प्रेमचंद के छोटे भाई महताबराय के पुत्र कृष्ण कुमार राय के संग्रह में उपलब्ध इस पत्र पर न तो तिथि अंकित है, न ही यह ज्ञात होता है कि यह पत्र किसे सम्बोधित किया गया था, लेकिन इसमें विजय नारायण लाल के देहावसान की चर्चा होने के साथ-साथ यह भी लिखा है कि प्रेमचंद पत्र लिखने के अगले दिन महोबा जा रहे हैं। इससे स्वाभाविक रूप से यह अनुमान होता है कि प्रेमचंद ने 20 दिनों का अवकाश विजय नारायण लाल के देहावसान के कारण ही लिया होगा और सम्भवतः यह पत्र उन्होंने महोबा जाने से पूर्व 20 जून, 1910 को ही

लिखा होगा। इस अनुमान के आधार पर यह भी कहा जा सकता है कि विजय नारायण लाल का देहावसान मई 1910 के अन्त अथवा जून 1910 के आरम्भ में ही हुआ होगा।

प्रेमचंद का यह नितान्त दुर्लभ पत्र सुरक्षित रखने के लिए और इसकी प्रतिलिपि उपलब्ध कराने के लिए मैं श्री कृष्ण कुमार राय के प्रति हार्दिक कृतज्ञता ज्ञापित करता हूँ। पत्र के अपठनीय हो चुके शब्दों को स्पष्ट करने का महनीय कार्य भी श्री कृष्ण कुमार राय ने ही सम्पादित किया है जिसके लिए साहित्य संसार उनका सदा ऋणी रहेगा।]

पत्रांक 35

My dear Panditji,

I sincerely thank you for the help you so kindly gave in connection with the lamented death of my dear brother Vijay Narain Lal. I find from the accounts that he owed you 10/- Rs.– the sale proceeds of the pods. You lent Rs. 4/- at the time of his funeral. All 14/- Rs. I request you to get his half month pay realized in your interest. The balance I shall send to you from Mahoba, where I am going away tomorrow.

Kindly favour me with a reply.

Yours Sincerely
Dhanpat Rai

परिशिष्ट

परिशिष्ट-1

'असरारे मआबिद'
खोज किसी की दावा किसी का!

मुंशी प्रेमचंद का पहला उपन्यास 'असरारे मआबिद' दीर्घकाल तक गुमनामी का शाप भोगता हुआ साहित्य-जगत् की आँखों से तब तक ओझल बना रहा जब तक कि उनके छोटे पुत्र अमृतराय ने उसे सन् 1962 में हिन्दी में अनुवाद करके 'मंगलाचरण' में सम्मिलित करके प्रकाशित नहीं करा दिया। ध्यातव्य है कि यह उपन्यास बनारस से मुंशी गुलाब चंद के सम्पादन में प्रकाशित होने वाले एक अचर्चित तथा महत्त्वहीन से उर्दू साप्ताहिक 'आवाजे खल्क' में धारावाहिक रूप से प्रकाशित हुआ था। प्रेमचंद का यह उपन्यास कभी पुस्तकाकार प्रकाशित हुआ हो, इसका कोई संकेत प्राप्त नहीं होता, और सम्भवतः यही कारण है कि साहित्य-जगत् इस उपन्यास के अस्तित्व से ही अपरिचित बना रहा। इसके अतिरिक्त, प्रेमचंद ने इस उपन्यास में पंडित रतननाथ सरशार के प्रसिद्ध उपन्यास 'फसाना-ए-आजाद' की शैली का अनुकरण किया था और यह उपन्यास उनके अन्तिम उपन्यास 'मंगलसूत्र' की भाँति अपूर्ण भी रह गया था, इसलिए यह भी सम्भव है कि स्वयं प्रेमचंद ने ही इस उपन्यास को विस्मृत कर देना उचित समझा हो, और इसी कारण से उन्होंने इस उपन्यास का उल्लेख तो क्या, कहीं कोई संकेत भी नहीं दिया है। और प्रेमचंद ही नहीं, उनके सम्पर्क के किसी व्यक्ति, यहाँ तक कि मुंशी दयानारायण निगम जैसे उनके किसी घनिष्ठ आत्मीय ने भी इस उपन्यास की कोई चर्चा नहीं की। ध्यातव्य है कि मुंशी प्रेमचंद जैसे सार्वकालिक महान् उपन्यासकार का यह प्रथम एवं अपूर्ण उपन्यास उनके देहावसान के लगभग 26 वर्ष उपरान्त साहित्य-जगत् को पहली बार हिन्दी में अनूदित होकर ही उपलब्ध हो सका। यह तथ्य भी अत्यन्त रोचक है कि मूलतः उर्दू में लिखा गया और प्रकाशित हुआ यह उपन्यास उर्दू में अपने मूल रूप में अभी तक भी उपलब्ध नहीं हो सका है और मदन गोपाल ने उर्दू में प्रकाशित 'कुल्लियाते प्रेमचंद' में इस उपन्यास को अमृतराय द्वारा किए गए हिन्दी अनुवाद से स्वयं उर्दू में अनुवाद करके प्रकाशित कराया है।

प्रेमचंद के प्रथम उपन्यास 'असरारे मआबिद' के प्राप्त होने की कथा अत्यन्त रोचक है, साथ ही मदन गोपाल यह दावा भी करते हैं कि इसकी खोज उन्होंने की थी। मदन गोपाल के दावे के विपरीत अमृतराय को इस उपन्यास की खोज का श्रेय देते हुए डॉ. जाफर रजा लिखते हैं–

"असरारे मआबिद' की चर्चा तो कुछेक आलोचकों ने की है किन्तु उन्होंने खोजपूर्ण दृष्टि नहीं अपनाई। बस इतना कहा जाता रहा कि 'असरारे मुहब्बत' या 'इसरारे मुहब्बत' नाम की प्रेमचंद की पहली रचना 'आवाजे खल्क' में छपी। इस उपन्यास को ढूँढ़ निकालने का श्रेय अमृतराय को है जिसे उन्होंने 'मंगलाचरण' संग्रह में सम्मिलित किया है।"[1]

यह अत्यन्त आश्चर्य का विषय है कि प्रेमचंद अथवा उनके निकट सम्पर्क में रहे किसी भी व्यक्ति ने इस उपन्यास की कोई चर्चा नहीं की। प्रेमचंद के देहावसान के उपरान्त श्रद्धांजलि-स्वरूप प्रकाशित हसामुद्दीन गौरी की पुस्तिका 'प्रेम सोग' में इस उपन्यास का संकेत प्राप्त होने का उल्लेख करते हुए मदन गोपाल लिखते हैं–

"इसका हवाला मुझे हसामुद्दीन गौरी की 'प्रेम सोग' (1937 ई.) में मिला लेकिन वहाँ नाविल का नाम 'इसरारे मुहब्बत' था। गौरी के मुताबिक, यह नाविल बनारस के 'आवाजे खल्क' में शाया हुआ था।"[2]

और–

"जब मैं 1942-43 में प्रेमचंद पर अंग्रेजी में किताब लिख रहा था तब हसामुद्दीन गौरी का 'प्रेम सोग' पढ़ा। यह गौरी साहब का खिराजे अकीदत था जो उन्होंने प्रेमचंद के इन्तकाल के बाद लिखा था।...हसामुद्दीन गौरी का प्रेमचंद से ताल्लुक मकातीब के जरिये हुआ था, शायद बम्बई में मुलाकात हुई हो। मैंने 1943-44 में शाया हुई अपनी किताब 'प्रेमचंद' में 'इसरारे मुहब्बत' का हवाला दिया। इन्द्रनाथ मदान ने भी मेरी किताब में दी गई तफसीलात को अपनी किताब में जगह दी।"[3]

स्पष्ट है कि हसामुद्दीन गौरी ने प्रेमचंद के इस सर्वप्रथम उपन्यास की चर्चा 1937 में ही कर दी थी परन्तु मदन गोपाल इसे खोजने में सफल न हो सके। उन्हीं के शब्दों में–

"मैं 1948 में फिर बनारस गया। मोहतरिमा शिवरानी देवी और प्रेमचंद के सौतेले भाई से 'आवाजे खल्क' के बारे में मालूमात हासिल करने की कोशिश की। उन्हें भी 'आवाजे खल्क' के बारे में कोई जानकारी नहीं थी। मैंने 'आवाजे

1. प्रेमचंद : उर्दू-हिन्दी कथाकार, पृ. 143
2. तसानीफ प्रेमचंद : तलाश व तहकीक; आजकल, उर्दू, नई दिल्ली, अक्टू. 2003, पृ. 6
3. कुल्लियाते प्रेमचंद, भाग-1, पृ. vii-viii

खल्क' के दफ्तर को ढूँढ़ निकाला। मैं वहाँ गया और पुरानी फाइल भी देखी मगर मुझे 'इसरारे मुहब्बत' नहीं मिला।"[1]

आश्चर्य है कि सन् 1948 में 'आवाजे खल्क' की फाइलों तक पहुँच हो जाने पर भी मदन गोपाल प्रेमचंद के इस पहले उपन्यास का पाठ क्या, शुद्ध नाम तक नहीं खोज पा सके थे। इससे मदन गोपाल का उपर्युक्त कथन ही सन्देहास्पद प्रतीत होता है। इस उपन्यास की खोज का श्रेय प्रेमचंद के कनिष्ठ पुत्र अमृतराय को है जिन्होंने इसे 'आवाजे खल्क' की फाइलों में से खोजकर प्रेमचंद के देहावसान के 26 वर्ष पश्चात् सन् 1962 में 'मंगलाचरण' में सम्मिलित करके प्रकाशित करा दिया। इसके सम्बन्ध में अमृतराय ने 'मंगलाचरण' की भूमिका में लिखा–

"असरारे मआबिद' (देवस्थान-रहस्य) का हवाला मुझको दो-एक उर्दू आलोचना ग्रन्थों में देखने को मिला, लेकिन बस इतना ही कि 'इसरारे मुहब्बत' (!) नाम का एक किस्सा, मुंशीजी का, बनारस से निकलने वाले उर्दू साप्ताहिक 'आवाज-ए-खल्क' में सिलसिलेवार निकला। इतना ही सूत्र काफी हुआ, और इसे एक बहुत बड़ा शुभ संयोग मानना चाहिए कि उस पर्चे की फाइल मिल गई। यह एक निहायत गुमनाम-सा पर्चा था जिसकी फाइल खुद उसके दफ्तर में ही मिल सकती थी, दूसरी किसी जगह उसके मिलने की कतई उम्मीद नहीं थी। नसीब अच्छा था जो यह फाइल अब तक वहाँ सुरक्षित रही आई। बीच का एक अंक गुम हो गया है जिसका संकेत यथास्थान दे दिया गया है।"[2]

उपर्युक्त उद्धरण में अमृतराय के उल्लेख 'दो-एक उर्दू आलोचना ग्रन्थों' में सम्भवतः हसामुद्दीन गौरी की पुस्तिका 'प्रेम सोग' भी सम्मिलित रही होगी। साथ ही, इस उल्लेख से यह भी स्पष्ट हो जाता है कि प्रेमचंद के इस प्रथम उपन्यास की चर्चा गौरी के अतिरिक्त कपितय अन्य उर्दू विद्वानों ने भी अवश्य ही की होगी, परन्तु इस सम्बन्ध में अमृतराय ने कोई निश्चित सूचना उपलब्ध नहीं की है। अन्य विद्वानों द्वारा इस उपन्यास की चर्चा का उल्लेख करते हुए डॉ. जाफर रजा लिखते हैं–

"असरारे मआबिद' किताबी शक्ल में उर्दू में शाया नहीं हो सका है। उर्दू में प्रेमचंद अदबियात के माहिरीन इस नाविल का जिक्र करते थे लेकिन उन्होंने तलाश व जुस्तजू से दामन बचाए रखा। इतना कहकर इक्तिफा कर ली कि 'इसरारे मुहब्बत' के नाम से प्रेमचंद की पहली तखलीक 'आवाजे खल्क' में शाया हुई। इस नाविल की तलाश व दर्याफ्त की सआदत अमृतराय को हासिल हुई।"[3]

1. कुल्लियाते प्रेमचंद, भाग-1, पृ. viii
2. भूमिका; मंगलाचरण, पृ. 8-9
3. प्रेमचंद : फन और तामीरे फन, पृ. 138

यद्यपि डॉ. रजा ने किसी भी ऐसे उर्दू विद्वान् का नामोल्लेख नहीं किया जो उर्दू साप्ताहिक 'आवाजे खल्क' में 'इसरारे मुहब्बत' के प्रकाशित होने का उल्लेख करते हों तथापि उनके उपर्युक्त उल्लेख से अमृतराय द्वारा प्रस्तुत सूचना की पुष्टि हो जाती है।

उपर्युक्त उद्धरणों से भली भाँति स्पष्ट हो जाता है कि प्रेमचंद के सर्वप्रथम उर्दू उपन्यास को खोजकर पुनः प्रकाशित कराने का कार्य अमृतराय के ही उद्योग का सुपरिणाम था और इस कार्य में मदन गोपाल का प्रत्यक्ष अथवा अप्रत्यक्ष योगदान नहीं था। फिर भी, मदन गोपाल इस उपन्यास की खोज का श्रेय स्वयं लेने के लिए लालायित रहे और अपने पत्र दिनांक 14.12.1962 में उन्होंने प्रेमचंद के कनिष्ठ पुत्र अमृतराय को लिखा–

"जब तुम 1959 के आरम्भ में मेरे पास आए थे तो मेरी पुस्तक 'प्रेमचंद' में 'इसरारे मुहब्बत' का जिक्र हुआ है। तुम्हें यकीन नहीं आया था कि 'आवाजे खल्क' के नाम की कोई पत्रिका बनारस से निकली थी। मैंने तुम्हें बतलाया था कि यह अखबार बनारस से निकलता था और यह भी कि मैंने स्वयं उनके दफ्तर में जाकर कुछ पुरानी फाइलें भी देखी थीं परन्तु मुझे यह नावेल नहीं मिला था। मैंने स्वयं तुम्हें उस अखबार का पता दिया था और यह उस अखबार के एक अंक से जो मैं 1952 में ले आया था। यदि तुम 'मंगलाचरण' के सम्बन्ध में यह लिख देते कि किस प्रकार मेरे संकेत से तुम्हें सहायता मिली थी तो तुम्हारे काम के श्रेय में कमी नहीं हो जाती।"[1]

अपने उत्तर में अमृतराय ने 15.1.1963 के पत्र द्वारा मदन गोपाल के आरोप का खंडन निम्नांकित शब्दों में किया–

"असरारे मआबिद' के बारे में मैं बतलाना चाहता हूँ कि मैंने इसे बनारस के मित्रों की सहायता से ढूँढ़ निकाला। किसी ऐसी सूचना के आधार पर नहीं जो आप कहते हैं आपने दी। यह सूचना कि 'इसरारे मुहब्बत' बनारस के 'आवाजे खल्क' में छपा था केवल आपके पास ही नहीं थी। यदि आपने इसका जिक्र अपनी पहली किताब में किया हो तो मुझे याद नहीं है। इसे मैंने बीस वर्ष पूर्व पढ़ा था और इसकी प्रति अब मेरे पास नहीं है।"[2]

अमृतराय के अत्यन्त स्पष्ट उत्तर के पश्चात् मदन गोपाल ने न तो अपने किसी पत्र में इस उपन्यास के सम्बन्ध में अमृतराय के कथन का खण्डन किया और न सन् 1962 में अमृतराय के विरुद्ध की गई अदालती कार्यवाही में इसके सम्बन्ध में कोई उल्लेख ही किया। उपर्युक्त उत्तर देने के पश्चात् अमृतराय लगभग 33 वर्षों की सुदीर्घ कालावधि तक जीवित रहे और इस सम्पूर्ण अवधि में मदन

1. प्रेमचंद के मदन गोपाल, पृ. 166
2. प्रेमचंद के मदन गोपाल, पृ. 171

गोपाल ने इस उपन्यास की खोज के अपने दावे की कोई चर्चा तक नहीं की। अतः 'मौनं स्वीकृति लक्षणम्' के आधार पर यह मानने में कोई संकोच नहीं कि मदन गोपाल ने अमृतराय के कथन को अपनी स्वीकृति प्रदान कर दी थी। परन्तु आश्चर्य का विषय है कि अमृतराय के देहावसान के लगभग 4 वर्ष पश्चात् मदन गोपाल अप्रत्यक्ष रूप से इस उपन्यास की खोज का श्रेय स्वयं लेते हुए सन् 2000 में लिखते हैं–

"ग्यारह साल बाद अमृतराय मेरे गरीबखाने पर तशरीफ लाए, 'इसरारे मुहब्बत' का जिक्र आया। अमृतराय ने कहा कि बनारस से 'आवाजे खल्क' नाम का कोई अखबार नहीं शाया हुआ। मैंने बताया कि मैं उस दफ्तर में गया था। मेरे पास 'आवाजे खल्क' के दो-तीन शुमारे भी हैं। एक कॉपी उन्हें दी। फिर अमृतराय वहाँ गए, उस नाविल को तलाश कर लिया। उनवान 'इसरारे मुहब्बत' नहीं बल्कि 'असरारे मआबिद' था। एक शुमारा 1.9.1904 का दस्तयाब नहीं हुआ और नाविल भी नामुकम्मिल था। नाविल का आखिरी किस्त यकुम फरवरी 1905 में शाया हुआ था।"[1]

1965 में पहली बार प्रकाशित मदन गोपाल की पुस्तक 'कलम का मजदूर प्रेमचंद' का तीसरा संस्करण 2006 में प्रकाशित हुआ तो उसकी भूमिका में भी उन्होंने लिखा–

"प्रेमचंद ने 'असरारे मआबिद' लिखा जो बनारस के उर्दू साप्ताहिक 'आवाजे खल्क' में प्रकाशित हुआ। इसकी तलाश की कहानी रोचक है।.....हैदराबाद के हसामुद्दीन गौरी ने 1936 में श्रद्धांजलि देते हुए कहा था–प्रेमचंद का पहला उपन्यास 'इसरारे मुहब्बत' था। मुझे याद नहीं कि मैंने इसी उपन्यास के नाम को क्यों स्वीकारा और अपनी पुस्तक में इसका जिक्र किया, प्रेमचंद की किताबों की सूची में भी। डॉ. इन्द्रनाथ मदान तथा अन्य शोधकर्त्ताओं ने इसी नाम को उद्धृत किया। 1959 में अमृतराय मेरे घर आए। प्रेमचंद के उपन्यासों की चर्चा हुई। तब उन्होंने मुझसे कहा कि उन्होंने तलाश की थी, 'आवाजे खल्क' नाम की कोई पत्रिका बनारस से कभी नहीं निकली। मैंने उन्हें बताया कि मैंने स्वयं उस पत्रिका का दफ्तर देखा है और कुछ पुराने अंक भी देखे थे। मुझे 'इसरारे मुहब्बत' तो नहीं मिला; सोचा, फिर कभी जाकर देखने जाऊँगा। परन्तु मैंने अमृतराय को 'आवाजे खल्क' की एक प्रति दी। इसी को लेकर वह बनारस गए और 'आवाजे खल्क' की फाइलों से उपन्यास की चार किस्तें लाए और इसे 'देवस्थान रहस्य' के शीर्षक से 'मंगलाचरण' में प्रकाशित किया। उपन्यास का शीर्षक इस पत्रिका में थोड़ा भिन्न था। 'इसरारे मुहब्बत' की बजाय वह 'असरारे मआबिद' था। इसकी चार किस्तें 'आवाजे खल्क' में निकली थीं।"[2]

---

1. कुल्लियाते प्रेमचंद, भाग-1, पृ. viii
2. कलम का मजदूर प्रेमचंद, तृतीय संस्करण, पृ. II

उपर्युक्त उद्धरण में 'आवाजे खल्क' में इस उपन्यास की 'चार किस्तें' मिलने का उल्लेख भी रहस्यपूर्ण प्रतीत होता है। इस उपन्यास के उर्दू साप्ताहिक पत्र में लगभग 17 माह तक धारावाहिक निकलने का स्पष्ट उल्लेख प्राप्त होने पर भी 'चार किस्तें' ही प्रकाशित होने का उल्लेख अशुद्ध होने के साथ-साथ भ्रामक भी प्रतीत होता है।

यह अत्यन्त आश्चर्यजनक है कि मदन गोपाल ने 'असरारे मआबिद' की खोज की इस तथाकथित रोचक कहानी का 1965 में अमृतराय के जीवन काल में ही प्रकाशित 'कलम का मजदूर प्रेमचंद' के प्रथम संस्करण में कोई उल्लेख नहीं किया। बहुत सम्भव है कि यदि मदन गोपाल ऐसा करने का साहस जुटा पाते तो अमृतराय इस सम्बन्ध में वास्तविकता को सार्वजनिक करने में तनिक भी संकोच से काम न लेते।

उपर्युक्त समस्त विवेचना से स्पष्ट हो जाता है कि प्रेमचंद के इस सर्वप्रथम उपन्यास की खोज का श्रेय मात्र अमृतराय को ही है जिनके देहावसान के उपरान्त मदन गोपाल इस श्रेय को अपने नाम लिखाने के लिए योजनाबद्ध रूप से भ्रामक उल्लेख करते हुए प्रतीत होते हैं। यह भी आश्चर्यजनक है कि जो मदन गोपाल इस उपन्यास की खोज का दावा करते हैं, वे भी इसका मूल उर्दू पाठ प्रकाशित कराने में सफल नहीं हो सके और अमृतराय द्वारा किए गए इस उपन्यास के हिन्दी अनुवाद को पुनः उर्दू में अनूदित करके ही 'कुल्लियाते प्रेमचंद' में सम्मिलित कर लेते हैं।

परिशिष्ट-2

प्रेमचंद-स्मारक की व्यथा-कथा

हमारे महान् देश में महान् साहित्यकारों के स्मारक बनाने की किसी स्वस्थ परम्परा का विकास अभी तक भी नहीं हो पाया है। यही नहीं, महान् साहित्यकारों की समस्त रचनाओं तथा पत्र आदि की बात तो एक ओर, उनकी विश्वविख्यात रचनाओं की पांडुलिपियाँ भी संरक्षित करने का कोई प्रयास अभी तक नहीं किया जा सका है। काश! हमने इस दिशा में रूस से तनिक भी प्रेरणा ग्रहण करने का कोई प्रयास किया होता जहाँ मैक्सिम गोर्की के स्मारक में उनका लिखा पर्चा-पर्चा संरक्षित है, जहाँ एक-एक लेखक के कई-कई स्मारक बनाए गए हैं और जहाँ साहित्यकारों की स्मृतियों को स्थायी बनाने के व्यापक प्रयास किए जाते हैं।

भारतीय साहित्य-संसार में मुंशी प्रेमचंद एक ऐसा नाम है जिसे एक साथ दो भाषाओं-हिन्दी और उर्दू के आधुनिक कथा-साहित्य का निर्माता स्वीकार किया जाता है। 8 अक्टूबर, 1936 को प्रेमचंद का आकस्मिक देहावसान होने के उपरान्त हिन्दी-उर्दू पत्र-पत्रिकाओं में प्रेमचंद का स्मारक बनाए जाने की चर्चा महीनों चलती रही, परन्तु खेद है कि इस दिशा में कोई सार्थक पहल न हो सकी। इसी चर्चा के मध्य सम्पादकाचार्य पं. बनारसी दास चतुर्वेदी ने लिखा था-

"प्रेमचंदजी का चाहे जो स्मारक बनाया जाए पर उसके साथ-साथ ये काम तो होने ही चाहिएँ-1. स्वर्गीय प्रेमचंदजी का जीवन-चरित......2. दूसरा काम यह है कि प्रेमचंदजी के ग्रन्थों की बिक्री का प्रबन्ध होना चाहिए, खासतौर से उन ग्रन्थों की बिक्री का, जिन्हें उन्होंने स्वयं ही प्रकाशित किया था। 3. तीसरा काम यह है कि 'हंस' की आर्थिक दशा सुधारने का प्रयत्न होना चाहिए। अपने जीवन के अन्तिम दिनों में प्रेमचंद 'हंस' को ठीक तौर पर चलाने के लिए अत्यन्त चिन्तित थे।....हम जो कुछ करें, श्रद्धापूर्वक करें। प्रेमचंदजी का यह श्राद्ध सर्वथा प्रेमपूर्वक ही होना चाहिए। उसमें दिखावट या दम्भ की थोड़ी-सी मात्रा भी सम्पूर्ण कार्य के महत्त्व को नष्ट कर देगी।"[1]

1. प्रेमचंदजी का स्मारक, सम्पादकीय विचार; विशाल भारत, कलकत्ता, दिसम्बर 1936, पृ. 669-71

प्रेमचंद-स्मारक के प्रति हिन्दी-उर्दू साहित्य-संसार की घोर उदासीनता और उपेक्षा का अनुमान इस तथ्य से सहजता के साथ लगाया जा सकता है कि चतुर्वेदीजी ने प्रेमचंद-स्मारक के जो तीन प्रमुख कार्य बताए थे उनमें साहित्य-जगत् का कोई विद्वान् हाथ लगाने का प्रयास तक न कर सका। इसके विपरीत यह सारस्वत यज्ञ प्रेमचंद के पुत्रों ने ही सम्पन्न किया। उल्लेखनीय है कि प्रेमचंद का विस्तृत जीवन-चरित उनके छोटे पुत्र अमृतराय ने अत्यन्त मनोयोग तथा अध्यवसाय से लिखकर 1962 में 'प्रेमचंद : कलम का सिपाही' शीर्षक से प्रकाशित कराया, प्रेमचंद के ग्रन्थों के प्रकाशन तथा बिक्री का कार्य उनके पुत्रद्वय ही करते रहे और उनके पुत्र ही प्रेमचंद के देहावसान के उपरान्त दशकों तक 'हंस' को नियमित रूप से प्रकाशित करते रहे। पं. बनारसी दास चतुर्वेदी द्वारा व्यक्त आशंका को चरितार्थ करते हुए साहित्य-जगत् के विद्वान् प्रेमचंद के जीवन तथा कृतियों पर कार्य करने में 'दिखावट' तथा 'दम्भ' से स्वयं को मुक्त न रख सके और मात्र 'प्रेमचंद-विशेषज्ञ' के रूप में स्थापित होने के लिए ही उनकी कृतियों का उपयोग व उपभोग करते रहे।

हमारे समाज में सामान्य रूप से 'स्मारक' का अर्थ व्यक्ति विशेष की स्मृति में उसके जीवन से निकटतम सम्बन्धित स्थान विशेष पर एक भव्य भवन के निर्माण से ही लिया जाता है, और यही कारण है कि प्रेमचंद-स्मारक के लिए भी सदा भूमि और भवन की आवश्यकता अनुभव की जाती रही। इस स्मारक के लिए उनके जन्म-स्थान लमही में समवस्थित प्रेमचंद के उस पैतृक भवन से उपयुक्त अन्य कोई स्थान नहीं हो सकता था, जहाँ उनका जन्म हुआ था। ध्यातव्य है कि वह भवन पारिवारिक विभाजन में प्रेमचंद के छोटे भाई महताबराय के हिस्से में आ गया था।

दैनिक 'आज' से अवकाश प्राप्त करने के उपरान्त महताबराय सम्भवत: 1955 के अन्त में नागरी प्रचारिणी सभा, काशी के मुद्रण व्यवस्थापक के रूप में कार्यरत हो गए। उस समय सभा के अध्यक्ष पं. गोविन्द वल्लभ पन्त, उपाध्यक्ष आचार्य हजारी प्रसाद द्विवेदी और प्रधानमंत्री डॉ. राजबलि पाण्डेय थे। डॉ. राजबलि पाण्डेय, आचार्य हजारी प्रसाद द्विवेदी, गोविन्द प्रसाद केजरीवाल, राधाविनोद गोस्वामी, शम्भुनाथ वाजपेयी आदि द्वारा प्रेरित किए जाने पर प्रेमचंद के अनुज महताबराय ने 1956 के प्रारम्भ में नागरी प्रचारिणी सभा, काशी के समक्ष प्रस्ताव प्रस्तुत किया-

"यदि सभा द्वारा लमही में प्रेमचंद के एक उपयुक्त स्मारक की दिशा में पहल की जाए तो वह अपना पैतृक मकान, जिसमें प्रेमचंद का जन्म हुआ था, सहर्ष सभा को अर्पित करने को तैयार हैं।"[1]

महताबराय के इस उदारतापूर्ण प्रस्ताव पर सभा ने 14 जुलाई, 1956 को आयोजित अपनी बैठक में प्रेमचंद-स्मारक हेतु एक संयोजन समिति का गठन कर दिया जिसके सदस्य थे-गोविन्द प्रसाद केजरीवाल, दिलीप नारायण सिंह, बच्चन

1. बीसवीं सदी के सर्वश्रेष्ठ कथाकार प्रेमचंद, पृ. 70

सिंह, पं. करुणापति त्रिपाठी और महताब राय। इस नवगठित संयोजन समिति की एक बैठक 22 जुलाई, 1956 को लमही में आयोजित हुई जिसमें डॉ. राजबलि पाण्डेय, श्रीमती शिवरानी देवी, जितेन्द्र प्रसाद, त्रिलोचन शास्त्री तथा पं. राधाविनोद गोस्वामी ने भी विशेष आमन्त्रित सदस्यों के रूप में भाग लिया। इस बैठक में व्यापक विचार-विमर्श के उपरान्त प्रेमचंद-स्मारक की विस्तृत रूपरेखा स्वीकार की गई जिसमें स्मारक सम्बन्धी अन्य योजनाओं के साथ-साथ निम्नांकित महत्त्वपूर्ण निर्णय भी लिया गया-

"एक पृथक् कक्ष में प्रेमचंद तथा उनसे सम्बन्धित सम्पूर्ण साहित्य उपलब्ध हो, प्रेमचंद की प्राप्त पांडुलिपियाँ, उनके पत्रादि तथा उनके उपयोग की उपलब्ध वस्तुएँ वहाँ लोगों के अवलोकनार्थ प्रदर्शित की जाएँ।"[1]

जहाँ एक ओर समस्त साहित्य-संसार हाथ पर हाथ रखे मौन बैठा हुआ था, वहीं दूसरी ओर समस्त प्रतिकूलताएँ सहन करने का जीवट दिखाते हुए प्रेमचंद के अनुज महताबराय ने "उस समय तक अपना कोई अन्य निजी मकान न होते हुए भी पैतृक मकान को स्मारक के निर्माणार्थ सभा को अर्पित कर अपनी उदारता, भ्रातृ-स्नेह और हिन्दी के प्रति अनुराग का परिचय दिया था।"[2]

इस तथ्य की पुष्टि पं. विनोद शंकर व्यास के निम्नांकित शब्दों से भी हो जाती है-

"महताबराय ने अपने बड़े भाई के स्मारक के लिए जो जमीन काशी नागरी प्रचारिणी सभा को दान की है, वह वही जमीन है जिसे हासिल करके उनके पूर्वज लाला गुरसहाय ने अपना मकान बनवाया था और महताबराय के पास अब यही एकमात्र पैतृक आवास रह गया था।"[3]

महताबराय की मौखिक सहमति पाते ही सभा स्मारक की दिशा में सक्रिय हो गई और प्रेमचंद की 20वीं पुण्य तिथि 8 अक्टूबर, 1956 को सभा के ही 'प्रेमचंद-स्मारक मंडल' द्वारा लमही में भव्य आयोजन किया गया, जिसकी अध्यक्षता बलाईचाँद मुखोपाध्याय 'बनफूल' ने की थी। प्रेमचंद-स्मारक की दिशा में लगभग एक वर्ष तक कार्य करने के उपरान्त सभा को यह चिन्ता हुई कि महताबराय से भू-खण्ड का दान-पत्र रजिस्टर्ड करा लिया जाए। इसके लिए सभा के प्रधानमंत्री डॉ. राजबलि पाण्डेय ने 20 नवम्बर, 1957 के पत्र में महताबराय को लिखा-

"सभा स्वर्गीय प्रेमचंदजी के स्मारक के सम्बन्ध में जो कार्य कर रही है उस पर प्रबन्ध समति के गत 16-11-1957 के अधिवेशन में चर्चा हुई थी। समिति ने निश्चय किया है-

'श्री महताबराय को आश्वासन दिया जाए कि प्रबन्ध समिति जैसा निश्चय कर चुकी है उसके अनुसार स्मारक अवश्य बनेगा। अतएव दान-पत्र की रजिस्ट्री

---

1. बीसवीं सदी के सर्वश्रेष्ठ कथाकार प्रेमचंद, पृ. 71
2. बीसवीं सदी के सर्वश्रेष्ठ कथाकार प्रेमचंद, पृ. 73
3. प्रेमचंदजी के अनुज स्व. महताब राय; साप्ताहिक हिन्दुस्तान, नई दिल्ली, 19 मार्च 1961, पृ. 25

अध्यक्षीय भाषण

२० वीं प्रेमचंद पुण्यतिथि

८ अक्टूबर, १६५६

श्री बलाईचाँद मुखोपाध्याय 'वनफूल'

प्रेमचंद-स्मारक-मंडल

नागरीप्रचारिणी सभा, काशी द्वारा

स्व० प्रेमचंदजी के जन्मग्राम लमही में आयोजित

बलाईचाँद मुखोपाध्याय का
अध्यक्षीय वक्तव्य

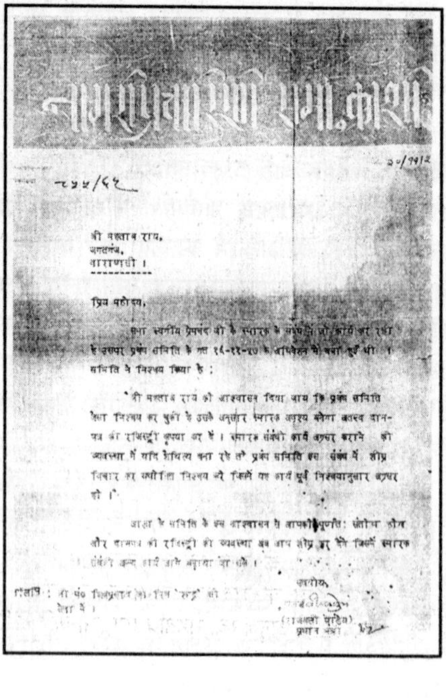

नागरीप्रचारिणी सभा, काशी

२०/११/५७

श्री [illegible] राय,
[illegible],
वाराणसी ।

प्रिय महोदय,

सभा स्वर्गीय प्रेमचंद जी के स्मारक के संबंध में जो कार्य कर रही है उसपर प्रबंध समिति के गत १६-११-५७ के अधिवेशन में चर्चा हुई थी । समिति ने निश्चय किया है :

"श्री [illegible] राय को आश्वासन दिया जाय कि प्रबंध समिति जैसा निश्चय कर चुकी है उसके अनुसार स्मारक अवश्य बनेगा अतएव दान-पत्र की रजिस्ट्री कृपया कर दें । स्मारक संबंधी कार्य अग्रसर कराने की व्यवस्था में यदि शैथिल्य चल रहा हो तो प्रबंध समिति इस संबंध में शीघ्र विचार कर समुचित निश्चय करे जिसमें यह कार्य पूर्व निश्चयानुसार अग्रसर हो ।"

आशा है समिति के इस आश्वासन से आपको पूर्णतः संतोष होगा और दानपत्र की रजिस्ट्री की व्यवस्था अब आप शीघ्र कर देंगे जिसमें स्मारक संबंधी अन्य कार्य आगे बढ़ाया जा सके ।

भवदीय,

([illegible] पांडेय)
प्रधान मंत्री

प्रतिलिपि : श्री पं० [illegible] 'राष्ट्र' की सेवा में ।

नागरी प्रचारिणी सभा का
20 नवम्बर, 1957 का पत्र

कृपया कर दें। स्मारक सम्बन्धी कार्य अग्रसर कराने की व्यवस्था में यदि शैथिल्य बना रहे तो प्रबन्ध समिति इस सम्बन्ध में शीघ्र विचार कर यथोचित निश्चय करे जिससे यह कार्य पूर्व निश्चयानुसार अग्रसर हो।'

आशा है, समिति के इस आश्वासन से आपको पूर्णतः सन्तोष होगा और दान-पत्र की रजिस्ट्री की व्यवस्था अब आप शीघ्र कर देंगे जिससे स्मारक सम्बन्धी अन्य कार्य आगे बढ़ाया जा सके।"

उपर्युक्त पत्र की प्रतिलिपि पं. शिवप्रसाद मिश्र 'रुद्र' काशिकेय को भी प्रेषित की गई थी जिससे यह अनुमान होता है कि उनकी प्रेरणा से ही महताबराय ने प्रेमचंद-स्मारक हेतु अपना एकमात्र पैतृक भवन दान करने के मौखिक संकल्प को विधिक स्वरूप प्रदान करने के लिए स्वयं तथा अपने समस्त पुत्रों-राम कुमार राय, कृष्ण कुमार राय, विनय कुमार राय, नन्द कुमार राय और कौशल कुमार राय के संयुक्त हस्ताक्षरों से इस भवन का 'दान-पत्र' नागरी प्रचारिणी सभा, काशी के पक्ष में 9 जुलाई, 1958 को निष्पादित कर दिया जो 30 जुलाई, 1958 को सब रजिस्ट्रार, वाराणसी द्वारा बही नं. 1, जिल्द 3378 के पृ.सं. 110/112 में नं. 4203 पर रजिस्टर्ड किया गया था। इस दान-पत्र का अविकल पाठ इस प्रकार है-

"हम लोग महताबराय पुत्र स्वर्गीय श्री अजायब लाल तथा राम कुमार, कृष्ण कुमार, विनय कुमार, नन्द कुमार और कौशल कुमार पुत्र महताबराय, साकिनान ग्राम लमही, थाना चोलापुर, जिला बनारस के हैं। विदित हो कि हम महताबराय, दानकर्ता सं. 1 के ज्येष्ठ भ्राता श्री धनपतराय (प्रेमचंद) हिन्दी साहित्य के प्रसिद्ध विद्वान् तथा लेखक थे। उनके उपन्यास, कहानियाँ तथा नाटक हिन्दी साहित्य में बहुत उच्च स्थान रखते हैं। उनकी हिन्दी सेवाओं का आदर करने की दृष्टि से काशी नागरी प्रचारिणी सभा ने उनके जन्म-स्थान पर स्मारक बनाने का जो निश्चय किया है उसको हम लोगों ने भी बड़ी प्रसन्नता से स्वीकार किया है। श्री प्रेमचंदजी का जन्म ग्राम लमही, थाना चोलापुर, जिला बनारस, में मकान के जिस कमरे में हुआ था वह विभाजन द्वारा हम लोगों के हिस्से में आया है। अतः हम लोग अपनी स्वेच्छा, प्रसन्नता तथा स्वतन्त्रता से मकान का निम्नलिखित हिस्सा, जिसको इस अर्पण-पत्र के साथ संलग्न नक्शे में लाल रंग से तथा अक्षर क, ख, ग, घ से दिखाया गया है और जो कि मालियती मुबलिग एक हजार रुपया (1000) मात्र, जिसका आधा मुबलिग 500 पाँच सौ रुपया होता है, जो कि हम लोगों के हिस्से में आया है, काशी नागरी प्रचारिणी सभा को श्री प्रेमचंद-स्मारक बनाने के लिए निम्नलिखित प्रतिबन्धों के साथ अर्पित करते हैं-

1. आज से निम्नलिखित अर्पित सम्पत्ति, जो संलग्न नक्शे में लाल रंग से दिखलाई गई है, उक्त सभा की सम्पत्ति हो गई। इस पर उक्त सभा के प्रधानमन्त्री डॉ. राजबलि पाण्डेय का कब्जा करा दिया गया है। अब उनको अधिकार है कि

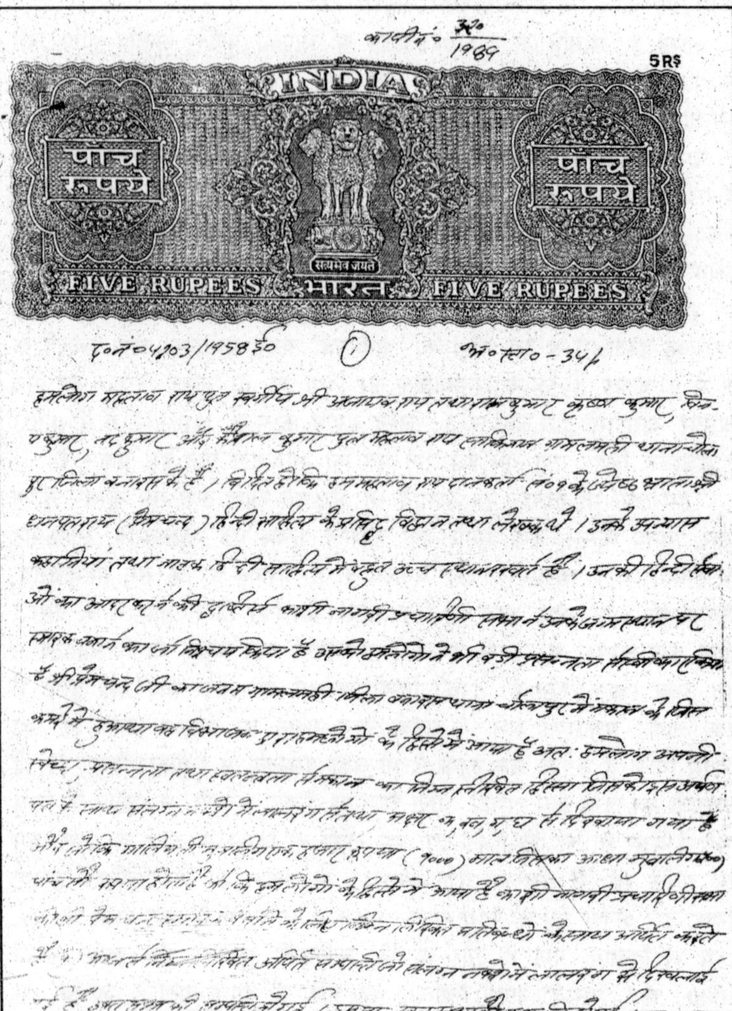

महताब राय और उनके पुत्रों द्वारा निष्पादित दान-पत्र का प्रथम पृष्ठ

उस सम्पत्ति को स्मारक के निमित्त व्यवहार करें। हम लोगों को सभा के अधिकार में किसी प्रकार का हस्तक्षेप करने का हक न है, न रहेगा।

2. सरकारी कागजों में जहाँ आवश्यकता हो, हम लोगों के बजाय काशी नागरी प्रचारिणी सभा का नाम दर्ज कराया जाए।

3. यह कि जो कुछ सम्पत्ति स्मारक की होगी उसकी भी मालिक नागरी प्रचारिणी सभा होगी। हम लोगों को किसी प्रकार के स्वामित्व का अधिकार न होगा।

4. यह कि सभा को पूर्ण अधिकार है कि उस मकान को गिराकर नया भवन आदि बनाए और कुएँ आदि भी खुदवाये तथा अन्य स्मारक सम्बन्धी कार्य करे।

5. यह कि उक्त सम्पत्ति हम लोग अपने कुल की मर्यादा, प्रतिष्ठा तथा समृद्धि के लिए अर्पण कर रहे हैं। इससे हमारे कुल का तथा श्री प्रेमचंदजी का नाम स्थायी रहेगा। अतः यह अल्पांश सम्पत्ति मालियती एक हजार रुपया स्मारक के लिए अर्पण की जाती है।

6. इस अर्पण-पत्र को हम लोगों ने पढ़कर तथा अच्छी तरह समझकर लिखा है और अपने-अपने हस्ताक्षर किए हैं। अतः यह अर्पण-पत्र लिख दिया कि प्रमाण रहे और समय पर काम आवे।

अर्पित की गई सम्पत्ति की चौहद्दी तथा ब्योरा-मकान दो खंड, मकान दो मंजिला तथा सहन मय जमीन जिस पर मकान बना है और जमीन सहन जो कि ग्राम की आबादी में है और जो कि संलग्न नक्शे में अक्षर क, ख, ग, घ से तथा लाल रंग से दिखाया गया है और जिसकी मालियत 1000/-(एक हजार रुपया) है, वह कुल दान की जाती है।

पूरब-रास्ता और उसके बाद स्व. प्रेमचंदजी का मकान।

पश्चिम-शेष सहन और उसके पश्चात् श्री संजीवन राय और श्री श्यामलाल के मकान।

उत्तर-शेष सहन और उसके पश्चात् श्री संजीवन राय और श्री श्यामलाल के मकान।

दक्षिण-गली और उसके बाद श्री भगवान प्रसाद का मकान।

टाइपकर्ता-शम्भुनाथ वाजपेयी, नागरी प्रचारिणी सभा, वाराणसी। 09-07-1958

ह. महताबराय ह. राम कुमार राय ह. कौशल कुमार राय ह. विनय कुमार राय ह. कृष्ण कुमार राय ह. नन्द कुमार राय

ग.-ह. शंभुनाथ वाजपेयी ग.-ह. दीप नारायन लाल

इस दस्तावेज को श्री महताबराय पुत्र श्री अजायब लाल, पेशा व्यापार, रहने वाले मोहल्ला लमही, परगना शिवपुर, जिला वाराणसी ने दफ्तर सब रजिस्ट्रार, बनारस में आज तारीख 10, महीना 7, सन् 1958 ई. 1 व 2 बजे के बीच पेश किया। ह. वी.एस. मिश्रा, सब रजिस्ट्रार। 10-07-1958

राजर्षि पुरुषोत्तमदास जी टंडन, प्रयाग

"ना० प्र० सभा की ओर से जो योजना प्रेमचंद-स्मारक की रखी गई है मैं उस पर सभा को बधाई देता हूँ और उसका हृदय से समर्थन करता हूँ।

राष्ट्रकवि मैथिलीशरण गुप्त, चिरगाँव

"स्व० प्रेमचंद की स्मारकयोजना मुझे उचित लगती है। उसकी सफलता की कामना करता हूँ।"

कविवर सुमित्रानंदन जी पंत, प्रयाग

"नागरीप्रचारिणी सभा के तत्वावधान में प्रेमचंद जी का जो स्मारक बनाने का प्रयत्न हो रहा है उसका प्रत्येक साहित्यप्रेमी अभिनंदन करेगा।"

डा० संपूर्णानंद, मुख्य मंत्री, उत्तर प्रदेश

"यह उत्साह स्तुत्य है और मैं आशा करता हूँ कि इसकी सिद्धि में आपको सर्वतः सहयोग प्राप्त होगा। मैं अपनी ओर से १०१) रु० का एक चेक भेज रहा हूँ।"

श्री बलाईचाँद मुखोपाध्याय 'वनफूल'

"प्रत्येक साहित्यस्रष्टा की भाँति प्रेमचंद भी निजी गौरव, निजी सौंदर्य एवं निजी वैशिष्ट्य से देदीप्यमान हैं। उनकी तुलना एक मात्र स्वयं वही हैं।"

मा० कन्हैयालाल माणिकलाल मुंशी, बंबई

"प्रेमचंद जी के जन्मग्राम लमही में स्मारक बनवाने का निश्चय किया है उसके लिये मैं नागरीप्रचारिणी सभा, काशी को अभिनंदन देता हूँ।"

श्री राहुल सांकृत्यायन, मसूरी

"प्रेमचंद जी का स्मारक इसी पीढ़ी में बन जाना चाहिए नहीं तो अगली पीढ़ी दोषी ठहराएगी।"

मा० लालबहादुर शास्त्री, वाणिज्य मंत्री, भा०स०

"लमही ग्राम में प्रेमचंद स्मारक बनाने का कार्यक्रम सुंदर और स्तुत्य है। विश्वास है, इसे सफल बनाने में सभी का सहयोग मिलेगा।"

श्री हरिभाऊ उपाध्याय, वित्त मंत्री, राजस्थान

"मुंशी प्रेमचंद जी ने हिंदी की अनुपम और महत्वपूर्ण सेवा की और उसके विकास को नई गति दी। ये सब आयोजन उनकी सेवाओं के प्रति हमारी कृतज्ञता प्रमाणित करते हैं।"

श्री पद्मपत सिंघानिया, कानपुर

"इस महान् आत्मा के समादर के लिये मैं भी अपनी हार्दिक शुभकामनाएँ निवेदित कर रहा हूँ।"

महामहिम श्री श्रीप्रकाश जी, राज्यपाल, बंबई

"मुझे बड़ा हर्ष है कि प्रेमचंद जी का उपयुक्त स्मारक बनाने का आप लोग आयोजन कर रहे हैं। मेरी शुभकामना है कि इसमें आपको पर्याप्त सफलता मिले।"

श्री प्रतापसिंह कैरों, मुख्य मंत्री, पंजाब

"सभा ने ऐसे युगप्रवर्तक साहित्यकार के स्मारक के लिये जो योजना बनाई है उसे सर्वसाधारण का निश्चय ही योग मिलेगा।"

यशपाल जी, लखनऊ

"नागरीप्रचारिणी सभा प्रेमचंद स्मारक बनाने का आवश्यक और उचित कार्य कर रही है।"

इलाचंद्र जी जोशी, लखनऊ

"प्रेमचंद जी जनता के साहित्यकार थे, उनका व्यक्तित्व महान् था। उन्होंने जनता का सारा क्लेश, दुःख और मानवीय संवेदना अपने में समेटकर उसे जनता की भाषा में अभिव्यक्त किया।"

प्रतापनारायण जी श्रीवास्तव, कानपुर

"मेरी समस्त शुभकामनाएँ आपके साथ हैं और भगवान् से प्रार्थना है कि यह हिंदी के सर्वोच्च साहित्यकार प्रेमचंद को गौरव प्रदान करे"

श्रीगोपाल जी नेवटिया, बंबई

"ऐसी प्रवृत्तियों से हिंदी साहित्य और देश का लाभ होगा।"

चिंतामणि जी विनायक जोशी, पूना

"श्री महताब राय ने साहित्य-सम्राट् प्रेमचंद जी का स्मारक बनवाने के लिये मकान दिया, यह स्तुत्य है। स्मारक प्रेमचंद जी की स्मृति को शोभित करेगा, ऐसा मेरा विश्वास है।"

राय कृष्णदास जी, भारत कलाभवन

"सभा लमही ग्राम में प्रेमचंद जी का स्मारक बनवाकर वहाँ एक साहित्यिक तीर्थ स्थापित कर रही है। वस्तुतः यह कार्य बहुत पहले हो जाना चाहिए था। अपने साहित्यकारों का संमान कर हम स्वयं गौरवान्वित होते हैं।"

अमृत राय जी, प्रयाग

"हम सबकी शुभ कामनाएँ आपके साथ हैं।"

अमृतलाल जी नागर, लखनऊ

"प्रेमचंद जी की स्मृति में मेरी शत शत श्रद्धांजलियाँ।"

प्रेमचंद-स्मारक-योजना

नागरीप्रचारिणी सभा

वाराणसी

(उत्तर प्रदेश)

प्रेमचंद-स्मारक

काशी नागरी प्रचारिणी सभा

साहित्यप्रेमियों को यह जानकर प्रसन्नता होगी कि काशी नागरीप्रचारिणी सभा ने प्रेमचंद-स्मारक स्थापित करने का संकल्प किया है। यह स्मारक उनके जन्मग्राम लमही में स्थापित होगा जो वाराणसी से बहुत दूर नहीं है। प्रेमचंद जी हिंदी के सर्वप्रिय और सर्वश्रेष्ठ उपन्यासकार और कहानीलेखक थे। उन्होंने सहस्रों पाठक-पाठिकाओं के हृदय में आशा, विश्वास और आत्मबल का संचार किया है। हिंदी-क्षेत्र से बाहर भी उनकी रचनाएँ आदर के साथ पढ़ी जाती हैं। प्रेमचंद जी के कारण भारतीय कथासाहित्य गौरवान्वित हुआ है। हमारे लिये यह गौरव की बात नहीं है कि उनका स्वर्गवास हुए लगभग २२ वर्ष बीत गए, परंतु अभी तक उनका कोई उपयुक्त स्मारक हम नहीं बना पाए। प्रेमचंद तो अमर हैं, उनकी कृतियाँ सदा कथासाहित्य के पाठकों का हृदयहार बनी रहेंगी पर उनके साहित्य के अनुरागियों का भी कुछ कर्तव्य होता है। नागरीप्रचारिणी सभा ने इसीलिये प्रेमचंद-स्मारक बनाने का प्रयत्न शुरू किया है। इस कार्य में सभा साहित्यप्रेमी जनता के सहयोग की प्रार्थना करती है। सभा को आशा है कि इस पुण्यकार्य में देश की साहित्यिक संस्थाएँ, विद्यालय, उनके अध्यापक और छात्र, पत्र-पत्रिकाओं के संपादक तथा सभी सार्वजनिक कार्यकर्ता विशेष रूप से उत्साह दिखाएँगे। वस्तुतः सभा इन्हीं कार्यकर्ताओं की सद्भावना और उत्साहपूर्ण सहयोग के विश्वास से इस बड़े कार्य को हाथ में ले रही है। स्मारक में १ लाख २५ हजार रुपए के व्यय करने की योजना है। इस योजना के अंतर्गत स्मारक-भवन, पुस्तकालय, संग्रहालय, अतिथि-भवन, प्रेमचंद-मार्ग, प्रेमचंद-प्रस्तर-प्रतिमा आदि का निर्माण होगा।

भारत के राष्ट्रपति डा० राजेंद्रप्रसाद जी ने भी प्रेमचंद-स्मारक-योजना पसंद की है और यह संदेश प्रेषित किया है :

"श्री प्रेमचंद ने हिंदी साहित्य की जो सेवा की उसको दृष्टि में रखते हुए सभा का उनके स्मारक संबंधी निश्चय सब प्रकार से योग्य और प्रशंसनीय है। मैं आशा करता हूँ कि सभा को इस काम में सफलता मिलेगी। योजना मैंने देखी है। वह ठीक है।"

भारत के प्रधान मंत्री माननीय पं० जवाहरलाल जी नेहरू ने प्रेमचंद-स्मारक के लिये अपनी ओर से चंदा दिया है। इनके अलावा सर्वश्री राजर्षि पुरुषोत्तमदास टंडन, माननीय पं० गोविंदवल्लभ पंत, डा० संपूर्णानंद, सेठ गोविंददास, पद्मविभूषण घनश्यामदास बिरला, डा० धीरेंद्र वर्मा, पं० नंददुलारे वाजपेयी, सीताराम सेकसरिया, डा० नगेंद्र, डा० हरिवंश राय 'बच्चन', कविवर सुमित्रानंदन पंत आदि ने भी निजी चंदे प्रेमचंद स्मारक में दिए हैं। प्रेमचंद जी के कनिष्ठ भ्राता श्री महताबराय ने लमही-स्थित प्रेमचंद-जन्म-गृह स्मारक के लिये दान कर दिया है। उत्तरप्रदेश सरकार ने भी स्मारक के लिये ५०००) रु० प्रदान किए हैं।

हमारी प्रार्थना है कि लोग विशेष रूप से इस कार्य के संपादन में सभा की सहायता करें। जो संस्थाएँ या सज्जन इस कार्य में सहायता करना चाहें वे सीधे काशी नागरीप्रचारिणी सभा से पत्रव्यवहार करें। उनके पास स्मारक की प्रामाणिक बहियाँ और सभा की ओर से अर्थसंग्रह करने का प्रमाणपत्र भेज दिया जाएगा। एक बार हम फिर सभी साहित्यप्रेमियों से इस पुण्य कार्य में सहायता करने और इसे पूर्ण सफल बनाने का साग्रह अनुरोध करते हैं। स्मारक संबंधी सहायता प्रधान मंत्री, नागरीप्रचारिणी सभा, वाराणसी के पते से आनी चाहिए।

(डा०) हजारीप्रसाद द्विवेदी	(डा०) राजबली पांडेय	गोविंदप्रसाद केजरीवाल
उप-सभापति	प्रधान मंत्री	संयोजक
नागरीप्रचारिणी सभा	नागरीप्रचारिणी सभा	प्रेमचंद स्मारक

नागरी प्रचारिणी सभा, काशी
द्वारा धन संग्रह
हेतुजारी किया
गया परिपत्र

नागरीप्रचारिणी सभा
वाराणसी : सौर १० आश्विन २०१६
(ता० २६ सितंबर, ५६)

श्रीमन् । श्रीमति

आगामी गुरुवार सौर २२ आश्विन, सं० २०१६ वि० (ता० ८ अक्टूबर, १९५९) को सायंकाल ४॥ बजे लमही ग्राम में स्व० प्रेमचंद जी के स्मारकभवन का शिलान्यास भारत गणराज्य के राष्ट्रपति देशरत्न डाक्टर राजेंद्रप्रसाद जी के करकमलों द्वारा वंगभाषा के सिद्धहस्त कथाकार श्री ताराशंकर जी वंद्योपाध्याय के सभापतित्व में संपन्न होगा। समारोह का शुभारंभ श्री डा० संपूर्णानंद, मुख्य मंत्री, उ० प्र० करेंगे। आपसे सानुनय अनुरोध है कि इस मांगलिक कार्य में योग देकर आयोजन को सफल बनाने की कृपा करें।

दर्शनाभिलाषी

गोविंदवल्लभ पंत
सभापति

हजारीप्रसाद द्विवेदी
उपसभापति

राजबली पांडेय
प्रधान मंत्री

गोविंदप्रसाद केजरीवाल
संयोजक

टि०—(१) लमही ग्राम आजमगढ़ जानेवाली सड़क पर काशी से लगभग ५ मील दूर है। उस दिन आवागमन के लिये रोडवेज की बसें चलनेवाली हैं। अपनी निजी गाड़ी हो तो उसे भी कृपया सड़क पर निश्चित स्थान पर ही छोड़ दें।

(२) आमंत्रित सज्जन कृपया ३॥ बजे तक पंडाल में अपना स्थान ग्रहण कर लें।

(३) अपना निमंत्रणपत्र कृपया साथ लाएँ।

कार्यक्रम

लमही ग्राम

सायं ४–३०	सभा की प्रबंध समिति के सदस्यों द्वारा राष्ट्रपति जी का स्वागत
४–३५	वेदपाठ—वास्तुपूजा—शिलान्यास
४–५०	मंगलगान
४–५७	समारोह का शुभारंभ—डा० संपूर्णानंद, मुख्य मंत्री, उत्तर प्रदेश
५–१०	अभिनंदन—डा० हजारीप्रसाद द्विवेदी, उपसभापति, ना० प्र० सभा
५–२५	संदेशपाठ (श्री गोविंदप्रसाद केजरीवाल द्वारा)
५–३५	भाषण—राष्ट्रपति डा० राजेंद्रप्रसाद जी
५–५०	आभारप्रदर्शन—श्रीमती शिवरानी देवी
,,	श्री महताबराय
५–५५	सभापति जी का भाषण : श्री ताराशंकर जी वंद्योपाध्याय
६–१०	धन्यवाद—डा० राजबली पांडेय, प्रधान मंत्री, नागरीप्रचारिणी सभा
६–२०	राष्ट्रीय गान
६–३०	प्रस्थान

प्रेमचंद स्मारक के पहले शिलान्यास का निमन्त्रण पत्र

डॉ. राजेन्द्र प्रसाद के कर कमलों से प्रेमचंद स्मारक का शिलान्यास

महताबराय इस दस्तावेज के मजमून के सुनने व समझने के बाद व इस दस्तावेज की तकमील व तहरीर से श्री महताबराय मुकिर मज़कूर व श्री राम कुमार व श्री कृष्ण कुमार व श्री विनय कुमार व श्री नन्द कुमार व श्री कौशल कुमार पेसरान श्री महताबराय, पेशा व्यापार, निवासी लमही उक्त ने इकबाल किया जिनकी पहचान श्री दीप नारायन लाल पुत्र श्री जुगल किशोर लाल, पेशा मोहर्रिरी, रहने वाले गाँव लमही उक्त और श्री शम्भुनाथ वाजपेयी पुत्र श्री शिवचरण वाजपेयी, पेशा नौकरी, रहने वाले मोहल्ला ईश्वरगंगी, शहर वाराणसी ने की। मुकिरान व गवाहान प्रतिष्ठित आदमी हैं इसलिए चिह्न अँगूठा से मुक्त किया गया। ह. वी.एस. मिश्रा, सब रजिस्ट्रार, 10-07-1958

ह. महताबराय ह. राम कुमार राय ह. कृष्ण कुमार राय ह. विनय कुमार राय ह. नन्द कुमार राय ह. कौशल कुमार राय

ह. दीपनारायन लाल ह. शंभुनाथ वाजपेयी

ह. वी.एस. मिश्रा, सब रजिस्ट्रार
10-07-1958

बही नं. 1 जिल्द 3378 के पृष्ठ 110/112 में नं. 4203 पर आज दिनांक 30 जुलाई सन् 1958 ई. रजिस्ट्री की गई।

ह. वी.एस. मिश्रा, सब रजिस्ट्रार"

महताबराय और उनके पाँचों पुत्रों द्वारा दान-पत्र रजिस्ट्री करा देने के उपरान्त नागरी प्रचारिणी सभा ने एक परिपत्र जारी करके प्रेमचंद-स्मारक के निमित्त धन-संग्रह का अभियान छेड़ दिया जिसमें देश के प्राय: समस्त शीर्षस्थ नेताओं, उद्योगपतियों, साहित्यकारों तथा साहित्य प्रेमियों ने तो खुले हृदय से आर्थिक सहयोग किया ही, कुछ राज्य सरकारों ने भी अंशदान किया। इस प्रकार व्यापक रूप से धन संग्रह करके और देश के समूचे साहित्यिक वातावरण को प्रेमचंद-स्मारक निर्माण के नाम पर उत्साह से भरकर महताबराय द्वारा दान में दिए गए भू-खण्ड पर 8 अक्टूबर, 1959 को प्रेमचंद की 23वीं पुण्य तिथि के दिन भारत के प्रथम राष्ट्रपति डॉ. राजेन्द्र प्रसाद के कर-कमलों द्वारा प्रेमचंद-स्मारक का शिलान्यास हुआ। सभा द्वारा इस समारोह को कितनी भव्यता प्रदान की गई थी, यह इसके निमन्त्रण पत्र से स्पष्ट हो जाएगा जिसकी प्रतिलिपि साथ में प्रस्तुत है।

ध्यातव्य है कि शिलान्यास से पूर्व ही स्मारक बनाने के लिए प्रेमचंद के पैतृक निवास के रूप में प्रयुक्त होने वाले भवन के साथ-साथ वह कक्ष भी भूमिसात् कर दिया गया था जिसमें प्रेमचंद का जन्म हुआ था।

प्रेमचंद-स्मारक के लिए भूमि-भवन ले लेने और उसके शिलान्यास का भव्य समारोह आयोजित करके सभा ने अपना कर्त्तव्य पूर्ण समझ लिया और

स्मारक-स्थल देखते ही देखते कूड़े-कचरे के ढेर में बदलता चला गया। दुर्भाग्य से 16 जनवरी, 1961 को हृदयाघात के कारण महताबराय का आकस्मिक निधन हो गया जिसके उपरान्त सभा ने अखंड मौन धारण कर लिया।

भारत के प्रथम राष्ट्रपति डॉ. राजेन्द्र प्रसाद द्वारा लमही में प्रेमचंद-स्मारक का शिलान्यास किए जाने के बाद के 46 बरसों में प्रेमचंद-स्मारक के निर्माणार्थ धन एकत्रित करने के बावजूद नागरी प्रचारिणी सभा ने मात्र इतना ही किया कि कूड़े-कचरे के बड़े ढेर में बदल चुके स्मारक-स्थल की सफाई कराकर और चहारदिवारी से घेरकर उसके एक कोने में दो छोटी-छोटी कोठरियाँ बनवा दीं और पं. कमलापति त्रिपाठी के सौजन्य से प्रेमचंद की एक संगमरमरी आवक्ष प्रतिमा स्थापित करा दी जिसे प्रेमचंद-स्मारक के रूप में जाना जाता है। और, इसी कथित प्रेमचंद-स्मारक की दुर्दशा देखकर विख्यात कथाकार अखिलेश के अन्तर्मन की पीड़ा निम्नांकित शब्दों के रूप में फूट पड़ी–

"लमही में प्रेमचंद की जो मूर्ति लगी है, उसकी दोनों आँखें निकाल ली गई हैं। यह स्थिति काफी दिनों से है। प्रेमचंद की आँखें निकाल लेना एक तीक्ष्ण रूपक भी है। हमारे सबसे दृष्टिवान लेखक की आँखें निकाल ली जाती हैं और सभी चुप हैं। किसी को परवाह नहीं है। हमारे किसी लेखक संघ ने भी आवाज नहीं उठाई। हम कितने कृतघ्न हैं कि जिस प्रेमचंद ने असंख्य लोगों को अन्तर्दृष्टि दी, उसकी मूर्ति को हम पत्थर की आँख नहीं दे सकते।"[1]

यही है इस महान् देश की कृतघ्नी चेतना का घिनौना चेहरा! इससे भी अधिक वितृष्णा इस बात से होती है कि भारतीय साहित्य के प्रतिनिधि रचनाकार के स्मारक के साथ यह अनाचार देखकर भी न तो हमारी कुम्भकर्णी नींद टूटी और न अखिलेश के उपर्युक्त सार्वजनिक रहस्योद्‌घाटन का किंचित मात्र भी संज्ञान लेने का कोई उद्योग ही किया जा सका। अस्तु!

खुले आकाश के नीचे गर्मी-सर्दी-वर्षा सहने पर विवश प्रेमचंद की इस प्रतिमा पर बरसों बाद वाराणसी के प्रसिद्ध शाह उद्योग समूह के स्वामी चन्द्र कुमार शाह ने अपने व्यय से एक छतरी का निर्माण करा दिया और उन्होंने ही 1990 के आसपास परिसर की जर्जर हो चुकी चहारदिवारी और कोठरियों की मरम्मत भी कराई थी। इसके लगभग 5-6 वर्ष उपरान्त वाराणसी विकास प्राधिकरण ने भी इसी निर्माण का जीर्णोद्धार कराने का उद्योग किया। लेकिन इस मध्य महामहिम राष्ट्रपति महोदय द्वारा शिलान्यास करते समय स्थापित किया गया शिलापट्ट स्मारक-स्थल से गायब हो गया अथवा सुनियोजित रूप से गायब कर दिया गया और वहाँ इस तथ्य का कोई प्रमाण उपलब्ध नहीं रह गया कि यह वही भू-खण्ड है जो प्रेमचंद के छोटे भाई महताबराय ने अपने अग्रज का स्मारक

1. विरासत की विस्मृति; उत्तर प्रदेश, लखनऊ, मार्च 1998, पृ. 37

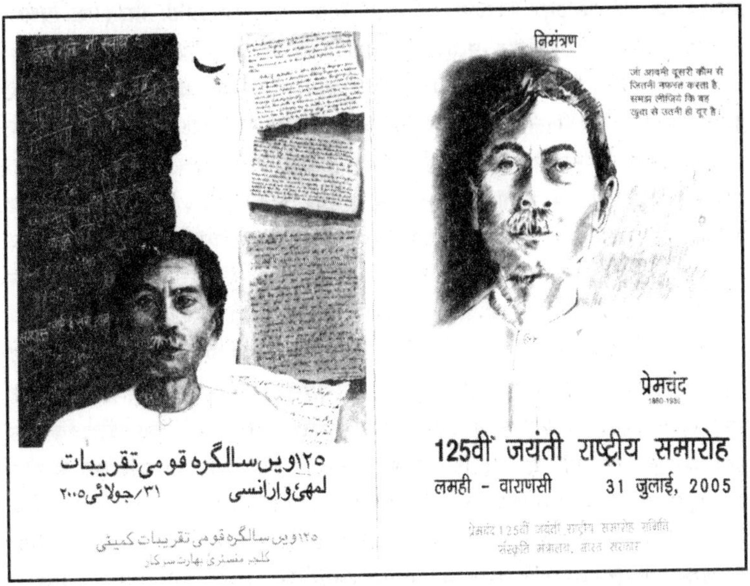

प्रेमचंद की 125वीं जयंती समारोह
में आप सादर आमंत्रित हैं।

शिलान्यास कार्यक्रम

प्रेमचंद स्मारक तथा प्रेमचंद शोध एवं अध्ययन संस्थान
का शिलान्यास
माननीय सूचना-प्रसारण एवं संस्कृति मंत्री,
भारत सरकार,
श्री एस. जयपाल रेड्डी द्वारा

समय : दोपहर 12 बजे
स्थान : लमही ग्राम, वाराणसी

मुख्य अतिथि

माननीय श्री मुलायम सिंह यादव

मुख्यमंत्री, उत्तर प्रदेश

सहयोग :
मुंशी प्रेमचंद स्मारक
शोध एवं शिक्षण न्यास,
इलाहाबाद

संयोजक :
श्रीमती सरला माहेश्वरी
सांसद (राज्य सभा)
श्री जुबैर रज़वी

संगोष्ठी कार्यक्रम

विषय : धर्मनिरपेक्ष भारत और प्रेमचंद
समय : अपराह्न 4 बजे
स्थान : प्रेक्षागृह, उदय प्रताप महाविद्यालय
भोजूबीर, वाराणसी
उद्घाटन : श्री एस. जयपाल रेड्डी, माननीय मंत्री
अध्यक्षता : श्री चंद्रबली सिंह
प्रमुख वक्ता : डॉ. नामवर सिंह
वक्ता गण : डॉ. शिवकुमार मिश्र,
प्रो. एस. एम. अकील रिज़वी,
डॉ. रमेश दीक्षित, श्री राजेन्द्र यादव,
श्री श्रीलाल शुक्ल, श्री दूधनाथ सिंह,
श्री काशीनाथ सिंह, श्री आलोक राय
एवं अन्य

प्रेमचंद 125वीं जयंती राष्ट्रीय समारोह समिति

अध्यक्ष
श्री एस. जयपाल रेड्डी
सूचना-प्रसारण
एवं संस्कृति मंत्री
भारत सरकार

संयोजक
श्रीमती सरला माहेश्वरी
सांसद (राज्य सभा)
श्री जुबैर रज़वी

सहयोग
मुंशी प्रेमचंद स्मारक
शोध एवं शिक्षण
न्यास, इलाहाबाद

प्रेमचंद स्मारक के दूसरे शिलान्यास का निमन्त्रण पत्र

बनाए जाने के विशिष्ट उद्देश्य से दान दिया था और जहाँ भारत के प्रथम राष्ट्रपति देशरत्न डॉ. राजेन्द्र प्रसाद ने प्रेमचंद-स्मारक का शिलान्यास किया था।

आश्चर्य की बात है कि महामहिम राष्ट्रपति डॉ. राजेन्द्र प्रसाद द्वारा 1959 में प्रेमचंद-स्मारक का शिलान्यास किए जाने के तथ्य की घोर उपेक्षा करके प्रेमचंद की 125वीं जयन्ती के समारोह में भारत सरकार के सूचना प्रसारण एवं संस्कृति मन्त्री एस. जयपाल रेड्डी ने 31 जुलाई, 2005 को लमही जाकर पुनः प्रेमचंद-स्मारक का शिलान्यास कर दिया। इस आयोजन के निमन्त्रण पत्र की प्रतिलिपि साथ में प्रस्तुत है।

इस प्रकार का अनुत्तरदायित्वपूर्ण व्यवहार प्रेमचंद के प्रति अपमानजनक होने के साथ ही भारत गणतन्त्र के सर्वोच्च संवैधानिक पद की भी अवमानना करता है।

प्रेमचंद-स्मारक बनाने के विशिष्ट उद्देश्य तथा शर्त के अधीन दान में प्राप्त किए गए भवन पर नागरी प्रचारिणी सभा द्वारा 'प्रेमचंद-स्मारक' का निर्माण न कराए जाने से महताबराय और उनके पुत्रों द्वारा निष्पादित 'दान-पत्र' का कोई विधिक अस्तित्व ही शेष नहीं रह जाता। विधिक दृष्टि से देखा जाए तो शर्त पूरी न होने के कारण यह दान-पत्र स्वतः ही विखण्डित हो गया है और इसमें वर्णित भूमि तथा भवन पर महताबराय और उनके उत्तराधिकारियों का स्वामित्व स्थापित हो गया है। परन्तु नागरी प्रचारिणी सभा ने अत्यन्त अमर्यादित तथा विधि-विरुद्ध आचरण करते हुए दान में प्राप्त किए हुए भू-भाग एवं भवन को उत्तर प्रदेश सरकार के संस्कृति विभाग को दान करके प्रेमचंद-स्मारक निर्मित कराने के अपने दायित्व से पल्ला झाड़ लिया। इस रजिस्टर्ड दान-पत्र का अविकल पाठ निम्नांकित है-

"नागरी प्रचारिणी सभा, वाराणसी जो सोसाइटी रजिस्ट्रेशन ऐक्ट के अन्तर्गत पंजीकृत संस्था है बजरिए डॉ. पद्माकर पाण्डेय पुत्र स्व. सुधाकर पाण्डेय निवासी भवन संख्या के 65/22 जालपा देवी रोड, वाराणसी प्रधानमंत्री नागरी प्रचारिणी सभा जिसे आगे प्रथम पक्ष (दानकर्ता) कहकर सम्बोधित किया गया है

..........प्रथम पक्ष

व

मुंशी प्रेमचंद राष्ट्रीय स्मारक संस्कृति विभाग, उ.प्र. सरकार द्वारा महामहिम राज्यपाल उ.प्र. बजरिए क्षेत्रीय सांस्कृतिक अधिकारी।

रजिस्ट्रीकरण अधिकारी संस्कृति विभाग वाराणसी-डॉ. लवकुश द्विवेदी

.........द्वितीय पक्ष (दानग्रहिता)

विदित हो कि सम्पत्ति जिसका पूर्ण विवरण व चतुर्दिक सीमा इस दान-पत्र के अन्त में दिया गया है यानी आराजी नम्बर मि. 90 रकबा 3710 वर्ग फीट स्थित मौजा-लमही, परगना-शिवपुर, तहसील व जिला वाराणसी जो बन्दोबस्ती आबादी है और जिसमें पुराने कमरे निर्मित हैं और चहारदिवारी से घिरी हुई है हम प्रथम पक्ष की है तथा प्रथम पक्ष उस पर बहैसियत मालिक वास्तविक रूप से अध्यासित

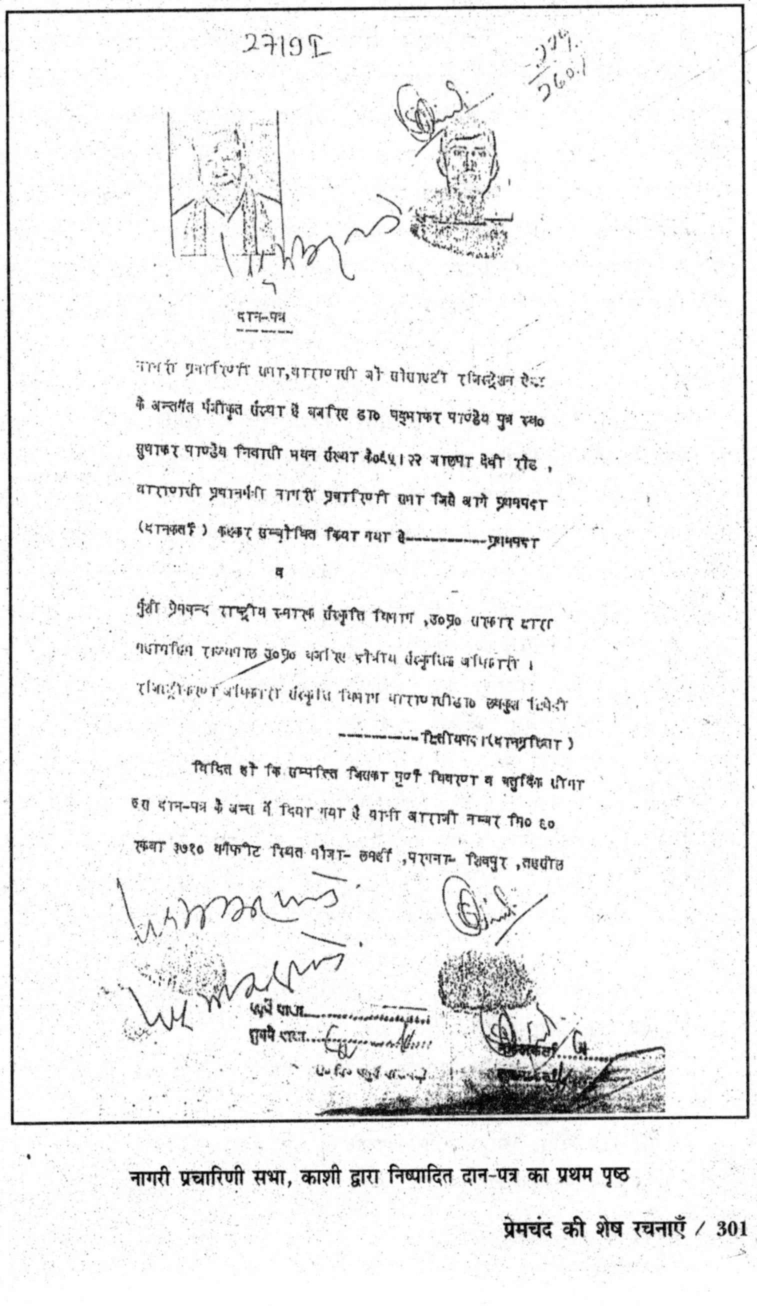

दान-पत्र

नागरी प्रचारिणी सभा, वाराणसी जो सोसायटी रजिस्ट्रेशन ऐक्ट के अन्तर्गत पंजीकृत संस्था है बजरिए डा० पद्माकर पाण्डेय पुत्र स्व० सुधाकर पाण्डेय निवासी भवन संख्या के०८५।२२ जालपा देवी रोड, वाराणसी प्रधानमंत्री नागरी प्रचारिणी सभा जिसे आगे प्रथमपक्ष (दानकर्ता) कहकर सम्बोधित किया गया है--------------प्रथमपक्ष

व

मुंशी प्रेमचन्द राष्ट्रीय स्मारक संस्कृति विभाग, उ०प्र० सरकार द्वारा नामांकित राज्यपाल उ०प्र० बजरिए क्षेत्रीय सांस्कृतिक अधिकारी। रजिस्ट्रीकरण अधिकारी संस्कृति विभाग वाराणसीडा० लवकुश द्विवेदी

--------------द्वितीयपक्ष।(दानग्रहिता)

विदित हो कि सम्पत्ति जिसका पूर्ण विवरण व चौहद्दी सीमा इस दान-पत्र के अन्त में दिया गया है यानी आराजी नम्बर मि० ६० रकबा ३७१० वर्गफीट स्थित मौजा- लमही, परगना- शिवपुर, तहसील

पहले गवाह..................

दूसरे गवाह..................

प्रथमपक्ष

द्वितीयपक्ष

नागरी प्रचारिणी सभा, काशी द्वारा निष्पादित दान-पत्र का प्रथम पृष्ठ

है। प्रथम पक्ष उसका पूर्ण स्वामी है और उसे दान के रूप में द्वितीय पक्ष को हस्तान्तरित करने का पूर्ण अधिकार हासिल है।

चूँकि द्वितीय पक्ष को मुंशी प्रेमचंद की स्मृति में राष्ट्रीय स्मारक के निर्माण एवं विकास के लिए इस दान-पत्र में वर्णित सम्पत्ति की आवश्यकता है जिसके लिए द्वितीय पक्ष ने प्रथम पक्ष के समक्ष प्रस्ताव रक्खा तो प्रथम पक्ष निम्न जायदाद को दान देने के लिए सहर्ष तैयार हो गया, क्योंकि प्रथम पक्ष मुंशी प्रेमचंदजी के साहित्य से अत्यधिक प्रभावित है। प्रथम पक्ष यह चाहता है कि मुंशी प्रेमचंद की स्मृतियों को अक्षुण्ण रखा जाए तथा उनके साहित्य एवं विचारों का प्रचार व प्रसार हो। मुंशी प्रेमचंद के प्रति उक्त स्नेह, लगाव, आकर्षण एवं समर्पण की भावना के वशीभूत होकर प्रथम पक्ष अपनी सम्पत्ति जिसका वर्णन इस दान-पत्र के अन्त में दिया गया है को दान देना स्वीकार किया। अत: प्रथम पक्ष स्वस्थ चित्त व प्रसन्न मन से यह दान-पत्र द्वितीय पक्ष के हक में तहरीर करके संस्था व उसके स्थानापन्नों को निम्नलिखित शर्तों से आबद्ध करता है-

1. यह कि प्रथम पक्ष ने आज अपनी निम्न वर्णित सम्पत्ति द्वितीय पक्ष को दान में दे दिया और द्वितीय पक्ष ने उक्त सम्पत्ति को दान में प्राप्त किया।

2. यह कि निम्न वर्णित सम्पत्ति के बाबत हम प्रथम पक्ष को जो हक व अधिकार प्राप्त हैं वह सब हक व अधिकार द्वितीय पक्ष के हक में हस्तान्तरित हो गए तथा प्रथम पक्ष ने अपना वास्तविक अध्यासन दान में दी गई सम्पत्ति से हटाकर उस पर द्वितीय पक्ष का वास्तविक अध्यासन बतौर दानग्रहिता करा दिया। आज की तिथि से द्वितीय पक्ष को पूर्ण अधिकार प्राप्त हो गया कि वह दान में दी गई निम्न वर्णित सम्पत्ति का उपयोग सिर्फ मुंशी प्रेमचंदजी के स्मृति को अक्षुण्ण रखने तथा उनके साहित्य एवं विचारों के प्रचार व प्रसार हेतु उपयोग करे। दूसरे किसी कार्य के लिए दान में प्राप्त उपरोक्त सम्पत्ति का उपयोग या उपभोग नहीं किया जाएगा तथा प्रथम पक्ष नागरी प्रचारिणी सभा जो भारतवर्ष की अत्यन्त प्राचीन हिन्दी सेवी संस्था है उसके नाम को कायम रखने के लिए एक शिलापट्ट इस आशय का द्वितीय पक्ष द्वारा उससे दान में प्राप्त सम्पत्ति पर लगाया जाएगा जो सदैव उसी रूप में रहेगा जिसका द्वितीय पक्ष पूर्ण रूप से पालन करेगा।

3. यह कि द्वितीय पक्ष दान में प्राप्त सम्पत्ति पर मुंशी प्रेमचंद-स्मारक द्वितीय पक्ष का नाम दर्ज करा लेवे।

4. यह कि दान में दी गई सम्पत्ति पर प्रथम पक्ष ने न कोई भार कायम किया है और न उसे कहीं हस्तान्तरित किया है।

5. यह कि चूँकि निम्न वर्णित जायदाद का दान-पत्र बहक मुंशी प्रेमचंद राष्ट्रीय स्मारक संस्कृति विभाग, उ.प्र. सरकार द्वारा महामहिम राज्यपाल उ.प्र. के

पक्ष में किया जा रहा है, लिहाजा यह दान-पत्र उसी रूप में द्वितीय पक्ष के हक में लिखा जा रहा है।

तफसील जायदाद जिसके सम्बन्ध में यह दान-पत्र लिखा गया है-आराजी नम्बर मि. 90 (मिनजुमिला नब्बे) रकबा 3710 वर्ग फीट यानी 344-79 वर्ग मीटर भू-भाग जमीन जिसमें पुराना कमरा निर्मित है तथा चहारदिवारी से घिरी हुई है स्थित वाका मौजा-लमही, परगना-शिवपुर, तहसील व जिला वाराणसी जिसकी चतुर्दिक सीमा इस प्रकार है-

पूरब-रास्ता बादहू मकान श्री प्रेमचंदजी।

पश्चिम-अशोक कुमार वगैरह सहन आबादी।

उत्तर-पक्की सड़क लमही लिंक मार्ग।

दक्षिण-गली बादहू दिनेश चन्द श्रीवास्तव।

नोट-कलेक्टर एवं जिला मजिस्ट्रेट वाराणसी के आदेश दिनांक 29-5-2006/07-07-2006 द्वारा क्षेत्रीय संस्कृति अधिकारी/रजिस्ट्रीकरण अधिकारी को (मुंशी प्रेमचंद राष्ट्रीय स्मारक) संस्कृति विभाग उ.प्र. सरकार द्वारा महामहिम राज्यपाल उत्तर प्रदेश की ओर से पंजीकरण हेतु अधिकृत किया गया है। स्टाम्प एवं निबन्धन शुल्क की देयता द्वितीय पक्ष उत्तर प्रदेश सरकार की है।

साक्षीगण-1. दयाशंकर पाण्डेय, अहलमद, एस.एल.ए.ओ. कार्यालय, वाराणसी

2. भोला प्रसाद सिंह पुत्र स्व. मथुरा प्रसाद, ग्राम बहोरीपुर, परगना अठगावाँ, तहसील पिण्डरा, जनपद वाराणसी

तहरीर दिनांक 12-7-2006

मसविदाकर्ता-मुरारी राम यादव, एडवोकेट, कलेक्टरी कचहरी, वाराणसी

टाईपकर्ता-राधेश्याम प्रसाद, कलेक्टरी कचहरी, वाराणसी

आज दिनांक 12-7-06 को फोटोस्टेट प्रति बही सं. 1 खण्ड 2607 पृ.सं. 229/240 पर क्रम सं. 2719 पर रजिस्ट्रीकरण किया गया। ह. अपठित, उपनिबन्धक चतुर्थ, वाराणसी।"

उपर्युक्त दान-पत्र में वर्णित भूमि नागरी प्रचारिणी सभा को दान में मिली हुई भूमि है और उस पर प्रेमचंद-स्मारक का निर्माण न करा पाने के कारण महताबराय एवं अन्यों द्वारा निष्पादित दान-पत्र का कोई विधिक अस्तित्व शेष नहीं रह गया जिसके कारण सम्बन्धित सम्पत्ति पर सभा का कब्जा अवैध है-इस तथ्य को छिपाने के लिए दान-पत्र में यह उल्लेख नहीं किया गया कि सभा जिस सम्पत्ति का दान-पत्र निष्पादित कर रही है, उसका स्वामित्व उसे कैसे प्राप्त हुआ। इसका सीधा सा अर्थ यही है कि उत्तर प्रदेश सरकार को अँधेरे में रखकर सभा ने ऐसी सम्पत्ति उसे दान कर दी जिस पर उसका न स्वामित्व था, न ही जिसे दान करने की वह अधिकारी थी। इसमें कुछ भी आश्चर्य नहीं है कि सम्बन्धित सरकारी

अधिकारी ने भी सम्पत्ति के स्वामित्व के सम्बन्ध में किसी प्रकार की जाँच किए बिना ही यह दान स्वीकार कर लिया, जो सरकारी विभागों और अधिकारियों की वर्तमान कार्यशैली का एक आदर्श उदाहरण है। उपर्युक्त दान-पत्र में सभा के नाम का स्थायी शिला-पट्ट लगाने की शर्त से भी सभा की दूषित मानसिकता स्पष्ट होती है। सम्भवत: इस शर्त द्वारा भी सभा यही चाहती थी कि यह तथ्य प्रकट न हो पाए कि सम्बन्धित सम्पत्ति सभा को महताबराय ने 1958 में रजिस्टर्ड दान-पत्र निष्पादित करके दान की थी और यह तथ्य प्रकट होते ही सम्बन्धित सम्पत्ति के सम्बन्ध में विधिक स्थिति भी स्पष्ट हो जानी अवश्यम्भावी थी। स्पष्ट है कि सभा द्वारा निष्पादित इस दान-पत्र का कोई भी विधिक अस्तित्व नहीं है और यह दान-पत्र *वाएड एब इनीशियो* (निष्पादन की तिथि से ही विधिशून्य) है।

जिस प्रकार महताबराय यावज्जीवन समस्त प्रतिकूलताओं से जूझते हुए भी अपने अग्रज प्रेमचंद के प्रति सर्वात्ममना समर्पित रहे और उनके देहावसान के उपरान्त भी उनकी स्मृतियों को स्थायी आधार देने के दृष्टिकोण से उन्होंने अपना एकमात्र पैतृक भवन भी सहर्ष अर्पित कर दिया था, ठीक उसी परम्परा का पालन उनके पुत्र भी कर रहे हैं। यदि महताबराय के पुत्रगण चाहते तो न्यायालय की शरण लेकर 1958 में निष्पादित दान-पत्र को शर्तों का उल्लंघन किए जाने के कारण विधिशून्य घोषित कराकर स्मारक-स्थल की भूमि पर अपना कब्जा पुन: स्थापित करके उसके स्वामित्व के अधिकार भी प्राप्त कर सकते थे, परन्तु सभा द्वारा दान में प्राप्त भूमि को अवैध रूप से दान कर देने पर भी उन्होंने सम्भवत: इसी कारण से कुछ कार्यवाही नहीं की होगी कि शायद अब भी प्रेमचंद-स्मारक बन जाए। अपने परिवार के यशस्वी बुजुर्ग के प्रति ऐसी अगाध श्रद्धा, निष्ठा और समर्पण प्रणम्य है।

यह उल्लेख करना भी सर्वथा समीचीन होगा कि यदि नागरी प्रचारिणी सभा, केन्द्र सरकार अथवा उत्तर प्रदेश सरकार प्रेमचंद-स्मारक बनाने में स्वयं को अक्षम तथा अयोग्य समझती हों तो अच्छा होगा कि भूमि को दान पर दान करने के बदले महताबराय के उत्तराधिकारियों को लौटा दें ताकि वे साहित्यकारों, साहित्यप्रेमियों और प्रेमचंद साहित्य के प्रशंसकों के सहयोग से देश के सार्वकालिक महान् साहित्यकार का भव्य, नव्य और विशाल स्मारक स्थापित करने में सफल हो सकें।

महताबराय, महताबराय के पुत्रगण, विशेषकर कृष्ण कुमार राय और प्रेमचंद के साहित्यकार पुत्र अमृतराय स्पष्ट रूप से इस मत के रहे हैं कि प्रेमचंद-स्मारक को वास्तविक स्वरूप प्रदान करने के लिए उसमें प्रेमचंद की कृतियों की समस्त उपलब्ध पांडुलिपियाँ, उनके पत्रादि, उनके ग्रन्थों के प्रथम संस्करण और उनकी रचनाओं से संवलित हिन्दी-उर्दू पत्र-पत्रिकाओं के समस्त सम्बन्धित अंक सुरक्षित तथा संरक्षित होने चाहिएँ। इसके साथ ही प्रेमचंद के वस्त्र, लेखनी आदि दैनन्दिन उपयोग की समस्त उपलब्ध वस्तुएँ भी उसमें संरक्षित तथा प्रदर्शित होनी चाहिएँ।

वास्तव में इस समस्त सामग्री के अभाव में यदि प्रेमचंद-स्मारक बना भी दिया जाता है तो वह बिना प्राण की देह जैसा ही होगा।

परन्तु इस सामग्री को एकत्रित करना मानो मैनाक उठाना ही है। साहित्य-संसार इस तथ्य से सुपरिचित है कि कीर्तिशेष मुरारी लाल केडिया द्वारा बनारस में स्थापित श्रीरामरत्न पुस्तक भवन तथा अमृतराय के इलाहाबाद स्थित निवासस्थान से प्रेमचंद की अनेक रचनाओं की पांडुलिपियाँ, उनकी रचनाओं से संयुक्त हिन्दी-उर्दू पत्रिकाओं के अनेकानेक अंक, उनके मूल पत्र, उनकी डायरी, बैंक खाते की पासबुक, अनेकों दुर्लभ चित्र, उनकी अनेक पुस्तकों के प्रथम संस्करण, 'हंस' तथा 'जागरण' की फाइलें आदि नानाविध अत्यन्त महत्त्वपूर्ण सामग्री किस प्रकार 'उधार' माँगी जाकर डॉ. कमल किशोर गोयनका के व्यक्तिगत संग्रह की शोभा बढ़ाती हुई शोधकर्ताओं तथा विद्वानों के साथ-साथ प्रेमचंद के प्रशंसकों की पहुँच से भी दूर हो गई है; और किस प्रकार 'जमाना' सम्पादक दयानारायण निगम, महताबराय तथा अन्य अनेक लोगों से प्रेमचंद के मूल पत्र लेकर मदन गोपाल ने अपनी व्यक्तिगत सम्पत्ति ही नहीं बना लिए, वरन उन पर अपना 'कॉपीराइट' बनाने का भी विधिविरुद्ध प्रयास किया। वास्तव में होना तो यह चाहिए था कि इस समस्त सामग्री को राष्ट्रहित में अधिग्रहीत करके प्रेमचंद-स्मारक में भावी पीढ़ियों के उपयोगार्थ सुरक्षित तथा संरक्षित कर दिया जाता। दुर्भाग्य से ऐसा न हो सका, परन्तु अभी भी बहुत देर नहीं हुई है और इस दिशा में कोई संगठित प्रयास अवश्य ही किया जा सकता है।

प्रेमचंद-स्मारक का कोई भव्य भवन बने या न बने, नागरी प्रचारिणी सभा अथवा सरकार इस दिशा में कोई सार्थक पहल करे या न करे, इससे कुछ अन्तर पड़ने वाला नहीं है क्योंकि प्रेमचंद का वास्तविक स्मारक उनकी कालजयी रचनाएँ हैं। परन्तु यह खेद का विषय है कि विद्वानों तथा शोधकर्ताओं के प्रमाद तथा सुविधाभोगी वृत्ति के कारण आज प्रेमचंद की रचनाएँ ही संकटों से घिरी दिखाई दे रही हैं।

हिन्दी-साहित्य-संसार में प्राचीन तथा मध्यकालीन साहित्यकारों की रचनाओं के प्रामाणिक पाठ निर्धारण के तो अनेकों प्रयास हुए परन्तु आधुनिक कथा साहित्य की आधारशिला के रूप में सर्वमान्य प्रेमचंद की रचनाओं के प्रामाणिक पाठ निर्धारण की दिशा में एक कदम भी न उठाया जा सका। इसके विपरीत, उनकी रचनाओं का पाठ विकृत करने का क्रम निरन्तर चलता जाता है। यहाँ तक ही नहीं, अन्य प्रसिद्ध तथा अल्पज्ञात लेखकों की रचनाओं को प्रेमचंद के नाम पर संकलित-प्रकाशित करके प्रेमचंद की सर्जनात्मक प्रतिभा का अनादर करने के साथ-साथ उनका कद घटाने का षड्यन्त्र भी धीरे-धीरे पनप रहा है। उल्लेखनीय है कि उर्दू में 'कुल्लियाते प्रेमचंद' शीर्षक से मदन गोपाल के सम्पादन में प्रकाशित प्रेमचंद की ग्रन्थावली में उर्दू के तीन सुप्रसिद्ध लेखकों की पूर्व प्रकाशित

रचनाएँ प्रेमचंद के नाम पर संकलित करके प्रकाशित कर दी गईं, जिनका संक्षिप्त विवरण निम्नांकित है–

1. 'कुल्लियाते प्रेमचंद' के भाग-20 में संकलित लेख 'अकबरे आजम' के मूल रचनाकार मौलवी मौ. अजीज मिर्जा हैं और यह लेख 'जमाना' के अक्टूबर 1905 के अंक में इसी शीर्षक से प्रकाशित हुआ था।

2. 'कुल्लियाते प्रेमचंद' के भाग-21 में संकलित लेख 'मौलाना वहीदुद्दीन सलीम' के मूल रचयिता सैयद अब्दुल वदूद दर्द बरेलवी हैं और यह लेख 'जमाना' के अगस्त 1928 के अंक में 'मौलाना सलीम पानीपती' शीर्षक से प्रकाशित हुआ था।

3. 'कुल्लियाते प्रेमचंद' के भाग-21 में संकलित लेख 'अब्दुल हलीम शरर' के मूल रचयिता ख्वाजा अब्दुल रऊफ इशरत लखनवी हैं और यह लेख 'जमाना' के फरवरी 1927 के अंक में 'मौलाना शरर मरहूम' शीर्षक से प्रकाशित हुआ था।

खेदजनक है कि हिन्दी में और भी अधिक अराजकता की स्थिति विद्यमान है। कानपुर के उर्दू मासिक 'जमाना' के दिसम्बर 1917 के अंक में प्रेमचंद की एक कहानी 'दर्द और दवा' शीर्षक से प्रकाशित हुई थी। डॉ. कमल किशोर गोयनका के सम्पादन में प्रकाशित 'प्रेमचंद विश्वकोश' के द्वितीय भाग के पृष्ठ संख्या 189 पर इस कहानी का सन्दर्भ देते हुए उसका शीर्षक आश्चर्यजनक रूप से बदलकर 'दवा और दारू' कर देने की पृष्ठभूमि क्या है, कुछ कहा नहीं जा सकता।

एक उदाहरण और। प्रेम्चंद ने मुंशी दयानारायण निगम को अगस्त से दिसम्बर 1914 के मध्य एक पत्र लिखा था जिसका अविकल पाठ निगम साहब ने 'जमाना' के जनवरी 1915 के अंक में प्रकाशित करा दिया था। 'जमाना' में प्रकाशित इस पत्र का देवनागरी लिप्यन्तरण निम्नांकित है–

"मुशफिके मन, तसलीम। आपने सुरूर मरहूम के जो खुतूत और हजरत शाकिर के जो मसौदे मेरे पास भेजे हैं उन्हें देखने के बाद मुझे आपसे कुल्ली इत्तिफाक है कि उन नज्मों के असली मुसन्निफ सुरूर हैं। हजरत शाकिर ने संस्कृत से उर्दू में जरूर तर्जुमा किया है और नज्म के मुताल्लिक जाबजा हिदायतें भी की हैं मगर इन काविशों का यहीं तक खात्मा हो जाता है। ताज्जुब है कि उर्दू के तब्का-ए-मुसन्निफीन में भी इस किस्म की बिद्अतें होती हैं। कैसी हसरत का मकाम है कि उर्दू पब्लिक की नाकद्रदानी ने ऐसे खुशबयान सुखनवर को कलील नफे के लिए इन जरूरतों पर मजबूर किया। आपने मेरे दीबाचे में जो तरमीम फरमाई है वह बहमा वजूह मुनासिब है। काश, मुझे पहले इसका इल्म होता तो मैं हरगिज यह दीबाचा लिखने के लिए कलम न उठाता। वस्सलाम।"

परन्तु यही पत्र जब डॉ. कमल किशोर गोयनका ने 'प्रेमचंद का अप्राप्य साहित्य', भाग-2 के पृष्ठ संख्या 33 पर प्रकाशित किया तो इसका निम्नांकित पाठ प्रस्तुत किया–

"(सम्भवत: 1913)

मुशफिके मन,

तसलीम!

आपने सरवर मरहूम के नाम जो खत और हजरत शाकिर के जो मसौदे मेरे पास भेजे हैं, उन्हें देखने के बाद मुझे आपसे कुली इत्तफाक है। इन नज्मों के असल मुसन्निफ सरवर हैं। ताज्जुब है कि उर्दू के तब्काए-मुसन्निफिन (लेखक वर्ग) में इस किस्म की बद आदतें हैं। कैसी हैरत का मुकाम है कि उर्दू पब्लिक की नाकद्रदानी ने ऐसे खुशबयाँ सुखनबर को कलील नफा (छोटे लाभ) के लिए इन जरूरतों पर मजबूर किया। आपने मेरे दीबाचे में जो तरमीम फरमाई है, वह लहजा वजूह मुनासिब है। काश! मुझे पहले इसका इल्म होता तो मैं दीबाचा लिखने के लिए हर्गिज कलम ना उठाता।

वस्सलाम,

प्रेमचंद"

प्रेमचंद के एक ही पत्र के दोनों उपलब्ध पाठों की तुलना करने से पत्र की भाषा में कर दिया गया व्यापक परिवर्तन स्पष्ट हो जाता है। साथ ही, डॉ. गोयनका द्वारा पत्र में से एक पूरा वाक्य ही उड़ा देने में क्या रहस्य है, कुछ समझ में नहीं आता। उल्लेखनीय है कि डॉ. गोयनका प्रेमचंद साहित्य के सर्वाधिक प्रचारित विशेषज्ञ हैं और उन्होंने पत्र की तिथि का अनुमान करने में ही त्रुटि नहीं की वरन् प्रेमचंद के आत्मीय मित्र और सुप्रसिद्ध शायर मुंशी दुर्गा सहाय 'सुरूर' जहानाबादी का नाम भी त्रुटिपूर्ण रूप से 'सरवर' प्रकाशित करा दिया।

उपर्युक्त इने-गिने उदाहरणों से ही भली प्रकार समझा जा सकता है कि प्रेमचंद साहित्य के पाठ निर्धारण के सम्बन्ध में कैसी घोर अराजकता व्याप्त हो गई है।

सन् 1980 में प्रेमचंद की जन्म शताब्दी और 2005 में 125वीं जन्म जयन्ती के समारोह व्यापक स्तर पर धूमधाम से मनाए गए, अनेक छोटी-बड़ी पत्र-पत्रिकाओं ने विशेषांक प्रकाशित किए, सरकारी स्तर पर भी बड़े-बड़े समारोह हुए, बड़ी-बड़ी घोषणाएँ हुईं लेकिन समस्त चमक-दमक और धूम-धड़ाके के मध्य प्रेमचंद के वास्तविक स्मारक–उनकी रचनाओं का कोई पुरसाने हाल न मिल सका, किसी ने उनकी दुर्दशा पर दो आँसू बहाने का भी कष्ट नहीं किया। इन दोनों साहित्यिक महाकुम्भों के मध्य की चौथाई सदी हिन्दी-उर्दू में गिने-चुने स्वनामधन्य 'प्रेमचंद-विशेषज्ञों' के उदय और प्रचार-प्रसार की साक्षी रही और इसी मध्य हिन्दी में 'प्रेमचंद रचनावली' और उर्दू में 'कुल्लियाते प्रेमचंद' शीर्षकों से प्रेमचंद की समस्त रचनाएँ हिन्दी-उर्दू में संकलित करने के बड़े-बड़े दावे भी कर दिए गए परन्तु खेद का विषय है कि तथाकथित 'प्रेमचंद-विशेषज्ञ' देश-विदेश में आयोजित असंख्य समारोहों में लच्छेदार भाषण देकर पैसा कमाते घूमते रहे और

प्रेमचंद की समस्त ज्ञात-अज्ञात हिन्दी-उर्दू रचनाएँ अपनी दुर्दशा पर खून के आँसू बहाती रहीं।

ध्यातव्य है कि प्रेमचंद केवल हिन्दी या उर्दू के रचनाकार ही नहीं थे वरन् लगभग 35 वर्षों के अपने लेखकीय जीवन में दोनों भाषाओं की एकता के लिए भी निरन्तर प्रयत्नशील रहे। प्रेमचंद की अधिकांश कहानियाँ तथा उपन्यास भी दोनों भाषाओं में प्रकाशित हुए। आश्चर्य का विषय है कि हिन्दी-उर्दू दोनों भाषाओं में अनवरत साहित्य सर्जन करने वाले विश्वविश्रुत रचनाकार के दोनों पुत्र उनके देहावसान के उपरान्त मात्र प्रेमचंद की हिन्दी रचनाओं के प्रकाशन तक ही सीमित बने रहे। उधर प्रेमचंद साहित्य के समस्त स्वयंभू 'विशेषज्ञों' में से कोई भी ऐसा न निकल सका जो उनकी हिन्दी-उर्दू रचनाओं के सम्बन्ध में समान अधिकार के साथ कार्य कर सकता। इसका स्वाभाविक परिणाम यह हुआ कि प्रेमचंदकालीन हिन्दी-उर्दू पत्र-पत्रिकाओं में अचीन्ही पड़ी रचनाओं की खोज के श्रमसाध्य, समयसाध्य और व्ययसाध्य कार्य में हाथ डालने का साहस कोई न जुटा सका, और हिन्दी वालों ने हिन्दी की और उर्दू वालों ने उर्दू की यथाउपलब्ध रचनाएँ प्रकाशित करने को ही कार्य की पूर्णता समझकर भ्रमात्मक दावा कर दिया कि प्रेमचंद की समस्त रचनाएँ संकलित कर ली गई हैं। यह हिन्दी-उर्दू के साहित्य प्रेमियों, सुधी पाठकों और शोधकर्ताओं के साथ अन्याय ही नहीं, छल भी है।

प्रेमचंद की समस्त हिन्दी-उर्दू रचनाओं को संकलित-प्रकाशित करने के साथ-साथ उनकी समस्त अप्राप्य रचनाओं को भी खोजकर संकलित करने से ही साहित्य-जगत् इस पाप का प्रायश्चित्त कर सकता है। ऐसा कर पाने पर ही हम हिन्दी-उर्दू साहित्याकाश को भगवान् सवितानारायण के सदृश अपनी सतरंगी तेजोमयी उर्मियों से निरन्तर आलोकित करने वाले कालजयी रचनाकार प्रेमचंद का वास्तविक स्मारक बनाकर भावी पीढ़ियों को उनकी विरासत सौंपने में सफल हो सकेंगे और दिसम्बर 1936 में अभिव्यक्त पं. बनारसीदास चतुर्वेदी की इस आशंका को निर्मूल सिद्ध कर सकेंगे-

"यह समय हिन्दी वालों की परीक्षा का है। देखना है कि हिन्दी जनता अपने सर्वश्रेष्ठ कलाकार के लिए क्या करती है। जमाना बड़ी तेजी के साथ बदल रहा है। साहित्य-क्षेत्र की दूसरी पीढ़ी बजाय बीस-पचीस वर्ष के दस वर्ष बाद ही आ जाएगी। सन् 1947 का नवयुवक हिन्दी लेखक पूछेगा-कहाँ हैं वे व्यक्ति जो प्रेमचंदजी के बड़े मित्र और प्रशंसक बनने का दम भरते थे? उन्होंने हमारे उस नर-रत्न की कीर्ति रक्षा के लिए-उसके व्यक्तित्व को सुरक्षित रखने के लिए क्या किया? उस समय हम क्या जवाब देंगे? हर आदमी अपने हृदय पर हाथ रखके सोच ले और समय रहते सावधान हो जाए।"

परिशिष्ट-३

प्रेमचंद और आर्य समाज

अपने गुरु स्वामी विरजानंदजी महाराज के महाप्रयाण (14 सितम्बर, 1868) के लगभग 7 वर्ष पश्चात् और मुंशी प्रेमचंद के जन्म (31 जुलाई, 1880) से लगभग 5 वर्ष पूर्व युगपुरुष स्वामी दयानंद सरस्वतीजी महाराज ने 10 अप्रैल, 1875 को मुम्बई में आर्य समाज नामक उस महान् संस्था की आधारशिला रखी, जिसने न केवल देश के सामाजिक वातावरण को व्यापक रूप से प्रभावित करके समाज को नितान्त नूतन दिशा देकर रूढ़िवादिता और सामाजिक बुराइयों के गहन अँधेरे से बाहर निकालने का सार्थक प्रयास किया, वरन् निपट निरंकुश विदेशी दासता का जुआ उतार फेंकने को उद्धत भारतीय जनता को साम्राज्यवाद से संघर्ष करने की अक्षय ऊर्जा से भी सम्पन्न कर दिया।

आर्य समाज का उद्देश्य अंग्रेजी शिक्षा और ईसाई धर्म के प्रचार-प्रसार के कारण देश में पाँव पसारते पश्चिमी अन्धानुकरण का निषेध और अनादि काल से चले आते वैदिक धर्म, शिक्षा तथा दर्शन के सर्वथा अनुकूल पद्धति पर भारतीय समाज को संस्कारित करना था। भारतीय समाज के पुनरुत्थान के लिए स्वामी दयानंद सरस्वतीजी ने हिन्दू समाज की समस्त विकृतियों के विरुद्ध प्रबल आन्दोलन का सूत्रपात किया। उन्होंने बहुदेववाद और मूर्तिपूजा का खण्डन करके एकेश्वरवाद की स्थापना की; जाति-पाँति के बन्धनों से ऊपर उठकर समूचे विश्व को एक ही आर्य जाति के रूप में देखने पर बल दिया; बाल-विवाह और समुद्र-यात्रा निषेध जैसी रूढ़ियों को तोड़ने का सफल प्रयास किया; विधवा-विवाह के समर्थन में शंखनाद करके नितान्त उपेक्षित जीवन जीने पर विवश विधवाओं की सामाजिक प्रतिष्ठा पुनः स्थापित करने का महनीय उद्योग किया और अन्यान्य कारणों से वैदिक धर्म का परित्याग करके अन्य धर्म अपना लेने वाले बन्धुओं को हिन्दू समाज में वापस लौटा लाने के लिए शुद्धि आन्दोलन छेड़ा। शिक्षा के क्षेत्र में तो आर्य समाज के सत्प्रयासों से एक क्रान्ति ही हो गई। देश के सम्पूर्ण विस्तार में फैला दयानंद एंग्लो वैदिक विद्यालयों तथा महाविद्यालयों का सघन जाल तथा देश का प्रथम राष्ट्रीय विश्वविद्यालय गुरुकुल कांगड़ी आर्य समाज की ही देन हैं।

यद्यपि आर्य समाज की स्थापना के मात्र 8 वर्ष उपरान्त ही 30 अक्टूबर, 1888 को स्वामी दयानंद सरस्वतीजी इस नश्वर संसार से विदा हो गए, परन्तु उनके द्वारा स्थापित आर्य समाज ने देश को व्यापक रूप से आन्दोलित किया और उनके आदर्शों का अनुसरण करते हुए भारतीय समाज निरन्तर प्रगति करता रहा और कर रहा है। सन् 1901 में जब मुंशी प्रेमचंद ने साहित्य-क्षेत्र में पदार्पण किया तो उस समय समूचे देश में आर्य समाज तथा स्वामी दयानंद सरस्वतीजी द्वारा प्रतिपादित सिद्धान्तों की तूती बोल रही थी, जिससे प्रेमचंद जैसे संवेदनशील रचनाकार का निस्पृह बने रह पाना असम्भव ही था।

प्रेमचंद का पहला उपन्यास बनारस से मुंशी गुलाब चन्द के सम्पादन में प्रकाशित होने वाले उर्दू साप्ताहिक 'आवाजे खल्क' में 'असरारे मआबिद' शीर्षक से 8 अक्टूबर, 1903 से 1 फरवरी, 1905 तक धारावाहिक रूप में प्रकाशित हुआ था। अपने इस पहले ही उपन्यास में प्रेमचंद आर्य समाज के समाज-सुधार के आन्दोलन से स्पष्टतया प्रभावित दिखाई देते हैं। इस उपन्यास में प्रेमचंद ने जिस प्रभावशाली ढंग से मन्दिरों के महन्तों तथा पुजारियों के दुराचार तथा कामवासनाओं का भंडाफोड़ किया है, वह इस बात को सिद्ध करने के लिए पर्याप्त है कि आर्य समाज की सुधारवादी नीतियों का पालन करते हुए प्रेमचंद मूर्तिपूजा और उसके आवरण में होने वाले दुष्कृत्यों के विरुद्ध थे और यही मानते थे कि मूर्तिपूजा का पाखंड दूर होने पर ही समाज प्रगति के पथ पर अग्रसर हो सकता है।

विधवा-विवाह के समर्थन में जनमानस तैयार करने की आर्य समाज की भावना से प्रेमचंद अछूते न रह सके और उन्होंने विधवा-विवाह के समर्थन में एक उपन्यास 'हमखुर्मा व हमसवाब' लिखकर 1904 में प्रकाशित कराया। अब से एक शताब्दी पहले इस भावभूमि पर उपन्यास लिखकर रूढ़िग्रस्त भारतीय समाज के समक्ष प्रस्तुत करना एक क्रान्तिकारी कदम था, जिसकी पृष्ठभूमि में आर्य समाज का प्रभाव स्पष्ट रूप से अनुभव किया जा सकता है। यहाँ यह उल्लेख करना भी सर्वथा समीचीन होगा कि प्रेमचंद ने इस उपन्यास का हिन्दी रूप भी 'प्रेमा' शीर्षक से 1907 में प्रकाशित कराया था ताकि उनकी बात हिन्दी पाठक वर्ग तक भी पहुँच सके। ध्यातव्य है कि 1901 से 1915 तक के कालखण्ड में 'प्रेमा' उपन्यास के अतिरिक्त प्रेमचंद की समस्त रचनाएँ केवल उर्दू में ही प्रकाशित हुईं। इस तथ्य के आलोक में आर्य समाज के प्रति प्रेमचंद का झुकाव सहज ही हृदयंगम किया जा सकता है।

जिस समय प्रेमचंद विधवा-विवाह के समर्थन में उपन्यास लिख रहे थे, उसी समय उन्होंने आर्य समाज के सिद्धान्तों को चरितार्थ करने का भी संकल्प कर लिया था। प्रेमचंद उस समय सरकारी शिक्षा विभाग में कार्यरत थे और उनका विवाह किसी कुँआरी कन्या से सहजता के साथ हो सकता था, परन्तु आर्य समाज

की विचाराधारा को व्यावहारिक रूप प्रदान करने के लिए उन्होंने 1907 में एक बाल-विधवा शिवरानी देवी से विवाह करके समाज के समक्ष आर्य समाजी सिद्धान्तों का आदर्श प्रस्तुत किया।

आर्य समाज ने अन्याय कारणों तथा प्रलोभनों से हिन्दू धर्म छोड़कर अन्य धर्म स्वीकार कर लेने वाले बन्धुओं की शुद्धि करके पुनः हिन्दू धर्म की विस्तृत सभा में सम्मिलित करने का अभियान छेड़ा था। शुद्धि आन्दोलन के क्रम में जब मलकाना राजपूत मुसलमानों के जबरन शुद्धिकरण के समाचार के साथ इसके विरोध में मुस्लिम समुदाय के संगठित होने की सूचना प्रेमचंद को प्राप्त हुई तो उससे व्यथित होकर उन्होंने मुंशी दयानारायण निगम के सम्पादन में कानपुर से प्रकाशित होने वाले उर्दू मासिक 'जमाना' के मई 1923 के अंक में 'मलकाना राजपूत मुसलमानों की शुद्धि' शीर्षक से एक लेख प्रकाशित कराया। प्रेमचंद का यह लेख बाह्य रूप में तो शुद्धि आन्दोलन का विरोध करता प्रतीत होता है और इससे क्षुब्ध होकर शुद्धि आन्दोलन के समर्थकों ने प्रेमचंद पर आक्षेप भी किए परन्तु वास्तविकता कुछ और ही है। प्रेमचंद ने अपने इस महत्त्वपूर्ण लेख में शुद्धि आन्दोलन को मुसलमानों के साथ-साथ ईसाइयों तक विस्तृत करने की भावना प्रकट की थी। इसके अतिरिक्त समाज से घृणित छुआछूत मिटाने और दलितोत्थान का आह्वान करते हुए उन्होंने लिखा–

"उनको क्यों नहीं अपनाते, जिनके अपनाने से हिन्दू कौम को असली कुव्वत हासिल होगी। करोड़ों अछूत ईसाइयों के दामन में पनाह लेते चले जाते हैं, उन्हें क्यों नहीं गले से लगाते। अगर आप कौम के सच्चे खैरख्वाह हैं तो इन अछूतों को उठाएँ, इन पामालों के जख्मों पर मरहम रखें, उनमें तालीम और तहजीब की रोशनी पहुँचाएँ, आला और अदना की कैदों को मिटाएँ। छूतछात की बेमानी और मुहमिल कैदों से कौम को पाक कीजिए। क्या हमारी रासिख-उल-एतकाद मजहबी जमातें डोमों और चमारों से बिरादराना मसावात करने के लिए तैयार हैं? अगर नहीं हैं तो उनकी शीराजाबन्दी का दावा बातिल है। आप या तो हुक्काम की रेशादवानियों के शिकार हो गए हैं, या मजहबी तंगनजरी ने आपकी बसारत को गायब कर दिया है। आपको वाजे हो कि मुसलमानों से दुश्मनी करके, अपने पहलू में काँटे बोकर आप अपनी कौम को मजबूत नहीं कर रहे हैं। आप मुसलमानों को जबरन, कहरन हुक्मराँ कौम की मदद लेने के लिए मजबूर कर रहे हैं। आप अपनी तलवार मुकाबिल के हाथ में दे रहे हैं। आपका खुदा ही हाफिज है।"

उपर्युक्त शब्दों से स्पष्ट है कि प्रेमचंद शुद्धि आन्दोलन के विरोधी नहीं हैं वरन् इसके प्रतिकूल वे इस आन्दोलन को एक व्यापक आधार देने का समर्थन करते दिखाई देते हैं। देश के स्वाधीनता संघर्ष में आर्य समाज के व्यापक योगदान की पृष्ठभूमि में भी प्रेमचंद स्वाधीनता प्राप्ति के लिए हिन्दू-मुस्लिम एकता को

आवश्यक तत्त्व मानते हुए आर्य समाज के सिद्धान्तों और कार्यप्रणाली को व्यावहारिक रूप प्रदान करते दिखाई देते हैं।

भारतीय शिक्षा प्रणाली का प्रथम राष्ट्रीय विश्वविद्यालय स्वामी श्रद्धानन्दजी ने हरिद्वार में गुरुकुल कांगड़ी के नाम से स्थापित किया था, जो आज तक देश के शैक्षिक वातावरण को सार्थक दिशा देने का महनीय कार्य सम्पादित कर रहा है। गुरुकुल कांगड़ी की साहित्य परिषद् के जुलाई 1927 में हुए वार्षिकोत्सव की अध्यक्षता प्रेमचंद ने की थी और इस उत्सव में वहाँ निरन्तर तीन दिन तक प्रवास करके गुरुकुल कांगड़ी से पर्याप्त परिचय प्राप्त किया था। वहीं पंडित पद्म सिंह शर्मा से प्रेमचंद के आत्मीय सम्बन्ध बने और उन्हीं दिनों वहाँ छात्र रहे चंद्रगुप्त विद्यालंकार से भी सम्बन्ध स्थापित हुए जो यावज्जीवन बने रहे। यह खेद का विषय है कि वहाँ दिया गया प्रेमचंद का अध्यक्षीय भाषण तो प्रेमचंद साहित्य के विद्वानों की घोर उपेक्षा तथा उदासीनता का शिकार हो गया, परन्तु प्रेमचंद ने वहाँ के तीन दिनों के अनुभव लिपिबद्ध करके 'गुरुकुल कांगड़ी में तीन दिन' शीर्षक लेख के रूप में लखनऊ की मासिक पत्रिका 'माधुरी' के अप्रैल 1928 के अंक में प्रकाशित करा दिए थे। प्रेमचंद साहित्य के अध्येताओं तथा स्वयंभू विशेषज्ञों ने इस तथ्य की भी उपेक्षा कर दी है कि प्रेमचंद के इस लेख का उर्दू अनुवाद उर्दू पत्रकारिता के युगपुरुष महाशय कृष्णजी के सम्पादन में लाहौर से प्रकाशित होने वाले उर्दू साप्ताहिक 'प्रकाश' के 22 अप्रैल, 1928 के अंक में भी प्रकाशित हो चुका है। आर्य समाज से सम्बन्धित पत्र का सन्दर्भ न देने से 'प्रेमचंद-विशेषज्ञों' की पूर्वाग्रहग्रसित मानसिकता ही स्पष्ट होती है। गुरुकुल कांगड़ी के अनुभवों पर प्रेमचंद ने एक पूरक लेख लिखकर चार वर्ष उपरान्त पंडित बनारसीदास चतुर्वेदी के सम्पादन में कलकत्ता से प्रकाशित मासिक पत्र 'विशाल भारत' के अगस्त 1932 के अंक में 'पद्मसिंह शर्मा के साथ तीन दिन' शीर्षक से प्रकाशित कराया था, जो प्रेमचंद के मानस पर आर्य समाज की स्थायी छाप का ज्वलन्त प्रमाण है। खेद के साथ उल्लेख करना पड़ता है कि प्रेमचंद-विशेषज्ञों ने 'विशाल भारत' जैसी प्रसिद्ध तथा सहज उपलब्ध पत्रिका में प्रकाशित प्रेमचंद के इस लेख का भी कोई संज्ञान नहीं लिया कि कहीं प्रेमचंद और आर्य समाज के पारस्परिक सम्बन्धों को प्रामाणिक आधार देना ही आवश्यक न हो जाए। इसे साहित्यिक बेईमानी के अतिरिक्त और क्या कहा जा सकता है?

दिल्ली से प्रकाशित होने वाले मासिक पत्र 'शुद्धि समाचार' का जनवरी-फरवरी 1932 का संयुक्तांक श्रद्धानन्द बलिदान अंक के रूप में प्रकाशित हुआ था, जिसमें प्रेमचंद का लेख 'स्वामी श्रद्धानन्द और भारतीय शिक्षा प्रणाली' शीर्षक से प्रकाशित हुआ। इस लेख में प्रेमचंद ने भारतीय शिक्षा प्रणाली को स्वामी श्रद्धानन्दजी की देन पर विस्तार से प्रकाश डाला है। प्रकारान्तर से इस लेख को

भी स्वामी श्रद्धानन्दजी द्वारा स्थापित गुरुकुल कांगड़ी में बिताए गए तीन दिनों से प्रभावित स्वीकार किया जा सकता है। इस लेख से भी प्रेमचंद की आर्य समाजी विचारधारा ही प्रमाणित होती है।

ध्यातव्य है कि प्रेमचंद ने अपने 7 फरवरी, 1913 के पत्र में मुंशी दयानारायण निगम को लिखा था–

"मेरे जिम्मे हमीरपुर आर्य समाज के दस रुपए बाकी हैं। बार-बार तकाजा हुआ है, मगर अपनी तिहीदस्ती ने इजाजत न दी कि अदा कर दूँ। आप अगर afford कर सकें तो बराहे रास्त मेरे नाम से हमीरपुर आर्य समाज के सेक्रेटरी के नाम दस रुपए का मनीऑर्डर कर दें। ममनून हूँगा। तकलीफ तो होगी, मगर मेरी खातिर इतना सहना पड़ेगा, क्योंकि यहाँ अब जलसा भी अनकरीब होने वाला है। मुकर्रर अर्ज यह है कि यह दस रुपए जरूर भेज देवें। मैंने जनवरी में अदा करने का हतमी वादा किया है।"[1]

उपर्युक्त पत्रांश से स्पष्ट है कि प्रेमचंद आर्य समाज का सदस्यता शुल्क भुगतान करने के लिए चिन्तित हैं। इन शब्दों से यह समझने में कोई बाधा नहीं है कि सन् 1913 तक प्रेमचंद विधिवत् रूप से आर्य समाज के सदस्य बन चुके थे और उनका आर्य समाज से एक बार सम्बन्ध बना तो फिर जीवन-भर बना रहा। अपने जीवन के सांध्यकाल में प्रेमचंद ने लाहौर में आयोजित होने वाले आर्यभाषा सम्मेलन में भाग लेने का चंद्रगुप्त विद्यालंकार का निमंत्रण स्वीकार किया और अप्रैल 1936 में लाहौर जाकर एक लाख से अधिक श्रोताओं की विराट् सभा में आर्य समाज के पक्ष में बोलते हुए कहा–

"मैं तो आर्य समाज को जितनी धार्मिक संस्था समझता हूँ, उतनी तहजीबी संस्था भी समझता हूँ। बल्कि आप क्षमा करें तो मैं कहूँगा कि उसके तहजीबी कारनामे उसके धार्मिक कारनामों से ज्यादा प्रसिद्ध और रोशन हैं। आर्य समाज ने साबित कर दिया है कि सेवा ही किसी धर्म के सजीव होने का लक्षण है। सेवा का ऐसा कौन-सा क्षेत्र है, जिसमें उसकी कीर्ति की ध्वजा न उड़ रही हो। कौमी जिन्दगी की समस्याओं को हल करने में उसने जिस दूरंदेशी का सबूत दिया है, उस पर हम गर्व कर सकते हैं। हरिजनों के उद्धार में सबसे पहले आर्य समाज ने कदम उठाया। लड़कियों की शिक्षा की जरूरत को सबसे पहले उसने समझा। वर्ण व्यवस्था को जन्मगत न मानकर कर्मगत सिद्ध करने का सेहरा उसके सिर है। जाति भेदभाव और खानपान के छूतछात और चौके-चूल्हे की बाधाओं को मिटाने का गौरव उसी को प्राप्त है।...इन विचारों को जनता तक पहुँचाने का बीड़ा आर्य समाज ने ही उठाया। अन्धविश्वास और धर्म के नाम पर किए जाने वाले हजारों अनाचारों की कब्र उसने खोदी, हालाँकि मुर्दे को उसमें दफन न कर सका और

---

1. चिट्ठी-पत्री, भाग-1, पृ. 17

अभी तक उसकी जहरीली दुर्गन्ध उड़-उड़कर समाज को दूषित कर रही है। समाज के मानसिक और बौद्धिक धरातल को आर्य समाज ने जितना उठाया है, शायद ही भारत की किसी संस्था ने उठाया हो। उसके उपदेशकों ने वेदों और वेदांगों के गहन विषयों को जनसाधारण की सम्पत्ति बना दिया, जिन पर विद्वानों और आचार्यों के कई-कई लीवर वाले ताले लगे हुए थे।...गुरुकुलाश्रम को नया जन्म देकर आर्य समाज ने शिक्षा को सम्पूर्ण बनाने का महान् उद्योग किया है।"

प्रेमचंद के उपर्युक्त शब्द पुकार-पुकारकर कह रहे हैं कि ये उस व्यक्ति के मुँह से निकले हुए शब्द हैं, जिसने अपने जीवन को आर्य समाज की विचारधारा के अनुरूप ढाला है, जो आर्य समाज के संस्कारों से संस्कारित है और जो आर्य समाज की विचारधारा से पूर्णता में प्रभावित है। आश्चर्य है कि प्रेमचंद और आर्य समाज के इन पारस्परिक सम्बन्धों के विषय में प्रेमचंद साहित्य के विद्वानों, प्रेमचंद-विशेषज्ञों और उनके जीवनीकारों ने अखंड मौन धारण कर लिया है और प्रेमचंद के आर्य समाजी होने की वास्तविकता के प्रतिकूल कभी उन्हें मार्क्सवादी, कभी गांधीवादी, कभी सामन्त का मुंशी और कभी साम्यवाद-विरोधी सिद्ध करने के दुष्प्रयास किए जाते रहे हैं। आर्य समाज और प्रेमचंद के पारस्परिक सम्बन्धों को विस्मृति के गहन अँधेरे गर्त में डाले रखने की दृष्टि से प्रेमचंद के कथित 'विशेषज्ञों' ने अन्यान्य हिन्दी-उर्दू पत्र-पत्रिकाओं में उनकी रचनाओं की खोज की, अनेकानेक पत्र-पत्रिकाओं के सन्दर्भ प्रस्तुत किए, परन्तु किसी ने भी आर्य समाज से सम्बन्धित पत्र-पत्रिकाओं को उलटने-पलटने का कोई प्रयास नहीं किया। प्रेमचंद जैसे देश के सर्वश्रेष्ठ तथा सर्वमान्य रचनाकार के जीवन की एक अत्यन्त महत्त्वपूर्ण वास्तविकता को छिपाने का यह घिनौना षड्यंत्र है, जिसका भंडाफोड़ प्रो. राजेन्द्र जिज्ञासुजी ने अपने लेख 'मुंशी प्रेमचंद ऋषि दयानन्द और आर्य समाज' में किया है।

पूर्व में उल्लेख किया जा चुका है कि महाशय कृष्णजी के सम्पादन में लाहौर से उर्दू साप्ताहिक 'प्रकाश' प्रकाशित होता था, जो आर्य समाजी विचारधारा का एक प्रमुख पत्र था तथा प्रसिद्ध आर्य प्रकाशक महाशय राजपालजी (स्वामी राजपाल एंड संस, लाहौर; वर्तमान में दिल्ली) इसके सहायक सम्पादक थे। इस पत्र का 27 अक्टूबर, 1929 का अंक 'ऋषि नम्बर' के रूप में प्रकाशित हुआ था, जिसमें प्रेमचंद की एक उर्दू कहानी 'आपकी तस्वीर' शीर्षक से प्रकाशित हुई थी। इस कहानी को अप्राप्य तथा असन्दर्भित बताते हुए प्रो. राजेन्द्र जिज्ञासु जी ने इसका हिन्दी अनुवाद सन् 2003 में 'आपका चित्र' शीर्षक पुस्तिका के रूप में प्रकाशित कराया था। प्रो. जिज्ञासु द्वारा अनूदित इस कहानी का प्रारम्भिक अंश निम्नवत् है-

"लोग मुझसे कहते हैं तुम भी मूर्ति-पूजक हो। तुमने भी तो स्वामी दयानन्द का चित्र अपने कमरे में लटका रखा है। माना कि तुम उसे जल नहीं चढ़ाते हो।

इसको भोग नहीं लगाते। घंटा नहीं बजाते। उसे स्नान नहीं कराते। उसकाशृंगार नहीं करते। उसका स्वांग नहीं बनाते। उसको नमन तो करते ही हो। उसकी (ऋषि दयानन्द की) विचारधारा को तो सिर झुकाते हो। मानते ही हो। कभी-कभी माला व फूलों से भी उसका सम्मान करते हो। यह पूजा नहीं तो और क्या है?

उत्तर देता हूँ कि श्रीमन् इस आदर (ताज़ीम) व पूजा में अन्तर है। बहुत बड़ा अन्तर है। मैं उसे अपने कक्ष में इसलिए नहीं लटकाये हुए हूँ कि उसके दर्शन से मुझे मोक्ष की प्राप्ति होगी। मैं आवागमन के चक्कर से छूट जाऊँगा। उसके दर्शन मात्र से मेरे सारे पाप धुल जाएँगे अथवा मैं उसे प्रसन्न करके अपना अभियोग (case) जीत जाऊँगा अथवा शत्रु पर विजय प्राप्त कर लूंगा किंवा और किसी ढंग से मेरा धार्मिक अथवा सांसारिक प्रयोजन सिद्ध हो सकेगा। मैं उसे केवल इस कारण से अपने कमरे में लटकाये हुए हूँ कि स्वामी जी के जीवन का उच्च व पवित्र आचरण सदा मेरे नयनों के सम्मुख रहे। जिस घड़ी सांसारिक लोगों के व्यवहार से मेरा मन ऊब जाए, जिस समय प्रलोभनों के कारण पग डगमगायें अथवा प्रतिशोध की भावना मेरे मन में लहरें लेने लगे अथवा जीवन की कठिन राहें मेरे साहस व शौर्य की अग्नि को मन्द करने लगें, उस विकट वेला में उस पवित्र मोहिनी मूर्त के दर्शनों से आकुल व्याकुल हृदय को शान्ति हो। दृढ़ता धीरज बने रहें। क्षमा व सहनशीलता के मार्ग पर पग चलते चलें तथा मैं अनुभव के आधार पर कह सकता हूँ कि इस चित्र से मुझे लाभ पहुँचा है और एक बार नहीं कई बार।"[1]

यही नहीं, स्वामी दयानन्द जी के आदमकद चित्र के दर्शन करने मात्र से हृदय परिवर्तित हो जाने की घटना का भावपूर्ण चित्रण करते हुए इसी कहानी में प्रेमचंद लिखते हैं–

"अभी चूंकि कुछ देर थी अतः सोचा चलो, सन्ध्या कर लूँ। ज्यूँ ही सन्ध्या-कक्ष में प्रवेश किया, भीतर पग धरते ही वहाँ नित्य की भाँति जिस वस्तु पर दृष्टि पड़ी वह स्वामी जी का मानवीय आकार का चित्र था। मैं एकदम चौंक पड़ा। जैसे कोई व्यक्ति उस समय चोर के कन्धे पर हाथ धर दे जबकि वह सेंध मार रहा हो। मेरा कलेजा धक से हो गया। प्रतिदिन यही चित्र देखा करता था। दिन में सैकड़ों बार उस पर दृष्टि पड़ती थी। आज मेरी जो मनःस्थिति बनी वैसी कभी भी न हुई थी। ऐसा लगा कि वे नयन तर्जना के लिए मेरी ओर देख रहे थे। उनमें कितनी झिड़की थी। कितनी लज्जा, कितना अनुताप, कितनी निराशा, हा! मैं उस ओर ताक ही न सका। एकदम आँखें झुका लीं। उन आँखों के सामने खड़े होने की मुझे हिम्मत ही न हुई। वे चित्र के नयन नहीं थे। जीवित, तेजस्वी, प्रेरक नयन थे, हृदय में घुस जाने वाले, नोकदार सरिये के समान सीने में चुभने वाले। मुझे

1. आपका चित्र, पृ. 7

ऐसा भय लगा कि गिर पड़ूंगा। मैं वहीं फर्श पर बैठ गया। मेरा शीश अपने आप ही झुक गया।

सर्वथा अनजाने में, सर्वथा अनुभव न होने वाली रीति से मेरे निश्चय में, विचारों में, इच्छाओं में एक क्रान्ति हो गई। इस सत्य के पुतले ने, इस तेज पुंज व्यक्तित्व ने मेरी अन्तरात्मा को जगमगा दिया। हृदय में क्या-क्या भाव जाग्रत हुए, इसका मुझे पता नहीं।"[1]

इस कहानी के उपर्युक्त उद्धरणों से सुस्पष्ट है कि आर्य समाज और उसके प्रवर्तक स्वामी दयानन्द जी में प्रेमचंद की अगाध निष्ठा थी। ध्यातव्य है कि प्रो. जिज्ञासु जी इस कहानी को अप्राप्य तथा असन्दर्भित बताने की त्रुटि कर बैठे। वास्तविकता यह है कि 'प्रकाश' में प्रकाशित होने के लगभग दो माह पश्चात् इस कहानी का संशोधित हिन्दी रूप कलकत्ता से पं. बनारसी दास चतुर्वेदी के सम्पादन में प्रकाशित होने वाले मासिक पत्र 'विशाल भारत' के दिसम्बर 1929 के अंक में 'कवच' शीर्षक से प्रकाशित हुआ था। और इसका वही संशोधित उर्दू रूप 1930 में उर्दू कहानी संकलन 'प्रेम चालीसी', भाग-2 में 'हिर्जे जाँ' शीर्षक से सम्मिलित किया गया था। आश्चर्य का विषय है कि 'आपकी तस्वीर' कहानी के दो प्रमुख तथा पूर्व उद्धृत अंशों में से प्रथम अंश, जिसमें स्वामी दयानन्द जी का स्पष्ट एवं विस्तृत उल्लेख किया गया है, इस कहानी के परवर्ती रूपों से हटा दिया गया है। इसके अतिरिक्त द्वितीय अंश में न केवल स्वामी दयानन्द जी के स्थान पर 'माताजी' का उल्लेख किया गया है, वरन् बहुत सा भाग परिवर्तित भी कर दिया गया है। यह अंश हिन्दी कहानी 'कवच' में निम्नवत् प्राप्त होता है–

"अभी चूंकि देर थी, मैंने सोचा, आओ सन्ध्या कर लूं। ज्यों ही सन्ध्या के कमरे में कदम रखा, माताजी के तिरंगे चित्र पर नजर पड़ी। मैं मूर्तिपूजक नहीं हूँ, धर्म की ओर मेरी प्रवृत्ति भी नहीं है, न कभी कोई व्रत रखता हूँ, लेकिन न जाने क्यों, उस चित्र को देखकर अपनी आत्मा में एक प्रकाश का अनुभव करता हूँ। उन आँखों में मुझे अब भी वही वात्सल्यमय ज्योति, वही दैवी आशीर्वाद मिलता है, जिसकी बाल-स्मृति अब भी मेरे हृदय को गद्गद कर देती है। वह चित्र मेरे लिए चित्र नहीं, बल्कि सजीव प्रतिमा है, जिसने मेरी सृष्टि की है और अब भी मुझे जीवन प्रदान कर रही है। इस चित्र को देखकर मैं यकायक चौंक पड़ा, जैसे कोई आदमी उस वक्त चोर के कन्धे पर हाथ रख दे जब वह सेंध मार रहा हो। इस चित्र को रोज ही देखा करता था, दिन में कई बार उस पर निगाह पड़ती थी, पर आज मेरे मन की जो दशा हुई, वह कभी न हुई थी। मालूम हुआ कि वह आँखें मुझे धिक्कार रही हैं। उनमें कितनी वेदना थी, कितनी लज्जा और कितना क्रोध! मानो वह कह रही थीं, मुझे तुमसे ऐसी आशा न थी। मैं उस तरफ ताक

1. आपका चित्र, पृ. 20

न सका। फौरन आँखें झुका लीं। उन आँखों के सामने खड़े होने की हिम्मत मुझे न हुई। वह तस्वीर की आँखें न थीं, सजीव, तीव्र और ज्वालामय, हृदय में पैठने वाली, नोकदार भाले की तरह हृदय में चुभने वाली आँखें थीं। मुझे ऐसा मालूम हुआ, गिर पड़ूँगा। मैं वहीं फर्श पर बैठ गया। मेरा सिर आप ही आप झुक गया। बिल्कुल अज्ञातरूप से मानो किसी दैवी प्रेरणा से मेरे संकल्प में एक क्रान्ति-सी हो गयी। उस सत्य के पुतले, उस प्रकाश की प्रतिमा ने मेरी आत्मा को सजग कर दिया। मन में क्या-क्या भाव उत्पन्न हुए, क्या-क्या विचार उठे, इसकी मुझे खबर नहीं।"[1]

इस अंश के दोनों रूपों की तुलना करने से स्पष्ट होता है कि यद्यपि प्रेमचंद ने इसमें से 'स्वामी जी' शब्द परिवर्तित करके 'माता जी' लिखा है और इसकी पुष्टि में माता जी के अनुकूल भावों को भी अभिव्यक्त किया है, परन्तु मूल शब्द अर्थात् स्वामी दयानन्द जी से भाव-साम्य रखने वाले शब्दों 'सत्य के पुतले' और 'प्रकाश की प्रतिमा' को ज्यों का त्यों रहने दिया जो 'माता जी' शब्द के लेशमात्र भी अनुकूल नहीं है।

इस कहानी से स्वामी दयानन्द जी का नाम हटाने में प्रेमचंद का क्या प्रयोजन था, यह कहना तो कुछ सम्भव नहीं है लेकिन इसके प्रथम प्रकाशित उर्दू रूप से इस बात में तनिक भी सन्देह नहीं रहता कि प्रेमचंद आर्य समाज की विचारधारा में पूर्णता के साथ दीक्षित थे। आश्चर्य की बात है कि 20 भागों में प्रकाशित 'प्रेमचंद रचनावली' और 24 भागों में प्रकाशित 'कुल्लियाते प्रेमचंद' के सम्पादकों ने 'प्रकाश' में प्रकाशित इस कहानी के प्रथम पाठ का सन्दर्भ ग्रहण करने की कोई चेष्टा नहीं की। इसके अतिरिक्त हमारे सबसे बड़े प्रेमचंद विशेषज्ञ डॉ. कमल किशोर गोयनका ने इस कहानी के प्रथम पाठ का सन्दर्भ तो ग्रहण किया ही नहीं, वरन् इसके उर्दू में प्रथम प्रकाशन की भी कोई चर्चा नहीं की। यहाँ यह उल्लेख करना भी कुछ असंगत नहीं होगा कि 'प्रकाश' में प्रेमचंद की अनेक कहानियाँ प्रकाशित हुई थीं, जिनकी ओर अभी तक भी साहित्य-संसार का कोई ध्यान नहीं जा पाया है।

ध्यातव्य है कि प्रेमचंद की इस उर्दू कहानी को 'प्रकाश' की फाइलों में से खोजकर उसकी मूल प्रति स्वर्गीय रामलाल नाभवी ने मुम्बई के प्रेमचंद-विशेषज्ञ गोपाल कृष्ण माणकटाला को उपलब्ध करा दी थी, जो उन्होंने अमृतराय को सन् 1991 में भेज दी थी। इसकी प्राप्ति सूचना देते हुए अमृतराय ने अपने 29 मई, 1991 के पत्र में माणकटालाजी को लिखा था–

"आपकी इत्तिला के लिए अर्ज है कि आपके 13 मई के खत के साथ मुझे प्रेमचंद की वह नायाब कहानी–'आपकी तस्वीर' और रस्तोगी साहब के मजमून

1. प्रेमचंद रचनावली, भाग-14, पृ. 302-3

का जीरोक्स मोसूल हुए।...मैं प्रेमचंद की इस नायाब कहानी को जरूर पहले किसी परचे में, रिसाले में शाया कराऊँगा। मजमूए की बात तो तब तक रुकी रहेगी जब तक मुंशीजी की ऐसी नयी नायाब कहानियाँ और भी न मिल जाएँ। जो हो, यह कहानी जब भी और जहाँ भी शाया होगी उसके साथ यह इत्तिला भी जरूर जाएगी कि इसकी तलाश का सेहरा जनाब रामलाल नाभवी के सिर पर है।"[1]

उपर्युक्त पत्र लिखने के पश्चात् यह कहानी अमृतराय ने कहीं प्रकाशित कराई हो, इसका कोई प्रमाण सम्प्रति उपलब्ध नहीं है। प्रतीत होता है कि अमृतराय के संज्ञान में यह तथ्य आ गया होगा कि इस कहानी को प्रेमचंद ने महत्त्वपूर्ण परिवर्तन के साथ हिन्दी में 'कवच' और उर्दू में 'हिर्जे जाँ' शीर्षकों से प्रकाशित करा दिया था। और सम्भवतः इसी कारण से अमृतराय ने इस कहानी के प्रथम पाठ को पुनः प्रकाशित करने में कोई रुचि नहीं ली होगी।

क्या साहित्य-संसार अपने सर्वश्रेष्ठ कथा-शिल्पी, उपन्यास-सम्राट् मुंशी प्रेमचंद और आर्य समाज के पारस्परिक सम्बन्धों को यथार्थ के धरातल पर परिभाषित करने के लिए 'आपकी तस्वीर' के अतिरिक्त 'प्रकाश' तथा अन्य आर्य समाज से सम्बन्धित पत्र-पत्रिकाओं में प्रकाशित प्रेमचंद की अन्यान्य रचनाओं को खोजकर उनकी विस्तृत एवं तथ्यपरक समीक्षा करने का कुछ उद्योग कर सकेगा?

---

1. इंशा, उर्दू मासिक, कलकत्ता, मई-जून 2008, पृ. 8

परिशिष्ट-4

कृष्ण कुमार राय

यों नष्ट हो गईं प्रेमचंद की पांडुलिपियाँ

सभी साहित्य-प्रेमी इतना तो अवश्य जानते होंगे कि अमर कथा-शिल्पी प्रेमचंद ने जितना कुछ हिन्दी में लिखा है, उससे कहीं अधिक योगदान उनका उर्दू साहित्य में भी रहा है। अपनी कुछ प्रारम्भिक हिन्दी रचनाओं को छोड़कर उन्होंने अधिकांश हिन्दी रचनाओं का प्रकाशन स्वयं अपने सरस्वती प्रेस प्रकाशन से किया था जो मुद्रणालय के साथ-साथ प्रकाशन संस्था भी थी। उनकी उर्दू की प्राय: सभी रचनाएँ उनके अभिन्न मित्र कानपुर निवासी मुंशी दयानारायण निगम ने अपने समय की मशहूर उर्दू पत्रिका 'जमाना' में छापी थीं, लेकिन उनकी ज्यादातर उर्दू किताबें लाहौर से प्रकाशित हुई थीं जो उस समय भारत का हिस्सा था और उर्दू साहित्य के प्रकाशन का गढ़ माना जाता था। वर्ष 1947 में देश के विभाजन के बाद पंजाब सूबे का यह नगर पाकिस्तान का अंग बन गया। इतना अधिक लेखन कार्य करने के बावजूद भी प्रेमचंद की आधी से अधिक हिन्दी और उर्दू की पांडुलिपियाँ आज अनुपलब्ध और विलुप्त हैं। इसका रहस्य क्या है, इस सम्बन्ध में आज तक न तो किसी साहित्य-मनीषी या इतिहासकार ने अन्वेषण किया और न किसी शोधार्थी ने ही इस तथ्य की तह तक पैठने की जहमत उठाने की कोशिश की, जबकि प्रेमचंद का निधन हुए अभी केवल सात दशक से कुछ अधिक समय गुजरा है। यहाँ तक कि भाई अमृतराय (प्रेमचंद के यशस्वी पुत्र) ने भी अपनी बहुचर्चित पुस्तक 'कलम का सिपाही' में, जो प्रेमचंद की सर्वाधिक प्रामाणिक जीवनी मानी जाती है और जिसके लिए उन्हें सोवियत लैंड नेहरू पुरस्कार तथा साहित्य अकादमी के विशिष्ट सम्मान प्राप्त हुए थे, उक्त तथ्य के सम्बन्ध में कोई प्रकाश नहीं डाला है। सर्वश्री कमल किशोर गोयनका, मदन गोपाल और जनाब जैदी साहब सरीखे खोजी रचनाकारों की शोधपूर्ण पुस्तकें भी इस विषय पर खामोश हैं। इस समय प्रेमचंद-परिवार का ज्येष्ठतम जीवित सदस्य होने के नाते मैं कुछ ऐसे तथ्य हिन्दी और उर्दू

साहित्य-प्रेमियों के समक्ष प्रस्तुत करना चाहता हूँ जो अभी तक अज्ञात और अप्रकाशित हैं। मेरे जीवन-काल के बाद शायद इन तथ्यों पर प्रकाश डालने वाला कोई न होगा क्योंकि इनकी व्यक्तिगत जानकारी रखने वाला परिवार का कोई अन्य सदस्य अब जीवित नहीं रहा। अतीत के गर्त में विलुप्त होने से पहले इन महत्त्वपूर्ण तथ्यों के सम्बन्ध में विस्तार से चर्चा करना मैं अपना नैतिक दायित्व भी समझता हूँ।

लमही ग्राम में हमारे परिवार के दो मकान थे। पहला वह बड़ा पुश्तैनी घर जिसकी एक कोठरी में 31 जुलाई, 1880 को सरस्वती के वरद पुत्र प्रेमचंद का जन्म हुआ था और दूसरा उसके ठीक सामने स्थित वह मकान जिसका प्रारम्भिक निर्माण वर्ष 1922-23 में मेरे पिता स्व. महताब राय (धनपत राय यानी प्रेमचंद के एकमात्र अनुज) ने एक बड़े बरामदे सहित चार कमरों वाली दो मंजिली बैठक के रूप में कराया था। लगभग पाँच वर्ष बाद सन् 1928 में परिवार के सदस्यों की संख्या में वृद्धि के फलस्वरूप प्रेमचंद ने इस बैठक के रूप और आकार में कुछ परिवर्तन और विस्तार कराकर उसे दूसरे आवासीय भवन के रूप में बदल दिया था। डॉ. सम्पूर्णानन्द, डॉ. हजारी प्रसाद द्विवेदी, डॉ. राजबली पाण्डेय, गोविन्द प्रसाद केजरीवाल प्रभृत साहित्य मनीषियों के इस स्पष्ट आश्वासन पर कि काशी नागरी प्रचारिणी सभा के तत्वावधान में लमही ग्राम में एक भव्य और बहुउद्देश्यीय प्रेमचंद-स्मारक का निर्माण यथाशीघ्र कराया जाएगा, पिताजी ने अपना पहला पुश्तैनी मकान अपने पिता-तुल्य अग्रज की स्मृति में बनने वाले प्रस्तावित स्मारक के निर्माणार्थ सभा को सहर्ष अर्पित कर दिया था। 8 अक्टूबर, 1959 को प्रेमचंद की 23वीं पुण्य-तिथि के अवसर पर देश के प्रथम राष्ट्रपति देशरत्न डॉ. राजेन्द्र प्रसाद ने लमही पधारकर एक भव्य समारोह में प्रस्तावित स्मारक-भवन के शिलान्यास की औपचारिकता भी पूरी कर दी थी। तथाकथित भव्य स्मारक के निर्माण हेतु किस निर्दयता के साथ वह पुश्तैनी मकान ढहाकर समतल कर दिया गया था और बाद में स्मारक के नाम पर वहाँ क्या और कैसा निर्माण कराया गया, इस सम्बन्ध में अलग से विस्तारपूर्वक चर्चा करूँगा। इस समय तो केवल यह तथ्य उजागर करना मेरा मुख्य उद्देश्य है कि आखिर प्रेमचंद की ढेर सारी बहुमूल्य पांडुलिपियाँ, जो आज अनुपलब्ध हैं, किस प्रकार नष्ट हो गईं।

सन् 1936 के पूर्वार्द्ध में प्रेमचंद की गम्भीर बीमारी के कारण जब मेरे पिताजी अपने बड़े भाई की तीमारदारी और चिकित्सा-व्यवस्था के लिए मिर्जापुर में अपना मुद्रण व्यवसाय बन्द कर अन्तिम रूप से वाराणसी आ गए तो हम लोग लमही वाले अपने पुश्तैनी मकान में रहने लगे जिसमें न केवल प्रेमचंद का जन्म हुआ था बल्कि जहाँ उन्होंने अपनी अधिकांश जिन्दगी गुजारी थी। सामने वाले

दूसरे मकान में ताला लगा था क्योंकि प्रेमचंद उन दिनों वाराणसी नगर में किराये के मकान में रहा करते थे और उनका मुद्रण तथा प्रकाशन व्यवसाय भी वहीं से संचालित होता था। पिताजी नित्य सबेरे साइकिल उठाते और शहर चल देते। वहाँ सारा दिन बड़े भाई की सेवा-टहल में व्यतीत करते और डॉक्टरों-वैद्यों के दवाखानों के चक्कर काटते रहते। देर रात गए जब वह लौटकर गाँव आते तो प्रायः हम बच्चे सो गए रहते। किन्तु इतनी भाग-दौड़ और सारे उपचारों के बावजूद क्रूर काल ने अन्ततः 8 अक्टूबर, 1936 को पौ फटते-फटते प्रेमचंद को अपना ग्रास बनाकर ही दम लिया। हिन्दी और उर्दू के उस जाने-माने लोकप्रिय कथाकार के निधन से काशी नगरी तो सूनी हो ही गई, हिन्दी कथा-साहित्य का एक स्तम्भ धराशायी हो गया। वर्षों तक रोज सुबह बेनिया बाग के मैदान में साथ-साथ चहलकदमी करने वाले अपने जमाने के दो दिग्गज साहित्यकार प्रेमचंद और जयशंकर प्रसाद की सुपरिचित जोड़ी टूट गई। मेरे पिताजी पर तो अपने अग्रज के असामयिक निधन से मानो वज्रपात हो गया। मैं उस समय मात्र तेरह वर्ष का अल्हड़-अनजान बालक था, प्रेमचंद की महानता से सर्वथा अनभिज्ञ। हमारी नजरों में तो वह केवल हमारे 'बड़का बाबू' थे जिनसे हमें भरपूर प्यार-दुलार भी मिला था और यदा-कदा डाँट-फटकार भी। घोर उदासी के माहौल में घर के सभी प्राणियों को रोता-बिलखता देखकर मैं भी खूब रोया था। होश सँभालने के बाद मैंने पहली बार घर से अरथी उठते उसी दिन देखी थी। सारा गाँव वहाँ उमड़ पड़ा था; कायस्थ, कुनबी, लोहार, भर-चमार और तुरुकिया नाई—सबके सब। लगता था, उन सबका कोई सगा-सम्बन्धी उन्हें छोड़कर चला गया था। ढेर सारे शहरी लोग भी आए हुए थे, किन्तु चन्द जाने-पहचाने चेहरों को छोड़कर अन्य को मैं पहचानता भी नहीं था। हाँ, बाद को जरूर पता चला कि उनमें कुछ सुविख्यात साहित्यकार और पत्रकार भी थे। उन मनहूस दिन की याद आज भी विस्मृत नहीं हुई है।

वर्ष 1937 में किसी समय लमही वाले पुश्तैनी मकान के कमरों की सफाई के दौरान मेरे अग्रज स्व. डॉ. राम कुमार राय (भूतपूर्व प्रवक्ता, मनोविज्ञान विभाग, काशी हिन्दू विश्वविद्यालय तथा वैदिक साहित्य, तंत्र-मंत्र, योगादि जैसे दुरूह विषयों पर लगभग पचास बृहदाकार हिन्दी तथा अंग्रेजी ग्रन्थों के प्रणेता) की निगाह रसोई-घर में बने लकड़ी के मचान के एक कोने में रखे भारी-भरकम झाँपे पर पड़ी जो मकड़ियों के जालों और गर्द-गुबार से ढँका हुआ था। मैं भी अपने भाई के साथ सफाई के काम में जुटा हुआ था। मेरी उम्र उस समय केवल 13-14 वर्ष की थी और आठवीं कक्षा में पढ़ता था, जबकि मुझसे लगभग दो वर्ष बड़े भाई दसवीं कक्षा के छात्र थे। हम लोगों को इतना तो अवश्य पता था कि हमारे ताऊ प्रेमचंद ने हिन्दी और उर्दू में ढेर सारी किताबें लिखी हैं, किन्तु

उस समय तक साहित्यकारों को आज की तरह मान-सम्मान प्राप्त नहीं होता था और न असाधारण प्रतिभा के धनी अति विशिष्ट व्यक्ति के रूप में उनकी विशेष पहचान होती थी, अपने गाँव-घर में तो और भी नहीं। फिर हम अबोध भाइयों को तो प्रेमचंद के महान् व्यक्तित्व और उनकी बहुमूल्य साहित्यिक देन का कोई खास अहसास भी न था। केवल बाल-सुलभ कुतूहल और जिज्ञासावश हम लोगों ने लकड़ी के मचान पर चढ़कर मकड़ी का जाला झाड़-पोंछकर झाँपे को किनारे खिसकाया। कागज-पत्रों से भरे उस झाँपे में बड़ा वजन था। दीमकों ने भी उन कागजात के साथ खूब मनमानी कवायद की थी। हम लोगों ने जोर लगाकर किसी तरह झाँपे को नीचे उतारा और उसे आँगन में खिसकाकर वहीं पलट दिया। झाँपे में भरी ढेरों हिन्दी और उर्दू की पांडुलिपियाँ आँगन में छितरा गईं। कुछ मोटी-मोटी नत्थियों के रूप में थीं, कुछ जंग लगी ऑलपिनों तथा क्लिपों में जकड़ी हुई थीं और कुछ अलग-अलग पुलिन्दों के रूप में डोरियों से बँधी हुई थीं। कुछ बिखरे पन्नों पर अंग्रेजी में भी टिप्पणियाँ और इबारतें लिखी हुई थीं। झाँपे का वजन छह-सात पसेरी से कम न रहा होगा। अधिकांश कागजात को दीमकों ने आंशिक रूप से नष्ट कर उनका रूप विकृत बना डाला था, फिर भी काफी कुछ सही-सलामत था, गो कि काफी लम्बे समय से निरन्तर रसोई-घर का धुआँ लगते-लगते कागजात पीले पड़ गए थे, परन्तु लिखावट की स्याही काफी चटक और पठनीय थी। उल्लेखनीय है कि इन पंक्तियों के लेखक का जन्म इसी रसोई वाले कमरे में हुआ था, जबकि बड़े भाई राम कुमार राय का जन्म उसी ऐतिहासिक कमरे में हुआ था जहाँ बालक धनपतराय उर्फ नवाबराय (बाद को प्रेमचंद के नाम से विख्यात) ने सर्वप्रथम धरती का स्पर्श किया था।

बड़े भाई जाकर पिताजी को बुला लाये और उन्हें सारे बिखरे हुए कागजात दिखलाये। वह अन्यमनस्क भाव से बोले, 'तुम लोगों ने आँगन भर में यह क्या कबाड़ फैला दिया? सारे दीमक घर में फैल जाएँगे।' पिताजी बतलाने लगे कि यह सब उनके भैया के लिखे उपन्यासों, कहानियों, लेखों आदि के पुराने पांडुलेख हैं और यह सारी सामग्री पत्र-पत्रिकाओं में तथा किताबों के रूप में छप चुकी है। चूँकि मकान में छोटे-मोटे ताखों को छोड़कर कोई अलमारी वगैरह नहीं थी, इसलिए सारी पांडुलिपियाँ झाँपे में भरकर मचान पर डाल दी गई थीं जहाँ दशकों से उपेक्षित पड़े-पड़े वह इस अवस्था को प्राप्त हो गई थीं। दीमकों और रसोई के धुएँ ने उन कागजात का रूप ऐसा बिगाड़ डाला था कि पिताजी ने आँगन में दूर तक बिखरे उस अम्बार को बटोर-बटारकर उसे जला देने को कहा ताकि दीमकों का भी सफाया हो जाए। फिर भी उनके चले जाने के बाद हम लोगों ने जिज्ञासावश उस ढेर को काफी कुरेदा और उलटा-पलटा। उर्दू में

लिखी अनेक बृहदाकार नत्थियाँ और कुछ अन्य फुटकर कागजात काफी सुरक्षित थे, किन्तु हम लोगों की उनमें कोई दिलचस्पी न थी क्योंकि हम दोनों में से कोई भी उर्दू नहीं जानता था। न जाने क्यों हिन्दुस्तानी दीमकों ने भी उर्दू की इबारत वाले इन कागजात को चाटने में कम रुचि दिखलायी थी। कुछ हिन्दी कहानियों के पांडुलेख, जो दीमक के प्रभाव से अछूते बचे थे तथा कुछ अन्य कागजात हम लोगों ने अलग निकालकर सुरक्षित रख लिए और शेष अम्बार को बटोरकर उसमें आग लगा दी। देखते ही देखते सब कुछ भस्म होकर राख के ढेर में तब्दील हो गया जिसे उठाकर हम लोग घर के पिछवाड़े घूरे पर फेंक आए। उस समय उन पांडुलिपियों का महत्त्व समझने की बौद्धिक क्षमता हम दोनों भाइयों में न थी। जो कागज-पत्र इस तरह लापरवाही के साथ झाँपे में भरकर इतने वर्षों से रसोई-घर के मचान पर जलौनी लकड़ियों के ढेर के पीछे उपेक्षित पड़े हुए थे उन्हें हमारी बाल-बुद्धि ने कोई दुर्लभ या बहुमूल्य वस्तु नहीं समझा और न पिताजी ने ही उन्हें सुरक्षित रखने पर बल दिया। हम लोगों को इस बात का भी ज्ञान न था कि किसी रचनाकार द्वारा लिखी गई सामग्री छप जाने के बाद भी पांडुलेखों का अपना अलग ही महत्त्व होता है। बहरहाल, जो थोड़ी सामग्री हम लोगों ने निकालकर सुरक्षित रख ली थी उनमें से कुछ भाई अमृतराय काफी समय बाद मेरे बड़े भाई से माँग ले गए। दोनों में केवल डेढ़-दो माह की छोटाई-बड़ाई थी और आपस में खूब जमती भी थी। कुछ पांडुलेख बड़े भाई श्रीपतराय (प्रेमचंद के ज्येष्ठ पुत्र) भी माँगकर ले गए। शेष थोड़ी-बहुत सामग्री मेरे अग्रज डॉ. रामकुमार राय के पास पड़ी रह गई जो सम्भवतः अब भी उनके बृहद् निजी ग्रन्थागार के किसी बण्डल में सुरक्षित पड़ी होगी।

यह तो रही प्रेमचंद की ढेर सारी पांडुलिपियों के दुर्भाग्यपूर्ण दहन की मार्मिक अनकही कहानी। बचपन में अज्ञानतावश अनजाने में हम लोगों से जो साहित्यिक अपराध हुआ, आशा है साहित्य-जगत्, इतिहासकार और शोधकर्मी उसके लिए हमें क्षमा करेंगे। यों तो कालान्तर में जब हम लोग साहित्य का मर्म समझने योग्य हुए तो हमें स्वयं अपनी नादानी पर बेहद पश्चात्ताप हुआ और हम सोचने लगे कि यदि हमने थोड़ा परिश्रम करके झाड़-पोंछकर उन पांडुलेखों को सुरक्षित रख लिया होता तो आज प्रेमचंद की बहुत सारी अनमोल पांडुलिपियाँ उपलब्ध होतीं और किसी संग्रहालय की शोभा बढ़ा रही होतीं, भले ही वह आधी-अधूरी रहतीं जिन्हें रख-रखाव की असावधानी के कारण दीमकों और रसोई-घर के धुएँ ने काफी हद तक क्षतिग्रस्त कर कुरूप बना डाला था।

अब आइये कुछ अन्य अनकहे तथ्यों पर प्रकाश डालते हैं। शायद कम ही लोगों को पता होगा कि प्रेमचंद कलम के एक समर्थ सिपाही होने के साथ-साथ

बड़े ही अध्ययनशील व्यक्ति भी थे। उन्हें साहित्यिक पुस्तकों से बेहद लगाव था। उनके निजी संग्रह में हजारों की संख्या में बहुमूल्य पुस्तकें उपलब्ध थीं। अंग्रेजी और उर्दू कथा-साहित्य का उन्होंने खूब अध्ययन किया था और प्रायः सभी प्रमुख रचनाकारों की कृतियाँ उनके निजी संग्रह में उपलब्ध थीं। उनकी हिन्दी पुस्तकों का भण्डार भी कुछ कम न था। यह सारी पुस्तकें लमही स्थित दूसरे वाले मकान की ऊपरी मंजिल के दो कमरों में भरी पड़ी थीं। इनके अतिरिक्त अपने समय की प्रायः सभी जानी-मानी हिन्दी और उर्दू की पत्र-पत्रिकाओं के ढेर सारे अंक भी उनके संग्रह में मौजूद थे। प्रेमचंद की मृत्यु के पश्चात् दो-चार वर्षों तक तो माता शिवरानी देवी प्रायः अकेले ही लमही आकर गाँव के दूसरे वाले मकान में कुछ समय व्यतीत करती थीं। खाती-पीती हम लोगों के साथ थीं, यह उनका अधिकार भी था, और रमदेइया नाम की एक अधेड़ तुरुकिया नाइन उनकी खिदमत किया करती थी। गाँव में हम लोगों की ही बिरादरी के एक निठल्ले व्यक्ति थे जो कोई काम-धन्धा तो करते नहीं थे, लेकिन थे अव्वल दर्जे के चापलूस और मक्कार इन्सान। खेती-बारी भी नाम-मात्र की थी। उस दिवंगत महानुभाव का नाम लेना तो अब उचित न होगा, लेकिन उनके फितरती स्वभाव से सारा गाँव बखूबी वाकिफ था। गाँव के रिश्ते के नाते वह माता शिवरानी देवी को 'चाची' कहकर सम्बोधित करते थे। उन्होंने अपनी चापलूसी की बदौलत माताजी को इस कदर प्रभावित कर रखा था कि वह उन्हीं को अपना सबसे बड़ा हितैषी मान बैठी थीं। कालान्तर में जब माताजी गाँव के मकान में ताला लगाकर लगभग स्थायी रूप से पहले वाराणसी नगर में और बाद को इलाहाबाद में अपने पुत्र-द्वय श्रीपतराय तथा अमृतराय के साथ रहने लगीं तो गाँव वाले मकान की चाभी उसी महानुभाव को सुपुर्द कर गईं और उन्हें यह हिदायत कर गईं कि कभी-कभी मकान की सफाई करा दिया करें और उस पर बराबर निगाह रखें। दुर्भाग्यवश हम लोग भी तब वाराणसी नगर में ही रहने लगे थे। गाँव वाले पुश्तैनी मकान में कुछ समय तक केवल हमारी दादी रहा करती थीं। कभी-कभी हम भाई-बहनों में से भी कोई दादी के साथ गाँव में रहता था। यों कुछ अन्य पट्टीदारों का परिवार भी उसी मकान के दूसरे हिस्सों में रहा करता था। चूँकि आँगन एक ही था, इसलिए दादी को कोई असुविधा नहीं होती थी। उक्त महानुभाव ने माता शिवरानी देवी द्वारा सुपुर्द मकान की धीरे-धीरे ऐसी देख-रेख और सफाई की कि 3-4 वर्षों के अन्दर ही प्रेमचंद का बहुमूल्य भरा-पूरा ग्रन्थागार इतना दुर्बल हो गया कि उसमें केवल गिनी-चुनी दो-तीन सौ पुस्तकें ही शेष रह गईं। उस विश्वासघाती व्यक्ति ने धीरे-धीरे वहाँ की तीन-चौथाई से भी अधिक पुस्तकें ले जाकर पुस्तक-प्रेमियों के हाथों औने-पौने दामों में बेच डालीं और सारा पैसा हजम कर गए। हम

लोगों को जब उनके कारनामे की भनक लगी तो काफी देर हो चुकी थी। फिर भी माता शिवरानी देवी से सारी बातें बतलायीं, किन्तु उस व्यक्ति ने माताजी को इतना प्रभावित कर रखा था कि उन्होंने कोई ध्यान नहीं दिया। विवश होकर जब भाई अमृतराय को सारी बातें बतलायीं तो वह लमही आए और पिता की अमूल्य धरोहर की दुर्दशा देखकर बेहद मर्माहत हुए। बची हुई अधिकांश किताबें वह उठवाकर अपने साथ इलाहाबाद ले गए। शेष पुस्तकें, पत्र-पत्रिकाएँ आदि मेरे बड़े भाई राम कुमार राय उठवा लाये और उन्हें सँजोकर अपने निजी ग्रन्थागार में रखा जहाँ आज भी वह सुरक्षित रखी हैं। भाई राम कुमार राय का तो वर्ष 1990 के आरम्भ में निधन हो गया किन्तु उनकी यादों को सँजोये उनका बृहद् ग्रन्थागार आज भी लमही ग्राम स्थित उनके नए मकान में सुरक्षित है जिसकी देख-रेख मुख्यत: उनके सुपुत्र प्रदीप और राकेश करते हैं। साहित्य-प्रेमी और शोधकर्मी प्राय: उनके इस ग्रन्थागार का लाभ उठाने आते रहते हैं जहाँ विभिन्न विषयों के कई हजार दुर्लभ ग्रन्थ उपलब्ध हैं जिनमें वैदिक और प्राचीन तन्त्र साहित्य की बहुलता है।

प्रेमचंद के दूसरे वाले आवासीय भवन और उनके निजी उपयोग की सामग्री, फर्नीचर आदि की लूट-खसोट और बर्बादी की कहानी भी कुछ कम मर्माहत करने वाली नहीं है। मकान में जिस समय ताला लटका रहता था और उसकी देख-रेख करने वाला गाँव में घर-परिवार का कोई न था। लोग धीरे-धीरे उसके खिड़की-दरवाजे तक उखाड़कर ले जाने लगे। जाहिर है कि इस तरह की चोरी करने वाला कोई बाहरी व्यक्ति नहीं हो सकता। गाँव के ही कतिपय अवांछनीय तत्वों द्वारा यह कुकृत्य किया गया होगा। कुछ ही दिनों में मकान इतना असुरक्षित हो गया कि उसमें छुट्टा पशुओं तक का प्रवेश भी सुगम हो गया और वह धीरे-धीरे उनके शरण-स्थल के रूप में परिवर्तित हो गया। जुआड़ियों और दुष्कर्मियों ने भी जब जी चाहा, स्थिति का भरपूर लाभ उठाया। इसी दौरान एक कुनबी परिवार के मुखिया और उनके बेटों ने, जिन्हें शिवरानी देवी ने अपना कुछ खेत जोतने-बोने का अधिकार दे रखा था, घर में रखे सामानों, फर्नीचर आदि को हटाना-बढ़ाना शुरू कर दिया। प्रेमचंद के चचेरे भाई के वंशज, जो गाँव में ही रहते हैं, से पारिवारिक सम्पत्ति की यह बन्दर-बाँट देखी नहीं गई और बचा-खुचा सामान तथा फर्नीचर उठवाकर वह अपने घर ले गए। इस तरह लमही वाला दूसरा मकान वीरान होकर धीरे-धीरे खँडहर में तब्दील हो गया। इन सारी गतिविधियों से बेखबर स्थानीय साहित्यकार और पत्रकार तथा नागरी प्रचारिणी सभा के पदाधिकारीगण हर वर्ष प्रेमचंद की जयन्ती मनाने की औपचारिकता पूरी करने लमही में एकत्र जरूर होते रहे, किन्तु उस इतिहास-पुरुष के मकान और सम्पत्ति की लूट-खसोट तथा बर्बादी की

घटना को मूक दर्शक बनकर देखते रहे। कभी किसी साहित्य-प्रेमी अथवा साहित्यिक संस्था ने इसके खिलाफ आवाज उठाने का साहस नहीं दिखलाया। प्रशासन-तन्त्र द्वारा ऐसे मामलों में चुप्पी साधे रहना तो इस देश की त्रासदी रही है। काश, प्रेमचंद जैसे महान् रचनाकार का जन्म रूस, इंग्लैण्ड, फ्रांस या जर्मनी जैसे किसी पाश्चात्य देश में हुआ होता!

एस-2/51-ए, अर्दली बाजार
अधिकारी हॉस्टल के समीप
वाराणसी-221 002

परिशिष्ट-5

उदयशंकर दुबे

मुरारी लाल केडिया के दो पत्र

श्री मुरारी लाल केडिया काशी के प्रतिष्ठित तथा धनवान व्यक्ति थे और उन्होंने ही काशी में श्रीरामरत्न पुस्तक भवन स्थापित किया था। वे नागरी प्रचारिणी सभा, काशी से भी जुड़े थे। प्राचीन वस्तुओं की खरीद-बिक्री करना उनका व्यापार था और साहित्य-सेवा व्यसन। काशी के साहित्यिक क्षेत्र में श्री रायकृष्ण दास, मुरारी लाल केडिया और डॉ. वासुदेव शरण अग्रवाल का त्रिगुट प्रसिद्ध है। अपनी साहित्य-सेवा के चलते केडिया जी ने काशी में श्रीरामरत्न पुस्तक भवन के नाम से ऐसा अनूठा पुस्तकालय स्थापित किया था जिसमें केवल दुर्लभ पुस्तकें ही संगृहीत नहीं थीं, वरन् अनेक प्रसिद्ध साहित्यकारों के हस्तलेख, चित्र तथा दैनन्दिन प्रयोग की दुर्लभ वस्तुएँ भी प्रचुर परिमाण में संगृहीत थीं। मुंशी प्रेमचंद के देहावसान के उपरान्त उनकी धर्मपत्नी श्रीमती शिवरानी देवी ने प्रेमचंद के अनेकों हस्तलेख, शैक्षणिक उपाधियाँ तथा दैनन्दिन प्रयोग की वस्तुएँ श्री केडिया जी को सहर्ष भेंट कर दी थीं, जिनका अनेक शोधकर्ताओं ने व्यापक उपयोग भी किया। श्रीरामरत्न पुस्तक भवन की अवशेष सामग्री भारत कला भवन को भेंट कर दी गई थी, जो वहाँ आज तक सुरक्षित है।

मेरे घनिष्ठ मित्र श्री उदयशंकर शास्त्री जी पुरातत्वविद थे, जिन्होंने नागरी प्रचारिणी सभा, काशी के खोज विभाग में सन् 1942 से 1945 ई. तक हस्तलिखित ग्रन्थों की खोज का महत्त्वपूर्ण कार्य किया। श्री रायकृष्ण दास जी के कहने पर शास्त्री जी सभा छोड़कर उनके भारत कला भवन में चले गए। वहाँ कुछ वर्षों तक कार्य करने के बाद वे के.एम. इंस्टीट्यूट, आगरा में हस्तलिखित ग्रन्थों का कार्य करने हेतु चले गए और अन्तिम समय तक वहीं रहे। शास्त्री जी ने 'सूर सौरभ' पत्रिका का भी सम्पादन किया। शास्त्री जी से मेरी आत्मीयता का अनुमान इस तथ्य से लगाया जा सकता है कि मेरे व्यक्तिगत संग्रह में उनके लगभग 200 पत्र उपलब्ध हैं।

श्री उदयशंकर शास्त्री के पास काशी से सम्बन्धित पर्याप्त सामग्री थी। यह सामग्री आधुनिक काल के सम्बन्ध में होने के कारण मेरी इसमें अभिरुचि नहीं थी। मेरा सारा समय पांडुलिपियों में ही बीत जाता था जबकि मैं आगरा में शास्त्री जी के यहाँ जाकर वर्ष में 10-15 दिन पड़ा रहता था।

सन् 1983 ई. में सूर स्मारक मंडल, आगरा से डॉ. कैलाश चंद्र भाटिया और डॉ. सिद्धेश्वर नाथ श्रीवास्तव के सम्पादन में पं. उदयशंकर शास्त्री स्मृति ग्रन्थ प्रकाशित हुआ था। इसमें मैंने भी एक लेख 'प्राचीन भारतीय मनीषा के सूत्रधार: पं. उदयशंकर शास्त्री' शीर्षक से लिखा था। इस ग्रन्थ में अमृतराय (18, हेस्टिंग्स रोड, इलाहाबाद)-जी का दिनांक 18-12-61 ई. का एक पत्र छपा है, जिससे ज्ञात होता है कि शास्त्रीजी के पास प्रेमचंद की 'स्वराज्य के फायदे' शीर्षक रचना थी, जिसकी प्रतिलिपि अमृतराय जी चाहते थे। पूरा पत्र इस प्रकार है-

18, हेस्टिंग्स रोड,
इलाहाबाद
18-12-61

प्रिय भाई उदयशंकर जी,

मैं आपको तीन पत्र भेज चुका हूँ, पर आपने एक का भी उत्तर देने का कष्ट नहीं किया। क्या पत्रोत्तर का विधान आपके शास्त्र में नहीं है? अबकी मुझे यह भी सन्देह हो रहा है कि आप वहाँ पर हैं भी कि नहीं? और अगर हैं भी, उत्तर क्यों नहीं देते।

छोटा सा एक कार्य है, जिसके लिए मैं बार-बार आपका शरणागत हो रहा हूँ। आपके पुस्तकालय/संग्रहालय में प्रेमचंद की लिखी हुई एक छोटी सी पुस्तिका है जिसका नाम है 'स्वराज्य के फायदे'। उसी की नकल मुझे चाहिये। मुझसे बड़ी भूल हुई, वह पुस्तिका मेरे पास यहाँ आई थी, मैंने उसकी नकल कराये बिना उसको लौटा दिया। और अब उसके बिना काम अटक रहा है।

भाई, इतना कष्ट मेरे लिए कीजिये। अभी उसको रजिस्ट्री से मेरे पास भेज दीजिये लेकिन रजिस्ट्री में भी चीजों के खो जाने का डर रहता है, इसलिए उससे भी अच्छा होगा कि आप उसकी नकल किसी लिपिक से कराके मेरे पास भेज दें और लिपिक को जो देय हो, मुझे लिख दें, मैं उसी रोज भेज दूँगा। क्या मैं आपसे इतनी सहायता की भी आशा नहीं कर सकता?

आशा है, आप स्वस्थ और सानन्द हैं।

आपका
अमृतराय

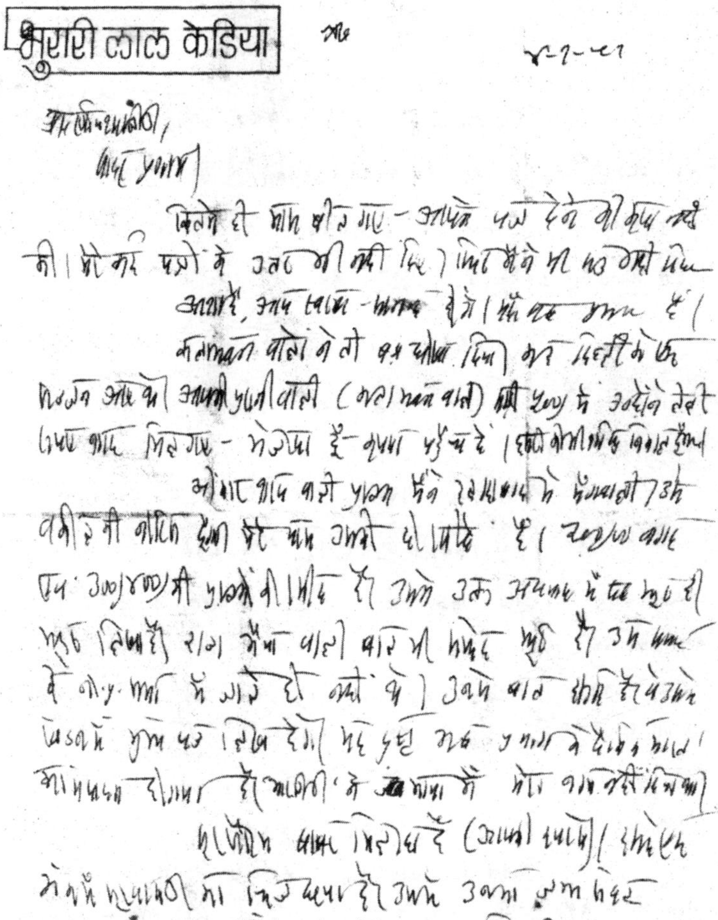
मुरारी लाल केडिया

४-२-५१

'केडिया भवन' • सी० के० १४/११ नव्वज साहू लेन • वाराणसी

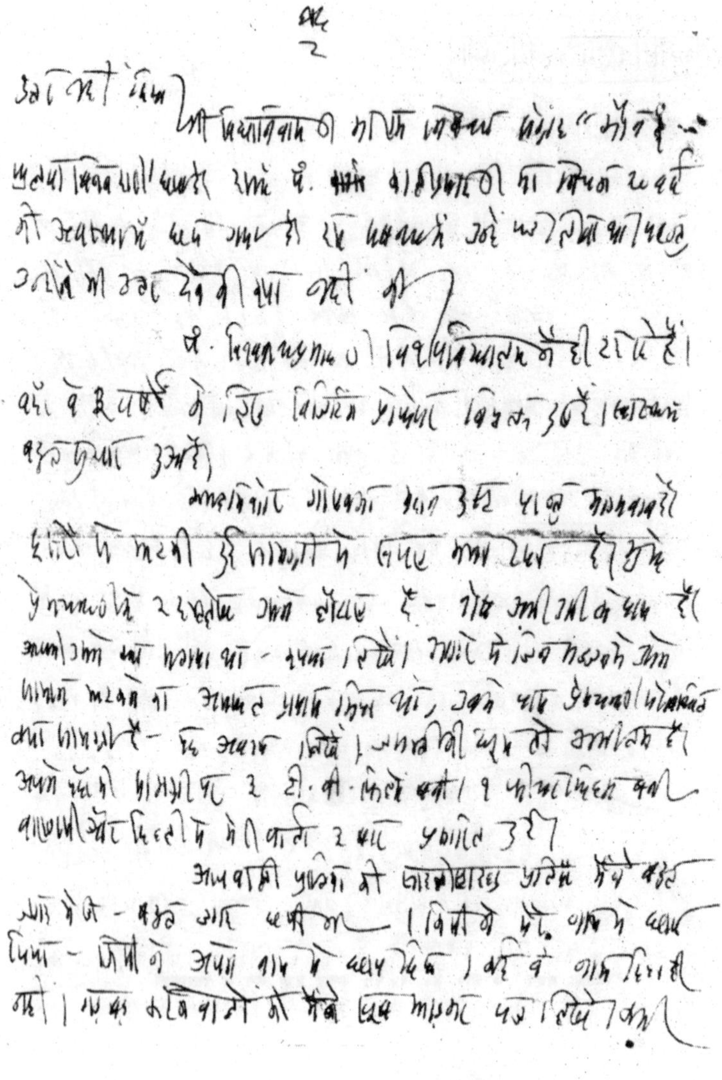

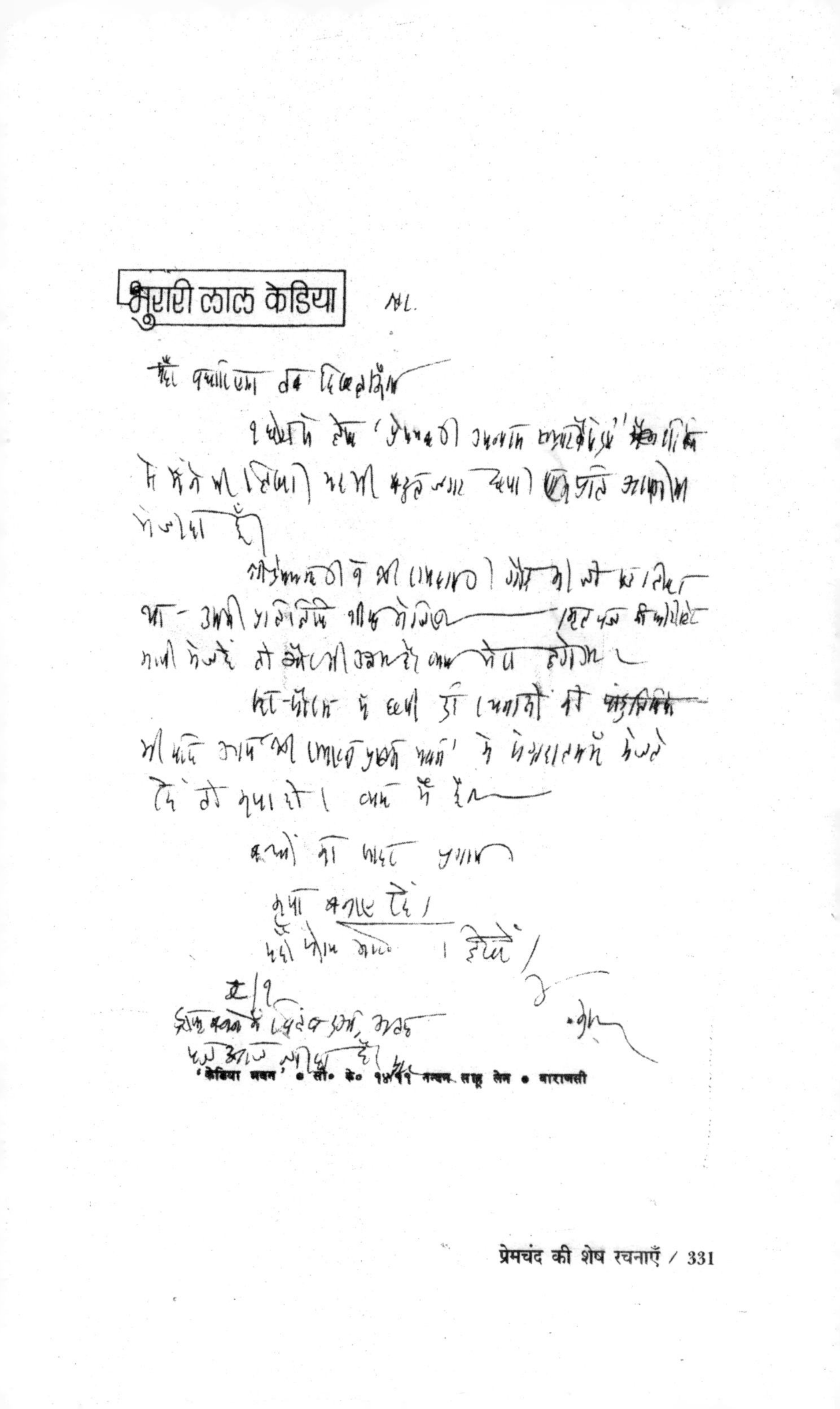

मुरारी लाल केडिया

[illegible]

'केडिया भवन' • सी० के० १४/११ नन्दन साहू लेन • वाराणसी

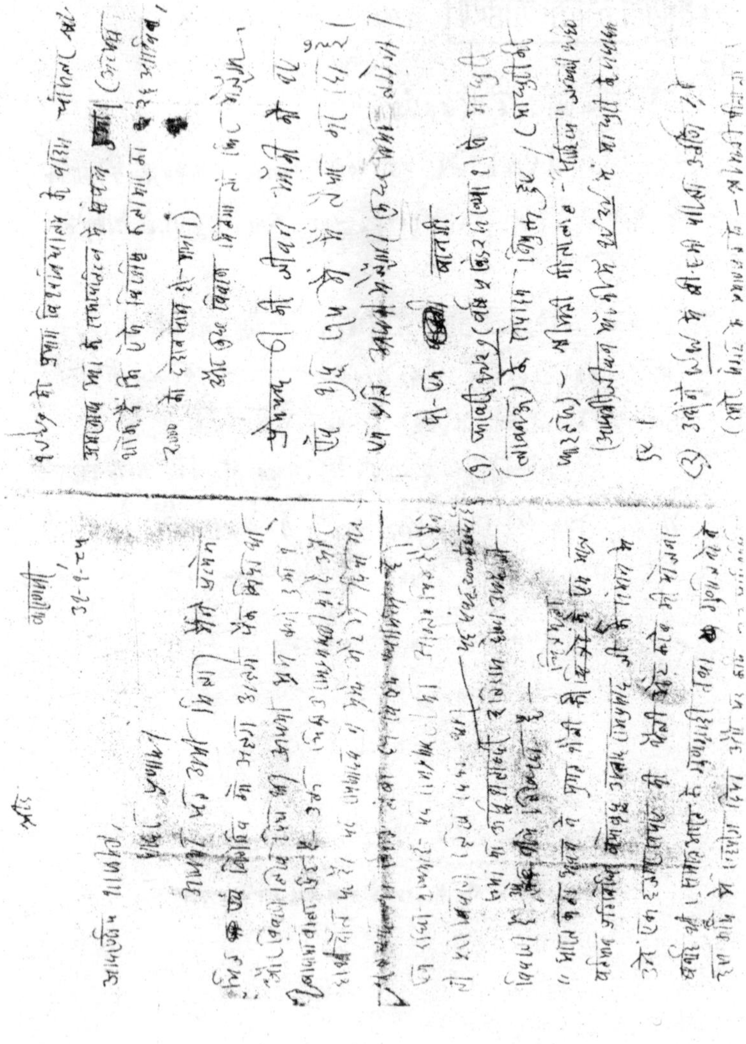

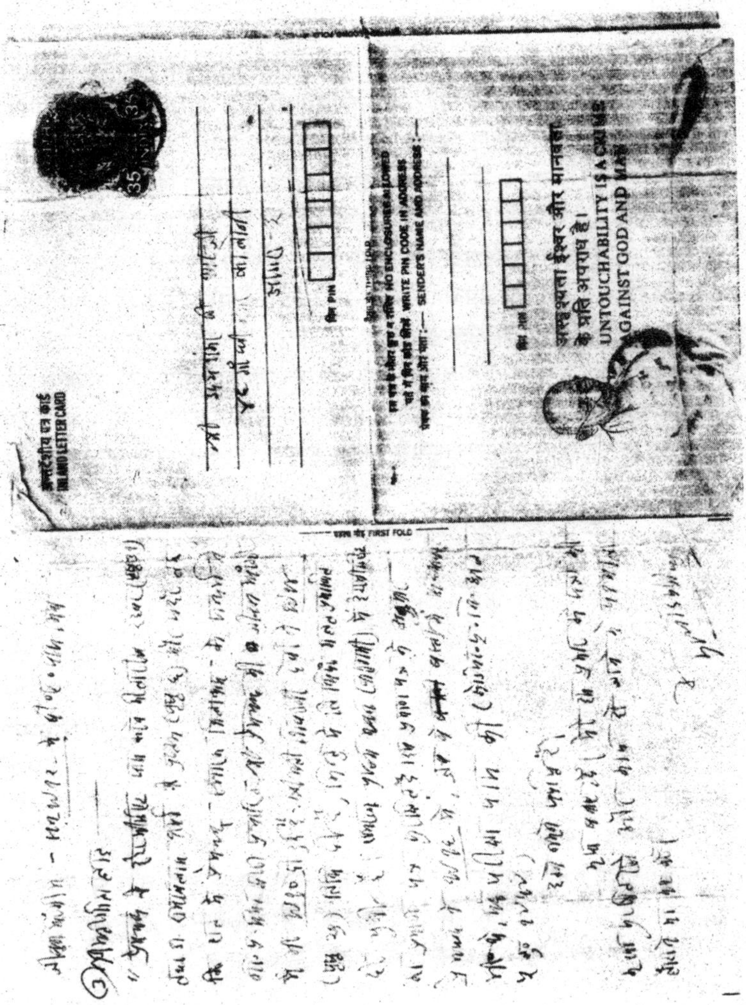
INLAND LETTER CARD
FIRST FOLD
अस्पृश्यता ईश्वर और मानवता के प्रति अपराध है।
UNTOUCHABILITY IS A CRIME AGAINST GOD AND MAN

सेवा में,

श्री उदयशंकर शास्त्री[1]

श्री अमृतराय के सन् 1961 के उपर्युक्त पत्र से स्पष्ट है कि शास्त्री जी के संग्रह में प्रेमचंद से सम्बन्धित महत्त्वपूर्ण सामग्री सुरक्षित थी, जिसे बाद में चलकर श्री गोयनका ने प्राप्त कर लिया होगा, जिसका स्पष्ट संकेत केडिया जी के पत्र में उपलब्ध है।

काशी के साहित्यिक क्षेत्र में प्रायः चर्चा होती रहती थी कि दिल्ली के डॉ. कमल किशोर गोयनका ने मुरारी लाल केडिया जी से श्रीरामरत्न पुस्तक भवन में संगृहीत प्रेमचंद के लगभग समस्त हस्तलेख आदि अपने शोध कार्य हेतु उधार लिए थे लेकिन उनमें से एक-दो को छोड़कर शेष सामग्री लौटाई नहीं। एक बार श्री उदयशंकर शास्त्री ने मुरारीलाल केडिया जी के दो ऐसे पत्र प्रकाशित करा देने के लिए मुझे दिए, जिनमें इस सम्बन्ध में स्पष्ट उल्लेख प्राप्त है। संयोग कुछ ऐसा हुआ कि मैं उन पत्रों का उपयोग न कर सका और वे मेरे पास ही रह गए। प्रेमचंद साहित्य पर शोध कार्य में संलग्न प्रियवर डॉ. प्रदीप जैन के जिज्ञासा करने पर मुझे केडिया जी के इन दो महत्त्वपूर्ण पत्रों का स्मरण हो आया जो उन्होंने पंडित उदयशंकर शास्त्री, गांधी नगर कालोनी, आगरा (उ.प्र.) के पते पर भेजे थे। मेरी संक्षिप्त टिप्पणियों से संवलित मुरारी लाल केडिया के दोनों पत्रों का सम्पूर्ण पाठ प्रस्तुत है–

1

केडिया भवन
सी.के. 14/11, नन्दन साहू लेन
वाराणसी
4-1-81

आदरणीय शास्त्रीजी,

सादर प्रणाम

कितने ही मास बीत गए, आपने पत्र देने की कृपा नहीं की। मेरे कई पत्रों के उत्तर भी नहीं दिए। फिर मैंने भी पत्र नहीं दिया।

आशा है आप स्वस्थ-सानन्द होंगे। यहाँ सब प्रसन्न हैं।

---

1. पाठालोचन सिद्धान्त और प्रयोग : पं. उदयशंकर शास्त्री स्मृति ग्रंथ (द्वितीय भाग), सम्पादक-डॉ. प्रणवीर चौहान, पृ. 32, प्रकाशक-सूर स्मारक मंडल, आगरा, प्रथम संस्करण 1988 ई.

कला भवन वालों ने तो बड़ा धोखा दिया। कल दिल्ली के एक सज्जन आए थे। आपकी पुरानी वाली (कला भवन वाली) साड़ी 500) में उन्होंने ले ली। रुपए नगद मिल गए-भेज रहा हूँ-कृपया पहुँच दें। दूसरी को भी शीघ्र निकाल दूँगा।

ओंकार शरद[1] वाली पुस्तक मैंने इलाहाबाद से मँगवा ली। उसे वकील की नोटिस दूँगा। मेरे पास उसकी दो रसीदें हैं। 200)00 नगद एवं 300)-400) की पुस्तकों की रसीद है। उसने उक्त अध्याय में यह झूठ ही झूठ लिखा है। राजा भैया वाली बात भी सफेद झूठ है। उस समय वे ना. प्र. सभा में जाते ही नहीं थे। उनसे बात हो गई है। वे उसके खंडन में मुझे पत्र लिख देंगे। यह दुष्ट अब प्रयाग के दैनिक 'भारत' का सम्पादक हो गया है।...(*अपठनीय*) ने माया में मेरा नाम नहीं दिया था।

सूर सौरभ बराबर मिल रहा है (आपकी कृपा से)। इसके एक अंक में सूरदासजी का चित्र छपा है। उसमें उनका जन्म संवत् गलत छपा था। इस सम्बन्ध में मैंने दो कार्ड लिखे थे। परन्तु आपने उत्तर नहीं दिया।

श्री विद्यानिवासजी का एक निबन्ध संग्रह 'कौन हूँ फुलवा बिननहारी' छपा है। इसमें पं. कालीप्रसादजी का निधन 20 वर्ष की अवस्था में छप गया है। इस सम्बन्ध में उन्हें पत्र लिखा था परन्तु उन्होंने भी उत्तर देने की कृपा नहीं की।

पं. विश्वनाथ प्रसादजी[2] विश्वविद्यालय में ही रह रहे हैं। वहाँ वे 3 वर्षों के लिए विजिटिंग प्रोफेसर नियुक्त हुए हैं। स्वास्थ्य में बहुत सुधार हुआ है।

कमल किशोर गोयनका महान दुष्ट परन्तु भाग्यवान है। दूसरों से झटकी हुई सामग्री से रुपए कमा रहा है। मुझे प्रेमचन्दजी के 2 हस्तलेख उसने लौटाए हैं-शेष अभी उसी के पास हैं। आपको उसने क्या सताया था[3]-कृपया लिखें। आगरे में जिन सज्जन से उसने सामान झटकने का असफल प्रयास किया था, उनके पास प्रेमचन्दजी से सम्बन्धित क्या सामग्री है-यह अवश्य लिखें। जयन्ती की धूम तो अभी तक है। अपने यहाँ की सामग्री पर 3 टी.वी. फिल्में बनी। 1 फीचर फिल्म बनी। वाराणसी और दिल्ली से मेरी वार्ता 3 बार प्रसारित हुई।

---

1. डॉ. राममनोहर लोहिया के परम भक्त ओंकार शरद इलाहाबाद के प्रतिष्ठित साहित्यकारों में थे। वे मुझसे भी परिचित थे।
2. आचार्य विश्वनाथ प्रसाद मिश्र, जो काशी हिन्दू विश्वविद्यालय से मगध विश्वविद्यालय, गया चले गए थे। उनके शिष्य डॉ. पूर्णमासी राय, जो मेरे प्रिय मित्र हैं, आजकल बनारस में रह रहे हैं। आचार्य जी के पास ब्रह्मनाल पर मैं भी जाता था। उनके दो पत्र मेरे पास सुरक्षित हैं।
3. शास्त्री जी ने इस सन्दर्भ में मुझे कभी कुछ नहीं बताया। मेरा अनुमान है कि श्री गोयनका जी उनसे प्रेमचंद जी सम्बन्धित सामग्री ले गए होंगे और लौटाने में टाल-मटोल करते होंगे या हड़प कर गए होंगे। चूँकि केडिया जी ने गोयनका के विषय में अपनी टिप्पणी दी है उसी से अन्दाजा किया जा सकता है कि श्री गोयनका ने शास्त्री जी की मूल सामग्री अवश्य पचा ली होगी।

आप वाली पुस्तिका की साइक्लोस्टाइल प्रतियाँ मैंने बहुत जगह भेजीं-बहुत जगह छपी भी। किसी ने मेरे नाम से छाप दिया-किसी ने अपने नाम से छाप दिया। कई ने नाम दिया ही नहीं। गड़बड़ करने वालों को मैंने खूब झाड़कर पत्र लिखे। कभी यहाँ पधारिएगा तब दिखलाऊँगा।

1 छोटा से (*सा*) लेख 'प्रेमचन्दजी उपन्यास सम्राट कैसे हुए' शीर्षक से मैंने भी लिखा। यह भी बहुत जगह छपा। एक प्रति आपको भी भेज रहा हूँ।

श्री प्रेमचन्दजी ने श्री रामदासजी गौड़ को जो पत्र लिखा था-उसकी प्रतिलिपि शीघ्र भेजिएगा। मूल पत्र की फोटोस्टेट कॉपी भेज दें तो और भी उत्तम है। व्यय मेरा लगेगा।

सूर सौरभ में छपी हुई रचनाओं की पांडुलिपियाँ भी यदि आप 'श्रीरामरत्न पुस्तक भवन' के संग्रहालय में भेजते रहें तो कृपा हो। व्यय मैं दूँगा।

बच्चों का सादर प्रणाम!

कृपा बनाए रहें।

यहाँ योग्य कार्य लिखें।

आपका

मुरारी लाल केडिया

8/1

ड्राफ्ट बनने में विलम्ब हुआ, अतः पत्र आज जा रहा है।

मुरारी लाल केड़िया

2

वाराणसी

31-1-85

आदरणीय शास्त्रीजी,

सादर प्रणाम।

आपका पत्र अभी मिला। मैंने प्रत्येक चित्र एवं निगेटिव को अलग-अलग पैक किया था और विवरण लिख दिया था। आपको भ्रम क्यों हुआ?

---

4. पं. उदयशंकर शास्त्री जी की पुत्री कु. इन्दुप्रभा त्रिवेदी (अब श्रीमती इन्दु) काशी के प्रसिद्ध चित्रकार उस्ताद रामप्रसाद पर शोध कार्य कर रही थी। उसी के लिए शास्त्री जी उस्ताद रामप्रसाद द्वारा बनाये गए चित्रों की फोटोकापी संगृहीत कर रहे थे। उन्होंने मुझसे भी कहा था। कु. इन्दु को साथ लेकर मैं कला भवन गया था, वहाँ से कई चित्रों की प्रतिच्छाया कराया था।

उस्ताद रामप्रसाद के पुत्र शारदा प्रसाद थे। जाति के यादव (अहीर) थे। पिता-पुत्र रायकृष्ण दास जी के यहाँ वैतनिक कार्य करते थे। मुगल शैली के चित्रों की प्रतिलिपि करने में उस्ताद रामप्रसाद बेजोड़ थे। इसी से राय साहब ने उन्हें अपने यहाँ रखा था।

इसमें शिव पार्वती हैं बादामा वाला प्रिंट है–उक्त चित्र उ. (*उस्ताद*) रामप्रसादजी[1] का है और हाथी दांत पर है। यह राय साहब ने मुझे भेंट में दिया था। मूलचन्द का चित्र लम्बा है। विषय धार्मिक है।

एक राधा-कृष्ण का है। यह रामप्रसादजी का अन्तिम चित्र है। मैंने तो पूरा विवरण लिख दिया था।

सभा का अर्द्धशताब्दी इतिहास देखा। यह संवत् 2000 में छपा है। उसमें जो विवरण है नीचे लिखता हूँ–

"भारत कला भवन ने मुगल शैली की चित्रकला के एकमात्र वर्तमान प्रतिनिधि वयोवृद्ध उस्ताद रामप्रसादजी के सम्मान में उन्हें एक हजार रुपए की थैली भेंट करने की योजना बनाई थी। समस्त भारत के गुणग्राही तथा गुणीजनों ने इस कार्य में सहयोग दिया और यह कार्य 22 मार्गशीर्ष 1997 को प्रयाग विश्वविद्यालय के वाइस चांसलर श्री अमरनाथ झा के सभापतित्व में संपन्न हुआ। (अत्यन्त शोक है कि ऐसे विशिष्ट कलाकार का 26 आश्विन 2000 को देहावसान हो गया।)

और कुछ विवरण मिलेगा तो फिर भेजूँगा। प्रेमचन्दजी की जीवन झाँकी को नए एवं शुद्ध रूप में मैं तैयार कर रहा हूँ। एक प्रति आपको भेजूँगा। कुछ समय लगेगा।

दो-एक बानगी

1. फरवरी 1927 (वर्ष 5 खंड 2 संख्या 1) से माधुरी (लखनऊ) के सम्पादक नियुक्त हुए। (माधुरी की फाइल से)–श्रीमती गीतालाल–'साहित्य' जनवरी 1960 (आपकी) जीवन झाँकी में 1929 में माधुरी के सम्पादक हुए।

2. उन्होंने 1919 में बी.ए. की परीक्षा उत्तीर्ण की (हमारे संग्रह के प्रमाण पत्र से–श्रीमती गीतालाल। जीवन झाँकी में–सन् 1912–में बी.ए. पास किया।

3. श्रीमती गीता लाल–

"प्रेमचन्द के इंटरमीडिएट पास करने की तारीख रहबर (पृष्ठ 31) तथा डॉ. रामविलास शर्मा की पुस्तक (पृष्ठ 6) और यहाँ तक कि हाल में प्रेमचन्द स्मारक शिलान्यास के सन्दर्भ में ना.प्र. सभा द्वारा प्रचारित 'श्री प्रेमचन्द की जीवन झाँकी' में भी 1910 दी हुई है। श्रीमती शिवरानी देवी ने 1914 (पृष्ठ 27) तिथि दी है, किन्तु ये तिथियाँ गलत प्रमाणित हो चुकी हैं। रामरत्न पुस्तक भवन (वाराणसी) में इंटरमीडिएट का प्रमाण पत्र सुरक्षित है। इस प्रमाण पत्र के अनुसार प्रेमचन्द ने 1916 में, जब वे बस्ती में अध्यापक भी थे, यह परीक्षा पास की। (केडिया पू. नि. आज 5 जु. 1959[5])

5. दैनिक पत्र 'आज', वाराणसी के 5 जुलाई, 1959 के अंक में प्रकाशित केडिया जी का लेख।

इतने नमूने पर्याप्त हैं।

कृपा बनाए रहें। मेरे इस प्रकार के पत्रों को कृपया सुरक्षित रखें और काम हो जाने के पश्चात् लौटाने का कष्ट करें।

आपका
मुरारी लाल केडिया

ग्राम करेरुआ
पोस्ट खमरिया
जनपद मिर्जापुर-221 306

परिशिष्ट-6

गगनेन्द्र कुमार केडिया

कहाँ हैं प्रेमचंद की पांडुलिपियाँ

वाराणसी के श्रीरामरत्न पुस्तक भवन में हिन्दी, अंग्रेजी, संस्कृत तथा अन्य कई भाषाओं के अनेकानेक दुर्लभ ग्रंथों का संग्रह था। इस पुस्तकालय की सबसे बड़ी विशेषता थी इसका संग्रहालय, जिसमें हिन्दी के साहित्यकारों की हस्तलिपियों, हस्ताक्षरों, पत्रों, चित्रों तथा उनके निजी उपयोग की वस्तुओं का अनूठा संकलन था जो इस पुस्तक भवन को सामान्य पुस्तकालयों की अपेक्षा कहीं अधिक महत्त्वपूर्ण और उपयोगी सिद्ध करता था। इस प्रकार के संग्रह की उपादेयता और महत्ता का ज्ञान 'भवन' में संगृहीत स्वर्गीय प्रेमचंदजी सम्बन्धी संग्रह से सरलतापूर्वक हो जाता था। अब यह सारा संग्रहालय भारत कला भवन (का.हि.वि.वि.) को भेंट स्वरूप दे दिया गया है। इस संग्रहालय को काशी कौस्तुभ स्व. श्री मुरारी लाल केडिया ने अपनी अनूठी लगन एवं बेजोड़ उत्साह के बल पर, एकल प्रयास से स्थापित किया था।

'भवन' में प्रेमचंदजी के हस्ताक्षर, उनके परीक्षा सम्बन्धी कुछ प्रमाणपत्र, उनके अनेक ग्रंथों की पांडुलिपियाँ, उनके वस्त्र, चश्मा तथा कुछ अन्य सामग्री संगृहीत थे। ये सब वस्तुएँ उनकी पत्नी श्रीमती शिवरानी देवी ने उनके निधन के अनन्तर अनुग्रहपूर्वक 'भवन' को अर्पित की थीं। 'भवन' में प्रेमचंदजी के 'प्रेमचंद' नाम से ही नहीं, 'धनपतराय' नाम से भी हस्ताक्षर थे, जो उनका मूल नाम था।

प्रमाणपत्रों से प्रकाश

इनसे विदित होता है कि प्रेमचंदजी ने 'परमानेंट जूनियर इंग्लिश टीचर्स' परीक्षा सन् 1904 में गवर्नमेंट सेन्ट्रल ट्रेनिंग कॉलेज, इलाहाबाद से प्रथम श्रेणी में उत्तीर्ण की थी। एतत्सम्बन्धी इनका सरकारी प्रमाणपत्र दर्शनीय है, इसमें गणित सम्बन्धी इनकी कमजोरी का उल्लेख इस प्रकार हुआ है, 'नाट क्वालिफाइड टू टीच मैथमेटिक्स' (गणित पढ़ाने के अयोग्य)। प्रधानाचार्य के 'जेनरल रिमार्क्स' (समान्य टिप्पणी)

के अन्तर्गत लिखा है, 'ही वर्क्ड अर्नेस्टली एंड वेल' (उन्होंने परिश्रमपूर्वक एवं भली-भाँति कार्य किया है।) इस प्रमाणपत्र पर इनका नाम केवल 'धनपतराय' लिखा है।

सन् 1904 में ही प्रेमचंदजी ने इलाहाबाद विश्वविद्यालय की 'स्पेशल वर्नाक्यूलर परीक्षा' भी उत्तीर्ण की जिसमें इनके विषय थे हिन्दी और उर्दू। इसके प्रमाणपत्र में इनका पूरा नाम 'धनपतराय श्रीवास्तव' लिखा है। यह परीक्षा इन्होंने इलाहाबाद ट्रेनिंग कॉलेज से दी थी।

इंटरमीडिएट की परीक्षा 'धनपतराय' नाम से इन्होंने 1916 में इलाहाबाद विश्वविद्यालय से द्वितीय श्रेणी में उत्तीर्ण की। उस समय ये बस्ती में अध्यापक भी थे, जैसा कि इनके प्रमाण-पत्र में उल्लिखित है। इस परीक्षा में इनके विषय थे-अंग्रेजी साहित्य, तर्कशास्त्र (आगमन और निगमन), फारसी एवं आधुनिक इतिहास।

बी.ए. की परीक्षा भी इलाहाबाद विश्वविद्यालय से ही इन्होंने 'धनपतराय श्रीवास्तव' के नाम से 1919 में द्वितीय श्रेणी में उत्तीर्ण की। इनके परीक्षा विषय थे-अंग्रेजी-साहित्य, फारसी और इतिहास। उन दिनों भी ये अध्यापकी करते थे।

इनके 10 जून, 1909 के एक नियुक्तिपत्र की शुद्ध प्रतिलिपि भी है जिसमें इलाहाबाद डिवीजन के इंस्पेक्टर ऑफ स्कूल्स, श्री जे. डब्लू. बेकन ने कानपुर के डिस्ट्रिक्ट स्कूल के प्रधानाध्यापक को लिखा है—हैज दि आनर टू इन्फार्म हिम दैट दि चेयरमैन, डिस्ट्रिक्ट बोर्ड, हमीरपुर; हैज अप्वाइंटेड मिस्टर धनपतराय नाइंथ मास्टर डिस्ट्रिक्ट स्कूल कानपुर ऐज सबडेपुटी इंस्पेक्टर आव स्कूल्स हमीरपुर आन प्रोबेशन। दि मुंशी शुड बी आस्क्ड टू रिपोर्ट हिमसेल्फ टू चेयरमैन डिस्ट्रिक्ट बोर्ड हमीरपुर ऐट ए वेरी अर्ली डेट (ससम्मान सूचित करता हूँ कि हमीरपुर के जिला बोर्ड के अध्यक्ष ने कानपुर जिला स्कूल के नवें अध्यापक श्री धनपतराय को परीक्षण पर हमीरपुर के स्कूलों का सह-उपनिरीक्षक नियुक्त किया है। मुंशी से कहा जाए कि वे अति आसन्न तिथि पर हमीरपुर जिला बोर्ड के अध्यक्ष से स्वयं मिलें)।

इसके पृष्ठ भाग पर गवर्नमेंट हाई स्कूल कानपुर के प्रधानाध्यापक का 16 जून 1909 का 'फॉरवर्डिंग नोट' (अग्रसारक टिप्पणी) भी है।

वस्त्र

प्रेमचंदजी के अनेक वस्त्र—कुरते, पायजामे, कोट, टोपी, शेरवानी आदि भी 'संग्रह' में हैं। खद्दर के इन वस्त्रों से उनकी सादगी, आर्थिक स्थिति एवं आकार का ज्ञान होता है। रूस के लेनिनग्राद विश्वविद्यालय के हिन्दी के प्राध्यापक

श्री विक्तर बालिन तो इन वस्त्रों का नाप तक लिखकर ले गए थे। वे श्री प्रेमचंद पर अनुसंधान कर रहे थे और शीघ्र इनके सम्बन्ध में एक पुस्तक भी लिखने वाले थे।

पांडुलिपियों से नवीन प्रकाश

'संग्रह' में प्रेमचंदजी की अनेक पुस्तकों, कहानियों, लेखों आदि की हिन्दी तथा उर्दू की पांडुलिपियाँ संकलित हैं, जिनसे अनेक नवीन तथ्यों का उद्घाटन होता है। प्रेमचंद के अक्षर छोटे हैं। अनेक स्थलों पर लिपि अस्पष्ट भी है, पढ़ने में आयास पड़ता है। अतः इनकी लिपि सुपाठ्य नहीं कही जा सकती।

आर्यसमाज के किसी वार्षिक अधिवेशन के अवसर पर लाहौर में इन्होंने जो भाषण दिया था, उसकी पांडुलिपि भी 'संग्रह' में है। यह भाषण 'कुछ विचार' में प्रकाशित हो चुका है। इनकी तीन कहानियों की पांडुलिपियाँ भी 'संग्रह' में हैं, जिनके नाम हैं–'रहस्य', 'शतरंज के खिलाड़ी' तथा 'कश्मीरी सेब'। 'कश्मीरी सेब' इनकी अन्तिम कहानी है। 'रहस्य' की पांडुलिपि तो प्रेस कॉपी है, परन्तु 'शतरंज के खिलाड़ी' की मूल पांडुलिपि है, जिसके साथ उसका सार-संकेत (सिनाप्सिस) भी है। यहाँ यह उल्लेख्य है कि अपनी हिन्दी एवं उर्दू की समस्त रचनाओं का सार-संकेत प्रेमचंदजी अंग्रेजी में ही बनाया करते थे जिससे स्पष्ट है कि वे कहानी-उपन्यास की कथावस्तु की कल्पना अंग्रेजी माध्यम से ही किया करते थे। हिन्दी-उर्दू में लिखने वाले इस महान् लेखक के विचार का माध्यम न हिन्दी थी, न उर्दू। उस युग के बहुत से लेखक अंग्रेजी माध्यम से कार्य करते थे। हिन्दी के सर्वप्रधान समीक्षक स्वर्गीय आचार्य रामचंद्र शुक्ल भी अंग्रेजी में सार-संकेत लिखा करते थे। उनकी 'रस-मीमांसा' पुस्तक से यह प्रमाणित है।

कर्मभूमि और कर्बला

इनके उपन्यास 'कर्मभूमि' के प्रथम भाग के अन्तिम अंश एवं द्वितीय भाग के प्रारंभिक अंश की पांडुलिपि भी 'संग्रह' में है। इसके प्रथम पृष्ठ पर 'कर्मभूमि 16 अप्रैल 1931 प्रेमचंद' लिखा हुआ है। यह उपन्यास सन् 1932 में प्रकाशित हुआ। इस पांडुलिपि में बीच-बीच में कई पृष्ठों पर अंग्रेजी में सार-संकेत (सिनाप्सिस) भी है। इसमें एक अन्य मनोरंजक बात यह दिखाई देती है कि प्रकाशित उपन्यास के नायक एवं उसके पिता का नाम अमरकांत एवं समरकांत है। परन्तु प्रस्तुत पांडुलिपि के दूसरे भाग के दूसरे अध्याय के अन्तिम अनुच्छेद

के पूर्व सर्वत्र अमरनाथ एवं समरनाथ नामों का व्यवहार हुआ है। अन्तिम अनुच्छेद में तथा उसके आगे वाले अध्याय में भी अमरनाथ नाम का प्रयोग दिखाई देता है। यह अनुच्छेद दूसरी बैठक में लिखा गया प्रतीत होता है, जैसा कि लिखावट से स्पष्ट है। नामों का ऐसा ही परिवर्तन 'डामुल का कैदी' शीर्षक कहानी की पांडुलिपि में भी है, जिसका उल्लेख आगे किया जाएगा।

'कर्मभूमि' के इन अंशों के आगे ही एक नए उपन्यास की रूपरेखा भी अंग्रेजी में लिखी हुई है। इसे पढ़ने से ज्ञात होता है कि यह उपन्यास प्रेमचंदजी के मस्तिष्क में ही रह गया और वे इसे लेखनीबद्ध नहीं कर सके। यह रूपरेखा भी अपूर्ण है। आठ अध्यायों की रूपरेखा बनाने के बाद नवें अध्याय की संख्यामात्र लिखी हुई है। यह मूल रूप में उद्धृत की जा रही है–

'टू आस्पेक्ट्स–ऐन अनहैपी मैरिड लाइफ ड्यू टू डिफरेंस इन आउटलुक एंड मैंटिलिटी, देयर इज एंथूजिएज्म, सैक्रीफाइस, डिवोशन, बट ऑल्सो ए लॉगिंग, ए यर्निंग फॉर लव, दि हर्ट इज नॉट अवेकेंड देयर इज नो स्पिरिचुअल अवेकेनिंग। वाइफ्स सैक्रिफाइसेज क्रिएट लव। स्पिरिचुअल अवेकेनिंग, ऑल्सो कम्स, देन होल आउटलुक चेंज्ड। दि होल एटमस्फियर इज प्यूरीफाइड।

ए यूथ पनिश्ड फॉर ट्रांसपोर्टेशन इन ए पॉलिटिकल मर्डर ट्रायल। हिज बिट्रेथेड एंड फादर बोथ आर ट्रांसफार्म्ड। ह्वेन ही रिटर्न्स ही फाइंड्स देम रेडी टु वेलकम हिम। ऑल फीयर वैनिश्ड।

दि डीटेल्स शुड बी वर्क्ड आउट–160 पेजेज। फर्स्ट चैप्टर–दि ट्रायल एंड पनिशमेंट, प्राइस–12/-

सेकेंड–दि बिट्राथेड गर्ल वाज प्रेजेंट ऐट दि कोर्ट। शी प्रपोजेज टु रिमेन विद दि फादर ऑव हर फिएंसी। हर फिएंसीज फेयरवेल लेटर।

थर्ड–दि फादर सब्सक्राइव्स सीक्रेटली टु दि फंड ऑफ दि पॉलिटिकल पार्टी एंड रेडी टु हेल्प इन एवरी वे।

फोर्थ–दि सीक्रेट इज डाइवल्ज्ड बाई वन ऑव दि पार्टी। दि पुलिस थ्रेटेन दि फादर बट ही इज ऐडमंट। हिज डॉटर–इन–ला इनकरेजेज हिम।

फिफ्थ–दि डॉटर-इन-लॉ अटेंड्स ए पॉलिटिकल मीटिंग एंड इज वोसीफेरसली चियर्ड। शी इज इलेक्टेड प्रेसीडेंट ऑव दि कांग्रेस कमिटी।

सिक्स्थ–लाहौर कांग्रेस-शी अटेंड्स एंड डेलिवर्स ए स्पीच ऐट लाहौर। दि रेजोल्यूशन फार इंडिपेडेंस। शी सपोर्ट्स इट इन एक्सेलेंट स्पीच।

सेवेंथ–दि रैटीफिकेशन। हर एफर्ट्स टु फॉर्म ए लेडी वर्क्स यूनियन सक्सेसफुल।

एर्थ–पिकेटिंग बाई दि लेडी। एंड अरेस्ट।

नाइंथ–

शीर्षकहीन कहानी

इसी के आगे एक अन्य शीर्षकहीन कहानी की पांडुलिपि है। यह कहानी काफी हेरफेर के साथ 'मानसरोवर' के दूसरे भाग में 'डामुल का कैदी' नाम से प्रकाशित हो चुकी है। प्रेमचंदजी एक बार लिखने के पश्चात् पुनः कथानक में कितना भारी परिवर्तन करते थे, यह इस कहानी की मूल पांडुलिपि से स्पष्ट है। मूल कहानी एवं प्रकाशित कहानी के आरम्भिक दो एक अनुच्छेद तो लगभग ज्यों के त्यों हैं परन्तु उसके बाद दोनों का कथानक सर्वथा भिन्न हो जाता है, यहाँ तक कि दोनों को दो भिन्न कहानियाँ कह सकते हैं। मूल कहानी में कहीं 'डामुल का कैदी' है ही नहीं। मूल कहानी का कथानक संक्षेप में यों है–सेठ खूबचंद अफसरों की कृपा से बड़े धनी हैं, अभाव है केवल सन्तान का। इसी बीच ये मिल में मजदूरी घटाने की घोषणा करते हैं, जिसके विरुद्ध मजदूर गोपी नामक युवक के नेतृत्व में हड़ताल करते हैं। आवेश में गोपी को सेठजी गोली मार देते हैं। परन्तु वह मरते-मरते भी क्रुद्ध जन-समूह को कसम खिलाता है कि वह सेठजी को न मारे। उसके त्याग से सेठजी नास्तिक से आस्तिक हो जाते हैं। लौटते समय एक मित्र इन्हें एक वेश्या के यहाँ जबर्दस्ती ले जाता है। पर उस वेश्या के सौन्दर्य में भी सेठजी को परमात्मा के दर्शन होते हैं। सेठजी अब जनहित में लग जाते हैं। शोषक से सेवक हो जाते है। सेठजी की भक्ति के प्रभाव से वेश्या का हृदय भी परिवर्तित हो जाता है। भगवत्कृपा से सेठजी को पुत्ररत्न की प्राप्ति होती है जिसे लेकर वे मन्दिर में जाते हैं। वहीं उस वेश्या से भेंट होती है, जिसने अपने कुत्सित व्यवसाय का त्याग कर दिया है और कहानी वेश्या के इस वाक्य के साथ समाप्त हो जाती है कि, 'जब तक जिऊँगी, आपका यश मानूँगी।'

इसके विपरीत प्रकाशित कहानी में जब सेठजी के घर पर जन-समूह गोपी की हत्या के बदले की भावना से आक्रमण करता है तब सेठजी सबके सामने अपना अपराध स्वीकार करके 14 वर्षों के लिए डामुल (कालापानी) चले जाते हैं। इसी बीच उनके पुत्र उत्पन्न होता है जिसका चेहरा एकदम गोपी का-सा है। सेठजी सजा काटकर लौटते हैं एवं पत्नी तथा पुत्र से मिलते हैं। आठ दिन बाद पुनः मिल में हड़ताल हो जाती है और सेठजी का लड़का नेतृत्व करता हुआ मारा जाता है। पर भगवद्भक्ति की ओर उन्मुख सेठजी उसकी मृत्यु के पश्चात् भी प्रसन्न हैं, क्योंकि, उससे मजदूरों का हित हुआ।

इसी प्रकार के बड़े परिवर्तन 'कायाकल्प' में भी हैं। इससे स्पष्ट है कि प्रेमचंदजी बाद में काफी काट-छाँट करते थे, न केवल भाषा के सुधार के लिए अपितु कथानक के पुनर्गठन के लिए भी।

'कर्मभूमि' में जिस प्रकार लिखते-लिखते उन्होंने नायक का नाम अमरनाथ से अमरकांत कर दिया, उसी प्रकार प्रस्तुत कहानी में भी वेश्या का नाम श्यामा से लैला कर दिया है। सम्भवत: न जँचने पर प्रेमचंदजी बीच में ही नाम बदल देते थे और नई प्रति तैयार करते समय एकरूपता ला देते थे।

अन्तिम पृष्ठों में उर्दू में लिखे 'बदरुद्दीन तैयबजी' शीर्षक लेख की पांडुलिपि है।

'संग्रह' में 'कर्बला' नाटक के प्रथम अंक के दृश्य 5 के पृष्ठ 62 से द्वितीय अंक के दृश्य 6 के पृष्ठ 111 तक की पांडुलिपि भी है। इसमें बहुत से पृष्ठों को लिखकर काट दिया गया है। यह भी मूल पांडुलिपि है, प्रेस प्रति नहीं। इसमें ध्यान देने की बात यह है कि प्रथम अंक का छठा दृश्य लिखकर पूरा काट दिया गया है और उसी के बाद दूसरा अंक आरम्भ हो गया है। परन्तु प्रकाशित पुस्तक में दो दृश्य 6 और 7 भी हैं, जो बाद में बढ़ाये गए हैं।

चौगाने हस्ती

प्रेमचंदजी के सुप्रसिद्ध उपन्यास 'रंगभूमि' के उर्दू संस्करण 'चौगाने हस्ती' की उर्दू पांडुलिपि भी इस संग्रह में है। इसके प्रथम पृष्ठ पर बाँयी ओर हाशिये पर लिखा है 'कमेंस्ड ऑन फर्स्ट अक्टूबर 1922' (1 अक्टूबर, 1922 को आरम्भ किया) और अन्त में लिखा है, 'डेटेड फर्स्ट अप्रैल 1924, 116 पेजेज हिन्दी फिनिश्ड डेटेड ट्वेल्फ्थ अगस्त 1924' (तारीख 1 अप्रैल, 1924, 116 पृष्ठ हिन्दी की प्रति 12 अगस्त, 1924 को समाप्त हुई।) प्रस्तुत उपन्यास हिन्दी में रंगभूमि के नाम से 1925 में प्रकाशित हुआ। 'चौगाने हस्ती' का आरम्भ प्रेमचंदजी ने उर्दू लिपि में 'ओम्' लिखकर किया है। इससे इनकी आर्यसमाज के प्रति निष्ठा का संकेत मिलता है, क्योंकि आर्यसमाज में ओम् का अत्यधिक महत्त्व स्वीकृत है। इसी पांडुलिपि के अन्त में उनकी अत्यन्त प्रसिद्ध कहानी 'शतरंज के खिलाड़ी' की भी पांडुलिपि है।

प्रेमाश्रम

प्रेमचंदजी के सुप्रसिद्ध उपन्यास 'प्रेमाश्रम' के उर्दू संस्करण की अधूरी पांडुलिपि (फारसी लिपि) भी संग्रह में उपलब्ध है। इसमें 15वें अध्याय के 4 पृष्ठ तथा 19वें अध्याय के अन्तिम अंश से 38वें अध्याय तक के पृष्ठ हैं। मूल उपन्यास नीली स्याही से लिखा गया है। परन्तु काली स्याही से 34वें अध्याय के अन्त में 8-10-25 तथा 38वें अध्याय के अन्त में 14-10-25 तिथियाँ लिखी गई हैं। इन तिथियों के सम्बन्ध में दो सम्भावनाएँ की जा सकती हैं कि या तो ये

तिथियाँ हिन्दी अनुवाद की हों या पांडुलिपि के दुहराने की। प्रथम सम्भावना का खंडन इस कारण सहज ही हो जाता है कि हिन्दी में यह उपन्यास 1922 में ही छप चुका था। दूसरी सम्भावना भी इसलिए ठीक नहीं है कि कहीं भी संशोधन आदि नहीं मिलते, जो दुहराने की स्थिति में अवश्य होते। ये तिथियाँ उपन्यास-लेखन की भी प्रतीत नहीं होतीं, क्योंकि उस स्थिति में पहले तो ये भी नीली स्याही से लिखी गई होतीं और हिन्दी में यह 1922 में ही छप चुका था। अत: ऐसा प्रतीत होता है कि ये तिथियाँ उर्दू संस्करण की प्रेस-प्रति तैयार करने की हैं।

कायाकल्प

'कायाकल्प' की पांडुलिपि संग्रह में दो जिल्दों में संगृहीत है, जिन पर क्रमश: भाग-1 और भाग-2 लिखा हुआ है। दोनों भागों में दस-दस अध्याय हैं परन्तु प्रकाशित उपन्यास में भागों का उल्लेख नहीं है। अत: अध्यायों की संख्या क्रमश: बढ़ती गई है। प्रकाशित उपन्यास तथा प्रस्तुत पांडुलिपि में इतने अधिक अन्तर हैं कि दोनों का तुलनात्मक अध्ययन करने पर अनेक महत्त्वपूर्ण बातों का पता लग सकता है। उदाहरण के लिए, पांडुलिपि के दूसरे भाग का प्रथम अध्याय प्रकाशित उपन्यास का इकतीसवाँ अध्याय है। 'कायाकल्प' में अनेक कथाएँ हैं और उनका मेल बड़े विचित्र ढंग से किया गया है। इसके फलस्वरूप जान पड़ता है कि प्रेमचंदजी को इस उपन्यास के नामकरण के सम्बन्ध में भी पर्याप्त उलझन हुई थी। पहले भाग के आरम्भ में इन्होंने तीन नाम लिखे हैं–'असाध्य साधना', 'माया स्वप्न' और 'आर्तनाद'। किन्तु दूसरे भाग में केवल 'आर्तनाद भाग दो' लिखा है। परन्तु ग्रंथ प्रकाशित हुआ है 'कायाकल्प' नाम से। उपर्युक्त नामों की सार्थकता का विचार एक स्वतंत्र विषय है। पहले भाग में आरम्भ में 10 अप्रैल, 1924 और दूसरे भाग के आरम्भ में 12-11-24 तिथियाँ लिखी हुई हैं। 'कायाकल्प' का प्रकाशन 1926 में हुआ। प्रथम एवं द्वितीय भागों के आरम्भ में लिखी तिथियों से स्पष्ट है कि प्रथम भाग के लिखने में 7 मास का समय लगा। लगभग इतना ही समय द्वितीय भाग के लिखने में लगा होगा, यदि वह लगातार लिखा गया होगा। परन्तु प्रकाशित ग्रंथ एवं उसकी प्रस्तुत पांडुलिपि में बड़ा अन्तर है। सम्भवत: यही इसके इतने विलम्ब से प्रकाशित होने का कारण है।

दूसरे भाग के 9वें अध्याय के आरम्भ में 'नाइंथ चैप्टर अहल्या एंड राजा' रोमन अक्षरों में लिखा हुआ है। सभी उपन्यासों के बीच-बीच में अंग्रेजी में अनेक वाक्य लिखे हुए हैं। इन सबसे अंग्रेजी माध्यम से कल्पना करने की उनकी प्रवृत्ति का पता चलता है।

दूसरे भाग के पाँचवे अध्याय के प्रथम पृष्ठ के पीछे अंग्रेजी में उन्होंने उपन्यास के प्रमुख पात्र 'चक्रधर' के चरित्र के सम्बन्ध में कुछ संकेत इस प्रकार लिखे हैं–

आइडियाज

ट्रायल्स एण्ड ट्रबुल्स मोल्ड दि ह्यूमेन करेक्टर, दे मेक हीरोज आव् मेन। पॉवर एंड अथारिटी इज दि कर्स आव् ह्यूमेनिटी। इवेन दी हाइएस्ट फाल ए विक्टिम टु पॉवर एंड लूज देयर करेक्टर।

चक्रधर रोज मारली ह्वाइल स्ट्रगलिंग फार एक्जिस्टेंस हिज फाल बिगैन ह्वेन ही केम इन पावर।

(परीक्षाएँ एवं कठिनाइयाँ मानव-चरित्र का निर्माण करती हैं, वे मनुष्यों को वीर बनाती हैं। शक्ति एवं अधिकार मानवता के अभिशाप हैं। महापुरुष भी शक्ति के शिकार हो जाते हैं और अपना चरित्र खो देते हैं।

जब चक्रधर अपने अस्तित्व के लिए युद्ध करता रहा था तब वह नैतिक दृष्टि से ऊपर उठा। जब उसे शक्ति प्राप्त हुई तो उसका पतन आरम्भ हो गया।)

इसकी पांडुलिपि में स्थान-स्थान पर अनेक प्रकार के हिसाब भी लिखे हुए हैं, जिनमें से कितने ही मौखिक किए जा सकते थे। प्रेमचंदजी लिखते समय भी कितने परेशान एवं उलझनों में घिरे होते थे, इसका ज्ञान इन पांडुलिपियों को देखने से ही हो सकता है। स्थान-स्थान पर रुपयों के हिसाब लिखे हुए हैं। उपन्यास लिखते समय भी वे यह नहीं भूल पाते थे कि मकान का किराया शीघ्र देना है।

पुस्तकों के प्रकाशन की योजना

'कायाकल्प' की पांडुलिपि के बीच में एक स्थान पर पुस्तकों के प्रकाशन की एक योजना भी अंग्रेजी में बनी हुई है। इससे पता चलता है कि ये पंडित जे.पी. भार्गव के साथ 'सार्वजनिक ग्रंथमाला' नाम से पुस्तकें प्रकाशित करना चाहते थे। वहाँ इस योजना का विवरण लिखा हुआ है–किस प्रकार से पुस्तकें प्रकाशित होंगी, आपसी अनुबन्ध क्या होंगे, किसे क्या पारिश्रमिक मिलेगा आदि। आरम्भ में ग्रंथों की सूची भी है। यह योजना यहाँ मूल रूप में उद्‌धृत की जा रही है–

1. दि सिरीज आव् दि बुक्स विल बी नेम्ड 'सार्वजनिक ग्रंथमाला'।
2. इट विल बी दि ज्वाइंट कसर्न ऑफ पं. जे.पी. भार्गव एंड धनपतराय बी.ए.। जेनरल बुक्स विल बी पब्लिश्ड। स्कूल बुक्स विल आल्सो बी पब्लिश्ड।

टर्म्स–

1. पंडित जे.पी. भार्गव विल बेयर दि कास्ट ऑफ पब्लिशिंग दि बुक्स। दि एडिटिंग वर्क विल बी डन बाई डी. राय। दि कॉपीराइट्स ऑफ दि बुक्स विल बी सेटेल्ड विथ दि आथर्स बाई बोथ दि पार्टनर्स।
2. दि पार्टी नं. 1 विल अंडरटेक टु पे रेम्यूनरेशन टू दि आथर्स एंड कॉपीराइट ऑफ सच बुक्स विल रेस्ट विथ हिम। फाइव पी.सी. ऑफ दि प्राफिट्स विल गो टुवर्ड्स एडिटिंग चार्जेज।
3. प्रेमचंद्स वर्क्स विल बी पब्लिश्ड बाई दि पार्टीज आन रॉयल्टी सिस्टम। फाइव पी.सी. आव् नेट प्राफिट्स विल गो टु ईच पार्टी आफ्टर दि पब्लिशिंग चार्जेज हैव बीन डीफ्रेड बाई दि पार्टी नं. 1।
4. इन केस आव् स्कूल बुक्स, दि रिस्पांसिबिलिटि आव् कम्पाइलेशन विल रेस्ट विथ पार्टी नं. 1। ही विल हैव टु पे दि ऑथर ऑन हिज ओन एकाउंट। दि मनी पेड बाई द पार्टी नं. 1 विल बी चार्ज्ड टु दिस।
5. दि बुक्स ऑव् दि सिरीज विल बी पब्लिश्ड ऐट दि सरस्वती प्रेस एंड अनलेस दि प्रेस इज अनेबुल टु कोप विद दि वर्क नो वर्क बिल बी पब्लिश्ड ऐट ऐनी अदर प्रेस।
6. दि स्टैंडर्ड आव् दि वर्क विल बी हाई एंड दि रेट्स आव् पब्लिकेशन विल बी सेटेल्ड बाई म्यूचुअल कंसल्टेशन।
7. इन केस दि पार्टीज लाइक टु ब्रेक अप, कॉपीराइट आव् सच बुक्स ऐज हैज बीन पेड फार बाई पार्टी नं. 1 विल बी हिज प्रापर्टी ह्वाइल प्रेमचंद्स कॉपीराइट बिलांग टु पार्टी नं. 2।
8. इन केस।

एक पृष्ठ पर मनमोदक, अतीत स्मृति, सुघड़ बेटी एवं सुशील कुमारी नामक पुस्तकों का विज्ञापन भी लिख रखा है।

सृष्टि का आरम्भ

इस अनूदित पुस्तक के आधे अंश की पांडुलिपि भी संग्रहालय में है। यह किसी अन्य व्यक्ति की लिखावट में है। इसमें तीसरे पृष्ठ पर कुछ अंश ऊपर से चिपकाया है जिसकी लिखावट प्रेमचंदजी की है। सर्वप्रथम यह रचना बिना अनुवादक के नाम के प्रेमचंदजी के निधनोपरांत 'हंस' के मार्च–अप्रैल 1937 के अंकों में प्रकाशित हुई है। तत्पश्चात् 1938 में यह पुस्तकाकार प्रकाशित की गयी। इसमें जिस लेखनी से संशोधन है वह अनुवाद की लेखनी से भिन्न है, पर वह

प्रेमचंदजी की भी नहीं है, इसकी लिखावट किसी अन्य व्यक्ति की है। इससे यह सन्देह होता है कि अनुवाद प्रेमचंदजी ने ही किया या किसी अन्य व्यक्ति ने। इस सन्देह को पांडुलिपि के आरम्भ में लिखे पत्र से और भी बल मिलता है। यह प्रेमचंदजी की ही लिखावट में है और सम्भवत: पंडित बनारसीदासजी चतुर्वेदी को लिखा गया है। मूल पत्र यों है–'प्रिय बनारसी दास जी, यह एक छोटा-सा ड्रामा बर्नार्ड शॉ की एक नयी रचना का अनुवाद है, इसे बड़े परिश्रम से कराया है। रचना कितनी उच्च कोटि की है, पढ़ने से ज्ञात होगी। किसी नाम की बहुत जरूरत हो तो ध. रा. दे दें। हाँ, हाँ पुरस्कार वही दें जो आप अच्छे अनुवादों का दे सकें। आशा है, आप सानन्द होंगे।

भवदीय

ध. राय (धनपतराय)

इसमें लिखे शब्दों 'कराया है' तथा नाम छिपाने की इच्छा से सन्देह पुष्ट होता है, पर बहुत सम्भव है कि उन्होंने अनुवाद बोलकर कराया हो, जैसा कि प्रकाशक का मत है। इसी से मिलती-जुलती, पर किसी अन्य लिपि में एक अन्य पुस्तक 'स्टोरी ऑफ दि मैनकाइंड' के अनुवाद के कुछ पृष्ठ भी संग्रह में हैं जिनमें प्रेमचंदजी के हाथ के बहुत से संशोधन हैं। इनके पीछे उर्दू की किसी रचना के कुछ अंश भी हैं।

इन पांडुलिपियों से एक और अत्यन्त महत्त्वपूर्ण बात का ज्ञान होता है जिसकी ओर लेखक का ध्यान प्रेमचंदजी के सुपुत्र एवं हिन्दी के प्रसिद्ध कथाकार श्री अमृतराय ने आकृष्ट किया। वह यह कि प्रेमचंदजी अपने पात्रों का चयन वास्तविक जीवन से करते थे और उपन्यास के आरम्भ में पात्र के कल्पित नामों के साथ वास्तविक नाम भी स्मरणार्थ लिख लेते थे।

कायाकल्प, भाग-1 दूसरे पृष्ठ पर अंग्रेजी में लिखे ऐसे वाक्य मिलते हैं, जिनके कुछ अंश मूल रूप में दिए जा रहे हैं–

'बिबुधा इज यज्ञनारायण उपाध्याय-क्रैफ्टी, पेनोमोनिअस, सेल्फिश बट सर्विसफुल टैक्टफुल।

(बिबुधा यज्ञनारायण उपाध्याय है--धूर्त, कृपण, स्वार्थी परन्तु सेवा करने वाला कुशल।)

विशाल सिंह इज बेचनलाल–सिंपुल ऑनेस्ट.......

कल्याण सिंह इज चंद्रिका...........

चक्रधर इज जे. प्रसाद..........वेरी शाई..........,

(विशाल सिंह बेचनलाल है–सरल, ईमानदार........

कल्याण सिंह चंद्रिका है....

चक्रधर जे. प्रसाद है–बड़ा शर्मीला........)

प्रेमचंदजी उपन्यास लिखने के बाद उसका संशोधन भी करते थे, परिवर्तन–परिवर्द्धन भी करते थे। यत्र–तत्र उन्होंने इन मूल पांडुलिपियों में 'कॉपीड आउट' लिखकर तिथि का उल्लेख किया है जिससे स्पष्ट है कि प्रेस–प्रति वे अलग से दुबारा लिखते या लिखवाते थे। इसका सहज ही अनुमान 'चौगाने हस्ती' के अन्त में लिखी गई तिथियों से होता है। 'चौगाने हस्ती' के अन्तिम अंशों में काली स्याही से (मूल उपन्यास नीली स्याही से लिखा है) जून–जुलाई 1925 की अनेक तिथियाँ यत्र–तत्र लिखी हैं जो प्रेस प्रति तैयार करते समय स्मरणार्थ लिखी गई प्रतीत होती हैं। ऐसी ही तिथियाँ 'प्रेमाश्रम' में भी हैं जिनका उल्लेख पहले हो चुका है।

इन पांडुलिपियों में व्यवहृत कागज एवं उस पर घने एवं छोटे अक्षरों में प्रायः कागज के दोनों ओर लिखने की प्रवृत्ति उनकी आर्थिक स्थिति और मितव्ययिता की भी द्योतक है।

विशेष अनुसंधान करने पर इन पांडुलिपियों से प्रेमचंदजी की लेखन–शैली के सम्बन्ध में अन्य अनेक नवीन तथ्यों का पता लगाया जा सकता है।

इसी भाँति 'श्रीरामरत्न–पुस्तक भवन' में संगृहीत अन्य पांडुलिपियों के अध्ययन द्वारा अनेक लेखकों के सम्बन्ध में नवीन तथ्य उपलब्ध हो सकते हैं। आज देश में हिन्दी में अनुसंधान करने वाले विद्यार्थियों की संख्या जिस गति से बढ़ती जा रही है, उससे यह आशा होती है कि भविष्य में इस संग्रह का पूरा लाभ हिन्दी संसार उठायेगा और तभी संग्रहालय का लक्ष्य भी पूरा होगा।

उपरोक्त सभी पांडुलिपियाँ डॉ. कमल किशोर गोयनका, स्व. मुरारीलाल केडिया से प्रेमचंद पर शोध कार्य के लिए इस वचनबद्धता के साथ ले गए कि कार्य पूरा होने पर लौटा देंगे। सरल हृदय और दूसरों की सहायता के लिए सदैव तत्पर केडियाजी ने उन्हें सहर्ष सभी पांडुलिपियाँ दे दीं। अनेक वादों–तकादों के बाद भी श्री गोयनका ने केवल अपेक्षाकृत महत्त्वहीन 'सृष्टि का आरम्भ' की ही पांडुलिपि वापस की। प्रेमचंद शताब्दी समारोह पर आयोजित देशव्यापी समारोहों एवं प्रदर्शनियों में इन पांडुलिपियों का प्रदर्शन कर न केवल कपटपूर्ण ढंग से नाम कमाया, वरन दाम भी कमाया। शोध कार्य करके उन्होंने जो पुस्तकें प्रकाशित कीं, उनमें न तो केडियाजी के प्रति कहीं आभार प्रदर्शित किया, न उनकी मुद्रित प्रतियाँ भेजीं। उनकी यदि कोई अन्तरात्मा हो तो उससे निवेदन (अपील) है कि सारी पांडुलिपियाँ मुझे वापस भेजकर अपने कुकृत्यों का प्रायश्चित्त कर लें, अन्यथा उनकी इस कृतघ्नता के लिए सम्भवतः ईश्वर भी उन्हें क्षमा नहीं करेगा। नाम और दाम से बढ़कर मन की शान्ति है जो सुयश से प्राप्त होती है। वह तो उन्हें कदापि नहीं मिलेगी। यदि वे मानव हैं तो

आज भी उनके हृदय का कोई कोना तो उन्हें कचोटता ही होगा। मुझे पांडुलिपियाँ वापिस करके वे इन सबसे मुक्ति और मन की शान्ति क्यों नहीं प्राप्त कर लेते? नाम और नावा बहुत कमाया, अब तो बस करें, कहीं तो सीमा-रेखा खींचें।

डी-63/10 महमूरगंज
वाराणसी-221 010

परिशिष्ट-7

संकलित रचनाओं की सन्दर्भिका

क्र.	शीर्षक	प्रथम प्रकाशन	पाठ का स्रोत
1.	दाराशिकोह का दरबार	'आजाद', लाहौर, सितम्बर 1908	मूल
2.	सौदा-ए-खाम	'हमदर्द', दिल्ली, अगस्त 1914	तमद्दुन, दिल्ली, फरवरी 1920
3.	इश्तिहारी शहीद	'जमाना', कानपुर, अप्रैल-मई 1915	मूल
4.	जंजाल	'तहजीबे निस्वाँ', लाहौर, 3 अगस्त व 10 अगस्त 1918	मूल
5.	महरी	'जमाना', कानपुर, नवम्बर 1926	मूल
6.	वफा की देवी	'निजात', कहानी संकलन 1933	मूल
7.	अहदे अकबर में हिन्दुस्तान की हालत	'उर्दू-ए-मुअल्ला', अलीगढ़, अक्टूबर-नवम्बर 1907	मूल
8.	इत्तिफाक ताकत है	'आजाद', लाहौर, मार्च 1908	मूल
9.	आबशारे न्याग्रा	'जमाना', कानपुर, जुलाई 1908	मूल
10.	जॉन ऑफ आर्क	'जमाना', कानपुर, जुलाई 1909	मूल
11.	कलामे सुरूर	'जमाना', कानपुर, जुलाई 1911	मूल
12.	शहीदे आजम	'कारनामा-ए-हुसैन', संकलन, मई-जून 1931	मूल
13.	पद्म सिंह शर्मा के साथ तीन दिन	'विशाल भारत', कलकत्ता, अगस्त 1932	मूल
14.	साहित्य और सदाचार	'विशाल भारत', कलकत्ता, अक्टूबर 1932	मूल

15.	अहमद अली के नाम पत्र	'नया अदब और कलीम', लखनऊ जनवरी–फरवरी–मार्च 1940	मूल
16.	सज्जाद जहीर के नाम पत्र	'नया अदब और कलीम', लखनऊ जनवरी–फरवरी–मार्च 1940	मूल
17.	पं. देवीदत्त शुक्ल के नाम पत्र	'सम्मेलन पत्रिका', प्रयाग पौष–ज्येष्ठ 1903–04 शक	मूल
18.	प्रेमचंद-महताबराय पत्राचार	---	मूल
19.	पण्डित जी के नाम पत्र	---	मूल

❑❑❑